Verfassungsentwicklung in Europa

herausgegeben von

Hartmut Bauer, Peter M. Huber
und Karl-Peter Sommermann

22

D1986922

ARTIBUS INGENUIS J·C·B·M· 1·8·0·1

Mirjam Luber

Unionsbürgerschaft als Kompetenzproblem

Grundlagen und Grenzen von Auslegung und Rechtsfortbildung am Beispiel der Unionsbürgerschaft

Mohr Siebeck

Mirjam Luber, geboren 1988; Studium der Rechtswissenschaften in Freiburg, Montpellier und Marburg; 2013 Erste juristische Staatsprüfung; 2014 LL.M. (College of Europe); Wissenschaftliche Mitarbeiterin am Institut für Deutsches, Europäisches und Internationales Familienrecht der Universität Bonn; Rechtsreferendariat in Berlin u.a. mit Stationen beim BMWi und am BVerfG; 2021 Promotion (Marburg); seit 2021 Richterin beim Land Berlin.

ISBN 978-3-16-161569-6 / eISBN 978-3-16-161570-2
DOI 10.1628/978-3-16-161570-2

ISSN 1861-7301 / eISSN 2569-4553 (Verfassungsentwicklung in Europa)

Die Deutsche Nationalbibliothek verzeichnet diese Publikation in der Deutschen Nationalbibliographie; detaillierte bibliographische Daten sind über *http://dnb.dnb.de* abrufbar.

© 2023 Mohr Siebeck Tübingen. www.mohrsiebeck.com

Das Werk einschließlich aller seiner Teile ist urheberrechtlich geschützt. Jede Verwertung außerhalb der engen Grenzen des Urheberrechtsgesetzes ist ohne Zustimmung des Verlags unzulässig und strafbar. Das gilt insbesondere für die Verbreitung, Vervielfältigung, Übersetzung und die Einspeicherung und Verarbeitung in elektronischen Systemen.

Das Buch wurde von Laupp & Göbel in Gomaringen auf alterungsbeständiges Werkdruckpapier gedruckt und dort gebunden.

Printed in Germany.

Für meinen Vater

Vorwort

Der Fachbereich Rechtswissenschaften der Philipps-Universität Marburg hat die vorliegende Arbeit im Wintersemester 2021/2022 als Dissertation angenommen. Für die Veröffentlichung konnten Literatur und Rechtsprechung bis März 2022 nachgetragen werden.

Mein herzlicher Dank gilt zunächst Prof. Dr. Monika Böhm für die hervorragende Betreuung der Promotion und die stete Unterstützung. Durch die Arbeit an ihrem Lehrstuhl habe ich die Freude am wissenschaftlichen Arbeiten entdeckt. Herzlich danken möchte ich auch Prof. Dr. Nina Dethloff, die mir während meiner langjährigen Tätigkeit an ihrem Lehrstuhl stets ermöglicht hat, mich intensiv der Entstehung dieser Arbeit zu widmen. Insbesondere meine zwischenzeitlichen Forschungsaufenthalte wären ohne ihre Unterstützung nicht möglich gewesen.

Den (ehemaligen) Richtern und Generalanwältinnen und Generalanwälten am EuGH Koen Lenaerts, Egils Levits, Juliane Kokott, Eleanor Sharpston und Michal Bobek danke ich für den wertvollen Austausch und die Anregungen zu meiner Arbeit während meines Forschungsaufenthalts am EuGH. Prof. Daniel Halberstam danke ich für die Betreuung während meines Forschungsaufenthalts an der University of Michigan.

Die vorliegende Arbeit wurde durch ein Promotionsstipendium der Friedrich-Ebert-Stiftung und ein Abschlussstipendium der Marburg University Research Academy ideell und finanziell gefördert. Durch die Philipps-Universität Marburg und den Fachbereich Rechtswissenschaften wurde die Arbeit mit jeweils einem der Promotionspreise für das Jahr 2021 ausgezeichnet. Seitens des Bundesministeriums des Innern und für Heimat wurde ein Druckkostenzuschuss gewährt. Auch dafür möchte ich herzlich danken. Prof. Dr. Hartmut Bauer, BVR Prof. Dr. Peter Huber und Prof. Dr. Dr. h.c. Karl-Peter Sommermann danke ich für die Aufnahme in die Schriftenreihe.

Ganz besonderer Dank gilt schließlich meiner Familie, meinen Freundinnen und Freunden sowie meinem Mann Martin, die mich nicht nur bei der Korrektur des Manuskripts, sondern auch darüber hinaus auf vielfältige Weise unterstützt haben.

Berlin, im Juli 2022 Mirjam Luber

Inhaltsübersicht

Inhaltsverzeichnis

Abkürzungsverzeichnis

AcP	Archiv für die civilistische Praxis
AEUV	Vertrag über die Arbeitsweise der Europäischen Union
Amtsbl.	Amtsblatt
AöR	Archiv des öffentlichen Rechts
Art.	Artikel
Aufl.	Auflage
Az.	Aktenzeichen
BAföG	Bundesausbildungsförderungsgesetz
BAG	Bundesarbeitsgericht
BErzGG	Bundeserziehungsgeldgesetz
BGBl.	Bundesgesetzblatt
BVerfG	Bundesverfassungsgericht
BVerfGE	Entscheidungen der amtlichen Sammlung des BVerfG
BVerfGG	Bundesverfassungsgerichtsgesetz
BVerwG	Bundesverwaltungsgericht
Cah.dr.eur.	Cahiers de droit européen
Cal.L.Rev.	California Law Review
CJEL	Columbia Journal of European Law
CMLR	Common Market Law Review
d.h.	das heißt
DAR	Deutsches Autorecht
DVBl	Deutsches Verwaltungsblatt
E.L.Rev.	European Law Review
ECJ	European Court of Justice
EEA	Einheitliche Europäische Akte
EFTA	European Free Trade Association/Europäische Freihandelsassoziation
EGBGB	Einführungsgesetz zum Bürgerlichen Gesetzbuch
EGKS	Europäische Gemeinschaft für Kohle und Stahl
EGMR	Europäischer Gerichtshof für Menschenrechte
EGV	Vertrag zur Gründung der Europäischen Gemeinschaft
EJML	European Journal of Migration and Law
ELJ	European Law Journal
EMRK	Europäische Menschenrechtskonvention
EP	Europäisches Parlament
EU	Europäische Union
EU-GRCh	Charta der Grundrechte der Europäischen Union
EuConst	European Constitutional Law Review
EuG	Gericht der Europäischen Union
EuGH	Gerichtshof der Europäischen Union
EuGRZ	Europäische Grundrechte-Zeitschrift

EuR	Europarecht
EUV	Vertrag über die Europäische Union
EuZW	Europäische Zeitschrift für Wirtschaftsrecht
EWG	Europäische Wirtschaftsgemeinschaft
EWGV	Vertrag zur Gründung der Europäischen Wirtschaftsgemeinschaft
EZB	Europäische Zentralbank
f./ff.	folgende
FIDE	International Federation for European Law
Fn.	Fußnote
FreizügG/EU	Gesetz über die allgemeine Freizügigkeit von Unionsbürgern
GA	Generalanwalt, Generalanwältin, Generalanwälte
Geo.L.J.	Georgetown Law Journal
GG	Grundgesetz
ggf.	gegebenenfalls
GrünhutsZ	Zeitschrift für das Privat- und öffentliche Recht der Gegenwart, begründet von Grünhut
h.A.	herrschende Ansicht
Harv. Int'l L.J.	Harvard International Law Journal
Hrsg.	Herausgeber/Herausgeberin
i.d.F.	in der Fassung
i.e.S.	im engeren Sinne
i.S.d.	im Sinne des/im Sinne der
i.S.v.	im Sinne von
i.V.m.	in Verbindung mit
i.w.S.	im weiteren Sinne
ICL Journal	Vienna Journal on International Constitutional Law
info also	Informationen zum Arbeitslosenrecht und Sozialhilferecht
IPbpR	Internationaler Pakt über bürgerliche und politische Rechte
IPRax	Praxis des Internationalen Privat- und Verfahrensrechts
JCMS	Journal of Common Market Studies
JöR	Jahrbuch des öffentlichen Rechts der Gegenwart
JuS	Juristische Schulung
JZ	JuristenZeitung
Leg. Issues Econ. Integration	Legal Issues of Economic Integration
Loy.L.Rev.	Loyola Law Review
m.V.a.	mit Verweis auf
m.w.N.	mit weiteren Nachweisen
NJ	Neue Justiz
NJECL	New Journal of European Criminal Law
NJW	Neue Juristische Wochenschrift
NVwZ	Neue Zeitschrift für Verwaltungsrecht
NZA-RR	NZA-Rechtsprechungs-Report Arbeitsrecht
O.J.L.S.	Oxford Journal of Legal Studies
RabelsZ	Rabels Zeitschrift für ausländisches und internationales Privatrecht
REALaw	Review of European Administrative Law
Rn.	Randnummer
Rs.	Rechtssache
RT	Rechtstheorie
s.	siehe

S.	Seite
Sc.St.L.	Scandinavian Studies in Law
SGB	Sozialgesetzbuch
sog.	sogenannt
SR	Soziales Recht
STALS	Sant'Anna Legal Studies
Stat.L.R.	Statute Law Review
StGB	Strafgesetzbuch
TFEU	Treaty on the Functioning of the European Union
TFUE	Traité sur le Fonctionnement de l'Union Éuropéenne
TLR	Tilburg Law Review
u.	und
u.a.	unter anderem
U.Chic. Legal F.	University of Chicago Legal Forum
UK	United Kingdom of Great Britain and Northern Ireland/Vereinigtes Königreich Großbritannien und Nordirland
Unterabs.	Unterabsatz
v.	vom
Va.L.Rev.	Virginia Law Review
vb.	verbundene
vgl.	vergleiche
VerfOEuGH	Verfahrensordnung des Gerichtshofs
VO	Verordnung
WÜRV	Wiener Übereinkommen über das Recht der Verträge
YEL	Yearbook of European Law
ZaöRV	Zeitschrift für ausländisches öffentliches Recht und Völkerrecht
ZEuP	Zeitschrift für Europäisches Privatrecht
ZEuS	Zeitschrift für Europarechtliche Studien
ZfPW	Zeitschrift für die gesamte Privatrechtswissenschaft
ZfRV	Zeitschrift für Europarecht, Internationales Privatrecht und Rechtsvergleichung
ZHR	Zeitschrift für das gesamte Handels- und Wirtschaftsrecht
Ziff.	Ziffer
ZöR	Zeitschrift für öffentliches Recht

Einleitung

„Als wir den Europäischen Gerichtshof schufen, schwebte uns ein ehrgeiziger Gedanke vor: Die Verfassungsstruktur der Gemeinschaft mit einem obersten Gericht zu krönen, das im vollen Sinn des Wortes Verfassungsorgan war, einem Gericht wie der amerikanische Supreme Court in seiner glänzenden Zeit unter dem Chief Justice John Marshall, unter dessen Führung die urkundlich kaum skizzierte Verfassung der Vereinigten Staaten in der Gerichtspraxis Inhalt und Festigkeit gewann. Wir sind nicht enttäuscht worden. Die Entwicklung unserer Gemeinschaft ist nicht denkbar ohne die unabhängige, präzisierende und konkretisierende, anpassende und Lücken ergänzende, kurz: ohne die führende Leistung unseres Gerichtshofs.“[1]

Mit diesen viel zitierten Worten unterstrich der erste Vorsitzende der Kommission der Europäischen Wirtschaftsgemeinschaft (EWG) *Walter Hallstein* die herausragende Bedeutung, die dem Europäischen Gerichtshof (EuGH) bereits wenige Jahre nach der Gründung der Europäischen Gemeinschaften zugeschrieben wurde. Dass der EuGH seine Aufgaben entsprechend wahrnahm, führte in der europarechtlichen Literatur bereits früh zu vielfältigen Diskussionen über die Frage, wie weit die Kompetenzen des höchsten europäischen Gerichts reichen. Die Frage hat bis heute nicht an Aktualität verloren, was sich insbesondere auch im Rahmen der Diskussionen bezüglich des Brexits zeigte.[2]

Dabei ist das Thema keine Besonderheit des Europarechts.[3] Vielmehr versucht die juristische Methodenlehre in den Nationalstaaten Europas die Grenzen richterlicher Befugnisse herauszuarbeiten, seitdem mit den Schriften *Lockes* und *Montesquieus* das Prinzip der Gewaltenteilung in Abgrenzung zum Absolutismus entwickelt wurde.[4] Die Frage, welchen Grenzen richterliche Rechtsfortbildung unterliegt und folglich wie zulässige von unzulässiger Rechtsfortbildung differenziert werden kann, wird daher auch als eine der „Ewigkeitsfragen der Jurisprudenz“ bezeichnet.[5] Heute wird der

---

[1] *Hallstein*, Die Europäische Gemeinschaft, 110.

[2] Es war eine Kernforderung Großbritanniens, nach dem Brexit nicht mehr der Jurisdiktionsgewalt des Gerichtshofs unterworfen zu sein, FAZ Online v. 12.7.2018, http://www.faz.net/aktuell/wirtschaft/wie-sich-briten-den-handel-nach-dem-brexit-vorst ellen-15688449.html, zuletzt abgerufen am 16.4.2022.

[3] *Calliess*, Grundlagen, Grenzen und Perspektiven europäischen Richterrechts, NJW 2005, 929, 930.

[4] Vgl. *Hager*, Rechtsmethoden in Europa, 28 Rn. 38.

[5] *Frowein*, Randbemerkungen zu den Grenzen des Richterrechts in rechtsvergleichen-

Gewaltenteilungsgrundsatz in unterschiedlichen Ausprägungen als notwendiger Bestandteil moderner Demokratien betrachtet. Um eine Machtkonzentration zu verhindern, sollen die Staatsorgane nicht außerhalb ihres Zuständigkeitsbereiches handeln.

Bezogen auf das nationale Recht steht vor diesem Hintergrund zumeist die Abgrenzung von Recht und Politik im Zentrum der Diskussion. So wird insbesondere erörtert, welche Gestaltungsmöglichkeiten nationalen Höchstgerichten[6] im Rahmen ihrer judikativen Aufgabenwahrnehmung zukommen dürfen. Da Höchstgerichte im Unterschied zu den anderen Staatsorganen keiner institutionellen Kontrolle unterliegen, werden die Möglichkeiten, judikative Kompetenzen zu begrenzen, seit jeher kontrovers diskutiert. Im nationalen Recht ist damit vornehmlich die Frage der horizontalen Machtbalance betroffen. Auf europäischer Ebene tritt zu dem Horizontalverhältnis der Staatsorgane untereinander das Vertikalverhältnis zwischen der Europäischen Union und ihren Mitgliedstaaten hinzu. Da bislang nur eine funktionelle Teilintegration verwirklicht wurde, ist mit jeder Kompetenzüberschreitung durch den Europäischen Gerichtshof stets ein Eingriff in die mitgliedstaatliche Souveränität verbunden.[7]

Im Europarecht stellt sich die Frage, welchen Grenzen der EuGH bei Auslegung und Rechtsfortbildung unterliegt, daher in zweifacher Weise. Es gilt nicht nur, das Verhältnis des Gerichtshofs zu den anderen europäischen Organen, sondern ebenso das Verhältnis des Gerichtshofs zu den Mitgliedstaaten zu betrachten.

Eine umfassende Aufarbeitung der Rechtsfortbildungsproblematik im Europarecht ist bislang nur in wenigen Arbeiten erfolgt und liegt teilweise schon viele Jahre zurück.[8] Die meisten dieser Arbeiten weisen dabei eine primär methodische Ausrichtung auf und bleiben deshalb eher abstrakt.[9]

---

der Betrachtung, in: Doehring (Hrsg.), Richterliche Rechtsfortbildung: Erscheinungsformen, Auftrag und Grenzen, Festschrift der Juristischen Fakultät zur 600-Jahr-Feier der Ruprecht-Karls-Universität Heidelberg, 555, 557.

[6] Die mitgliedstaatlichen Gerichtssysteme sind unterschiedlich ausgestaltet. In der überwiegenden Anzahl der Mitgliedstaaten der Europäischen Union besteht eine eigenständige Verfassungsgerichtsbarkeit (Trennungsmodell), in einigen Mitgliedstaaten werden typische Aufgaben der Verfassungsgerichtsbarkeit jedoch von den allgemeinen Gerichten wahrgenommen (Einheitsmodell). Mit der Bezeichnung als „Höchstgerichte" sollen nachfolgend alle Gerichte erfasst werden, denen Letztentscheidungskompetenz zukommt.

[7] Vgl. *Prechal*, Competence Creep and General Principles of Law, REALaw 2010, 5, 6.

[8] Insbesondere: *Grosche*, Rechtsfortbildung im Unionsrecht; *Mittmann*, Rechtsfortbildung durch den Gerichtshof der Europäischen Gemeinschaften und die Rechtsstellung der Mitgliedstaaten der Europäischen Union; *Walter*, Rechtsfortbildung durch den EuGH: Eine rechtsmethodische Untersuchung ausgehend von der deutschen und französischen Methodenlehre.

[9] Zur notwendigen Abstrahierung von allgemeinen Methodenregeln, damit diese ihrem

Betrachtet man umgekehrt Urteilsanalysen von EuGH-Entscheidungen, wird aus diesen häufig nicht ersichtlich, welche Methoden der jeweiligen Kritik zugrunde liegen.[10] Dies ist im Europarecht besonders problematisch, da eine anerkannte Methodenlehre erst im Begriff ist, sich herauszubilden.

Ziel der vorliegenden Arbeit ist es daher, die theoretische Diskussion um die Grundlagen und Grenzen der Auslegung und Rechtsfortbildung des Europarechts mit einer praktischen Urteilsanalyse zu verknüpfen. Am Beispiel der zur Unionsbürgerschaft ergangenen Rechtsprechung sollen die Auslegungs- und Rechtsfortbildungsmethoden, denen sich der EuGH bedient, kritisch gewürdigt werden. Das Thema der Unionsbürgerschaft ist insoweit in besonderer Weise geeignet. Denn der maßgeblich durch Rechtsfortbildung geprägte Status der Unionsbürger[11] gehört zu den schillernsten Entwicklungen des Europarechts während der letzten Jahrzehnte.[12] Die Rechtsprechungsentwicklung hat einerseits bei vielen Autoren die Hoffnung geweckt, die europäische Integration durch die besondere Rechtsstellung der Unionsbürger weiter zu stärken, andererseits wurden weitreichende Urteile des Gerichtshofs mitunter stark kritisiert, da sie methodisch schwer nachvollziehbar erschienen.[13]

In einem theoretischen Methodik-Teil wird zuerst der derzeitige wissenschaftliche Stand zur sich stetig entwickelnden europäischen Methodenlehre und der durch diese definierten Grundlagen und Grenzen von Auslegung und Rechtsfortbildung herausgearbeitet (Teil 1, §§ 1–5). Nachfolgend wird die Rechtsprechungslinie hinsichtlich der Schöpfung der Unionsbürgerschaft dargestellt und vor dem Hintergrund der Ergebnisse des methodischen Teils analysiert. Zur Einordnung des Themenkomplexes erfolgt zunächst ein kurzer historischer Abriss der Entwicklung des unionsbürgerschaftlichen Status (Teil 2, § 6), bevor die Rechtsprechung in drei wesentlichen, den Charakter der Unionsbürgerschaft prägenden Bereichen analysiert wird: Zunächst werden Erwerb und Verlust der Unionsbürgerschaft untersucht

Entlastungsauftrag gerecht werden können, *Reimer*, Juristische Methodenlehre, 39 Rn. 38; kritisch zur abstrakten Analyse der Rechtsfortbildungsthematik: *Horsley*, Reflections on the Role of the Court of Justice as the “Motor” of European Integration: Legal Limits to Judicial Lawmaking, CMLR 2013, 931, 939.

[10] *Griller*, in: Lienbacher (Hrsg.), Verfassungsinterpretation in Europa, 124 m.w.N. Vgl. insoweit auch *Höpfner* und *Rüthers*, nach welchen mit der einzelfallbezogenen Kritik nicht an der Ursache angesetzt werde, sondern nur Symptome bekämpft würden, *Höpfner/Rüthers*, Grundlagen einer europäischen Methodenlehre, AcP 2009, 1, 3.

[11] Soweit personenbezogene Bezeichnungen im Maskulinum stehen, wird diese Form verallgemeinernd verwendet und bezieht sich auf alle Geschlechter.

[12] Vgl. *Schmahl/Jung*, Die Unionsbürgerschaft: Ein komplexes Rechtsinstitut mit weitreichenden Folgen, Jura 2016, 1272, 1272.

[13] Vgl. zur umfangreichen Diskussion: *Kochenov* (Hrsg.), EU Citizenship and Federalism: The Role of Rights.

(Teil 2, § 7 B. I.), hiernach die Problematik der Verknüpfung von Unionsbürgerschaft und allgemeinem Diskriminierungsverbot analysiert (Teil 2, § 7 B. II.) und danach auf die Kernbereichsrechtsprechung eingegangen (Teil 2, § 7 B. III.). Abschließend erfolgt eine Zusammenfassung der Ergebnisse (Teil 3).

Da das kodifizierte Unionsrecht im Hinblick auf die dieser Arbeit zugrunde liegende Thematik vielfachen Änderungen unterlag, wurde eine Synopse der wichtigsten Normen des Primär- und Sekundärrechts angefertigt und als Anhang beigefügt. Die Synopse ermöglicht es, während der Lektüre der analysierten Urteile das zum jeweiligen Entscheidungszeitpunkt geltende Recht schnell zu erfassen. Außerdem können insoweit die schrittweisen Änderungen des Rechts und insbesondere das Zusammenwirken zwischen dem Gerichtshof und dem Unionsgesetzgeber nachvollzogen werden. Das Primärrecht betreffend sind darüber hinaus die jeweiligen aktuellen Normen in Klammern auch in den Text der Arbeit eingearbeitet.

Teil 1

Theoretische Grundlagen

§ 1

Rechtstheoretische Grundlagen

Mit dieser Arbeit soll die Urteilsfindung bzw. -begründung[1] des EuGH primär aus methodischer Sicht untersucht werden. Daher gilt es zunächst festzustellen, inwieweit die juristische Methodenlehre geeignete Instrumente zur Bewertung der Arbeitsweise des höchsten europäischen Gerichts bereitstellt.

Insoweit erscheint freilich problematisch, dass bis heute nicht abschließend geklärt ist, welche Funktionen einer juristischen Methodenlehre zukommen oder zukommen sollten. Ausgangspunkt ist die Überlegung, dass es in kodifizierten Rechtssystemen im Streitfall dem Richter obliegt, die von der legislativen Gewalt geschaffenen Gesetze auszulegen und anzuwenden.[2] Denknotwendig sind die vom Gesetzgeber erzeugten Normen inhaltlich unbestimmt[3] und alle Versuche, die Unbestimmtheit der Normen hinsichtlich ihrer graduellen Unterschiede sinnvoll zu kategorisieren und daraus Folgen für die gesetzliche Bindungswirkung abzuleiten, mussten erfolglos bleiben.[4]

[1] Ältere Methodenlehren stellen vorrangig auf das Finden der richtigen Lösung ab, neuere Methodenlehren rücken eher die Urteilsbegründung in den Mittelpunkt ihrer Analyse, *Martens*, Methodenlehre des Unionsrechts, 72. Zur Problem- und Perspektivenabhängigkeit der Methodenlehre: *Reimer*, Juristische Methodenlehre, 26 f., welcher einen starken Zusammenhang von Herstellungs- und Darstellungsvorgang sieht.

[2] Unstreitig muss die juristische Methodenlehre neben der Auslegung und Anwendung der Gesetze durch die Judikative auch die Auslegung und Anwendung durch die Exekutive umfassen. Darüber hinaus sind auch die Rechtsquellenerzeugung durch den Gesetzgeber sowie untergesetzliche Normgebung als von der juristischen Methodenlehre umfasst anzusehen, *Reimer*, Vielfalt und Einheit juristischer Methode, in: Gödicke/Hammen/Schur et al. (Hrsg.), Festschrift für Jan Schapp zum siebzigsten Geburtstag, 431, 432. Vgl. auch *Komárek*, in: Arnull/Chalmers (Hrsg.), The Oxford Handbook of European Union Law, 28. Nachfolgend steht die justizbezogene „klassische Methodenlehre“ im Zentrum, da diese Kernstück der nachfolgenden (Urteils-)Analyse ist.

[3] *Grimmel*, Judicial Interpretation or Judicial Activism? The Legacy of Rationalism in the Studies of the European Court of Justice, ELJ 2012, 518, 529; vgl. auch *Reimer*, Juristische Methodenlehre, 32.

[4] So unterschied z.B. *Savigny* grundlegend zwischen gesunden und mangelhaften Gesetzen, *von Savigny*, System des heutigen Römischen Rechts Band I, 222 zitiert nach *Hager*, Rechtsmethoden in Europa, 25 Rn. 29 f. *Kelsen* unterschied einen bindenden Kernbereich des Rechts und einen Bereich, indem der Richter rechtspolitische Entscheidungen treffen könne. Ähnlich unterschied später auch *Hart* zwischen dem Bedeutungskern und einem Schattenbereich. Zum Ganzen: *Martens*, Methodenlehre des Unionsrechts, 35. Kritisch

Die Unbestimmtheit der Normen führt dazu, dass richterliche Urteile nicht ohne Wertentscheidungen gefällt werden können.[5] Mit der Entscheidung vollzieht der Richter, soweit möglich, die gesetzlichen und sonstigen rechtlichen Wertungen nach und entwickelt im Übrigen seine eigene Einschätzung aus dem Rechtssystem heraus.[6] Er verleiht der in Rede stehenden Norm hierdurch genauere Konturen, führt eine unbestimmte Norm also im jeweiligen Anwendungsfall der Bestimmtheit zu.[7]

Im eben beschriebenen Prozess kann die juristische Methodenlehre an der Schnittstelle zwischen Legislative und Judikative ansetzen. Die spezifischen Implikationen der Methodenlehre für die Urteilserzeugung sind jedoch unklar. In der Vergangenheit und teilweise bis heute wurde und wird mit einer strengen Methodenlehre und der dadurch erzielten engen Bindung an gesetzliche Vorgaben die Hoffnung verbunden, richterliche Willkür weitestgehend zu begrenzen.[8] Nur über das enge Korsett der Methodenlehre könne der Gesetzesbindung in kodifizierten Rechtssystemen und damit dem Grundsatz der Gewaltenteilung als zentralem Element der Rechtsstaatlichkeit genügt werden.[9] Darüber hinaus ordne die Methodenlehre rechtliche Argumente und könne damit die Gleichbehandlung gleich gelagerter Sachverhalte ermöglichen und dadurch Rechtssicherheit gewährleisten.[10] Auch in der Tradition des *Common Law* wird der Bindung an Präjudizien seit dem 19. Jahrhundert hohe Bedeutung beigemessen, um die rechtsschöpferischen Möglichkeiten des Richters zu begrenzen.[11]

---

unter Berufung auf die Gebrauchstheorie der Bedeutung auch: *Griller*, in: Lienbacher (Hrsg.), Verfassungsinterpretation in Europa, 126 f.

[5] *Vesting*, Rechtstheorie, 118 Rn. 195; vgl. auch *Everling*, Rechtsvereinheitlichung durch Richterrecht in der Europäischen Gemeinschaft, RabelsZ 1986, 193, 200; vgl. ebenso *Möllers*, Gewaltengliederung, 95. Zum Problem des hermeneutischen Zirkels: *Martens*, Methodenlehre des Unionsrechts, 119.

[6] *Martens*, Methodenlehre des Unionsrechts, 47.

[7] *Martens*, Methodenlehre des Unionsrechts, 49.

[8] *Fleischer*, Europäische Methodenlehre: Stand und Perspektiven, RabelsZ 2011, 700, 701; vgl. auch *Komárek*, in: Arnull/Chalmers (Hrsg.), The Oxford Handbook of European Union Law, 29.

[9] *Rüthers/Fischer/Birk*, Rechtstheorie und Juristische Methodenlehre, 408 Rn. 649 f.; *Höpfner*, Die systemkonforme Auslegung, 141.

[10] Vgl. *Rüthers/Fischer/Birk*, Rechtstheorie und Juristische Methodenlehre, 409 Rn. 650; ähnlich auch *Buck*, Über die Auslegungsmethoden des Gerichtshofs der Europäischen Gemeinschaft, 26 f.

[11] *Hager*, Rechtsmethoden in Europa, 92 Rn. 16. Auch in den USA gilt das Prinzip der *stare decisis*, die Präjudizienbindung ist dort jedoch insgesamt schwächer als in England, *Hager*, Rechtsmethoden in Europa, 107 Rn. 53; vgl. auch *Colby*, The Sacrifice of the New Originalism, Geo.L.J. 2011, 713, 714, vgl. ebenso *Frowein*, Randbemerkungen zu den Grenzen des Richterrechts in rechtsvergleichender Betrachtung, in: Doehring (Hrsg.), Richterliche Rechtsfortbildung: Erscheinungsformen, Auftrag und Grenzen, Festschrift

Da die einzelnen Instrumente der Methodenlehre jedoch selbst deutungsoffen sind und auch das jeweilige Gewicht der einzelnen Auslegungsmethoden im konkreten Anwendungsfall unklar ist[12], scheint es, als ob der findige Rechtsanwender jedes beliebige Auslegungsergebnis über die entsprechende Implementierung der verschiedenen Auslegungsmethoden rechtfertigen kann.[13] Auch für das *Common Law* wird angemerkt, dass stets das nachfolgende Gericht interpretiert und festlegt, was *ratio decidendi* des vorausgegangenen Urteils war und hierbei einen gewissen Entscheidungsspielraum hat.[14] Außerdem sei es den Richtern möglich, der Präjudizienbindung etwa mit Hilfe eines geschickten *distinguishing* zu entfliehen.[15] Handele es sich bei dem zu entscheidenden Fall um einen sogenannten *case of first impression*, d.h. um einen Fall für den Präzedenzurteile fehlen, müsse der Richter ohnehin unter Rückgriff auf allgemeine Rechtsprinzipien entscheiden. Auch wenn die Entscheidung unter Berücksichtigung der jeweiligen Folgen getroffen werde und sich grundsätzlich konsistent in die bisher ergangene Rechtsprechung einfügen müsse, verfüge der Richter in diesen Fällen über einen weiten Ermessensspielraum.[16]

Diese Annahmen führten bei vielen Autoren zu einer tiefgreifenden Methodenkritik:[17] Die Leistungsfähigkeit der Methodenlehre werde deutlich überschätzt.[18] Recht einhellig wird daher mittlerweile vertreten, dass die juristische Methodenlehre richterliche Entscheidungen nicht vollends determinieren, sondern allenfalls strukturieren könne.[19] Von einigen Autoren wird im Rahmen der Debatte über die Möglichkeiten der Begrenzung richterlicher Macht sogar eine gänzliche Abkehr von der Methodenlehre postuliert.[20] In

---

der Juristischen Fakultät zur 600-Jahr-Feier der Ruprecht-Karls-Universität Heidelberg, 555, 555.

[12] *Hager*, Rechtsmethoden in Europa, 42 Rn. 77.

[13] *Martens*, Methodenlehre des Unionsrechts, 16 und 40 f.; vgl. hierzu auch umfassend im Hinblick auf die Entwicklung des Zivilrechts zur Zeit des Nationalsozialismus *Rüthers*, Die unbegrenzte Auslegung: zum Wandel der Privatrechtsordnung im Nationalsozialismus.

[14] *Hager*, Rechtsmethoden in Europa, 96 Rn. 26.

[15] *Lord Hope of Craighead*, Method and Results – The Place of Case Law in the Legal System of the UK, in: Schulze/Seif (Hrsg.), Richterrecht und Rechtsfortbildung in der Europäischen Rechtsgemeinschaft, 145, 155.

[16] *Hager*, Rechtsmethoden in Europa, 111 Rn. 67.

[17] Vgl. *Engisch*, Subsumtion und Rechtsfortbildung, in: Doehring (Hrsg.), Richterliche Rechtsfortbildung: Erscheinungsformen, Auftrag und Grenzen, Festschrift der Juristischen Fakultät zur 600-Jahr-Feier der Ruprecht-Karls-Universität Heidelberg, 3, 9; *Martens*, Methodenlehre des Unionsrechts, 15; im Hinblick auf die Verfassungsinterpretation: *Hesse*, Grundzüge des Verfassungsrechts der Bundesrepublik Deutschland, 23 Rn. 57 f.

[18] *Hassemer*, Juristische Methodenlehre und richterliche Pragmatik, in: Britz/Koriath/Kunz et al. (Hrsg.), Festschrift für Heike Jung, 231, 233.

[19] Vgl. beispielhaft *Hart*, Der Begriff des Rechts, 150.

[20] Vgl. *Hager*, Rechtsmethoden in Europa, 296 f., der die richterliche Machtbegrenzung durch juristische Selbstbescheidung und juristische Dialektik erreichen will.

moderneren Ausarbeitungen wird außerdem vielfach dafür geworben, abseits des juristischen Methodenkanons andere Faktoren in den Blick zu nehmen, die die richterliche Entscheidungsfindung maßgeblich beeinflussen. Hierzu lassen sich institutionelle Gegebenheiten, soziale Zwänge und sonstige empirisch belegbare Einflüsse zählen, die bewusst oder unbewusst bei der Ausübung der Richtertätigkeit eine Rolle spielen.[21]

Auch wenn die faktische Relevanz außerrechtlicher Entscheidungsgründe zweifellos nicht bestritten werden kann und daher auch ihre wissenschaftliche Aufarbeitung Erkenntnisgewinne bereithalten wird, kann diesen außerrechtlichen Faktoren gerade keine normative Wirkkraft zugesprochen werden.[22] Aus normativer Perspektive dürfen außerrechtliche Faktoren die Entscheidungsfindung und -begründung nur im Rahmen der rechtlich definierten Grenzen beeinflussen. Soweit juristische Methoden also normative Wirkung entfalten, ist eine methodische Analyse der Rechtsprechung gerechtfertigt und auch erforderlich. Doch inwieweit kommt einer europäischen juristischen Methodenlehre normative Wirkkraft zu?

Für den normativen Charakter von Methodenregeln spricht in erster Linie, dass über angewandte Methoden im Allgemeinen bzw. Interpretation im Besonderen Macht ausgeübt wird. Denn der materielle Gehalt einer Rechtsordnung bestimmt sich nicht allein durch ihre theoretische Konzeption, sondern vielmehr durch das tatsächlich angewandte Recht.[23] Darüber hinaus erlässt der jeweilige Gesetzgeber Rechtsnormen vor dem Hintergrund eines gewissen Methodenverständnisses.[24] Auch ein Blick in die unterschiedlichen europäischen Rechtssysteme zeigt, dass jeder Rechtskultur eine gewisse methodische Vorgehensweise im Rahmen der richterlichen Entscheidungsfindung immanent ist und eine Abkehr von jeglichen Methodenregeln realitätsfremd wäre. Insoweit lässt sich eine gewisse normative Kraft europarechtlicher Methodenregeln auch aus den gemeinsam überlieferten Rechtstraditionen der europäischen Mitgliedstaaten ableiten.[25] So ist etwa im deutschen Recht Rechtsbeugung gem. § 339 des Strafgesetzbuches (StGB) strafbar[26]

---

[21] Vgl. *Hassemer*, Juristische Methodenlehre und richterliche Pragmatik, in: Britz/Koriath/Kunz et al. (Hrsg.), Festschrift für Heike Jung, 231, 251 f.; umfassend: *Vermeule*, Judging under Uncertainty; vgl. auch *Reimer*, Vielfalt und Einheit juristischer Methode, in: Gödicke/Hammen/Schur et al. (Hrsg.), Festschrift für Jan Schapp zum siebzigsten Geburtstag, 431, 434.

[22] A.A. wohl *Hassemer*, Juristische Methodenlehre und richterliche Pragmatik, in: Britz/Koriath/Kunz et al. (Hrsg.), Festschrift für Heike Jung, 231, 252.

[23] *Reimer*, Juristische Methodenlehre, 43 Rn. 46 m.w.N.

[24] *Reimer*, Juristische Methodenlehre, 49 Rn. 57.

[25] Kritisch: *Bobek*, Legal Reasoning of the Court of Justice of the EU, E.L.Rev. 2014, 418, 419.

[26] Nach überwiegender Ansicht kommt eine Rechtsbeugung i.S.v. § 339 StGB nach der objektiven Theorie in Betracht, wenn das Recht *objektiv* falsch angewandt wird. Rechts-

und das Bundesverfassungsgericht (BVerfG) behält sich eine Rechtmäßigkeitskontrolle unter Rückgriff auf Art. 20 Abs. 3 des Grundgesetzes (GG) vor, wenn die Fachgerichte aufgrund methodischer Fehler ein willkürliches Urteil gefällt haben[27]. Auch dem Völkerrecht ist eine methodische Auslegung nicht fremd, wie die Auslegungspraxis der internationalen Gerichte sowie Art. 31–33 des Wiener Übereinkommens über das Recht der Verträge (WÜRV) belegen.[28] Daneben lässt sich aus den Entscheidungen des EuGH implizit ablesen, dass er sich durch bestimmte methodische Auslegungsregeln gebunden sieht.[29] Zwar sind im Europarecht mit Ausnahme der Art. 51–54 der Charta der Grundrechte der Europäischen Union (EU-GRCh) und Art. 6 Abs. 1 des Vertrages über die Europäische Union (EUV) sowie Art. 340 Abs. 2 u. 3 des Vertrages über die Arbeitsweise der Europäischen Union (AEUV) keine Regelungen vorhanden, die ausweislich ihres Wortlauts unmittelbar auf ein europarechtliches Methodenverständnis schließen lassen, doch gibt es auch im sonstigen Primärrecht eine Vielzahl von Normen, welche jedenfalls als die Auslegung steuernde Maximen herangezogen werden können.[30]

Darüber hinaus ist im Hinblick auf das Europarecht freilich die faktische Bedeutung der Methodenlehre evident: Um eine einheitliche Anwendung des Unionsrechts zu gewährleisten, müssen die Urteile des EuGH in allen Mitgliedstaaten entsprechend akzeptiert und nachvollzogen werden.[31] Die Befolgung der Rechtsprechung durch die Mitgliedstaaten hängt dabei entscheidend von der Transparenz der juristischen Methodik ab.[32]

---

beugung könne so beispielsweise bei einer „Überdehnung" des Wortlauts erfolgen, *Uebele*, in: Hefendehl/Hohmann (Hrsg.), Münchener Kommentar zum Strafgesetzbuch Band 5 §§ 263–358 StGB, § 339 Rn. 47 m.w.N. Vgl. auch *Martens*, Rechtliche und Außerrechtliche Argumente, RT 2011, 145, 161.

[27] Beispielhaft: BVerfGE 87, 273 *Erörterungsgebühr*, Beschluss des BVerfG v. 3.11.1992, 280; kritisch zur Kontrollpraxis des BVerfG: *Frowein*, Randbemerkungen zu den Grenzen des Richterrechts in rechtsvergleichender Betrachtung, in: Doehring (Hrsg.), Richterliche Rechtsfortbildung: Erscheinungsformen, Auftrag und Grenzen, Festschrift der Juristischen Fakultät zur 600-Jahr-Feier der Ruprecht-Karls-Universität Heidelberg, 555, 558 f. u. *Schönberger*, Höchstrichterliche Rechtsfindung und Auslegung gerichtlicher Entscheidungen, in: Lienbacher/Grzeszick/Calliess (Hrsg.), Grundsatzfragen der Rechtsetzung und Rechtsfindung, Referate und Diskussionen auf der Tagung der Vereinigung der Deutschen Staatsrechtslehrer in Münster vom 5. bis 8. Oktober 2011, 296.

[28] *Herdegen*, Völkerrecht, § 15 Rn. 29 f.

[29] Hierzu im Einzelnen unter § 4 B.

[30] Vgl. *Reimer*, Juristische Methodenlehre, 43 Rn. 48. Ausführlich hierzu § 5 B. II.

[31] Vgl. *Hager*, Rechtsmethoden in Europa, 262.

[32] *Buck*, Über die Auslegungsmethoden des Gerichtshofs der Europäischen Gemeinschaft, 71.

Grundlegende Methodenregeln sind auch vielfach in der regelbildenden Rechtsdogmatik aufgegangen[33] und damit Bestandteil des im Einzelnen praktisch anwendbaren Rechts. Insoweit verschmilzt das materielle Recht notwendig mit der abstrakten Methodenlehre und die Normativität des Gesetzes und der das Gesetz konkretisierenden Methoden sind kaum voneinander zu trennen.

Darüber hinaus ist den Verfechtern einer streng bindenden Methodenlehre[34] zuzugeben, dass in jeder demokratisch legitimierten Rechtsordnung das Bedürfnis nach intersubjektiv nachvollziehbaren und rational kontrollierbaren Entscheidungen besteht. Die Rechtsanwendung der Gerichte muss im Wesentlichen voraussehbar sein, um das Gerechtigkeitsgebot zu verwirklichen.[35] Zwar kann eine Methodenlehre aufgrund der beschriebenen Unwägbarkeiten die Rechtsprechung nicht vollständig determinieren, sie kann aber im Wege eines diskursiven Prozesses zu einer bestmöglichen Annäherung an die inhaltlich richtige Entscheidung im Sinne einer „pragmatischen Wahrheit“[36] führen.[37] Die Methodenregeln müssen dabei als die den Diskurs leitenden Metaregeln verstanden werden.[38]

Freilich werden auch die „pragmatisch richtigen“ Metaregeln erst im Wege des juristischen Diskurses erschlossen.[39] Zunächst gewährleistet methodisches Vorgehen im Rahmen der Urteilsfindung Selbstkontrolle des jeweiligen Richters.[40] Und auch wenn der einzelne Richter im Grunde die jeweiligen Methoden frei wählen kann, so besteht doch im Rahmen des Instanzenzuges – und z.B. in Deutschland letztlich auch verfassungsrechtlich – die Möglichkeit zur gerichtssysteminternen Korrektur. Als Teil des gerichts-

---

[33] *Reimer*, Juristische Methodenlehre, 28 Rn. 14 m.w.N.; vgl. auch *Vesting*, Rechtstheorie, 14 Rn. 21 f.; *Muthorst*, Grundlagen der Rechtswissenschaft: Methode, Begriff, System, 17 Rn. 26 f; *Potacs*, Rechtstheorie, 25. Der Begriff der Dogmatik wird vorliegend verstanden als die „am Systemdenken ausgerichtete Aufbereitung des positiven Rechts zum Zwecke seiner Anwendung“, *Jestaedt*, Die deutsche Staatsrechtslehre im europäisierten Rechtswissenschaftsdiskurs, JZ 2012, 1, 3. Eingehend zum Begriff der Rechtsdogmatik aus deutscher Sicht auch *Bumke*, Rechtsdogmatik: Überlegungen zur Entwicklung und zu den Formen einer Denk- und Arbeitsweise der deutschen Rechtswissenschaft, JZ 2014, 641.

[34] Oben Fn. 9.

[35] *Martens*, Methodenlehre des Unionsrechts, 18.

[36] Zum Begriff der „pragmatischen Wahrheit“ sowie der Abgrenzung zum streng logischen Wahrheitsbegriff: *Martens*, Methodenlehre des Unionsrechts, 55 f. u. 69 f.

[37] Vgl. auch: *Hesse*, Grundzüge des Verfassungsrechts der Bundesrepublik Deutschland, 29 Rn. 76; *Grimmel*, Judicial Interpretation or Judicial Activism? The Legacy of Rationalism in the Studies of the European Court of Justice, ELJ 2012, 518, 530.

[38] Vgl. *Reimer*, Juristische Methodenlehre, 43 Rn. 45; vgl. auch *Fleischer*, Europäische Methodenlehre: Stand und Perspektiven, RabelsZ 2011, 700, 702 m.w.N.

[39] Vgl. *Martens*, Methodenlehre des Unionsrechts, 69.

[40] *Martens*, Methodenlehre des Unionsrechts, 74.

internen Systems muss im Hinblick auf das Unionsrecht auch der Dialog der nationalen Gerichte mit dem EuGH gelten. Die eben genannte Korrektur wird dabei insbesondere über die Urteilsbegründungspflicht ermöglicht.[41] Die substantiierte Urteilsbegründung erlaubt dem jeweils höheren bzw. dem über die Vorlage entscheidenden Gericht eine dezidierte Auseinandersetzung mit dem zuvor ergangenen Urteil.[42]

Kritik kann jedoch nicht nur gerichtssystemintern an die Richter herangetragen werden, auch die Wissenschaft liefert einen wichtigen Beitrag zum juristischen Diskurs. So werden wissenschaftliche Auseinandersetzungen mit Rechtsproblemen oder auch einzelnen Gerichtsentscheidungen häufig offen oder verdeckt in Urteilen rezipiert.[43] Unabhängig davon, ob sich die Kritik gerichtssystemintern oder -extern vollzieht, werden Urteile nicht nur ergebnisorientiert reflektiert, sondern ebenfalls inhaltlich-methodisch.

Objektiv richtige Methodenregeln lassen sich folglich nicht streng logisch nachweisen. Im Wege des juristischen Diskurses kann aber eine Annäherung an die „pragmatisch richtigen“ Methodenregeln erzielt werden, welche insoweit dann auch gesichert durch das prozessuale Verfahren normative Wirkung entfalten. Die vorliegende Arbeit versteht sich als Beitrag im Rahmen dieses juristischen Diskurses.

[41] *Rüthers/Fischer/Birk*, Rechtstheorie und Juristische Methodenlehre, 409 Rn. 652.

[42] Die Urteilsbegründungen dienen daneben u.a. aber auch der Orientierung der Instanzgerichte, sie sind Ausdruck des Respekts gegenüber den streitenden Parteien und verleihen dem Prinzip des rechtlichen Gehörs für die Prozessparteien erkennbare Bedeutung, sie ermöglichen der Allgemeinheit die Kontrolle über richterliche Entscheidungen und stärken derart das Vertrauen der Gesellschaft in den Rechtsstaat, *Martens*, Methodenlehre des Unionsrechts, 73 f. Zu einer an Rechtsbeugung grenzenden, unzureichenden Urteilsbegründung aus nationaler Perspektive: LG Köln Urteil v. 28.7.2016, Az. 152 Ns 59/15.

[43] Auf Unionsebene erfolgt bislang nur eine verdeckte Rezeption, da der EuGH Literaturzitate vermeidet, vgl. *Griller*, in: Lienbacher (Hrsg.), Verfassungsinterpretation in Europa. Betrachtet man jedoch Urteilsketten über einen längeren Zeitraum lässt sich feststellen, dass der EuGH durchaus auf Kritik reagiert. *Vranken* weist in seinem Rechtsvergleich der Wissenschaft im *Civil Law* deutlich mehr Bedeutung zu als im *Common Law*, in welchem eher die Richter Schlüsselakteure seien, *Vranken*, Western Legal Traditions, A Comparison of Civil Law and Common Law, 27.

§ 2

Das Rechtssystem der EU als Hybridsystem

Die Auslegungs- und Anwendungspraxis des EuGH wird maßgeblich durch das die EU charakterisierende Rechtssystem beeinflusst. Zunächst muss das EU-Rechtssystem daher in seiner Gesamtheit eingeordnet werden. Da sich die EU aus 27 Mitgliedstaaten zusammensetzt, die das Gesamtgefüge der Europäischen Union prägen, lohnt sich ein Blick in die unterschiedlichen nationalstaatlichen Rechtsordnungsmodelle.

Traditionell werden in Europa die Rechtssysteme des kontinentaleuropäischen und des angloamerikanischen Rechtsraumes gegenübergestellt und auch als *Civil Law* bzw. *Common Law* bezeichnet.[1] Vereinfacht lässt sich feststellen, dass kontinentaleuropäische Rechtsordnungen im Grundsatz auf kodifiziertem Recht beruhen und Rechtsfragen eher mit Hilfe eines deduktiven Ansatzes gelöst werden. Im angloamerikanischen Rechtsraum hingegen ist ein induktives Verfahren maßgebend.[2] Es hat sich ein differenziertes Fallrecht herausgebildet, welches die normative Grundlage der gerichtlichen Urteilsfindung darstellt. Voraussetzung hierfür ist, dass in Rechtssystemen des *Common Law* der richterlichen Entscheidung über die konkrete Streitentscheidung hinaus Bindungswirkung und damit auch Rechtsquellenqualität zukommt.[3] In England setzte sich die heute mit dem angloamerikanischen Recht assoziierte strenge Präjudizienbindung (Prinzip des *stare decisis*) erst im Laufe des 19. Jahrhunderts durch. Maßgeblich hierfür waren unter anderem ein starkes Bedürfnis nach Rechtssicherheit und der Bindung der Rechtsprechung, sowie durch die Gerichtsreform von 1830 etablierte institutionelle Neuerungen und eine Verbesserung der *law reports*, welche die Bezugnahme auf frühere Entscheidungen faktisch überhaupt erst ermöglichten.[4]

In den kodifizierten Rechtssystemen Europas wurde eine Präjudizienbindung hingegen herkömmlicherweise abgelehnt – zunehmend wird aber auch hier der Rechtsprechung eine immer größere Bedeutung beigemessen. Beispielhaft lassen sich die Rechtssysteme Frankreichs und Deutschlands her-

---

[1] Vgl. hierzu auch *Grosche*, Rechtsfortbildung im Unionsrecht, 32 f.

[2] *Vranken*, Western Legal Traditions, A Comparison of Civil Law and Common Law, 2.

[3] Ausführlicher zur Frage der Bindungswirkung in Deutschland, England und Frankreich wie auch in der Union unten, § 4 C. I.

[4] *Hager*, Rechtsmethoden in Europa, 89 f.

anziehen: Auch wenn die praktische Relevanz von Entscheidungen der *Cour de cassation* und des *Conseil d'État* in der französischen *doctrine* unbestritten ist, sprechen die „Formaljuristen" der Rechtsprechung u.a. mit Bezug auf das Prinzip der Gewaltenteilung sowie das Verbot von sogenannten *arrêts de règlemen*t die Rechtsquellenqualität ab. Dieser Ansicht wird entgegengehalten, dass sie die faktische Rechtsetzungsmacht der Richter ignoriere. Man müsse die faktische Rechtsetzungsmacht vielmehr anerkennen und über diese auf eine normative Rechtschöpfungskompetenz schließen. Am weitesten verbreitet scheint in Frankreich aber wohl die pragmatisch-vermittelnde Ansicht, welche der Rechtsprechung formell zwar keine Rechtsquellenqualität zuspricht, ihren besonderen Stellenwert und ihre Autorität aber nicht leugnet.[5] Dies kommt auch der wohl überwiegenden Ansicht in Deutschland recht nahe, welche mit Ausnahme von Urteilen nach § 31 des Bundesverfassungsgerichtsgesetzes (BVerfGG) eine Bindungswirkung der Gerichte über den Einzelfall hinaus ablehnt. Gleichwohl ist eine Rechtsprechungsänderung vor dem Hintergrund von Art. 3 u. 20 Abs. 3 GG sowie eines berechtigten Vertrauensschutzes in die gefestigte Rechtsprechung nicht beliebig möglich.[6]

Auch wenn rechtstheoretisch zwischen den kontinentaleuropäischen und den angloamerikanischen Rechtssystemen einige Unterschiede bestehen, haben sie sich in der Praxis mittlerweile erheblich angenähert, nicht zuletzt unter dem Einfluss des Europarechts.[7] So wird das *Common Law* in vielen Regelungsbereichen durch *statutes* modifiziert oder ergänzt[8] und auch in den kodifizierten Rechtssystemen wurden einzelne Regelungsbereiche nahezu vollständig durch Richterrecht geregelt[9]. Vor diesem Hintergrund ist fraglich, wie das Europarecht selbst einzuordnen ist.

---

[5] Zum Ganzen: *Martens*, Methodenlehre des Unionsrechts, 194 f.

[6] *Martens*, Methodenlehre des Unionsrechts, 181 f.

[7] *Shoenberger*, Change in the European Civil Law Systems: Infiltration of the Anglo-American Case Law System of Precedent into the Civil Law System, Loy.L.Rev. 2009, 5, 21. Im Hinblick auf die den Rechtssystemen zugrunde liegenden Methoden wird auch von einer gewissen Konvergenz ausgegangen: *Fleischer*, Europäische Methodenlehre: Stand und Perspektiven, RabelsZ 2011, 700 u.a. mit Verweis auf *Zimmermann*, Europa und das Römische Recht, AcP 2002, 243, 304 f.; vgl. auch *Grosche*, Rechtsfortbildung im Unionsrecht, 33.

[8] *Pojanowski*, Reading Statutes in the Common Law Tradition, Va.L.Rev. 2015, 1357, 1376 f.

[9] So ist im deutschen Recht etwa das Arbeitskampfrecht maßgeblich durch richterliche Entscheidungen des BAG geprägt, kritisch hierzu: *Litschen*, Das BAG und der Arbeitskampf oder die Kunst, ein totes Pferd zu reiten, NZA-RR 2015, 57. Auch das Verwaltungsrecht in Frankreich ist maßgeblich durch die Rechtsprechung des *Conseil d'Etat* entwickelt worden, *Marsch*, in: Schneider (Hrsg.), Verwaltungsrecht in Europa Band 2, Frankreich, Polen und Tschechien, 57.

Da die Gründungsstaaten der Europäischen Gemeinschaft für Kohle und Stahl (EGKS) und wenige Jahre später der Europäischen Wirtschaftsgemeinschaft und der europäischen Atomgemeinschaft[10] alle dem kontinentaleuropäischen Rechtskreis angehörten und der Europäische Gerichtshof bereits im Jahr 1953 seine Arbeit aufnahm, ließe sich vermuten, dass auch die Rechtsprechung des EuGH ursprünglich der kontinentaleuropäischen Rechtstradition nahestand und die Fortentwicklung der Rechtsprechung nachhaltig geprägt hat.[11] Mitunter wird insoweit auch betont, dass frühe Urteile insbesondere dem autoritären französischen Stil ähnelten, welcher sich durch äußerst knappe Begründungen auszeichnet.[12] Darüber hinaus ist unbestritten, dass der französische *Conseil d'Etat* als Modell für den EuGH Pate stand.[13]

Da die europäische Integration jedoch zunächst durch „klassische völkerrechtliche Verträge" initiiert wurde, wäre es verkürzt, die Frühphase von Entscheidungen des Europäischen Gerichtshofs allein in der kontinentaleuropäischen Rechtstradition verwurzelt zu sehen.[14] Wichtige Grundsatzentscheidungen wurden denn auch schon lange vor dem Beitritt Großbritanniens und Irlands gefällt.[15] Seit dem Jahre 1973 konnte mit dem Beitritt eben genannter Länder die *Common Law*-Tradition direkt auf das Rechtssystem der EU einwirken und so wurden auch insbesondere die Schlussanträge des Generalanwalts *Jacobs*[16] als überaus einflussreich beschrieben.[17] In der Wis-

---

[10] Die Europäische Gemeinschaft für Kohle und Stahl wurde am 18.4.1951 mit dem Vertrag von Paris gegründet. Unterzeichnende Staaten waren: Frankreich, Italien, Deutschland sowie Belgien, Luxemburg und die Niederlande. Die gleichen Staaten gründeten mit den Römischen Verträgen am 25.3.1957 die Europäische Wirtschaftsgemeinschaft und die Europäische Atomgemeinschaft; *Judt*, Postwar, A History of Europe since 1945, 157 u. 303.

[11] Auf dieser Annahme basiert auch die Arbeit von *Walter*, der daher allein ausgehend von der deutschen und französischen Methodendiskussion die Rechtsfortbildung des EuGH analysiert, *Walter*, Rechtsfortbildung durch den EuGH: Eine rechtsmethodische Untersuchung ausgehend von der deutschen und französischen Methodenlehre, 19.

[12] *Pötters/Christensen*, Das Unionsrecht als Hybridform zwischen Case Law und Gesetzesrecht, JZ 2012, 289, 289; *Bobek*, in: Arnull/Chalmers (Hrsg.), The Oxford Handbook of European Union Law, 169.

[13] *Tridimas*, The Court of Justice and Judicial Activism, E.L.Rev. 1996, 199, 210; *Komárek*, Questioning Judicial Deliberations, O.J.L.S. 2009, 805, 818.

[14] Vgl. auch *Grosche*, Rechtsfortbildung im Unionsrecht, 34.

[15] Hier sind nur beispielhaft zu nennen: Rs. 26/62 *van Gend & Loos*, EuGH Urteil v. 5.2.1963; Rs. 6/64 *Costa/ENEL*, EuGH Urteil v. 15.7.1964; Rs. 11/70 *Internationale Handelsgesellschaft*, EuGH Urteil v. 17.12.1970.

[16] Sir Francis Geoffrey Jacobs war von 1988–2006 als Generalanwalt am EuGH tätig, http://curia.europa.eu/jcms/jcms/Jo2_7014/ehemalige-mitglieder (zuletzt abgerufen am 16.4.2022).

[17] *Pötters/Christensen*, Das Unionsrecht als Hybridform zwischen Case Law und Gesetzesrecht, JZ 2012, 289, 290. Zum Einfluss der Wissenschaft des *Common Law* auf die

senschaft wird darauf verwiesen, dass durch den Einfluss des *Common Law* die Entscheidungen des EuGH diskursiver und Verweise auf früheres Fallrecht umfangreicher wurden.[18] Spätestens mit Beginn der 80er-Jahre habe sich der Stil der EuGH-Urteile im Vergleich zu den vorherigen Jahrzehnten gelockert.[19]

Auch wenn die Bindungswirkung von EuGH-Urteilen je nach der einschlägigen Verfahrensart unterschiedlich beurteilt werden muss[20], ist die Relevanz der durch den EuGH gefällten Entscheidungen heute unbestritten. Dies ist insbesondere auf das Prinzip des Vorrangs des Unionsrechts zurückzuführen, dass seinerseits selbst im Wege der Rechtsfortbildung begründet wurde.

Aufgrund der hohen Bedeutung, die der EuGH-Rechtsprechung für das Unionsrecht zukommt und der soeben beschriebenen Einflüsse unterschiedlicher Rechtskulturen, würde die Einordnung des EU-Rechtssystems als klassisch kodifiziertes System formalistisch anmuten. Vielmehr lässt sich das EU-Rechtssystem als Hybridsystem mit Bezügen sowohl zum kontinentaleuropäischen als auch angloamerikanischen Recht charakterisieren.[21]

Europarechtswissenschaft: *Arnull*, Judicial Activism and the European Court of Justice: How Should Academics Respond?, in: Dawson/De Witte/Muir (Hrsg.), Judicial Activism at the European Court of Justice, 211, 212 f.

[18] *Arnull*, Interpretation and Precedent in English and Community Law: Evidence of Cross-Fertilisation?, in: Andenas (Hrsg.), English Public Law and the Common Law of Europe, 93, 119 f.

[19] *Bobek*, in: Arnull/Chalmers (Hrsg.), The Oxford Handbook of European Union Law, 169 m.w.N. in Fn. 62.

[20] Beispielhaft zur Bindungswirkung von Urteilen im Vorabentscheidungsverfahren: *Ehricke*, Die Bindungswirkung von Urteilen des EuGH im Vorabentscheidungsverfahren nach deutschem Zivilprozeßrecht und nach Gemeinschaftsrecht; zur Bindung von Urteilen im Vertragsverletzungsverfahren: *Lageder*, Die Bindungswirkung von Urteilen im Vertragsverletzungsverfahren.

[21] Vgl.: *Pötters/Christensen*, Das Unionsrecht als Hybridform zwischen Case Law und Gesetzesrecht, JZ 2012, 289; vgl. auch *Vranken*, Western Legal Traditions, A Comparison of Civil Law and Common Law, 121 f.; *Constantinesco*, The ECJ as a Law-Maker: Praeter aut Contra Legem?, in: O'Keeffe/Bavasso (Hrsg.), Liber Amicorum in Honour of Lord Slynn of Hadley Volume I – Judicial Review in European Union Law, 73, 74.

§ 3

Die Rolle des EuGH im Rahmen des institutionellen Gefüges der Union

Die vom EuGH zu beachtenden Grundlagen und Grenzen der Auslegung und Rechtsfortbildung können nicht herausgearbeitet werden, ohne zunächst die Rolle des höchsten unionalen Gerichts im Rahmen des verfassungsrechtlich vorgegebenen institutionellen Gefüges der EU zu bestimmen.[1] Denn die von der Judikative zugrunde zu legenden juristischen Methoden werden vom jeweiligen verfassungsrechtlichen Kontext geprägt.[2]

---

[1] *Buck*, Über die Auslegungsmethoden des Gerichtshofs der Europäischen Gemeinschaft, 69; *Griller*, in: Lienbacher (Hrsg.), Verfassungsinterpretation in Europa, 129; vgl. *Muthorst*, Grundlagen der Rechtswissenschaft: Methode, Begriff, System, 122 Rn. 36; vgl. auch *Maduro*, Interpreting European Law – Judicial Adjudication in a Context of Constitutional Pluralism, WPLS 2008, 1, 2 f., der die konkrete Interpretation als Produkt von „legal reasoning, [...] institutional constraints and normative preferences [...] given in a political community" beschreibt. Bezogen auf die nationale juristische Methodenlehre deutlich auch: *Koch/Rüßmann*, Juristische Begründungslehre, Eine Einführung in Grundprobleme der Rechtswissenschaft, 179.

[2] *Rüthers/Fischer/Birk*, Rechtstheorie und Juristische Methodenlehre, 408 Rn. 649; *Levits*, Gesetzesbindung und Richterrecht in der Praxis des EuGH, SR 2015, 121, 121; *Mertens de Wilmars*, Réflexions sur les méthodes d'interprétation de la Cour de justice des Communautés européennes, Cah.dr.eur. 1986, 5, 6 mit Verweis auf *Hamson*, Methoden der Auslegung, Kritische Wertung der Ergebnisse, 18; vgl. auch *Tomasic*, Effet utile, Die Relativität teleologischer Argumente im Unionsrecht, 89 f., 97 f., 103 zur Abgrenzung hermeneutischer und verfassungsrechtlicher Aspekte der Methodenlehre und ihrer Verschränkung; *Maduro*, Interpreting European Law – Judicial Adjudication in a Context of Constitutional Pluralism, WPLS 2008, 1, 2. Zu den unterschiedlichen Methoden in Abhängigkeit von den jeweiligen Rechtsordnungen und der Vorverständnisabhängigkeit der Methoden auch *Reimer*, Juristische Methodenlehre, 33 Rn. 25 f.; 39 Rn. 38 f.; *Höpfner/Rüthers*, Grundlagen einer europäischen Methodenlehre, AcP 2009, 1, 9.

A. Institutionelle Stellung und Funktionsweise des EuGH

I. Der Gerichtshof der Europäischen Union als Gesamtorgan

Der Gerichtshof der Europäischen Union ist gem. Art. 13 EUV Organ der Union. Ihm kommt damit derselbe Rang wie den anderen Verfassungsorganen zu.[3] Gem. Art. 19 Abs. 1 S. 1 EUV umfasst der Gerichtshof der Europäischen Union den Gerichtshof (EuGH), das Gericht (EuG) und die Fachgerichte. Dem Begriff „Gerichtshof" kommt folglich eine doppelte Bedeutung zu. Einerseits handelt es sich um eine Sammelbezeichnung der europäischen Gerichtsbarkeit, andererseits wird damit auch der oberste Spruchkörper derselben bezeichnet.[4] Das EuG, früher sog. Gericht Erster Instanz, ist dem EuGH nachgeordnet und wurde ursprünglich gegründet, um den EuGH zu entlasten.[5]

Sowohl beim EuG als auch beim EuGH nehmen die neu anhängigen Rechtssachen jedoch weiter zu, sodass beide Gerichte versuchen, der erhöhten Arbeitsbelastung mit gesteigerter Effizienz zu begegnen.[6] Darüber hinaus wird gem. Art. 48 EuGH-Satzung die Anzahl der Richterinnen und Richter des Gerichts aufgrund einer Ende des Jahres 2015 verabschiedeten Reform schrittweise erhöht.[7]

Der Vertrag von Nizza eröffnete darüber hinaus erstmals die Möglichkeit Fachgerichte einzusetzen, die ursprünglich als „gerichtliche Kammern" bezeichnet wurden.[8] Als bislang einziges Fachgericht wurde mit Beschluss des Rates im Jahr 2004 ein Gericht für den öffentlichen Dienst der Europäischen Union gegründet.[9] Mit der bereits erwähnten Reform im Jahr 2015 wurde das

---

[3] *Mayer*, in: Grabitz/Hilf/Nettesheim (Hrsg.), Das Recht der Europäischen Union, Art. 19 EUV Rn. 2 f.

[4] *Wegener*, in: Calliess/Ruffert (Hrsg.), EUV/AEUV, Das Verfassungsrecht der Europäischen Union mit Europäischer Grundrechtecharta, Art. 19 EUV Rn. 7; *Mayer*, in: Grabitz/Hilf/Nettesheim (Hrsg.), Das Recht der Europäischen Union, Art. 19 EUV Rn. 16.

[5] *Mayer*, in: Grabitz/Hilf/Nettesheim (Hrsg.), Das Recht der Europäischen Union, Art. 19 EUV Rn. 14.

[6] Pressemitteilung Nr. 34/16 des Gerichtshofs der Europäischen Union v. 18.3.2016.

[7] Verordnung (EU, Euratom) 2015/2422 des Europäischen Parlaments und des Rates v. 16.12.2015 zur Änderung des Protokolls Nr. 3 über die Satzung des Gerichtshofs, Amtsbl. Nr. L 341 v. 24.12.2015, 14–17.

[8] *Bobek*, in: Arnull/Chalmers (Hrsg.), The Oxford Handbook of European Union Law, 155.

[9] Beschluß des Rates vom 2.11.2004 zur Errichtung des Gerichts für den öffentlichen Dienst der Europäischen Union, Amtsbl. Nr. L 333 v. 9.11.2004, 7–11.

Dienstgericht jedoch in das erweiterte EuG inkorporiert und auf absehbare Zeit ist wohl auch nicht mit der Einsetzung weiterer Fachgerichte zu rechnen.[10]

Wenngleich sich viele Argumente auf das EuG übertragen lassen, nimmt die vorliegende Arbeit primär den EuGH in den Blick, dessen Urteile das Unionsrecht maßgeblich prägen. Folglich beschränken sich auch die folgenden Ausführungen weitgehend auf den obersten Spruchkörper des Gerichtshofs der Europäischen Union, den EuGH.

II. Zusammensetzung und Arbeitsweise des EuGH

1. Zusammensetzung

Auch der EuGH vergrößerte sich im Laufe der Zeit erheblich. Waren beim ersten Zusammentreffen im Jahr 1952 noch sieben Richter und zwei Generalanwälte zugegen[11], setzt er sich heute aus 27 Richterinnen und Richtern, d.h. einem Richter je Mitgliedstaat, und elf Generalanwältinnen und Generalanwälten zusammen.[12] Die Mitglieder werden auf sechs Jahre ernannt und eine Wiederernennung ist möglich.[13] Alle drei Jahre wird jeweils nur die Hälfte der Positionen neu besetzt, um die Kontinuität der Rechtsprechung zu gewährleisten.[14] Die Generalanwälte und Richter werden zunächst durch ein nationales Verfahren ausgewählt und nach Anhörung des Ausschusses gem.

---

[10] Verordnung (EU, Euratom) 2016/1192 des Europäischen Parlaments und des Rates v. 6.7.2016 über die Übertragung der Zuständigkeit für die Entscheidung im ersten Rechtszug über die Rechtsstreitigkeiten zwischen der Europäischen Union und ihren Bediensteten auf das Gericht, Amtsbl. Nr. L 200 v. 26.7.2016, 137–139; *Wegener*, in: Calliess/Ruffert (Hrsg.), EUV/AEUV, Das Verfassungsrecht der Europäischen Union mit Europäischer Grundrechtecharta, Art. 19 EUV Rn. 8.

[11] *Bobek*, in: Arnull/Chalmers (Hrsg.), The Oxford Handbook of European Union Law, 156; zur Historie des EuGH und insbesondere zu der Frage, weshalb ein unabhängiger Gerichtshof mit umfassenden Rechtsprechungsaufgaben und nicht nur ein internationales Schiedsgericht geschaffen wurde, *Kutscher*, Über den Gerichtshof der Europäischen Gemeinschaft, EuR 1981, 392, 393 f.

[12] Derzeit setzt sich der Europäische Gerichtshof aus 21 Richtern und sechs Richterinnen sowie acht Generalanwälten und drei Generalanwältinnen zusammen (Stand April 2022).

[13] *Böhm*, Rechtsschutz im Europarecht, JA 2009, 679, 679.

[14] *Kokott/Sobotta*, Der EuGH: Blick in eine Werkstatt der Integration, EuGRZ 2013, 465, 465.

Art. 255 AEUV einvernehmlich durch die im Rat vereinigten Vertreter der Mitgliedstaaten durch einen „uneigentlichen Ratsbeschluss“[15] ernannt.[16]

Art. 253 AEUV[17] normiert zwar, welchen persönlichen und fachlichen Anforderungen Richter und Generalanwälte genügen müssen. Zu dem nationalen Auswahlverfahren macht das europäische Recht jedoch keinerlei Vorgaben. Die praktisch wichtige Vorauswahl bleibt daher gänzlich nationalem Recht und nationaler Praxis überlassen.[18] In der Vergangenheit wurde deshalb kritisiert, dass die mangelnden europarechtlichen Vorgaben zu einem überaus intransparenten, informellen Auswahl- und Ernennungsverfahren geführt hätten.[19]

Um das Verfahren zu objektivieren wurde daher mit dem Vertrag von Lissabon für die Wahl der Richter am EuGH und am EuG, wie auch der Generalanwälte, der Eignungsprüfungsausschuss initiiert.[20] Dieser siebenköpfige Ausschuss (Art. 255 Abs. 2 AEUV)[21] hat gem. Art. 255 Abs. 1 AEUV die Aufgabe, eine Stellungnahme zur Eignung der Bewerber für das Amt

---

[15] Sog. uneigentliche Ratsbeschlüsse sind durch die im Rat vereinigten Vertreter der Regierungen der Mitgliedstaaten geschlossene Beschlüsse, die nicht dem Unionsrecht zugehören, da sie nicht vom Rat als Unionsorgan erlassen werden. Führen sie Unionsrecht aus oder ergänzen dieses, dürfen sie jedoch nicht gegen die Verträge verstoßen. Aufgrund der Mitwirkung der Kommission und der Veröffentlichung im Amtsblatt gelten sie als „Mischfiguren“, sind nach bisher ständiger Rechtsprechung jedoch nicht nach Art. 263 AEUV anfechtbar. *Ruffert*, in: Calliess/Ruffert (Hrsg.), EUV/AEUV, Das Verfassungsrecht der Europäischen Union mit Europäischer Grundrechtecharta, Art. 288 AEUV Rn. 110.

[16] *Wegener*, in: Calliess/Ruffert (Hrsg.), EUV/AEUV, Das Verfassungsrecht der Europäischen Union mit Europäischer Grundrechtecharta, Art. 253 AEUV Rn. 2; *Herdegen*, Europarecht, § 7 Rn. 93.

[17] Nach Art. 253 Abs. 1 AEUV sind zu Richtern und Generalanwälten des Gerichtshofs Persönlichkeiten auszuwählen, die jede Gewähr für Unabhängigkeit bieten und die in ihrem Staat die für die höchsten richterlichen Ämter erforderlichen Voraussetzungen erfüllen oder Juristen von anerkannt hervorragender Befähigung sind. In der Praxis hat eine Vielzahl von Richtern und Generalanwälten einen akademischen Hintergrund.

[18] Vgl. *Bobek*, in: Arnull/Chalmers (Hrsg.), The Oxford Handbook of European Union Law, 164.

[19] Zum Ablauf des Auswahl- und Ernennungsverfahrens im Einzelnen: *Karpenstein/Dingemann*, in: Grabitz/Hilf/Nettesheim (Hrsg.), Das Recht der Europäischen Union, Art. 253 AEUV Rn. 10 ff.

[20] Auch trotz Einrichtung des Ausschusses werden die nationalen Auswahlverfahren mitunter noch kritisiert, *Kokott/Sobotta*, Der EuGH: Blick in eine Werkstatt der Integration, EuGRZ 2013, 465, 467 Fn. 23.

[21] Der Ausschuss setzt sich aus Persönlichkeiten zusammen, die aus dem Kreis ehemaliger Mitglieder des Gerichtshofs und des Gerichts, der Mitglieder der höchsten einzelstaatlichen Gerichte und der Juristen von anerkannt hervorragender Befähigung ausgewählt wurden, *Kokott/Sobotta*, Der EuGH: Blick in eine Werkstatt der Integration, EuGRZ 2013, 465, 466. Aktuell sind Mitglieder des Ausschusses: Allen Rosas, Miroslaw Wyrzykowski, Frank Clarke, Carlos Lesmes Serrano, Maria Eugenia Martins De Nazare

eines Richters oder Generalanwalts abzugeben. Obwohl nach wohl h.A. die Stellungnahme des Ausschusses nicht bindend ist[22], wurde dem Ausschuss in der Praxis, wenn dieser die Eignung eines Kandidaten verneinte, soweit ersichtlich, stets gefolgt.[23]

2. *Arbeitsweise*

a) *Der EuGH als Universalgericht*

Will man die Arbeitsweise des Gerichtshofs nach unterschiedlichen Funktionen aufschlüsseln, so lassen sich grob gegliedert drei unterschiedliche Hauptkategorien ausmachen[24]:

Nach Vorlage durch ein mitgliedstaatliches Gericht entscheidet der EuGH im Wege des Vorabentscheidungsverfahrens gem. Art. 267 AEUV über die Auslegung der Verträge oder die Gültigkeit und die Auslegung der Handlungen der Organe, Einrichtungen oder sonstigen Stellen der Union. Mit Vorabentscheidungsverfahren ist der EuGH bei weitem am häufigsten befasst.[25] Daneben kontrolliert der EuGH i.R.d. Nichtigkeitsklage (Art. 263 AEUV) u.a. die Rechtmäßigkeit der Gesetzgebungsakte sowie der Handlungen des Rates, der Kommission, der Europäischen Zentralbank (EZB), des Europäischen Parlaments (EP) und des Europäischen Rates entweder direkt oder in zweiter Instanz. Außerdem wird der EuGH in (inter-)institutionellen Streitigkeiten tätig. Hierzu lassen sich etwa das Vertragsverletzungsverfahren gem. Art. 258 AEUV und die Untätigkeitsklage gem. Art. 265 AEUV zählen. Schließlich wird der EuGH auch in Fällen tätig, die sich nicht in die vorgenannten Kategorien einfügen. Hier sei beispielhaft nur auf das Gutachtenverfahren nach Art. 218 Abs. 1 AEUV verwiesen.

Wie die unterschiedlichen Verfahrensarten bereits vermuten lassen, ist der EuGH einerseits mit Tätigkeiten betraut, die sonst nationalstaatlichen Verfassungsgerichten[26] obliegen, andererseits fungiert er als Fachge-

---

Ribeiro, Andreas Voßkuhle, Julia Laffranque, https://comite255.europa.eu/de/ (zuletzt abgerufen am 17.4.2022).

[22] *Wegener*, in: Calliess/Ruffert (Hrsg.), EUV/AEUV, Das Verfassungsrecht der Europäischen Union mit Europäischer Grundrechtecharta, Art. 255 AEUV Rn. 7; *Karpenstein/Dingemann*, in: Grabitz/Hilf/Nettesheim (Hrsg.), Das Recht der Europäischen Union, Art. 255 AEUV Rn. 4.

[23] *Bobek*, in: Arnull/Chalmers (Hrsg.), The Oxford Handbook of European Union Law, 164; *Wegener*, in: Calliess/Ruffert (Hrsg.), EUV/AEUV, Das Verfassungsrecht der Europäischen Union mit Europäischer Grundrechtecharta, Art. 255 AEUV Rn. 7.

[24] Zum Ganzen näher *Bobek*, in: Arnull/Chalmers (Hrsg.), The Oxford Handbook of European Union Law, 158 f.

[25] Gerichtshof der Europäischen Union, Jahresbericht 2015, Rechtsprechungstätigkeit, 80.

[26] Zum EuGH als Unionsverfassungsgericht: *Conway*, The Limits of Legal Reasoning and the European Court of Justice, 8 f.

richt.[27] Der EuGH lässt sich daher auch als Universalgericht bezeichnen, bei welchem die letztverbindliche Auslegungszuständigkeit für alle unionsgeprägten Rechtszweige gebündelt ist.[28]

Die multifunktionale Ausrichtung des Gerichtshofs ist auch bei der Analyse von Urteilen stets zu berücksichtigen, da sie sich auf die Art der konkreten Entscheidungsfindung auswirken kann.

b) Die Arbeitsweise des EuGH am Beispiel des Vorabentscheidungsverfahrens

Da das Vorabentscheidungsverfahren im Hinblick auf Fragen der Rechtsfortbildung von besonderer Bedeutung ist, sei hier zunächst in aller Kürze auf den Gang des Vorabentscheidungsverfahrens hingewiesen[29]:

Nach Art. 23 EuGH-Satzung obliegt es dem vorlegenden Gericht, das Vorabentscheidungsersuchen an den Gerichtshof zu übermitteln. Nach einer Übersetzung in alle Amtssprachen wird eine Zusammenfassung des Ersuchens im Amtsblatt der Europäischen Union veröffentlicht. Hieran schließt sich die Zustellung des Vorabentscheidungsersuchens durch den Kanzler des Gerichtshofs an die Parteien des Ausgangsverfahrens der Mitgliedstaaten, die Unionsorgane, die EFTA-Überwachungsbehörde, Island, Liechtenstein, Norwegen und in bestimmten Fällen an die Schweiz an. Binnen zwei Monaten nach dieser Zustellung können u.a. die Parteien des Ausgangsrechtsstreits, die Mitgliedstaaten, die Kommission und gegebenenfalls die Organe, Einrichtungen oder sonstigen Stellen der Union beim Gerichtshof Schriftsätze einreichen oder schriftliche Erklärungen abgeben, Art. 96 Abs. 1 EuGH-Verfahrensordnung i.V.m. Art. 23 Abs. 2 EuGH-Satzung.[30] Die schriftlichen Erklärungen werden nachfolgend ins Französische, die Arbeitssprache des

[27] *Hager*, Rechtsmethoden in Europa, 250 Rn. 4.

[28] *Rösler*, Europäische Gerichtsbarkeit auf dem Gebiet des Zivilrechts, 45. Im Hinblick auf die Zuweisung der Verfahren hat sich eine schwache Spezialisierung der Kammern herausgebildet. Richter und Generalanwälte, die bereits häufig Verfahren aus bestimmten Bereichen bearbeitet haben, bekommen tendenziell auch neue Verfahren zugewiesen, die in diesem Bereich anfallen, *Kokott/Sobotta*, Der EuGH: Blick in eine Werkstatt der Integration, EuGRZ 2013, 465, 469.

[29] Eingehend zum Ganzen: *Broberg/Fenger*, Das Vorabentscheidungsverfahren vor dem Gerichtshof der Europäischen Union, 304 f.

[30] Die Kommission gibt in Vorabentscheidungsverfahren immer Erklärungen ab und die Bereitschaft der Mitgliedstaaten zur Abgabe von Erklärungen hat in den letzten Jahren zugenommen. *Broberg* und *Fenger* führen dies darauf zurück, dass den Mitgliedstaaten die weitreichenden Folgen, welche Vorabentscheidungen für die Mitgliedstaaten mitbringen können, bewusster geworden seien. Zu berücksichtigen ist weiterhin, dass das Vorabentscheidungsverfahren ein Verfahren ohne Parteien *stricto sensu* ist. Die Rechtsstellung der Parteien des Ausgangsverfahrens sowie derjenigen, die befugt sind, Erklärungen vor dem EuGH abzugeben, kann daher mit *amici curiae* verglichen werden, *Broberg/Fenger*, Das Vorabentscheidungsverfahren vor dem Gerichtshof der Europäischen Union, 310 f. u. 314. Ausführlich rechtsvergleichend zum *amicus curiae*: *Kühne*, Amicus Curiae.

Gerichtshofs, übersetzt.[31] Gleichzeitig wird die Rechtssache durch den Präsidenten des Gerichtshofs einem Berichterstatter und durch den Ersten Generalanwalt einem der Generalanwälte zugewiesen. Dabei wird ein Verfahren, welches einen bestimmten Mitgliedstaat betrifft, in der Regel keinem Richter oder Generalanwalt aus diesem Staat zugewiesen, um das Risiko von Interessenkonflikten zu minimieren. Darüber hinaus kommen Generalanwalt und Berichterstatter regelmäßig nicht aus demselben Mitgliedstaat, sodass der Fall aus der Perspektive unterschiedlicher Rechtssysteme betrachtet wird.[32] Hiernach werden die schriftlichen Erklärungen in der Originalsprache, in der Verfahrenssprache und auf Französisch zugestellt.

Gem. Art. 59 EuGH-Verfahrensordnung erstellt der Berichterstatter im weiteren Verlauf nach Konsultation des Generalanwalts einen vertraulichen Vorbericht (*rapport préalable*) für interne Zwecke.[33] Neben der Darstellung der relevanten Rechtsfragen und Zusammenhänge dient der Bericht der Entscheidung, ob das Ersuchen durch Beschluss als unzulässig zurückgewiesen werden soll. Zudem enthält er für den Fall des Fortgangs des Verfahrens einen Vorschlag, an welchen Spruchkörper die Rechtssache verwiesen werden sollte, ob eine mündliche Verhandlung erforderlich ist und ob von Schlussanträgen seitens des Generalanwalts abgesehen werden kann, da die Rechtssache keine neuen Rechtsfragen aufwirft (Art. 20 Abs. 5 EuGH-Satzung). Nach Abschluss des schriftlichen Verfahrens wird der Vorbericht auf der Generalversammlung (*réunion générale*) erörtert und die Rechtssache einer Kammer zugewiesen.[34] Sofern von der mündlichen Verhandlung nicht abgesehen wurde[35], folgt im Weiteren die mündliche Verhandlung. Danach legt der Generalanwalt gewöhnlich die Schlussanträge vor und anschließend erklärt der Gerichtshof das mündliche Verfahren für abgeschlossen, Art. 82 Abs. 2 EuGH-Verfahrensordnung.[36] Im Folgenden setzt die „eigentliche"

[31] *Broberg/Fenger*, Das Vorabentscheidungsverfahren vor dem Gerichtshof der Europäischen Union, 336.

[32] *Kokott/Sobotta*, Der EuGH: Blick in eine Werkstatt der Integration, EuGRZ 2013, 465, 468.

[33] *Kokott/Sobotta*, Der EuGH: Blick in eine Werkstatt der Integration, EuGRZ 2013, 465, 468.

[34] *Broberg/Fenger*, Das Vorabentscheidungsverfahren vor dem Gerichtshof der Europäischen Union, 329.

[35] Um die Arbeitslast des Gerichtshofs zu reduzieren und die Verfahrensdauer zu verkürzen, sieht der Gerichtshof immer häufiger von einer mündlichen Verhandlung ab. Dies kann insbesondere deshalb problematisch sein, da es keine zweite Runde schriftlicher Erklärungen gibt, sodass die zur Abgabe von Erklärungen Berechtigten keine Gelegenheit haben, zu anderen Erklärungen schriftlich Stellung zu nehmen. Zum Ganzen: *Broberg/Fenger*, Das Vorabentscheidungsverfahren vor dem Gerichtshof der Europäischen Union, 335 f.

[36] *Broberg/Fenger*, Das Vorabentscheidungsverfahren vor dem Gerichtshof der Europäischen Union, 343.

Arbeit der Kammer ein. Der Berichterstatter informiert zunächst die anderen Richter, ob er den Schlussanträgen des Generalanwalts im Wesentlichen folgen wird oder nicht und erstellt einen ersten Urteilsentwurf auf den die anderen Richter der Kammer mit einem Vermerk (*note*) reagieren können. Auf den Vermerken aufbauend erstellt der Berichterstatter einen zweiten Urteilsentwurf, bei welchem er die Vermerke weitestgehend berücksichtigt oder anmerkt, weshalb bestimmte Aspekte der Vermerke unberücksichtigt bleiben mussten. Der zweite Urteilsentwurf bildet im Regelfall die Grundlage der nachfolgenden Beratung.[37] Nach Beratung und Abstimmung durch die Richter wird das Urteil vorbereitet und anschließend übersetzt, unterzeichnet und verkündet.

c) Die Besetzung der Spruchkörper

Wie bereits angedeutet entscheidet der Gerichtshof in Kammern. Diese sind in der Regel mit drei oder fünf Richtern besetzt, Art. 50 S. 1 EuGH-Satzung i.V.m. Art. 11 Abs. 1 EuGH-Verfahrensordnung.[38] Auf Antrag eines Mitgliedstaats oder eines Unionsorgans (Art. 16 Abs. 3 EuGH-Satzung) oder wenn die Schwierigkeit oder die Bedeutung der Rechtssache bzw. besondere Umstände dies erfordern (Art. 60 Abs. 1 EuGH-Verfahrensordnung), tagt der Gerichtshof als Große Kammer.[39] Diese ist mit dem Präsidenten und dem Vizepräsidenten des Gerichtshofs, drei Präsidenten einer Kammer mit fünf Richtern, dem Berichterstatter und der für die Erreichung der Zahl fünfzehn erforderlichen Zahl von Richtern besetzt (Art. 27 Abs. 1 EuGH-Verfahrensordnung). Mit den Urteilen der Großen Kammer wird zum einen die Kohärenz des Fallrechts bewahrt und dieses zum anderen fortentwickelt.[40]

In sehr seltenen Fällen mit herausragender Bedeutung (Art. 16 Abs. 4 u. 5 EuGH-Satzung) tagt der Gerichtshof auch als Plenum. Beispiele hierfür sind

---

[37] Die Darstellung des Verfahrensablaufs während der Urteilsentstehung basiert auf einem informellen Interview, welches die Autorin am 27.5.2017 mit dem damaligen Richter am EuGH Egils Levits geführt hat.

[38] Dabei wurden im Jahr 2012 54 % der Fälle in Kammern von fünf Richtern und 34 % der Fälle in Kammern mit drei Richtern entschieden, *Bobek*, in: Arnull/Chalmers (Hrsg.), The Oxford Handbook of European Union Law, 157 Fn. 18.

[39] Im Jahr 2012 wurden etwa 9 % der Fälle der Großen Kammer zugewiesen, *Bobek*, in: Arnull/Chalmers (Hrsg.), The Oxford Handbook of European Union Law, 157 Fn. 18. Seit dem Vertrag von Nizza können Fälle der Großen Kammer zugewiesen werden. Zuvor wurden entsprechende Fälle durch das *petit plenum*, besetzt mit neun oder elf Richtern, entschieden, *Jacob*, Precedents and Case-Based Reasoning in the European Court of Justice: Unfinished Business, 195. Zur Reform des EuGH durch den Vertrag von Nizza: *Heffernan*, The Treaty of Nice: Arming the Courts to Defend a European Bill of Rights?, Law & Contemp. Probs. 2002, 189.

[40] *Bobek*, in: Arnull/Chalmers (Hrsg.), The Oxford Handbook of European Union Law, 157.

etwa die *Pringle*-Entscheidung in welcher der Gerichtshof feststellte, dass die Einführung des Europäischen Stabilitätsmechanismus nicht gegen das Unionsrecht verstößt[41], und das Gutachten des Gerichtshofs hinsichtlich eines eventuellen Beitritts der EU zur EMRK und dessen (Nicht-)Vereinbarkeit mit dem Unionsrecht[42].

B. Der EuGH zwischen Methodenvielfalt und Methodeneinheit

Bereits dargelegt wurde, welche institutionelle Stellung und welche Arbeitsweise dem EuGH durch das Primärrecht grundsätzlich zugewiesen sind. Darüber hinaus gilt es zu berücksichtigen, dass die Arbeit des Gerichtshofs aufgrund seiner Zusammensetzung aus Richtern und Generalanwälten der unterschiedlichsten Mitgliedstaaten in besonderer Weise von personeller Heterogenität geprägt ist.[43] Denn alle Richter und Generalanwälte bringen ihre durch die nationale Rechtskultur geprägten Kenntnisse und Erfahrungen in die Arbeit ein.[44] Dennoch muss der EuGH zu konsistenten Entscheidungen finden, die letztlich auch in allen Mitgliedstaaten akzeptiert und nachvollzogen werden können. Daher können auch die im nationalen Rechtsraum entwickelten Prinzipien nicht unbesehen auf den europarechtlichen Kontext übertragen werden.[45] Vielmehr ist ein rechtsvergleichendes Verständnis erforderlich, auf dessen Basis eine von nationalen Prägungen losgelöste europäische Methodenlehre entwickelt werden muss. Eine solche europäische

---

[41] Rs. C-370/12 *Pringle*, EuGH Urteil v. 27.11.2012.

[42] Gutachten 2/13 des Gerichtshofs (Plenum) v. 18.12.2014. Das Gutachten, mit dem der Gerichtshof nunmehr bereits zum zweiten Mal den EMRK-Beitritt gestoppt hat, ist durch das Schrifttum berechtigterweise vielfach kritisiert worden. Denn der Gerichtshof scheint durch das Gutachten seine Autonomie in Grundrechtsfragen zu sichern, was in einem gewissen Kontrast zu der Kooperationserwartung gegenüber den nationalen Verfassungsgerichten steht. Vgl. zur Diskussion: *Kingreen*, in: Calliess/Ruffert (Hrsg.), EUV/AEUV, Das Verfassungsrecht der Europäischen Union mit Europäischer Grundrechtecharta, Art. 6 EUV Rn. 31 f.

[43] Vgl. hierzu *Everling*, Rechtsvereinheitlichung durch Richterrecht in der Europäischen Gemeinschaft, RabelsZ 1986, 193, 208 f.

[44] So auch hinsichtlich der Richterschaft: *Grundmann*, Die Auslegung des Gemeinschaftsrechts durch den Europäischen Gerichtshof: Zugleich eine rechtsvergleichende Studie zur Auslegung im Völkerrecht und im Gemeinschaftsrecht, 4; *Everling*, Richterliche Rechtsfortbildung in der Europäischen Gemeinschaft, JZ 2000, 217, 222; *Stotz*, in: Riesenhuber (Hrsg.), Europäische Methodenlehre, § 20 Rn. 3; bezogen auf die allgemeine Methodendiskussion auch: *Bobek*, Legal Reasoning of the Court of Justice of the EU, E.L.Rev. 2014, 418, 419.

[45] *von Danwitz*, Verwaltungsrechtliches System und Europäische Integration, 94 f.

Methodenlehre ist durch den EuGH, reflektiert durch die Wissenschaft, auch in Ansätzen bereits entstanden.[46] Diese Entwicklung ist jedoch noch längst nicht abgeschlossen.[47]

Um die Nachvollziehbarkeit der richterlichen Entscheidungsfindung zu erhöhen, ist insbesondere auch Transparenz unerlässlich. Hier kann die Arbeit der Generalanwältinnen und Generalanwälte einen entscheidenden Beitrag leisten, sind deren Schlussanträge doch häufig deutlich umfangreicher als die zum Teil sehr knapp gehaltenen Urteile des Gerichtshofs, der sich mitunter nicht durch etwaige Präjudizienbildung binden möchte.[48]

C. Zwischenfazit

Vorstehend wurde zunächst erörtert, inwieweit die juristische Methodenlehre geeignete Instrumente zur Bewertung der Arbeitsweise des Europäischen Gerichtshofs bereitstellt. Insoweit wurde festgestellt, dass juristische Methodenregeln grundsätzlich normative Wirkung entfalten. Die heranzuziehenden Methodenregeln sind diskursiv zu entwickeln und insbesondere das Unionsrecht betreffend ist diese Entwicklung noch nicht abgeschlossen.

Die Auslegungspraxis des Gerichtshofs wird maßgeblich durch das die EU charakterisierende Rechtssystem beeinflusst. Dabei kann das Unionsrechtssystem als Hybridsystem bezeichnet werden, welches sowohl Einflüsse des kontinentaleuropäischen als auch des angloamerikanischen Rechtsraums in sich vereint.

Der EuGH ist als Universalgericht anzusehen, da er nicht nur Aufgaben eines typischen Verfassungsgerichts wahrnimmt, sondern daneben auch als Fachgericht wirkt. Im Hinblick auf die Rechtsfortbildungspraxis des Gerichtshofs dürfte das Vorabentscheidungsverfahren als wichtigste Verfahrensart anzusehen sein. Bevor das eigentliche Urteil ergeht, hat insbesondere auch die Stellungnahme des zuständigen Generalanwalts bzw. der zuständigen Generalanwältin maßgeblichen Einfluss auf den Ausgang des Verfahrens. Anhand der Besetzung des Spruchkörpers lässt sich ablesen, welche Bedeutung der jeweiligen Entscheidung beigemessen wurde. Der Gerichtshof tagt grundsätzlich in Kammern, die mit drei oder fünf Richtern besetzt sind, teilweise als große Kammer oder in seltenen Fällen auch als Plenum.

---

[46] Beispielhaft: *Martens*, Methodenlehre des Unionsrechts; Riesenhuber (Hrsg.), Europäische Methodenlehre; *Roth*, Europäische Verfassung und europäische Methodenlehre, RabelsZ 2011, 787; *Müller/Christensen*, Juristische Methodik Band II, Europarecht. Zur Auswertung des derzeitigen Standes der europäischen Methodenlehre, siehe sogleich.

[47] *Häberle/Kotzur*, Europäische Verfassungslehre, 508 Rn. 766 f.

[48] Zur präjudiziellen Wirkung von EuGH-Urteilen s. unten, § 4 C. III.

§ 4

Die Auslegung des Unionsrechts

Gemäß Art. 19 Abs. 1 EUV i.V.m. den im Primärrecht vorgesehenen Verfahrensarten sichert der EuGH die Wahrung des Rechts bei der Auslegung und Anwendung der Verträge.[1] Dabei muss der Begriff des „Rechts“ in einem umfassenden Sinne verstanden werden und kann nicht auf das positive Recht reduziert werden.[2] Zwar beansprucht der EuGH die letztinstanzliche Auslegungsbefugnis des Unionsrechts für sich, wie der Begriff der „Auslegung“ inhaltlich zu verstehen ist, hat der EuGH bislang jedoch nicht entschieden.[3] Auf das Selbstverständnis des Gerichtshofs kann daher nur mittelbar durch Interpretation seiner Urteile geschlossen werden.

Aufgrund der teils nach wie vor bestehenden intergouvernementalen Struktur des Unionsrechts, ist auch bei den Auslegungsmethoden zwischen supranationalem und intergouvernementalem Unionsrecht zu unterscheiden.[4] Die Auslegung von intergouvernementalem Unionsrecht orientiert sich an völkerrechtlichen Grundsätzen. Das supranationale Unionsrecht hat sich hingegen zu einer eigenständigen Rechtsordnung des Völkerrechts entwickelt[5], sodass zur Auslegung dieses Rechts auch eine eigenständige Methodik entstanden ist.[6] Mit der Betonung der Eigenständigkeit geht einher, dass

---

[1] *Grosche*, Rechtsfortbildung im Unionsrecht, 260. Ausführlich zu den einzelnen Verfahrensarten etwa: *Böhm*, Rechtsschutz im Europarecht, JA 2009, 679, 680 f.

[2] *Mayer*, in: Grabitz/Hilf/Nettesheim (Hrsg.), Das Recht der Europäischen Union, Art. 19 EUV Rn. 23 f.; *Calliess*, Grundlagen, Grenzen und Perspektiven europäischen Richterrechts, NJW 2005, 929, 930; ausführlich hierzu auch: *Pernice*, Die Dritte Gewalt im europäischen Verfassungsverbund, EuR 1996, 27, 33; zur Vorgängernorm Art. 164 EGV auch *Buck*, Über die Auslegungsmethoden des Gerichtshofs der Europäischen Gemeinschaft, 36; kritisch: *Grosche*, Rechtsfortbildung im Unionsrecht, 264.

[3] *Pechstein/Drechsler*, in: Riesenhuber (Hrsg.), Europäische Methodenlehre, § 7 Rn. 14; vgl. auch: *Zedler*, Mehrsprachigkeit und Methode, 138; *Mittmann*, Rechtsfortbildung durch den Gerichtshof der Europäischen Gemeinschaften und die Rechtsstellung der Mitgliedstaaten der Europäischen Union, 214. Zu den verschiedenen Bedeutungen des Begriffs der Auslegung: *Reimer*, Juristische Methodenlehre, 119 Rn. 235 f.

[4] Zur Auslegung bei intergouvernementalem Unionsrecht siehe *Pechstein/Drechsler*, in: Riesenhuber (Hrsg.), Europäische Methodenlehre, § 7 Rn. 42 f.

[5] Rs. 26/62 *van Gend & Loos*, EuGH Urteil v. 5.2.1963.

[6] Vgl. *Mertens de Wilmars*, Réflexions sur les méthodes d'interprétation de la Cour de justice des Communautés européennes, Cah.dr.eur. 1986, 5, 8; *Herdegen*, Europarecht, § 8

völkerrechtliche Auslegungsmethoden und Grundsätze nicht unbesehen auf das supranationale Unionsrecht übertragen werden können.[7] Da es sich jedoch um eine eigenständige Rechtsordnung des Völkerrechts handelt, ist insbesondere das supranationale Primärrecht bis heute von gewissen völkerrechtlichen Grundsätzen beeinflusst.[8]

Der analytische Teil der vorliegenden Arbeit bezieht sich nahezu ausschließlich auf supranationales Recht, daher soll auch an dieser Stelle eine Begrenzung auf die Auslegungsmethoden des supranationalen Rechts erfolgen.

Des Weiteren ist eine Differenzierung der Auslegungsmethodik hinsichtlich Primär- und Sekundärrecht erforderlich. Denn die besondere Funktion des Primärrechts als Verfassungsrecht, welches nur unter erschwerten Bedingungen änderbar ist, muss bei der Auslegung Berücksichtigung finden.[9] Da sich jedoch die grundsätzlich heranzuziehenden Methoden decken, erfolgt eine einheitliche Analyse, die nur an den erforderlichen Stellen zwischen Primär- und Sekundärrecht unterscheidet. Weiter wird, soweit erforderlich, auf das Verhältnis des Unionsrechts zu nationalem Recht eingegangen.

A. Ziel der Auslegung

Mit Hilfe der verschiedenen Auslegungsmethoden[10] soll der unbestimmte Norminhalt von Gesetzestexten konkretisiert werden. Bevor die verschiedenen Auslegungsmethoden im Einzelnen systematisch dargestellt und näher untersucht werden, muss jedoch zunächst das allgemeine Ziel der Auslegung bestimmt werden, da dieses maßgeblich festlegt, welcher Wert den einzelnen Argumenten im Rahmen der verschiedenen Auslegungsmethoden zukommt.

Rn. 92; vgl. *Maduro*, Interpreting European Law – Judicial Adjudication in a Context of Constitutional Pluralism, WPLS 2008, 1, 3; *Kutscher*, Über den Gerichtshof der Europäischen Gemeinschaft, EuR 1981, 392, 400; *Lenaerts/Gutiérrez-Fons*, To Say What the Law of the EU Is: Methods of Interpretation and the European Court of Justice, CJEL 2014, 3, 37; *Sankari*, European Court of Justice Legal Reasoning in Context, 26.

[7] Vgl. zur Differenzierung der Auslegungsmethoden im nationalen Recht und im Europarecht schon oben, § 3 B.

[8] Vgl. hierzu *Lenaerts/Gutiérrez-Fons*, To Say What the Law of the EU Is: Methods of Interpretation and the European Court of Justice, CJEL 2014, 3, 37 f.: „Thus, the autonomy of the EU legal order is relative, not absolute. The ECJ neither tries to separate the EU legal order from international law entirely, nor does it permit international law to call into question its own autonomy.“

[9] *Reimer*, Juristische Methodenlehre, 38 Rn. 34.

[10] Zu den unterschiedlichen Begrifflichkeiten der Auslegungsmethoden, -kanones, -argumente, bzw. -elemente siehe *Martens*, Methodenlehre des Unionsrechts, 329 f.

Nicht nur im deutschsprachigen Raum[11] besteht ein historischer Streit, ob Ziel der Auslegung die Erforschung des Willens des Gesetzgebers[12] ist (sog. subjektive Theorie) oder ob vielmehr die dem „Gesetz selbst innewohnende Bedeutung“ erforscht werden soll (sog. objektive Theorie).[13] Beide Theorien werden bis heute in unterschiedlichen Varianten vertreten.[14] Die subjektive Theorie entwickelte sich von einem „subjektiv-historischen“ Ansatz, nach welchem der tatsächliche Wille des historischen Gesetzgebers maßgeblich sei[15], hin zu einem „objektiv-historischen“ Ansatz, nach welchem losgelöst von einem psychologischen Willen des Gesetzgebers[16] unter Zugrundelegung aller verfügbaren Materialien, auch unter Hinzuziehung des historischen

---

[11] Im französischen Rechtsraum ist etwa die Zeit nach der Französischen Revolution in den Blick zu nehmen: Man misstraute den Juristen, daher sollte sich die Rechtsprechung dem Gesetz unterordnen. Es entstand die *école de l'exégèse*, welche davon ausging, dass Ausgangspunkt der Gesetzesinterpretation Wortlaut und grammatische Analyse waren. Auch im Rahmen der *école de l'exégèse* entwickelte sich eine subjektive und eine objektive Variante. Während die subjektive Variante den Willen des Gesetzgebers insbesondere unter Berücksichtigung der *travaux préparatoires* ermitteln wollte, war im Rahmen der objektiven Variante die Stellung des Gesetzes im Gesamtsystem entscheidend, *Hager*, Rechtsmethoden in Europa, 29 Rn. 40 f. Vergleichbar ist auch der Streit zwischen *intentionalism* (*original intent*) und *textualism* (*original meaning*) im US-Raum. Einer der prominentesten Vertreter des *textualism* war der ehemalige US Supreme Court Richter *Scalia*. Unter Berufung auf das Demokratieprinzip vertrat er, dass der Wortlaut maßgeblich sei, so wie man ihn zum Entstehungszeitpunkt der Norm verstanden habe. Die Berufung auf den Willen des Gesetzgebers ermögliche es dem Richter, eigene Ziele und Wünsche als die des Gesetzgebers zu deklarieren. Viele der US Supreme Court Richter folgen *Scalia* aber nicht und wollen die Auslegung weiterhin auf den *original intent* des Normschöpfers stützen und hierzu auch die Gesetzgebungsmaterialien heranziehen, *Hager*, Rechtsmethoden in Europa, 80 Rn. 175 f. und 307 Rn. 72. Auch im Hinblick auf die *ratio decidendi* (die Entscheidung tragenden Gesichtspunkte) ist umstritten, ob diese durch das urteilende Gericht bestimmt werden oder ob sie sich vielmehr aus dem Präjudiz objektiv ergeben. Die „objektive Ansicht“ findet eher in der amerikanischen Rechtsprechung Anklang, die „subjektive Ansicht“ eher in England, *Hager*, Rechtsmethoden in Europa, 94 Rn. 21.

[12] Zum Problem, ob bei einer Personenmehrheit von einem einheitlichen „Willen“ gesprochen werden kann: *Martens*, Methodenlehre des Unionsrechts, 380 f.

[13] *Larenz*, Methodenlehre der Rechtswissenschaft, 316. Die heute etablierten Begriffe der „subjektiven“ oder „objektiven“ Auslegungsmethode werden jedoch zum Teil nicht kohärent verwendet und werden darüber hinaus für ihre sprachliche Ungenauigkeit kritisiert, hierzu *Koch/Rüßmann*, Juristische Begründungslehre, Eine Einführung in Grundprobleme der Rechtswissenschaft, 179 und *Kramer*, Juristische Methodenlehre, 136 m.w.N.

[14] Einen ausführlichen dogmengeschichtlichen Rückblick geben *Kramer*, Juristische Methodenlehre, 139 ff. u. *Engisch*, Einführung in das juristische Denken, 133 f.

[15] *von Savigny*, System des heutigen Römischen Rechts Band I, 213; *Windscheid*, Lehrbuch des Pandektenrechts Band I, 52, beide zitiert nach *Kramer*, Juristische Methodenlehre, 139 Fn. 307 und 308.

[16] *Heck*, Gesetzesauslegung und Interessenjurisprudenz, AcP 1914, 1, 67 ff.

Kontextes, die „Ermittlung und Verwirklichung des historischen Normzwecks"[17] erfolgen solle. Die objektiv orientierte Theorie stellt demgegenüber auf den objektivierten Sinn des Gesetzes zum Auslegungszeitpunkt ab, welcher von entstehungszeitlichen Zwecküberlegungen abweichen kann, sog. objektiv-teleologische Interpretation.[18]

I. Argumente für eine „subjektive Theorie" im Unionsrecht

Für die subjektive Theorie werden insbesondere demokratietheoretische Argumente vorgebracht: Dem Leitbild der gewaltenteiligen Demokratie könne bestmöglich Rechnung getragen werden, wenn der historische Gesetzgeberwille berücksichtigt werde.[19] Denn Maßstab der Auslegung sei das vom Normgeber Entschiedene. Daher sei der Rechtsanwender auch zu dessen möglichst weitgehendem Nachvollzug berufen.[20] Darüber hinaus fingiere die objektive Theorie einen Willen des Gesetzes, den ein solches niemals haben könne. Denn jeder Gesetzeszweck werde erst durch die am Gesetzgebungsverfahren beteiligten Akteure in das Gesetz hineingelegt.[21]

Fraglich ist, ob und inwieweit diese erstmals im nationalen Diskurs aufgeworfenen Argumente auch im Unionsrecht Geltung beanspruchen können. Ebenso wie die Mitgliedstaaten basiert die EU auf dem gewaltenteiligen Demokratieprinzip, welches dafür streitet, dass Gesetzgebungsaufgaben primär durch den demokratisch legitimierten Gesetzgeber wahrgenommen werden.[22] Der EuGH ist als Organ der Judikative nicht legitimiert als Quasige-

[17] *Höpfner/Rüthers*, Grundlagen einer europäischen Methodenlehre, AcP 2009, 1, 16; vgl. auch *Leisner*, Die subjektiv-historische Auslegung des Gemeinschaftsrechts, Der „Wille des Gesetzgebers" in der Judikatur des EuGH, EuR 2007, 689, 689 f.

[18] Begründet durch *Binding*, Handbuch des Strafrechts Band I, 450 ff.; *Wach*, Handbuch des deutschen Civilprozessrechts Band I, 254 ff. und *Kohler*, Ueber die Interpretation von Gesetzen, GrünhutsZ 1886, 1, 1 ff., zitiert nach *Kramer*, Juristische Methodenlehre, 141 Fn. 319.

[19] Vgl. *Grundmann*, Inter-Instrumental-Interpretation, Systembildung durch Auslegung im Europäischen Unionsrecht, RabelsZ 2011, 882, 907; hinsichtlich des deutschen Rechts: *Reimer*, Juristische Methodenlehre, 40 Rn. 38 u. 125 Rn. 246 f.; vgl. auch *Colby*, The Sacrifice of the New Originalism, Geo.L.J. 2011, 713, 717 f. hinsichtlich der Vorzüge, welche der *originalism* für sich reklamiert. *Colby* bemerkt jedoch, dass es innerhalb der Theorien, die sich dem *originalism* zurechnen lassen, erhebliche Unterschiede gibt und insbesondere jüngere Theorien, welche er als *new originalism* bezeichnet, sich maßgeblich von den ursprünglichen Ideen entfernt haben.

[20] *Reimer*, Juristische Methodenlehre, 131 Rn. 255.

[21] *Höpfner/Rüthers*, Grundlagen einer europäischen Methodenlehre, AcP 2009, 1, 7.

[22] *Höpfner/Rüthers*, Grundlagen einer europäischen Methodenlehre, AcP 2009, 1, 13; zum Prinzip des institutionellen Gleichgewichts als Grenze der Rechtsfortbildung s. unten, § 5 B. II. 2. b).

setzgeber eigene Zweckerwägungen im Rahmen einer objektiv-teleologischen Auslegung über die vom historischen Gesetzgeber intendierten Zwecke zu stellen.

Martens bringt hiergegen indessen vor, die mangelnde demokratische Legitimation des EuGH könne im Unionsrecht allenfalls ein schwaches Argument sein, da auch die originären Legislativorgane nicht alle direktdemokratisch legitimiert seien.[23] Einzig die Abgeordneten des Parlaments würden direkt gewählt, auch dessen Zusammensetzung gewährleiste jedoch nicht die gleiche Repräsentation der Unionsbürger. Sowohl die Kommission als auch der Rat seien nur mittelbar demokratisch legitimiert. Daher ließe sich allein aus dem Demokratieprinzip nur ein geringer Vorrang von Entscheidungen des Unionsgesetzgebers gegenüber solchen des Gerichtshofs ableiten.[24] Nach *Maduro* könne darüber hinaus aus dem Demokratieprinzip schon deshalb kein Entscheidungsvorrang des Gesetzgebers abgeleitet werden, da die Tatsache, dass die Judikative grundsätzlich anders als der Gesetzgeber legitimiert sei, nicht bedeute, dass die Judikative unvermeidlich schwächer legitimiert sein müsse. Vielmehr seien die Gerichte durch die Rechtstexte selbst legitimiert, die der Judikative die Rechtsprechungsgewalt übertragen. Wenn Ausdruck des Demokratieprinzips wäre, dass der legislativen Legitimation des politischen Prozesses niemals die Legitimation der Gerichte entgegengesetzt werden könne, sei die Idee der gerichtlichen Kontrolle selbst in Gefahr.[25]

Martens Argument überzeugt allerdings schon deshalb nicht, da aus einem generellen Demokratiedefizit, an welchem die Union bis heute leidet[26], nicht eine weitere Schwächung demokratischer Strukturen gefolgert werden sollte. Auch wenn der Unionsgesetzgeber selbst nicht gänzlich direktdemokratisch legitimiert ist, so ist er doch eher zur Gesetzgebung berufen als der EuGH. Dies gilt seit der Stärkung der Parlamentsrechte im ordentlichen Gesetzgebungsverfahren umso mehr. Auch *Maduros* Argumentation beruht letztlich auf einem Zirkelschluss. Zwar folgt aus dem gewaltenteiligen Demokratieprinzip nicht notwendig eine „schwächere Legitimation" der rechtsprechenden Gewalt gegenüber der Legislative, da erstere regelmäßig durch den das Gericht konstituierenden Gesetzes- oder Vertragstext legitimiert

[23] Im ordentlichen Gesetzgebungsverfahren nach Art. 294 AEUV hat im Regelfall die Kommission das Initiativrecht. Das Parlament und der Rat sind des Weiteren maßgeblich am ordentlichen Gesetzgebungsverfahren beteiligt.

[24] *Martens*, Methodenlehre des Unionsrechts, 383.

[25] *Maduro*, Interpreting European Law – Judicial Adjudication in a Context of Constitutional Pluralism, WPLS 2008, 1, 5.

[26] Eingehend *Abels*, Becker/Lippert (Hrsg.), Legitimität, Legitimation und das Demokratiedefizit der Europäischen Union; BVerfGE 123, 267 *Lissabon*, Urteil des BVerfG vom 30.6.2009, 347 f.

wird. Aus eben diesem Gesetzes- oder Vertragstext folgt aber in der Regel jedenfalls eine andere Legitimation des jeweiligen Organs. So wie es nicht Aufgabe der Legislative ist, Einzelfallentscheidungen zu treffen, ist es nicht Aufgabe der Judikative, über generelle Grundsatzentscheidungen zu befinden. Diese generellen Grundsatzentscheidungen sollen nach dem Unionsrecht maßgeblich im Wege der im Primärrecht hierfür vorgesehenen Gesetzgebungsverfahren getroffen werden, d.h. insbesondere im Wege des Erlasses von Verordnungen und Richtlinien. Aus den in den Verträgen verankerten Prinzipien des Rechtsstaats und des institutionellen Gleichgewichts lässt sich eine klare Aufgabenzuweisung und -trennung von Gesetzgebung und Rechtsprechung ableiten.[27] Demokratietheoretische Argumente sprechen folglich auch im Unionsrecht dafür, den Willen des Gesetzgebers nicht außer Acht zu lassen, sondern bestmöglich nachzuvollziehen.

II. Argumente für eine „objektive Theorie" im Unionsrecht

Trotz der oben genannten Argumente werden vielfältige Gründe genannt, die für eine eher objektiv-teleologische Interpretation sprechen könnten: So binde nur der objektive Wortlaut der Gesetze und Bürger sollten auf das Verständnis des Normtextes vertrauen können, ohne nach dem historischen Willen des Gesetzgebers forschen zu müssen.[28] Außerdem sei es möglich, dass aufgrund des Alters der Kodifikation grundlegende Veränderungen in den gesellschaftlichen Lebensverhältnissen oder den maßgeblichen Wertvorstellungen eingetreten seien, die im Rahmen der Auslegung oder gegebenenfalls durch Rechtsfortbildung berücksichtigt werden müssten.[29] Eine Versteinerung des Rechts müsse daher vermieden werden. Darüber hinaus diene es der Rechtssicherheit und fördere die Gleichheit vor dem Gesetz, wenn Richter nicht allein streng an den historischen Normzweck gebunden seien. Das Gericht sei dann frei, eine systematische Auslegung zu wählen, die primär darauf gerichtet sei, ein insgesamt kohärentes Rechtssystem zu schaffen. Brüche könnten derart eher vermieden und Unstimmigkeiten müssten nicht zufällig ausgeglichen werden.[30]

---

[27] Insoweit auch *Martens*, Methodenlehre des Unionsrechts, 384. Vgl. auch *Lenaerts/Gutiérrez-Fons*, To Say What the Law of the EU Is: Methods of Interpretation and the European Court of Justice, CJEL 2014, 3, 5.

[28] *Schønberg/Frick*, Finishing, Refining, Polishing: on the Use of Travaux Préparatoires as an Aid to the Interpretation of Community Legislation, E.L.Rev. 2003, 149, 153; vgl. auch *Martens*, Methodenlehre des Unionsrechts, 383 Fn. 448.

[29] *Hager*, Rechtsmethoden in Europa, 308 Rn. 74.

[30] *Grundmann*, Inter-Instrumental-Interpretation, Systembildung durch Auslegung im Europäischen Unionsrecht, RabelsZ 2011, 882, 907.

Den Vertretern objektiver Auslegungstheorien ist zuzugeben, dass auch im Unionsrecht – soweit geschriebenes Recht in Rede steht – nur der Wortlaut des Primär- oder Sekundärrechts bindet. Ein etwaiges Vertrauen des Bürgers in das allgemeine Verständnis des Normtextes wird indes weder in den nationalen Rechtsordnungen noch im Unionsrecht geschützt.[31] Richtigerweise kann es jedoch auch im Unionsrecht gewichtige Gründe geben, vom historischen Normzweck abzuweichen.

III. Vermittelnde Lösung

Nach der hier vertretenen Auffassung beinhalten beide ursprünglich aus dem nationalen Recht stammenden Theorien auch hinsichtlich des Unionsrechts wichtige Argumente, die im Rahmen des Auslegungsprozesses Berücksichtigung finden sollten. Letztlich ist daher einer vermittelnden Ansicht zu folgen, welche mitunter auch als „Vereinigungstheorie" bezeichnet wird.[32] Denn die auf den ersten Blick so eindeutig voneinander abgrenzbaren Theorien kommen sich im Ergebnis tatsächlich sehr nahe und ihre Argumente können sich sinnvoll ergänzen. Einerseits erkennen auch die Anhänger der objektiven Theorie grundsätzlich den Wert historischer Argumente und damit folglich die Zwecksetzung durch den Gesetzgeber, insbesondere bei der Auslegung jüngerer Normen, an. Andererseits gestehen auch die Vertreter der subjektiven Theorie ein, dass sich der Normzweck und damit das richtige Verständnis einer Norm mit der Zeit verändern können.[33] Und so betrifft der Kern des Streites zwischen subjektiv und objektiv orientierter Auslegung auch weniger, wieweit Auslegung und Rechtsfortbildung zulässig, sondern vielmehr inwiefern Gerichte hierbei zur Offenlegung verpflichtet sind. Denn auch die Vertreter der subjektiven Theorien, die in der Auslegung den Nachvollzug des historischen Gesetzgeberwillens sehen, lassen eine Abweichung von diesem zu, jedoch unter dem Dogma einer erhöhten Begründungspflicht.[34] Da sich die Entscheidungsfindung im Rahmen eines jeden Urteils maßgeblich

---

[31] Hinsichtlich des durch den EuGH bislang nicht anerkannten Vertrauensschutzes: *Martens*, Methodenlehre des Unionsrechts, 346.

[32] *Henninger*, Europäisches Privatrecht und Methode, 278; *Grundmann/Riesenhuber*, Die Auslegung des Europäischen Privat- und Schuldvertragsrechts, JuS 2001, 529, 529.

[33] Im Ergebnis jeweils ähnlich: *Martens*, Methodenlehre des Unionsrechts, 458 f.; *Riesenhuber*, in: Riesenhuber (Hrsg.), Europäische Methodenlehre, § 10 Rn. 11; *Herresthal*, Die teleologische Auslegung der Verbrauchsgüterkaufrichtlinie: Der EuGH auf dem Weg zu einer eigenständigen Methode der Rechtsgewinnung, ZEuP 2009, 598, 606 f.; *Henninger*, Europäisches Privatrecht und Methode, S. 278 f. (später für das europäische Privatrecht eine vermittelnd objektiv-prinzipienorientierte Auslegung befürwortend, S. 372–377); vgl. auch *Hager*, Rechtsmethoden in Europa, 307 Rn. 72.

[34] *Martens*, Methodenlehre des Unionsrechts, 384 f.

über ihre Begründung rechtfertigt, ist es angemessen, dem Rechtsanwender umso höhere Anforderungen an die inhaltliche Begründung zu stellen, je weiter er sich von der ursprünglich durch den Gesetzgeber intendierten Zwecksetzung entfernt.[35]

B. Die verschiedenen Auslegungskanones des Primär- und Sekundärrechts

Im deutschsprachigen Raum werden heute unter Verweis auf *Savigny*[36] vier klassische Auslegungsmethoden unterschieden: die grammatische, die systematische, die teleologische und die historische Auslegung.[37] Diese sind nach überwiegender Ansicht der Wissenschaft auch im Unionsrecht relevant.[38]

---

[35] *Hager*, Rechtsmethoden in Europa, 307 Rn. 73; vgl. nur *Kramer*, Juristische Methodenlehre, 43 Fn. 7 u. 162 f.

[36] *Reimer* hat jedoch unter Verweis auf *Rückert*, Methode und Zivilrecht beim Klassiker Savigny (1779–1861), in: Rückert/Seinecke (Hrsg.), Methodik des Zivilrechts – von Savigny bis Teubner, 35 herausgearbeitet, dass es sich hierbei wohl teilweise um eine Fehlrezeption handelt, da die vier Auslegungskanones nicht das Herzstück von *Savignys* Methodenlehre bilden. Vielmehr stellen die „vier Elemente" nur eine von mehreren Säulen dar, *Reimer*, Juristische Methodenlehre, 143 Rn. 277.

[37] Auch die *statutes*-Interpretation in England folgt ähnlichen Strukturen: Bei der Gesetzesinterpretation müssen englische Gerichte stets den Rechtszustand berücksichtigen, der vor Erlass des *statute* bestanden hatte (*mischief rule*). Die *literal rule* beschreibt eine am Wortlaut orientierte Interpretationsmethode. Die *literal rule* wird durch die Regel ergänzt, dass das *statute* als Ganzes betrachtet werden muss, dies entspricht der systematischen Auslegung. Die *literal rule* hat insbesondere durch den *purpose approach* an Bedeutung verloren. Außerdem ist nach der *golden rule* ein Abweichen vom gewöhnlichen Textverständnis möglich, wenn die Beachtung dessen zu absurden Ergebnissen oder inneren Widersprüchen geführt hätte. Seit Aufgabe der *exclusionary rule* können auch die Gesetzgebungsmaterialien bei der Interpretation verwertet werden. Zum Ganzen: *Hager*, Rechtsmethoden in Europa, 60 f.; zusammenfassend auch: *Fleischer*, Europäische Methodenlehre: Stand und Perspektiven, RabelsZ 2011, 700, 717 f.; sowie *Munday*, Interpretation of Legislation in England: The Expanding Quest for Parliamentary Intention, RabelsZ 2011, 764.

[38] *Stotz*, in: Riesenhuber (Hrsg.), Europäische Methodenlehre, § 20 Rn. 11; *Griller*, in: Lienbacher (Hrsg.), Verfassungsinterpretation in Europa, 116; *Hager*, Rechtsmethoden in Europa, 250 Rn. 5; *Zedler*, Mehrsprachigkeit und Methode, 139; *Höpfner/Rüthers*, Grundlagen einer europäischen Methodenlehre, AcP 2009, 1, 8; vgl. auch *Komárek*, in: Arnull/Chalmers (Hrsg.), The Oxford Handbook of European Union Law, 45. Im Wesentlichen von drei Auslegungsmethoden (*text*, *context/systematic*, *telos/purpose*) ausgehend: *Maduro*, Interpreting European Law – Judicial Adjudication in a Context of Constitutional Pluralism, WPLS 2008, 1, 3; *Bengoetxea*, The Legal Reasoning of the European Court of Justice, 233 f.; und *Beck*, The Legal Reasoning of the Court of Justice of the EU, 187. Auch *Henninger* betrachtet als Auslegungskriterien, die das Europarecht bislang kennt, in erster

Die verschiedenen Auslegungsmethoden lassen sich jedoch nicht eindeutig voneinander abgrenzen. So ist etwa die Reichweite der grammatischen Auslegung unklar und diese auch denknotwendig mit der systematischen Auslegung verknüpft.[39] Darüber hinaus ist das Verständnis des Wortlauts einer Norm durch historische Gegebenheiten mitgeprägt. Auch die Systematik einer Norm erschließt sich zuweilen nur unter Berücksichtigung des Willens des historischen Gesetzgebers, da dieser die Norm in der Regel als Teil eines Systems geschaffen hat.[40] Geht die systematische Auslegung über die einzelne Norm hinaus, ist auch eine Abgrenzung zur teleologischen Auslegung nicht trennscharf möglich.[41] Letztlich dient die Einordnung der verschiedenen Argumentationsmuster in verschiedene „Auslegungskanones" daher nur einer strukturierten Darstellung.

Bei der Auslegung des Unionsrechts haben sich darüber hinaus gegenüber der Auslegung von nationalem Recht einige Besonderheiten entwickelt, die zum Teil als eigene spezifisch unionsrechtliche Methoden oder als Unterfall der klassischen Auslegungskanones betrachtet werden. Neben den bekannten Auslegungsmethoden sollen daher auch der *effet-utile*-Grundsatz, der dynamische Charakter der Auslegung und der Rechtsvergleich erörtert werden.

Linie die grammatische, die systematische und die teleologische Auslegung. Die historische Auslegung sei keine eigenständige Auslegungsmethode, sondern nur im Rahmen der teleologischen Auslegung von Gesetzen relevant. Darüber hinaus weist er aber auch der rechtsvergleichenden Auslegung Bedeutung zu, *Henninger*, Europäisches Privatrecht und Methode, 279 u. 287.

[39] *Grundmann* spricht von einem „Wechselspiel", *Grundmann*, Inter-Instrumental-Interpretation, Systembildung durch Auslegung im Europäischen Unionsrecht, RabelsZ 2011, 882, 903.

[40] Näher zum System des Rechts als positiver Schöpfung des Unionsgesetzgebers, *Martens*, Methodenlehre des Unionsrechts, 411 f., der zurecht darauf hinweist, dass das Unionsrecht unter starkem Einfluss politischer Entscheidungsprozesse steht und die Systematik hierunter leidet.

[41] *Henninger*, Europäisches Privatrecht und Methode, 283; *Herresthal*, Die teleologische Auslegung der Verbrauchsgüterkaufrichtlinie: Der EuGH auf dem Weg zu einer eigenständigen Methode der Rechtsgewinnung, ZEuP 2009, 598, 606; vgl. hierzu auch: *Grundmann*, Inter-Instrumental-Interpretation, Systembildung durch Auslegung im Europäischen Unionsrecht, RabelsZ 2011, 882, 896 u. 903 f.; *Lenaerts/Gutiérrez-Fons*, To Say What the Law of the EU Is: Methods of Interpretation and the European Court of Justice, CJEL 2014, 3, 32.

I. Grammatische Auslegung/Wortlautauslegung

Auch im Unionsrecht ist Ausgangspunkt der Auslegung regelmäßig der Wortlaut des Gesetzestextes[42] – sofern ein solcher existiert.[43] Denn die grammatische Auslegung einer relativ klar gefassten Norm ist diejenige Interpretationsmethode, die dem Prinzip der Rechtssicherheit am besten gerecht wird, da sie ein hohes Maß an Vorhersehbarkeit hinsichtlich zukünftiger EuGH-Entscheidungen sichert.[44] Im Rahmen der grammatischen Auslegung müssen zunächst der natürliche Wortsinn und der Bedeutungsgehalt einer Norm nach dem allgemeinen Sprachgebrauch ermittelt werden.[45] Wortsinn und Bedeutungsgehalt werden anschließend in die juristische Terminologie „übersetzt".[46] Um die einheitliche Anwendung und den Vorrang des Unionsrechts zu gewährleisten[47], betont der EuGH dabei regelmäßig die Autonomie der Auslegung europarechtlicher Begriffe in Abgrenzung zur Begriffsverwendung im nationalen Recht.[48] Die spezifisch rechtlichen Bedeutungen,

---

[42] *Beck*, The Legal Reasoning of the Court of Justice of the EU, 188; *Grundmann*, Die Auslegung des Gemeinschaftsrechts durch den Europäischen Gerichtshof: Zugleich eine rechtsvergleichende Studie zur Auslegung im Völkerrecht und im Gemeinschaftsrecht, 192 u. 202; *Lenaerts/Gutiérrez-Fons*, To Say What the Law of the EU Is: Methods of Interpretation and the European Court of Justice, CJEL 2014, 3, 7 u. 10 f.; *Mittmann*, Rechtsfortbildung durch den Gerichtshof der Europäischen Gemeinschaften und die Rechtsstellung der Mitgliedstaaten der Europäischen Union, 214.

[43] Anerkannte Rechtsquellen des Unionsrechts sind neben dem geschriebenen Primär- und Sekundärrecht insbesondere auch die ungeschriebenen allgemeinen Rechtsgrundsätze des Unionsrechts, *Classen/Oppermann*, in: Oppermann/Classen/Nettesheim (Hrsg.), Europarecht, § 9 Rn. 26.

[44] *Lenaerts/Gutiérrez-Fons*, To Say What the Law of the EU Is: Methods of Interpretation and the European Court of Justice, CJEL 2014, 3, 8.

[45] *Classen/Nettesheim*, in: Oppermann/Classen/Nettesheim (Hrsg.), Europarecht, § 9 Rn. 170; *Pechstein/Drechsler*, in: Riesenhuber (Hrsg.), Europäische Methodenlehre, § 7 Rn. 17; *Martens*, Methodenlehre des Unionsrechts, 335.

[46] *Pechstein/Drechsler*, in: Riesenhuber (Hrsg.), Europäische Methodenlehre, § 7 Rn. 17.

[47] *Pechstein/Drechsler*, in: Riesenhuber (Hrsg.), Europäische Methodenlehre, § 7 Rn. 18; *Zedler*, Mehrsprachigkeit und Methode, 139; *Grundmann*, Die Auslegung des Gemeinschaftsrechts durch den Europäischen Gerichtshof: Zugleich eine rechtsvergleichende Studie zur Auslegung im Völkerrecht und im Gemeinschaftsrecht, 208 f.

[48] *Bengoetxea*, The Legal Reasoning of the European Court of Justice, 236. Beispiel einer unionsautonomen Auslegung eines auch national bekannten Rechtsbegriffs ist etwa die Auslegung des Begriffs der „öffentlichen Verwaltung" in Art. 45 Abs. 4 AEUV. Der EuGH versteht Art. 45 Abs. 4 AEUV deutlich enger, als die nationalen Mitgliedstaaten. Weitere Beispiele sind etwa die Auslegung der Begriffe der „öffentlichen Sicherheit" in Art. 36 AEUV, Art. 45 Abs. 3 AEUV oder Art. 52 AEUV und der „juristischen Person" in Art. 263 Abs. 4 AEUV. Hierzu: *Pechstein/Drechsler*, in: Riesenhuber (Hrsg.), Europäische Methodenlehre, § 7 Rn. 20 und *Grundmann*, Die Auslegung des Gemeinschaftsrechts durch

die die nationalen Rechtsordnungen bestimmten Begriffen beimessen, können auf EU-Rechtsebene daher grundsätzlich keine Bindungswirkung entfalten[49], es sei denn, es handelt sich um eine ausdrückliche oder stillschweigende Verweisung auf mitgliedstaatliches Recht.[50] Darüber hinaus ist die grammatische Auslegung des Unionsrechts von der Besonderheit gekennzeichnet, dass alle 24 verschiedenen Sprachfassungen der Gesetzestexte verbindlich sind, Art. 55 EUV und Art. 358 AEUV.[51] Weichen die sprachlichen Fassungen voneinander ab, darf insbesondere nicht auf das „Mehrheitsprinzip" abgestellt werden, nach welchem derjenigen Fassung Vorrang einzuräumen wäre, die in der Mehrheit der Amtssprachen verbreitet ist.[52] Denn es gilt das sprachliche Egalitätsprinzip.[53] In diesem Fall spielen systematische und

den Europäischen Gerichtshof: Zugleich eine rechtsvergleichende Studie zur Auslegung im Völkerrecht und im Gemeinschaftsrecht, 210.

[49] *Lenaerts/Gutiérrez-Fons*, To Say What the Law of the EU Is: Methods of Interpretation and the European Court of Justice, CJEL 2014, 3, 7 Fn. 24 mit Verweis auf Rs. 283/81 *C.I.L.F.I.T.*, EuGH Urteil v. 6.10.1982, Rn. 20. Siehe aber *Martens*, Methodenlehre des Unionsrechts, 336 f., der ausdrücklich darauf hinweist, dass der Grundsatz der autonomen Begriffsbildung nicht absolut gelten könne, da manche Normen keine einheitliche Lösung für die Union bezweckten oder nach dem jeweiligen Integrationsstand eine autonome Begriffsbildung ausgeschlossen sein könne.

[50] *Zedler*, Mehrsprachigkeit und Methode, 141; *Grundmann*, Die Auslegung des Gemeinschaftsrechts durch den Europäischen Gerichtshof: Zugleich eine rechtsvergleichende Studie zur Auslegung im Völkerrecht und im Gemeinschaftsrecht, 211.

[51] Zum Sprachenrecht der Europäischen Union eingehend: *Zedler*, Mehrsprachigkeit und Methode, 65 f. Zur Problematik der grammatischen Auslegung unter Beachtung des Gebots des allseitigen Sprachvergleichs des Unionsrechts insbesondere für nationale Rechtsanwender s. *Weiler*, Grammatikalische Auslegung des vielsprachigen Unionsrechts, ZEuP 2010, 861.

[52] Rs. 55/87 *Moksel*, EuGH Urteil v. 7.7.1988; Rs. 9/79 *Koschniske*, EuGH Urteil v. 12.7.1979, zitiert nach *Classen/Nettesheim*, in: Oppermann/Classen/Nettesheim (Hrsg.), Europarecht, § 9 Rn. 171. Ob die einzelnen Sprachfassungen tatsächlich voneinander abweichen, scheint der EuGH jedoch nicht systematisch bzw. nur unzureichend zu prüfen, *Martens*, Methodenlehre des Unionsrechts, 341 Fn. 234. Grund hierfür könnte sein, dass es nach *Zedler* als Prämisse der Rechtsprechung gilt, dass die Rechtstexte nicht in allen Sprachfassungen gelesen werden müssen. Wegen des Gleichwertigkeitsprinzips reiche es, auf eine der Sprachfassungen zurückzugreifen und einen Vergleich nur bei Zweifeln anzustrengen. Die Rechtsprechung hat jedoch keine praktikable Formel entwickelt, wann von Zweifeln auszugehen ist. Wenn ein Sprachvergleich vorgenommen worden ist, so war dieser in den seltensten Fällen wirklich umfassend, *Zedler*, Mehrsprachigkeit und Methode, 330 f. *Lenaerts* und *Gutiérrez-Fons* argumentieren hingegen, dass einzelne Sprachfassungen mitunter nur hilfsweise herangezogen werden, wenn Ausgangspunkt der Auslegung eher das Telos war, *Lenaerts/Gutiérrez-Fons*, To Say What the Law of the EU Is: Methods of Interpretation and the European Court of Justice, CJEL 2014, 3, 14.

[53] *Zedler*, Mehrsprachigkeit und Methode, 41; *Höpfner/Rüthers*, Grundlagen einer europäischen Methodenlehre, AcP 2009, 1, 10. Zum Problem, ob das sprachliche Egalitätsprinzip die Rechtssicherheit beeinträchtigt: *Lenaerts/Gutiérrez-Fons*, To Say What the Law

teleologische Auslegungselemente eine ganz herausragende Rolle.[54] Doch auch wenn der Wortlaut der verschiedenen Gesetzesfassungen unter Berücksichtigung des üblichen Sprachgebrauchs eindeutig sein sollte, entspricht es der üblichen Praxis des Gerichtshofs, semantische Argumente mit systematischen und teleologischen Erwägungen abzusichern.[55] Dies ist auch erforderlich, da das Unionsrecht mitunter Resultat von kontrovers geführten politischen Debatten ist, die zuweilen unter erheblichem Zeitdruck Ergebnisse liefern müssen und hierbei auch Mehrdeutigkeiten in Kauf genommen werden, um Konsensfähigkeit zu erzielen.[56] Gelegentlich entfernt sich der Gerichtshof erheblich von dem natürlichen Wortsinn einer Vorschrift, insbesondere wenn dies im jeweiligen Anwendungszusammenhang erforderlich ist, da sonst der Zweck der Vorschrift vereitelt würde.[57] Darüber hinaus muss insbesondere hinsichtlich des Primärrechts von einer eher begrenzten Bedeutung der grammatischen Auslegung ausgegangen werden, da die Bestimmungen oftmals sehr weit gefasst sind. Aufgrund dessen wird hinsichtlich der Grundlagenverträge mitunter auch von „Rahmenverträgen" gesprochen.[58]

---

of the EU Is: Methods of Interpretation and the European Court of Justice, CJEL 2014, 3, 15 f.

[54] *Beck*, The Legal Reasoning of the Court of Justice of the EU, 189; *Martens*, Methodenlehre des Unionsrechts, 340; *Zedler*, Mehrsprachigkeit und Methode, 330; *Henninger*, Europäisches Privatrecht und Methode, 281 f.; *Komárek*, in: Arnull/Chalmers (Hrsg.), The Oxford Handbook of European Union Law, 45; *Lenaerts/Gutiérrez-Fons*, To Say What the Law of the EU Is: Methods of Interpretation and the European Court of Justice, CJEL 2014, 3, 13 m.V.a. diverse Urteile; vgl. auch *Grundmann*, Die Auslegung des Gemeinschaftsrechts durch den Europäischen Gerichtshof: Zugleich eine rechtsvergleichende Studie zur Auslegung im Völkerrecht und im Gemeinschaftsrecht, 220 Fn. 993 m.w.N.

[55] Beispielhaft Rs. C-122/10 *Ving Sverige*, EuGH Urteil v. 12.5.2011, Rn. 31; Rs. C-434/09 *McCarthy*, EuGH Urteil v. 5.5.2011, Rn. 31, zitiert nach *Martens*, Methodenlehre des Unionsrechts, 375 Fn. 415.

[56] *Grundmann*, Die Auslegung des Gemeinschaftsrechts durch den Europäischen Gerichtshof: Zugleich eine rechtsvergleichende Studie zur Auslegung im Völkerrecht und im Gemeinschaftsrecht, 236.

[57] *Beck*, The Legal Reasoning of the Court of Justice of the EU, 189 m.w.N. in Fn. 14.

[58] *Mertens de Wilmars*, Réflexions sur les méthodes d'interprétation de la Cour de justice des Communautés européennes, Cah.dr.eur. 1986, 5, 13 f.; *Lenaerts/Gutiérrez-Fons*, To Say What the Law of the EU Is: Methods of Interpretation and the European Court of Justice, CJEL 2014, 3, 16.

II. Systematische Auslegung

1. Grundlagen

Nach der systematischen Auslegung muss die in Rede stehende Norm im Kontext der gesamten EU-Rechtsordnung ausgelegt werden, um ihre Bedeutung zu erforschen.[59] Die systematische Auslegung geht davon aus, dass alle Normen eines Vertragswerks oder Gesetzestexts zueinander in Beziehung stehen. Der endgültige Gehalt einer Norm kann daher erst durch eine umfassende Betrachtung des Vertragswerks bzw. Gesetzestexts gewonnen werden.[60] Die systematische Auslegung analysiert regelmäßig zunächst das innere und äußere System des einzelnen Rechtsakts; in Rechtsordnungen, die sich als Gesamtrechtssystem verstehen – wie es grundsätzlich auch bei der EU-Rechtsordnung der Fall ist – ist außerdem eine rechtsaktübergreifende systematische Auslegung möglich.[61] So kann ein bestimmtes Verständnis einer Norm einerseits dadurch begründet sein, dass auch andere ähnlich gelagerte Normen eine solche Auslegung stützen. Andererseits kann die systematische Auslegung ergeben, dass ein bestimmtes Verständnis umgekehrt nicht in Frage kommt, da es andere Normen des Unionsrechts unterlaufen würde und daher etwa Ausnahmen eng auszulegen sind. Die systematische Auslegung und die teleologische Auslegung sind insoweit kaum voneinander zu trennen.[62] Auch bestehende Widersprüche können im Wege der systematischen Auslegung aufgelöst werden.[63] Der EuGH geht grundsätzlich von einer rationalen Gesetzesstruktur aus.[64] So finden sich nach der Rechtsprechung in den Grundlagenverträgen allgemeine und besondere Bestimmungen[65] und innerhalb oder zwischen verschiedenen Normen wird häufig ein

---

[59] *Zippelius*, Juristische Methodenlehre, 43. Der Stellenwert des systematischen Arguments – insbesondere im Hinblick auf das Sekundärrecht – ist im Einzelnen strittig, vgl. *Höpfner/Rüthers*, Grundlagen einer europäischen Methodenlehre, AcP 2009, 1, 12; *Grundmann*, Inter-Instrumental-Interpretation, Systembildung durch Auslegung im Europäischen Unionsrecht, RabelsZ 2011, 882, 883 f. m.w.N.

[60] *Pechstein/Drechsler*, in: Riesenhuber (Hrsg.), Europäische Methodenlehre, § 7 Rn. 22; vgl. auch *Bengoetxea*, The Legal Reasoning of the European Court of Justice, 242.

[61] Vgl. *Riesenhuber*, in: Riesenhuber (Hrsg.), Europäische Methodenlehre, § 10 Rn. 22 f.; *Beck*, The Legal Reasoning of the Court of Justice of the EU, 192; eingehend zur *Inter-Instrumental-Interpretation*: *Grundmann*, Inter-Instrumental-Interpretation, Systembildung durch Auslegung im Europäischen Unionsrecht, RabelsZ 2011, 882. Zur systemkonformen Auslegung eingehend unten.

[62] *Classen/Nettesheim*, in: Oppermann/Classen/Nettesheim (Hrsg.), Europarecht, § 9 Rn. 172.

[63] Eingehend *Martens*, Methodenlehre des Unionsrechts, 417 f.

[64] *Lenaerts/Gutiérrez-Fons*, To Say What the Law of the EU Is: Methods of Interpretation and the European Court of Justice, CJEL 2014, 3, 17.

[65] Beispielhaft noch zur Auslegung des EWG-Vertrages: Rs. 68/86 *Vereinigtes Königreich/Rat*, EuGH Urteil v. 23.2.1988.

Regel-Ausnahme-Verhältnis festgestellt.[66] Eng verbunden mit dem Gedanken einer rationalen Gesetzesstruktur ist die auch im Unionsrecht grundsätzlich anerkannte Geltung bekannter Kollisionsregeln: so gilt im Verhältnis zwischen Primär- und Sekundärrecht der Grundsatz *lex superior derogat legi inferiori*.[67] Eine Hierarchisierung innerhalb des Primärrechts wird von der herrschenden Lehre hingegen richtigerweise abgelehnt.[68] Außerdem geht aus der Rechtsprechung des EuGH hervor, dass dieser auch die Regel *lex posterior derogat legi priori* anerkennt, welche sich auf den Gedanken stützen lässt, dass der Unionsgesetzgeber etwaiges entgegenstehendes Recht mit neu erlassenem Recht abändern will.[69] Und schließlich greift auch der Grundsatz *lex specialis derogat legi generali*.[70] Der *lex specialis*-Grundsatz ist dabei tatsächlich keine Auslegungsregel, sondern beschreibt vielmehr das Ergebnis der Auslegung; denn ob eine Norm im Verhältnis zu einer anderen spezieller ist, muss erst im Wege der Auslegung festgestellt werden.[71]

Im Rahmen der Auslegung des Primärrechts kommt der systematischen Auslegung gemeinsam mit der teleologischen Auslegung ein besonderer Stellenwert zu, da der zumeist knappe Wortlaut zuweilen nur begrenzt aufschlussreich und der Wert der historischen Auslegung jedenfalls umstritten ist.

2. *Die systemkonforme Auslegung des Rechts*

Wichtiger Bestandteil der Gesetzesanwendung ist auch die systemkonforme Auslegung des Rechts. Dabei ist u.a. umstritten, ob die systemkonforme Auslegung als eigenständige Auslegungsmethode betrachtet werden muss[72] oder ob sie eine Unterform der systematischen oder teleologischen Auslegung darstellt[73]. Von dieser Einordnung unabhängig, wird die systemkon-

---

[66] *Pechstein/Drechsler*, in: Riesenhuber (Hrsg.), Europäische Methodenlehre, § 7 Rn. 23.

[67] *Martens*, Methodenlehre des Unionsrechts, 424 f.; vgl. auch *Nettesheim*, Normenhierarchien im EU-Recht, EuR 2006, 737, 764. Zur mit diesem Grundsatz eng zusammenhängenden primärrechtskonformen Auslegung siehe ausführlich im nächsten Punkt.

[68] *Nettesheim*, Normenhierarchien im EU-Recht, EuR 2006, 737, 745 m.w.N. A.A.: *Bengoetxea*, The Legal Reasoning of the European Court of Justice, 247.

[69] *Martens*, Methodenlehre des Unionsrechts, 426 f. Dies gilt jedoch nur im Verhältnis derselben Hierarchieebene, später erlassenes Primärrecht wird als Referenzpunkt für früheres Sekundärrecht angesehen: *Grundmann*, Inter-Instrumental-Interpretation, Systembildung durch Auslegung im Europäischen Unionsrecht, RabelsZ 2011, 882, 905.

[70] *Martens*, Methodenlehre des Unionsrechts, 428 f.

[71] *Riesenhuber*, in: Riesenhuber (Hrsg.), Europäische Methodenlehre, § 10 Rn. 31.

[72] *Höpfner/Rüthers*, Grundlagen einer europäischen Methodenlehre, AcP 2009, 1, 21.

[73] *Anweiler*, Die Auslegungsmethoden des Gerichtshofs der Europäischen Gemeinschaften, 186; *Grundmann*, Inter-Instrumental-Interpretation, Systembildung durch Auslegung im Europäischen Unionsrecht, RabelsZ 2011, 882, 896 m.w.N. in Fn. 47; *Leible/*

forme Auslegung richtigerweise von der überwiegenden Ansicht in der Literatur als Teil des einheitlichen Entscheidungsprozesses eingeordnet und nimmt dabei im Rahmen der üblichen Auslegungsmethoden keine Sonderstellung ein.[74]

Die systemkonforme Auslegung lässt sich ihrerseits hinsichtlich verschiedener Ausprägungen differenzieren: Der EuGH erkennt u.a. die grundrechtsaktkonforme und die völkerrechtskonforme Auslegung an.[75] Daneben ist die primärrechtskonforme Auslegung des Sekundärrechts von zentraler Bedeutung.[76]

a) Die primärrechtskonforme Auslegung des Sekundärrechts

Nach dem EuGH verlangt der Grundsatz der Einheit der Unionsrechtsordnung, dass abgeleitetes Unionsrecht gemäß den Verträgen und den allgemeinen Grundsätzen des Unionsrechts auszulegen ist.[77] Die primärrechtskonforme Auslegung ist dabei Ausfluss der vertraglich implizierten Normenhierarchien im Unionsrecht.[78] Als maßgeblicher Geltungsgrund wird daneben der (hypothetische) Wille des Unionsgesetzgebers zur Normerhaltung[79] sowie das institutionelle Gleichgewicht[80] genannt. Denn eine normerhaltende primärrechtskonforme Auslegung stelle verglichen mit einer etwaigen Normverwerfung im Regelfall einen schonenderen Eingriff der Judikative in das Handeln der Legislative dar.[81] Darüber hinaus schütze das Gebot primär-

---

Domröse, in: Riesenhuber (Hrsg.), Europäische Methodenlehre, § 8 Rn. 28; *Henninger*, Europäisches Privatrecht und Methode, 282.

[74] *Martens*, Methodenlehre des Unionsrechts, 437 mit Verweis auf die a.A.: *Höpfner*, Die systemkonforme Auslegung, 152 f.

[75] Näher hierzu: *Martens*, Methodenlehre des Unionsrechts, 442 f. und 453 f.

[76] Konformauslegung ist ebenfalls hinsichtlich des nationalen Rechts von zentraler Bedeutung. Da in dieser Arbeit jedoch die Arbeitsweise des EuGH im Zentrum steht, bleibt die Auslegung nationalen Rechts vorliegend ausgeklammert.

[77] Noch zum Grundsatz der Einheit der Gemeinschaftsrechtsordnung: Rs. C-1/02 *Borgmann*, EuGH Urteil v. 1.4.2004, Rn. 30; Rs. C-499/04 *Werhof*, EuGH Urteil v. 9.3.2006, Rn. 32. Zum Systemgedanken weiterhin: *Leible/Domröse*, in: Riesenhuber (Hrsg.), Europäische Methodenlehre, § 8 Rn. 22.

[78] *Nettesheim*, Normenhierarchien im EU-Recht, EuR 2006, 737, 746 f.; vgl. auch *Lenaerts*, The Court's Outer and Inner Selves: Exploring the External and Internal Legitimacy of the European Court of Justice, in: Adams/de Waele/Meeusen et al. (Hrsg.), Judging Europe's Judges: The Legitimacy of the Case Law of the European Court of Justice, 13, 17.

[79] *Lenaerts/Gutiérrez-Fons*, To Say What the Law of the EU Is: Methods of Interpretation and the European Court of Justice, CJEL 2014, 3, 20.

[80] Zum institutionellen Gleichgewicht als Grenze der Rechtsfortbildung, § 5 B. II. 2. b).

[81] *Martens*, Methodenlehre des Unionsrechts, 442; *Leible/Domröse*, in: Riesenhuber (Hrsg.), Europäische Methodenlehre, § 8 Rn. 25.

rechtskonformer Auslegung ebenso die Gestaltungsfreiheit der nationalen Gesetzgeber, soweit mitgliedstaatliches Recht auf Grundlage von EU-Sekundärrecht erlassen wurde.[82] Es gilt jedoch zu berücksichtigen, dass durch die primärrechtskonforme Auslegung der sekundärrechtlichen Norm ein zusätzlicher textexterner Informationsgehalt hinzugefügt wird, durch welchen die Transparenz dieser Norm weiter abnimmt.[83] Darüber hinaus ist die Prämisse, die primärrechtskonforme Auslegung stelle regelmäßig den „schonenderen Eingriff" dar, kritisch zu hinterfragen. Legt der EuGH Sekundärrecht primärrechtskonform derart aus, dass der ursprüngliche Gesetzesinhalt grundlegend verändert wird, liegt ein stärkerer Eingriff als bei einer Nichtig- bzw. Ungültigerklärung vor, welche dem europäischen Gesetzgeber die Möglichkeit eröffnen würde, das ursprünglich angestrebte Regelungsziel mit einem neu gefassten Gesetz zu verwirklichen.[84] Vor dem Hintergrund dieser Erwägungen sollte eine primärrechtskonforme Auslegung nur in Betracht gezogen werden, wenn diese dem ursprünglichen Regelungsziel des Gesetzgebers nicht grundlegend zuwiderläuft.[85]

Als Primärrecht, das im Rahmen der Auslegung des Sekundärrechts zu beachten ist, gelten – wie eingangs erwähnt – vornehmlich die Grundlagenverträge einschließlich der nunmehr auch in der Grundrechte-Charta normierten Grundrechte[86] sowie die sonstigen allgemeinen Rechtsgrundsätze[87] des Unionsrechts.[88]

---

[82] *Leible/Domröse*, in: Riesenhuber (Hrsg.), Europäische Methodenlehre, § 8 Rn. 26.

[83] Vgl. für die verfassungskonforme Auslegung des deutschen Rechts, *Reimer*, Juristische Methodenlehre, 284 Rn. 635. Dieser Aspekt darf jedoch nicht überbewertet werden, da das Vertrauen des Bürgers in ein „natürliches Verständnis" von Rechtsnormen ohnehin nicht geschützt ist.

[84] Vgl. für das deutsche Verfassungsrecht schon *Hesse*, Grundzüge des Verfassungsrechts der Bundesrepublik Deutschland, 32 Rn. 83; später zitiert und ebenso vertreten von: *Reimer*, Juristische Methodenlehre, 285 Rn. 638. Selbstverständlich muss berücksichtigt werden, dass Argumente hinsichtlich der verfassungskonformen Auslegung nationalen Rechts aufgrund struktureller Unterschiede nicht einfach auf die primärrechtskonforme Auslegung übertragen werden können, hierzu: *Leible/Domröse*, in: Riesenhuber (Hrsg.), Europäische Methodenlehre, § 8 Rn. 2. Die hier im nationalen Kontext vorgebrachten Argumente greifen auf europäischer Ebene jedoch ebenfalls. Ähnlich daher auch: *Leible/Domröse*, in: Riesenhuber (Hrsg.), Europäische Methodenlehre, § 8 Rn. 36.

[85] *Grundmann/Riesenhuber*, Die Auslegung des Europäischen Privat- und Schuldvertragsrechts, JuS 2001, 529, 532.

[86] *Herdegen*, Europarecht, § 8 Rn. 24 f.; *Leible/Domröse*, in: Riesenhuber (Hrsg.), Europäische Methodenlehre, § 8 Rn. 8.

[87] Eingehend zur Relevanz von allgemeinen Rechtsprinzipien im Rahmen der Auslegung des Europarechts: *Beck*, The Legal Reasoning of the Court of Justice of the EU, 194 f.; zur beschränkten Derogationswirkung bestimmter allgemeiner Rechtsgrundsätze aber: *Nettesheim*, Normenhierarchien im EU-Recht, EuR 2006, 737, 747.

[88] Vgl. *Classen/Nettesheim*, in: Oppermann/Classen/Nettesheim (Hrsg.), Europarecht, § 9 Rn. 19 f.; *Herdegen*, Europarecht, § 8 Rn. 1 f.

Insbesondere die allgemeinen Rechtsgrundsätze nutzt der EuGH mitunter, um eine stark extensive Auslegung des Unionsrechts vorzunehmen.[89] Da die allgemeinen Rechtsgrundsätze ihrerseits im Wege der richterlichen Rechtsfortbildung entwickelt wurden, ist eine solche Verwendung vor allem mit Blick auf das Prinzip der begrenzten Einzelermächtigung problematisch.[90] Zu berücksichtigen ist jedoch, dass der EuGH, soweit er seine Entscheidung auf allgemeine Rechtsgrundsätze stützt, in der Regel eine komplexe Abwägung vornimmt. Eine generelle Bewertung dieser Praxis ist daher nicht möglich. Vielmehr ist stets der Einzelfall in den Blick zu nehmen und zu analysieren.

b) Die sekundärrechtsorientierte Auslegung des Primärrechts

Interessanterweise kehrt der EuGH das normenhierarchische Verhältnis zwischen Primär- und Sekundärrecht mitunter um, d.h. er legt primärrechtliche Normen anhand des Sekundärrechts aus.[91] Dies verwundert vor dem Hintergrund, dass sich Sekundärrecht stets aus dem Primärrecht ableitet. Wie aber soll eine abgeleitete Norm ihrerseits die Ausgangsnorm determinieren?

Zu berücksichtigen ist, dass normenhierarchische Regelungen stets Ausdruck der Kompetenzordnung sind, die insbesondere dann zur Anwendung gelangen, wenn es zu kompetenziellen Überschneidungen kommt, entweder innerhalb der Ordnung eines Hoheitsträgers oder, in einem föderalen System wie der EU, zwischen verschiedenen Hoheitsträgern.[92] Funktionell betrachtet ist es daher richtig, dass ein nachgeordneter Normgeber die Interpretation einer höherstehenden Norm nicht verbindlich festlegen kann.[93] Daher wird dem Sekundärrecht für die Auslegung des Primärrechts mitunter jede Bedeutung abgesprochen: Der EuGH sichere mit dem Hinweis auf das entsprechende Sekundärrecht nur ein bereits zuvor gefundenes Ergebnis zusätzlich ab.[94]

Diese Ansicht ist jedoch stark formalistischem Denken verhaftet und ignoriert die faktischen Interdependenzen der verschiedenen Normebenen.[95]

---

[89] *Beck*, The Legal Reasoning of the Court of Justice of the EU, 197 f.

[90] Allgemein zum Prinzip der begrenzten Einzelermächtigung als Grenze der Auslegung und Rechtsfortbildung, unten, § 5 B. II. 2. a) aa).

[91] Beispielhaft: Rs. C-36/74 *Walrave*, EuGH Urteil v. 12.12.1974 ausführlich besprochen von *Grundmann*, Inter-Instrumental-Interpretation, Systembildung durch Auslegung im Europäischen Unionsrecht, RabelsZ 2011, 882, 909 f.

[92] *Nettesheim*, Normenhierarchien im EU-Recht, EuR 2006, 737, 738.

[93] *Nettesheim*, Normenhierarchien im EU-Recht, EuR 2006, 737, 753 mit Verweis auf *Müller/Christensen*, Juristische Methodik Band II, Europarecht, 331.

[94] *Müller/Christensen*, Juristische Methodik Band II, Europarecht, Rn. 548 ff. zitiert nach *Martens*, Methodenlehre des Unionsrechts, 447.

[95] Hierzu Bezug nehmend auf deutsches (Verfassungs-)Recht auch *Reimer*, Juristische Methodenlehre, 37.

Jeden Einfluss des Sekundärrechts auf das Primärrecht *a priori* abzulehnen ist daher falsch.[96] Denn verabschiedet der europäische Gesetzgeber sekundäre Rechtsakte, so verleiht er damit auch stets einer gewissen Interpretation des Primärrechts Ausdruck. Diese Interpretation setzt sich dann regelmäßig in der Rechtspraxis fort. Da der EuGH dazu berufen ist, die Einheit des Unionsrechts zu wahren, sollte er im Rahmen der Urteilsfindung von einer etablierten Interpretation nur dann abweichen, wenn eine Gesamtabwägung ergibt, dass die überwiegenden Argumente für eine abweichende Auslegung sprechen.[97] Ein solches Verständnis wird auch der grundsätzlichen Dynamik des Unionsrechts gerecht.[98]

Darüber hinaus würde die Berücksichtigung des im Sekundärrecht festgehaltenen Verständnisses des Primärrechts auch dem funktionellrechtlichen Gebot der richterlichen Zurückhaltung gegenüber der Funktion der Rechtsetzung entsprechen.[99] Das letztgenannte Argument vermag indes nicht zu überzeugen. Denn das „Gebot richterlicher Zurückhaltung" bzw. „richterlicher Selbstbeschränkung" wird in Anlehnung an die amerikanische Verfassungstheorie auch unter dem Stichwort des *judicial self-restraint* diskutiert. Auch wenn der Begriff zuweilen in unterschiedlichen Zusammenhängen verwendet wird[100], wird doch am häufigsten mit ihm assoziiert, dass richterliche Zurückhaltung geboten ist, sofern es um die Feststellung der Verfassungswidrigkeit eines legislativen oder exekutiven Aktes geht, um nicht unzulässig in den politischen Gestaltungsspielraum der jeweils anderen Organe einzugreifen.[101] Der Grundsatz der richterlichen Selbstbeschränkung bzw. des *ju-*

[96] Vgl. *Grundmann*, Inter-Instrumental-Interpretation, Systembildung durch Auslegung im Europäischen Unionsrecht, RabelsZ 2011, 882, 911; vgl. auch *Henninger*, Europäisches Privatrecht und Methode, 285.

[97] *Martens*, Methodenlehre des Unionsrechts, 448.

[98] *Grundmann*, Inter-Instrumental-Interpretation, Systembildung durch Auslegung im Europäischen Unionsrecht, RabelsZ 2011, 882, 910 f.

[99] *Mayer*, in: Grabitz/Hilf/Nettesheim (Hrsg.), Das Recht der Europäischen Union, Art. 19 EUV Rn. 65; *Martens*, Methodenlehre des Unionsrechts, 447.

[100] Siehe allein die von *Posner* gefundene Dreiteilung des Begriffs *judicial self-restraint*, der den Begriff dafür verwendet sieht, dass Richter das Recht anwenden, es aber nicht selbst kreieren (1), daneben würde der Begriff dafür verwendet, um auszudrücken, dass Richter sich unter dem Eindruck der Gewaltenteilung regelmäßig gegenüber Entscheidungen anderer Funktionäre zurückhalten (2), und schließlich würde der Begriff dafür verwendet, dass Richter in ganz besonderem Maße Zurückhaltung üben, wenn es darum geht legislative oder exekutive Akte für verfassungswidrig zu erklären (3), *Posner*, The Rise and Fall of Judicial Self-Restraint, Cal.L.Rev. 2012, 519, 520 f.

[101] *Posner* spricht in diesem Zusammenhang von *constitutional restraint*, *Posner*, The Rise and Fall of Judicial Self-Restraint, Cal.L.Rev. 2012, 519, 521; vgl. auch BVerfGE 36, 1 *Grundlagenvertrag*, Urteil des BVerfG v. 31.7.1973 in dem das Gericht auf S. 14 ausführt: „Der Grundsatz des judical self-restraint, den sich das Bundesverfassungsgericht auferlegt, bedeutet nicht eine Verkürzung oder Abschwächung seiner eben dargelegten Kompetenz,

dicial self-restraint ist daher nichts anderes als die Konkretisierung des Gewaltenteilungsgrundsatzes – europarechtlich also des institutionellen Gleichgewichts – im Hinblick auf die Judikative. Hieraus folgt u.a., dass der EuGH die Einschätzungsprärogative des europäischen Gesetzgebers nicht unberücksichtigt lassen darf, wenn er Sekundärrecht auslegt.[102] Einer Verwerfung des Sekundärrechts ist die primärrechtskonforme Auslegung daher in der Regel vorzuziehen.[103]

Um eine etwaige sekundärrechtskonforme Auslegung des Primärrechts zu legitimieren, kann der Grundsatz richterlicher Zurückhaltung allerdings nicht herangezogen werden. Denn die Vertragstexte selbst sind Grundlage des institutionellen Gleichgewichts und geben den Organen, d.h. auch dem EuGH und dem europäischen Gesetzgeber, ihre Aufgaben vor. Während der EuGH befugt ist, europäisches Recht letztverbindlich zu interpretieren, kann der europäische Gesetzgeber „nur" Sekundärrecht selbst erlassen. Legt der EuGH also Primärrecht ohne Beachtung der im Sekundärrecht ggf. mittelbar geäußerten Primärrechtsinterpretation aus, so greift er hierdurch nicht tatsächlich in die politische Gestaltungsmacht des Gesetzgebers ein, sondern konkretisiert das durch die Mitgliedstaaten als Herren der Verträge geschaffene Verfassungsrecht, das den politischen Spielraum des europäischen Gesetzgebers erst eröffnet. Insoweit zeigt sich wiederum das eingangs erwähnte Hierarchieverhältnis. Aufgrund der genannten Argumente ist daher zwar keine sekundärrechts*konforme* Auslegung des Primärrechts möglich, wohl aber eine „sekundärrechtsorientierte" Auslegung.

c) Die mitgliedstaatenkonforme Auslegung

Nach überzeugender Ansicht von *Martens*[104] ist Teil der systemkonformen Auslegung auch eine „mitgliedstaatenkonforme Auslegung"[105]. Denn obwohl das Unionsrecht eine eigenständige Rechtsordnung bildet, ist es auf vielfache Weise mit den mitgliedstaatlichen Rechtsordnungen verwoben. Pri-

---

sondern den Verzicht ‚Politik zu treiben', d.h. in den von der Verfassung geschaffenen und begrenzten Raum freier politischer Gestaltung einzugreifen. Er zielt also darauf ab, den von der Verfassung für die anderen Verfassungsorgane garantierten Raum freier politischer Gestaltung offenzuhalten".

[102] Hierzu auch unten, § 5 B. II. 2. b) bb) (2).

[103] Hierzu schon oben, § 4 B. II. 2. a).

[104] *Martens*, Methodenlehre des Unionsrechts, 451 f.

[105] Der Begriff der „mitgliedstaatenkonformen Auslegung" dürfte im Hinblick auf das Verhältnis des nationalen Rechts zum Unionsrecht eher gerechtfertigt sein, als der Begriff der „sekundärrechtskonformen Auslegung" des Primärrechts. Denn die Verpflichtung der Berücksichtigung des mitgliedstaatlichen Rechts bei der Auslegung ergibt sich aus dem Primärrecht selbst, während die „sekundärrechtsorientierte Auslegung", wie gezeigt, eher einer faktischen Interdependenz des Primär- und Sekundärrechts geschuldet ist.

märrechtlich verpflichtet insbesondere das Prinzip der Unionstreue[106] dazu, die jeweiligen Interessen der anderen Ebene zu berücksichtigen[107] und Art. 4 Abs. 2 EUV erfordert, die Identität der Mitgliedstaaten zu wahren.[108] Der EuGH sollte daher im Zweifel seine Entscheidungen derart gestalten, dass sie sich möglichst harmonisch in die Rechtsordnungen der Mitgliedstaaten einfügen und deren grundlegenden Strukturprinzipien wahren.[109]

III. Teleologische Auslegung

1. Grundlagen

Als teleologische Auslegung wird eine an Sinn und Zweck des EU-Rechts orientierte Methodik bezeichnet. Eine Entscheidung wird folglich darauf gestützt, dass sie förderlich ist, einen normativ gesetzten Zielzustand zu erreichen.[110] Dabei gilt es in einem zweigliedrigen Vorgang zunächst das relevante Telos zu ermitteln, bevor die konkrete Verwendung desselben bei der jeweiligen Norminterpretation Berücksichtigung findet.[111]

Der teleologischen Auslegung wird von vielen Autoren im Vergleich zu den anderen europarechtlichen Auslegungsmethoden eine herausragende Rolle bescheinigt[112], insbesondere da sich über die anderen Auslegungsme-

---

[106] Zum Prinzip der Unionstreue als Grenze der Rechtsfortbildung, § 5 B. II. 2. a) ee).

[107] Vgl. auch *Mayer*, in: Grabitz/Hilf/Nettesheim (Hrsg.), Das Recht der Europäischen Union, Art. 19 EUV Rn. 63.

[108] Zum Schutz der nationalen Identität als Grenze der Rechtsfortbildung, § 5 B. II. 2. a) dd).

[109] Vgl. auch *Lenaerts/Gutiérrez-Fons*, To Say What the Law of the EU Is: Methods of Interpretation and the European Court of Justice, CJEL 2014, 3, 7.

[110] *Classen/Nettesheim*, in: Oppermann/Classen/Nettesheim (Hrsg.), Europarecht, § 9 Rn. 176; *Hager*, Rechtsmethoden in Europa, 279 Rn. 80; *Komárek*, in: Arnull/Chalmers (Hrsg.), The Oxford Handbook of European Union Law, 46.

[111] *Martens*, Methodenlehre des Unionsrechts, 457.

[112] *Kutscher*, Über den Gerichtshof der Europäischen Gemeinschaft, EuR 1981, 392, 400; *Herdegen*, Auslegende Erklärungen von Gemeinschaftsorganen und Mitgliedstaaten zu EG-Rechtsakten, ZHR 1991, 52, 52; *Mertens de Wilmars*, Réflexions sur les méthodes d'interprétation de la Cour de justice des Communautés européennes, Cah.dr.eur. 1986, 5, 16 (Bezug nehmend auf die systematische und teleologische Interpretation); *Stein*, Richterrecht wie anderswo auch? Der Gerichtshof der Europäischen Gemeinschaften als „Integrationsmotor", in: Doehring (Hrsg.), Richterliche Rechtsfortbildung: Erscheinungsformen, Auftrag und Grenzen, Festschrift der Juristischen Fakultät zur 600-Jahr-Feier der Ruprecht-Karls-Universität Heidelberg, 619, 626; *Tridimas*, The Court of Justice and Judicial Activism, E.L.Rev. 1996, 199, 204; *Grundmann*, Die Auslegung des Gemeinschaftsrechts durch den Europäischen Gerichtshof: Zugleich eine rechtsvergleichende Studie zur Auslegung im Völkerrecht und im Gemeinschaftsrecht, 364; *Maduro*, Interpreting European Law – Judicial Adjudication in a Context of Constitutional Pluralism, WPLS 2008, 1, 3 f.; *Martens*, Methodenlehre des Unionsrechts, 456 m.w.N.; *Mittmann*, Rechtsfortbil-

thoden nicht immer überzeugende Lösungen finden lassen. Vor allem die oben bereits dezidiert dargestellte Vielsprachigkeit des Unionsrechts kann zu einer Mehrdeutigkeit der Rechtstexte führen. Die Mehrdeutigkeit der Rechtstexte muss jedoch nicht allein durch die verschiedenen Sprachfassungen provoziert werden, sondern kann ebenso Folge des politischen Prozesses sein. Dieser ist im pluralistischen Rechtssystem der EU in besonderer Weise von Akteuren beeinflusst, die mit unterschiedlichsten Vorannahmen und Zielvorstellungen den Ausgang dieses Prozesses prägen. Eine interpretatorische Mehrdeutigkeit, die entsteht, wenn die Fassung eines Rechtstextes verabschiedet wird, ohne dass sich die politischen Akteure über deren Bedeutung einig waren, lässt sich angelehnt an *Maduro* als „normative Mehrdeutigkeit“ bezeichnen.[113] Die beschriebenen textuellen und normativen Mehrdeutigkeiten können durch teleologische Deutungsmuster aufgelöst werden. Mitunter überträgt der Gesetzgeber der Rechtsprechung sogar bewusst die Lösung eines Problems, wenn im politischen Prozess keine Einigung erzielt werden konnte.[114] Dies ist grundsätzlich möglich, soweit die Legislative sich nicht ihrer Kernaufgaben entäußert und wichtige Grundentscheidungen bereits getroffen sind.[115] Wurden komplexe Sachfragen über die teleologische Auslegung einer Lösung zugeführt, haben sich hierdurch gelegentlich bereits zuvor benannte allgemeine Rechtsprinzipien herausgebildet, die eine Adaption an sich schnell wandelnde Kontexte ermöglichen, was insbesondere im Hinblick auf den dynamischen Charakter des Unionsrechts bedeutend ist.[116] Das besondere Gewicht teleologischer Argumente im Rahmen der Urteilsfindung kann daher auch als Ausdruck der dynamischen Konzeption der EU gedeutet werden.[117]

---

dung durch den Gerichtshof der Europäischen Gemeinschaften und die Rechtsstellung der Mitgliedstaaten der Europäischen Union, 217; jedenfalls mit Blick auf das frühe Gemeinschaftsrecht: *Schwarze*, Die Abwägung von Zielen der europäischen Integration und mitgliedstaatlichen Interessen in der Rechtsprechung des EuGH, EuR 2013, 253, 253 f.; a.A.: *Dederichs*, Die Methodik des Gerichtshofes der Europäischen Gemeinschaften, EuR 2004, 345.

[113] *Maduro*, Interpreting European Law – Judicial Adjudication in a Context of Constitutional Pluralism, WPLS 2008, 1, 6, der wörtlich von einer „normative ambiguity“ ausgeht, da viele EU-Normen „incompletely theorised agreements“ seien, eine Begrifflichkeit, der er sich Bezug nehmend auf *Cass Sunstein* bedient, Fn. 15.

[114] *Martens*, Methodenlehre des Unionsrechts, 461.

[115] *Maduro*, Interpreting European Law – Judicial Adjudication in a Context of Constitutional Pluralism, WPLS 2008, 1, 6 f.

[116] *Maduro*, Interpreting European Law – Judicial Adjudication in a Context of Constitutional Pluralism, WPLS 2008, 1, 7 f.

[117] Vgl. *Grundmann*, Die Auslegung des Gemeinschaftsrechts durch den Europäischen Gerichtshof: Zugleich eine rechtsvergleichende Studie zur Auslegung im Völkerrecht und im Gemeinschaftsrecht, 384. Zur Dynamik des Unionsrechts eingehend, § 4 B. III. 4.

2. *Bezugspunkt des Telos*

Die teleologische Auslegung wird im Europarecht häufig nicht allein normenspezifisch vorgenommen, vielmehr kommt in ihr in der Regel ein bestimmtes systematisches Verständnis der gesamten Unionsrechtsordnung zum Ausdruck, welches auf alle auszulegenden Normen ausstrahlt.[118] D.h. der EuGH analysiert grundsätzlich nicht isoliert, welches Telos den entscheidungserheblichen Normen inhärent ist, sondern ordnet seine Betrachtung in den unionsrechtlichen Gesamtzusammenhang ein. *Maduro* spricht auch von dem „verfassungsrechtlichen Telos“ einer Norm, bzw. von „metateleologischer Auslegung“.[119] Im Rahmen solch einer Interpretationsweise zeigt sich die enge Verknüpfung von systematischen und teleologischen Argumenten besonders.

Um übergreifende Zwecke des Unionsrechts herauszuarbeiten, zieht der EuGH vielfach die „Vertragsziele“ der Union heran.[120] Hierzu griff der EuGH vor Inkrafttreten des Vertrages von Lissabon insbesondere auf Art. 3 des Vertrages zur Gründung der Europäischen Gemeinschaft (EGV) zurück, der die Aufgabenbereiche der Europäischen Gemeinschaft umriss.[121] Nunmehr enthält Art. 3 EUV die für die teleologische Auslegung besonders relevanten Zielbestimmungen des Unionsrechts.[122] Die herausragende Bedeutung der Vertragsziele im Rahmen der Auslegung sah man schon früh dadurch gerechtfertigt, dass diese nicht nur politische Absichtserklärungen seien, sondern sich in ihnen ein „der Union eigenes Rechtsprinzip“ manifestiere.[123]

---

[118] *Grundmann* argumentiert daher, dass im Rahmen eines Großteils grundlegender Rechtsprechung systematische Argumente besonders bedeutsam waren, *Grundmann*, Inter-Instrumental-Interpretation, Systembildung durch Auslegung im Europäischen Unionsrecht, RabelsZ 2011, 882, 889 f.

[119] *Maduro*, Interpreting European Law – Judicial Adjudication in a Context of Constitutional Pluralism, WPLS 2008, 1, 3; *Komárek* in: Arnull/Chalmers (Hrsg.), The Oxford Handbook of European Union Law, 46. *Lenaerts/Gutiérrez-Fons* differenzieren drei Unterformen der teleologischen Auslegung: die Auslegung nach dem *effet utile*-Grundsatz (*functional interpretation*), die Auslegung der Norm im Lichte der Ziele, welche diese verfolgt (*teleological interpretation strico sensu*) und die teleologische Interpretation, welche die Konsequenzen der jeweiligen Interpretation in den Blick nimmt (*consequentialist interpretation*): *Lenaerts/Gutiérrez-Fons*, To Say What the Law of the EU Is: Methods of Interpretation and the European Court of Justice, CJEL 2014, 3, 32.

[120] Beispielhaft: Rs. 283/81 *C.I.L.F.I.T.*, EuGH Urteil v. 6.10.1982, Rn. 20; *Pechstein/Drechsler*, in: Riesenhuber (Hrsg.), Europäische Methodenlehre, § 7 Rn. 27 f.

[121] *Buck*, Über die Auslegungsmethoden des Gerichtshofs der Europäischen Gemeinschaft, 204; *Pechstein/Drechsler*, in: Riesenhuber (Hrsg.), Europäische Methodenlehre, § 7 Rn. 28.

[122] *Terhechte*, in: Grabitz/Hilf/Nettesheim (Hrsg.), Das Recht der Europäischen Union, Art. 3 EUV Rn. 12.

[123] Bezogen auf die Vertragsziele der Gemeinschaft: *Grundmann*, Die Auslegung des

Dennoch bleibt fraglich, inwieweit dem EuGH die Ziele, an denen er seine teleologische Argumentation ausrichtet, tatsächlich vorgegeben sind. Einerseits wird vielfach der „Geist der Verträge“, der „Zweck der Gesetze“ oder auch ein „objektivierbarer Wille“ zur Auslegungsmaxime erhoben und suggeriert, dass es bei der Interpretation im Grundsatz um die Auffindung von Vorgegebenem gehe. Dem wird entgegengehalten, dass, obwohl die Verträge Anhaltspunkte für eine an Zielen orientierte Auslegung beinhalten würden, der EuGH doch regelmäßig selbst definieren müsse, welche Ziele er im Einzelfall für normativ einschlägig erachte.[124]

3. Der Grundsatz des effet utile *als Auslegungsgsmaxime*

Als Unterfall der teleologischen Auslegung[125] hat sich im Europarecht der auch aus dem Völkerrecht bekannte[126] Grundsatz des *effet utile* herausgebildet.[127] Nach diesem Grundsatz müssen Unionsrechtsnormen derart ausgelegt werden, dass sie „nützliche Wirkung“ oder „volle praktische Wirksamkeit“ entfalten können.[128] Der EuGH gibt demnach regelmäßig derjenigen Auslegung den Vorzug, welche der Verwirklichung der Vertragsziele dient und gleichsam die Funktionsfähigkeit der Gemeinschaft sichert.[129] Mit Hilfe des

---

Gemeinschaftsrechts durch den Europäischen Gerichtshof: Zugleich eine rechtsvergleichende Studie zur Auslegung im Völkerrecht und im Gemeinschaftsrecht, 431 mit Verweis auf *Kutscher*, Thesen zu den Methoden der Auslegung des Gemeinschaftsrechts aus der Sicht eines Richters, 41 f.

[124] *Classen/Nettesheim*, in: Oppermann/Classen/Nettesheim (Hrsg.), Europarecht, § 9 Rn. 177.

[125] Die Einordnung des *effet utile*-Grundsatzes ist im Einzelnen umstritten. Neben der Einordnung als Unterfall der teleologischen Auslegung (*Riesenhuber*, in: Riesenhuber (Hrsg.), Europäische Methodenlehre, § 10 Rn. 45; vgl. auch *Martens*, Methodenlehre des Unionsrechts, 463; sowie *Tomasic*, Effet utile, Die Relativität teleologischer Argumente im Unionsrecht, 127 f.) wird der *effet utile*-Grundsatz auch als der teleologischen Auslegung „verwandt“ bezeichnet (*Mayer*, in: Grabitz/Hilf/Nettesheim (Hrsg.), Das Recht der Europäischen Union, Art. 19 EUV Rn. 57) oder ihm der Rang einer eigenständigen Auslegungsmethode zugesprochen (vgl. z.B. *Rebhahn*, Zur Methodenlehre des Unionsrechts – insbesondere im Privatrecht: Stefan Griller zum 60. Geburtstag gewidmet, ZfPW 2016, 281, 294).

[126] Völkerrechtliche Verträge sind unter Heranziehung des *effet-utile*-Grundsatzes derart auszulegen, dass diese nicht ganz oder teilweise ihre Wirksamkeit verlieren. Gestaltungsziel und Regelungszweck des Vertrages müssen weitestmöglich erreicht werden, *Potacs*, Effet utile als Auslegungsgrundsatz, EuR 2009, 465, 466.

[127] Vgl. *Mayer*, in: Grabitz/Hilf/Nettesheim (Hrsg.), Das Recht der Europäischen Union, Art. 19 EUV Rn. 57.

[128] Beispielhaft Rs. 9/70 *Grad*, EuGH Urteil v. 6.10.1970, Rn. 5; Rs. 48/75 *Royer*, EuGH Urteil v. 8.4.1976, Rn. 69 f.

[129] *Mayer*, in: Grabitz/Hilf/Nettesheim (Hrsg.), Das Recht der Europäischen Union, Art. 19 EUV Rn. 57.

effet utile-Grundsatzes konnte mithin vielfach eine integrationsfreundliche Auslegung erzielt werden, die auch zur Rechtsfortbildung führte.[130] Der EuGH misst dem Grundsatz des *effet utile* je nach Einzelfall unterschiedliches Gewicht bei: So wendet der EuGH den *effet utile*-Grundsatz einerseits derart an, dass keine Auslegungsergebnisse erzielt werden dürfen, welche die zu interpretierende Vorschrift leerlaufen ließen.[131] Einer europarechtlichen Norm darf folglich nicht „jede praktische Wirksamkeit" genommen werden[132], um eine Sinnentleerung zu verhindern.[133] Eine derartige Auslegungsregel, die davon ausgeht, dass einer Norm eine gewisse praktische Bedeutung zukommen muss, lässt sich auf den Gedanken stützen, dass der Gesetzgeber mit der Verabschiedung derselben regelmäßig eine tatsächliche Wirkung erzielen will; ein Grundsatz, der bereits im römischen Recht bekannt war.[134]

Andererseits wendet der EuGH den *effet utile*-Grundsatz auch vielfach in einer Weise an, die deutlich über die soeben beschriebene Minimalwirkung hinausgeht. In Urteilen, in denen der EuGH sich auf die notwendige „volle Wirksamkeit" oder „volle Wirkung"[135] des Unionsrechts beruft, misst er dem *effet utile*-Grundsatz im Rahmen der verschiedenen Auslegungsmethoden ein besonderes Gewicht bei.[136] So lehnt der EuGH bei verschiedenen Interpretationsmöglichkeiten einer Norm eine Auslegungsvariante mitunter ab,

---

[130] Vgl. *Böhm*, Einheit gewährleisten, Vielfalt bewahren, in: Bouffier/Horn/Poseck et al. (Hrsg.), Grundgesetz und Europa: Liber Amicorum für Herbert Landau zum Ausscheiden aus dem Bundesverfassungsgericht, 187, 188.

[131] *Grundmann*, Die Auslegung des Gemeinschaftsrechts durch den Europäischen Gerichtshof: Zugleich eine rechtsvergleichende Studie zur Auslegung im Völkerrecht und im Gemeinschaftsrecht, 369; *Tomasic*, Effet utile, Die Relativität teleologischer Argumente im Unionsrecht, 14, welcher diese Auslegungsvariante auch als Gebot der Mindesteffektivität bzw. als Verbot der funktionalen Negation bezeichnet.

[132] Beispielhaft: Rs. C-102/97 *Kommission/Deutschland*, EuGH Urteil v. 9.9.1999, Rn. 43, zitiert nach *Potacs*, Effet utile als Auslegungsgrundsatz, EuR 2009, 465, 468, welcher sodann weitere Beispiele für eine unterschiedliche Wirkkraft des *effet utile*-Grundsatzes anführt.

[133] *Potacs*, Effet utile als Auslegungsgrundsatz, EuR 2009, 465, 468.

[134] *Martens*, Methodenlehre des Unionsrechts, 464; *Potacs*, Effet utile als Auslegungsgrundsatz, EuR 2009, 465, 466.

[135] Beispielhaft für den Begriff der „vollen Wirksamkeit": Rs. C-360/96 *BFI-Holding*, EuGH Urteil v. 10.11.1998, Rn. 62; beispielhaft für den Begriff der „vollen Wirkung": Rs. C-106/77 *Simmenthal*, EuGH Urteil v. 9.3.1978, Rn. 14 u. 16, zitiert nach *Potacs*, Effet utile als Auslegungsgrundsatz, EuR 2009, 465, 468, Fn. 21 u. 22.

[136] *Grundmann*, Die Auslegung des Gemeinschaftsrechts durch den Europäischen Gerichtshof: Zugleich eine rechtsvergleichende Studie zur Auslegung im Völkerrecht und im Gemeinschaftsrecht, 371 f.; *Tomasic*, Effet utile, Die Relativität teleologischer Argumente im Unionsrecht, 16; *Potacs*, Effet utile als Auslegungsgrundsatz, EuR 2009, 465, 468; *Buck*, Über die Auslegungsmethoden des Gerichtshofs der Europäischen Gemeinschaft, 209.

wenn diese die „volle Wirksamkeit“ des Unionsrechts auch nur abschwächt.[137]

Die konkrete Wirkung der Heranziehung des *effet utile*-Grundsatzes variiert im Einzelnen jedoch stark, von einer teleologischen Auslegung, welche die sinnvolle Effektivität des Unionsrechts sichert, bis hin zu einer das Unionsrecht maximierenden Auslegung.[138] Jedenfalls die Heranziehung des *effet utile*-Grundsatzes zur Sicherung größtmöglicher Effektivität einer europarechtlichen Norm erscheint problematisch, wenn die Norm – wie im Regelfall – Ausdruck eines Interessenausgleiches ist.[139] Dann müssen auch bei der Auslegung im Einzelfall widerstreitende Interessen miteinander bestmöglich zum Ausgleich gebracht werden.[140]

4. Der dynamische Charakter der Auslegung

Auch wenn über die Finalität der europäischen Integration bis heute keine Einigkeit erzielt werden konnte[141], ist nach überwiegender Auffassung in der Literatur jedenfalls das die EU konstituierende Primärrecht von einer besonderen Dynamik geprägt.[142] Es sei daher stets nach dem jeweiligen Stand des Unionsrechts in seiner Gesamtheit auszulegen.[143] Dabei sei die Normausle-

---

[137] Beispielhaft: Rs. C-213/89 *Factortame*, EuGH Urteil v. 19.6.1990, Rn. 21, zitiert nach *Potacs*, Effet utile als Auslegungsgrundsatz, EuR 2009, 465, 468.

[138] *Tomasic*, Effet utile, Die Relativität teleologischer Argumente im Unionsrecht, 22 f.

[139] Vgl. *Reimer*, Juristische Methodenlehre, 182 Rn. 374.

[140] Vgl. *Martens*, Methodenlehre des Unionsrechts, 466. *Tomasic* geht davon aus, dass, obwohl das Konzept der praktischen Wirksamkeit in vielen Fällen zu einer Auslegung führe, die man im Sinne einer größtmöglichen Zweckverwirklichung verstehen könne, das Selbstverständnis des EuGH wohl aber ein anderes sei, *Tomasic*, Effet utile, Die Relativität teleologischer Argumente im Unionsrecht, 27.

[141] Hierzu schon *Everling*, Rechtsvereinheitlichung durch Richterrecht in der Europäischen Gemeinschaft, RabelsZ 1986, 193, 210 f.; später: *Pernice*, in: Schuppert/Pernice/Haltern (Hrsg.), Europawissenschaft, 743 f.; *Grosche*, Rechtsfortbildung im Unionsrecht, 247; *Haltern*, in: von Bogdandy/Bast (Hrsg.), Europäisches Verfassungsrecht: Theoretische und Dogmatische Grundzüge, 279 f.

[142] *Dann*, Überlegungen zu einer Methodik des europäischen Verfassungsrechts, in: Bast/Becker (Hrsg.), Die Europäische Verfassung – Verfassungen in Europa, 161, 169 f. m.w.N.; *Bleckmann*, Zu den Auslegungsmethoden des Europäischen Gerichtshofs, NJW 1982, 1177, 1180 f.

[143] *Martens*, Methodenlehre des Unionsrechts, 474 f.; vgl. auch *Henninger*, Europäisches Privatrecht und Methode, 290 f.; *Grundmann*, Die Auslegung des Gemeinschaftsrechts durch den Europäischen Gerichtshof: Zugleich eine rechtsvergleichende Studie zur Auslegung im Völkerrecht und im Gemeinschaftsrecht, 381 f.; *Kutscher*, Über den Gerichtshof der Europäischen Gemeinschaft, EuR 1981, 392, 400; vgl. auch *Buck*, Über die Auslegungsmethoden des Gerichtshofs der Europäischen Gemeinschaft, 214, der fordert, dass stets diejenige Interpretationsvariante zu wählen sei, die am ehesten zum Gelingen des Integrationsvorhabens beitrage. Ähnlich auch das Sekundärrecht betreffend: *Grundmann*/

gung einerseits teleologisch dem Fernziel der Integration und andererseits den Nahzielen ihrer stufenweisen Verwirklichung verpflichtet.[144] Diese Ansicht wurde und wird heute insbesondere auf bestimmte Formulierungen des Primärrechts gestützt.[145] So enthält die Präambel den Entschluss nach einer „immer engeren Union der Völker Europas" zu streben; eine Formulierung, die schließlich in Art. 1 Abs. 2 EUV noch einmal aufgegriffen wird. Dort ist normiert: „Dieser Vertrag stellt eine neue Stufe bei der Verwirklichung einer immer engeren Union der Völker Europas dar [...]." Daneben wird im Rahmen der Debatte über die dynamische Auslegung des Primärrechts auch stets auf Art. 3 EUV verwiesen, in welchem die Integrationsziele der Union ausdrücklich angesprochen sind.[146]

Auch Formulierungen des Gerichtshofs in diversen Urteilsbegründungen deuten darauf hin, dass er im Grundsatz von einem sich stetig weiterentwickelnden Recht ausgeht. Denn er bezieht sich in bestimmten Sachverhaltskonstellationen entweder auf „den gegenwärtigen Stand des Unionsrechts"[147] oder stellt etwa auf den „Entwicklungszustand"[148] der entsprechenden auszulegenden Vorschrift ab.[149]

Sowohl aus den Vorgängernormen wie auch aus der heutigen Präambel und Art. 1 Abs. 2 EUV ist ersichtlich, dass die europäische Integration ursprünglich als dynamisches Projekt konzipiert wurde und auch heute noch grundsätzlich als solches verstanden wird. Soweit die Vertiefung der Integration von den Mitgliedstaaten durch eine Veränderung des Primärrechts sowie von den politischen Organen etwa durch Ausfüllung der Rechtsetzungsbefugnisse vorangetrieben wird[150], ist dieses Verständnis auch unpro-

---

Riesenhuber, Die Auslegung des Europäischen Privat- und Schuldvertragsrechts, JuS 2001, 529, 531; *Schmidt*, Privatrechtsangleichende EU-Richtlinien und nationale Auslegungsmethoden, RabelsZ 1995, 569, 580. Differenzierend zwischen dem „Entwicklungszustand" der auszulegenden Vorschrift und dem „gegenwärtigen Stand des Gemeinschaftsrechts": *Roth*, Europäische Verfassung und europäische Methodenlehre, RabelsZ 2011, 787, 804 f.

[144] *Leisner*, Die subjektiv-historische Auslegung des Gemeinschaftsrechts, Der „Wille des Gesetzgebers" in der Judikatur des EuGH, EuR 2007, 689, 694.

[145] Vgl. hierzu schon früher: *Buck*, Über die Auslegungsmethoden des Gerichtshofs der Europäischen Gemeinschaft, 213; *Maduro*, Interpreting European Law – Judicial Adjudication in a Context of Constitutional Pluralism, WPLS 2008, 1, 8; *Martens*, Methodenlehre des Unionsrechts, 475.

[146] *Martens*, Methodenlehre des Unionsrechts, 476.

[147] Beispielhaft: Rs. C-148/02 *Garcia Avello*, EuGH Urteil v. 2.10.2003, Rn. 25; Rs. C-353/06 *Grunkin Paul*, EuGH Urteil v. 14.10.2008, Rn. 16.

[148] Beispielhaft: Rs. 283/81 *C.I.L.F.I.T.*, EuGH Urteil v. 6.10.1982, Rn. 20.

[149] Vgl. *Martens*, Methodenlehre des Unionsrechts, 474; differenzierend zur dynamischen Auslegung und zur Verwendung der genannten Begrifflichkeiten: *Roth*, Europäische Verfassung und europäische Methodenlehre, RabelsZ 2011, 787, 804.

[150] Vgl. hierzu *Buck*, Über die Auslegungsmethoden des Gerichtshofs der Europäischen Gemeinschaft, 213.

blematisch. Schwieriger zu beantworten ist jedoch die Frage der Zulässigkeit einer dynamisch-evolutiven Interpretation, durch die das Recht an sich wandelnde Umstände ohne Mitwirkung des Verfassungs- oder Gesetzgebers angepasst wird.[151] Soweit eine dynamische Interpretation nicht mit dem Normzweck in Konflikt steht, erscheint sie grundsätzlich möglich. Für das offene, zielorientierte Primärrecht wird die dynamische Auslegung daher auch richtigerweise grundsätzlich befürwortet.[152] Im Hinblick auf das tendenziell eher regulative Sekundärrecht muss hingegen jeder Rechtsakt gesondert betrachtet werden und es ist sehr genau zu prüfen, ob eine dynamische Auslegung dem jeweiligen Normzweck (noch) entspricht.[153] Gleich, ob Primär- oder Sekundärrecht in Rede steht, kann jedoch nicht jede Rechtsfortbildung unter dem Stichwort der „dynamischen Auslegung“ gerechtfertigt werden. Auch die „dynamische Auslegung“ unterliegt den allgemeinen Grenzen, die später näher herauszuarbeiten sein werden.[154]

IV. Historische Auslegung

1. Die grundsätzliche Bedeutung der historischen Auslegung im Unionsrecht

Der historischen Auslegung – verstanden als Berücksichtigung der Rechtslage vor Erlass der einzufügenden Norm als historisches Element und der Entstehungsgeschichte der Norm i.e.S. als genetisches Element[155] – kommt im Unionsrecht nach bisher wohl überwiegender Ansicht in der Wissenschaft allenfalls eine begrenzte Bedeutung zu.[156] Hierin unterscheidet sich (bislang) die Auslegung des Unionsrechts von den Auslegungsmethoden des natio-

---

[151] *Martens*, Methodenlehre des Unionsrechts, 474. Zu den Fragen der Zulässigkeit und Sinnhaftigkeit einer Lehre vom „Verfassungswandel“ existiert auch in der deutschen Rechtswissenschaft umfangreiche Literatur: *Voßkuhle*, Gibt es und wozu nutzt eine Lehre vom Verfassungswandel?, Der Staat 2004, 450 m.w.N.

[152] S. bereits Fn. 143.

[153] *Martens*, Methodenlehre des Unionsrechts, 476.

[154] Zu den Grenzen § 5 B. II.

[155] Vgl. hierzu *Reimer*, Juristische Methodenlehre, 171 Rn. 347; *Henninger*, Europäisches Privatrecht und Methode, 288.

[156] *Herdegen*, Europarecht, § 8 Rn. 92; *Classen/Nettesheim*, in: Oppermann/Classen/Nettesheim (Hrsg.), Europarecht, § 9 Rn. 175; *Komárek* in: Arnull/Chalmers (Hrsg.), The Oxford Handbook of European Union Law, 46; *Mittmann*, Rechtsfortbildung durch den Gerichtshof der Europäischen Gemeinschaften und die Rechtsstellung der Mitgliedstaaten der Europäischen Union, 215, der die Zurückhaltung „als Entscheidung für eine objektive, vom historischen Willen der Vertragspartner abgelöste Vertragsinterpretation“ wertet. In einigen Werken zeigt sich die als gering eingeschätzte Bedeutung von historischen Argumenten auch darin, dass diese nicht als eigene Auslegungsmethode berücksichtigt werden, sondern nicht genannt oder allenfalls im Rahmen der anderen Auslegungsmethoden kurz angerissen werden: *Bengoetxea*, The Legal Reasoning of the European Court of Justice; *Henninger*, Europäisches Privatrecht und Methode, 287 f. Zur Differen-

nalen Rechts in diversen Mitgliedstaaten.[157] Diese Besonderheit wird u.a. darauf gestützt, dass es grundsätzlich beim Abschluss von völkerrechtlichen Verträgen kaum möglich sei, die „Normgeber“ zu identifizieren, da es sich um einen sehr vielschichtigen Prozess handle.[158] Weiterhin sei unklar, wie die etwaige Uneinigkeit der Normgeber im Prozess des Vertragsabschlusses zu interpretieren sei. Insbesondere bezüglich der historischen Auslegung des Primärrechts überwiegen insoweit die Befürchtungen vor methodischen Problemen. Ähnliche Befürchtungen werden mitunter jedoch auch hinsichtlich des Sekundärrechts laut. Auch der europäische Gesetzgeber setze sich aus sehr unterschiedlichen Akteuren zusammen, sodass es schwierig sein könne, *den* Gesetzgeberwillen hinsichtlich einer konkreten Norm auszumachen.[159]

Darüber hinaus wird vorgebracht, dass der jeweilige Normgeber zukünftige Probleme regelmäßig nicht absehen könne. Größtes Gewicht habe jedoch, dass die Unionsrechtsordnung als dynamisches Gebilde konstruiert worden sei, das stets im Lichte des gegenwärtigen Integrationsstandes betrachtet werden müsse.[160] Die Entwicklungsoffenheit der Verträge führe dazu, dass insbesondere im Hinblick auf das Primärrecht denknotwendig dynamisch-evolutive Interpretationsmethoden gegenüber der stabilisierenden historischen Auslegung der Vorzug zu geben sei.[161] Historische Argumente nehmen daher nach allgemeiner Ansicht nur dann einen größeren Stellenwert ein, soweit die Erwägungsgründe von Sekundärrechtsakten herangezogen werden sollen.[162] Doch selbst im Hinblick auf das Sekundärrecht wird befürchtet, dass die Hinzuziehung von vorbereitenden Materialien mit-

---

zierung von „subjektiv-historischer“ und „objektiv-historischer“ Auslegung, *Leisner*, Die subjektiv-historische Auslegung des Gemeinschaftsrechts, Der „Wille des Gesetzgebers“ in der Judikatur des EuGH, EuR 2007, 689, 689 f. und § 4 A.

[157] Vgl. *Schønberg/Frick*, Finishing, Refining, Polishing: on the Use of Travaux Préparatoires as an Aid to the Interpretation of Community Legislation, E.L.Rev. 2003, 149, 152 mit Auflistung vieler Mitgliedstaaten in Fn. 30.

[158] Vgl. *Weiler*, The Court of Justice on Trial, CMLR 1987, 555, 575.

[159] *Schønberg/Frick*, Finishing, Refining, Polishing: on the Use of Travaux Préparatoires as an Aid to the Interpretation of Community Legislation, E.L.Rev. 2003, 149, 153; *Lenaerts/Gutiérrez-Fons*, To Say What the Law of the EU Is: Methods of Interpretation and the European Court of Justice, CJEL 2014, 3, 28 mit Verweis auf Rs. 28/76 *Milac*, Schlussanträge GA Warner v. 28.10.1976.

[160] Zum Ganzen *Classen/Nettesheim*, in: Oppermann/Classen/Nettesheim (Hrsg.), Europarecht, § 9 Rn. 175. Zur Dynamik des Unionsrechts schon oben unter § 4 B. III. 4.

[161] Vgl. *Wendel*, Renaissance der historischen Auslegung im europäischen Verfassungsrecht? Überlegungen zur Tragweite der historischen Auslegung infolge des jüngsten EU-Reformprozesses, ZaöRV 2008, 803, 810; *Kutscher*, Über den Gerichtshof der Europäischen Gemeinschaft, EuR 1981, 392, 400 f.

[162] *Mittmann*, Rechtsfortbildung durch den Gerichtshof der Europäischen Gemeinschaften und die Rechtsstellung der Mitgliedstaaten der Europäischen Union, 215; vgl. nur *Riesenhuber*, in: Riesenhuber (Hrsg.), Europäische Methodenlehre, § 10 Rn. 32 f.

unter zu einer negativen Erstarrung des Rechts führen könne.[163] Schließlich sei auch das sprachliche Egalitätsprinzip zu berücksichtigen. Da diverse vorbereitende Materialien nicht in allen Amtssprachen verfügbar seien, könne ihre Heranziehung bei der Auslegung problematisch sein.[164]

Der EuGH selbst hat zur Frage der Relevanz der historischen Auslegung bislang keine eindeutigen Aussagen getroffen. In einigen Urteilen geht er davon aus, dass bei Kenntnis der Intention der Normschöpfer, diese auch eine gewisse Berücksichtigung im Rahmen der Auslegung erfahren muss bzw. die Entstehungsgeschichte i.w.S. eine Rolle spielen kann.[165] Häufig stützt der EuGH auch über andere Auslegungsmethoden gefundene Ergebnisse zusätzlich über historische Argumente ab.[166] In anderen Urteilen wird die historische Auslegung jedoch im Gegenteil überhaupt nicht erwähnt oder ihr jede Bedeutung abgesprochen.[167]

Auch wenn aus den Urteilen des Gerichtshofs keine klare Linie erkennbar ist, kann aus normativen Gesichtspunkten nur festgestellt werden, dass entgegen der teils in der Literatur verbreiteten Ansicht die Bedeutung des Willens des Gesetzgebers für den Auslegungsprozess nicht gänzlich negiert werden darf. Dies wurde bereits als Ergebnis der Diskussion hinsichtlich des alle Auslegungsmethoden übergreifenden Auslegungsziels[168] festgehalten. Die demokratische Gestaltung der gesellschaftlichen Lebensverhältnisse durch legislatives Recht ist nur möglich, wenn Gesetze jedenfalls grundsätzlich den Inhalt behalten, den der Gesetzgeber ihnen auch zuschreiben wollte.[169] Dies bedeutet nicht, dass vom ursprünglich gesetzten Willen nicht abgewichen werden kann. Im Gegenteil, innerhalb der Rechtsordnungen Europas ist man sich nunmehr einig, dass auch Rechtsfortbildung prinzipiell möglich sein muss, um eine Anpassung an sich verändernde Umstände zu ermöglichen.[170] Freilich wird diese richterliche Befugnis auch den EuGH betreffend

---

[163] *Schønberg/Frick*, Finishing, Refining, Polishing: on the Use of Travaux Préparatoires as an Aid to the Interpretation of Community Legislation, E.L.Rev. 2003, 149, 154 verweisen als Beispiel auf die vorbereitenden Materialien der verschiedenen Gleichbehandlungsrichtlinien aus den 70er Jahren, die Jahrzehnte später nicht die Auslegung dieser Richtlinien maßgeblich prägen sollten.

[164] *Schønberg/Frick*, Finishing, Refining, Polishing: on the Use of Travaux Préparatoires as an Aid to the Interpretation of Community Legislation, E.L.Rev. 2003, 149, 154.

[165] Rs. 15/60 *Simon*, EuGH Urteil v. 1.6.1961; Rs. 1/72 *Frilli*, EuGH Urteil v. 22.6.1972; Rs. C-583/11 P *Inuit Tapiriit*, EuGH Urteil v. 3.10.2013, Rn. 50 u. 59.

[166] Rs. C-322/14 *El Majdoub*, EuGH Urteil v. 21.5.2015, Rn. 35; Rs. C-198/12 *Kommission/Bulgarien*, EuGH Urteil v. 5.6.2014, Rn. 51.

[167] Rs. C-518/07 *Kommission/Deutschland*, EuGH Urteil v. 9.3.2010, Rn. 29, zitiert nach *Martens*, Methodenlehre des Unionsrechts, 379 Fn. 431.

[168] Siehe hierzu § 4 A. III.

[169] *Martens*, Methodenlehre des Unionsrechts, 384.

[170] Vgl. *Grosche*, Rechtsfortbildung im Unionsrecht, 28 f., der die Tradition der Rechtsfortbildung in Europa im Überblick zusammenfasst.

nicht bestritten.[171] Die Berücksichtigung des Willens des Gesetzgebers ist aber insoweit relevant, als sie die Bindung an Grundentscheidungen des Gesetzgebers sichert, da der Richter jede Auslegung oder Fortbildung des Rechts aus dem bestehenden Recht heraus methodisch rechtfertigen muss.[172] Welche Relevanz der historischen Auslegung *in concreto* zukommt, kann daher auch nicht pauschal beantwortet werden, sondern muss für jeden Einzelfall im Wege sorgfältiger Abwägung unter Berücksichtigung der o.g. Argumente, die gegebenenfalls auch gegen eine Heranziehung der vorbereitenden Materialien sprechen können, gesondert festgestellt werden.[173]

2. Grenzen der historischen Auslegung im Unionsrecht

Die Frage, ob und inwieweit historische Argumente zu berücksichtigen sind, scheint nach der oben genannten Analyse nicht gänzlich in das Ermessen des entscheidenden Gerichts gestellt zu sein und so werden denn auch drei verschiedene „Grenzen des richterlichen Ermessens" im Hinblick auf die Berücksichtigung historischer Argumente diskutiert:

Zunächst sei es grundsätzlich unnötig und unangebracht den Inhalt einer Rechtsvorschrift zu hinterfragen, soweit ihr Wortlaut klar und eindeutig sei.[174] Darüber hinaus gebiete der Grundsatz der Rechtssicherheit, dass vorbereitende Materialien nur als Interpretationshilfe herangezogen werden dürften, nicht aber um die Geltung einer verbindlichen Rechtsnorm aufzuheben.[175] Und schließlich müssten darüber hinaus rechtsverbindliche Materialien insoweit unberücksichtigt bleiben, als sie in sich selbst derart widersprüchlich seien, dass sie nicht als Auslegungshilfe dienten[176] oder wenn wissentlich unklare Terminologien verwendet würden[177].

---

[171] Beispielhaft: *Kutscher*, Über den Gerichtshof der Europäischen Gemeinschaft, EuR 1981, 392, 400; hierzu auch § 5 B. I. 3.

[172] *Martens*, Methodenlehre des Unionsrechts, 385.

[173] Vgl. *Lenaerts/Gutiérrez-Fons*, To Say What the Law of the EU Is: Methods of Interpretation and the European Court of Justice, CJEL 2014, 3, 3.

[174] Rs. C-292/200 *Davidoff*, Schlussanträge GA Jacobs v. 21.3.2002, Rn. 34; Rs. C-11/00 *Kommission/EZB*, Schlussanträge GA Jacobs v. 3.10.2002, Rn. 52 zitiert nach *Schønberg/Frick*, Finishing, Refining, Polishing: on the Use of Travaux Préparatoires as an Aid to the Interpretation of Community Legislation, E.L.Rev. 2003, 149, 159 Fn. 85.

[175] Rs. C-80/96 *Quelle Schickedanz*, Schlussanträge GA Fennelly v. 17.7.1997, Rn. 29, zitiert nach *Schønberg/Frick*, Finishing, Refining, Polishing: on the Use of Travaux Préparatoires as an Aid to the Interpretation of Community Legislation, E.L.Rev. 2003, 149, 160 Fn. 89.

[176] Vgl. Rs. C-167/95 *Linthorst*, Schlussanträge GA Fennelly v. 28.11.1996, Rn. 23, zitiert nach *Schønberg/Frick*, Finishing, Refining, Polishing: on the Use of Travaux Préparatoires as an Aid to the Interpretation of Community Legislation, E.L.Rev. 2003, 149, 160 Fn. 92.

[177] Vb. Rs. C-68/94 u. C-30/95 *Frankreich/Kommission*, EuGH Urteil v. 31.3.1998,

Zwar ist es überzeugend, vorbereitenden Materialien keinen größeren Stellenwert einzuräumen als dem rechtsverbindlichen Text selbst und jene Materialien auch nur insoweit zu berücksichtigen als diese tatsächlich aufschlussreich sind. Irreführend ist es jedoch, weiteren Interpretationsmethoden die Bedeutung abzusprechen, soweit der Wortlaut hinreichend „klar" sei. Bereits eingangs wurde gezeigt, dass allein der Wortlaut aus sich selbst heraus niemals klar und eindeutig ist, sondern diese Annahme stets erst im Wege der Interpretation gewonnen werden kann. Auch die Berücksichtigung historischer Argumente ist in diesem Fall folglich möglich.

3. Historische Argumente bei der Auslegung von Primärrecht

Insbesondere hinsichtlich des Primärrechts war es jahrzehntelang gängige Praxis, die *travaux préparatoires* nicht zur Auslegung desselben heranzuziehen. Als Argument wurde hierfür in der Regel angeführt, die Mitgliedstaaten hätten als Herren der Verträge mit der bewussten Entscheidung, die vorbereitenden Materialien nicht zu veröffentlichen, dem EuGH die Aufgabe der Auslegung des Gemeinschaftsrechts einzig anhand der Vertragstexte übertragen, ohne diese mit zusätzlichen Informationen zu überfrachten.[178]

Dies ist jedenfalls insoweit konsequent, als die vorbereitenden Materialien zu den Gründungsverträgen tatsächlich nicht veröffentlicht wurden.[179] Auch wenn dem EuGH der Inhalt der Materialien bekannt war, ist die Zulässigkeit ihrer Verwertung richtigerweise bezweifelt worden.[180] Denn soweit vorbereitende Materialien nicht allgemein öffentlich zugänglich sind, steht einer Verwendung der Grundsatz der Rechtssicherheit und des Vertrauensschutzes entgegen.[181] Obgleich das Vertrauen des Bürgers in das allgemeine Verständ-

---

Rn. 167 f., zitiert nach *Schønberg/Frick*, Finishing, Refining, Polishing: on the Use of Travaux Préparatoires as an Aid to the Interpretation of Community Legislation, E.L.Rev. 2003, 149, 160 Fn. 93.

[178] Vgl. *Lenaerts/Gutiérrez-Fons*, To Say What the Law of the EU Is: Methods of Interpretation and the European Court of Justice, CJEL 2014, 3, 23 mit Verweis auf Rs. 2/74 *Reyners*, Schlussanträge GA Mayras v. 28.5.1974.

[179] *Gulmann*, Methods of Interpretation of the European Court of Justice, Sc.St.L. 1980, 187, 199; *Höpfner/Rüthers*, Grundlagen einer europäischen Methodenlehre, AcP 2009, 1, 14.

[180] *Wendel*, Renaissance der historischen Auslegung im europäischen Verfassungsrecht? Überlegungen zur Tragweite der historischen Auslegung infolge des jüngsten EU-Reformprozesses, ZaöRV 2008, 803, 809; vgl. auch *Grundmann/Riesenhuber*, Die Auslegung des Europäischen Privat- und Schuldvertragsrechts, JuS 2001, 529, 530 m.w.N.

[181] *Schønberg/Frick*, Finishing, Refining, Polishing: on the Use of Travaux Préparatoires as an Aid to the Interpretation of Community Legislation, E.L.Rev. 2003, 149, 153; *Kutscher*, Über den Gerichtshof der Europäischen Gemeinschaft, EuR 1981, 392; ähnlich auch *Leisner*, Die subjektiv-historische Auslegung des Gemeinschaftsrechts, Der „Wille des Gesetzgebers" in der Judikatur des EuGH, EuR 2007, 689, 696, welcher unveröffent-

nis des Normtextes nicht geschützt ist[182], müssen dennoch alle in einem rechtsstaatlichen Verfahren zu berücksichtigenden Dokumente – seien sie rechtlich bindende Normtexte oder nur als Auslegungshilfe heranzuziehende ergänzende Materialien – öffentlich zugänglich sein.[183]

Vereinzelt hat der EuGH jedoch in frühen Urteilen auf die amtlichen Begründungen der nationalen Regierungen bzw. die parlamentarischen Beschlussanträge im Rahmen des Ratifikationsprozesses hingewiesen. Hieraus eine übereinstimmende Auffassung der Mitgliedstaaten herauszuarbeiten, um diese als Richtschnur der Auslegung zugrunde zu legen, war dem EuGH jedoch nicht möglich.[184]

Darüber hinaus wurde diskutiert, inwieweit den Erklärungen der Regierungsvertreter, die den Schlussakten der Regierungskonferenzen beigefügt sind, Bedeutung für die Auslegung zukommen. Hierbei ist zwischen einseitigen und gemeinsamen Erklärungen der Mitgliedstaaten zu differenzieren. Einseitige Erklärungen eines Mitgliedstaats, die von den anderen Staaten lediglich zur Kenntnis genommen wurden, können grundsätzlich nicht zur Auslegung herangezogen werden. Dies ergibt sich schon daraus, dass solche Erklärungen nicht dem Normsetzer zugerechnet werden können.[185] Sie erläutern lediglich das spezifische Verständnis des erklärenden Mitgliedstaats hinsichtlich des betreffenden Sachverhaltes oder der betreffenden Norm.[186] Anderes kann jedoch gelten, wenn der Mitgliedstaat eine Rechtslage erläutert, die in seinem ausschließlichen Kompetenzbereich liegt.[187]

Die Berücksichtigung der gemeinsamen Erklärungen der Mitgliedstaaten im Rahmen der Auslegung wird unter Bezugnahme auf Art. 31 Abs. 2 a)

---

lichte Dokumente grundsätzlich dann heranziehen will, soweit sie von einer Seite in das Verfahren eingeführt und daher zumindest parteiöffentlich seien.

182 Hierzu unter § 4 A. II.

183 *Lenaerts/Gutiérrez-Fons*, To Say What the Law of the EU Is: Methods of Interpretation and the European Court of Justice, CJEL 2014, 3, 27.

184 Beispielhaft Rs. 6/60 *Humblet*, EuGH Urteil v. 16.12.1960, zitiert nach *Wendel*, Renaissance der historischen Auslegung im europäischen Verfassungsrecht? Überlegungen zur Tragweite der historischen Auslegung infolge des jüngsten EU-Reformprozesses, ZaöRV 2008, 803, 809 Fn. 37.

185 *Leisner*, Die subjektiv-historische Auslegung des Gemeinschaftsrechts, Der „Wille des Gesetzgebers“ in der Judikatur des EuGH, EuR 2007, 689, 699.

186 *Schmalenbach*, in: Calliess/Ruffert (Hrsg.), EUV/AEUV, Das Verfassungsrecht der Europäischen Union mit Europäischer Grundrechtecharta, Art. 51 EUV Rn. 6.

187 Rs. C-192/99 *Kaur*, EuGH Urteil v. 20.2.2001, Rn. 22 f. Früh auch schon: Rs. C-369/90 *Micheletti*, Schlussanträge GA Tesauro v. 30.1.1992, Rn. 7. GA Tesauro nimmt auf Erklärungen der deutschen Regierung und der Regierung des Vereinigten Königreichs Bezug, da diese seine Interpretation stützen; er lässt die Frage, welche rechtlichen Wirkungen den Erklärungen beigemessen werden können, dann aber explizit offen. Ausführlich hierzu unten, § 7 B. I. 1. b).

WÜRV seitens der Literatur jedenfalls nicht ausgeschlossen.[188] In der älteren Rechtsprechung wurde dieser Ansatz aber kaum in die Praxis umgesetzt.[189]

Spätestens seit dem Inkrafttreten des Vertrages von Lissabon ist eine zunehmend stärkere Bedeutung der historischen Auslegung des Primärrechts festzustellen.[190] Dies lässt sich insbesondere durch die gesteigerte Transparenz des Verfahrens bis zur Ratifikation des Vertrages von Lissabon begründen.[191] Nicht nur in der Wissenschaft wurden die vorbereitenden Materialien rezipiert[192], auch die Generalanwälte und der EuGH nehmen seither vermehrt auf diese Bezug.[193] Hinsichtlich der historischen Auslegung des Primärrechts können abgesehen von den bereits genannten gemeinsamen Erklärungen der Mitgliedstaaten insbesondere das detaillierte Mandat für die Regierungskonferenz 2007 sowie die Erläuterungen zur Grundrechtecharta aufschlussreich sein.[194]

---

[188] *Schmalenbach*, in: Calliess/Ruffert (Hrsg.), EUV/AEUV, Das Verfassungsrecht der Europäischen Union mit Europäischer Grundrechtecharta, Art. 51 EUV Rn. 6; *Dörr*, in: Grabitz/Hilf/Nettesheim (Hrsg.), Das Recht der Europäischen Union, Art. 51 EUV Rn. 5; *Hofstötter*, in: von der Groeben/Schwarze/Hatje (Hrsg.), Europäisches Unionsrecht, Art. 51 EUV Rn. 12.

[189] *Wendel*, Renaissance der historischen Auslegung im europäischen Verfassungsrecht? Überlegungen zur Tragweite der historischen Auslegung infolge des jüngsten EU-Reformprozesses, ZaöRV 2008, 803, 809 mit Verweis auf *Herdegen*, Auslegende Erklärungen von Gemeinschaftsorganen und Mitgliedstaaten zu EG-Rechtsakten, ZHR 1991, 52, 59.

[190] Jedoch waren auch die Gesetzesmaterialien zu nunmehr älteren Vorschriften, wie etwa der Einheitlichen Europäischen Akte, frei zugänglich und ihre Berücksichtigung wurde daher von Teilen der Literatur auch damals befürwortet, *Höpfner/Rüthers*, Grundlagen einer europäischen Methodenlehre, AcP 2009, 1, 14.

[191] Vgl. *Lenaerts/Gutiérrez-Fons*, To Say What the Law of the EU Is: Methods of Interpretation and the European Court of Justice, CJEL 2014, 3, 24.

[192] *Wendel*, Renaissance der historischen Auslegung im europäischen Verfassungsrecht? Überlegungen zur Tragweite der historischen Auslegung infolge des jüngsten EU-Reformprozesses, ZaöRV 2008, 803, 806.

[193] Rs. C-370/12 *Pringle*, EuGH Urteil v. 27.11.2012, Rn. 135 (hier Bezug nehmend auf die Entstehungsgeschichte des Vertrages von Maastricht); Rs. C-583/11 P *Inuit Tapiriit*, EuGH Urteil v. 3.10.2013, Rn. 50 u. 59.

[194] Hierzu ausführlich *Wendel*, Renaissance der historischen Auslegung im europäischen Verfassungsrecht? Überlegungen zur Tragweite der historischen Auslegung infolge des jüngsten EU-Reformprozesses, ZaöRV 2008, 803, 811 f. u. 815 f.; zur Bedeutung der Erläuterungen zu der Grundrechtecharta: *Lenaerts/Gutiérrez-Fons*, To Say What the Law of the EU Is: Methods of Interpretation and the European Court of Justice, CJEL 2014, 3, 52 f.

4. Historische Argumente bei der Auslegung von Sekundärrecht

Auch im Hinblick auf das abgeleitete Unionsrecht wurde der historischen Auslegung lange Zeit keine große Bedeutung beigemessen.[195] So wurde noch in den 70er, 80er und 90er Jahren überwiegend zugestanden, dass der EuGH zwar vorbereitende Materialien grundsätzlich heranziehen dürfe, um die Bedeutung einer Regelung zu klären, praktisch – so die wissenschaftliche Analyse – würde dies aber kaum geschehen.[196]

In jüngerer Zeit ist aber eine deutliche Zunahme der Berücksichtigung von *travaux préparatoires* hinsichtlich der Auslegung von Sekundärrecht beobachtet worden.[197] *Schønberg* und *Frick* führen überzeugend vier Gründe an, die für diese Entwicklung maßgeblich waren: Der Einfluss der nationalen Rechtstraditionen auf das Unionsrecht hat sich verändert. Während in einigen Mitgliedstaaten, u.a. in Großbritannien, viele Jahre die historische Auslegung nicht praktiziert wurde, ist sie nun in der überwiegenden Anzahl der Mitgliedstaaten anerkannt. Darüber hinaus hat sich auch die Natur der von den Gerichten zu entscheidenden Fälle in der Mehrzahl verändert. Ging es in den Anfangsjahren überwiegend noch um die Auslegung des in weiten Teilen *bis dato* hochfragmentarischen Primärrechts, in der die historische Auslegung aus o.g. Gründen kaum möglich war, liegt der Schwerpunkt der Fälle nun bei der Auslegung und Anwendung von stark konkretisiertem abgeleiteten Unionsrecht, für das in großem Umfang vorbereitende Materialien existieren und daher auch herangezogen werden können. Auch die Qualität dieser vorbereitenden Materialien hat sich in den vergangenen Jahren verbessert. Und schließlich muss beachtet werden, dass die Berücksich-

---

[195] *Lutter*, Die Auslegung angeglichenen Rechts, JZ 1992, 593, 599.

[196] *Schønberg/Frick*, Finishing, Refining, Polishing: on the Use of Travaux Préparatoires as an Aid to the Interpretation of Community Legislation, E.L.Rev. 2003, 149, 149 Fn. 6 mit Verweis auf *Kutscher*, Thesen zu den Methoden der Auslegung des Gemeinschaftsrechts aus der Sicht eines Richters, 22; *Bredimas*, Methods of Interpretation and Community Law, 60; *Plender*, The Interpretation of Communtiy Acts by Reference to the Intentions of the Authors, YEL 1982, 57, 94; *Millett*, Rules of Interpretation of E.E.C. Legislation, Stat.L.R. 1989, 163, 180; *Arnull*, The European Union and its Court of Justice, 526; vgl. auch *Bengoetxea*, The Legal Reasoning of the European Court of Justice, 225 f. Historische Auslegung sei möglich, soweit die Materialien konsistent und frei von Mehrdeutigkeiten seien: *Mertens de Wilmars*, Réflexions sur les méthodes d'interprétation de la Cour de justice des Communautés européennes, Cah.dr.eur. 1986, 5, 14 f. Vgl. zum Ganzen auch *Grundmann/Riesenhuber*, Die Auslegung des Europäischen Privat- und Schuldvertragsrechts, JuS 2001, 529, 530.

[197] *Schønberg/Frick*, Finishing, Refining, Polishing: on the Use of Travaux Préparatoires as an Aid to the Interpretation of Community Legislation, E.L.Rev. 2003, 149, 156 f. mit sehr umfangreichen Verweisen auf Urteile aus den unterschiedlichsten Bereichen in den Fn. 48–77; vgl. auch *Lenaerts/Gutiérrez-Fons*, To Say What the Law of the EU Is: Methods of Interpretation and the European Court of Justice, CJEL 2014, 3, 31.

tigung dieser Materialien durch ihre Bereitstellung in elektronischer Form erheblich vereinfacht wurde.[198]

Grundsätzlich können nur Äußerungen derjenigen Gesetzgebungsorgane bei der Auslegung Berücksichtigung finden, deren Zustimmung den Rechtsakt im konkreten Fall trägt, denn nur diese sind Teil des demokratisch legitimierten Gesetzgeberwillens.[199] Besonderes Gewicht kommt daher jedenfalls den Erwägungsgründen zu, die den jeweiligen Vorschriften des Sekundärrechts vorangestellt werden.[200] Die Erwägungsgründe erläutern in der Regel die mit der betreffenden Norm verfolgten Ziele und nennen ihre Ermächtigungsgrundlage.[201] Daneben können insbesondere solche vorbereitenden Materialien herangezogen werden, die auch als *core preparatory documents* bezeichnet werden. Den *core preparatory documents* sind alle veröffentlichten Materialien zuzurechnen, die während oder nach der formalen Initiierung des Gesetzgebungsprozesses durch die Kommission entstanden sind und die die dem jeweiligen Gesetzgebungsorgan durch die Verträge zugesprochene Rolle im Gesetzgebungsverfahren reflektieren.[202] So werden etwa die Gesetzgebungsvorschläge der Kommission sehr häufig zitiert und auch Stellungnahmen und Änderungsvorschläge des Europäischen Parlaments, des Wirtschafts- und Sozialausschusses und des Ausschusses der Regionen können berücksichtigt werden.[203]

---

[198] *Schønberg/Frick*, Finishing, Refining, Polishing: on the Use of Travaux Préparatoires as an Aid to the Interpretation of Community Legislation, E.L.Rev. 2003, 149, 155.

[199] *Grundmann/Riesenhuber*, Die Auslegung des Europäischen Privat- und Schuldvertragsrechts, JuS 2001, 529, 530.

[200] *Herdegen*, Auslegende Erklärungen von Gemeinschaftsorganen und Mitgliedstaaten zu EG-Rechtsakten, ZHR 1991, 52, 62; *Leisner*, Die subjektiv-historische Auslegung des Gemeinschaftsrechts, Der „Wille des Gesetzgebers" in der Judikatur des EuGH, EuR 2007, 689, 703; *Potacs*, Effet utile als Auslegungsgrundsatz, EuR 2009, 465, 472. Zur quantitativen Häufigkeit der Heranziehung der Erwägungsgründe durch den EuGH *Dederichs*, Die Methodik des Gerichtshofes der Europäischen Gemeinschaften, EuR 2004, 345, 358.

[201] *Colneric*, Auslegung des Gemeinschaftsrechts und gemeinschaftsrechtskonforme Auslegung, ZEuP 2005, 225, 227; *Leisner*, Die subjektiv-historische Auslegung des Gemeinschaftsrechts, Der „Wille des Gesetzgebers" in der Judikatur des EuGH, EuR 2007, 689, 703. Da die Erwägungsgründe vielfach Aufschluss über die mit der jeweiligen Norm verfolgten Ziele geben, wird die Analyse der Erwägungsgründe teilweise auch der teleologischen Auslegung zugerechnet.

[202] *Schønberg/Frick*, Finishing, Refining, Polishing: on the Use of Travaux Préparatoires as an Aid to the Interpretation of Community Legislation, E.L.Rev. 2003, 149, 161 Fn. 95.

[203] *Schønberg/Frick*, Finishing, Refining, Polishing: on the Use of Travaux Préparatoires as an Aid to the Interpretation of Community Legislation, E.L.Rev. 2003, 149, 162 beispielhaft mit Verweis auf Rs. C-130/95 *Giloy*, EuGH Urteil v. 17.7.1997, Rn. 33 (Berücksichtigung der Stellungnahme des Wirtschafts- und Sozialausschusses); Rs. C-321/96

V. Rechtsvergleichung

Auch die Rechtsvergleichung spielt im Rahmen der verschiedenen Auslegungsmethoden eine nicht unerhebliche Rolle.[204] Als mit Richtern von allen Mitgliedstaaten der Union besetztes Gericht, sei der EuGH zur Rechtsvergleichung geradezu prädestiniert.[205] Die besondere Bedeutung, die der Rechtsvergleichung rechtspraktisch zukommt, drückt sich u.a. dadurch aus, dass der EuGH eine eigene rechtsvergleichende Forschungsabteilung besitzt.[206]

Wie im Rahmen der Darstellung der grammatischen Auslegung bereits erwähnt, legt der EuGH EU-Rechtsbegriffe unionsautonom unter Heranziehung aller verbindlichen Sprachfassungen aus. Dabei müssen die verschiedenen Sprachfassungen miteinander verglichen werden, um Sinn und Zweck der Norm im unionsrechtlichen Sinne zu deuten. Methodisch stellt dieses Vorgehen keinen Rechtsvergleich im engeren Sinne dar, sondern vielmehr einen Inhalts- und Sinnvergleich, der aber letztlich zu einem Rechtsvergleich führen kann.[207]

Ein echter Rechtsvergleich wird hingegen im Hinblick auf das geltende Verfassungsrecht der verschiedenen Mitgliedstaaten unter Berücksichtigung des Völkerrechts unternommen.[208] Insoweit ist in der Regel jedoch eher von Rechtsfortbildung denn von Auslegung auszugehen.[209]

Mecklenburg, EuGH Urteil v. 17.6.1998, Rn. 28 (Berücksichtigung des Richtlinienvorschlags der Kommission und der Stellungnahme des Wirtschafts- und Sozialausschusses).

[204] *Kutscher* wies schon früh darauf hin, dass selbst wenn aus den Urteilen ein zuvor erfolgter Rechtsvergleich nicht immer offenbar würde, der „interne rechtsvergleichende Aufwand oft beträchtlich sei", *Kutscher*, Über den Gerichtshof der Europäischen Gemeinschaft, EuR 1981, 392, 401. Ob bezüglich der Rechtsvergleichung jedoch von einer „fünften Auslegungsmethode" gesprochen werden sollte, ist streitig, *Dann*, Überlegungen zu einer Methodik des europäischen Verfassungsrechts, in: Bast/Becker (Hrsg.), Die Europäische Verfassung – Verfassungen in Europa, 161, 175.

[205] *Martens*, Methodenlehre des Unionsrechts, 493, mit Verweis auf *Lenaerts*, Le droit comparé dans le travail du juge communitaire, in: van der Mensbrugghe (Hrsg.), L'utilisation de la méthode comparative en droit européen, 111. Vgl. auch *Everling*, Rechtsvereinheitlichung durch Richterrecht in der Europäischen Gemeinschaft, RabelsZ 1986, 193, 211.

[206] *Henninger*, Europäisches Privatrecht und Methode, 293.

[207] *Pechstein/Drechsler*, in: Riesenhuber (Hrsg.), Europäische Methodenlehre, § 7 Rn. 36; vgl. auch *Henninger*, Europäisches Privatrecht und Methode, 294.

[208] Vgl. *Mertens de Wilmars*, Réflexions sur les méthodes d'interprétation de la Cour de justice des Communautés européennes, Cah.dr.eur. 1986, 5, 17.

[209] Vgl. im Einzelnen hierzu unten, § 5 B. I. 5. c) aa).

VI. Verhältnis der verschiedenen Auslegungsmethoden zueinander

Die Grundlagenverträge enthalten keinerlei Bestimmungen, die über die verschiedenen Auslegungsmethoden und das Verhältnis dieser Auslegungsmethoden zueinander Aufschluss geben könnten. Folglich scheint der EuGH grundsätzlich frei zu sein, im jeweiligen Einzelfall denjenigen Auslegungsmethoden größtmögliches Gewicht zu verleihen, die den Besonderheiten des EU-Rechtssystems am besten gerecht werden.[210]

Im französischen Recht entspricht jedoch die Anwendung der *in claris non fit interpretatio*-Regel, nach welcher bei einem eindeutigen und klaren Wortlaut nicht auf andere Auslegungsprinzipien zurückzugreifen ist, als sog. *acte clair*-Doktrin noch immer der herrschenden Meinung.[211] Die Anwendung dieser Regel, die einen Vorrang der Wortlautauslegung etablieren würde, wurde mit Blick auf ähnliche Diskussionen im Völkerrecht[212] auch für das Europarecht erwogen.[213] Dies ist im Ergebnis aber abzulehnen. Denn auch wenn der Wortlautauslegung im Verhältnis zu den anderen Auslegungsmethoden mitunter hohe Bedeutung beigemessen wird[214], entspricht die Anwendung einer traditionell verstandenen *in claris*- oder *acte clair*-Regel nicht mehr dem aktuellen Stand der Wissenschaft. Heute ist allgemein anerkannt, dass Normen nicht aus sich selbst heraus „klar und eindeutig" sind, sondern ihr Inhalt immer erst im Wege einer Interpretation ermittelt werden muss.[215]

---

[210] *Lenaerts/Gutiérrez-Fons*, To Say What the Law of the EU Is: Methods of Interpretation and the European Court of Justice, CJEL 2014, 3, 6.

[211] Zur europäischen Rechtstradition der *in claris non fit interpretatio*-Regel und ihrer heutigen Anwendung in Frankreich: *Martens*, Methodenlehre des Unionsrechts, 359 f., im Hinblick auf das deutsche Recht vgl. hierzu auch *Bydlinskis* Subsidiaritätsthese, *Bydlinski*, Juristische Methodenlehre und Rechtsbegriff, 558 f.

[212] *Grundmann*, Die Auslegung des Gemeinschaftsrechts durch den Europäischen Gerichtshof: Zugleich eine rechtsvergleichende Studie zur Auslegung im Völkerrecht und im Gemeinschaftsrecht, 192 f. So wohl bis heute *Lenaerts/Gutiérrez-Fons*, To Say What the Law of the EU Is: Methods of Interpretation and the European Court of Justice, CJEL 2014, 3, 9.

[213] Im Europarecht sind zwei unterschiedliche Funktionen der *acte-clair*-Regel zu trennen: Unter Berufung auf die Regel kann eine nach ihrem Wortlaut eindeutige Norm als nicht auslegungsfähig eingeordnet werden. Diese Funktion steht vorliegend in Frage. Viel bekannter ist im Europarecht hingegen die mit der *C.I.L.F.I.T.*-Entscheidung des EuGH (Rs. 283/81 *C.I.L.F.I.T.*, EuGH Urteil v. 6.10.1982) begründete Regelung, nach welcher keine Vorlagepflicht der nationalen Gerichte besteht, wenn eine gesicherte unionsrechtliche Rechtsprechung vorliegt oder wenn die richtige Auslegung des Unionsrechts offensichtlich ist. Die vom EuGH in der *C.I.L.F.I.T.*-Entscheidung begründete Regel stellt dabei jedoch nicht nur auf den Wortlaut ab, sondern verlangt eine umfassende Interpretation. Zum Ganzen: *Martens*, Methodenlehre des Unionsrechts, 363 f. u. § 4 C. II. 2.

[214] Z.B. *Dederichs*, Die Methodik des Gerichtshofes der Europäischen Gemeinschaften, EuR 2004, 345.

[215] *Grundmann*, Die Auslegung des Gemeinschaftsrechts durch den Europäischen Ge-

C. Die präjudizielle Wirkung von Urteilen

Bei der Auslegung des Unionsrechts ist ebenso relevant, inwieweit Urteile des EuGH präjudizielle Wirkung entfalten. Letztlich ist damit die Frage betroffen, ob EuGH-Urteilen Rechtsquellencharakter zukommt und sie daher bei der Auslegung des Unionsrechts einen besonderen Stellenwert einnehmen.[216] Da das Sekundärrecht im Wege der üblichen Gesetzgebungsverfahren änderbar ist, kommt insoweit der gerichtlichen Ausformung nur eine weniger bedeutende Rolle zu. Die Änderungsfestigkeit des europäischen Verfassungsrechts führt hingegen zu einer deutlich stärkeren Bedeutung der konkretisierenden Präjudizien.[217]

Grundsätzlich sind zwei verschiedene Formen präjudizieller Wirkung von Gerichtsurteilen zu unterscheiden: zum einen kann sich ein Gericht selbst an seine einmal getroffenen Entscheidungen gebunden sehen (horizontale Bindungswirkung), zum anderen können nachgeordnete Gerichte an Entscheidungen des höheren Gerichts gebunden sein (vertikale Bindungswirkung).[218] Obgleich im Rahmen des analytischen Teils der vorliegenden Bearbeitung die Auslegung europäischen Rechts durch den EuGH selbst und hiermit folglich die vertikale Bindungswirkung im Vordergrund steht, darf auch der Einfluss, den EuGH-Entscheidungen auf das nationale Recht haben können, nicht aus dem Blick verloren werden. Denn je stärker die vertikale Bindungswirkung ausgestaltet ist, umso größer ist auch die Einwirkungsintensität in die nationalen Rechtsordnungen und desto eher muss der EuGH bei der Urteilsfindung gegebenenfalls auf mitgliedstaatliche Belange Rücksicht nehmen. Denn jedes mitgliedstaatliche Gericht ist auch Unionsgericht im funktionellen Sinne, soweit vorrangiges Unionsrecht im jeweils anhängigen Verfahren einschlägig ist[219], und muss in noch zu bestimmendem Umfang die Entscheidungen des EuGH berücksichtigen.

---

richtshof: Zugleich eine rechtsvergleichende Studie zur Auslegung im Völkerrecht und im Gemeinschaftsrecht, 192; *Martens*, Methodenlehre des Unionsrechts, 363; *Höpfner/Rüthers*, Grundlagen einer europäischen Methodenlehre, AcP 2009, 1, 11; vgl. *Sankari*, European Court of Justice Legal Reasoning in Context, 90 u. 112; im Ergebnis auch *Henninger*, Europäisches Privatrecht und Methode, 282.

[216] Vgl. *Klappstein*, Die Bindungswirkung der Vorabentscheide des EuGH, Befinden wir uns auf dem Weg zu einer europäischen stare decisis-Doktrin?, in: Busch/Kopp/McGuire et al. (Hrsg.), Europäische Methodik: Konvergenz und Diskrepanz europäischen und nationalen Privatrechts, Jahrbuch Junger Zivilrechtswissenschaftler 2009, 234, 235; vgl. auch *Henninger*, Europäisches Privatrecht und Methode, 304.

[217] *Dann*, Überlegungen zu einer Methodik des europäischen Verfassungsrechts, in: Bast/Becker (Hrsg.), Die Europäische Verfassung – Verfassungen in Europa, 161, 173.

[218] *Martens*, Methodenlehre des Unionsrechts.

[219] Vgl. *Wegener*, in: Calliess/Ruffert (Hrsg.), EUV/AEUV, Das Verfassungsrecht der Europäischen Union mit Europäischer Grundrechtecharta, Art. 267 AEUV Rn. 1.

I. Kurzüberblick der präjudiziellen Wirkung von Urteilen in verschiedenen Rechtsordnungen

Ob Gerichtsurteilen eine präjudizielle Wirkung und folglich auch Rechtsquellencharakter zukommt, wurde und wird in den verschiedenen (ehemaligen) Mitgliedstaaten der EU unterschiedlich beurteilt. Die Frage, welche Bindungswirkung EuGH-Urteilen zugeschrieben wird, lässt sich daher bestmöglich vor dem Hintergrund der in der Union vereinigten Rechtskulturen beantworten.[220] Beispielhaft soll daher nachfolgend die Bindungswirkung von Urteilen in Deutschland, Frankreich und England dargestellt werden.[221]

1. Die Bindungswirkung von Rechtsprechung in Deutschland

Anerkanntermaßen kommt Urteilen in Deutschland, abgesehen von solchen des BVerfG nach § 31 BVerfGG[222], nur *inter partes*-Wirkung zu. Wird Urteilen über den Einzelfall hinaus gefolgt, so geschieht dies in erster Linie aufgrund der Überzeugungskraft ihrer jeweiligen Begründung. Dennoch wird über die Frage eines hinreichenden Vertrauensschutzes diskutiert, da sich der Rechtsverkehr auf etwaige gefestigte Rechtsprechung einstellt, denn diese wirkt in diesen Fällen jedenfalls faktisch wie eine Rechtsquelle.[223] Darüber hinaus ist von einer gewissen formellen Präjudizienbindung auszugehen, die durch umfangreiche Zulassungs- und Vorlagepflichten erzielt wird. Einerseits wird durch diese Pflichten die einheitliche Entwicklung der Rechtsprechung insgesamt gesichert, andererseits werden mögliche Rechtsprechungsänderungen einem strukturierten Verfahren unterworfen. Schließlich kann Rechtsprechung gegenüber bestimmten Adressaten auch eine gewisse normative Bindungswirkung entfalten. So sind etwa Rechtsanwälte und Steuerberater nach ständiger Rechtsprechung des Bundesgerichtshofs verpflichtet bei ihrer Arbeit die höchstrichterliche Rechtsprechung zugrunde zu legen, selbst wenn sie diese für unzutreffend halten.[224]

---

[220] Vgl. insoweit auch schon § 1 und § 2.

[221] Eingehend zum Ganzen: *Martens*, Methodenlehre des Unionsrechts, 181 f.

[222] Hinsichtlich des deutschen Verfassungsrechts wird daher auch von „Präjudizienrecht" gesprochen: *Reimer*, Juristische Methodenlehre, 37 Rn. 32; vgl. auch *Würtenberger*, Verfassungsänderung und Verfassungswandel: Von der nationalen zu einer globalen Perspektive, in: Wahl (Hrsg.), Verfassungsänderung, Verfassungswandel, Verfassungsinterpretation, 49, 54.

[223] Vgl. *Everling*, Rechtsvereinheitlichung durch Richterrecht in der Europäischen Gemeinschaft, RabelsZ 1986, 193, 205; vgl. auch *Reimer*, Juristische Methodenlehre, 25.

[224] Zum Ganzen: *Martens*, Methodenlehre des Unionsrechts, 181 ff. u.a. mit Verweis auf BGH NJW 1993, 3323, 3324 u. BGH NJW 2001, 675, 678; vgl. auch BGH NJW-RR 2003, 1212, 1213; BGH NJW 2008, 440.

2. Die Bindungswirkung von Rechtsprechung in Frankreich

Obwohl sich der Rechtsverkehr in Frankreich an der *jurisprudence* wie an Gesetzen orientiert, ist ihre theoretische Einordnung bis heute umstritten. Während die sogenannten „Formaljuristen" die Rechtsquellenqualität der *jurisprudence* insbesondere aufgrund von Art. 5 Code Civil[225] verneinen, erkennen die „Realisten" die faktische Rechtsetzungsmacht der Richter an und bezeichnen die *jurisprudence* als ungeschriebene Rechtsquelle.[226] Unabhängig von einer etwaigen theoretischen Einordnung wird auch in Frankreich versucht, grundsätzliche Kriterien zu entwickeln, nach denen die Rückwirkung einer Rechtsprechungsänderung aus Vertrauensschutzgründen eingeschränkt sein könnte. Auch wenn eine materielle Bindung der Gerichte an übergeordnete Instanzen abgelehnt wird, ist der Wert einer kohärenten Rechtsprechung dennoch anerkannt. Diese Kohärenz wird verfahrensrechtlich insbesondere über den *pourvoi en cassation* erreicht, im Rahmen dessen der *Cour de cassation* grundsätzlich jedes zivil- oder strafrechtliche Urteil vorgelegt werden kann. Nach der besonderen Ausgestaltung des Verfahrens sind die Instanzgerichte erst nach dem zweiten *pourvoi en cassation* an die Entscheidung der *Cour* gebunden. Tatsächliche Beachtung finden die Urteile jedoch oft erst nach ihrer umfassenden Bearbeitung durch die Wissenschaft. Dies könnte u.a. daran liegen, dass sich die Urteile der *Cour* durch einen äußerst knappen Urteilsstil auszeichnen.[227]

3. Die Bindungswirkung von Rechtsprechung in England

Die Vorstellung von Richterrecht als eigenständiger Rechtsquelle hat sich auch in England erst im 19. Jahrhundert entwickelt. Zuvor ging man vom rein deklaratorischen Charakter der Gerichtsurteile aus. Die Richter erklärten nur, was als *Common Law* ohnehin gemeinsames Verständnis des Volkes war. Es zeigte sich jedoch alsbald, dass der Gedanke eines „zeitlosen *Common Law*" nicht tragfähig sein konnte und die Überzeugung, dass Richtern auch Rechtsetzungsbefugnis zukäme, setzte sich durch. Die Infrastruktur eines modernen Richterrechts wurde schließlich durch eine umfassende Gerichtsreform sowie qualitativ verbesserte Entscheidungsüberlieferungen geschaffen.

Die vertikale Bindungswirkung an Entscheidungen übergeordneter Gerichte war alsbald unstreitig und ist es bis heute. Und so wird auch rechts-

---

[225] Art. 5 Code Civil lautet: Il est défendu aux juges de prononcer par voie de disposition générale et réglementaire sur les causes qui leur sont soumises.

[226] Mit umfangreichen Nachweisen zu beiden Ansichten: *Martens*, Methodenlehre des Unionsrechts, 194 Fn. 355; vgl. hierzu auch *Komárek*, Questioning Judicial Deliberations, O.J.L.S. 2009, 805, 809.

[227] Zum Ganzen: *Martens*, Methodenlehre des Unionsrechts, 194 ff.

theoretisch die Rechtsquellenqualität des Richterrechts in England nicht bestritten. Uneinigkeit besteht jedoch über den genauen Inhalt der Präjudizienbindung. Zwar lässt sich theoretisch die bindende *ratio decidendi* vom nicht bindenden *obiter dictum* unterscheiden, problematisch und im Einzelnen streitig ist jedoch die praktische Abgrenzung zwischen tragenden und nicht tragenden Entscheidungsgründen.

Anders als die Frage nach der vertikalen Bindungswirkung, wurde die Frage nach der horizontalen Bindungswirkung nie einheitlich beantwortet.[228] Das *House of Lords* verkündete im Jahr 1898 schließlich eine solche Bindungswirkung, was anhaltende Kritik aus der Wissenschaft und der Richterschaft selbst hervorrief, da eine strikte Selbstbindung notwendig zu einer Versteinerung des Rechts führen muss, weil Rechtsänderungen hierdurch jedenfalls theoretisch gänzlich ausgeschlossen sind. Mit dem *Practice Statement* von 1966 reagierte das *House of Lords* schließlich auf die anhaltende Kritik und erklärte, dass eine horizontale Präjudizienbindung zwar auch Grundlage der weiteren Arbeit sein sollte, aber in begründeten Einzelfällen vom genannten Grundsatz abgewichen werden könne. Sowohl das *House of Lords* als auch der ihm im Jahr 2009 nachfolgende *Supreme Court* haben in der Folge auch von ihrer größeren Freiheit in gewissen Abständen Gebrauch gemacht.[229]

4. *Unterschiede und Gemeinsamkeiten der nationalen Konzepte*

In Deutschland und in Frankreich werden sowohl die horizontale als auch die vertikale Bindungswirkung von Gerichtsurteilen im Grundsatz überwiegend abgelehnt.[230] Eine gewisse formale vertikale Bindungswirkung wird jedoch durch bestimmte Verfahrensmöglichkeiten geschaffen, welche die einheitliche Rechtsprechungsentwicklung sichern. Darüber hinaus ist insbesondere der Vertrauensschutz ein durchaus anerkannter Wert, der auch zu einer gewissen horizontalen Bindungswirkung führen kann. In England hingegen ist jedenfalls von einer strengen vertikalen Bindungswirkung auszugehen und Gerichtsurteile werden unstreitig als eigenständige Rechtsquellen betrachtet. Obwohl rechtstheoretisch Unterschiede ausgemacht werden können, ist allen Rechtsordnungen gemein, dass ein gewisses übereinstimmendes Verständnis einer geordneten Rechtsprechungsentwicklung sowie Vertrauensschutzaspekte Teil der Diskussion sind.

---

[228] Eingehend hierzu: *Martens*, Methodenlehre des Unionsrechts, 206 Fn. 413 m.w.N.

[229] Zum Ganzen: *Martens*, Methodenlehre des Unionsrechts, 204 ff.

[230] In der Praxis ist die vertikale Bindungswirkung indes nicht zu unterschätzen.

II. Vertikale Bindungswirkung von EuGH-Urteilen

Die Frage der vertikalen Bindungswirkung von EuGH-Urteilen ist hauptsächlich mit Blick auf das in Art. 267 AEUV normierte Vorabentscheidungsverfahren relevant.[231] Dem Vorabentscheidungsverfahren kommt vor allem in Verbindung mit der Rechtsprechung zur unmittelbaren Wirkung unionsrechtlicher Normen besondere Bedeutung zu.[232] Dieses als Vorlageverfahren ausgestaltete Instrument dient insbesondere dem Zweck, etwaige Divergenzen bezüglich der Auslegung und Anwendung europäischen Rechts, die durch die dezentrale gerichtliche Kontrolle begründet sein können, zu vermeiden.[233] Hierbei gilt es zu berücksichtigen, dass sich das Problem der Mehrsprachigkeit, welches sonst vor allem im Hinblick auf die grammatische Auslegung diskutiert wird[234], notwendigerweise auch bei der Interpretation von Präzedenzfällen fortsetzt.[235]

Das Vorabentscheidungsverfahren kennt zwei verschiedene Ausprägungen: Einerseits kann der EuGH gem. Art. 267 Abs. 1 a) AEUV letztverbindlich über die Auslegung der Verträge urteilen, andererseits entscheidet das höchste unionale Gericht gem. Art. 267 Abs. 1 b) AEUV über die Gültigkeit und Auslegung von Handlungen der Organe, Einrichtungen oder sonstigen Stellen der Union. Inwieweit den jeweiligen Verfahren Bindungswirkung zukommt, ist nicht ausdrücklich gesetzlich normiert und daher insbesondere nach Sinn und Zweck derselben zu bestimmen.[236] Dabei kann die Bindungswirkung von Auslegungs- und Gültigkeitsvorabentscheiden aufgrund ihrer jeweils unterschiedlichen Funktionen nicht einheitlich beantwortet werden.

---

[231] Vgl. hierzu auch: *Grosche*, Rechtsfortbildung im Unionsrecht, 265.

[232] *Kutscher*, Über den Gerichtshof der Europäischen Gemeinschaft, EuR 1981, 392, 397. Zur Bedeutung der Rechtsfortbildung durch Vorabentscheidungsverfahren auch *Stein*, Richterrecht wie anderswo auch? Der Gerichtshof der Europäischen Gemeinschaften als „Integrationsmotor“, in: Doehring (Hrsg.), Richterliche Rechtsfortbildung: Erscheinungsformen, Auftrag und Grenzen, Festschrift der Juristischen Fakultät zur 600-Jahr-Feier der Ruprecht-Karls-Universität Heidelberg, 619, 635.

[233] *Wegener*, in: Calliess/Ruffert (Hrsg.), EUV/AEUV, Das Verfassungsrecht der Europäischen Union mit Europäischer Grundrechtecharta, Art. 267 AEUV Rn. 1.

[234] Vgl. insoweit § 4 B. I.

[235] *Derlén*, Multilingual Interpretation of CJEU Case Law: Rule and Reality, E.L.Rev. 2014, 295.

[236] Vgl. *Klappstein*, Die Bindungswirkung der Vorabentscheide des EuGH, Befinden wir uns auf dem Weg zu einer europäischen stare decisis-Doktrin?, in: Busch/Kopp/McGuire et al. (Hrsg.), Europäische Methodik: Konvergenz und Diskrepanz europäischen und nationalen Privatrechts, Jahrbuch Junger Zivilrechtswissenschaftler 2009, 234, 251. Dass Urteile des EuGH in Rechtskraft erwachsen, ergibt sich aus Art. 91 Abs. 1 der Verfahrensordnung des Gerichtshofs vom 25.9.2012, Amtsbl. Nr. L 265 vom 29.9.2012 in der am 18.6.2013 geänderten Fassung, Amtsbl. Nr. L 173 vom 26.6.2013, 65 (VerfOEuGH).

1. Gültigkeitsvorabentscheide

Unstreitig bindet ein Urteil im Rahmen eines Gültigkeitsvorabentscheides *inter partes*[237] alle im Ausgangsverfahren entscheidenden Gerichte, d.h. sowohl das vorlegende Gericht als auch alle Instanzgerichte. Eine erneute Vorlage an den EuGH ist nur möglich, wenn Unklarheiten hinsichtlich der Vorabentscheidung eine solche rechtfertigen oder neue Rechtsfragen gestellt bzw. neue Gesichtspunkte vorgebracht werden, die den EuGH dazu veranlassen könnten, die ursprüngliche Vorlagefrage abweichend zu beantworten.[238]

Hinsichtlich der Frage, ob Gültigkeitsvorabentscheiden auch eine *erga omnes*-Wirkung zukommt, gilt es zu differenzieren: stellt der EuGH die Gültigkeit von Unionsrecht oder einer sonstigen Organhandlung fest, so ist aufgrund des Tenors, der regelmäßig beinhaltet, dass „die Prüfung nichts ergeben habe, was die Gültigkeit der betreffenden Unionsrechtsregelung oder -handlung in Frage stellen könnte" von einer nur eingeschränkten Bindungswirkung auszugehen. Bislang nicht berücksichtigte Gesichtspunkte können zu einer neuen Vorlage in einem neuen Ausgangsverfahren führen.[239] Eine *erga omnes*-Wirkung kommt ihnen folglich nur insoweit zu, als ein innerstaatliches Gericht aufgrund vom EuGH bereits zurückgewiesener Bedenken keinen vorläufigen Rechtsschutz mehr gewähren kann.[240]

---

[237] Gemeinhin werden Rechtswirkungen *inter partes* (zwischen den Parteien) und *erga omnes* (gegenüber allen) unterschieden. Da diese Begrifflichkeiten auf die personelle Reichweite eines Präjudizes abstellen, werden mitunter die sachlich etwas treffenderen Begriffe *ad rem* und *ultra rem* verwendet, welche herausstellen, dass es im Kern um die Frage der präjudiziellen Wirkung von Urteilen für die Rechtsprechung geht, *Klappstein*, Die Bindungswirkung der Vorabentscheide des EuGH, Befinden wir uns auf dem Weg zu einer europäischen stare decisis-Doktrin?, in: Busch/Kopp/McGuire et al. (Hrsg.), Europäische Methodik: Konvergenz und Diskrepanz europäischen und nationalen Privatrechts, Jahrbuch Junger Zivilrechtswissenschaftler 2009, 234, 253 Fn. 120 m.w.N.

[238] *Karpenstein*, in: Grabitz/Hilf/Nettesheim (Hrsg.), Das Recht der Europäischen Union, Art. 267 AEUV Rn. 102 f.; *Wegener*, in: Calliess/Ruffert (Hrsg.), EUV/AEUV, Das Verfassungsrecht der Europäischen Union mit Europäischer Grundrechtecharta, Art. 267 AEUV Rn. 50.

[239] So auch: *Karpenstein*, in: Grabitz/Hilf/Nettesheim (Hrsg.), Das Recht der Europäischen Union, Art. 267 AEUV Rn. 110; *Wegener*, in: Calliess/Ruffert (Hrsg.), EUV/AEUV, Das Verfassungsrecht der Europäischen Union mit Europäischer Grundrechtecharta, Art. 267 AEUV Rn. 51. Von keinerlei Bindungswirkung für andere Gerichte ausgehend: *Klappstein*, Die Bindungswirkung der Vorabentscheide des EuGH, Befinden wir uns auf dem Weg zu einer europäischen stare decisis-Doktrin?, in: Busch/Kopp/McGuire et al. (Hrsg.), Europäische Methodik: Konvergenz und Diskrepanz europäischen und nationalen Privatrechts, Jahrbuch Junger Zivilrechtswissenschaftler 2009, 234, 253.

[240] *Karpenstein*, in: Grabitz/Hilf/Nettesheim (Hrsg.), Das Recht der Europäischen Union, Art. 267 AEUV Rn. 110 mit Verweis auf Rs. C-465/93 *Atlanta*, EuGH Urteil v. 9.11.1995.

Stellt der EuGH jedoch die Ungültigkeit einer unionsrechtlichen Regelung oder sonstigen Organhandelns fest, muss diese *erga omnes* gelten, da jede andere Praxis zu Rechtsunsicherheiten führen würde.[241] Für Unionsorgane, Einrichtungen und sonstige Stellen gilt analog Art. 266 AEUV die Pflicht, die sich aus dem Urteil ergebenden erforderlichen Maßnahmen zu ergreifen. Gleiches gilt für innerstaatliche Behörden und Gerichte.[242]

2. *Auslegungsvorabentscheide*

Auch Auslegungsvorabentscheide binden grundsätzlich *inter partes* alle im Ausgangsverfahren entscheidenden Gerichte. Das vorlegende Gericht muss dem Vorabentscheid auch dann folgen, wenn es von der Entscheidung des EuGH nicht überzeugt ist, denn dies entspricht Sinn und Zweck des von ihm angestrengten Vorabentscheidungsverfahrens. Gleiches gilt grundsätzlich auch für das Rechtsmittelgericht. Dabei betrifft die Bindungswirkung nach überwiegender Ansicht regelmäßig das Auslegungsergebnis, nicht die Auslegungsmethode.[243] Eine Trennung von Ergebnis und Methode scheint aber nicht immer praktisch durchführbar[244], insoweit wird sich die Bindungswirkung in der Regel mittelbar auch auf die Methodik auswirken.

Nur in dem sehr unwahrscheinlichen Ausnahmefall, in dem das Rechtsmittelgericht die EuGH-Entscheidung nicht für entscheidungserheblich hält, darf es den Vorabentscheid ignorieren.[245] Sollte das Rechtsmittelgericht nicht von der Beantwortung der Rechtsfrage überzeugt sein, kann es dem EuGH dieselbe Rechtsfrage unter Vorbringung neuer Argumente nochmals vorlegen. Dieser kann ggf. nach Art. 99 VerfOEuGH durch Beschluss entscheiden.[246]

---

[241] *Klappstein*, Die Bindungswirkung der Vorabentscheide des EuGH, Befinden wir uns auf dem Weg zu einer europäischen stare decisis-Doktrin?, in: Busch/Kopp/McGuire et al. (Hrsg.), Europäische Methodik: Konvergenz und Diskrepanz europäischen und nationalen Privatrechts, Jahrbuch Junger Zivilrechtswissenschaftler 2009, 234, 254.

[242] Vb. Rs. 117/76 und 16/77 *Ruckdeschel*, EuGH Urteil v. 19.10.1977, Rn. 13; Rs. 300/86 *van Landschoot*, EuGH Urteil v. 29.6.1988, Rn. 22; Rs. C-421/06 *Fratelli Martini*, EuGH Beschluss v. 8.11.2007, Rn. 52 ff.; *Karpenstein*, in: Grabitz/Hilf/Nettesheim (Hrsg.), Das Recht der Europäischen Union, Art. 267 AEUV Rn. 107 f.; *Wegener*, in: Calliess/Ruffert (Hrsg.), EUV/AEUV, Das Verfassungsrecht der Europäischen Union mit Europäischer Grundrechtecharta, Art. 267 AEUV Rn. 51.

[243] *Leisner*, Die subjektiv-historische Auslegung des Gemeinschaftsrechts, Der „Wille des Gesetzgebers" in der Judikatur des EuGH, EuR 2007, 689, 695.

[244] Vgl. hierzu schon oben, § 1.

[245] *Klappstein*, Die Bindungswirkung der Vorabentscheide des EuGH, Befinden wir uns auf dem Weg zu einer europäischen stare decisis-Doktrin?, in: Busch/Kopp/McGuire et al. (Hrsg.), Europäische Methodik: Konvergenz und Diskrepanz europäischen und nationalen Privatrechts, Jahrbuch Junger Zivilrechtswissenschaftler 2009, 234, 255.

[246] *Klappstein*, Die Bindungswirkung der Vorabentscheide des EuGH, Befinden wir uns

Fraglich ist darüber hinaus, welche Bindungswirkung der Vorabentscheid auch für andere nationale Gerichte aufweist. Hier ist im laufenden Verfahren zwischen letztinstanzlichen und unterinstanzlichen Gerichten zu unterscheiden.[247] Nach dem Grundsatzurteil des EuGH in der Rechtssache *C.I.L.F.I.T.*[248] entfällt entgegen Art. 267 Abs. 3 AEUV die Vorlagepflicht, wenn zu der sich stellenden Frage der Auslegung bereits eine gesicherte Rechtsprechung besteht und das letztinstanzliche Gericht dieser folgen will.[249] Insoweit müssen Vorabentscheide daher *erga omnes*-Wirkung haben.[250] Will das Gericht von der gesicherten Rechtsprechung abweichen, ist es zur Vorlage an den EuGH verpflichtet.[251]

Ob Vorabentscheide auch gegenüber unterinstanzlichen Gerichten eine solche Bindungswirkung entfalten, ist durch den EuGH bislang nicht entschieden und in der Wissenschaft umstritten.[252] Gegen eine etwaige Vorlagepflicht auch unterinstanzlicher Gerichte für den Fall, dass diese von einer gesicherten EuGH-Rechtsprechung abweichen wollen, spricht zunächst der eindeutige Wortlaut gemeinsam mit systematischen Erwägungen zu Art. 267 Abs. 2 u. 3 AEUV. Während nach Art. 267 Abs. 2 AEUV jedes mitgliedstaatliche Gericht dem EuGH eine entscheidungserhebliche Frage vorlegen „kann", ist ein Gericht, dessen Entscheidungen selbst nicht mehr mit Rechts-

---

auf dem Weg zu einer europäischen stare decisis-Doktrin?, in: Busch/Kopp/McGuire et al. (Hrsg.), Europäische Methodik: Konvergenz und Diskrepanz europäischen und nationalen Privatrechts, Jahrbuch Junger Zivilrechtswissenschaftler 2009, 234, 256.

[247] Zu verkündeten und bereits rechtskräftigen Entscheidungen siehe: *Klappstein*, Die Bindungswirkung der Vorabentscheide des EuGH, Befinden wir uns auf dem Weg zu einer europäischen stare decisis-Doktrin?, in: Busch/Kopp/McGuire et al. (Hrsg.), Europäische Methodik: Konvergenz und Diskrepanz europäischen und nationalen Privatrechts, Jahrbuch Junger Zivilrechtswissenschaftler 2009, 234, 256 f.

[248] Rs. 283/81 *C.I.L.F.I.T.*, EuGH Urteil v. 6.10.1982.

[249] *Wegener*, in: Calliess/Ruffert (Hrsg.), EUV/AEUV, Das Verfassungsrecht der Europäischen Union mit Europäischer Grundrechtecharta, Art. 267 AEUV Rn. 33.

[250] Vgl. *Klappstein*, Die Bindungswirkung der Vorabentscheide des EuGH, Befinden wir uns auf dem Weg zu einer europäischen stare decisis-Doktrin?, in: Busch/Kopp/McGuire et al. (Hrsg.), Europäische Methodik: Konvergenz und Diskrepanz europäischen und nationalen Privatrechts, Jahrbuch Junger Zivilrechtswissenschaftler 2009, 234, 257; vgl. auch *Nic Shuibhne*, Recasting EU Citizenship as Federal Citizenship: What are the Implications for the Citizen when the Polity Bargain is Privileged?, in: Kochenov (Hrsg.), EU Citizenship and Federalism: The Role of Rights, 147, 152.

[251] *Wegener*, in: Calliess/Ruffert (Hrsg.), EUV/AEUV, Das Verfassungsrecht der Europäischen Union mit Europäischer Grundrechtecharta, Art. 267 AEUV Rn. 52.

[252] Mit umfangreichen Nachweisen: *Klappstein*, Die Bindungswirkung der Vorabentscheide des EuGH, Befinden wir uns auf dem Weg zu einer europäischen stare decisis-Doktrin?, in: Busch/Kopp/McGuire et al. (Hrsg.), Europäische Methodik: Konvergenz und Diskrepanz europäischen und nationalen Privatrechts, Jahrbuch Junger Zivilrechtswissenschaftler 2009, 234, 258 f.

mitteln des innerstaatlichen Rechts angefochten werden können, zur Anrufung des Gerichtshofs „verpflichtet“, Art. 267 Abs. 3 AEUV. Auch in der englischen und französischen Sprachfassung wird der starke Kontrast zwischen der Wortwahl in beiden Absätzen (may/shall bzw. peut/est tenue) offensichtlich.[253] Darüber hinaus sichert Art. 267 Abs. 2 AEUV die sachliche Unabhängigkeit der unterinstanzlichen Gerichte. Anders als in Fällen, in welchen ein hierfür nicht zuständiges Gericht Handlungen der Unionsorgane unzulässigerweise für ungültig erklärt[254], wird das Verwerfungsmonopol des EuGH bei von unterinstanzlichen Gerichten nicht vorgelegten Auslegungsfragen nicht angetastet.[255] Einzig Sinn und Zweck des Vorabentscheidungsverfahrens, das die einheitliche Auslegung des Unionsrechts sichern soll, könnte für eine Bindungswirkung unterinstanzlicher Gerichte dahingehend sprechen, dass diese zur Vorlage verpflichtet sein könnten, wenn sie von gesicherter EuGH-Rechtsprechung abweichen wollen.[256]

Um die Einheitlichkeit der Auslegung des Unionsrechts zu sichern, ist eine derart ausgestaltete Bindungswirkung jedoch gerade nicht notwendig. Die einheitliche Auslegung und geordnete Rechtsprechungsentwicklung können, wie gezeigt, auch ohne materielle Bindungswirkung durch die besondere Ausgestaltung des Verfahrens gesichert werden. Weichen unterinstanzliche Gerichte von gesicherter EuGH-Rechtsprechung ab, so können diese Urteile noch mit Rechtsmitteln angegriffen und entsprechende Fehlentscheidungen in der nächst höheren Instanz korrigiert werden. Sollte die Korrektur bis zur

[253] Art. 267 Abs. 2 und 3 TFEU lauten: Where such a question is raised before any court or tribunal of a Member State, that court or tribunal *may*, if it considers that a decision on the question is necessary to enable it to give judgement, request the Court to give a ruling thereon. Where any such question is raised in a case pending before a court or tribunal of a Member State against whose decisions there is no judicial remedy under national law, that court or tribunal *shall* bring the matter before the Court. Art. 267 Abs. 2 und 3 TFUE lauten: Lorsqu'une telle question est soulevée devant une juridiction d'un des États membres, cette juridiction *peut*, si elle estime qu'une décision sur ce point est nécessaire pour rendre son jugement, demander à la Cour de statuer sur cette question. Lorsequ'une telle question est soulevée dans une affaire pendante devant une juridiction nationale dont les décisions ne sont pas susceptibles d'un recours juridictionnel de droit interne, cette juridiction *est tenue* de saisir la Cour (Hervorhebungen durch die Verfasserin).

[254] Zur Vorlagepflicht in diesem Fall Rs. 314/85 *Foto Frost*, EuGH Urteil v. 22.10.1987, Rn. 11 ff. und 29.

[255] *Wegener*, in: Calliess/Ruffert (Hrsg.), EUV/AEUV, Das Verfassungsrecht der Europäischen Union mit Europäischer Grundrechtecharta, Art. 267 AEUV Rn. 52.

[256] Diesem Argument folgend und daraus jedenfalls eine „gelockerte ultra rem-Wirkung“ ableitend: *Klappstein*, Die Bindungswirkung der Vorabentscheide des EuGH, Befinden wir uns auf dem Weg zu einer europäischen stare decisis-Doktrin?, in: Busch/Kopp/McGuire et al. (Hrsg.), Europäische Methodik: Konvergenz und Diskrepanz europäischen und nationalen Privatrechts, Jahrbuch Junger Zivilrechtswissenschaftler 2009, 234, 260 u. 262.

letzten Instanz nicht erfolgt sein, so ist dieses Gericht schließlich nach Art. 267 Abs. 3 AEUV zur Vorlage verpflichtet. Eine Vorlagepflicht unterinstanzlicher Gerichte ist daher im Ergebnis abzulehnen.

III. Horizontale Bindungswirkung von EuGH-Urteilen

Legt der EuGH selbst europäisches Recht aus, so ist insbesondere fraglich, inwiefern er dabei an seine eigenen Urteile gebunden ist. Nach überwiegender Ansicht unterliegt der EuGH insoweit jedenfalls keiner strengen Bindungswirkung an seine eigenen Urteile, vielmehr müsse er seine Rechtsprechung jederzeit ändern können, um das Recht ggf. fortzuentwickeln.[257] Dafür spricht insbesondere, dass Vorabentscheide nach der Rechtsprechung des EuGH nicht ihrerseits einer Gültigkeitsprüfung unterzogen werden können.[258] Darüber hinaus können gleiche Rechtsfragen, soweit neue Argumente aufgeworfen werden, erneut vorgelegt werden. Dies zeigt, dass Rechtsprechungsänderungen in begründeten Fällen möglich sein sollen.

Andererseits arbeitet der EuGH mit einer umfangreichen Zitierpraxis, durch welche sich vielfach nach wichtigen Grundsatzurteilen oder der Entwicklung einer Rechtsprechungslinie formelhafte Begründungen herausbilden, die er immer wieder neu heranzieht.[259] Die Verwendung der Selbstreferenzen im Rahmen der Argumentation zeigt, dass der EuGH die Stabilität des Richterrechts und damit Rechtssicherheit und Vertrauensschutz grundsätzlich als zu schützende Werte anerkennt[260] und nicht ohne Weiteres von einer vormals gesicherten Rechtsprechung abrücken will. Dies wird auch dadurch bestätigt, dass der EuGH seit der *C.I.L.F.I.T.*-Entscheidung[261] letztinstanzlichen Gerichten erlaubt, von einer Vorlage abzusehen, soweit sie einer gesicherten Rechtsprechung folgen. Wollte der EuGH sich jederzeit Rechtsprechungsänderungen vorbehalten, hätte er diese außergesetzliche

[257] *Martens*, Methodenlehre des Unionsrechts, 226 m.w.N. in Fn. 509 u. 510; *Bleckmann*, Zu den Auslegungsmethoden des Europäischen Gerichtshofs, NJW 1982, 1177, 1177; vgl. auch *Henninger*, Europäisches Privatrecht und Methode, 303 m.w.N.

[258] *Klappstein*, Die Bindungswirkung der Vorabentscheide des EuGH, Befinden wir uns auf dem Weg zu einer europäischen stare decisis-Doktrin?, in: Busch/Kopp/McGuire et al. (Hrsg.), Europäische Methodik: Konvergenz und Diskrepanz europäischen und nationalen Privatrechts, Jahrbuch Junger Zivilrechtswissenschaftler 2009, 234 mit Verweis auf Rs. C-69/85 *Firma Wünsche Handelsgesellschaft GmbH und Co*, EuGH Beschluss v. 5.3.1986, Rn. 16.

[259] *Martens*, Methodenlehre des Unionsrechts, 227.

[260] Vgl. *Martens*, Methodenlehre des Unionsrechts, 232; vgl. auch *Ukrow*, Richterliche Rechtsfortbildung durch den EuGH: Dargestellt am Beispiel der Erweiterung des Rechtsschutzes des Marktbürgers im Bereich des vorläufigen Rechtsschutzes und der Staatshaftung, 189 f.

[261] Hierzu bereits oben § 4 C. II. 2.

Ausnahmeregelung nicht geschaffen. Welche Bedeutung der EuGH einer bestimmten Entscheidung im Rahmen der Rechtsprechungsentwicklung selbst beimisst, lässt sich insbesondere der jeweiligen Besetzung des Spruchkörpers entnehmen, dem die in Rede stehende Entscheidung zugewiesen wurde. Je größer der Spruchkörper besetzt ist, desto mehr Gewicht kommt dem jeweiligen Verfahren zu.[262]

Im Ergebnis ist aufgrund der Relevanz von Rechtssicherheit und Vertrauensschutz durchaus von einer horizontalen Bindungswirkung der EuGH-Urteile auszugehen, diese darf jedoch nicht zu einer Erstarrung des Rechts führen, sondern muss in begründeten Fällen Raum für Rechtsprechungsänderungen geben.

D. Zwischenfazit

In diesem Kapitel wurde die Auslegung des supranationalen Unionsrechts umfassend analysiert. Insoweit wurde zunächst festgestellt, dass es auch im Unionsrecht sinnvoll ist, der Vereinigungstheorie zu folgen, die hinsichtlich des Ziels der Auslegung Elemente der subjektiven und der objektiven Theorie vereint. Dies geht vor allem mit einer erhöhten Begründungspflicht für den Rechtsanwender einher, je weiter sich dieser von dem ursprünglich vom Gesetzgeber intendierten Regelungszweck entfernt.

Neben den aus dem nationalen Recht bekannten Auslegungsmethoden nach Wortlaut, Systematik, Telos und Historie der Rechtsnorm, sind im Europarecht insbesondere der *effet utile*-Grundsatz, der dynamische Charakter der Auslegung und der Rechtsvergleich relevant.

Die Wortlautauslegung des Unionsrechts wird dadurch geprägt, dass alle Amtssprachen der Union verbindlich sind und das sprachliche Egalitätsprinzip gilt. Die systematische Auslegung ist vor allem hinsichtlich der Auslegung des Primärrechts bedeutsam, da insoweit der zumeist knappe Wortlaut oft nur begrenzt aufschlussreich und der Wert der historischen Auslegung jedenfalls umstritten ist. Auch im Unionsrecht wird das Sekundärrecht außerdem primärrechtskonform ausgelegt. Dies betreffend ist festzustellen, dass eine primärrechtskonforme Auslegung des Sekundärrechts nur erfolgen sollte, soweit sie dem ursprünglich angestrebten Regelungsziel nicht grundlegend zuwiderläuft. Daneben greift der EuGH zulässigerweise teils auch auf eine „sekundärrechtsorientierte“ Auslegung des Primärrechts zurück. Eine der wohl wichtigsten Auslegungsmethoden ist auch im Unionsrecht die teleologische Auslegung. Eine Besonderheit besteht dabei insoweit, als der Gerichtshof hinsichtlich des Telos einer Norm vor allem auf die übergreifenden Ver-

[262] *Martens*, Methodenlehre des Unionsrechts, 233.

tragsziele abstellt und so das Ergebnis der Auslegung mit einem unionsrechtlichen Gesamtzusammenhang begründet. Als Unterfall der teleologischen Auslegung hat sich außerdem der Grundsatz des *effet utile* herausgebildet. Die Verwendung desselben variiert im Einzelnen indes stark. Sie reicht von einer teleologischen Auslegung, welche die sinnvolle Effektivität des Unionsrechts sichert bis hin zu einer das Unionsrecht maximierenden Auslegung. Die Heranziehung des *effet utile*-Grundsatzes, um die größtmögliche Effektivität einer europarechtlichen Norm zu sichern, ist jedenfalls dann abzulehnen, wenn die Norm Ausdruck eines Interessenausgleiches ist. Die Auslegung des Unionsrechts ist darüber hinaus von seiner Entwicklungsoffenheit geprägt. Daher wird insbesondere das zielorientierte Primärrecht auch dynamisch ausgelegt. Auch der historischen Auslegung des Europarechts kommt eine nicht zu unterschätzende Bedeutung zu. Hinsichtlich der Auslegung des Primärrechts hat die historische Auslegung vor allem seit dem Vertrag von Lissabon zunehmend an Bedeutung gewonnen. Herangezogen werden können insoweit u.a. die gemeinsamen Erklärungen der Mitgliedstaaten, das detaillierte Mandat für die Regierungskonferenz 2007 sowie die Erläuterungen zur Grundrechtecharta. Für die historische Auslegung des Sekundärrechts sind die Erwägungsgründe besonders wichtig. Daneben werden auch die Gesetzgebungsvorschläge der Kommission häufig zitiert und auch Stellungnahmen und Änderungsvorschläge des Europäischen Parlaments wie auch des Wirtschafts- und Sozialausschusses und des Ausschusses der Regionen können berücksichtigt werden. Die Auslegung des Unionsrechts wird schließlich auch mit Hilfe der Rechtsvergleichung vorgenommen. Sie spielt einerseits hinsichtlich der verschiedenen Sprachfassungen des Unionsrechts und andererseits mit Blick auf das nationale Verfassungsrecht der Mitgliedstaaten eine nicht unerhebliche Rolle.

Um die Einwirkungsintensität der EuGH-Urteile auf das mitgliedstaatliche Recht einordnen zu können, wurde abschließend die Bindungswirkung der EuGH-Urteile analysiert. Hierbei wurde zwischen vertikaler und horizontaler Bindungswirkung unterschieden. Wenn nachgeordnete Gerichte an die Entscheidungen eines höheren Gerichts gebunden sind, wird von vertikaler Bindungswirkung gesprochen. Als horizontale Bindungswirkung wird es bezeichnet, wenn ein Gericht selbst an seine einmal getroffenen Entscheidungen gebunden ist. Hinsichtlich der vertikalen Bindungswirkung von EuGH-Urteilen ist seinerseits zwischen Gültigkeitsvorabentscheiden und Auslegungsvorabentscheiden zu differenzieren. Gültigkeitsvorabentscheide entfalten grundsätzlich nur Bindungswirkung *inter partes* und binden insoweit alle im Ausgangsverfahren entscheidenden Gerichte. *Erga omnes*-Wirkung kommt ihnen nur insoweit zu, als der EuGH die Ungültigkeit einer unionsrechtlichen Regelung oder eines sonstigen Organhandelns feststellt. Auch Auslegungsvorabentscheide binden zunächst *inter partes* alle im Ausgangsverfahren entscheidenden Gerichte. Eine *erga omnes*-Wirkung kommt

Auslegungsentscheidungen darüber hinaus insoweit zu, als ein letztinstanzliches Gericht einer gesicherten Rechtsprechung im Sinne der *C.I.L.F.I.T.*-Rechtsprechung folgen will und daher ausnahmsweise keine Vorlagepflicht nach Art. 267 Abs. 3 AEUV besteht.

Um Rechtssicherheit und Vertrauensschutz zu gewährleisten, ist auch von einer begrenzten horizontalen Bindungswirkung der EuGH-Urteile auszugehen. In begründeten Fällen muss jedoch ebenfalls Raum für Rechtsprechungsänderungen sein.

§ 5

Rechtsfortbildung des Unionsrechts

Im vorliegenden Kapitel werden sowohl die Grundlagen als auch die Grenzen, denen der EuGH im Hinblick auf die Rechtsfortbildung unterliegt, herausgearbeitet. Bevor ein eigener Ansatz vorgeschlagen wird, sollen im Überblick bisherige Begründungsansätze einer etwaigen Einhegung der richterlichen Entscheidungsfindung vorgestellt werden. In kritischer Auseinandersetzung mit ihnen wird im Weiteren zunächst der Begriff der richterlichen Rechtsfortbildung wie auch ihre Notwendigkeit mit Blick auf das Unionsrecht dargelegt. Nachfolgend wird analysiert, wie sich die Legitimation des Gerichtshofs, Rechtsfortbildung zu betreiben, allgemein begründen lässt. Sodann wird die Methodik der Rechtsfortbildung beschrieben und abschließend werden ihre Grenzen definiert.

A. Bisherige Begründungsansätze

Mit seinem 1986 erschienenen grundlegenden Werk *On Law and Policy in the European Court of Justice* hat *Rasmussen*[1] einen intensiven Diskurs über die Arbeit des Gerichtshofs und dessen wegweisende Urteile angestoßen.[2] Die Urteilsfindung durch den EuGH wurde seither in zahlreichen Aufsätzen und Monographien analysiert. Auffallend ist insoweit, dass sich kein umfassender „europäischer Diskurs" entwickelt hat[3], sondern vielmehr Paralleldis-

[1] *Rasmussen*, On Law and Policy in the European Court of Justice.

[2] *Pollack*, The Legitimacy of the Court of Justice of the European Union, Revised Draft of a Paper Prepared for Presentation at the Symposium on Legitimacy and International Courts, University of Baltimore School of Law 2017, 1, 15. Auch zuvor gab es bereits Literatur, welche die Rechtsprechung des Gerichtshofs kritisch in den Blick genommen hat, diese wurde jedoch im Vergleich zu *Rasmussens* umfassendem Werk deutlich weniger rezipiert und kritisiert, beispielhaft: *Colin*, Le Gouvernement des Juges dans les Communautés Européennes.

[3] Zum begrenzten Umfang des transnationalen Diskurses in der Europawissenschaft: *Thym*, Zustand und Zukunft der Europarechtswissenschaft in Deutschland, EuR 2015, 671.

kurse in Abhängigkeit der jeweils verwendeten Sprache entstanden sind.[4] Außerdem lässt sich feststellen, dass die Arbeit des Gerichtshofs in seiner Gesamtheit sehr unterschiedlich eingeordnet wird. In einigen englischsprachigen Publikationen wird darauf hingewiesen, dass der Beitrag des Gerichtshofs zur europäischen Integration in der Europawissenschaft überwiegend positiv bewertet wurde.[5] Neuere, eher kritische Ansätze seien hingegen „relativ unorthodox".[6] In der deutschsprachigen Literatur scheinen demgegenüber eher kritische Auseinandersetzungen zu überwiegen, die sicher zu einem großen Teil durch den langanhaltenden Dialog zwischen dem BVerfG und dem EuGH angeregt wurden.[7]

Der vorliegende Abschnitt gibt zunächst einen Überblick hinsichtlich einiger wissenschaftlicher Begründungsansätze, die sich mit Grundlagen und Grenzen der Rechtsfortbildung des Gerichtshofs auseinandergesetzt haben. Aufgrund der Vielzahl an Publikationen kann der Überblick nicht abschließend sein, sondern trifft eine repräsentative Auswahl der primär monographischen englisch- und deutschsprachigen Literatur. Eingegangen wird deshalb nachfolgend neben *Rasmussen* (1986)[8] auch auf *Ukrow* (1995)[9], *Mitt-*

---

[4] Einen Überblick über den englischsprachigen Diskurs gibt *Bobek*, Legal Reasoning of the Court of Justice of the EU, E.L.Rev. 2014, 418, 419.

[5] So früh z.B. die Einordnung von *Weiler*, The Court of Justice on Trial, CMLR 1987, 555, 555: „As regards content, in virtually all books about the Court published to date, the underlying ethos is one of praise and admiration".

[6] *Conway*, The Limits of Legal Reasoning and the European Court of Justice, XV f. mit Verweis auf *Alter*, welcher einen Großteil der Europarechtswissenschaftler als Lobby des EuGH einordnet, die für die Rechtsprechung des EuGH werbe, *Alter*, Establishing the Supremacy of European Law: The Making of an International Rule of Law in Europe, 58 und *Klabbers*, der beobachtet, dass die Gemeinschaft der Europarechtswissenschaftler dazu tendiere „eng gestrickt" zu sein und Alternativen zu Grundannahmen ablehnend gegenüberstehe, *Klabbers*, Treaty Conflict and the European Union, 142. *Conway* übersieht jedoch, dass es auch in der englischsprachigen Literatur schon länger einen Trend zu kritischen Stellungnahmen gibt: *Arnull*, Judicial Activism and the European Court of Justice: How Should Academics Respond?, in: Dawson/De Witte/Muir (Hrsg.), Judicial Activism at the European Court of Justice, 211, 214.

[7] Jüngst gipfelte dieser „Dialog" in der überaus kritischen Entscheidung des BVerfG, in welcher dieses erstmals ein *Ultra-vires*-Handeln gegenüber dem EuGH feststellte, Urteil des Zweiten Senats vom 5.5.2020, 2 BvR 859/15.

[8] *Rasmussen*, On Law and Policy in the European Court of Justice.

[9] *Ukrow*, Richterliche Rechtsfortbildung durch den EuGH: Dargestellt am Beispiel der Erweiterung des Rechtsschutzes des Marktbürgers im Bereich des vorläufigen Rechtsschutzes und der Staatshaftung.

mann (2000)[10], *Walter* (2009)[11], *Grosche* (2011)[12], *Conway* (2012)[13] und *Sankari* (2013)[14].

I. Rasmussen*: On Law and Policy in the European Court of Justice (1986)*

1. Inhalt

Rasmussens mehr als 500 Seiten umfassendes Werk war eines der ersten, das stark progressive Ansätze des Europäischen Gerichtshofs in aller Deutlichkeit kritisierte.[15]

Die zentrale These *Rasmussens* lautet, dass der Gerichtshof als letztinstanzliche Entscheidungsgewalt über Rechtsstreitigkeiten urteilt, die das Verhältnis der Mitgliedstaaten zur Gemeinschaft betreffen. In dieser Rolle würde der EuGH vielfach hinsichtlich verschiedener konkurrierender staatlicher Politiken Entscheidungen treffen, wofür die vorhandenen Rechtsquellen jedoch keine juristisch anwendbaren Regeln enthielten. Hilfsweise ziehe der Gerichtshof die politischen Leitlinien der Präambel heran und überschreite damit die Grenzen der rechtsprechenden Gewalt.[16] Die demokratische Legitimation der Richter sei schwächer, als die des Gesetzgebers.[17] *Rasmussen* hält *judicial activism* jedoch ausnahmsweise für gerechtfertigt, wenn ein legislatives Defizit negative soziale Konsequenzen in der Gesellschaft bewirke, die durch die Rechtsprechung kompensiert werden müssten.[18]

In seinem Werk entfaltet *Rasmussen* schließlich eine Methode, mit der zulässige von unzulässiger Rechtsfortbildung abzugrenzen sei. Hierzu schlägt er zunächst einleitend eine Kategorisierung der zu entscheidenden Fälle vor, in Abhängigkeit der Ausgestaltung von der je im Einzelfall anwendbaren Rechtsnorm:

---

[10] *Mittmann*, Rechtsfortbildung durch den Gerichtshof der Europäischen Gemeinschaften und die Rechtsstellung der Mitgliedstaaten der Europäischen Union.

[11] *Walter*, Rechtsfortbildung durch den EuGH: Eine rechtsmethodische Untersuchung ausgehend von der deutschen und französischen Methodenlehre.

[12] *Grosche*, Rechtsfortbildung im Unionsrecht.

[13] *Conway*, The Limits of Legal Reasoning and the European Court of Justice.

[14] *Sankari*, European Court of Justice Legal Reasoning in Context.

[15] *Weiler* attestiert dem Werk insoweit auch eine besondere Sprache: „Rasmussen does not mince his words“, *Weiler*, The Court of Justice on Trial, CMLR 1987, 555, 557.

[16] *Rasmussen*, On Law and Policy in the European Court of Justice, 508.

[17] *Rasmussen*, On Law and Policy in the European Court of Justice, 42, 71.

[18] *Rasmussen* spricht von einer „gap between the democratic myth (that legislatures act effectively to the furtherance of the body politic's both general and individual interests) and social reality (inertia)“, *Rasmussen*, On Law and Policy in the European Court of Justice, 63.

In der ersten Situation lasse die in Rede stehende Rechtsnorm einen weiten interpretativen Spielraum. Das heißt, die relevante Norm müsse den europäischen Richtern zwei oder mehr rationale, nahezu gleich vertretbare Auslegungsvarianten zwischen konkurrierenden staatlichen Politiken ermöglichen. Voraussetzung hierfür sei eine beträchtliche terminologische Unschärfe. Auch wenn der Gerichtshof in diesen Fällen gestaltend wirke, sei dies nicht unzulässig, da das Gemeinschaftsrecht in diesem Falle richterliches Ermessen gerade ermögliche.[19]

Die zweite Situation betreffe Fälle, in denen die Verträge in wichtigen Rechtsfragen lückenhaft erschienen. In diesen Fällen sei zunächst keine klare Einordnung möglich. Richterliche Lückenfüllung könne sowohl zulässig als auch unzulässig sein.

Die dritte Situation betreffe hingegen Fälle, in denen juristische Konstruktionen dem Vertragstext ausdrücklich entgegenstünden.[20] Beispielhaft nennt *Rasmussen* die Entscheidungen *Reyners*[21], *Defrenne II*[22] und *Kommission/Vereinigtes Königreich*[23]. Nach *Rasmussen* sind Fälle, die der dritten Situation zuzuordnen sind, als „unkontrollierter Aktivismus" einzuordnen. Eine Rechtsnorm würde aus der Luft gegriffen, allein um die europäische Integration voranzutreiben.[24] Dies komme einer Neuschreibung der Verfassung gleich.[25]

Rasmussen stellt im Anschluss jedoch unmittelbar kritisch fest, dass die von ihm vorgenommene Einordnung der genannten Urteile rein subjektiv erfolgt sei. Diese Feststellung leitet freilich zum Kern von *Rasmussens* Rechtsfortbildungs-Analyse über. Denn die Frage, inwieweit Rechtsfortbildung zulässig oder unzulässig ist, kann nach *Rasmussen* grundsätzlich auf zwei Ebenen beantwortet werden:

---

[19] *Rasmussen*, On Law and Policy in the European Court of Justice, 25 f.

[20] *Rasmussen* wörtlich: „the third of the situations mentioned before is one, where judicial constructions are made squarely disrespectful of the textual indications found in the constitutional document", *Rasmussen*, On Law and Policy in the European Court of Justice, 29.

[21] In der Rs. 2/74 *Reyners*, EuGH Urteil v. 21.6.1974 entschied der EuGH, dass Art. 52 EWG-Vertrag (heute Art. 49 AEUV) unmittelbar anwendbar ist und die Tätigkeit als Rechtsanwalt grundsätzlich nicht unter die Ausnahme des Art. 55 Abs. 1 EWG-Vertrag (heute Art. 51 AEUV) fällt.

[22] In der Rs. 43/75 *Defrenne II*, EuGH Urteil v. 8.4.1976 erkannte der EuGH die unmittelbare Wirkung von Art. 119 EWG-Vertrag (heute Art. 157 AEUV), dem Recht auf gleiches Entgelt für Männer und Frauen, an.

[23] In der Rs. 804/79 *Kommission/Vereinigtes Königreich*, EuGH Urteil v. 5.5.1981 entschied der EuGH, dass die Mitgliedstaaten der vorherigen Zustimmung der Kommission bedurften, um nationale Erhaltungsmaßnahmen für Meeresschätze zu erlassen, obgleich es hierfür keine ausdrückliche Vertragsgrundlage gab.

[24] *Rasmussen*, On Law and Policy in the European Court of Justice, 30.

[25] *Rasmussen*, On Law and Policy in the European Court of Justice, 31.

Die Level Eins-Analyse sei, wie *Rasmussen* es formuliert, ein „Ich erkenne unzulässige Rechtsfortbildung, wenn ich sie sehe"-Test. Diverse Urteilsanalysen zahlreicher Wissenschaftler würden nach diesem Test verfahren. Dabei gäben diese Urteilsanalysen jedoch lediglich die rein subjektive Auffassung des jeweiligen Autors wieder, ohne objektiv überprüfbar zu sein.[26]

Richtigerweise müsse daher auf die Level Zwei-Analyse zurückgegriffen werden. Diese steht schließlich im Zentrum von *Rasmussens* Werk. Im Rahmen der Level Zwei-Analyse sollen institutionalisierte Reaktionen auf einzelne oder auf eine Gruppe von aktivistischen Urteilen in den Blick genommen werden. D.h. die Reaktionen der politischen, rechtlichen, sozialen und ökonomischen Umgebung des Gerichtshofs seien sorgfältig zu beobachten. Hierzu zählten andere Gemeinschaftsinstitutionen, Regierungen der Mitgliedstaaten einschließlich ihrer jeweiligen Gerichtsbarkeiten und ebenso die Reaktionen von unabhängigen Experten sowie die öffentliche Meinung im Ganzen.[27] Dabei könne zulässige Rechtsfortbildung daran erkannt werden, dass sie keinen Konflikt mit den anderen Gewalten provoziere.[28] Dieser Ansatz hebe die Analyse auf eine objektivere Stufe.[29] In der Rezeption *Weilers* ist die Level Zwei-Analyse folglich Aggregat aller individuellen und subjektiven Ansichten der Level Eins-Analysen.[30]

2. *Kritik*

In der Literatur hat man sich nachfolgend äußerst kritisch mit *Rasmussens* Werk auseinandergesetzt.[31] Dennoch bleibt es bis heute ein viel rezipiertes Werk. Tatsächlich ist *Rasmussens* methodischer Ansatz im Ganzen im Wesentlichen aus zwei Gründen abzulehnen:

Einerseits stützt sich *Rasmussen* nicht auf eine Auslegungs- und Interpretationstheorie.[32] Indem er im Rahmen der Level Eins-Analyse betont, jede

---

[26] *Rasmussen*, On Law and Policy in the European Court of Justice, 5, 53 f.

[27] *Rasmussen*, On Law and Policy in the European Court of Justice, 75 f.

[28] *Rasmussen*, On Law and Policy in the European Court of Justice, 71 f.

[29] *Rasmussen*, On Law and Policy in the European Court of Justice, 7.

[30] *Weiler*, The Court of Justice on Trial, CMLR 1987, 555, 563 Fn. 6.

[31] Insbesondere: *Cappelletti*, Is the European Court of Justice "running wild"?, E.L.Rev. 1987, 3; *Toth*, On Law and Policy in the European Court of Justice, YEL 1987, 411; *Weiler*, The Court of Justice on Trial, CMLR 1987, 555.

[32] *Weiler*, The Court of Justice on Trial, CMLR 1987, 555, 566 f., der ebenso kritisiert, dass *Rasmussen* einerseits jede Auslegungs- und Interpretationstheorie ablehnt, andererseits aber in Teilen des Werkes dem Wortlaut der Verträge und auch der Intention der Normschöpfer gewisse Bedeutung beimisst. *Rasmussen* hat auf die Kritik in zwei Aufsätzen reagiert. Im ersten erläutert er, dass eine normative Interpretationstheorie aufgrund fehlenden Konsenses der Mitgliedstaaten untereinander im Hinblick auf die Zukunft der europäischen Integration nicht zu entwickeln sei, *Rasmussen*, Between Self-Restraint and Activism: a Judicial Policy for the European Court, E.L.Rev. 1988, 28, 34 f. Wenige Jahre

Einordnung eines Falles als zulässige oder unzulässige Rechtsfortbildung könne allein subjektiv vorgenommen werden, denn sie sei stets nur ein individueller „Glaube“[33] ohne objektive Rückbindung, macht *Rasmussen* deutlich, dass es nach seiner Auffassung keinerlei objektive Kriterien der richtigen Rechtsanwendung sowie der Überprüfbarkeit von zulässiger oder unzulässiger Rechtsfortbildung gibt. *Rasmussen* scheint daher davon auszugehen, dass das Recht im Allgemeinen und die europäischen Verträge im Besonderen gänzlich unbestimmt sind und dass keinerlei Ergebnis des Interpretationsprozesses rechtlich erforderlich ist.[34] Dass der Methodenlehre indes eine – wenn auch begrenzte – normative Wirkkraft zukommen muss und folglich auch nicht jedes Interpretationsergebnis zulässig sein kann, wurde bereits dargelegt.[35] *Rasmussen* ist daher schon insoweit nicht zu folgen.

Kritikwürdig erscheint jedoch insbesondere auch die Level Zwei-Analyse. Nach dieser kann die Frage, ob Rechtsfortbildung zulässig oder unzulässig ist, nur *ex post* beantwortet werden. Indem *Rasmussen* die Grenze der Zulässigkeit der jeweiligen Toleranz der *countervailing powers*[36] unterwirft, übersieht er einerseits die Bedeutung der richterlichen Unabhängigkeit und lässt andererseits außer Acht[37], dass es gerade Kernaufgabe der richterlichen Gewalt ist, Minderheiten gegenüber einer etwaigen Mehrheitsmeinung zu schützen[38] und vor dem Hintergrund der Gewaltenteilung möglicherweise auch unpopuläre Entscheidungen zu treffen.[39] Die Reaktionen der anderen Gewalten sollten nur insoweit relevant sein, als das Recht diesen Möglichkeiten

---

später scheint *Rasmussen* seine Ansicht hinsichtlich einer möglichen Interpretationstheorie jedoch geändert zu haben, *Rasmussen*, Towards a Normative Theory of Interpretation of Community Law, Univ Chic Leg Forum 1992, 135.

[33] *Rasmussen*, On Law and Policy in the European Court of Justice, 74, Übersetzung durch die Verfasserin.

[34] *Weiler*, The Court of Justice on Trial, CMLR 1987, 555, 566.

[35] Hierzu oben, § 1.

[36] Der Begriff der *countervailing powers* wird in der politischen Theorie verwendet, um zu beschreiben, dass die Machtausübung innerhalb eines Gemeinwesens Gegenkräfte hervorruft und sich die jeweiligen Kräfte nützlich gegenüberstehen, *McFarland*, Interest Groups and the Policymaking Process: Sources of Countervailing Power in America, in: Petracca (Hrsg.), The Politics of Interests, 58, 58.

[37] *Conway* betont jedoch, dass richterliche Unabhängigkeit kein Argument für richterliches *Ultra-vires*-Handeln sei und auch klar unterschieden werden müsse, *Conway*, The Limits of Legal Reasoning and the European Court of Justice, 65. Tatsächlich kann *Ultra-vires*-Handeln nicht durch den Grundsatz der richterlichen Unabhängigkeit gerechtfertigt werden. *Cappellettis* Kritik an *Rasmussens* Level Zwei-Analyse ist jedoch dahingehend zu verstehen, dass er der rechtsprechenden Gewalt, indem er deren Urteile der Mehrheitsmeinung der *countervailing powers* unterwirft, ihrer ureigensten Funktion, nämlich der unabhängigen Kontrolle auch der anderen Gewalten, beraubt.

[38] *Cappelletti*, Is the European Court of Justice "running wild"?, E.L.Rev. 1987, 3, 6.

[39] Vgl. *Weiler*, The Court of Justice on Trial, CMLR 1987, 555, 578.

für eine etwaige erforderliche Korrektur eröffnet, etwa durch einen Gesetzgebungsprozess, mit dem Richterrecht nachfolgend geändert werden kann.

II. Ukrow: *Richterliche Rechtsfortbildung durch den EuGH (1995)*[40]

1. Inhalt

Eine der ersten umfassenden monographischen Analysen aus dem deutschsprachigen Raum war *Ukrows* Werk „Richterliche Rechtsfortbildung durch den EuGH" aus dem Jahr 1995. In seiner Arbeit analysiert er die richterliche Rechtsfortbildung am Beispiel der Erweiterung des Rechtsschutzes des Marktbürgers im Bereich des vorläufigen Rechtsschutzes und der Staatshaftung.

Ukrow geht davon aus, dass das Gemeinschaftsrecht im Hinblick auf die von ihm erfassten Materien als eine geschlossene und vollständige Rechtsordnung zu verstehen ist und daher Lücken aufweisen kann, die durch Rechtsfortbildung zu schließen sind.[41] Dabei komme der rechtsvergleichenden Interpretationsmethode große Bedeutung zu, die auch geeignet sei, als methodischer Ansatz der Rechtsfortbildung zu wirken.[42] *Ukrow* betrachtet im Weiteren das gemeinschaftsrechtliche Rechtsverweigerungsverbot als legitimationsstiftend, wenngleich auch dies keine unbegrenzte Rechtsfortbildung zulasse.[43] Nach *Ukrow* ist Rechtsfortbildung in den Mitgliedstaaten und folglich auch im Gemeinschaftsrecht vor allem in drei Situationen erforderlich und daher auch legitim: erstens in Bereichen, in denen der Gesetzgeber teilweise oder partiell entgegen seinem Regelungsauftrag bewusst oder unbewusst anfänglich oder nachträglich untätig geblieben ist, zweitens soweit ausfüllungsbedürftige unbestimmte Rechtsbegriffe und Generalklauseln vorliegen und drittens bei einem grundlegenden Wandel der tatsächlichen Lebensverhältnisse, bzw. deren Bewertung.[44]

---

[40] *Ukrow*, Richterliche Rechtsfortbildung durch den EuGH: Dargestellt am Beispiel der Erweiterung des Rechtsschutzes des Marktbürgers im Bereich des vorläufigen Rechtsschutzes und der Staatshaftung.

[41] *Ukrow*, Richterliche Rechtsfortbildung durch den EuGH: Dargestellt am Beispiel der Erweiterung des Rechtsschutzes des Marktbürgers im Bereich des vorläufigen Rechtsschutzes und der Staatshaftung, 103 f.

[42] *Ukrow*, Richterliche Rechtsfortbildung durch den EuGH: Dargestellt am Beispiel der Erweiterung des Rechtsschutzes des Marktbürgers im Bereich des vorläufigen Rechtsschutzes und der Staatshaftung, 121.

[43] *Ukrow*, Richterliche Rechtsfortbildung durch den EuGH: Dargestellt am Beispiel der Erweiterung des Rechtsschutzes des Marktbürgers im Bereich des vorläufigen Rechtsschutzes und der Staatshaftung, 130 f.

[44] *Ukrow*, Richterliche Rechtsfortbildung durch den EuGH: Dargestellt am Beispiel der Erweiterung des Rechtsschutzes des Marktbürgers im Bereich des vorläufigen Rechtsschutzes und der Staatshaftung, 133 f.

Im Weiteren diskutiert *Ukrow* Argumente, die eine Rechtsfortbildung legitimieren könnten unter besonderer Berücksichtigung des Rechtsschutzes des Marktbürgers. Dabei kommt er zu dem Ergebnis, dass die Gefährdung des Demokratieprinzips im Gemeinschaftsrecht nicht als valides Argument gegenüber richterlicher Rechtsfortbildung vorgebracht werden kann, da auch die rechtsetzenden Gemeinschaftsorgane nicht entsprechend legitimiert seien.[45] Von besonderer Bedeutung im Hinblick auf den Rechtsschutz des Marktbürgers sei aber die bereits genannte subsidiäre Integrationskompetenz des EuGH, wenn die politischen Organe, in deren Kompetenzen die entsprechende Integrationsfunktion primär fiele, diese Funktion nicht erfüllten. Besonders weit müsse die subsidiäre Integrationskompetenz in Bereichen des „notwendigen Gemeinschaftsrechts" reichen, d.h. etwa im Hinblick der Beschränkung der öffentlichen Gewalten durch die Grundrechte und die Grundfreiheiten.[46] Darüber hinaus sieht *Ukrow* die richterliche Rechtsfortbildung aufgrund der schwachen Stellung des Parlaments in besonderer Weise gerechtfertigt. Im mitgliedstaatlichen Recht sei anerkannt, dass wesentliche Entscheidungen für die Verwirklichung von Grundrechten und deren Einschränkung vom demokratisch legitimierten Gesetzgeber zu treffen seien. Da eine derartige demokratische Kontrolle im Gemeinschaftsrecht weithin fehle, komme dem EuGH eine entsprechende Rechtsfortbildungskompetenz zum Schutz der Marktbürger zu.[47]

Im nächsten Kapitel analysiert *Ukrow* eingehend die Grenzen der Rechtsfortbildung, denen der EuGH im Rahmen seiner Tätigkeit unterliegt. Hierbei stellt er zunächst heraus, dass Grenzen, die im internationalen oder mitgliedstaatlichen Recht anerkannt seien, sich nicht ungeprüft auf die Gemeinschaftsrechtsordnung übertragen ließen, da diese eine Rechtsordnung *sui generis* sei.[48] Im Weiteren hinterfragt *Ukrow*, inwieweit das aus dem amerikanischen Verfassungsrecht bekannte Konzept des *judicial self restraint* auch für das Gemeinschaftsrecht fruchtbar gemacht werden könnte und kommt zu dem Ergebnis, dass sich aus der Dichotomie *judicial self restraint* und *judicial activism* keine brauchbare Abgrenzung von zulässiger und unzuläs-

[45] *Ukrow*, Richterliche Rechtsfortbildung durch den EuGH: Dargestellt am Beispiel der Erweiterung des Rechtsschutzes des Marktbürgers im Bereich des vorläufigen Rechtsschutzes und der Staatshaftung, 142 f.

[46] *Ukrow*, Richterliche Rechtsfortbildung durch den EuGH: Dargestellt am Beispiel der Erweiterung des Rechtsschutzes des Marktbürgers im Bereich des vorläufigen Rechtsschutzes und der Staatshaftung, 144 f.

[47] *Ukrow*, Richterliche Rechtsfortbildung durch den EuGH: Dargestellt am Beispiel der Erweiterung des Rechtsschutzes des Marktbürgers im Bereich des vorläufigen Rechtsschutzes und der Staatshaftung, 146 f.

[48] *Ukrow*, Richterliche Rechtsfortbildung durch den EuGH: Dargestellt am Beispiel der Erweiterung des Rechtsschutzes des Marktbürgers im Bereich des vorläufigen Rechtsschutzes und der Staatshaftung, 154 f.

siger Rechtsfortbildung herleiten lässt.[49] Der EuGH habe jedoch tatsächlich in einer Vielzahl von Fällen durchaus Zurückhaltung bewiesen, etwa wenn er seine Prüfungsdichte im Hinblick auf ein Ermessen oder größere Sachkompetenz der Verwaltung zurückgenommen[50] oder wenn er bei einem Verstoß gegen den Gleichheitssatz den „zuständigen Organen" die Beseitigung der Unvereinbarkeit überlassen habe.[51]

Im Weiteren differenziert *Ukrow* schließlich intra- und interorganschaftliche Grenzen der Rechtsfortbildung. Im Hinblick auf die intraorganschaftlichen Grenzen identifiziert *Ukrow* zunächst verschiedene verfahrensrechtliche Grenzen: So sei zu berücksichtigen, dass dem EuGH kein „Initiativrecht" zukomme, sondern er nur in den Fällen entscheiden könne, die in einem Verfahren an ihn herangetragen würden. Demnach könne der EuGH nur fallbezogen entscheiden und in diesem Sinne keine systematische Rechtsfortbildung vornehmen.[52] Schließlich ergäben sich insbesondere auch im Lichte der ökonomischen Analyse des Rechts, durch die Begründungspflicht und die Arbeitsweise des EuGH Grenzen der richterlichen Rechtsfortbildung.[53] Im Weiteren benennt *Ukrow* verschiedene rechtsdogmatische Grenzen. Nach *Ukrow* hängen die Grenzen der Rechtsfortbildungskapazitäten eines Gerichts vor allem von zwei Determinanten ab: sie seien umso enger, je stärker die Gerichtsentscheidungen im Sinne einer *stare decisis*-Doktrin[54] Bindungswirkung entfalten würden, jedoch umso weiter, je stärker die Rechtsfortbildung des betroffenen Gerichts ihrerseits der Korrektur offenstehe.[55] Daher analysiert *Ukrow* im Weiteren, ob und inwieweit ein *actus contrarius* durch andere Organe im Gemeinschaftsrecht möglich ist und

[49] *Ukrow*, Richterliche Rechtsfortbildung durch den EuGH: Dargestellt am Beispiel der Erweiterung des Rechtsschutzes des Marktbürgers im Bereich des vorläufigen Rechtsschutzes und der Staatshaftung, 157 f. Eingehend zu den Begrifflichkeiten unten, Fn. 155.

[50] *Ukrow*, Richterliche Rechtsfortbildung durch den EuGH: Dargestellt am Beispiel der Erweiterung des Rechtsschutzes des Marktbürgers im Bereich des vorläufigen Rechtsschutzes und der Staatshaftung, 162 f.

[51] *Ukrow*, Richterliche Rechtsfortbildung durch den EuGH: Dargestellt am Beispiel der Erweiterung des Rechtsschutzes des Marktbürgers im Bereich des vorläufigen Rechtsschutzes und der Staatshaftung, 167 f.

[52] *Ukrow*, Richterliche Rechtsfortbildung durch den EuGH: Dargestellt am Beispiel der Erweiterung des Rechtsschutzes des Marktbürgers im Bereich des vorläufigen Rechtsschutzes und der Staatshaftung, 172 f.

[53] *Ukrow*, Richterliche Rechtsfortbildung durch den EuGH: Dargestellt am Beispiel der Erweiterung des Rechtsschutzes des Marktbürgers im Bereich des vorläufigen Rechtsschutzes und der Staatshaftung, 174 f.

[54] Vgl. zum Begriff der *stare decisis*-Doktrin oben, § 2.

[55] *Ukrow*, Richterliche Rechtsfortbildung durch den EuGH: Dargestellt am Beispiel der Erweiterung des Rechtsschutzes des Marktbürgers im Bereich des vorläufigen Rechtsschutzes und der Staatshaftung, 181.

kommt u.a. zu dem Ergebnis, dass eine Korrektur des fortgebildeten Sekundärrechts deutlich einfacher zu erreichen sei, als eine Korrektur des fortgebildeten Primärrechts, welche die Einstimmigkeit aller Mitgliedstaaten voraussetze. Folglich sei eine Rechtsfortbildung *contra conventionem* nur in strengen Ausnahmefällen möglich. Im Hinblick auf die Reichweite der Korrekturmöglichkeiten sei ansonsten jedoch von einer umfassenden Rechtsfortbildungskompetenz auszugehen.[56] Schließlich stellt *Ukrow* heraus, inwieweit die aus den *Common Law*-Ländern bekannte *stare decisis*-Doktrin auch auf das Gemeinschaftsrecht übertragbar ist. Die Selbstbindung des EuGH reiche jedoch nicht so weit, dass aus ihr eine erhebliche Begrenzung der Rechtsfortbildungsmöglichkeiten abgeleitet werden könne.[57] Als weitere rechtsdogmatische Grenzen betont *Ukrow* u.a. das Gebot der Einheitlichkeit der Gemeinschaftsrechtsordnung, nach welchem sich die Rechtsfortbildung bruchlos in die bereits existierenden Regelungen einzufügen hätte, sowie das eng verwandte Gebot der Proximität, nach dem der EuGH sich möglichst eng am vorhandenen, einschlägigen Gemeinschaftsverfassungsrecht zu orientieren habe und weist außerdem dem Gebot der Effektivität des Gemeinschaftsrechts Bedeutung zu.[58]

Weiter arbeitet *Ukrow* als Ausfluss des Rechtsstaatsprinzips interorganschaftliche Grenzen heraus und differenziert hierbei die horizontale und die vertikale Ebene. Als Rechtsfortbildungsschranken der horizontalen Ebene könnte insbesondere das Prinzip des institutionellen Gleichgewichts dienen. Danach dürfe die Prärogative anderer Organe nicht durch Rechtsfortbildung des EuGH unterminiert werden. Den EuGH träfe insoweit die Beweislast hinsichtlich der Erforderlichkeit der Rechtsfortbildung.[59] Als weitere horizontale Schranke wird schließlich eine entsprechende Anwendung der *political question*-Doktrin diskutiert und ihr nur ein beschränkter Bedeutungsgehalt beigemessen.[60] *Ukrow* sieht indes eine „gemeinschaftsrechtliche We-

---

[56] *Ukrow*, Richterliche Rechtsfortbildung durch den EuGH: Dargestellt am Beispiel der Erweiterung des Rechtsschutzes des Marktbürgers im Bereich des vorläufigen Rechtsschutzes und der Staatshaftung, 181 f.

[57] *Ukrow*, Richterliche Rechtsfortbildung durch den EuGH: Dargestellt am Beispiel der Erweiterung des Rechtsschutzes des Marktbürgers im Bereich des vorläufigen Rechtsschutzes und der Staatshaftung, 187 f.

[58] *Ukrow*, Richterliche Rechtsfortbildung durch den EuGH: Dargestellt am Beispiel der Erweiterung des Rechtsschutzes des Marktbürgers im Bereich des vorläufigen Rechtsschutzes und der Staatshaftung, 194 f.

[59] *Ukrow*, Richterliche Rechtsfortbildung durch den EuGH: Dargestellt am Beispiel der Erweiterung des Rechtsschutzes des Marktbürgers im Bereich des vorläufigen Rechtsschutzes und der Staatshaftung, 200 f.

[60] *Ukrow*, Richterliche Rechtsfortbildung durch den EuGH: Dargestellt am Beispiel der Erweiterung des Rechtsschutzes des Marktbürgers im Bereich des vorläufigen Rechtsschutzes und der Staatshaftung, 205 f. Die *political question*-Doktrin besagt nach *Ukrow*,

sentlichkeitstheorie“ als wirksame Rechtsfortbildungsschranke an. So sei dem EuGH die Rechtsfortbildung etwa dann versagt, wenn es um wesentliche Änderungen des im Unionsvertrag angelegten Integrationsprogrammes und seiner Handlungsermächtigung gehe. Vor allem sensible Bereiche wie etwa das Budget-Recht des Parlaments seien zu berücksichtigen.[61] Eine weitere horizontale Schranke könne im Prinzip der Gemeinschaftsverfassungsorgantreue gesehen werden.[62]

Schließlich identifiziert *Ukrow* verschiedene Rechtsfortbildungsgrenzen auf vertikaler Ebene. Hierbei unterscheidet er zunächst die intern-gemeinschaftsrechtlichen Schranken und weiter die extern-verfassungsrechtlichen Schranken. Als intern-gemeinschaftsrechtliche Grenzen führt *Ukrow* das Prinzip der begrenzten Einzelermächtigung an, an welches der EuGH als Gemeinschaftsorgan gebunden sei. Daher würde er jedenfalls dann die Grenzen zulässiger Rechtsfortbildung überschreiten, falls seine Rechtsprechung im Ergebnis an die Stelle der punktuellen, wenn auch sich verdichtenden Hoheitsrechte der Gemeinschaft, eine Allzuständigkeit treten lassen würde.[63] Auch das Prinzip der Gemeinschaftstreue sei als Kompetenzausübungssperre geeignet. Sei etwa ersichtlich, dass eine Regierungskonferenz ein bestimmtes rechtliches Problem vertraglich regeln wolle, dürfe der EuGH keine *ad hoc*-Rechtsfortbildung in diesem Bereich vornehmen.[64] Auch der Akzeptanz des fortgebildeten Gemeinschaftsrechts komme eine beschränkte Bedeutung zu. Zwar sei wirksam fortgebildetes Recht unabhängig von seiner Akzeptanz gültig, angesichts fehlender Zwangsmittel im Gemeinschaftsrecht

---

dass sich ein Verfassungsgericht in besonderen Ausnahmefällen bei der Interpretation einer auslegungsbedürftigen Norm einer eigenen verfassungsrechtlichen Würdigung enthalten kann oder muss, um auf diese Weise im Ergebnis die rechtliche Auffassung der befassten Organe aufrechtzuerhalten. Mitunter wird die *policial question*-Doktrin auch als eine Unterform des bereits vorher genannten Konzepts des *judical self restraint* verstanden. Tatsächlich kommt es bei der Einordnung der *political question*-Doktrin jedoch auf die jeweilige Perspektive an: werden die Rechte des Klägers durch die unterbliebene Auslegung des Gerichts beschnitten, erscheint die Rücknahme der Kontrolle eher als aktivistische Rechtsprechung.

[61] *Ukrow*, Richterliche Rechtsfortbildung durch den EuGH: Dargestellt am Beispiel der Erweiterung des Rechtsschutzes des Marktbürgers im Bereich des vorläufigen Rechtsschutzes und der Staatshaftung, 209 f.

[62] *Ukrow*, Richterliche Rechtsfortbildung durch den EuGH: Dargestellt am Beispiel der Erweiterung des Rechtsschutzes des Marktbürgers im Bereich des vorläufigen Rechtsschutzes und der Staatshaftung, 213 f.

[63] *Ukrow*, Richterliche Rechtsfortbildung durch den EuGH: Dargestellt am Beispiel der Erweiterung des Rechtsschutzes des Marktbürgers im Bereich des vorläufigen Rechtsschutzes und der Staatshaftung, 219 f.

[64] *Ukrow*, Richterliche Rechtsfortbildung durch den EuGH: Dargestellt am Beispiel der Erweiterung des Rechtsschutzes des Marktbürgers im Bereich des vorläufigen Rechtsschutzes und der Staatshaftung, 224 f.

müsse der EuGH jedoch sensibel agieren.[65] Abschließend weist *Ukrow* auf extern-verfassungsrechtliche Schranken hin und analysiert in diesem Rahmen insbesondere das Kooperationsverhältnis zwischen dem BVerfG und dem EuGH.[66]

Ukrow kommt aufgrund der genannten horizontalen und vertikalen Schranken letztlich zu dem Ergebnis, dass die Rechtsfortbildung durch den EuGH nicht unbegrenzt sein kann, aufgrund der Unschärfe der Abgrenzungskriterien müsse sich eine Überprüfung allerdings wohl auf eine Evidenzkontrolle beschränken.[67]

2. Kritik

Ukrow behandelt in seinem Werk wichtige Aspekte der richterlichen Entscheidungsfindung im Gemeinschaftsrecht. Einen umfangreichen Teil widmet er dabei den diesbezüglichen Grenzen.

Hierbei vergleicht *Ukrow* das Gemeinschaftsrecht auch in einigen Punkten mit dem US-Verfassungsrecht, widmet sich aber nicht der Frage, inwieweit sich US- und EG-Verfassungsrecht im Grundsatz sinnvoll vergleichen lassen. Im Ergebnis kommt *Ukrow* aber richtigerweise zu dem Schluss, dass sich die in der amerikanischen Rechtstradition diskutierten Rechtsfortbildungsgrenzen auf das Gemeinschaftsrecht nur sehr begrenzt übertragen lassen.

Durch die vielfältigen Ansätze, die *Ukrow* in seiner Arbeit verfolgt, wird jedoch jedenfalls ersichtlich, dass Grenzen der Rechtsfortbildung aus den unterschiedlichsten Blickwinkeln betrachtet werden können. Einerseits lassen sich Grenzen aus dem positiven Recht herleiten, andererseits ergeben sie sich auch aus politischen Realitäten. Darüber hinaus erkennt *Ukrow* richtigerweise, dass Rechtsfortbildung des Primär- und Sekundärrechts differenziert betrachtet werden muss. Ihm ist zuzugeben, dass aufgrund der besonderen Änderungsfestigkeit des Primärrechts die Rechtsfortbildung desselben eine höhere Einwirkungsintensität aufweist, als die Rechtsfortbildung des Sekundärrechts. Umgekehrt ist jedoch zu berücksichtigen, dass sich aus der Änderungsfestigkeit auch ein stärkeres Bedürfnis der Rechtsfortbildung ergeben kann, um gesellschaftlichen Veränderungen gerecht zu werden.

---

[65] *Ukrow*, Richterliche Rechtsfortbildung durch den EuGH: Dargestellt am Beispiel der Erweiterung des Rechtsschutzes des Marktbürgers im Bereich des vorläufigen Rechtsschutzes und der Staatshaftung, 226 f.

[66] *Ukrow*, Richterliche Rechtsfortbildung durch den EuGH: Dargestellt am Beispiel der Erweiterung des Rechtsschutzes des Marktbürgers im Bereich des vorläufigen Rechtsschutzes und der Staatshaftung, 233 f.

[67] *Ukrow*, Richterliche Rechtsfortbildung durch den EuGH: Dargestellt am Beispiel der Erweiterung des Rechtsschutzes des Marktbürgers im Bereich des vorläufigen Rechtsschutzes und der Staatshaftung, 238.

Richtigerweise beinhaltet *Ukrows* Ansatz auch das Abstellen auf Prinzipien, die sich aus dem Verfassungsrecht ableiten lassen. Da das Unionsrecht seit der Veröffentlichung von *Ukrows* Arbeit jedoch zahlreichen Änderungen unterworfen war, gilt es, die aufgezeigten Grenzen vor dem Hintergrund des aktuellen Rechts neu zu bewerten. So wurden etwa die Kompetenzen des Parlaments mit dem Vertrag von Lissabon deutlich erweitert und hierdurch die demokratischen Strukturen der Union insgesamt gestärkt.

III. Mittmann: *Rechtsfortbildung durch den Gerichtshof der Europäischen Gemeinschaften und die Rechtsstellung der Mitgliedstaaten der Europäischen Union (2000)*

1. Inhalt

Mittmann arbeitet zunächst verschiedene Beispielsfälle in der Rechtsprechung des Gerichtshofs heraus, in welchen die rechtlichen Wertungen jedenfalls zweifelhaft erscheinen. Vor diesem Hintergrund folgen zwei grundlegende Kapitel zum rechtlichen Verhältnis zwischen den Europäischen Gemeinschaften, der EU und ihren Mitgliedstaaten sowie zur Rechtsnatur des Gemeinschaftsrechts. Sodann analysiert *Mittmann* die Rechtsfortbildungskompetenzen des Gerichtshofs. In diesem Rahmen klärt *Mittmann*, welche Bedeutung der Formel zukommt, dass der EuGH nach Art. 220 EGV (heute Art. 19 EUV) zur „Wahrung des Rechts" berufen ist.[68] Fraglich seien hierbei u.a. die relevanten Auslegungstopoi im Gemeinschaftsrecht. Im Ergebnis hält *Mittmann* die Auslegungsmethoden des internationalen Rechts für hinreichend flexibel, um auch den Besonderheiten des Gemeinschaftsrechts gerecht zu werden und plädiert insoweit für eine stärkere Bezugnahme auf diese. Hieraus folge insbesondere das Erfordernis einer Rückbindung teleologischer Elemente an den Vertragstext und die Verwertbarkeit einer *subsequent practice*[69] als Auslegungstopos.[70]

Im Weiteren analysiert *Mittmann* verschiedene Argumente, die zur Rechtfertigung der Rechtsfortbildung des EuGH diskutiert werden. Als Rechtsfortbildung will er dabei ausschließlich die nach seiner Auffassung „vertragsübersteigende Rechtsfortbildung" bezeichnen. Bei dieser ergäben sich die der jeweiligen Entscheidung zugrunde gelegten Rechtssätze nicht aus dem nach

---

[68] *Mittmann*, Rechtsfortbildung durch den Gerichtshof der Europäischen Gemeinschaften und die Rechtsstellung der Mitgliedstaaten der Europäischen Union, 193 f.

[69] Die *subsequent practice* oder auch „spätere Übung" ist eine im Völkergewohnheitsrecht verankerte Auslegungsmethode, die auch in Art. 31 Abs. 3 b) WÜRV ausdrücklich aufgegriffen wird.

[70] *Mittmann*, Rechtsfortbildung durch den Gerichtshof der Europäischen Gemeinschaften und die Rechtsstellung der Mitgliedstaaten der Europäischen Union, 223 f.

anerkannten Interpretationsmethoden ausgelegten geschriebenen Recht.[71] Zunächst hinterfragt *Mittmann* die Bedeutung des Art. 220 EGV (heute Art. 19 EUV), den viele Autoren durch die Bezugnahme auf „das Recht" als Absage an einen engen Gesetzespositivismus verstünden. Da Art. 220 EGV nicht als Kompetenznorm zu sehen sei, kann nach *Mittmann* die Rechtsfortbildung durch den EuGH nicht auf diese Norm gestützt werden.[72] Auch dass der jeweilige Normgeber eine richterliche Rechtsfortbildung nachträglich theoretisch korrigieren kann, vermag nach *Mittmann* die richterliche Rechtsfortbildung nicht zu legitimieren.[73] Ferner könne weder die gemeineuropäische Rechtstradition noch die sich in der Präambel ausdrückende besondere Dynamik des Gemeinschaftsrechts oder die Untätigkeit des Gemeinschaftsgesetzgebers als Rechtfertigung herangezogen werden.[74] Auch der Grundsatz der Effektivität des Gemeinschaftsrechts und das Verbot des *déni de justice*[75] seien als rechtfertigende Argumente untauglich.[76] Einzig die Lückenhaftigkeit des Gemeinschaftsrechts könne in engen Grenzen eine Rechtsfortbildung durch den EuGH rechtfertigen. Hierbei sei jedoch streng danach zu differenzieren, ob der Vertrag etwaige Lücken anklingen lasse, wie etwa im Fall ausfüllungsbedürftiger Rechtsbegriffe oder hinsichtlich allgemeiner Rechtsgrundsätze oder ob der Vertrag für einen bestimmten Bereich keine Regelung enthalte. Klingen Lücken im Vertragstext an, so dürfe der EuGH in diesen Bereichen rechtsfortbildend tätig werden. Andernfalls komme eine Rechtsfortbildung nur in Betracht, wenn eine nach dem Gesamtplan der Rechtsordnung zu erwartende Regelung fehle.[77] Im Ergebnis könne der EuGH sich daher nur auf eine sehr begrenzte Rechtsfortbildungskompetenz

---

[71] *Mittmann*, Rechtsfortbildung durch den Gerichtshof der Europäischen Gemeinschaften und die Rechtsstellung der Mitgliedstaaten der Europäischen Union, 232 f.

[72] *Mittmann*, Rechtsfortbildung durch den Gerichtshof der Europäischen Gemeinschaften und die Rechtsstellung der Mitgliedstaaten der Europäischen Union, 235 f.

[73] *Mittmann*, Rechtsfortbildung durch den Gerichtshof der Europäischen Gemeinschaften und die Rechtsstellung der Mitgliedstaaten der Europäischen Union, 237 f.

[74] *Mittmann*, Rechtsfortbildung durch den Gerichtshof der Europäischen Gemeinschaften und die Rechtsstellung der Mitgliedstaaten der Europäischen Union, 244 f.

[75] Der Begriff *déni de justice* bezeichnet das Rechtsverweigerungsverbot. Der Begriff ist u.a. aus dem französischen Recht bekannt und ist dort in Art. 4 Code Civil verankert. Dort heißt es: „Le juge qui refusera de juger, sous prétexte du silence, de l'obscurité ou de l'insuffisance de la loi, pourra être poursuivi comme coupable de déni de justice". Frei übersetzt: „Der Richter, der sich unter dem Vorwand des Schweigens, der Unklarheit oder der Unzulänglichkeit des Gesetzes weigert zu urteilen, kann wegen Rechtsverweigerung belangt werden." In Anlehnung an diesen Gedanken wird die Existenz eines Rechtsverweigerungsverbots auch in anderen Rechtsordnungen diskutiert.

[76] *Mittmann*, Rechtsfortbildung durch den Gerichtshof der Europäischen Gemeinschaften und die Rechtsstellung der Mitgliedstaaten der Europäischen Union, 255 f.

[77] *Mittmann*, Rechtsfortbildung durch den Gerichtshof der Europäischen Gemeinschaften und die Rechtsstellung der Mitgliedstaaten der Europäischen Union, 249 f.

stützen. Missachte er die engen Grenzen der Rechtsfortbildung, indem er eine nicht legitimierte Rechtsfortbildung betreibe, handele er jenseits des rechtlichen Dürfens, d.h. *ultra vires*.[78]

Im Weiteren analysiert *Mittmann* schließlich ob und inwieweit kompetenzwidrige Urteile des EuGH Bindungswirkung entfalten und differenziert hierbei zwischen einer materiellrechtlichen und einer verfahrensrechtlichen Seite.[79] Im Hinblick auf die verfahrensrechtlichen Aspekte hebt *Mittmann* insbesondere die Verfahrenshoheit des EuGH hervor und kommt zu dem Schluss, dass das institutionelle System der Gemeinschaften den Mitgliedstaaten keine Möglichkeit eröffne, die Kompetenzmäßigkeit eines Rechtsaktes des EuGH zu überprüfen. Hierin sieht er eine Besonderheit gegenüber dem nationalen Recht, in welchem die Überprüfung judikativer Rechtsakte durch den Instanzenzug gewährleistet sei.[80] Allein aus der verfahrensrechtlichen Position des Gerichtshofs lasse sich jedoch nicht die Verbindlichkeit jedweder Entscheidungen ableiten. Vielmehr sei materiellrechtlich insbesondere durch das Prinzip der begrenzten Einzelermächtigung ausdrücklich im Vertrag festgeschrieben, dass der EuGH an das Recht gebunden sei. Da gem. Art. 231 EGV (heute Art. 264 AEUV) die Kompetenzüberschreitung anderer Organe durch den EuGH für nichtig erklärt werden müsse, ergäben sich Wertungswidersprüche, wenn kompetenzwidriges Handeln des EuGH keine Rechtsfolgen herbeiführe. Bei Kompetenzüberschreitungen durch den EuGH bestehe folglich ein Konflikt zwischen seiner absolut ausgeformten materiellrechtlichen Rechtsbindung und seiner ebenso absoluten Verfahrensherrschaft.[81] *Mittmann* versucht diesen Konflikt über eine Berücksichtigung der *subsequent practice* der Mitgliedstaaten i.S.v. Art. 31 Abs. 3 b) WÜRV zu lösen. Hierzu untersucht er beispielhaft diverse Äußerungen der Mitgliedstaaten zur Frage der Kompetenzverletzung. *Mittmann* kommt letztlich zu dem Ergebnis, dass eine Vertragsauslegung unter maßgeblicher Berücksichtigung der *subsequent practice* zur vorbehaltlosen, verfahrensrechtlichen Verbindlichkeit auch rechtsschöpferischer Urteile des Gerichtshofs führt.[82] Ab-

---

[78] *Mittmann*, Rechtsfortbildung durch den Gerichtshof der Europäischen Gemeinschaften und die Rechtsstellung der Mitgliedstaaten der Europäischen Union, 269 f.

[79] *Mittmann*, Rechtsfortbildung durch den Gerichtshof der Europäischen Gemeinschaften und die Rechtsstellung der Mitgliedstaaten der Europäischen Union, 284 f.

[80] *Mittmann*, Rechtsfortbildung durch den Gerichtshof der Europäischen Gemeinschaften und die Rechtsstellung der Mitgliedstaaten der Europäischen Union, 293.

[81] *Mittmann*, Rechtsfortbildung durch den Gerichtshof der Europäischen Gemeinschaften und die Rechtsstellung der Mitgliedstaaten der Europäischen Union, 294.

[82] *Mittmann*, Rechtsfortbildung durch den Gerichtshof der Europäischen Gemeinschaften und die Rechtsstellung der Mitgliedstaaten der Europäischen Union, 351 f.

schließend klärt er, welche Reaktionsmöglichkeiten den Mitgliedstaaten infolge von kompetenzwidrigem Handeln des EuGH verbleiben.[83]

2. Kritik

Mittmanns Arbeit analysiert zahlreiche Argumente, die in der Diskussion über die Rechtsfortbildungskompetenzen des Gerichtshofs zur Sprache gebracht wurden. Auffällig und kritisch zu hinterfragen ist dabei sein stark an das traditionelle Völkerrecht angelehnter Ansatz, nach welchem er dem EuGH insbesondere verwehren will auf eigens herausgearbeitete Interpretationsmethoden zu rekurrieren und die Bedeutung, die er einer etwaigen *subsequent practice* der Mitgliedstaaten in diesem Rahmen beimessen will. *Mittmann* verkennt dabei, inwieweit sich die Unionsrechtsordnung mittlerweile von ihren völkerrechtlichen Ursprüngen emanzipiert hat[84] und dass daher der in Rede stehenden Problematik mit unionsspezifischen Ansätzen und insbesondere einer unionsspezifischen Methodik besser beizukommen ist.

Des Weiteren verweist *Mittmann* zwar auf unterschiedliche Argumente, die eine Rechtsfortbildungskompetenz des Gerichtshofs möglicherweise rechtfertigen können, differenziert aber nicht hinreichend zwischen grundsätzlicher Legitimation zur Rechtsfortbildung und der Frage, wie weit diese tatsächlich reicht (Legitimationsgrenzen). Insoweit erscheinen deshalb auch seine Ausführungen über die nur partielle Lückenhaftigkeit des Unionsrechts nicht genügend, um eine tatsächliche Grenzziehung zwischen zulässiger und unzulässiger Rechtsfortbildung zu ermöglichen. Im Hinblick auf das Kapitel über die Bindungswirkung eventuell kompetenzwidrig ergangener Urteile sei schließlich angemerkt, dass *Mittmann* dem EuGH im Hinblick auf die fehlende Angreifbarkeit seiner Urteile etwas ungenau ein Alleinstellungsmerkmal zuschreibt, das in dieser Form nicht haltbar ist. Tatsächlich können fachgerichtliche Urteile freilich im Instanzenzug korrigiert werden. Bei Verfassungs- und Höchstgerichten ist dies jedoch gerade nicht mehr der Fall. Die Frage, welche Auswirkung die mangelnde Angreifbarkeit von Urteilen letztinstanzlich entscheidender Gerichte hat, stellt sich daher mit Blick auf den EuGH, nationale Verfassungs- und Höchstgerichte sowie andere internationale Gerichte gleichermaßen.[85]

---

[83] *Mittmann*, Rechtsfortbildung durch den Gerichtshof der Europäischen Gemeinschaften und die Rechtsstellung der Mitgliedstaaten der Europäischen Union, 391 f.

[84] Vgl. *Tamm*, The History of the Court of Justice of the European Union Since its Origin, in: Rosas/Levits/Bot (Hrsg.), The Court of Justice and the Construction of Europe: Analyses and Perspectives on Sixty Years of Case-law, 9, 14 nach welchem der EuGH gerade kein internationales Gericht ist, sondern ein „court *per se*, a supranational court".

[85] *Schönberger*, Höchstrichterliche Rechtsfindung und Auslegung gerichtlicher Entscheidungen, in: Lienbacher/Grzeszick/Calliess (Hrsg.), Grundsatzfragen der Rechtset-

IV. Walter: *Rechtsfortbildung durch den EuGH (2009)*

1. Inhalt

Walter nähert sich dem Thema der Rechtsfortbildung im Wege der Rechtsvergleichung. Ziel seiner Arbeit ist es, auf Grundlage des deutschen und französischen Rechts herauszuarbeiten, ob und inwieweit Rechtsfortbildung durch den EuGH zulässig ist. Die Begrenzung des Rechtsvergleichs auf eine Beispielrechtsordnung aus dem mitteleuropäisch-germanischen und dem romanischen Rechtskreis begründet *Walter* damit, dass alle Gründungsmitglieder der Europäischen Gemeinschaften diesen Rechtstraditionen nahestanden.[86]

Im Hauptteil seiner Arbeit beschreibt *Walter* zunächst, wie Rechtsfortbildung in der deutschen Rechtstradition verankert ist.[87] Nach überwiegender Ansicht sei Auslegung und Rechtsfortbildung über den Wortlaut abzugrenzen. Im Weiteren geht *Walter* ausführlich auf die Problematik des Lückenbegriffs ein und definiert die Gesetzeslücke als zentrales Element der Rechtsfortbildungslehre. Hierauf aufbauend rezipiert er schließlich die klassische Dichotomie zwischen Auslegung auf der einen Seite und Rechtsfortbildung *praeter* oder *contra legem* auf der anderen Seite.[88]

Im starken Kontrast zur deutschen Begriffsdichotomie werde in Frankreich hingegen einheitlich von *interprétation* gesprochen.[89] Dies führt *Walter* auf Art. 5 Code Civil zurück, der es dem Richter untersage, im Wege eines Urteils allgemeine Rechtsregeln zu schaffen. Auch in Frankreich obliege es jedoch dem Richter, im Rahmen der Interpretation Lücken auszufüllen. Diese Lückenfüllungskompetenz werde in der französischen Lehre unter dem Begriff des *droit jurisprudentiel* diskutiert.[90] Gleichwohl sei in Frankreich nach wie vor die *acte clair doctrine* lebendig, nach welcher es gerade keiner Interpretation bedürfe, wenn eine Norm aus sich selbst heraus verständlich sei. Insgesamt bewege sich richterliche Rechtsfortbildung im französischen System im Spannungsfeld zwischen dem Rechtsverweigerungsverbot (Art. 4

zung und Rechtsfindung, Referate und Diskussionen auf der Tagung der Vereinigung der Deutschen Staatsrechtslehrer in Münster vom 5. bis 8. Oktober 2011, 296, 302 f.

[86] *Walter*, Rechtsfortbildung durch den EuGH: Eine rechtsmethodische Untersuchung ausgehend von der deutschen und französischen Methodenlehre, 18 f.

[87] *Walter*, Rechtsfortbildung durch den EuGH: Eine rechtsmethodische Untersuchung ausgehend von der deutschen und französischen Methodenlehre, 20 f.

[88] *Walter*, Rechtsfortbildung durch den EuGH: Eine rechtsmethodische Untersuchung ausgehend von der deutschen und französischen Methodenlehre, 24 f.

[89] *Walter*, Rechtsfortbildung durch den EuGH: Eine rechtsmethodische Untersuchung ausgehend von der deutschen und französischen Methodenlehre, 47.

[90] *Walter*, Rechtsfortbildung durch den EuGH: Eine rechtsmethodische Untersuchung ausgehend von der deutschen und französischen Methodenlehre, 50.

Code Civil) und dem Verbot, gesetzgeberisch tätig zu werden (Art. 5 Code Civil).[91]

Im Ergebnis sei Rechtsfortbildung in beiden Rechtsordnungen zulässig und in beiden Rechtstraditionen werde auf die Notwendigkeit der Lücke verwiesen.[92] Auf diesem Ergebnis aufbauend analysiert *Walter* im Folgenden die Rechtsfortbildung auf der Ebene des Europäischen Gemeinschaftsrechts. Obwohl der EuGH in Anlehnung an das französische Modell den Begriff der *interprétation* verwendet, will *Walter* auch für das Unionsrecht zwischen Auslegung und Rechtsfortbildung differenzieren und zur Abgrenzung auf den weitest möglichen Wortlaut abstellen.[93] Schließlich versucht *Walter* auch das Konzept der Lücke auf das Gemeinschaftsrecht zu übertragen. Dabei hinterfragt er zunächst allgemein die Sinnhaftigkeit der Übertragung des Konzepts vor dem Hintergrund des Prinzips der begrenzten Einzelermächtigung und kommt schließlich zu dem Ergebnis, dass, jedenfalls im jeweiligen Anwendungsbereich des Gemeinschaftsrechts, von einer umfassend regelnden Rechtsordnung auszugehen und eine Übertragung möglich sei. Insbesondere das deutsche Modell der Differenzierung von unterschiedlichen Lücken biete auch im Gemeinschaftsrecht Potenzial.[94] Vor dem Hintergrund des Prinzips der begrenzten Einzelermächtigung sucht *Walter* schließlich nach einer Rechtsgrundlage, auf welche sich die Rechtsfortbildung durch den EuGH stützen kann. Der EuGH sei über Art. 220 EGV (heute Art. 19 EUV) i.V.m. den jeweils einschlägigen Verfahrensarten mit der Aufgabe der Rechtsfortbildung betraut. Dem Rechtsverweigerungsverbot und Art. 288 Abs. 2 EGV (Art. 340 AEUV) sowie Art. 6 Abs. 2 EUV (heute Art. 6 Abs. 3 EUV) komme daneben kein eigenständiger Anwendungsbereich zu.[95] Im Weiteren differenziert *Walter* verschiedene Formen der Rechtsfortbildung im Gemeinschaftsrecht und belegt diese mit Beispielen. So seien im Gemeinschaftsrecht insbesondere die Analogie und die Herausbildung allgemeiner Rechtsprinzipien Mittel der Rechtsfortbildung.[96]

Schließlich versucht *Walter* Grenzen der Rechtsfortbildung herauszuarbeiten. Nach einem Blick in die deutsche und französische Rechtstradition,

---

[91] *Walter*, Rechtsfortbildung durch den EuGH: Eine rechtsmethodische Untersuchung ausgehend von der deutschen und französischen Methodenlehre, 51.

[92] *Walter*, Rechtsfortbildung durch den EuGH: Eine rechtsmethodische Untersuchung ausgehend von der deutschen und französischen Methodenlehre, 53.

[93] *Walter*, Rechtsfortbildung durch den EuGH: Eine rechtsmethodische Untersuchung ausgehend von der deutschen und französischen Methodenlehre, 58 f.

[94] *Walter*, Rechtsfortbildung durch den EuGH: Eine rechtsmethodische Untersuchung ausgehend von der deutschen und französischen Methodenlehre, 76 f.

[95] *Walter*, Rechtsfortbildung durch den EuGH: Eine rechtsmethodische Untersuchung ausgehend von der deutschen und französischen Methodenlehre, 134 f.

[96] *Walter*, Rechtsfortbildung durch den EuGH: Eine rechtsmethodische Untersuchung ausgehend von der deutschen und französischen Methodenlehre, 146 f.

analysiert *Walter* umfangreich mögliche Rechtsfortbildungsgrenzen im Gemeinschaftsrecht.[97] Hierbei differenziert er Rechtsfortbildungsgrenzen erster und zweiter Stufe. Die Rechtsfortbildungsgrenzen erster Stufe seien Ausfluss der begrenzten Verbandskompetenz der Gemeinschaft. Insoweit ließen sich vor allem das Prinzip der begrenzten Einzelermächtigung, Art. 48 EUV und das Subsidiaritätsprinzip fruchtbar machen. Über das Prinzip der begrenzten Einzelermächtigung will *Walter* die Kernbereiche nationaler Verfassungen schützen, die durch das nationale Recht nicht auf die EU übertragen werden könnten. Aufgrund von Art. 48 EUV dürfe eine Rechtsfortbildung nicht so weit reichen, dass sie sich letztlich wie eine Vertragsänderung auswirke, da die Mitgliedstaaten noch als Herren der Verträge anzusehen seien. Schließlich stelle auch das Subsidiaritätsprinzip jedenfalls eine mittelbare Grenze für die Rechtsfortbildung des Sekundärrechts dar.[98]

Von den Rechtsfortbildungsgrenzen der ersten Stufe grenzt *Walter* die Rechtsfortbildungsgrenzen zweiter Stufe ab, die er ihrerseits in Intra- und Interorgangrenzen unterteilt. Als Intraorgangrenze bezeichnet *Walter* insbesondere Art. 46 EUV[99] (vgl. heute Art. 24 EUV), der die Zuständigkeit des Gerichtshofs beschränke. Als weitere Intraorgangrenze betrachtet *Walter* die Art. 220 ff. EGV (heute Art. 19 EUV). Denn aus Art. 7 EGV (heute Art. 13 EUV) gehe hervor, dass jedes Organ, d.h. auch der Gerichtshof, nach Maß-

---

[97] *Walter*, Rechtsfortbildung durch den EuGH: Eine rechtsmethodische Untersuchung ausgehend von der deutschen und französischen Methodenlehre, 227 f.

[98] *Walter*, Rechtsfortbildung durch den EuGH: Eine rechtsmethodische Untersuchung ausgehend von der deutschen und französischen Methodenlehre, 228 f.

[99] Art. 46 EUV a.F. normierte:

Die Bestimmungen des Vertrags zur Gründung der Europäischen Gemeinschaft, des Vertrags über die Gründung der Europäischen Gemeinschaft für Kohle und Stahl und des Vertrags zur Gründung der Europäischen Atomgemeinschaft betreffend die Zuständigkeit des Gerichtshofs der Europäischen Gemeinschaften und die Ausübung dieser Zuständigkeit gelten nur für folgende Bestimmungen dieses Vertrages:

a) die Bestimmungen zur Änderung des Vertrags zur Gründung der Europäischen Wirtschaftsgemeinschaft im Hinblick auf die Gründung der Europäischen Gemeinschaft, des Vertrags über die Gründung der Europäischen Gemeinschaft für Kohle und Stahl und des Vertrags zur Gründung der Europäischen Atomgemeinschaft;

b) die Bestimmungen des Titels VI nach Maßgaben des Artikels 35;

c) die Bestimmungen des Titels VII nach Maßgabe der Artikels 11 und 11a des Vertrags zur Gründung der Europäischen Gemeinschaft und des Artikels 40 dieses Vertrags;

d) Artikel 6 Absatz 2 in Bezug auf Handlungen der Organe, soweit der Gerichtshof im Rahmen der Verträge zur Gründung der Europäischen Gemeinschaften und im Rahmen dieses Vertrags zuständig ist;

e) die reinen Verfahrensbestimmungen des Artikels 7, wobei der Gerichtshof auf Antrag des betroffenen Mitgliedstaats binnen eines Monats nach der Feststellung des Rates gemäß dem genannten Artikel entscheidet;

f) die Artikel 46 bis 53.

gabe der ihm zugewiesenen Befugnisse handele. Damit führe Art. 7 EGV (heute Art. 13 EUV) das Prinzip der begrenzten Einzelermächtigung auf Ebene der Organkompetenz ein. Die spezifischen Zuständigkeiten des Gerichtshofs ergäben sich insoweit aus den Vorschriften über die einzelnen Verfahrensarten. Dem Gerichtshof komme also kein Initiativrecht zu.[100]

Als Interorgangrenzen bezeichnet *Walter* im Folgenden vor allem Grenzen, die sich aus dem Prinzip des institutionellen Gleichgewichts gewinnen ließen. Vor dem Hintergrund dessen versucht *Walter* Kernkompetenzen anderer Organe – insbesondere des Gesetzgebers – auszumachen, die der Rechtsprechung des Gerichtshofs Grenzen zögen. Als Bereiche, die der Rechtsfortbildungskompetenz bestimmte Grenzen ziehen, führt er etwa das Haushaltsrecht entsprechend der Rs. *Rat/Parlament*[101] und die Einschätzungsprärogative des Gemeinschaftsgesetzgebers beim Normerlass an. Schließlich diskutiert *Walter* auch die Übertragung der aus dem amerikanischen Verfassungsrecht bekannten *political question*-Doktrin auf die Rechtsfortbildung des Gerichtshofs, verwirft diese aber letztlich.[102]

2. Kritik

Walter arbeitet detailliert unterschiedliche Grenzen der richterlichen Rechtsfortbildung des Unionsrechts heraus, die auch trotz vielfacher Vertragsänderungen zu einem größeren Teil weiter Geltung besitzen. Allerdings lässt *Walter* den Einfluss, den auch das *Common Law* mittlerweile auf das Unionsrecht genommen hat, unberücksichtigt.[103]

Sinnvoll erscheint vor allem *Walters* Differenzierung zwischen Rechtsfortbildung der ersten und zweiten Stufe, die sich aber anschaulicher als Rechtsfortbildung, die entweder das Vertikalverhältnis zwischen der Union und ihren Mitgliedstaaten oder das Horizontalverhältnis zwischen dem EuGH und den sonstigen Unionsorganen betrifft, beschreiben lässt.

Fragwürdig erscheint angesichts der Sprachenvielfalt des Unionsrechts auch die versuchte Abgrenzung zwischen Auslegung und Rechtsfortbildung nach dem weitest möglichen Wortlaut.[104] Die Kernbereiche nationaler Verfassungen, die *Walter* vor dem Hintergrund des Prinzips der begrenzten Einzelermächtigung schützen will, lassen sich darüber hinaus heute dogmatisch schlüssiger bei Art. 4 Abs. 2 EUV verorten.

---

[100] *Walter*, Rechtsfortbildung durch den EuGH: Eine rechtsmethodische Untersuchung ausgehend von der deutschen und französischen Methodenlehre, 269 f.

[101] Rs. 34/86 *Rat/Parlament*, EuGH Urteil v. 3.7.1986.

[102] *Walter*, Rechtsfortbildung durch den EuGH: Eine rechtsmethodische Untersuchung ausgehend von der deutschen und französischen Methodenlehre, 280 f.

[103] Hierzu oben, § 2.

[104] Hierzu unten, § 5 B. I. 1.

V. Grosche: *Rechtsfortbildung durch den EuGH (2011)*

1. *Inhalt*[105]

Grosche widmet sich dem Thema der Rechtsfortbildung aus stark rechtstheoretischer Sicht. Er bezieht die auf *Dworkin* und *Alexy* zurückgehende Differenzierung von Regeln und Prinzipien auf das Verhältnis von Gegenstand und Darstellung.[106] In geschriebenen Regeln manifestierten sich stets Prinzipien betreffende Abwägungsentscheidungen. Geschriebene Regeln seien jedoch immer sachverhaltsbezogen, sodass sie auch nur einen Teil der Prinzipien erfassen könnten, d.h. diejenigen Prinzipien, die den konkret geregelten Sachverhalt berührten. Der Gegenstand Rechtsordnung, der durch die geschriebenen Regeln dargestellt werde, weise folglich Lücken auf. Diese Lücken müssten durch richterliche Rechtsfortbildung geschlossen werden. Das Konzept der Prinzipientheorie sei eher am Erklärungs- denn am Entdeckungszusammenhang normativer Einzelaussagen orientiert. Daher könnten auf Grundlage der Prinzipientheorie auch keine schematischen, rechtsordnungsunabhängigen Maßstäbe zur Abgrenzung von zulässigem und unzulässigem richterlichen Handeln entwickelt werden.[107]

Ob die richterliche Rechtsfortbildung zulässig sei, lasse sich jedoch durch eine Prüfung dahingehend feststellen, ob die rechtsfortbildende Gerichtsentscheidung die nachprüfbaren Prinzipienrelationen der *jeweiligen* Rechtsordnung zutreffend abbilde.[108] Vor diesem theoretischen Hintergrund analysiert *Grosche* verschiedene Aspekte, die die Unionsrechtsordnung charakterisieren[109], um schließlich einzelne Entscheidungen des Gerichtshofs dahingehend zu überprüfen, ob sie die Prinzpien des Unionsrechts richtig abbilden und als solche als zulässige oder unzulässige Rechtsfortbildung rubrizieren.[110]

2. *Kritik*

Indem *Grosche* die richterliche Rechtsfortbildung vor dem Hintergrund der Prinzipientheorie „rekonstruieren will“[111], widmet er sich dem Problem auf einer höheren Abstraktionsebene. Es ist jedoch nicht ersichtlich, inwieweit diese höhere Abstraktionsebene bei der Analyse von Gerichtsentscheidungen

---

[105] Vgl. hierzu die übersichtliche Zusammenfassung von *Ruffert*: *Ruffert*, Buchbesprechung: Nils Grosche, Rechtsfortbildung im Unionsrecht – Eine Untersuchung zum Phänomen richterlicher Rechtsfortbildung durch den Gerichtshof der Europäischen Union, DÖV 2012, 645.

[106] *Grosche*, Rechtsfortbildung im Unionsrecht, 123 f.

[107] *Grosche*, Rechtsfortbildung im Unionsrecht, 123.

[108] *Grosche*, Rechtsfortbildung im Unionsrecht, 132 f.

[109] *Grosche*, Rechtsfortbildung im Unionsrecht, 179 f.

[110] *Grosche*, Rechtsfortbildung im Unionsrecht, 275 f.

[111] *Grosche*, Rechtsfortbildung im Unionsrecht, 123.

zu einem größeren Erkenntnisgewinn gegenüber den hergebrachten methodisch ausgerichteten Ansätzen führt.[112] Da die Frage der Zulässigkeit der Rechtsfortbildung darüber gelöst werden soll, ob die rechtsfortbildende Gerichtsentscheidung die nachprüfbaren Prinzipienrelationen der jeweiligen Rechtsordnung zutreffend abbildet, muss auch bei diesem Modell zunächst festgestellt werden, welches diese „nachprüfbaren Prinzipienrelationen" des Unionsrechts sind, die den Rahmen für die Rechtsfortbildung seitens des EuGH festlegen sollen. Vereinfacht lässt sich dies wohl dahingehend übersetzen, dass sich die Rechtsfortbildung des Unionsrechts bruchlos in das bestehende System einfügen muss. Dies setzt ein besonderes Verständnis des Unionsrechtssystems als Ganzem sowie dessen Verhältnis zu den nationalen Rechtsordnungen voraus.

VI. Conway*: The Limits of Legal Reasoning and the European Court of Justice (2012)*

1. Inhalt

Auch *Conway* ist davon überzeugt, dass der EuGH sich im Rahmen seiner Entscheidungen weniger auf den Wortlaut, denn auf eine meta-teleologische Interpretation stützt, welche insbesondere den Vertragszweck im Ganzen Bedeutung beimisst.[113] Hierin unterscheide sich der Gerichtshof von anderen Gerichten. Durch die meta-teleologische Interpretation werde die Tendenz zu einer weiteren Vertiefung der Integration und Harmonisierung des Unionsrechts gefördert.[114]

Conway schlägt ein normatives Argumentationsmodell vor, das im Vergleich zur bisherigen Argumentationsweise des Gerichts besser dem Demokratieprinzip auf der einen und dem Rechtsstaatsprinzip auf der anderen Seite gerecht werde. Beide Prinzipien seien für die juristische Interpretation bedeutsam, da sie Meta-Prinzipien der politischen Moral darstellten.[115]

Aus der Perspektive des Demokratieprinzips müsse juristische Interpretation an ihre demokratischen Rechtsquellen rückgebunden werden können.

---

[112] *Potacs*, Buchbesprechung Nils Grosche, Rechtsfortbildung im Unionsrecht, ZöR 2014, 545, 546 f.; vgl. auch *Martens*, Methodenlehre des Unionsrechts, 508 Fn. 1022 u. 509 Fn. 1029.

[113] *Conway*, The Limits of Legal Reasoning and the European Court of Justice, 3.

[114] *Conway*, The Limits of Legal Reasoning and the European Court of Justice, 116.

[115] *Conway*, The Limits of Legal Reasoning and the European Court of Justice, 90. Dabei seien Rechtsstaats- und Demokratieprinzip als besondere Aspekte der *regime legitimacy* zu betrachten. Hier stützt sich *Conway* auf *Walker*, der drei verschiedene Dimensionen der *legitimacy* unterscheidet: *performance legitimacy*, *regime legitimacy* und *polity legitimacy*, *Walker*, The White Paper in Constitutional Context, Jean Monnet Working Paper 2001, 33, 34–49.

Ein Mechanismus der Rückbindung von EuGH-Entscheidungen sei die Existenz eines Mittels, auf das die demokratisch gewählten Organe der EU zurückgreifen könnten, um unzulässige Interpretation zu begrenzen. Praktisch sei dies in der EU jedoch besonders schwierig. Denn um entsprechenden Gerichtsentscheidungen entgegenzuwirken, sei – soweit das Primärrecht in Rede stehe – Einstimmigkeit der Mitgliedstaaten erforderlich, die nur schwer zu erreichen sei.[116]

Aus dem Rechtsstaatsprinzip folge als Mindestgehalt die Bindung aller staatlichen Gewalt an das Recht. Im Weiteren kämen formale Kriterien hinzu: das Recht müsse veröffentlicht, allgemein und hinreichend bestimmt sein und müsse diskriminierungsfrei angewendet werden. Außerdem dürfe es nicht rückwirkend Anwendung finden.

Letztlich sprächen beide Prinzipien für interpretative Zurückhaltung und eine strukturelle Rückbindung der Judikative, die sichere, dass die richterlichen Entscheidungen dem gesetzgeberischen Willen oder der verfassungsgebenden Gewalt entsprächen. Im Ergebnis plädiert *Conway* daher dafür, im Rahmen der Auslegung des Verfassungsrechts die Intentionen der Normschöpfer stärker zu berücksichtigen. Dies sei sowohl epistemisch möglich als auch normativ vorzugswürdig.[117] Seine Ausführungen stützt er im Weiteren durch eine Herausarbeitung des Gewaltenteilungsgrundsatzes auf europäischer Ebene ab.[118]

2. *Kritik*

Auch *Conway* arbeitet in seinem Werk detailliert heraus, inwieweit der EuGH bereits rechtsfortbildend tätig geworden ist und welch ungeheuren Einfluss seine Rechtsprechung auf den *acquis communitaire* genommen hat. *Conway* stellt die dynamische Rechtsprechung des Gerichtshofs als herausragende Besonderheit dar[119], ohne dabei jedoch zu berücksichtigen, dass sich das Problem der Grenzen der Rechtsfortbildung auch bei nationalen Höchstgerichten stellt und ebenso andere internationale Gerichte in hohem Maße Rechtsfortbildung betreiben.[120] Verwiesen sei insoweit nur auf den vom EGMR vertretenen Ansatz, die EMRK als *living instrument*[121] zu begreifen, sodass der dynamischen Auslegung der EMRK sogar ein größerer Stellenwert zukommt als der dynamischen Auslegung des Unionsrechts.[122] Richti-

[116] *Conway*, The Limits of Legal Reasoning and the European Court of Justice, 96 f.

[117] *Conway*, The Limits of Legal Reasoning and the European Court of Justice, 106.

[118] *Conway*, The Limits of Legal Reasoning and the European Court of Justice, 115.

[119] *Conway*, The Limits of Legal Reasoning and the European Court of Justice, 2.

[120] Vgl. hierzu auch bereits oben § 5 A. III. 2.

[121] Beispielhaft EGMR NJW 2010, 501, 504; EGMR NJW 2013, 2173, 2178.

[122] *Klocke*, Die dynamische Auslegung der EMRK im Lichte der Dokumente des Europarats, EuR 2015, 148, 149.

gerweise geht *Conway* jedoch aufgrund der Supranationalität des Unionsrechts von der besonderen Einwirkungsintensität von EuGH-Urteilen aus.

Problematisch erscheint weiterhin, dass *Conway* die Grenzen der Rechtsfortbildung insbesondere über das Demokratie- und Rechtsstaatsprinzip festlegen möchte, ohne dabei jedoch das spezifische Verfassungsrecht der Union in den Blick zu nehmen.[123] Sowohl das Demokratie- als auch das Rechtsstaatsprinzips werden vielmehr als universell gültige Konzepte hergeleitet. Da das Unionsverfassungsrecht selbst wichtige Anknüpfungspunkte für die Begrenzung der judikativen Gewalt bietet, erscheint es schlüssiger, nicht auf allgemeine Theorien der Rechtsstaatlichkeit westlicher Demokratien zurückzugreifen, sondern vielmehr die spezifischen Implikationen des Primärrechts hinsichtlich der Auslegungs- und Rechtsfortbildungsbefugnis des Gerichtshofs herauszuarbeiten.

VII. Sankari*: European Court of Justice Legal Reasoning in Context (2013)*[124]

1. Inhalt

Zu Beginn ihres Werks erörtert *Sankari* zunächst, auf welchen Grundannahmen sie im Folgenden aufbauen wird: Nach *Sankari* ist die Aufgabe der Interpretation des Unionsrechts im Vorabentscheidungsverfahren durch das Primärrecht dem EuGH übertragen und die nationalen Gerichte müssen das Unionsrecht in der Folge entsprechend anwenden.[125] Hinsichtlich der Vielfalt von Interpretationsmöglichkeiten des Unionsrechts macht *Sankari* zwei Extrempositionen in der Literatur aus, die im jeweiligen (Vor-)Verständnis des EU-Rechtssystems begründet seien. Diejenigen, die die Unionsrechtsordnung als vom internationalen Recht abhängiges System verstünden, würden regelmäßig einen subjektiv-historischen Ansatz der Auslegung vertreten. Auf der anderen Seite stünden die Vertreter eines stark teleologisch-dynamischen Auslegungsansatzes, den sie in der Autonomie der Unionsrechtsordnung begründet sähen.[126] *Sankari* folgt in ihrer Arbeit der zweiten Ansicht, da sich das Unionsrecht vom internationalen Recht emanzipiert habe und daher eigenständigen Auslegungsmethoden folge.

Im Rahmen der Interpretation sei insbesondere der Kontext zu berücksichtigen, in dem der EuGH operiere. Dieser sei am besten unter dem Stich-

---

[123] Vgl. zu dieser Kritik auch *Horsley*, Reflections on the Role of the Court of Justice as the "Motor" of European Integration: Legal Limits to Judicial Lawmaking, CMLR 2013, 931, 940.

[124] *Sankari*, European Court of Justice Legal Reasoning in Context.

[125] *Sankari*, European Court of Justice Legal Reasoning in Context, 8, 23.

[126] *Sankari*, European Court of Justice Legal Reasoning in Context, 26.

wort des „konstitutionellen Pluralismus“ zu fassen, in welchem Raum für diskursiven Austausch zwischen der unionalen und den nationalen Ebenen nötig sei.[127] Eine zentrale Beobachtung aus Sicht der Studie sei die Verknüpfung dieses diskursiven Austausches auf der einen Seite mit *judicial minimalism* seitens des Gerichtshofs auf der anderen Seite. Denn Raum für einen Austausch könne insbesondere auch über *silence(s) in judgements* gegeben werden, sodass diese Aspekte später untersucht werden sollen.[128]

Schließlich beschreibt *Sankari* verschiedene Definitionen und Konzepte in den Rechts- und Politikwissenschaften, die unter dem Stichwort *judicial activism*[129] diskutiert werden, und kritisiert, dass diese schwer zu fassen seien und die Debatte um die richtige Rolle des Gerichtshofes nicht entscheidend voranbrächten.[130] *Sankari* will *judicial activism* daher nur indirekt durch das Prisma der juristischen Argumentationstechnik analysieren.[131]

Das Ziel *Sankaris* ist es, große Teile der von *Bengœtxea*[132] entwickelten juristischen Argumentationstheorie auf ausgewählte EuGH-Rechtsprechung anzuwenden.[133] *Bengœtxea* versuchte in seinem Werk „The Legal Reasoning of the European Court of Justice“ eine vermittelnde Lösung zwischen Interpretationsansätzen nach *Dworkin*, sowie stark positivistisch angelegten Ansätzen zu identifizieren und konzentrierte sich hierbei auf die Rechtfertigung richterlicher Entscheidungen und die systemische Relevanz individueller Entscheidungen. Aufbauend auf *Bengœtxea* differenziert *Sankari* Kriterien der ersten Ordnung, die die gängigen Interpretationsmethoden mit Ausnahme der historischen Auslegung beinhalten[134], sowie Kriterien der zweiten Ordnung (Meta-Kriterien), die die Entscheidungen in *hard cases* leiten sollen[135].

---

[127] *Sankari*, European Court of Justice Legal Reasoning in Context, 25 f. mit dem Verweis auf *Maduro*, Three Claims of Constitutional Pluralism, in: Avbelj/Komárek (Hrsg.), Constitutional Pluralism in the European Union and Beyond, 67, der davon ausgeht, dass die Frage der letzten Autorität bzw. letztgültiger Entscheidungsgewalt zwischen nationaler und europäischer Rechtsordnung aus normativer Sicht offenbleiben muss. Sowohl die nationalen Rechtsordnungen als auch die Unionsrechtsordnung seien autonom und formten einen Teil eines einheitlichen europäischen Rechtssystems. Eingehend hierzu auch: *Maduro*, Der Kontrapunkt im Dienste eines europäischen Verfassungspluralismus, EuR 2007, 3.

[128] *Sankari*, European Court of Justice Legal Reasoning in Context, 28.

[129] Vgl. zum Begriff auch unten, Fn. 155.

[130] *Sankari*, European Court of Justice Legal Reasoning in Context, 47 f.

[131] *Sankari*, European Court of Justice Legal Reasoning in Context, 60.

[132] *Bengoetxea*, The Legal Reasoning of the European Court of Justice.

[133] *Sankari*, European Court of Justice Legal Reasoning in Context, 71 f.

[134] *Sankari*, European Court of Justice Legal Reasoning in Context, 72. Die Kriterien erster Ordnung werden als *semiotic criteria*, *systemic criteria* und *dynamic criteria* bezeichnet.

[135] *Sankari*, European Court of Justice Legal Reasoning in Context, 73 u. 80.

Der Gerichtshof befinde sich hinsichtlich seiner Autorität und unter Berücksichtigung des Entwicklungsstandes des Fallrechts nicht mehr in einer Aufbau-, sondern vielmehr in einer Erhaltungsphase.[136] Insoweit sei es gerechtfertigt im Hinblick auf die Fallanalyse neben *Bengœtxeas* Argumentationstheorie weitere Aspekte in den Blick zu nehmen: Daher arbeitet *Sankari* u.a. unter Bezugnahme auf *Sunstein*[137] und *Sarmiento*[138] heraus, wann im Hinblick auf Gerichtsentscheidungen von *judicial minimalism* gesprochen werden kann und welche Aspekte möglicherweise *judicial silence* begründen. So beschränke sich der EuGH etwa im Rahmen des Vorabentscheidungsverfahrens auf die Beantwortung der vorgelegten Fragen und gebe keine darüber hinausgehenden Hinweise, um potenziellen verfassungsrechtlichen Konflikten vorzubeugen.[139] Außerdem sei zu berücksichtigen, wie im Verlauf der Zeit Fallrecht in einem System entsteht, das von mehr als 20 Sprachen und den unterschiedlichsten Rechtskulturen geprägt wird.

Sankari kommt zu dem Ergebnis, dass es neben den Auslegungskriterien erster und zweiter Ordnung weitere Faktoren gibt, die den EuGH im Hinblick auf die Urteilsfindung leiten[140]: die institutionelle Stellung und Aufgabe, die dem EuGH durch das Unionsrecht zugewiesen ist, der minimalistische Ansatz, dem der EuGH folgen muss, um den interpretativen Dialog aufrecht zu erhalten, die sinnvolle Berücksichtigung des Schweigens des Gerichts in bestimmten Fällen, sowie die Differenzierung zwischen Einzelfällen und Falllinien.

In der Analyse des Fallrechts, die Art. 20 und 21 AEUV betrifft, kommt *Sankari* zu dem Ergebnis, dass die bisherige Kritik an der EuGH-Rechtsprechung in diesem Bereich nicht aufrechterhalten werden kann. Die Urteile stützten sich auf systematische Erwägungen und nicht auf eine in erster Linie dynamische Auslegung. Der Vorwurf des *judicial activism* sei daher eher politisch als juristisch informierte Kritik.[141]

2. Kritik

Sankari ist insbesondere insoweit zu folgen, als die vielfältigen Konzepte, die unter dem Stichwort des *judicial activism* diskutiert werden, kaum weiterhelfen, um die Rechtsprechung des Gerichtshofs zu analysieren. Aus diesem Grund will sie sich auf die juristische Argumentationstechnik stützen. Mit

---

[136] *Sankari*, European Court of Justice Legal Reasoning in Context, 76.

[137] *Sunstein*, Legal Reasoning and Political Conflict.

[138] *Sarmiento*, Half a Case at a Time: Dealing with Judicial Minimalism at the European Court of Justice, in: Claes/de Visser/Popelier et al. (Hrsg.), Constitutional Conversations in Europe: Actors, Topics and Procedures, 13.

[139] *Sankari*, European Court of Justice Legal Reasoning in Context, 31 f.

[140] *Sankari*, European Court of Justice Legal Reasoning in Context, 249.

[141] *Sankari*, European Court of Justice Legal Reasoning in Context, 251.

Bengœtxeas Argumentationstheorie, auf die sich *Sankari* bezieht, lässt sich jedoch vorwiegend prüfen, ob und inwieweit der Gerichtshof sich in neueren Urteilen an seine in älteren Urteilen angewandten Interpretationskriterien hält.[142] Da das Unionsrecht das Rechtsstaatsprinzip als Verfassungsprinzip anerkennt, ist dies zu einem gewissen Grad zwingend. Denn in einem rechtsstaatlichen Verfahren müssen Gerichtsurteile kohärent sein und sich in das bestehende Rechtssystem bruchlos einfügen.

Abseits einer etwaigen Normativität, die aus der faktischen Befolgung bisher angewandter Interpretationskriterien herleitbar sein könnte, weist *Bengœtxeas* Theorie aber keine Argumente für eine darüber hinaus gehende etwaige Bindungswirkung der Interpretationsregeln auf. Auch sonstige Kriterien, die eine Abgrenzung von zulässiger und unzulässiger Rechtsfortbildung ermöglichen könnten, werden von *Sankari* folglich nicht diskutiert. Insoweit soll die vorliegende Arbeit weiter reichen.

VIII. Schlussfolgerungen für die Entwicklung eines eigenen Ansatzes

Die vorstehende Darstellung der genannten Werke sowie die von diesen rezipierten Arbeiten belegen, wie vielfältig das Thema der Rechtsfortbildung betrachtet werden kann. Dabei lassen sich insbesondere Tendenzen erkennen, die entweder auf ein eher textlich-historisches oder ein dynamisch-teleologisches Verständnis des Unionsrechts der jeweiligen Autoren schließen lassen. Aus allen Arbeiten wird jedoch offenbar, dass die Begrenzung der richterlichen Gewalt mit Blick auf den EuGH – wie auch im Hinblick auf andere Höchstgerichte – in besonderer Weise relevant wird.[143] Denn die Entscheidungen des Gerichtshofs zeichnen sich dadurch aus, dass sie keiner weiteren judiziellen Kontrolle unterliegen und daher allenfalls durch den Verfassungs- oder Gesetzgeber korrigiert werden können. Zwar ist der EuGH als rechtsstaatliches Gericht an das Recht gebunden, er ist jedoch aus unionsrechtlicher Perspektive auch das einzige Organ, das zur letztverbindlichen Auslegung des Unionsrechts befugt ist. Dabei entfalten die Urteile des Gerichtshofs insbesondere im Wege des Vorabentscheidungsverfahrens durch das Vorrangprinzip des Unionsrechts eine starke Wirkung. Denn als supranationales Recht wirkt das Unionsrecht intensiv auf mitgliedstaatliches Recht ein.[144] Daher stellt sich auch die Frage der Grenzen der Rechtsfortbildung vor dem Hintergrund der europäischen Integration in zweifacher Weise. Die

---

[142] *Sankari*, European Court of Justice Legal Reasoning in Context, 72 u. 75.

[143] Vgl. auch *Schroeder*, Rechtsfortbildung in der Rechtsprechung des EuGH, in: Hoyer/Ofner/Schwind (Hrsg.), Festschrift 50 Jahre ZfRV, 199, 211.

[144] So auch im Hinblick auf die Unionsbürgerschaft und die hieraus erwachsenden Rechte: *Schmahl/Jung*, Die Unionsbürgerschaft: Ein komplexes Rechtsinstitut mit weitreichenden Folgen, Jura 2016, 1272, 1273.

Rechtsfortbildungskompetenz des Gerichtshofs ist nicht nur im Verhältnis zu den anderen Unionsorganen, sondern ebenfalls im Verhältnis zu den Mitgliedstaaten abzugrenzen. Zu diesem Zweck werden in den vorgenannten Werken rechtswissenschaftliche auch mit sozial- und politikwissenschaftlichen Ansätzen ergänzt. Basierend auf dem Verständnis des Unionsrechts als normativer Rechtsordnung, in der die Legitimation zur Rechtsfortbildung wie auch ihre Grenzen systemimmanent betrachtet werden können, sollen die Grundlagen und Grenzen der Rechtsfortbildung nachfolgend jedoch allein aus rechtswissenschaftlicher Sicht in den Blick genommen werden.

B. Eigener Ansatz

I. Grundlagen der Rechtsfortbildung

1. Zum Begriff der Rechtsfortbildung im Unionsrecht

Allgemein wird von richterlicher Rechtsfortbildung gesprochen, wenn in einem konkreten Anwendungsfall mit den hergebrachten Auslegungsmethoden eine Urteilsfindung nicht möglich ist und der in Rede stehende Fall daher zwar zunächst ausgehend vom positiven Recht, letztlich jedoch über dieses hinausgehend entschieden wird. Insoweit wird das positive Recht durch den Rechtsanwender in Ansehung des konkreten Falles ergänzt oder geändert. Anders als die Auslegung, die im Kern darauf angelegt ist, bestehende Rechtsnormen durch Anwendung nachzuvollziehen, ist die Rechtsfortbildung darauf gerichtet, neue rechtliche Maßstäbe zu setzen.[145]

Da die Rechtsfortbildung einer Norm in der Regel stärker als ihre Auslegung in die Kompetenzen der jeweiligen Legislativgewalt eingreift und daher jedenfalls rechtfertigungsbedürftig ist, wurde in der deutschen Rechtswissenschaft seit jeher versucht, eine theoretische Grenze zwischen Auslegung und Rechtsfortbildung zu definieren. Dabei wurde und wird mitunter bis heute auf den weitest möglichen Wortsinn der jeweiligen Norm abgestellt.[146] Nach anderer Ansicht ist eine Abgrenzung allein unter Berücksich-

---

[145] Vgl. zum Ganzen *Reimer*, Juristische Methodenlehre, 251 Rn. 548; *Wiedemann*, Richterliche Rechtsfortbildung, NJW 2014, 2407, 2407.

[146] *Bydlinski*, Juristische Methodenlehre und Rechtsbegriff, 467; *Larenz*, Methodenlehre der Rechtswissenschaft, 322; *Geserich*, Auslegung und Rechtsfortbildung, DStR-Beih 2011, 59, 60; im Hinblick auf das europäische Recht: *Grundmann/Riesenhuber*, Die Auslegung des Europäischen Privat- und Schuldvertragsrechts, JuS 2001, 529, 535; *Dänzer-Vanotti*, Unzulässige Rechtsfortbildung des Europäischen Gerichtshofs, RIW 1992, 733, 734; *Ukrow*, Richterliche Rechtsfortbildung durch den EuGH: Dargestellt am Beispiel der Erweiterung des Rechtsschutzes des Marktbürgers im Bereich des vorläufigen Rechtsschutzes und der Staatshaftung, 72 stellt auf den möglichen Wortsinn und die his-

tigung des Normtextes nicht überzeugend, da die Norm mehr sei als ihr jeweiliger Normtext.[147] Als Auslegung solle daher vielmehr bezeichnet werden, wenn der Regelungsgehalt einer Norm unter Berücksichtigung des Wortlauts und anderer Kriterien entfaltet wird. Der Regelungsgehalt bestimme sich dabei vorrangig nach der erkennbaren Entscheidung des Normsetzers. Soweit also die Entscheidung des Normsetzers unter Berücksichtigung von historischen, grammatischen, systematischen und teleologischen Erwägungen rekonstruiert werde, müsse von Auslegung gesprochen werden. Darüber hinausgehende Urteilsfindung sei Rechtsfortbildung.[148]

Im Hinblick auf das Unionsrecht ist es freilich evident, dass aufgrund der Sprachenvielfalt die Grenzziehung zwischen Auslegung und Rechtsfortbildung anhand des Wortlauts einer Norm jedenfalls nur unter stark erschwerten Bedingungen möglich wäre. Zwar wird erwogen, die Wortlautgrenze entweder durch einen Sprachvergleich aller insoweit divergierenden Sprachfassungen zu bestimmen oder aber die Wortlautgrenze derjenigen Sprachfassung heranzuziehen, die den weitest möglichen Wortsinn zulässt.[149] Beide Ansichten führen jedoch kaum zu eindeutigen Ergebnissen. Das Problem der regelmäßig fehlenden Bestimmtheit einer Norm[150] wird durch die verbindliche Sprachenvielfalt des Unionsrechts derart verschärft, dass es – von Ausnahmen abgesehen[151] – nicht möglich ist, gestützt auf den Wortlaut der in Rede stehenden Norm, Auslegung und Rechtsfortbildung des europäischen Rechts sinnvoll abzugrenzen.[152] Außerdem erscheint es in Betrachtung des

torische Regelungsabsicht ab. Eingehend zur Wortlautgrenze: *Klatt*, Theorie der Wortlautgrenze.

[147] *Jestaedt*, Richterliche Rechtsetzung statt richterliche Rechtsfortbildung, in: Bumke (Hrsg.), Richterrecht zwischen Gesetzesrecht und Rechtsgestaltung, 49, 60.

[148] *Reimer*, Juristische Methodenlehre, 252 Rn. 553; auf den historischen Normzweck abstellend auch *Höpfner/Rüthers*, Grundlagen einer europäischen Methodenlehre, AcP 2009, 1, 5.

[149] Vgl. *Walter*, Rechtsfortbildung durch den EuGH: Eine rechtsmethodische Untersuchung ausgehend von der deutschen und französischen Methodenlehre, 75.

[150] Vgl. hierzu schon oben, § 1.

[151] Dem Wortlaut wird freilich im Strafrecht aufgrund des allgemein anerkannten Analogieverbots zulasten des Täters eine besondere Bedeutung zuerkannt, *Reimer*, Juristische Methodenlehre, 257 Rn. 565 f. Ähnliche Analogieverbote bestehen auch im Unionsrecht, vgl. hierzu *Martens*, Methodenlehre des Unionsrechts, 503. Nach GA Cruz Villalón ist „im Strafrecht eine Analogie schlicht ausgeschlossen", Rs. C-399/12 *BRD/Rat*, Schlussanträge GA Cruz Villalón v. 29.4.2014, Rn. 103. Nicht unberücksichtigt bleiben dürfen in dem Zusammenhang jedoch die allgemeinen Ausführungen des EuGH unter Bezugnahme der Rechtsprechung des EGMR zum Grundsatz der Gesetzmäßigkeit der Strafen: Die Klarheit eines Gesetzes bestimme sich nicht nur nach dem Wortlaut der einschlägigen Norm, sondern auch durch die Präzisierung anhand der ständig veröffentlichten Rechtsprechung, Rs. C-266/06 P *Evonik*, EuGH Urteil v. 22.5.2008, Rn. 39 f.; Rs. C-194/14 P *AC-Treuhand AG*, EuGH Urteil v. 22.10.2015, Rn. 40 f.

[152] Vgl. *Martens*, Methodenlehre des Unionsrechts, 503 f.; *Henninger*, Europäisches Pri-

dynamisch angelegten Unionsrechts, in dem Systematik und Telos vielfach besonderes Gewicht zukommt[153], verengt, dem Wortlaut einer Norm die Bedeutung einer Auslegungsgrenze für die gesamte Rechtsordnung beizumessen. Darüber hinaus wird argumentiert, dass Auslegung und Rechtsfortbildung nicht wesensverschieden seien, sondern nur „verschiedene Stufen desselben gedanklichen Verfahrens“ darstellten.[154] Hierzu passt, dass auch der EuGH – wie die meisten Mitgliedstaaten der Union – sprachlich nicht zwischen Auslegung und Rechtsfortbildung differenziert, sondern in Anlehnung an das französische Modell einheitlich von *interprétation* spricht.[155]

---

vatrecht und Methode, 299 m.w.N.; *Politis*, Sturgeon und kein Ende: Zum Umgang der Gerichte mit einer möglichen Kompetenzüberschreitung des EuGH, EuZW 2014, 8, 10.

[153] Hierzu bereits oben, § 4 B. III. 4.

[154] *Larenz*, Kennzeichen geglückter richterlicher Rechtsfortbildungen, 1; *Larenz*, Methodenlehre der Rechtswissenschaft, 366; vgl. nur *Calliess*, Grundlagen, Grenzen und Perspektiven europäischen Richterrechts, NJW 2005, 929, 930; vgl. auch *Hager*, Rechtsmethoden in Europa, 307 Rn. 72; vgl. im Hinblick auf *judicial activism* ferner *Pierdominici*, Constitutional Adjudication and the “Dimensions” of Judicial Activism. Legal and Institutional Heuristics, STALS Research Paper 2011, 1, 5 u. *Sankari*, European Court of Justice Legal Reasoning in Context, 52 mit Verweis auf *Dehousse*, The European Court of Justice: The Politics of Judicial Integration, 120. Kritisch hierzu und mit dem Hinweis darauf, dass diese Aussage vor dem Hintergrund der „objektiven Auslegung“ zu verstehen sei: *Höpfner/Rüthers*, Grundlagen einer europäischen Methodenlehre, AcP 2009, 1, 4.

[155] *Jestaedt*, Luxemburger Richterrecht – Kognitive Dissonanzen im Diskurs über Selbstverständnis und Praxis des EuGH, in: Hillgruber (Hrsg.), Gouvernement des juges – Fluch oder Segen, 21, 33 m.w.N. Zur Besonderheit der sprachlichen Differenzierung zwischen Auslegung und Rechtsfortbildung in der deutschsprachigen Rechtskultur auch *Wiedemann*, Richterliche Rechtsfortbildung, NJW 2014, 2407, 2407 u. *Rebhahn*, Zur Methodenlehre des Unionsrechts – insbesondere im Privatrecht: Stefan Griller zum 60. Geburtstag gewidmet, ZfPW 2016, 281, 286. Das Problem der Rechtsfortbildung und ihrer Grenzen wird in der englischsprachigen Literatur in der Regel unter dem Begriff des *judicial activism* diskutiert, der insbesondere dem Begriff des *judicial self restraint* gegenübergestellt wird. Der Begriff des *judicial activism* ist dabei jedoch nicht gleichbedeutend mit dem Begriff der Rechtsfortbildung. Während der Begriff der Rechtsfortbildung eher neutral verstanden wird, da sie in bestimmten Grenzen als zulässig erachtet wird, impliziert die Bezeichnung des *judical activism* mitunter eine negative Wertung, vgl. hierzu *Arnull*, Judicial Activism and the European Court of Justice: How Should Academics Respond?, in: Dawson/De Witte/Muir (Hrsg.), Judicial Activism at the European Court of Justice, 211, 215; *Dhooghe/Franken/Opgenhaffen*, Judicial Activism at the European Court of Justice: A Natural Feature in a Dialogical Context, TLR 2015, 122, 131; jedenfalls im Hinblick auf politisierte Diskussionen des Problems: *Pierdominici*, Constitutional Adjudication and the “Dimensions” of Judicial Activism. Legal and Institutional Heuristics, STALS Research Paper 2011, 1, 8. Darüber hinaus wird der Begriff höchst uneinheitlich gebraucht, im Überblick hierzu: *Sankari*, European Court of Justice Legal Reasoning in Context, 51 f. Basierend auf einer Analyse von *Kmiec* differenziert *Arnull* z.B. fünf verschiedene Formen der Begriffsverwendung: Ein Gericht betreibe *judicial activism*, wenn es Verfassungshandlungen der anderen Gewalten verurteilt, Präzedenzfällen nicht folgt, Gesetzgebung be-

Auch wenn durch Rechtsfortbildung dem positiven Recht etwas Neues hinzugefügt wird, bleiben die hergebrachten Auslegungstopoi stets Ausgangspunkt der richterlichen Überlegungen. Rechtsfortbildung erfolgt daher nicht in freier Assoziation, sondern muss aus der bzw. den zugrunde liegenden Normen heraus methodisch begründet werden.[156] Insoweit ist bei Auslegung und Rechtsfortbildung von einem einheitlichen Vorgang auszugehen, bei welchem zwischen beiden „Extremen" nur graduelle Unterschiede hinsichtlich der Loslösung von den hergebrachten Auslegungstopoi bestehen. Die Annahme eines dem Grunde nach einheitlichen Vorgangs schließt dabei ein stärkeres Rechtfertigungsbedürfnis nicht aus, je weiter sich das gefundene Ergebnis von den klassischen Auslegungsmethoden entfernt.[157]

2. Die herausgehobene Bedeutung der Rechtsfortbildung im Unionsrecht

Der richterlichen Rechtsfortbildung wird im Unionsrecht vielfach eine ganz herausragende Bedeutung zugesprochen. Ihre Notwendigkeit gründet sich dabei auf unterschiedliche Aspekte, die das Unionsrecht in besonderer Weise prägen.

Maßgeblich ist zunächst, dass es sich bei der Unionsrechtsordnung um eine – im Vergleich zu den meisten Rechtsordnungen ihrer Mitgliedstaaten – noch relativ junge Rechtsordnung handelt. Daher galt es insbesondere in den Jahrzehnten nach Gründung der Europäischen Gemeinschaften eine Vielzahl von Rechtsproblemen zu lösen, die das positive Recht noch nicht vollumfänglich geregelt hatte. Vor allem in den Anfangsjahren entwickelte der Gerichtshof deshalb diverse grundlegende Verfassungsprinzipien, die das Unionsrecht bis heute formen.[158] Durch Rechtsfortbildung entwickeltes Recht wurde später auch vielfach vom (Verfassungs-)Gesetzgeber aufgegriffen und kodifiziert.

Die Notwendigkeit der Rechtsfortbildung des Unionsrechts wird darüber hinaus mit der Formulierung diverser Bestimmungen des Primärrechts begründet. Denn einerseits sind die Grundlagenverträge – wie andere Verfassungstexte auch – allgemeiner als das Sekundärrecht gehalten. Hierdurch

---

treibt, von den anerkannten Methoden der Interpretation abweicht oder allein urteilt, um einen bestimmten Zweck zu fördern, *Arnull*, Judicial Activism and the European Court of Justice: How Should Academics Respond?, in: Dawson/De Witte/Muir (Hrsg.), Judicial Activism at the European Court of Justice, 211, 216 f. mit Verweis auf *Kmiec*, The Origin and Current Meaning of "Judicial Activism", Cal.L.Rev. 2004, 1441, 1463–1476.

[156] Vgl. *Martens*, Methodenlehre des Unionsrechts, 385.

[157] Vgl. insoweit auch schon oben, § 4 A. III.

[158] *Schwarze/Wunderlich*, in: Schwarze/Becker/Hatje et al. (Hrsg.), EU-Kommentar, Art. 19 EUV Rn. 15 mit Verweis auf *Schockweiler*, Die richterliche Kontrollfunktion: Umfang und Grenzen in Bezug auf den Europäischen Gerichtshof, EuR 1995, 191; *Everling*, Richterliche Rechtsfortbildung in der Europäischen Gemeinschaft, JZ 2000, 217.

wird die hinreichende Flexibilität der durch den Verfassungsgesetzgeber schwer abänderbaren Verfassungsnormen gewährleistet. Andererseits wird vorgebracht, dass die Grundlagenverträge im Vergleich zu anderen Verfassungen in besonderer Weise von Bestimmungen geprägt seien, die auf die Dynamik der Unionsrechtsordnung hinwiesen.[159] Wenngleich das Primärrecht tatsächlich auf eine fortschreitende Integration ausgelegt war und ist, wird jedenfalls im Hinblick auf die Grenzen etwaiger Rechtsfortbildung kritisch zu prüfen sein, ob die jeweils herangezogenen Bestimmungen tatsächlich dem Gerichtshof ermöglichen, die Vertiefung der Integration zu bewirken.[160]

Ein weiteres Charakteristikum des Unionsrechts ist, dass es vielfach Ergebnis eines schwierigen politischen Kompromisses zwischen zahlreichen Mitgliedstaaten ist, der bewusst oder unbewusst in unbestimmten Formulierungen mündet und daher eine konkretisierende Auslegung oder Rechtsfortbildung besonders erforderlich macht.[161]

Auch das Kooperationsverhältnis zwischen dem Gerichtshof und den (Verfassungs-)Gerichten der Mitgliedstaaten wirkt neben den anderen genannten Aspekten als stark dynamisierender Faktor.[162] So kann etwa die Entwicklung des Grundrechtsschutzes auf europäischer Ebene auch auf den bekannten Austausch zwischen dem BVerfG und dem EuGH zurückgeführt werden.[163] Die Rechtsfortbildung des Gerichtshofs wird ebenso durch die Rechtsprechung internationaler Gerichtshöfe beeinflusst. Dies gilt insbesondere für Urteile des EGMR, da das Primärrecht in Art. 6 Abs. 3 EUV ausdrücklich auf die EMRK Bezug nimmt, wenngleich das bisher noch nicht abschließend geklärte Verhältnis zwischen dem EGMR und dem EuGH noch nicht die Kooperationstiefe aufweist, wie sie etwa zwischen dem EuGH

---

[159] *Stein*, Richterrecht wie anderswo auch? Der Gerichtshof der Europäischen Gemeinschaften als „Integrationsmotor", in: Doehring (Hrsg.), Richterliche Rechtsfortbildung: Erscheinungsformen, Auftrag und Grenzen, Festschrift der Juristischen Fakultät zur 600-Jahr-Feier der Ruprecht-Karls-Universität Heidelberg, 619, 621.

[160] Zur Gestaltung des Rechts durch diverse Akteure: *Mayer* in: Grabitz/Hilf/Nettesheim (Hrsg.), Das Recht der Europäischen Union, Art. 19 EUV, Rn. 25.

[161] Vgl. *Stein*, Richterrecht wie anderswo auch? Der Gerichtshof der Europäischen Gemeinschaften als „Integrationsmotor", in: Doehring (Hrsg.), Richterliche Rechtsfortbildung: Erscheinungsformen, Auftrag und Grenzen, Festschrift der Juristischen Fakultät zur 600-Jahr-Feier der Ruprecht-Karls-Universität Heidelberg, 619, 620.

[162] Vgl. *Häberle/Kotzur*, Europäische Verfassungslehre, 509 Rn. 766; vgl. hierzu für den umgekehrten Fall auch *Böhm*, Dynamische Grundrechtsdogmatik von Ehe und Familie?, in: Ehrenzeller/Wallrabenstein/Haltern (Hrsg.), Zukunftsgestaltung durch Öffentliches Recht, Referate und Diskussionen auf der Tagung der Vereinigung der Deutschen Staatsrechtslehrer in Greifswald vom 2. bis 5. Oktober 2013, 211, 239 f.

[163] *Bengt/Beutler*, in: von der Groeben/Schwarze/Hatje (Hrsg.), Europäisches Unionsrecht, Art. 6 EUV Rn. 5; vgl. auch *Kotalakidis*, Von der nationalen Staatsangehörigkeit zur Unionsbürgerschaft, 140.

und den Verfassungsgerichten der Mitgliedstaaten vorgefunden werden kann.[164]

3. Die Legitimation des EuGH zur Rechtsfortbildung des Unionsrechts

Nachdem die Notwendigkeit der Rechtsfortbildung auch für das Unionsrecht begründet und ihre besondere Bedeutung herausgearbeitet wurde, stellt sich im Weiteren die Frage, woraus sich die Legitimation des Gerichtshofs ableitet, rechtsfortbildend tätig zu werden.

Zunächst ist Art. 19 Abs. 1 Unterabs. 1 S. 2 EUV zu nennen, nach welchem der Gerichtshof die Wahrung des Rechts bei der Auslegung und Anwendung der Verträge sichert.[165] Art. 19 EUV weist dem EuGH gemeinsam mit den spezifischen Bestimmungen der verschiedenen Verfahrensarten die Ausübung der judikativen Gewalt im Rahmen der Union zu. Die Bezugnahme auf das „Recht" sowie dessen Unterscheidung von den „Verträgen" legen nahe, dass die Wahrung des Rechts dabei nicht allein die Berücksichtigung des kodifizierten Rechts, sondern ebenfalls die Berücksichtigung des ungeschriebenen Rechts d.h. insbesondere der allgemeinen Rechtsgrundsätze – welche sich etwa aus den gemeinsamen Verfassungstraditionen der Mitgliedstaaten speisen – erfordert.[166] Darüber hinaus ist davon auszugehen, dass dem Gerichtshof sein Rechtsprechungsauftrag in einer Weise erteilt wurde, wie es auch den Verfassungstraditionen der Mitgliedstaaten der Union entspricht.[167] Da die Rechtsfortbildungsaufgabe der Gerichte im Lichte der gemeineuropäischen Rechtsüberlieferung und Rechtskultur anerkannt ist, ist der Rechtsprechungsauftrag auch in diesem umfassenden Sinne zu verstehen.[168]

Als weitere Legitimationsgrundlage werden vielfach auch die auf fortschreitende Integration gerichteten Normen des Primärrechts genannt. So

---

[164] Vgl. zum Ganzen: *Wegener*, in: Calliess/Ruffert (Hrsg.), EUV/AEUV, Das Verfassungsrecht der Europäischen Union mit Europäischer Grundrechtecharta, Art. 19 AEUV Rn. 35 f.

[165] *Böhm*, Umfang und Grenzen eines europäischen Verbots der Altersdiskriminierung im deutschen Recht, JZ 2008, 324, 325.

[166] *Wegener*, in: Calliess/Ruffert (Hrsg.), EUV/AEUV, Das Verfassungsrecht der Europäischen Union mit Europäischer Grundrechtecharta, Art. 19 EUV Rn. 5; *Schwarze/Wunderlich*, in: Schwarze/Becker/Hatje et al. (Hrsg.), EU-Kommentar, Art. 19 EUV Rn. 22 f.; *Mayer*, in: Grabitz/Hilf/Nettesheim (Hrsg.), Das Recht der Europäischen Union, Art. 19 EUV Rn. 23 f.; *Calliess*, Grundlagen, Grenzen und Perspektiven europäischen Richterrechts, NJW 2005, 929, 929 f.; vgl. auch *Kadelbach*, Allgemeines Verwaltungsrecht unter europäischem Einfluß, 43 f.

[167] Vgl. *Mayer*, in: Grabitz/Hilf/Nettesheim (Hrsg.), Das Recht der Europäischen Union, Art. 19 EUV Rn. 23.

[168] *Böhm*, Umfang und Grenzen eines europäischen Verbots der Altersdiskriminierung im deutschen Recht, JZ 2008, 324, 325.

wurde ausweislich der Präambel des EU-Vertrages beschlossen, „den Prozess der Schaffung einer immer engeren Union der Völker Europas [...] weiterzuführen“. Der Begriff der „immer engeren Union der Völker Europas“ wird auch nochmals im Vertragstext selbst, nämlich in Art. 1 Abs. 2 EUV, aufgegriffen. Darüber hinaus enthält das Primärrecht etwa auch diverse Ziele, zu deren Erfüllung sich die Union verpflichtet. Dies bedeutet, dass sich die verfassungsgebenden Mitgliedstaaten darüber bewusst sind, dass die europäische Integration ein dynamischer Prozess ist, der darauf gerichtet ist, einen bestimmten Zustand zu erzielen, der bislang noch nicht erreicht ist. Wenngleich die dynamische Ausrichtung des Primärrechts häufig bemüht wird, um die Legitimation des Gerichtshofs zur Rechtsfortbildung zu begründen, vermögen die genannten Bestimmungen allein die Rechtsfortbildungskompetenz des Gerichtshofs jedoch nicht zu legitimieren. Denn die genannten Normen übertragen nicht dem Gerichtshof die Aufgabe, die Integration weiter voranzutreiben, sondern vielmehr der Union in ihrer Gesamtheit. Die Frage, welche Organe dafür verantwortlich sind, die gesteckten Ziele umzusetzen, kann folglich nicht ohne Berücksichtigung der horizontalen Kompetenzverteilung beantwortet werden.[169] Die auf dynamische Integration gerichteten Normen stehen der Rechtsfortbildungskompetenz des Gerichtshofs daher zwar keinesfalls entgegen, sie legitimieren den Gerichtshof aus den genannten Gründen aber auch nicht in besonderer Weise.

Auch das aus dem nationalen Recht der europäischen Rechtsordnungen bekannte Rechtsverweigerungsverbot wird hinsichtlich der Rechtsfortbildung des Unionsrechts vielfach als legitimationsstiftend betrachtet.[170] Eine Legitimationswirkung kann dem Rechtsverweigerungsverbot jedoch insoweit nur in engen Grenzen zugesprochen werden. Denn dem Rechtsverweigerungsverbot wird entnommen, dass dem Richter eine Pflicht zukomme, ihm vorliegende Fälle zu entscheiden. Diese Pflicht ist auf das Unionsrecht als fragmentarische Rechtsordnung jedoch nur beschränkt übertragbar.[171] Insbesondere in kritischen Fällen, in denen der Anwendungsbereich des Unionsrechts nicht eindeutig eröffnet ist, sondern erst durch eine extensive

---

[169] *Calliess*, Grundlagen, Grenzen und Perspektiven europäischen Richterrechts, NJW 2005, 929, 930, der die Kompetenz des EuGH zur Rechtsfortbildung jedenfalls dann begründet sieht, wenn die anderen Verfassungsorgane ihrem Integrationsauftrag nicht nachkommen.

[170] Beispielhaft: *Ukrow*, Richterliche Rechtsfortbildung durch den EuGH: Dargestellt am Beispiel der Erweiterung des Rechtsschutzes des Marktbürgers im Bereich des vorläufigen Rechtsschutzes und der Staatshaftung, 130 f.

[171] Diese Argumentation wird in ähnlicher Weise auch im Rahmen der Diskussion um den Lückenbegriff relevant. Hierzu unten, § 5 B. I. 5. b).

Auslegung bzw. Rechtsfortbildung seitens des EuGH begründet wird, kann dem Rechtsverweigerungsverbot keine legitimationsstiftende Wirkung entnommen werden. Denn in diesen Fällen ließe sich ebenfalls erwägen, den Sachverhalt auf Grundlage des nationalen Rechts zu lösen.

4. Systematisierung der richterlichen Rechtsfortbildung im Unionsrecht

Zunächst lässt sich die Rechtsfortbildung des Primär- und Sekundärrechts differenzieren. Dabei können die genannten Regelungsbereiche aufgrund des erheblichen Umfangs, den die Rechtsfortbildung im Unionsrecht im Allgemeinen einnimmt, nur einen Teil der Urteile erfassen, in denen der EuGH rechtsfortbildend tätig geworden ist. Sie sollen daher exemplarisch der Veranschaulichung dienen.

a) Rechtsfortbildung des Primärrechts

Die frühe Rechtsfortbildung des Primärrechts ist der Grund, weshalb der EuGH bis heute vielfach als „Motor der Integration" bezeichnet wird.[172] Bekanntermaßen hat der EuGH durch seine weitreichenden Urteile in besonderem Maße zur Konstitutionalisierung des europäischen Verfassungsrechts beigetragen und ein in großen Teilen kohärentes europäisches Rechtssystem geschaffen. Auf Ebene des Primärrechts lassen sich unterschiedliche Regelungsbereiche ausmachen, die der EuGH im Wege der Rechtsfortbildung begründet oder erweitert hat.

aa) „Organisationsrechtliche Regeln und Prinzipien" i.w.S.

Unter dem Stichwort der „organisationsrechlichen Regeln und Prinzipien" kann diejenige Rechtsfortbildung des Primärrechts verstanden werden, mit welcher der EuGH Regeln oder Prinzipien begründet oder erweitert hat, die i.w.S. das unionale „Organisationsrecht" betreffen, d.h. etwa das vertikale Verhältnis der EU zu ihren Mitgliedstaaten oder das Verhältnis der Unionsorgane untereinander[173]. Hierunter zu fassen sind z.B. die Begründung der unmittelbaren Anwendbarkeit des Primärrechts[174], der Vorrang des Unions-

---

[172] *Horsley*, Reflections on the Role of the Court of Justice as the "Motor" of European Integration: Legal Limits to Judicial Lawmaking, CMLR 2013, 931, 931.

[173] *Calliess*, Grundlagen, Grenzen und Perspektiven europäischen Richterrechts, NJW 2005, 929, 930, der insbesondere horizontal und vertikal wirkende Rechtsfortbildung differenziert.

[174] Rs. 26/62 *van Gend & Loos*, EuGH Urteil v. 5.2.1963.

rechts[175], die unionsrechtliche Staatshaftung[176] oder die Passiv[177]– und Aktivlegitimation[178] des Europäischen Parlaments bei der Nichtigkeitsklage.

bb) Grundrechte und (sonstige) allgemeine Rechtsprinzipien

Ein wichtiger Bereich der Rechtsfortbildung ist außerdem in den sogenannten allgemeinen Rechtsprinzipien zu sehen, die neben den bereits genannten organisationsrechtlichen Regeln und Prinzipien entwickelt wurden. Zwar kommt der EU-GRCh heute gem. Art. 6 Abs. 1 EUV der Rang des Primärrechts zu. Bevor die Charta durch die Verweisungsnorm Verbindlichkeit erlangte, hatte der EuGH aber bereits im Wege der Rechtsfortbildung einen umfassenden Grundrechtsschutz etabliert.[179] Daneben existieren zahlreiche bis heute ungeschriebene allgemeine Rechtsgrundsätze, etwa der Vorbehalt des Gesetzes[180], das Rückwirkungsverbot[181] sowie das Verhältnismäßigkeitsprinzip[182].[183] Besondere Aufmerksamkeit hat insoweit auch die Entwicklung des Verbots der Altersdiskriminierung erlangt.[184]

---

[175] Rs. 6/64 *Costa/ENEL*, EuGH Urteil v. 15.7.1964.

[176] Vb. Rs. C-6/90 u. C-9/90 *Francovich*, EuGH Urteil v. 19.11.1991; vb. Rs. C-46/93 u. C-48/93 *Brasserie du Pêcheur*, EuGH Urteil v. 5.2.1996; Rs. C–224/01 *Köbler*, EuGH Urteil v. 30.9.2003.

[177] Rs. 294/83 *Les Verts*, EuGH Urteil v. 23.4.1986.

[178] Rs. C–70/88 *Europäisches Parlament/Rat der Europäischen Gemeinschaften*, EuGH Urteil v. 22.5.1990.

[179] Erstmals: Rs. 29/69 *Stauder*, EuGH Urteil v. 12.11.1969. Ausführlich zur Entwicklung des unionalen Grundrechtsschutzes: *Chiariello*, Der Richter als Verfassungsgeber? – Zur Fortbildung von Grundlagen des Rechtsstaats und der Demokratie durch höchste Gerichte, 298 f.

[180] Vb. Rs. 46/87 u. 227/88 *Hoechst*, EuGH Urteil v. 21.9.1989.

[181] Rs. C-331/88 *Fedesa*, EuGH Urteil v. 13.11.1990.

[182] Rs. 265/87 *Schräder*, EuGH Urteil v. 11.7.1989. Siehe eingehend hierzu unten, § 5 B. II. 2. a) cc).

[183] *Wegener*, in: Calliess/Ruffert (Hrsg.), EUV/AEUV, Das Verfassungsrecht der Europäischen Union mit Europäischer Grundrechtecharta, Art. 19 EUV Rn. 59 f.

[184] Rs. C-144/04 *Mangold*, EuGH Urteil v. 22.11.2005. Vgl. zur umfangreichen Literatur hinsichtlich der Entscheidung nur beispielhaft: *Gas*, Die unmittelbare Anwendbarkeit von Richtlinien zu Lasten Privater im Urteil „Mangold", EuZW 2005, 737; *Preis*, Verbot der Altersdiskriminierung als Gemeinschaftsgrundrecht: Der Fall „Mangold" und die Folgen, NZA 2006, 401; *Bauer/Arnold*, Auf „Junk" folgt „Mangold" – Europarecht verdrängt deutsches Arbeitsrecht, NJW 2006, 6; *Herrmann*, Die negative unmittelbare Wirkung von Richtlinien in horizontalen Rechtsverhältnissen, EuZW 2006, 69; *Böhm*, Umfang und Grenzen eines europäischen Verbots der Altersdiskriminierung im deutschen Recht, JZ 2008, 324.

cc) Grundfreiheiten

Ein weiterer Bereich des Primärrechts, der stark von Rechtsfortbildung geprägt ist, betrifft die Grundfreiheiten. Diese waren ursprünglich als Diskriminierungsverbote konzipiert, der EuGH entwickelte sie jedoch zu allgemeinen Beschränkungsverboten fort.[185] Auch der Anwendungsbereich der Grundfreiheiten wurde im Wege extensiver Rechtsprechung erweitert, die teilweise als Rechtsfortbildung eingeordnet werden kann. Abgesehen von den aus der Unionsbürgerschaft im engeren Sinne fließenden Rechten[186] lässt sich in diesem Zusammenhang u.a. die Ergänzung der in Art. 56 AEUV verankerten Dienstleistungsfreiheit um die passive Dienstleistungsfreiheit nennen.[187] Die Rechtsprechung geht insoweit deutlich über den Wortlaut des Art. 56 AEUV hinaus, kann sich aber auf das Ziel stützen, jede gegen Entgelt geleistete Tätigkeit, die nicht unter den freien Waren- und Kapitalverkehr und unter die Freizügigkeit der Personen fällt, zu liberalisieren.[188]

b) Rechtsfortbildung des Sekundärrechts

Auch das Sekundärrecht wurde in unzähligen Fällen fortgebildet. So sind beispielsweise zentrale Aspekte des Urheberrechts, wie die Entwicklung eines allgemeinen europäischen Werkbegriffs, durch Rechtsfortbildung erfolgt.[189]

Als weiteres markantes Beispiel kann das Urteil in der Rs. *Sturgeon u.a.*[190] dienen, in dem der EuGH einen Anspruch für Flugverspätungen entwickelte, der ausweislich des Wortlauts der Fluggastrechteverordnung[191] bis dahin nur für kurzfristige Annullierungen und Beförderungsverweigerung vorgesehen war. Der EuGH begründete seine Entscheidung mit einem Verweis auf die Erwägungsgründe und den Gleichheitsgrundsatz. Obwohl kurzfristige An-

---

[185] *Manger-Nestler/Noack*, Europäische Grundfreiheiten und Grundrechte, JuS 2013, 503, 503.

[186] Besonders auffällig insoweit etwa in der Rs. C-34/09 *Zambrano*, EuGH Urteil v. 8.3.2011, hierzu im Einzelnen unten, § 7 B. III. 3.

[187] Vb. Rs. 286/82 *Luisi und Carbone*, EuGH Urteil v. 31.1.1984, Rn. 10.

[188] *Randelzhofer/Forsthoff*, in: Grabitz/Hilf/Nettesheim (Hrsg.), Das Recht der Europäischen Union, Art. 56, Art. 57 AEUV Rn. 53.

[189] Rs. C-5/08 *Infopaq International*, EuGH Urteil v. 16.7.2009; umfassend zur Rechtsfortbildung des EuGH im Urheberrecht: *Metzger*, Rechtsfortbildung im Richtlinienrecht: Zur judikativen Rechtsangleichung durch den EuGH im Urheberrecht, ZEuP 2017, 836, 848 f.

[190] Rs. C-402/07 *Sturgeon u.a.*, EuGH Urteil v. 19.9.2009.

[191] Verordnung (EG) Nr. 261/2004 des Europäischen Parlaments und des Rates vom 11.2.2004 über eine gemeinsame Regelung für Ausgleichs- und Unterstützungsleistungen für Fluggäste im Fall der Nichtbeförderung und bei Annullierung oder großer Verspätung von Flügen und zur Aufhebung der Verordnung (EWG) Nr. 295/91, Amtsbl. Nr. L 46 v. 17.2.2004, 1–8.

nullierungen und Flugverspätungen gleichermaßen zu einem Schaden in Form eines Zeitverlusts für die Fluggäste führten, sehe die Richtlinie keinen Ausgleichsanspruch für Flugverspätungen vor. Da es ausweislich der Erwägungsgründe Ziel der Verordnung sei, ein hohes Schutzniveau für Fluggäste zu sichern und wegen des Gleichheitsgrundsatzes müsse Art. 7 der Verordnung entsprechend auch auf Flugverspätungen angewandt werden.[192] Das Urteil wurde in der Folge vielfach kritisiert[193], der BGH stellte später jedoch keine Kompetenzüberschreitung fest[194].

5. *Methodik*

Obgleich die Zulässigkeit der Rechtsfortbildung im Unionsrecht eine in der Literatur viel diskutierte Frage ist, wird das methodische Vorgehen des Gerichtshofs in diesem Zusammenhang nur wenig eingehender betrachtet. Dies hängt sicherlich u.a. damit zusammen, dass die Rechtsfortbildung je nach konkreter Fallgestaltung sehr unterschiedliche Formen annehmen kann und daher eine einheitliche Methodik kaum feststellbar ist. Darüber hinaus erschwert die fehlende Differenzierung von Auslegung und Rechtsfortbildung in den meisten Mitgliedstaaten der Union die Analyse.[195]

a) Der Ausgangspunkt der Rechtsfortbildung

Da bei Auslegung und Rechtsfortbildung grundsätzlich von einem gestuften Verfahren auszugehen ist[196], ist Ausgangspunkt jeder Rechtsfortbildung zunächst die Auslegung des positiven Rechts. Unverkennbar ist, dass bestimmte Auslegungsmethoden in besonderer Weise geeignet sind, den Ausgangspunkt einer Rechtsfortbildung darzustellen. Bei einer extensiven Anwendung dieser Auslegungsmethoden kann vielfach kaum unterschieden werden, inwieweit es sich noch um Auslegung handelt und wann die Grenze zur Rechtsfortbildung überschritten ist. Dies gilt etwa für die teleologische Auslegung, hauptsächlich in ihrer Ausprägung durch den *effet utile*-Grundsatz[197].

---

[192] Rs. C-402/07 *Sturgeon u.a.*, EuGH Urteil v. 19.9.2009, Rn. 40 f.

[193] Das AG Köln etwa kritisierte die starke Bezugnahme auf die Erwägungsgründe, die eindeutig einem früheren EuGH-Urteil entgegenstehe, AG Köln, DAR 2011, 536. Zum Diskussionsstand in der Literatur: *Politis*, Sturgeon und kein Ende: Zum Umgang der Gerichte mit einer möglichen Kompetenzüberschreitung des EuGH, EuZW 2014, 8, 8 Fn. 4 m.w.N.

[194] BGH NJW-RR 2013, 1065, 1066.

[195] Hierzu oben, § 5 B. I. 1.

[196] Hierzu oben, § 5 B. I. 1.

[197] Eingehend zu diesem Grundsatz oben, § 4 B. III. 3.

b) Die Rechtslücke als Voraussetzung der Rechtsfortbildung im Unionsrecht

Insbesondere in der deutschen Rechtswissenschaft wurde und wird eine Rechtslücke vielfach als Voraussetzung der Rechtsfortbildung angesehen.[198] Dabei wird u.a. zwischen bewussten und unbewussten, offenen und versteckten, echten und unechten wie auch anfänglichen und nachträglichen Lücken unterschieden.[199] Die vorstehenden Begrifflichkeiten werden jedoch höchst uneinheitlich gebraucht und helfen häufig kaum, um die Frage der Zulässigkeit der Rechtsfortbildung im Einzelfall zu klären.[200]

Auch im Hinblick auf das Unionsrecht wird vielfach die Feststellung einer Rechtslücke als Voraussetzung der Rechtsfortbildung gefordert.[201] Der EuGH selbst verwendet den Begriff der Lücke jedoch nur gelegentlich.[202] Dies kann u.a. darauf zurückgeführt werden, dass der Gerichtshof, wie gezeigt, begrifflich nicht zwischen Auslegung und Rechtsfortbildung differenziert und eine Rechtsfortbildung daher nicht über das Vorhandensein einer Lücke rechtfertigen muss.

Wenngleich im Hinblick auf das Unionsrecht von der Besonderheit auszugehen ist, dass es sich im Ganzen um eine fragmentarische Rechtsordnung handelt, die im Einklang mit dem Prinzip der begrenzten Einzelermächtigung nur bestimmte Rechtsbereiche regeln soll[203], ist dennoch davon auszugehen, dass die Feststellung von Lücken auch im Hinblick auf das Primär- und Sekundärrecht möglich ist. Von einer Lücke ist dabei stets dann auszugehen, wenn die Lösung einer Rechtsfrage nicht mit Hilfe des positiven Rechts beantwortet werden kann, obwohl sie in den Regelungsbereich des Unionsrechts fällt.[204] Der hier vertretene Lückenbegriff ist folglich weiter als derjenige, der klassischerweise in der deutschen Literatur zum nationalen Recht vertreten wird.[205]

---

[198] *Martens*, Methodenlehre des Unionsrechts, 505 mit Verweis auf *Canaris*, Die Feststellung von Lücken im Gesetz.

[199] *Wiedemann*, Richterliche Rechtsfortbildung, NJW 2014, 2407, 2411.

[200] *Martens*, Methodenlehre des Unionsrechts, 505; vgl. auch *Wiedemann*, Richterliche Rechtsfortbildung, NJW 2014, 2407, 2411.

[201] *Ukrow*, Richterliche Rechtsfortbildung durch den EuGH: Dargestellt am Beispiel der Erweiterung des Rechtsschutzes des Marktbürgers im Bereich des vorläufigen Rechtsschutzes und der Staatshaftung, 103 f.; *Walter*, Rechtsfortbildung durch den EuGH: Eine rechtsmethodische Untersuchung ausgehend von der deutschen und französischen Methodenlehre, 89 f.

[202] *Martens*, Methodenlehre des Unionsrechts, 505 mit Verweis auf Rs. C-70/88 *Parlament/Rat*, EuGH, Urteil v. 22.5.1990, Rn. 26 u. Rs. C-123/10 *Brachner*, EuGH Urteil v. 20.10.2011, Rn. 52.

[203] *Levits*, Gesetzesbindung und Richterrecht in der Praxis des EuGH, SR 2015, 121, 126.

[204] Freilich ist die Abgrenzung, ob eine Rechtsfrage in den Anwendungsbereich des Unionsrechts fällt, häufig besonders problematisch. Hierzu unten, § 7 B. III. 1. d) aa) (1).

[205] *Martens*, Methodenlehre des Unionsrechts, 506.

c) Die wichtigsten Mittel der Rechtsfortbildung im Unionsrecht

aa) Die Gewinnung der Grundrechte und allgemeinen Rechtsgrundsätze durch wertende Rechtsvergleichung

Die Gewinnung der Grundrechte, bevor diese verschriftlicht wurden, und der allgemeinen Rechtsgrundsätze wird in der Regel als „wertende Rechtsvergleichung" bezeichnet, die neben dem geschriebenen Unionsrecht an die Verfassungstraditionen der Mitgliedstaaten sowie internationale Verträge und insoweit insbesondere an die EMRK anknüpft.[206] Aus dem Vertragstext sind vor diesem Hintergrund zwei Normen besonders hervorzuheben, die auf die Rechte der Mitgliedstaaten und die EMRK abstellen: Gem. Art. 6 Abs. 3 EUV sind die Grundrechte, wie sie in der Europäischen Konvention zum Schutz der Menschenrechte und Grundfreiheiten gewährleistet sind und wie sie sich aus den gemeinsamen Verfassungsüberlieferungen der Mitgliedstaaten ergeben, als allgemeine Grundsätze Teil des Unionsrechts. Gem. Art. 340 Abs. 2 AEUV ersetzt die Union im Bereich der außervertraglichen Haftung den durch ihre Organe verursachten Schaden nach den allgemeinen Rechtsgrundsätzen, die den Rechtsordnungen der Mitgliedstaaten gemeinsam sind. Beide Normen werden in der Regel zusammen mit Art. 19 EUV genannt, um die auf Rechtsvergleichung gestützte Entwicklung des Rechts seitens des EuGH zu legitimieren.[207]

Der EuGH zieht dabei grundsätzlich nicht einzelne Normen heran, sondern stellt vielmehr auf staatstragende Strukturprinzipien ab. Der Beachtung von grundlegenden Wertentscheidungen, wie sie in den nationalen Verfassungen der Mitgliedstaaten zum Ausdruck gebracht werden, kommt dabei eine wichtige Rolle in Bereichen zu, die etwa aufgrund von Normambiguität nicht eindeutig oder nur unvollständig geregelt sind.[208] Auf die nationalen Verfassungsordnungen wurde daher insbesondere bei der Schöpfung der allgemeinen Rechtsgrundsätze des Unionsrechts abgestellt und vor allem die Gemeinschaftsgrundrechte in Anlehnung an nationales Verfassungsrecht konzipiert.[209] Entwickelt der EuGH das Unionsrecht gestützt auf Rechtsver-

---

[206] *Böhm*, Umfang und Grenzen eines europäischen Verbots der Altersdiskriminierung im deutschen Recht, JZ 2008, 324, 326; *Böhm*, Grundlagen und Rechtsquellen der Europäischen Union – Teil 1, JA 2008, 838, 842f.; *Wegener*, in: Calliess/Ruffert (Hrsg.), EUV/AEUV, Das Verfassungsrecht der Europäischen Union mit Europäischer Grundrechtecharta, Art. 19 EUV Rn. 58.

[207] *Lenaerts/Gutiérrez-Fons*, To Say What the Law of the EU Is: Methods of Interpretation and the European Court of Justice, CJEL 2014, 3, 44f. Vgl. zur allgemeinen Legitimation des EuGH zur Rechtsfortbildung oben, § 5 B. I. 3.

[208] Vgl. *Maduro*, Interpreting European Law – Judicial Adjudication in a Context of Constitutional Pluralism, WPLS 2008, 1, 4. Zur nationalen Identität als Grenze der Rechtsfortbildung s. unten, § 5 B. II. 2. a) dd).

[209] Vgl. *Pechstein/Drechsler*, in: Riesenhuber (Hrsg.), Europäische Methodenlehre, § 7

gleichung fort, wird dies daher regelmäßig von einer engen Kooperation zwischen den mitgliedstaatlichen Gerichten und dem EuGH begleitet.[210]

Maduro sieht diese spezifische Form der Rechtsfortbildung überzeugenderweise dadurch legitimiert, dass das EU-Rechtssystem letztlich auf den Völkern Europas und ihren nationalen Rechtsordnungen – nicht nur ihren Staaten – fußt, wie es der EuGH in seinen das Unionsrecht konstitutionalisierenden Grundsatzentscheidungen, zum Ausdruck gebracht hat. Darüber hinaus lässt sich die Rechtsvergleichung dadurch rechtfertigen, dass sie der materiellen Verflechtung und Einheit von innerstaatlichem Recht und der Unionsverfassung und damit der Wahrung der Rechtseinheit dient.[211] Der Vergleich nationalen Verfassungsrechts zur Gewinnung von Unionsrecht darf dabei jedoch nicht zu einer *best law*-Praxis führen, die selektiv beliebige Elemente nationalen Verfassungsrechts als Europarecht deklariert.

bb) Die Analogie

Ein weiteres Mittel der Rechtsfortbildung ist auch im Unionsrecht die Analogie, wenngleich der Gerichtshof den Analogieschluss nicht immer als solchen bezeichnet.[212] Grundgedanke der Analogiebildung ist, dass aufgrund der *ratio* einer Norm, die im Hinblick auf zwei wesentlich gleiche Sachverhalte ausdrücklich nur auf einen Sachverhalt Anwendung findet, die Norm entsprechend auch auf den ungeregelten Sachverhalt angewendet wird (Gesetzesanalogie). Dies erfordert in der Regel der allgemeine Gleichheitssatz (Art. 6 EUV i.V.m. Art. 20, 21 EU-GRCh).[213] Eine analoge Auslegung einer Norm kommt daher stets dann in Betracht, wenn die betroffenen Personen darlegen können, „dass die für sie geltende Regelung zum einen der Regelung, auf deren analoge Anwendung sie sich berufen, weitgehend entspricht, und zum anderen eine Lücke enthält, die mit dem allgemeinen Grundsatz des Gemeinschaftsrechts unvereinbar ist und die durch die entsprechende Anwendung geschlossen werden kann.“[214] Ähnlich wie in nationalen Rechtsord-

---

Rn. 37; *Lenaerts/Gutiérrez-Fons*, To Say What the Law of the EU Is: Methods of Interpretation and the European Court of Justice, CJEL 2014, 3, 46 f.; vgl. auch *Grundmann*, Inter-Instrumental-Interpretation, Systembildung durch Auslegung im Europäischen Unionsrecht, RabelsZ 2011, 882, 901.

[210] *Lenaerts/Gutiérrez-Fons*, To Say What the Law of the EU Is: Methods of Interpretation and the European Court of Justice, CJEL 2014, 3, 47.

[211] *Henninger*, Europäisches Privatrecht und Methode, 293.

[212] Siehe etwa Rs. C-70/88 *Europäisches Parlament/Rat der Europäischen Gemeinschaften*, EuGH Urteil v. 22.5.1990, Rn. 26; Rs. 294/83 *Les Verts*, EuGH Urteil v. 23.4.1986, Rn. 25; Rs. C-402/07 *Sturgeon u.a.*, EuGH Urteil v. 19.9.2009, Rn. 63.

[213] Vgl. *Martens*, Methodenlehre des Unionsrechts, 320; *Pieper*, in: Dauses/Ludwigs (Hrsg.), Handbuch des EU-Wirtschaftsrechts Band 1, B. I. 7., Rn. 185. Freilich bestehen auch im Unionsrecht Analogieverbote, hierzu bereits oben, Fn. 151.

[214] Rs. 165/84 *Krohn* EuGH, Urteil v. 12.12.1985, Rn. 14.

nungen, können auch im Unionsrecht Gesetzesanalogien von Rechtsanalogien unterschieden werden, in denen der Regelungsgehalt mehrerer Normen zu einem übergeordneten, allgemeineren Rechtssatz zusammengefasst wird (Gesamtanalogie).[215]

cc) Die teleologische Reduktion

Schließlich ist auch die teleologische Reduktion im Rahmen des Europarechts bedeutsam. Sie ist ein richterliches Korrektiv, um Situationen zu vermeiden, in denen eine Norm „nach ihrem Wortlaut eine Vielzahl von Sachverhalten erfasst, obwohl einige dieser Sachverhalte aufgrund des Normzwecks nicht erfasst werden sollten" und damit den Zweck der Norm *ad absurdum* führen würden.[216] Der entsprechende Sachverhalt wird in solchen Fällen aus dem Anwendungsbereich der Norm herausgenommen. Beispielhaft für die Problematik, in welchen Fällen eine teleologische Reduktion in Betracht kommt, lässt sich die Rs. *McDonagh*[217] anführen. Der Fall betraf die Frage, ob Ryanair aufgrund der Fluggastrechteverordnung verpflichtet war, der Klägerin des Ausgangsverfahrens Betreuungsleistungen zu gewähren, nachdem ihr Flug infolge der Schließung des irischen Luftraums wegen eines Vulkanausbruchs annuliert worden war. Die Verordnung sieht keinen Ausschluss der Betreuungsleistungen vor. Ryanair berief sich darauf, dass die Umstände, aufgrund derer der Luftraum geschlossen worden sei, „höchst außergewöhnlich" gewesen seien und hielt daher eine teleologische Reduktion für erforderlich, die der EuGH jedoch letztlich ablehnte.[218]

6. Zwischenfazit

Im vorstehenden Kapitel wurde zunächst festgestellt, dass mit der Rechtsfortbildung neue rechtliche Maßstäbe gesetzt werden. Auslegung und Rechtsfortbildung sind dabei Teil eines einheitlichen Vorgangs mit nur gra-

---

[215] *Pieper*, in: Dauses/Ludwigs (Hrsg.), Handbuch des EU-Wirtschaftsrechts Band 1, B. I. 7., Rn. 185; vgl. insoweit auch die Parallele zur „meta-teleologischen Auslegung" unter §4 B. III. 2.

[216] *Danwerth*, Analogie und teleologische Reduktion – zum Verhältnis zweier scheinbar ungleicher Schwestern, ZfPW 2017, 230, 233.

[217] Rs. C-12/11 *McDonagh*, EuGH Urteil v. 31.1.2013.

[218] Rs. C-12/11 *McDonagh*, EuGH Urteil v. 31.1.2013, Rn. 16; kritisch insoweit: *Staudinger*, Reiserecht: Pflicht zur Betreuung der Fluggäste bei Flugannullierung nach Vulkanausbruch – Anmerkung, EuZW 2013, 223, 227. Da die Argumentation von Ryanair die Ausschlussnorm des Art. 5 Abs. 3 der Verordnung mit einbezog, nach welcher bei „außergewöhnlichen Umständen" keine Ausgleichszahlungen nach Art. 7 zu leisten sind, lässt sich der Fall auch als Beispiel einer versuchten teleologischen Extension lesen, welche die Ausschlussnorm des Art. 5 Abs. 3 über ihren eigentlichen Anwendungsbereich hinaus ausdehnen soll. Die teleologische Extension bildet einen Unterfall der Analogie.

duellen Unterschieden. Die Rechtsfortbildung zeichnet sich allerdings durch ein stärkeres Rechtfertigungsbedürfnis aus. Der Rechtsfortbildung kommt im Unionsrecht große Bedeutung zu. Dies liegt unter anderem daran, dass die Unionsrechtsordnung noch eine relativ junge Rechtsordnung ist und vor allem die Normen des Primärrechts auf eine besondere Dynamik hinweisen. Außerdem ist das Unionsrecht noch mehr als nationalstaatliches Recht ein Ergebnis politischer Kompromisse. Daneben hat auch das Kooperationsverhältnis zwischen dem Gerichtshof, den mitgliedstaatlichen Höchstgerichten und dem EGMR entscheidenden Einfluss. Die Legitimation des Gerichtshofs zur Rechtsfortbildung speist sich vor allem aus Art. 19 EUV und der gemeineuropäischen Rechtsüberlieferung, da in allen Rechtskulturen Europas die Rechtsfortbildungsaufgabe der Gerichte anerkannt wird. Bei der Rechtsfortbildung des Primärrechts lassen sich verschiedene Fallgruppen ausmachen, in denen der Gerichtshof in besonderer Weise aktiv geworden ist. Dies betrifft einerseits organisationsrechtliche Regeln und Prinzipien sowie die Ausgestaltung der Grundrechte und Grundfreiheiten. Methodisch ist Ausgangspunkt der Rechtsfortbildung in der Regel das positive Recht. Soweit dieses eine Lücke im weiteren Sinne aufweist, kann es durch den Gerichtshof fortgebildet werden. Insbesondere Grundrechte und allgemeine Rechtsgrundsätze hat der Gerichtshof durch wertende Rechtsvergleichung weiterentwickelt. Weitere methodische Mittel der Rechtsfortbildung sind die Analogie und die teleologische Reduktion.

II. Grenzen der Rechtsfortbildung

1. Das Unionsverfassungsrecht als systemimmanenter Maßstab

Die eingangs dargestellten Werke haben gezeigt, dass im Hinblick auf Rechtsfortbildungsgrenzen aus rechtswissenschaftlicher Sicht u.a. materiellrechtliche und funktionellrechtliche Grenzen unterschieden werden können. Funktionellrechtliche Grenzen ergeben sich insoweit etwa daraus, dass der Gerichtshof auf bestimmte im Primärrecht enumerativ aufgeführte Verfahrensarten verwiesen ist. Da sich die funktionellrechtlichen Grenzen jedoch nicht als Maßstab eignen, um hieran die Entscheidungen des Gerichtshofs inhaltlich zu messen, sollen vorliegend vornehmlich die materiellrechtlichen Grenzen in den Blick genommen werden. Die materiellrechtlichen Rechtsfortbildungsgrenzen ergeben sich nach überzeugender Ansicht insbesondere aus dem Unionsverfassungsrecht.[219] Diese Annahme lässt sich auf drei Erwägungen stützen:

---

[219] *Martens*, Methodenlehre des Unionsrechts, 511 f.; *Ukrow*, Richterliche Rechtsfortbildung durch den EuGH: Dargestellt am Beispiel der Erweiterung des Rechtsschutzes des Marktbürgers im Bereich des vorläufigen Rechtsschutzes und der Staatshaftung, 172 f.; *Walter*, Rechtsfortbildung durch den EuGH: Eine rechtsmethodische Untersuchung aus-

Erstens sind es die primärrechtlichen Verträge, die dem EuGH gem. Art. 19 EUV die Kompetenz zuweisen, das Unionsrecht im Rahmen der enumerativ festgelegten Verfahrensarten letztverbindlich auszulegen. Alle Interpretationsgewalt fußt daher auf dem Primärrecht und kann folglich nicht losgelöst von diesem betrachtet werden.[220] In diesem Sinne legt auch Art. 13 Abs. 2 S. 1 EUV fest, dass alle Organe nach Maßgabe der ihnen in den Verträgen zugewiesenen Befugnisse nach den Verfahren, Bedingungen und Zielen, die in den Verträgen festgelegt sind, handeln. Zweitens gilt auch im Unionsrecht im Allgemeinen der Grundsatz der Normenhierarchie.[221] Das Sekundärrecht muss daher im Einklang mit dem höherrangigen Recht interpretiert und angewendet werden. Wird Sekundärrecht fortgebildet, lassen sich über den Grundsatz der Normenhierarchie folglich unmittelbar Grenzen dieser Rechtsfortbildung aus dem Primärrecht ableiten. Drittens ergeben sich auch bei der Fortbildung des Primärrechts die Grenzen dieser Rechtsfortbildung aus dem Primärrecht selbst. Zwar gibt es im Unionsrecht keine hierarchische Abstufung der Verfassungsnormen, wie sie das deutsche GG kennt[222], doch muss bei einer Rechtsfortbildung von einzelnen Normen des Primärrechts stets das gesamte Primärrecht in den Blick genommen werden.

---

gehend von der deutschen und französischen Methodenlehre, 229 f.; *Wegener*, in: Calliess/Ruffert (Hrsg.), EUV/AEUV, Das Verfassungsrecht der Europäischen Union mit Europäischer Grundrechtecharta, Art. 19 EUV Rn. 35; *Potacs*, Effet utile als Auslegungsgrundsatz, EuR 2009, 465, 476; vgl. auch *Muthorst*, Grundlagen der Rechtswissenschaft: Methode, Begriff, System, 122 Rn. 36; *Lenaerts*, EU Citizenship and Democracy, NJECL 2016, 164, 170 f.; *Calliess*, Grundlagen, Grenzen und Perspektiven europäischen Richterrechts, NJW 2005, 929, 930; *Levits*, Gesetzesbindung und Richterrecht in der Praxis des EuGH, SR 2015, 121, 121 f.; vgl. ferner *Reimer*, Juristische Methodenlehre, 43 f.; mit Verweis auf den politikwissenschaftlichen Diskurs um den Gerichtshof als *institutional actor*: *Horsley*, Reflections on the Role of the Court of Justice as the "Motor" of European Integration: Legal Limits to Judicial Lawmaking, CMLR 2013, 931, 932 ff.; vgl. im Hinblick auf einige der nachfolgend analysierten Verfassungsprinzipien *Holst*, Keine einheitliche Dogmatik des EuGH für die sachgerechte Begrenzung des Anwendungsbereichs der Warenverkehrsfreiheit – ein Erklärungsversuch, EuR 2018, 87, 88; *Schill/Krenn*, in: Grabitz/Hilf/Nettesheim (Hrsg.), Das Recht der Europäischen Union, Art. 4 EUV Rn. 54; vgl. mit Blick auf das Prinzip der begrenzten Einzelermächtigung und das Subsidiaritätsprinzip auch *Böhm*, Umfang und Grenzen eines europäischen Verbots der Altersdiskriminierung im deutschen Recht, JZ 2008, 324, 328; vgl. mit Blick auf das nationale Recht: *Rüthers*, Methodenfragen als Verfassungsfragen?, RT 2009, 253, 272.

[220] Vgl. im Hinblick auf das deutsche Recht *Hillgruber*, Richterliche Rechtsfortbildung als Verfassungsproblem, JZ 1996, 118, 118; vgl. insoweit auch *Hesse*, Grundzüge des Verfassungsrechts der Bundesrepublik Deutschland, 20 Rn. 50.

[221] *Nettesheim*, Normenhierarchien im EU-Recht, EuR 2006, 737, 746; *Biervert*, in: Schwarze/Becker/Hatje et al. (Hrsg.), EU-Kommentar, Art. 288 AEUV Rn. 11.

[222] Mit Verweis auf den Streitstand *Nettesheim*, Normenhierarchien im EU-Recht, EuR 2006, 737, 740 Fn. 7.

Aus dem Grundsatz der Einheit des Unionsrechts folgt, dass sich auch jede Rechtsfortbildung des Primärrechts bruchlos in dieses einfügen muss und bereits existierendem Primärrecht nicht entgegenstehen darf.

Da allein dem EuGH die Rechtsprechungsgewalt gem. Art. 19 EUV i.V.m. den jeweiligen Verfahrensvorschriften übertragen worden ist, beinhaltet diese faktisch auch die Kompetenz zu Fehlurteilen. Die Jurisdiktionsgewalt des Gerichtshofs darf daher grundsätzlich nicht mit dem Verweis auf eine falsche Auslegungspraxis in Frage gestellt werden, da sonst das Ziel der vertraglich vereinbarten Konfliktlösung verfehlt werden könnte. Es lassen sich insoweit „rechtliches Können“ und „rechtliches Dürfen“ unterscheiden:[223] Zwar ist es dem EuGH rechtlich möglich, die Unionsbefugnisse vertragswidrig auszudehnen, da ihm durch das Unionsrecht die letztverbindliche Entscheidungsgewalt übertragen worden ist. Das „rechtliche Dürfen“ wird ihm jedoch nicht zugesprochen. Die nachfolgend zu diskutierenden unionsverfassungsrechtlichen Grenzen der Rechtsfortbildung bilden vor dem Hintergrund dieser Differenzierung die Grenzen des „rechtlichen Dürfens“.

Zwar lassen sich darüber hinaus, insbesondere gestützt auf ein dualistisches Verständnis der Unionsrechtsordnung, auch Integrations- und folglich Rechtsfortbildungsgrenzen aus den jeweiligen Verfassungen der Mitgliedstaaten entnehmen. Da es dem EuGH aber verwehrt ist, nationales Recht auszulegen, sollen nationalverfassungsrechtliche Wertungen in der vorliegenden Arbeit nur insoweit Berücksichtigung finden[224], als ihnen das Unionsrecht selbst Bedeutung beimisst.[225] Im Übrigen sei auf die umfangreiche Literatur zu dieser Frage verwiesen.[226]

---

[223] *Huber*, Bundesverfassungsgericht und Europäischer Gerichtshof als Hüter der Gemeinschaftsrechtlichen Kompetenzordnung, AöR 1991, 210, 219.

[224] Eine Differenzierung der mitgliedstaatlichen und der unionsrechtlichen Perspektive ist auch deshalb geboten, da die Integrationsgrenzen nicht deckungsgleich bestimmt werden. Vgl. insoweit zu den unterschiedlichen Verwendungen des Identitätsbegriffs des deutschen Verfassungsrechts und des Unionsrechts: *Wischmeyer*, Nationale Identität und Verfassungsidentität: Schutzgehalte, Instrumente, Perspektiven, AöR 2015, 415, 441.

[225] Hierzu insbesondere § 5 B. II. 2. a) dd).

[226] Mit Blick auf das nationale Recht umfassend: *Simon*, Grenzen des Bundesverfassungsgerichts im europäischen Integrationsprozess; ebenso beispielhaft: *Böhm*, Einheit gewährleisten, Vielfalt bewahren, in: Bouffier/Horn/Poseck et al. (Hrsg.), Grundgesetz und Europa: Liber Amicorum für Herbert Landau zum Ausscheiden aus dem Bundesverfassungsgericht, 187, 189 f.; *Horn*, Rügevoraussetzungen für die Ultra-vires-Kontrolle, in: Bouffier/Horn/Poseck et al. (Hrsg.), Grundgesetz und Europa: Liber Amicorum für Herbert Landau zum Ausscheiden aus dem Bundesverfassungsgericht, 215; *Huber*, Die Ultra-vires-Rüge, in: Bouffier/Horn/Poseck et al. (Hrsg.), Grundgesetz und Europa: Liber Amicorum für Herbert Landau zum Ausscheiden aus dem Bundesverfassungsgericht, 233; *Birkinshaw*, Das Verhältnis der Richter des Vereinigten Königreichs zu Europa und der europäischen Integration. Kompetenzen, Grundrechte und Identität, EuR 2015, 267; *Hu-*

2. Materiellrechtliche Grenzen der Rechtsfortbildung aus dem Unionsverfassungsrecht

a) Rechtsfortbildungsgrenzen im Vertikalverhältnis zwischen der Union und ihren Mitgliedstaaten

Für die Tätigkeit des Gerichtshofs ergeben sich einerseits Beschränkungen, die aus dem Vertikalverhältnis zwischen der Union und ihren Mitgliedstaaten, d.h. der beschränkten Verbandskomptenz, herrühren. Andererseits lassen sich Rechtsfortbildungsgrenzen aus dem Horizontalverhältnis zwischen dem EuGH und den anderen Unionsorganen, d.h. der beschränkten Organkompetenz, ableiten. In einem ersten Schritt sollen nunmehr die Verfassungsnormen, die für die Bestimmung der Verbandskompetenz unverzichtbar sind, näher beleuchtet und ihre jeweiligen Implikationen für die Rechtsprechungstätigkeit des Gerichtshofs herausgearbeitet werden.

aa) Das Prinzip der begrenzten Einzelermächtigung, Art. 5 Abs. 1 S. 1 und Abs. 2 EUV

(1) Allgemeiner Bedeutungsgehalt

Das Prinzip der begrenzten Einzelermächtigung[227] ist der Kern der vertikalen Kompetenzabgrenzung zwischen der Union und ihren Mitgliedstaaten. Ihm kommt aufgrund der konsoziativen föderalen Struktur des europäischen Systems eine besonders wichtige Rolle zu. Einerseits haben die Mitgliedstaaten ihre Souveränität bewahrt und sie halten weiterhin – jedenfalls weitgehend – die verfassungsgebende Gewalt in ihren Händen.[228] Andererseits weist

---

ber, Bundesverfassungsgericht und Europäischer Gerichtshof als Hüter der Gemeinschaftsrechtlichen Kompetenzordnung, AöR 1991, 210, 223 ff.; *Ingold*, Die verfassungsrechtliche Identität der Bundesrepublik Deutschland: Karriere – Konzept – Kritik, AöR 2015, 1; *Schwerdtfeger*, Europäisches Unionsrecht in der Rechtsprechung des Bundesverfassungsgerichts – Grundrechts-, ultra-vires- und Identitätskontrolle im gewaltenteiligen Mehrebenensystem, EuR 2015, 290; *Walter*, Integrationsgrenze Verfassungsidentität – Konzept und Kontrolle aus europäischer, deutscher und französischer Perspektive, ZaöRV 2012, 177.

[227] Die genaue Bezeichnung variiert u.a. zwischen „Prinzip begrenzter Ermächtigung“, „begrenzte Einzelermächtigung“, „begrenzte Einzelzuständigkeiten“, „enumerative Einzelermächtigung“ oder auch „begrenzte Handlungsermächtigung“, siehe hierzu *Kraußer*, Das Prinzip der begrenzten Ermächtigung im Gemeinschaftsrecht als Strukturprinzip des EWG-Vertrages, 17.

[228] *Nettesheim*, in: von Bogdandy/Bast (Hrsg.), Europäisches Verfassungsrecht: Theoretische und Dogmatische Grundzüge, 397. Hinsichtlich der Stellung der Mitgliedstaaten ist jedoch eine gewisse „Dichotomisierung“ ihres Handlungsvermögens zu beobachten. Aus dem Status des Unionsrechts als autonomer Rechtsordnung folgert der EuGH, dass sich jegliche Vertragsänderung in den Grenzen des vertraglich vorgesehenen Vertragsänderungsverfahrens halten muss. Damit stehen die Mitgliedstaaten als „verfassungsschaf-

das Primärrecht dem supranationalen Verband originäre Befugnisse zu, d.h. „Kompetenzen aus eigenem Recht“, die nicht nur übertragen, zugeleitet oder abgetreten sind.[229] Die Zuweisung von Kompetenzen an die Union führt dabei nicht zu einem „dinglichen Verlust“ nationaler Kompetenzen, die Mitgliedstaaten sind jedoch gegebenenfalls dauerhaft an ihrer Ausübung gehindert, bzw. können ihre Kompetenzen allein im Sinne des Unionsrechts nutzen.[230] Diese originären Kompetenzen sind inhaltlich beschränkt durch das Prinzip der begrenzten Einzelermächtigung[231], welches insbesondere in Art. 5 Abs. 1 S. 1 und Abs. 2 EUV normiert ist, daneben aber auch in anderen Vorschriften zum Ausdruck kommt.[232] Aufgrund des Prinzips der begrenzten Einzelermächtigung verfügt die Union nur über solche Kompetenzen, die ihr von den Mitgliedstaaten im Rahmen der primärrechtlichen Verträge zugewiesen wurden. Das Prinzip der begrenzten Einzelermächtigung ist folglich das Gegenstück zur Kompetenz-Kompetenz.[233] Alle der Union nicht in den Verträgen übertragenen Zuständigkeiten verbleiben bei den Mitgliedstaaten, Art. 5 Abs. 2 S. 2 u. Art. 4 Abs. 1 EUV. In Zweifelsfällen besteht daher eine Vermutung für die Zuständigkeit der Mitgliedstaaten.

Der Umfang der unionalen Zuständigkeiten ergibt sich nach Art. 2 Abs. 6 AEUV aus den Bestimmungen der Verträge zu den einzelnen Bereichen[234], die

---

fende und verfassungsändernde Akteure“ weitgehend außerhalb der unionalen Legalität, sie können jedoch nur noch über das Vertragsänderungsverfahren Einfluss nehmen, *von Bogdandy/Bast*, Die vertikale Kompetenzordung der Europäischen Union, Rechtsdogmatischer Bestand und verfassungspolitische Reformperspektiven, EuGRZ 2001, 441, 443.

[229] BVerfGE 37, 271 *Solange I*, Beschluss des BVerfG v. 29.5.1974, 279 f.

[230] *von Bogdandy/Bast*, Die vertikale Kompetenzordung der Europäischen Union, Rechtsdogmatischer Bestand und verfassungspolitische Reformperspektiven, EuGRZ 2001, 441, 445. Welche genauen Auswirkungen die Kompetenzzuweisung an die Europäische Union hat, ist im Einzelnen umstritten. In diesem Streit spiegelt sich auch die Diskussion wider, inwieweit die Union noch als „Geschöpf“ der Mitgliedstaaten als „Herren der Verträge“ anzusehen ist oder ob sie sich nicht vielmehr bereits zu einem eigenen Unionssystem emanzipiert hat, welches infolgedessen nicht mehr den völkerrechtlichen Wertungen unterfällt, hierzu *Herdegen*, Europarecht, § 5 Rn. 13.

[231] Eine trennscharfe Abgrenzung mitgliedstaatlicher und unionaler Kompetenzen muss aber denknotwendig begrenzt sein, da sich in der Union eine „kooperative Gewaltenteilung“ verwirklicht hat und deshalb die Kompetenzen verschiedener Handlungsträger aufeinander bezogen und stark miteinander verknüpft sind; *von Bogdandy/Bast*, Die vertikale Kompetenzordung der Europäischen Union, Rechtsdogmatischer Bestand und verfassungspolitische Reformperspektiven, EuGRZ 2001, 441, 445.

[232] Siehe hierzu etwa: Art. 1 Abs. 1 EUV, Art. 4 Abs. 1 EUV, Art. 13 Abs. 2 EUV.

[233] Vgl. *Herdegen*, Europarecht, § 5 Rn. 16; vgl. insoweit auch BVerfGE 89, 155 *Maastricht*, Urteil des BVerfG vom 12.10.1993, 194 f.

[234] Die Art. 2–6 AEUV dürfen nicht als abgeschlossener Kompetenzkatalog missverstanden werden. Vielmehr haben die Normen nur indikativen Charakter.

nur im Wege des in Art. 48 EUV vorgesehenen Vertragsänderungsverfahrens geändert werden dürfen.[235] Wird eine Kompetenz durch eine Vertragsbestimmung übertragen, handelt es sich um eine ausdrückliche Kompetenz. Besondere Bedeutung kommt insoweit der in Art. 352 AEUV verankerten Flexibilitätsklausel zu.[236]

Darüber hinaus ist anerkannt, dass der Union auch stillschweigend Kompetenzen übertragen wurden. Nach der vom EuGH im Wege der Rechtsfortbildung entwickelten *implied powers*-Doktrin[237] können Handlungsbefugnisse der Union in drei Fällen gegeben sein: erstens als Annexkompetenz für die Regulierung von Vorbereitungs- und Durchführungsmaßnahmen, zweitens aus dem Sachzusammenhang zur Regelung einer benachbarten Materie und drittens aus der Natur der Sache, wenn eine mitgliedstaatliche Kompetenz offensichtlich unsinnig wäre.[238] Wenn eine Kompetenznorm einen Regelungsaspekt nicht ausdrücklich erfasst, der vernünftigerweise nicht von den Mitgliedstaaten geregelt werden kann, ist von einer Unionskompetenz auszugehen.[239]

(2) Folgen für die Rechtsprechung

Als zentrales Prinzip, das die Verbandskompetenz der Union regelt, ist das Prinzip der begrenzten Einzelermächtigung auch im Hinblick auf die Auslegungspraxis des EuGH die wichtigste Grenze.[240] Da die Auslegungs- und Rechtsfortbildungsbefugnisse des Gerichtshofs nicht weiter reichen können als die Befugnisse, die der Union in ihrer Gesamtheit übertragen wurden, müssen sich die Urteile des EuGH inhaltlich an diesem messen lassen. Dem EuGH ist mit Art. 19 EUV die Aufgabe der „Wahrung des Rechts" übertragen worden. Die „Wahrung des Rechts" wird dabei in erster Linie als positive sowie negative Kompetenzkontrolle verstanden. So ist es Aufgabe

---

[235] *Lienbacher*, in: Schwarze/Becker/Hatje et al. (Hrsg.), EU-Kommentar, Art. 5 EUV Rn. 8.

[236] Vertiefend hierzu: *Winkler*, Vergangenheit und Zukunft der Flexibililätsklausel im Spannungsfeld von unionalem Integrations- und mitgliedstaatlichem Souveränitätsanspruch, EuR 2011, 384.

[237] Die *implied powers*-Doktrin wurde insbesondere in den USA und in Deutschland entwickelt und ist ebenso im Völkerrecht anerkannt, *Nettesheim*, in: von Bogdandy/Bast (Hrsg.), Europäisches Verfassungsrecht: Theoretische und Dogmatische Grundzüge, 412. Der EuGH ging bereits früh von ungeschriebenen Kompetenzen aus: Rs. 8/55 *Fédération Chabonnière de Belgique*, EuGH Urteil v. 29.11.1956.

[238] *Nettesheim*, in: von Bogdandy/Bast (Hrsg.), Europäisches Verfassungsrecht: Theoretische und Dogmatische Grundzüge, 412.

[239] *Lienbacher*, in: Schwarze/Becker/Hatje et al. (Hrsg.), EU-Kommentar, Art. 5 EUV Rn. 9.

[240] *Wieland*, Der EuGH im Spannungsverhältnis zwischen Rechtsanwendung und Rechtsgestaltung, NJW 2009, 1841, 1844.

des Gerichtshofs darüber zu wachen, dass die im Vertrag festgelegten Pflichten[241] eingehalten und die Grenzen der Kompetenzzuweisungen und Handlungsbefugnisse nicht missachtet werden. Der EuGH kontrolliert insoweit die Organe der Union[242], die Mitgliedstaaten, Unternehmen wie auch Einzelne.[243]

Im Hinblick auf die unterschiedlichen Funktionen, die der EuGH im Rahmen seiner Tätigkeit ausübt, gilt es mit Blick auf die Grenzen der Auslegung und Rechtsfortbildung zwei unterschiedliche Fallgestaltungen voneinander zu differenzieren:

(a) Kontrolle der anderen Unionsorgane

Einerseits können Befugnisnormen unmittelbar im Zentrum eines vom EuGH zu entscheidenden Falles stehen. Dies ist insbesondere der Fall, wenn der EuGH im Rahmen der negativen Kompetenzkontrolle Handlungen des Unionsgesetzgebers prüft. Prominentes Beispiel, in dem der EuGH vor dem Hintergrund des Prinzips der begrenzten Einzelermächtigung eine Richtlinie für nichtig erklärte, ist etwa die Rs. *Deutschland/Parlament und Rat*[244], in welcher der EuGH feststellte, dass eine Richtlinie, die die Werbung für Tabakerzeugnisse aus Gründen des Gesundheitsschutzes einschränkt, nicht auf Art. 100a EGV (heute Art. 114 AEUV) gestützt werden kann.[245] Der EuGH erklärte im Rahmen des Urteils, dass Art. 100a EGV nicht dahin auszulegen sei, „dass er dem Gemeinschaftsgesetzgeber eine allgemeine Kompetenz zur Regelung des Binnenmarktes" gewährt, denn dies „widerspräche nicht nur dem Wortlaut der genannten Bestimmungen, sondern wäre auch unvereinbar mit dem [...] Grundsatz, dass die Befugnisse der Gemeinschaft auf Einzelermächtigungen beruhen".[246]

Kontrolliert der EuGH, wie im die Tabakwerberichtlinie betreffenden Fall, die Einhaltung der kompetenziellen Grenzen anderer Organe, kann er sich vor allem dadurch angreifbar machen, dass er die primär an den Gesetzgeber gerichteten Kompetenznormen zu weit auslegt und so einen Sekundärrechtsakt ermöglicht, der weit in die mitgliedstaatlichen Kompetenzen hineinwirkt. In der Vergangenheit wurde dem EuGH daher auch vielfach

---

[241] Z.B. im Hinblick auf die schrittweise Verwirklichung des Binnenmarktes. Ob eine fehlende Umsetzung der Pflichten der von diesen dazu berufenen Organen jedoch eine Rechtsfortbildung seitens des EuGH legitimieren kann, ist fraglich.

[242] Insbesondere im Hinblick auf das in Art. 5 Abs. 1 S. 2 u. Abs. 3 EUV verankerte Subsidiaritätsprinzip.

[243] *Meyer*, in: Grabitz/Hilf/Nettesheim (Hrsg.), Das Recht der Europäischen Union, Art. 19 EUV Rn. 27 f.

[244] Rs. C-376/98 *Deutschland/Parlament und Rat*, EuGH Urteil v. 5.10.2000.

[245] Rs. C-376/98 *Deutschland/Parlament und Rat*, EuGH Urteil v. 5.10.2000, Rn. 76 f.

[246] Rs. C-376/98 *Deutschland/Parlament und Rat*, EuGH Urteil v. 5.10.2000, Rn. 83.

vorgeworfen, im Zweifel zu Lasten der Mitgliedstaaten von einer Gemeinschafts- bzw. Unionskompetenz auszugehen[247], sodass das beispielhaft erwähnte Urteil eher als Ausnahme denn als Regel erscheint.

Vor dem Hintergrund des Prinzips der begrenzten Einzelermächtigung ist im Hinblick auf die Auslegung der in Rede stehenden Befugnisnormen zu berücksichtigen, dass, auch wenn zu ihrer Interpretation die Ziele der Union einfließen können, zielbezogene Erwägungen konkrete Befugnisnormen jedenfalls nicht ersetzen dürfen.[248] Ansonsten würde Art. 48 EUV, der das Vertragsänderungsverfahren detailliert regelt, unterlaufen.[249]

(b) Berücksichtigung bei der sonstigen Auslegung

Andererseits sind von den obigen Fallgestaltungen diejenigen Fälle zu unterscheiden, in denen der EuGH dazu berufen ist, andere Normen als Befugnisnormen auszulegen. Da der EuGH die einheitliche Auslegung und Anwendung des Unionsrechts sichert und die nationalen Rechtsanwender durch das Vorrangprinzip an die Auslegung des Gerichtshofs gebunden sind, kann insbesondere auch die Auslegung des materiellen Rechts stark in mitgliedstaatliches Recht hineinwirken. Der EuGH muss daher im Rahmen der Auslegung stets das Prinzip der begrenzten Einzelermächtigung berücksichtigen.[250]

Besondere Bedeutung kommt dabei, abgesehen von der richterrechtlichen Entwicklung ungeschriebenen Rechts, auch der Definition des Anwendungsbereichs geschriebener unionsrechtlicher Normen zu.[251] Während das Sekun-

---

[247] *Mayer*, in: Grabitz/Hilf/Nettesheim (Hrsg.), Das Recht der Europäischen Union, Art. 19 EUV Rn. 28 Fn. 3 u.a. mit Verweis auf *Huber*, Bundesverfassungsgericht und Europäischer Gerichtshof als Hüter der Gemeinschaftsrechtlichen Kompetenzordnung, AöR 1991, 210, 211 u. 213; *Dänzer-Vanotti*, Unzulässige Rechtsfortbildung des Europäischen Gerichtshofs, RIW 1992, 733, 733.

[248] *von Bogdandy/Bast*, Die vertikale Kompetenzordung der Europäischen Union, Rechtsdogmatischer Bestand und verfassungspolitische Reformperspektiven, EuGRZ 2001, 441, 444.

[249] *Nettesheim*, in: von Bogdandy/Bast (Hrsg.), Europäisches Verfassungsrecht: Theoretische und Dogmatische Grundzüge, 399. Welche Grenzen Art. 48 EUV der Vertragsänderung durch die Mitgliedstaaten setzt, ist im Einzelnen umstritten. Art. 48 EUV normiert ausdrücklich Verfahrensregeln, die bei einer Änderung der Verträge nach nunmehr wohl h.M. zu berücksichtigen sind. Fraglich ist, ob dem Unionsrechtssystem darüber hinaus gewisse Strukturprinzipien immanent sind, die als änderungsfester Kern bei etwaigen Vertragsänderungen zu berücksichtigen sind, hierzu: *Herdegen*, Europarecht, § 6 Rn. 3.

[250] Vgl. *Wieland*, Der EuGH im Spannungsverhältnis zwischen Rechtsanwendung und Rechtsgestaltung, NJW 2009, 1841, 1843; vgl. auch *Wegener*, in: Calliess/Ruffert (Hrsg.), EUV/AEUV, Das Verfassungsrecht der Europäischen Union mit Europäischer Grundrechtecharta, Art. 19 EUV Rn. 35.

[251] Eingehend hierzu: *Latzel*, Die Anwendungsbereiche des Unionsrechts, EuZW 2015, 658.

därrecht seinen Anwendungsbereich in der Regel klar umreißt, obliegt es dem EuGH den Anwendungsbereich der weiter gefassten primärrechtlichen Normen durch Auslegung zu konkretisieren. Legt der EuGH den persönlichen oder sachlichen Anwendungsbereich einer Norm extensiv aus, führt dies notwendig zu einer Einschränkung der nationalen Befugnisse, da mehr Sachverhalte dem Unionsrecht unterworfen werden. Beispielhaft lässt sich insoweit die bereits erwähnte Rechtsfortbildung des Gerichtshofs hinsichtlich der Dienstleistungsfreiheit nennen, die nunmehr auch die passive Dienstleistungsfreiheit umfasst.[252]

In beiden Fallgestaltungen ist offensichtlich, dass Grenzen der Rechtsfortbildung über das Prinzip der begrenzten Einzelermächtigung nicht abstrakt formuliert werden können, sondern stets in Verbindung mit der im Einzelfall anwendbaren Befugnis- oder materiellrechtlichen Norm zu definieren sind.

bb) Das Subsidiaritätsprinzip, Art. 5 Abs. 3 EUV

(1) Allgemeiner Bedeutungsgehalt

Ein weiteres Prinzip, das die Rechtsfortbildungsbefugnis des Gerichtshofs begrenzen kann, ist das Subsidiaritätsprinzip.[253] Es wurde erstmals im Vertrag von Maastricht aufgenommen[254] und ist seit dem Vertrag von Lissabon insbesondere in Art. 5 Abs. 3 EUV verankert, findet daneben aber auch in der Präambel des EU-Vertrags Erwähnung. Nach Art. 5 Abs. 3 EUV darf die Union in den Bereichen, die nicht in ihre ausschließliche Zuständigkeit fallen, nur tätig werden, sofern und soweit Ziele der in Betracht gezogenen Maßnahmen von den Gliedstaaten nicht ausreichend verwirklicht werden können, sondern auf Unionsebene besser zu verwirklichen sind. Art. 5 Abs. 3 EUV entfaltet ausweislich seines Wortlauts folglich nur in den Bereichen Wirkung, die nicht der alleinigen Regelungsgewalt der EU unterworfen sind, d.h. insbesondere im Bereich der geteilten Zuständigkeiten (Art. 4 AEUV).[255] Aus Art. 5 Abs. 1 S. 2 EUV geht hervor, dass das Subsidiaritätsprinzip nicht zur Begrenzung von EU-Kompetenzen herangezogen werden kann, sondern eine Ausübungsschranke bereits bestehender Kompetenzen normiert.[256]

---

[252] Hierzu oben, § 5 B. I. 4. a) cc).

[253] Vgl. *Wieland*, Der EuGH im Spannungsverhältnis zwischen Rechtsanwendung und Rechtsgestaltung, NJW 2009, 1841, 1844.

[254] *Wyatt*, Subsidiarity and Judicial Review, in: O'Keeffe/Bavasso (Hrsg.), Liber Amicorum in Honour of Lord Slynn of Hadley Volume I – Judicial Review in European Union Law, 505, 507; *Horsley*, Subsidiarity and the European Court of Justice: Missing Pieces in the Subsidiarity Jigsaw?, JCMS 2012, 267, 268.

[255] *Herdegen*, Europarecht, § 6 Rn. 27; *Calliess*, in: Calliess/Ruffert (Hrsg.), EUV/AEUV, Das Verfassungsrecht der Europäischen Union mit Europäischer Grundrechtecharta, Art. 5 EUV Rn. 27.

[256] *Calliess*, in: Calliess/Ruffert (Hrsg.), EUV/AEUV, Das Verfassungsrecht der Europäischen Union mit Europäischer Grundrechtecharta, Art. 5 EUV Rn. 21.

Durch das „Subsidiaritätsprotokoll“[257] und das „Parlamenteprotokoll“[258], die dem Vertrag von Lissabon angehängt und gem. Art. 51 EUV Bestandteil der Verträge sind, wird das Subsidiaritätsprinzip in prozessualer Hinsicht konkretisiert.

(2) Folgen für die Rechtsprechung

Auch das Subsidiaritätsprinzip betreffend ist danach zu differenzieren, ob der EuGH die politischen Organe im Hinblick auf die Einhaltung der Befugnisnormen kontrolliert oder ob er sonstiges Unionsrecht auslegt.[259]

(a) Kontrolle der anderen Unionsorgane

Das in Art. 5 Abs. 3 EUV normierte Subsidiaritätsprinzip gilt ausweislich seines Wortlauts für „Maßnahmen“ der Union, setzt insoweit also eine konkretisierbare Handlung voraus.[260] Nach der Systematik der Verträge sowie Sinn und Zweck der Norm greift das Subsidiaritätsprinzip daher insbesondere gegenüber dem Unionsgesetzgeber.[261] Für den Gerichtshof gilt Art. 5 Abs. 3 EUV folglich jedenfalls insoweit, als ihm die Aufgabe übertragen ist, Gesetzgebungsakte der politischen Organe – sofern diese nicht auf ausschließliche Kompetenzen der Union gestützt werden – am Maßstab des Subsidiaritätsprinzips zu messen.[262] Zwar war die Justiziabilität des Subsidiaritätsprinzips bis zum Inkrafttreten des Vertrags von Lissabon noch höchst umstritten, nun aber entspricht sie dem eindeutigen Willen der Vertragsparteien.[263]

---

[257] Protokoll Nr. 2 über die Anwendung der Grundsätze der Subsidiarität und Verhältnismäßigkeit, Amtsbl. Nr. C 306 v. 17.12.2007, 150–152.

[258] Protokoll Nr. 1 über die Rolle der nationalen Parlamente in der Europäischen Union, Amtsbl. Nr. C 306 v. 17.12.2007, 148–150.

[259] Vgl. zu dieser Differenzierung auch *de Búrca*, Reappraising Subsidiarity's Significance after Amsterdam, Harvard Jean Monnet Working Paper 7/99 2000, 1, 39.

[260] *Calliess*, in: Calliess/Ruffert (Hrsg.), EUV/AEUV, Das Verfassungsrecht der Europäischen Union mit Europäischer Grundrechtecharta, Art. 5 EUV Rn. 29.

[261] *Bast*, in: Grabitz/Hilf/Nettesheim (Hrsg.), Das Recht der Europäischen Union, Art. 5 EUV Rn. 53; *Calliess*, in: Calliess/Ruffert (Hrsg.), EUV/AEUV, Das Verfassungsrecht der Europäischen Union mit Europäischer Grundrechtecharta, Art. 5 EUV Rn. 29.

[262] *Kadelbach*, in: von der Groeben/Schwarze/Hatje (Hrsg.), Europäisches Unionsrecht, Art. 5 EUV Rn. 29.

[263] *Lienbacher*, in: Schwarze/Becker/Hatje et al. (Hrsg.), EU-Kommentar, Art. 5 EUV Rn. 28 f. m.w.N. zum Streitstand. Die Justiziabilität bejahend auch *Bast*, in: Grabitz/Hilf/Nettesheim (Hrsg.), Das Recht der Europäischen Union, Art. 5 EUV Rn. 58; *Calliess*, in: Calliess/Ruffert (Hrsg.), EUV/AEUV, Das Verfassungsrecht der Europäischen Union mit Europäischer Grundrechtecharta, Art. 5 EUV Rn. 69 f.

(b) Berücksichtigung bei der sonstigen Auslegung

Fraglich ist, ob das Subsidiaritätsprinzip den Gerichtshof auch über dessen klassischen Anwendungsbereich hinaus bindet.

Gegen eine sonstige unmittelbare Anwendung des Subsidiaritätsprinzips auf die Ausübung judikativer Gewalt wird vorgebracht, dass die Zuständigkeiten des Gerichtshofs ausschließliche seien, das Subsidiaritätsprinzip gem. Art. 5 Abs. 3 EUV aber nur bei geteilten Kompetenzen anwendbar sei.[264]

Dieser Ansicht ist zwar zuzugeben, dass mitgliedstaatliche oder internationale Gerichte in der Tat keine konkurrierenden Zuständigkeiten beanspruchen können.[265] Dem steht jedoch nicht entgegen, dass das Subsidiaritätsprinzip jedenfalls als eine die Auslegung steuernde Maxime herangezogen werden kann und muss, auch wenn der EuGH andere als Befugnisnormen auslegt.[266] Denn das in Art. 5 Abs. 3 EUV verankerte Subsidiaritätsprinzip ist nur ein Unterfall des allgemeineren Subsidiaritätsprinzips, wie es etwa auch im 13. Erwägungsgrund der Präambel des EUV seinen Ausdruck gefunden hat. Das in der Präambel verankerte Subsidiaritätsprinzip ist nach überwiegender Ansicht weiter gefasst als Art. 5 Abs. 3 EUV und nicht auf ausschließliche Kompetenzen beschränkt.[267] Außerdem stehen die Mitgliedstaaten nach dem Verständnis des Subsidiaritätsprinzips im weiteren Sinne eher für bürgernahe Entscheidungen als die Union.[268] Insoweit ist davon auszugehen, dass das Subsidiaritätsprinzip ein allgemeiner Grundsatz des Unionsrechts dahingehend ist, dass eine generelle Präferenz zugunsten der kleineren gesellschaftlichen Einheit besteht.[269] Die Berücksichtigung dieses Grundsatzes ob-

---

[264] *Bast*, in: Grabitz/Hilf/Nettesheim (Hrsg.), Das Recht der Europäischen Union, Art. 5 EUV Rn. 53.

[265] *Bast*, in: Grabitz/Hilf/Nettesheim (Hrsg.), Das Recht der Europäischen Union, Art. 5 EUV Rn. 53 Fn. 1 u.a. mit Verweis auf vb. Rs. 31/62 u. 33/62 *Wöhrmann u. Lütticke*, EuGH Urteil v. 14.12.1962; Rs. 281/84 *Zuckerfabrik Bedburg/Rat u. Kommission*, EuGH Urteil v. 14.1.1987, Rn. 12; Rs. C-377/09 *Hanssens-Ensch*, EuGH Urteil v. 29.7.2010, Rn. 17.

[266] *de Búrca*, The Principle of Subsidiarity and the Court of Justice as an Institutional Actor, JCMS 1998, 217, 226 ff.; *Calliess*, in: Calliess/Ruffert (Hrsg.), EUV/AEUV, Das Verfassungsrecht der Europäischen Union mit Europäischer Grundrechtecharta, Art. 5 EUV Rn. 30; *Davies*, Subsidiarity: The Wrong Idea, in the Wrong Place, at the Wrong Time, CMLR 2006, 63, 74; *Horsley*, Reflections on the Role of the Court of Justice as the "Motor" of European Integration: Legal Limits to Judicial Lawmaking, CMLR 2013, 931, 949; für eine „mittelbare Anwendung": *Walter*, Rechtsfortbildung durch den EuGH: Eine rechtsmethodische Untersuchung ausgehend von der deutschen und französischen Methodenlehre, 261 ff.

[267] *Kadelbach*, in: von der Groeben/Schwarze/Hatje (Hrsg.), Europäisches Unionsrecht, Präambel des EUV Rn. 19.

[268] *Kadelbach*, in: von der Groeben/Schwarze/Hatje (Hrsg.), Europäisches Unionsrecht, Art. 5 EUV Rn. 27.

[269] *de Búrca*, The Principle of Subsidiarity and the Court of Justice as an Institutional

liegt auch dem EuGH. Dies gilt umso mehr als der 13. Erwägungsgrund das Subsidiaritätsprinzip mit dem „Prozess der Schaffung einer immer engeren Union der Völker Europas“ verknüpft. Da der EuGH durch seine rechtsfortbildende Tätigkeit maßgeblich an diesem Prozess beteiligt ist und die Präambel insoweit auch als Legitimationsquelle herangezogen wird, liegt eine Bindung der judikativen Gewalt an das Subsidiaritätsprinzip i.w.S. nahe. Auch die Formulierung von Art. 51 Abs. 1 EU-GRCh, nach welchem „die Charta für die Organe [...] der Union unter Wahrung des Subsidiaritätsprinzips“ gilt, spricht für diese Auslegung. Durch den Verweis auf das Subsidiaritätsprinzip wird betont, dass die Charta keinen Kompetenzzuwachs der Union begründet und insoweit die Kompetenzschutzklausel von Art. 51 Abs. 2 EU-GRCh gestärkt.[270] Vor dem Hintergrund der Entwicklung der unionsrechtlichen Grundrechtsdogmatik ist anzunehmen, dass sich die Kompetenzschutzklausel und folglich auch die Nennung des Subsidiaritätsprinzips in Art. 51 Abs. 1 EU-GRCh unmittelbar an den EuGH richtet.[271] Insoweit ist es folgerichtig, das Subsidiaritätsprinzip jedenfalls in seiner allgemeineren Bedeutung als eine die Auslegungstätigkeit des EuGH steuernde Maxime anzusehen.

Das Subsidiaritätsprinzip verlangt vom EuGH deshalb, mitgliedstaatliche Belange zu schützen und ihnen die Regelungsbefugnis weitestgehend zu überlassen, sofern dies mit den Verträgen vereinbar ist. In diesem Sinne drückt sich die Berücksichtigung des Subsidiaritätsprinzips durch den Gerichtshof etwa darin aus, dass er den vorlegenden nationalen Gerichten möglichst weitgehend die Beurteilung darüber überlässt, wie eine Entscheidung im konkreten Fall umzusetzen ist. Beispielhaft hierfür sei etwa auf diejenigen Fälle verwiesen, in denen die Beantwortung der Frage, ob eine Maßnahme verhältnismäßig ist, den nationalen Gerichten als Tatsachenfrage überlassen bleibt und ihnen dadurch gewisse Wertungsspielräume eröffnet werden.[272]

Actor, JCMS 1998, 217, 218; *Edward*, Subsidiarity as a Legal Concept, in: Cardonnel/Rosas/Wahl (Hrsg.), Constitutionalising the EU Judicial System: Essays in Honour of Pernilla Lindh, 93, 101 f.

[270] Vgl. *Terhechte*, in: von der Groeben/Schwarze/Hatje (Hrsg.), Europäisches Unionsrecht, Art. 51 EU-GRCh Rn. 15.

[271] Vgl. *Huber*, Auslegung und Anwendung der Charta der Grundrechte, NJW 2011, 2385, 2387.

[272] *Harbo*, The Function of the Proportionality Principle in EU Law, ELJ 2010, 158, 177; vgl. hierzu auch *Brigola*, Der Grundsatz der Verhältnismäßigkeit im Gefüge der EU-Grundfreiheiten – Steuerungsinstrument oder Risikofaktor?, EuZW 2017, 406, 408 f.

cc) Das Verhältnismäßigkeitsprinzip

(1) Allgemeiner Bedeutungsgehalt

Im Unionsrecht lassen sich zwei Ausprägungen des Verhältnismäßigkeitsprinzips unterscheiden.[273] Das kompetenzbezogene Verhältnismäßigkeitsprinzip ist seit dem Vertrag von Maastricht in Art. 5 Abs. 4 EUV verankert[274] und enthält gemäß Art. 5 Abs. 1 S. 2 EUV ebenfalls eine Ausübungsregelung für bestehende Kompetenzen der Union.[275] Es soll die mitgliedstaatliche Autonomie sichern, die auch bei kompetenzgemäßem Handeln nur insoweit beeinträchtigt werden darf, wie es zur Erreichung des Regelungsanliegens unbedingt erforderlich ist.[276] Das kompetenzbezogene Verhältnismäßigkeitsprinzip steht daher in einem engen Zusammenhang mit dem Subsidiaritätsprinzip i.e.S.[277], ist jedoch anders als Letzteres auch auf Maßnahmen, die in die ausschließliche Zuständigkeit der Union fallen, anwendbar.[278] Art. 5 Abs. 4 EUV regelt die zulässige Art, den Umfang und die Intensität einer Maßnahme, ebenso wie ihre Reichweite und materielle Regelungsdichte.[279]

Das kompetenzbezogene Verhältnismäßigkeitsprinzip stellt eine besondere Ausformung des allgemeinen Verhältnismäßigkeitsprinzips dar, das von der Rechtsprechung bereits lange vor der teilweisen Positivierung anerkannt wurde.[280] Das ungeschriebene allgemeine Verhältnismäßigkeitsprinzip richtet

---

[273] *Brigola*, Der Grundsatz der Verhältnismäßigkeit im Gefüge der EU-Grundfreiheiten – Steuerungsinstrument oder Risikofaktor?, EuZW 2017, 406, 406.

[274] *Saurer*, Der kompetenzrechtliche Verhältnismäßigkeitsgrundsatz im Recht der Europäischen Union, JZ 2014, 281, 282.

[275] *Trstenjak/Beysen*, Das Prinzip der Verhältnismäßigkeit in der Unionsrechtsordnung, EuR 2012, 265, 266f.; vgl. hierzu auch *von Danwitz*, Thoughts on Proportionality and Coherence in the Jurisprudence of the Court of Justice, in: Cardonnel/Rosas/Wahl (Hrsg.), Constitutionalising the EU Judicial System: Essays in Honour of Pernilla Lindh, 367, 370.

[276] *Bast*, in: Grabitz/Hilf/Nettesheim (Hrsg.), Das Recht der Europäischen Union, Art. 5 EUV Rn. 66; *Lienbacher*, in: Schwarze/Becker/Hatje et al. (Hrsg.), EU-Kommentar, Art. 5 EUV Rn. 36.

[277] *Kadelbach*, in: von der Groeben/Schwarze/Hatje (Hrsg.), Europäisches Unionsrecht, Art. 5 EUV Rn. 49. Das Verhältnismäßigkeitsprinzip wird daher mitunter auch als eine Ausprägung des Subsidiaritätsprinzips verstanden.

[278] *Bast*, in: Grabitz/Hilf/Nettesheim (Hrsg.), Das Recht der Europäischen Union, Art. 5 EUV Rn. 69f.; *Calliess*, in: Calliess/Ruffert (Hrsg.), EUV/AEUV, Das Verfassungsrecht der Europäischen Union mit Europäischer Grundrechtecharta, Art. 5 EUV Rn. 44; *Kadelbach*, in: von der Groeben/Schwarze/Hatje (Hrsg.), Europäisches Unionsrecht, Art. 5 EUV Rn. 50; *Trstenjak/Beysen*, Das Prinzip der Verhältnismäßigkeit in der Unionsrechtsordnung, EuR 2012, 265, 267.

[279] *Calliess*, in: Calliess/Ruffert (Hrsg.), EUV/AEUV, Das Verfassungsrecht der Europäischen Union mit Europäischer Grundrechtecharta, Art. 5 EUV Rn. 44.

[280] Beispielhaft: Rs. 122/78 *Buitoni*, EuGH Urteil v. 20.2.1979; Rs. 15/83 *Denkavit*, EuGH Urteil v. 17.5.1984; vb. Rs. C-133/93 u. C-300/93 u. C-362/93 *Crispoltoni u.a.*,

sich sowohl an die Union als auch an die Mitgliedstaaten und weist einen stark individualschützenden Gehalt auf.[281] Ihm kommt jedoch nicht nur im Rahmen der Prüfung subjektiver Rechte der Unionsbürger Bedeutung zu, sondern es wird in fast allen Bereichen des Unionsrechts als Maßstab für die Beurteilung der Rechtmäßigkeit von legislativen und exekutiven Maßnahmen sowohl der Union als auch der nationalen Behörden angewendet.[282] Werden die Mitgliedstaaten im Anwendungsbereich des Unionsrechts tätig, überprüft der Gerichtshof die mitgliedstaatlichen Handlungen auch am Maßstab des Verhältnismäßigkeitsprinzips.[283]

Ungeachtet dessen, ob der kompetenzbezogene oder der allgemeine Verhältnismäßigkeitsgrundsatz zur Anwendung gelangt, wird seine Beachtung grundsätzlich in drei Schritten geprüft.[284] Eine Maßnahme muss zunächst geeignet sein, ein von der Unionsrechtsordnung anerkanntes Ziel zu erreichen. Darüber hinaus muss die Maßnahme auch erforderlich und angemessen sein.[285] Erforderlich ist eine Maßnahme dann, wenn keine weniger einschränkende Maßnahme ersichtlich ist, durch welche das Ziel ebenso gut erreicht werden kann.[286] Die Angemessenheit bzw. Verhältnismäßigkeit im

---

EuGH Urteil v. 5.10.1994; Rs. C-331/88 *Fedesa*, EuGH Urteil v. 13.11.1990; hierzu auch: *von Danwitz*, Thoughts on Proportionality and Coherence in the Jurisprudence of the Court of Justice, in: Cardonnel/Rosas/Wahl (Hrsg.), Constitutionalising the EU Judicial System: Essays in Honour of Pernilla Lindh, 367, 367; *Nußberger*, Das Verhältnismäßigkeitsprinzip als Strukturprinzip richterlichen Entscheidens in Europa, NVwZ-Beilage 2013, 36, 37.

[281] *Kadelbach*, in: von der Groeben/Schwarze/Hatje (Hrsg.), Europäisches Unionsrecht, Art. 5 EUV Rn. 49; *von Danwitz*, Thoughts on Proportionality and Coherence in the Jurisprudence of the Court of Justice, in: Cardonnel/Rosas/Wahl (Hrsg.), Constitutionalising the EU Judicial System: Essays in Honour of Pernilla Lindh, 367, 371.

[282] *Calliess*, in: Calliess/Ruffert (Hrsg.), EUV/AEUV, Das Verfassungsrecht der Europäischen Union mit Europäischer Grundrechtecharta, Art. 5 EUV Rn. 45; *Harbo*, The Function of the Proportionality Principle in EU Law, ELJ 2010, 158, 171.

[283] *Bast*, in: Grabitz/Hilf/Nettesheim (Hrsg.), Das Recht der Europäischen Union, Art. 5 EUV Rn. 67.

[284] *Harbo*, The Function of the Proportionality Principle in EU Law, ELJ 2010, 158, 165.

[285] Betreffend den kompetenzbezogenen Verhältnismäßigkeitsgrundsatz: *Lienbacher*, in: Schwarze/Becker/Hatje et al. (Hrsg.), EU-Kommentar, Art. 5 EUV Rn. 38; im Hinblick auf den allgemeinen Verhältnismäßigkeitsgrundsatz: *von Danwitz*, Thoughts on Proportionality and Coherence in the Jurisprudence of the Court of Justice, in: Cardonnel/Rosas/Wahl (Hrsg.), Constitutionalising the EU Judicial System: Essays in Honour of Pernilla Lindh, 367, 371.

[286] Bezüglich des kompetenzbezogenen Verhältnismäßigkeitsgrundsatzes: *Bast*, in: Grabitz/Hilf/Nettesheim (Hrsg.), Das Recht der Europäischen Union, Art. 5 EUV Rn. 71, nach welchem sich die Eingriffsintensität insbesondere nach der Dichte der unionsrechtlichen Regelung bemisst. Im Hinblick auf den allgemeinen Verhältnismäßigkeitsgrundsatz: *von Danwitz*, Thoughts on Proportionality and Coherence in the Jurisprudence of the

engeren Sinne wird – soweit vom EuGH ausdrücklich angesprochen[287] – schließlich als eine Abwägung zwischen den etwaigen Nachteilen für die mitgliedstaatliche Autonomie im Verhältnis zu den angestrebten Zielen einer Maßnahme[288] bzw. dem Nutzen einer solchen für die Allgemeinheit und der Einschränkung der geschützten Rechtsposition des Betroffenen geprüft.[289]

(2) Folgen für die Rechtsprechung

Auch im Hinblick auf das Verhältnismäßigkeitsprinzip ist danach zu differenzieren, ob der EuGH gegenüber den Unionsorganen oder den Mitgliedstaaten seine Kontrollfunktion ausübt oder sonstiges Unionsrecht auslegt.

(a) Kontrolle der anderen Unionsorgane und der Mitgliedstaaten

Das kompetenzbezogene Verhältnismäßigkeitsprinzip findet unstreitig auf die Verabschiedung rechtsverbindlicher Unionsakte Anwendung.[290] Soweit nichtlegislative Kompetenzen ausgeübt werden, wird seine Anwendbarkeit zwar bisweilen bestritten[291], überzeugender erscheint es jedoch das Verhältnismäßigkeitsprinzip auf alle Maßnahmen der Unionsorgane anzuwenden,

---

Court of Justice, in: Cardonnel/Rosas/Wahl (Hrsg.), Constitutionalising the EU Judicial System: Essays in Honour of Pernilla Lindh, 367, 371 f.

[287] Der EuGH konzentriert sich häufig auf die Prüfung der Geeignetheit und Erforderlichkeit. Im Einzelnen hierzu: *von Danwitz*, Thoughts on Proportionality and Coherence in the Jurisprudence of the Court of Justice, in: Cardonnel/Rosas/Wahl (Hrsg.), Constitutionalising the EU Judicial System: Essays in Honour of Pernilla Lindh, 367, 372 f.; *Trstenjak/Beysen*, Das Prinzip der Verhältnismäßigkeit in der Unionsrechtsordnung, EuR 2012, 265, 269 f. Auch dieser Umstand führte zu dem kritischen Urteil des BVerfG, mit dem dieses erstmals ein *Ultra-vires*-Handeln gegenüber dem EuGH feststellte, Urteil des Zweiten Senats vom 5.5.2020, 2 BvR 859/15.

[288] Vgl. *Trstenjak/Beysen*, Das Prinzip der Verhältnismäßigkeit in der Unionsrechtsordnung, EuR 2012, 265, 272 u. *Bast*, in: Grabitz/Hilf/Nettesheim (Hrsg.), Das Recht der Europäischen Union, Art. 5 EUV Rn. 66 u. 70, der als Schutzgut von Art. 5 Abs. 4 EUV die mitgliedstaatliche Autonomie ausmacht, als Prüfungsschritte jedoch nur Eignung und Erforderlichkeit einer Maßnahme nennt.

[289] *von Danwitz*, Thoughts on Proportionality and Coherence in the Jurisprudence of the Court of Justice, in: Cardonnel/Rosas/Wahl (Hrsg.), Constitutionalising the EU Judicial System: Essays in Honour of Pernilla Lindh, 367, 372; *Calliess*, in: Calliess/Ruffert (Hrsg.), EUV/AEUV, Das Verfassungsrecht der Europäischen Union mit Europäischer Grundrechtecharta, Art. 5 EUV Rn. 45; *Kischel*, Die Kontrolle der Verhältnismäßigkeit durch den Europäischen Gerichtshof, EuR 2000, 380, 384.

[290] *Bast*, in: Grabitz/Hilf/Nettesheim (Hrsg.), Das Recht der Europäischen Union, Art. 5 EUV Rn. 69.

[291] *Trstenjak/Beysen*, Das Prinzip der Verhältnismäßigkeit in der Unionsrechtsordnung, EuR 2012, 265, 267 mit Verweis auf *Craig*, The Lisbon Treaty: Law, Politics and Treaty Reform, 184 ff.

unabhängig von der Funktion, die diese Organe ausüben.[292] Dem EuGH obliegt insoweit die Kontrolle der Unionsorgane im Hinblick auf die Einhaltung des kompetenzbezogenen Verhältnismäßigkeitsgrundsatzes.[293]

Der ungeschriebene allgemeine Verhältnismäßigkeitsgrundsatz entfaltet, wie erörtert, insbesondere individualschützende Wirkung und wird vor allem relevant, wenn Grundfreiheiten oder Unionsgrundrechte betroffen sind.[294] Eingriffe in diese Rechte können nur gerechtfertigt werden, wenn sie verhältnismäßig sind. Im Hinblick auf die Grundfreiheiten obliegt dem EuGH folglich vor allem die Kontrolle von mitgliedstaatlichen Handlungen auch unter dem Gesichtspunkt der Verhältnismäßigkeit. Da die Unionsgrundrechte in ihrem Anwendungsbereich sowohl die Mitgliedstaaten als auch die Union binden, kontrolliert der EuGH diesbezüglich sowohl Eingriffe durch die Mitgliedstaaten als auch durch die Union. Problematisch erscheint insoweit, dass der Gerichtshof die Verhältnismäßigkeitsprüfung teilweise mit unterschiedlicher Intensität vornimmt, je nachdem, ob mitgliedstaatliches Recht oder Unionsrecht betroffen ist.[295]

(b) Berücksichtigung bei der sonstigen Auslegung

Da das kompetenzbezogene Verhältnismäßigkeitsprinzip nach überzeugender Auffassung auf alle Unionsorgane Anwendung findet, ist auch der EuGH unmittelbar an dieses gebunden und darf folglich auch seine Rechtsprechungstätigkeit nicht unverhältnismäßig ausüben. Ein möglicher Verstoß gegen das kompetenzbezogene Verhältnismäßigkeitsprinzip seitens des EuGH wurde etwa diskutiert als dieser sich auch für die Auslegung von „Unionsrecht" für zuständig erklärte, wenn die Mitgliedstaaten Vorschriften des Unionsrechts außerhalb ihres Geltungsbereichs für rein innerstaatliche Sachverhalte übernommen haben, um eine Gleichbehandlung von Sachverhalten mit unionsrechtlichem Einschlag und rein innerstaatlichen Sachverhalten zu bewirken. Der EuGH begründete sein Vorgehen mit dem Interesse der Union, künftige Auslegungsunterschiede zu vermeiden.[296] Diese Kom-

---

[292] *Trstenjak/Beysen*, Das Prinzip der Verhältnismäßigkeit in der Unionsrechtsordnung, EuR 2012, 265, 267; vgl. auch *Bast*, in: Grabitz/Hilf/Nettesheim (Hrsg.), Das Recht der Europäischen Union, Art. 5 EUV Rn. 69.

[293] Zu Fallbeispielen eingehend: *Saurer*, Der kompetenzrechtliche Verhältnismäßigkeitsgrundsatz im Recht der Europäischen Union, JZ 2014, 281, 283 f.

[294] *Trstenjak/Beysen*, Das Prinzip der Verhältnismäßigkeit in der Unionsrechtsordnung, EuR 2012, 265, 274 ff.

[295] *Harbo*, The Function of the Proportionality Principle in EU Law, ELJ 2010, 158, 172; *Brigola*, Der Grundsatz der Verhältnismäßigkeit im Gefüge der EU-Grundfreiheiten – Steuerungsinstrument oder Risikofaktor?, EuZW 2017, 406, 406 f.

[296] *Trstenjak/Beysen*, Das Prinzip der Verhältnismäßigkeit in der Unionsrechtsordnung, EuR 2012, 265, 268 mit Verweis auf die nunmehr ständige Rechtsprechung: Rs. C-310/10

petenzanmaßung des Gerichtshofs führt folglich zu einer Beschränkung der Auslegungsbefugnisse der nationalen Gerichte, da diese insoweit auch im Hinblick auf rein innerstaatliche Sachverhalte an die Auslegung des Gerichtshofs gebunden sind. Es ist fraglich, ob diese Rechtsprechung vor dem Hintergrund der angestrebten Ziele verhältnismäßig ist.[297]

Sieht der EuGH hingegen davon ab, in einem Urteil über den zu entscheidenden Fall hinausgehende Ausführungen zu treffen (*obiter dictum*), kann dies als Berücksichtigung des kompetenzrechtlichen Verhältnismäßigkeitsgrundsatzes verstanden werden.[298]

Dem allgemeinen Verhältnismäßigkeitsgrundsatz kommt zwar in seiner individualschützenden Form als Steuerungsmechanismus der Auslegung regelmäßig keine herausgehobene Bedeutung zu[299], andere Ausprägungen des Verhältnismäßigkeitsprinzips können diese jedoch durchaus leiten. Verfolgt eine Norm des Unionsrechts etwa mehrere gleichbedeutende, aber widersprüchliche Zwecke, so kann im Rahmen der teleologischen Auslegung das Verhältnismäßigkeitsprinzip herangezogen werden, um zu entscheiden, welchem Zweck der Vorrang zu geben ist.[300]

dd) Der Schutz der nationalen Identität, Art. 4 Abs. 2 EUV

Art. 4 Abs. 2 EUV verpflichtet die Union die Gleichheit der Mitgliedstaaten[301], ihre nationale Identität sowie die grundlegenden Funktionen des

---

Agafiței u.a., EuGH Urteil v. 7.7.2011, Rn. 39; Rs. C-352/08 *Modehuis A. Zwijnenburg*, EuGH Urteil v. 20.5.2010, Rn. 33; Rs. C-43/00 *Andersen og Jensen*, EuGH Urteil v. 15.1.2002, Rn. 18; Rs. C-28/95 *Leur-Bloem*, EuGH Urteil v. 17.7.1997, Rn. 32.

[297] *Trstenjak/Beysen*, Das Prinzip der Verhältnismäßigkeit in der Unionsrechtsordnung, EuR 2012, 265, 269; die Zulässigkeit des Vorgehens jedenfalls aus dem Blickwinkel des Prinzips der begrenzten Einzelermächtigung bejahend: *Wegener*, in: Calliess/Ruffert (Hrsg.), EUV/AEUV, Das Verfassungsrecht der Europäischen Union mit Europäischer Grundrechtecharta, Art. 267 AEUV Rn. 5 m.w.N. zu beiden Ansichten.

[298] Freilich wird der EuGH bei sehr kurzen Urteilsbegründungen stark kritisiert (vgl. beispielhaft *Klenk*, Die Grenzen der Grundfreiheiten, 398 f.). Dies ist vor dem Hintergrund der Urteilsbegründungspflicht sowie dem Interesse an möglichst nachvollziehbaren Entscheidungen auch verständlich. Das kompetenzrechtliche Verhältnismäßigkeitsprinzip wird dabei jedoch häufig übersehen.

[299] Zu berücksichtigen ist jedoch, dass der allgemeine Verhältnismäßigkeitsgrundsatz die mitgliedstaatliche Gestaltungsmacht jedenfalls reflexhaft begünstigen kann, da die Grundrechte auch als negative Kompetenznormen wirken. Hierzu: *Saurer*, Der kompetenzrechtliche Verhältnismäßigkeitsgrundsatz im Recht der Europäischen Union, JZ 2014, 281, 285 f.

[300] *Lenaerts/Gutiérrez-Fons*, To Say What the Law of the EU Is: Methods of Interpretation and the European Court of Justice, CJEL 2014, 3, 33.

[301] Der Grundsatz der Gleichheit der Mitgliedstaaten impliziert im Zusammenspiel mit dem Grundsatz der Achtung der nationalen Identität, dass die Verfassungen der Mitgliedstaaten samt der auf ihnen aufbauenden Strukturen gleichwertig sind. Art. 4 Abs. 2 S. 1

Staates[302] zu wahren. Eine herausgehobene Bedeutung kommt insoweit dem Schutz der nationalen Identität zu.

(1) Allgemeiner Bedeutungsgehalt

Nach Art. 4 Abs. 2 EUV achtet die Union neben der Gleichheit und den grundlegenden Staatsfunktionen der Mitgliedstaaten auch „ihre jeweilige nationale Identität, die in ihren grundlegenden politischen und verfassungsmäßigen Strukturen einschließlich der regionalen und lokalen Selbstverwaltung zum Ausdruck kommt“. Ein weiterer Verweis auf den Begriff der nationalen Identität findet sich auch im dritten Erwägungsgrund der Präambel der EU-GRCh, in welchem es heißt: „Die Union trägt zur Erhaltung und zur Entwicklung dieser gemeinsamen Werte unter Achtung der Vielfalt der Kulturen und Traditionen der Völker Europas sowie der nationalen Identität der Mitgliedstaaten und der Organisation ihrer staatlichen Gewalt auf nationaler, regionaler und lokaler Ebene bei.“

Dem Schutz der nationalen Identität kommt für das Verhältnis der Union zu ihren Mitgliedstaaten eine Schlüsselrolle zu. Zwar sind die spezifischen Charakteristika des schillernden Begriffs bislang wenig geklärt[303], offensichtlich ist jedoch, dass eine gelungene Konturierung für das Verständnis des Verfassungsverbunds zwischen der Europäischen Union und ihren Mitgliedstaaten großes Potenzial birgt. Denn mit dem in Art. 4 Abs. 2 EUV verankerten Verweis auf die mitgliedstaatlichen Verfassungen öffnet sich das europäische Primärrecht dem nationalen Verfassungsrecht, welches seinerseits integrationsoffen ausgestaltet ist.[304]

Terminologisch ist eine klare Abgrenzung zum Begriff der nationalen Souveränität erfolgt. Während unter nationaler Souveränität gemeinhin die um-

---

EUV erhebt dadurch den europäischen Verfassungspluralismus zum Verfassungsprinzip, *Schill/Krenn*, in: Grabitz/Hilf/Nettesheim (Hrsg.), Das Recht der Europäischen Union, Art. 4 EUV Rn. 13.

[302] Der Vertrag konkretisiert hinsichtlich der grundlegenden Funktionen des Staates, dass diese insbesondere die Wahrung der territorialen Unversehrtheit, die Aufrechterhaltung der öffentlichen Ordnung und den Schutz der nationalen Sicherheit umfassen, Art. 4 Abs. 2 S. 2 EUV. Der Vertrag schützt folglich die Kernstaatlichkeit hinsichtlich von Bereichen, die mit dem Gewaltmonopol des Staates verbunden sind. Im Einzelnen hierzu: *Pernice*, Der Schutz nationaler Identität in der Europäischen Union, AöR 2011, 185, 190 f.

[303] Vgl. *Schill/Krenn*, in: Grabitz/Hilf/Nettesheim (Hrsg.), Das Recht der Europäischen Union, Art. 4 EUV Rn. 14.

[304] *Wischmeyer*, Nationale Identität und Verfassungsidentität: Schutzgehalte, Instrumente, Perspektiven, AöR 2015, 415, 426; vgl. auch *von Bogdandy/Schill*, Die Achtung der nationalen Identität unter dem reformierten Unionsvertrag, Zur unionsrechtlichen Rolle nationalen Verfassungsrechts und zur Überwindung des absoluten Vorrangs, ZaöRV 2010, 701, 733 f.

fassende Herrschaftsgewalt im Innen- und Außenverhältnis[305] verstanden wird, muss der Begriff der nationalen Identität weit weniger umfassen.[306]

Wichtigster Bestandteil des Identitätsschutzes ist der Schutz der Verfassungsidentität.[307] Mit dem Verweis auf den Schutz der „verfassungsmäßigen Strukturen" macht Art. 4 Abs. 2 S. 1 EUV deutlich, dass vom schützenden Gehalt insoweit nur umfasst sein kann, was unmittelbar in den nationalen Verfassungen selbst, in den Verfahren der mitgliedstaatlichen Verfassungen oder in den verfassungsrechtlich verankerten Traditionen als Identitätsgehalt niedergelegt ist.[308] Da nur „grundlegende" verfassungsmäßige Strukturen angesprochen sind, wird nicht jede Verfassungsregelung geschützt, sondern nur prinzipielle Strukturentscheidungen einer Verfassungsordnung.[309] Hierzu können etwa die Grundentscheidungen einer Verfassung hinsichtlich der Staatsform Republik oder Monarchie[310], die Ausgestaltung als parlamentarische oder Präsidialdemokratie, rechtsstaatliche Garantien, die Gewaltenteilung und die Existenz föderaler Strukturen[311] zählen.[312] Die nationale Verfassungsautonomie ist dabei jedoch nur in den Grenzen der in Art. 2 EUV verankerten gemeinsamen Werte gewährleistet, die durch das Sanktionsverfahren des Art. 7 EUV geschützt werden sollen.[313]

---

[305] Vgl. *Verdross/Simma*, Universelles Völkerrecht, 29 f.

[306] *von Bogdandy/Schill*, Die Achtung der nationalen Identität unter dem reformierten Unionsvertrag, Zur unionsrechtlichen Rolle nationalen Verfassungsrechts und zur Überwindung des absoluten Vorrangs, ZaöRV 2010, 701, 709; *Schill/Krenn*, in: Grabitz/Hilf/Nettesheim (Hrsg.), Das Recht der Europäischen Union, Art. 4 EUV Rn. 14.

[307] Der Begriff der nationalen Identität und der Verfassungsidentität wird vielfach gänzlich unterschiedslos verwendet, *Pernice*, Der Schutz nationaler Identität in der Europäischen Union, AöR 2011, 185, 189; vgl. auch *Wischmeyer*, Nationale Identität und Verfassungsidentität: Schutzgehalte, Instrumente, Perspektiven, AöR 2015, 415, 431 u. 442 Fn. 115 insbesondere auch mit dem Verweis auf die Verwendung durch den Gerichtshof und die Generalanwälte.

[308] *Schill/Krenn*, in: Grabitz/Hilf/Nettesheim (Hrsg.), Das Recht der Europäischen Union, Art. 4 EUV Rn. 16; *Haratsch*, Nationale Identität aus europarechtlicher Sicht, EuR 2016, 131, 135.

[309] *Haratsch*, Nationale Identität aus europarechtlicher Sicht, EuR 2016, 131, 136; *Obwexer*, in: von der Groeben/Schwarze/Hatje (Hrsg.), Europäisches Unionsrecht, Art. 4 EUV Rn. 28 f.

[310] *Obwexer*, in: von der Groeben/Schwarze/Hatje (Hrsg.), Europäisches Unionsrecht, Art. 4 EUV Rn. 33.

[311] Zum Schutz der regionalen und lokalen Selbstverwaltung: *Haratsch*, Nationale Identität aus europarechtlicher Sicht, EuR 2016, 131, 138.

[312] *Pernice*, Der Schutz nationaler Identität in der Europäischen Union, AöR 2011, 185, 189.

[313] *Pernice*, Der Schutz nationaler Identität in der Europäischen Union, AöR 2011, 185, 190.

Ob neben dem Schutz der Verfassungsidentität auch dem Schutz der „grundlegenden politischen Strukturen“ ein eigener Bedeutungsgehalt zukommt, ist fraglich.[314] Die begriffliche Differenzierung spricht zwar für einen eigenen Bedeutungsgehalt, dieser sollte jedoch im Rahmen einer sehr restriktiven Auslegung bestimmt werden.[315] Teil der grundlegenden politischen und verfassungsmäßigen Strukturen ist laut Art. 4 Abs. 2 S. 1 EUV jedenfalls auch die regionale und lokale Selbstverwaltung. Insoweit bleibt es den Mitgliedstaaten überlassen, in welchem Umfang sie Formen der Selbstverwaltung verfassungsrechtlich vorsehen.[316]

Darüber hinaus wird diskutiert, inwieweit auch der Schutz der kulturellen und sprachlichen Prägung eines Mitgliedstaats von Art. 4 Abs. 2 S. 1 EUV umfasst ist.[317] Denn anders als Art. 3 Abs. 3 Unterabs. 4 EUV[318] und Art. 22 EU-GRCh[319] nimmt der Wortlaut von Art. 4 Abs. 2 S. 1 EUV auf die kulturelle und sprachliche Prägung der Mitgliedstaaten keinen Bezug. Dennoch verweist der EuGH regelmäßig im Hinblick auf die Amtssprachen der Mitgliedstaaten auch auf Art. 4 Abs. 2 S. 1 EUV.[320] Vor dem Hintergrund, dass sprachliche und kulturelle Prägungen bereits ausdrücklich von dem Schutz anderer Primärrechtsnormen umfasst sind, ist davon auszugehen, dass der Schutzgehalt von Art. 4 Abs. 2 S. 1 EUV sich nur ebenfalls auf diese erstreckt, soweit sie auch Bestandteil der jeweiligen Verfassungsidentität des betroffenen Mitgliedstaats sind.[321]

---

[314] Zum Meinungsstand: *Haratsch*, Nationale Identität aus europarechtlicher Sicht, EuR 2016, 131, 137.

[315] *Haratsch*, Nationale Identität aus europarechtlicher Sicht, EuR 2016, 131, 137.

[316] *Obwexer*, in: von der Groeben/Schwarze/Hatje (Hrsg.), Europäisches Unionsrecht, Art. 4 EUV Rn. 32.

[317] Vgl. beispielhaft *Obwexer*, in: von der Groeben/Schwarze/Hatje (Hrsg.), Europäisches Unionsrecht, Art. 4 EUV Rn. 31.

[318] Art. 3 Abs. 3 Unterabs. 4 EUV lautet: Sie [die Union] wahrt den Reichtum ihrer kulturellen und sprachlichen Vielfalt und sorgt für den Schutz und die Entwicklung des kulturellen Erbes Europas.

[319] Art. 22 EU-GRCh lautet: Die Union achtet die Vielfalt der Kulturen, Religionen und Sprachen.

[320] *Haratsch*, Nationale Identität aus europarechtlicher Sicht, EuR 2016, 131, 138 mit Verweis auf Rs. C–391/09 *Runevič-Vardyn*, EuGH Urteil v. 11.5.2011, Rn. 86; Rs. C-202/11 *Las*, EuGH Urteil v. 16.4.2013, Rn. 26.

[321] *Haratsch*, Nationale Identität aus europarechtlicher Sicht, EuR 2016, 131, 138.

(2) Folgen für die Rechtsprechung

(a) Kontrolle der anderen Unionsorgane

Die Achtung der nationalen Identität der Mitgliedstaaten obliegt allen Unionsorganen.[322] Insbesondere der Unionsgesetzgeber ist daher an das Schutzgebot gebunden.[323] Obgleich der Schutz der nationalen Identität bereits im Vertrag von Maastricht verankert war[324], ist er doch erst seit dem Lissabon-Vertrag auch der Rechtskontrolle durch den EuGH unterworfen.[325] Der Gerichtshof muss daher nunmehr die anderen Unionsorgane auf Einhaltung der Identitätsgarantie kontrollieren.[326] Dabei drückt sich das Selbstverständnis der Mitgliedstaaten hinsichtlich der identitätsstiftenden Merkmale ihrer Verfassungen vor allem in der Rechtsprechung durch die nationalen Höchstgerichte aus.[327] Zwar muss der EuGH dieses Selbstverständnis insbesondere auch aufgrund von Art. 4 Abs. 3 EUV berücksichtigen.[328] Ob eine bestimmte Regelung Teil der nationalen Identität sein kann, bestimmt sich jedoch nach dem unionsrechtlichen Maßstab des Art. 4 Abs. 2 EUV.[329] Da es sich hinsichtlich des Begriffs der nationalen Identität um einen unionsrechtlichen Begriff handelt, ist für seine Auslegung allein der Gerichtshof zuständig.[330]

---

[322] *Obwexer*, in: von der Groeben/Schwarze/Hatje (Hrsg.), Europäisches Unionsrecht, Art. 4 EUV Rn. 47; vgl. auch *Haratsch*, Nationale Identität aus europarechtlicher Sicht, EuR 2016, 131, 140.

[323] *Obwexer*, in: von der Groeben/Schwarze/Hatje (Hrsg.), Europäisches Unionsrecht, Art. 4 EUV Rn. 52; vgl. auch *Wischmeyer*, Nationale Identität und Verfassungsidentität: Schutzgehalte, Instrumente, Perspektiven, AöR 2015, 415, 443.

[324] *Schönberger*, Identitäterä: Verfassungsidentität zwischen Widerstandsformel und Musealisierung des Grundgesetzes, JöR 2015, 41, 44.

[325] *von Bogdandy/Schill*, Die Achtung der nationalen Identität unter dem reformierten Unionsvertrag, Zur unionsrechtlichen Rolle nationalen Verfassungsrechts und zur Überwindung des absoluten Vorrangs, ZaöRV 2010, 701, 705; *Haratsch*, Nationale Identität aus europarechtlicher Sicht, EuR 2016, 131, 133.

[326] *Hatje*, in: Schwarze/Becker/Hatje et al. (Hrsg.), EU-Kommentar, Art. 4 EUV Rn. 21. *Pernice* spricht insoweit von einem „föderalen Grundrecht", das die Mitgliedstaaten insbesondere als Abwehrrecht gegenüber dem Handeln der EU geltend machen können. Darüber hinaus können auch Schutzpflichten bestehen, *Pernice*, Der Schutz nationaler Identität in der Europäischen Union, AöR 2011, 185, 193 f.

[327] Vgl. *Hatje*, in: Schwarze/Becker/Hatje et al. (Hrsg.), EU-Kommentar, Art. 4 EUV Rn. 23.

[328] Hierzu, § 5 B. II. 2. a) ee).

[329] *Haratsch*, Nationale Identität aus europarechtlicher Sicht, EuR 2016, 131, 139; *Skouris*, Der Vorrang des Europäischen Unionsrechts vor dem nationalen Recht. Unionsrecht bricht nationales Recht, EuR 2021, 3, 17.

[330] *Haratsch*, Nationale Identität aus europarechtlicher Sicht, EuR 2016, 131, 138 f. Bei Art. 4 Abs. 2 EUV handelt es sich daher nicht um eine „Souveränitätsreserve", *Pernice*, Der Schutz nationaler Identität in der Europäischen Union, AöR 2011, 185, 195 auch mit Verweisen auf gegenteilige Ansichten in Fn. 36. Zum fehlenden Korrespondenzverhältnis

Grundsätzlich normiert Art. 4 Abs. 2 EUV dabei keinen absoluten Schutz, vielmehr müssen die zu achtenden Prinzipien unter Berücksichtigung des Verhältnismäßigkeitsgrundsatzes mit der Funktionsfähigkeit der Union und ihres Rechts zu einem schonenden Ausgleich gebracht werden. Dabei sind der Union unverhältnismäßige Eingriffe in den jeweiligen Kernbereich versagt.[331] Insofern stellen die Verpflichtungen aus Art. 4 Abs. 2 EUV die äußerste Grenze für ein Handeln der Union dar.[332]

Hinsichtlich der Rechtsfolgen eines Verstoßes gegen das Achtungsgebot lässt sich grundsätzlich differenzieren: Wird durch die Ausübung einer unionalen Rechtsetzungskompetenz unverhältnismäßig in die nationale Identität eingegriffen, ist der Sekundärrechtsakt rechtswidrig. Wird die nationale Identität hingegen durch die Anwendung von Unionsrecht unverhältnismäßig beeinträchtigt, ist in der Regel nur der Exekutivakt rechtswidrig. Der zugrunde liegende Sekundärrechtsakt ist nur dann ebenfalls rechtswidrig, wenn sein Inhalt selbst gegen Art. 4 Abs. 2 EUV verstößt und nicht nur im konkreten Anwendungsfall einen unzulässigen Eingriff bewirkt.[333]

Der Gerichtshof hatte vor diesem Hintergrund beispielsweise zu prüfen, ob Art. 3 der Richtlinie 98/5/EG mit Art. 4 Abs. 2 EUV vereinbar ist, da der Zugang zum Rechtsanwaltsberuf in Italien an die Absolvierung einer Staatsprüfung geknüpft ist. Zwar ist dieser Grundsatz auch in der italienischen Verfassung verankert, richtigerweise nahm der EuGH jedoch an, dass die Richtlinie nicht geeignet ist, die „grundlegenden politischen und verfassungsmäßigen Strukturen [...] des Aufnahmemitgliedstaats im Sinne von Art. 4 Abs. 2 EUV zu berühren".[334]

(b) Berücksichtigung bei der sonstigen Auslegung

Auch der Gerichtshof ist als Unionsorgan selbst unmittelbar an Art. 4 Abs. 2 EUV gebunden.[335] Besondere Bedeutung kommt der Identitätsschutzklausel

---

des Begriffs der Verfassungsidentität in der Auslegung durch nationale Höchstgerichte und der unionsrechtlichen Gewährleistung auch *Schönberger*, Identitäterä: Verfassungsidentität zwischen Widerstandsformel und Musealisierung des Grundgesetzes, JöR 2015, 41, 46.

[331] *Calliess*, in: Calliess/Ruffert (Hrsg.), EUV/AEUV, Das Verfassungsrecht der Europäischen Union mit Europäischer Grundrechtecharta, Art. 4 EUV Rn. 51; *Obwexer*, in: von der Groeben/Schwarze/Hatje (Hrsg.), Europäisches Unionsrecht, Art. 4 EUV Rn. 49.

[332] *Obwexer*, in: von der Groeben/Schwarze/Hatje (Hrsg.), Europäisches Unionsrecht, Art. 4 EUV Rn. 50.

[333] *Obwexer*, in: von der Groeben/Schwarze/Hatje (Hrsg.), Europäisches Unionsrecht, Art. 4 EUV Rn. 52 f.; *Hatje*, in: Schwarze/Becker/Hatje et al. (Hrsg.), EU-Kommentar, Art. 4 EUV Rn. 20.

[334] Vb. Rs. C-58/13 u. C-59/13 *Torresi und Torresi*, EuGH Urteil v. 17.7.2014, Rn. 58.

[335] *Obwexer*, in: von der Groeben/Schwarze/Hatje (Hrsg.), Europäisches Unionsrecht, Art. 4 EUV Rn. 47; *Hatje*, in: Schwarze/Becker/Hatje et al. (Hrsg.), EU-Kommentar,

daher zu, soweit der EuGH nicht andere Unionsorgane kontrolliert, sondern sie im Rahmen der Auslegung des sonstigen Unionsrechts berücksichtigen muss.[336] Das nationale Recht kann insoweit im Hinblick auf unionsrechtliche Verpflichtungen insbesondere rechtfertigende Wirkung entfalten.

So hat der EuGH etwa in den Rs. *Schmidberger*[337] und *Omega*[338] anerkannt, dass nationale Grundrechte zur Rechtfertigung der Beschränkung von Grundfreiheiten herangezogen werden können und den innerstaatlichen Behörden ein Beurteilungsspielraum zukommt.[339] In beiden Rechtssachen hatte der EuGH (noch) nicht explizit auf den Schutz der nationalen Identität abgestellt, sondern die Bezugnahme auf nationale Grundrechte deshalb für möglich gehalten, da die relevanten „Grundrechte sowohl von der Gemeinschaft als auch von ihren Mitgliedstaaten zu beachten“[340] seien. Der EuGH hat folglich eine Begründung gesucht, die sich eher aus dem Unionsrecht denn aus nationalem Recht speist.[341] Hinsichtlich der *Schmidberger*- und *Omega*-Entscheidungen lässt sich dies u.a. damit begründen, dass der Gerichtshof zum damaligen Zeitpunkt keine Zuständigkeit hinsichtlich der Auslegung der Identitätsachtungsklausel hatte.[342]

Art. 4 EUV Rn. 5; vgl. zur notwendigen Berücksichtigung des Prinzips in der Rechtsprechung des Gerichtshofs auch *Wieland*, Der EuGH im Spannungsverhältnis zwischen Rechtsanwendung und Rechtsgestaltung, NJW 2009, 1841, 1844.

[336] Vgl. *Hatje*, in: Schwarze/Becker/Hatje et al. (Hrsg.), EU-Kommentar, Art. 4 EUV Rn. 20.

[337] Rs. C-112/00 *Schmidberger*, EuGH Urteil v. 12.6.2003, Rn. 69 ff.

[338] Rs. C-36/02 *Omega*, EuGH Urteil v. 14.10.2004, Rn. 32 ff.

[339] *Pernice*, Der Schutz nationaler Identität in der Europäischen Union, AöR 2011, 185, 195 u. *Hatje*, in: Schwarze/Becker/Hatje et al. (Hrsg.), EU-Kommentar, Art. 4 EUV Rn. 23; vgl. auch *Skouris*, Der Vorrang des Europäischen Unionsrechts vor dem nationalen Recht. Unionsrecht bricht nationales Recht, EuR 2021, 3, 17.

[340] Rs. C-112/00 *Schmidberger*, EuGH Urteil v. 12.6.2003, Rn. 74 u. Rs. C-36/02 *Omega*, EuGH Urteil v. 14.10.2004, Rn. 35.

[341] Die Begründungsstruktur erinnert an den in jüngerer Zeit entschiedenen Fall in der Rs. C-42/17 *M.A.S. und M.B.*, EuGH Urteil v. 5.12.2017, Rn. 51 f.: „Insoweit ist auf die hohe Bedeutung hinzuweisen, die den [...] betreffenden Anforderungen des Grundsatzes der Gesetzmäßigkeit im Zusammenhang mit Straftaten und Strafen sowohl in der Rechtsordnung der Union als auch in den nationalen Rechtsordnungen zukommt“. Der EuGH fährt sodann fort, indem er den Gesetzmäßigkeitsgrundsatz sowohl aus der EU-GRCh als auch der EMRK herleitet. Darüber hinaus sei der Grundsatz auch in den Verfassungstraditionen der Mitgliedstaaten verankert. Der EuGH befasste sich anders als der Generalanwalt nicht mit der Achtungsverpflichtung der nationalen Identität. Vor diesem Hintergrund führte die Entscheidung in der Literatur zu einer Diskussion, welche Rolle der Schutz der nationalen Identität spielte und ob nunmehr die Absolutheit des Vorrangprinzips in Frage gestellt sei, siehe z.B. m.w.N.: *Burchardt*, Kehrtwende in der Grundrechts- und Vorrangrechtsprechung des EuGH? – Anmerkung zum Urteil des EuGH vom 5.12.2017 in der Rechtssache M.A.S. und M.B. (C-42/17, „Taricco II“), EuR 2018, 248.

[342] Hierzu bereits oben, § 5 B. II. 2. a) dd) (2) (a).

Darüber hinaus kommt der Identitätsachtungsklausel eigentlich nur dann besondere Bedeutung zu, wenn nationales und Unionsrecht tatsächlich konfligieren. Insoweit ist auch hinsichtlich der Rs. *Sayn-Wittgenstein*[343] fraglich, inwieweit das ausdrückliche Abstellen auf den Schutz der nationalen Identität erforderlich war, um hierdurch den Eingriff in das Freizügigkeitsrecht zu rechtfertigen. Denn das österreichische Adelsaufhebungsgesetz, welches dazu führte, dass die Österreicherin Frau Sayn-Wittgenstein, die durch Adoption in Deutschland einen Adelstitel erworben hatte, nicht mit diesem in das österreichische Geburtenbuch eingetragen werden konnte, diente der Verwirklichung des Gleichheitsgrundsatzes, der auch vom Unionsrecht anerkannt wird.[344]

Steht nationales Recht, das als Teil der nationalen Identität geschützt ist, einer unionsrechtlichen Verpflichtung entgegen, ist vom EuGH ein möglichst schonender Ausgleich zu suchen. Erkennt der EuGH im Einzelfall den Vorrang von mitgliedstaatlichen Interessen an, so ist hierin dogmatisch jedoch keine echte Durchbrechung des Anwendungsvorrangs zu sehen, da das Unionsrecht die Berufung auf nationales Recht in diesen engen Grenzen gerade zulässt.[345]

ee) Grundsatz der loyalen Zusammenarbeit, Art. 4 Abs. 3 EUV

(1) Allgemeiner Bedeutungsgehalt

Der Grundsatz der loyalen Zusammenarbeit ist ein allgemeiner Rechtsgrundsatz des Unionsrechts, der vor allem in Art. 4 Abs. 3 EUV Ausdruck findet.[346] In der deutschsprachigen Literatur wird auch vom „Prinzip der Unionstreue" gesprochen[347], daneben finden sich u.a. die Bezeichnungen

---

[343] Rs. C-208/09 *Sayn-Wittgenstein*, EuGH Urteil v. 22.12.2010.

[344] Rs. C-208/09 *Sayn-Wittgenstein*, EuGH Urteil v. 22.12.2010, Rn. 83 ff. *Schönberger* spricht hinsichtlich der ähnlichen Argumentation des Gerichtshofs in der *Omega*-Entscheidung insoweit davon, dass dieser die Bezugnahme auf den nationalrechtlichen Grundrechtsgehalt dadurch „neutralisiert" habe, dass er die Achtung der Menschenwürde als allgemeinen Rechtsgrundsatz des Gemeinschaftsrechts rekonstruiert habe, *Schönberger*, Identitäterä: Verfassungsidentität zwischen Widerstandsformel und Musealisierung des Grundgesetzes, JöR 2015, 41, 50 f. Fn. 40.

[345] Vgl. auch *Wischmeyer*, Nationale Identität und Verfassungsidentität: Schutzgehalte, Instrumente, Perspektiven, AöR 2015, 415, 447 f., der insoweit von einer „genuin unionsrechtlichen" Abwägung spricht. A.A.: *von Bogdandy/Schill*, Die Achtung der nationalen Identität unter dem reformierten Unionsvertrag, Zur unionsrechtlichen Rolle nationalen Verfassungsrechts und zur Überwindung des absoluten Vorrangs, ZaöRV 2010, 701, 733.

[346] *Kahl*, in: Calliess/Ruffert (Hrsg.), EUV/AEUV, Das Verfassungsrecht der Europäischen Union mit Europäischer Grundrechtecharta, Art. 4 EUV Rn. 97.

[347] *Unruh*, Die Unionstreue: Anmerkungen zu einem Rechtsgrundsatz der Europäi-

„allgemeine Treueklausel“ sowie „Kooperations“- oder „Loyalitätsprinzip“[348]. Unabhängig von der jeweiligen Bezeichnung wird der Grundsatz der loyalen Zusammenarbeit gemeinhin als Konzept von fundamentaler Bedeutung zur Sicherung der Funktionsfähigkeit der EU als Rechtsunion gedeutet.[349] Denn da die Union – anders als ein Staat – nicht über Durchsetzungsmechanismen i.S.v. physischem Zwang verfügt[350], ist sie existenziell auf die unionsrechtskonforme normative, administrative und gerichtliche Durchführung ihres Rechts angewiesen.[351]

Nach Art. 4 Abs. 3 EUV unterstützen sich die Union und die Mitgliedstaaten gegenseitig bei der Erfüllung der Aufgaben, die sich aus den Verträgen ergeben. Der Grundsatz der loyalen Zusammenarbeit ist folglich ein wechselseitiges Prinzip.[352] Art. 4 Abs. 3 EUV bindet daher sowohl die Mitgliedstaaten gegenüber der Union[353] als auch die Union gegenüber den Mitgliedstaaten[354]. Dabei sind alle Ausprägungen der mitgliedstaatlichen Gewalt an Art. 4 Abs. 3 EUV gebunden.[355] Auch hinsichtlich der Union ist nicht nur der gesamte Verband, sondern sind alle Organe, Einrichtungen und sonstigen Stellen dem Grundsatz der loyalen Zusammenarbeit verpflichtet. Genauso sind die Mitgliedstaaten und die Unionsorgane untereinander an Art. 4 Abs. 3 EUV gebunden.[356]

---

schen Union, EuR 2002, 41; *Kahl*, in: Calliess/Ruffert (Hrsg.), EUV/AEUV, Das Verfassungsrecht der Europäischen Union mit Europäischer Grundrechtecharta, Art. 4 EUV Rn. 92 f. mit vielfältigen Verweisen zur kritischen Auseinandersetzung mit dem Begriff.

[348] *Kahl*, in: Calliess/Ruffert (Hrsg.), EUV/AEUV, Das Verfassungsrecht der Europäischen Union mit Europäischer Grundrechtecharta, Art. 4 EUV Rn. 94; vgl. auch *Hatje*, in: Schwarze/Becker/Hatje et al. (Hrsg.), EU-Kommentar, Art. 4 EUV Rn. 25.

[349] *Hatje*, in: Schwarze/Becker/Hatje et al. (Hrsg.), EU-Kommentar, Art. 4 EUV Rn. 26.

[350] Nach Art. 260 Abs. 2 u. 3 AEUV sind jedoch Finanzsanktionen in Form von Zwangsgeld und Pauschalbeträgen möglich.

[351] *Calliess/Kahl/Puttler*, in: Calliess/Ruffert (Hrsg.), EUV/AEUV, Das Verfassungsrecht der Europäischen Union mit Europäischer Grundrechtecharta, Art. 4 EUV Rn. 98; *Hatje*, in: Schwarze/Becker/Hatje et al. (Hrsg.), EU-Kommentar, Art. 4 EUV Rn. 26; vgl. auch *Schill/Krenn*, in: Grabitz/Hilf/Nettesheim (Hrsg.), Das Recht der Europäischen Union, Art. 4 EUV Rn. 62 f.

[352] *Herdegen*, Europarecht, § 6 Rn. 14 f.; *Hatje*, in: Schwarze/Becker/Hatje et al. (Hrsg.), EU-Kommentar, Art. 4 EUV Rn. 28.

[353] *Schill/Krenn*, in: Grabitz/Hilf/Nettesheim (Hrsg.), Das Recht der Europäischen Union, Art. 4 EUV Rn. 70.

[354] *Schill/Krenn*, in: Grabitz/Hilf/Nettesheim (Hrsg.), Das Recht der Europäischen Union, Art. 4 EUV Rn. 126.

[355] *Hatje*, in: Schwarze/Becker/Hatje et al. (Hrsg.), EU-Kommentar, Art. 4 EUV Rn. 28.

[356] Vgl. *Kahl*, in: Calliess/Ruffert (Hrsg.), EUV/AEUV, Das Verfassungsrecht der Europäischen Union mit Europäischer Grundrechtecharta, Art. 4 EUV Rn. 106.

Der EuGH hat den Grundsatz der loyalen Zusammenarbeit in zahlreichen Fallgestaltungen herangezogen, häufig jedoch ohne zwischen den verschiedenen Wirkrichtungen zu differenzieren.[357] In vielen Fällen müssen die Heranziehung von Art. 4 Abs. 3 EUV und die hieraus abgeleiteten Rechtsfolgen als dynamische Vertragsauslegung bzw. Rechtsfortbildung eingeordnet werden[358], die heute jedoch in weiten Teilen anerkannt werden.

Hinsichtlich der Mitgliedstaaten wird aus Art. 4 Abs. 3 EUV insbesondere die Pflicht zur Sicherung der unmittelbaren Wirkung und des Anwendungsvorrangs des Unionsrechts hergeleitet.[359] Die Mitgliedstaaten sind außerdem zur Gewährleistung der einheitlichen Wirksamkeit des Unionsrechts verpflichtet.[360] Der Vollzug und die Umsetzung des Unionsrechts durch nationale Organe müssen derart ausgestaltet sein, dass der Normzweck nicht vereitelt wird. Da Art. 4 Abs. 3 EUV weit gefasst ist, dürfen die Mitgliedstaaten auch bei der Ausübung von Kompetenzen, die ihnen verbleiben, die Verwirklichung der Unionsziele nicht gefährden oder ihre Wirksamkeit beeinträchtigen.[361] Art. 4 Abs. 3 EUV ist darüber hinaus auch hinsichtlich etwaiger nationalverfassungsrechtlicher Identitätskontrollen (Art. 4 Abs. 2 EUV) relevant. Er bildet insoweit die Grundlage der verfassungsgerichtlichen Kooperationspflicht.[362] Eine Identitätskontrolle darf aufgrund des Prinzips der loyalen Zusammenarbeit nur unter Beachtung der Vorlagepflicht erfolgen, Art. 267 AEUV.[363]

---

[357] Vgl. für einen Überblick: *Vedder*, in: Vedder/Heintschel von Heinegg (Hrsg.), Europäisches Unionsrecht: EUV/AEUV/GRCh/EAGV Handkommentar, Art. 4 EUV Rn. 32.

[358] *Hatje*, in: Schwarze/Becker/Hatje et al. (Hrsg.), EU-Kommentar, Art. 4 EUV Rn. 31 mit vielfältigen Beispielen; *Schill/Krenn*, in: Grabitz/Hilf/Nettesheim (Hrsg.), Das Recht der Europäischen Union, Art. 4 EUV Rn. 65 ebenfalls mit Beispielen. Hierzu auch schon oben, § 4 B. III. 4. u. § 5 B. I. 1.

[359] *Hatje*, in: Schwarze/Becker/Hatje et al. (Hrsg.), EU-Kommentar, Art. 4 EUV Rn. 41 f. u. 44 f.

[360] *Hatje*, in: Schwarze/Becker/Hatje et al. (Hrsg.), EU-Kommentar, Art. 4 EUV Rn. 40.

[361] *Schill/Krenn*, in: Grabitz/Hilf/Nettesheim (Hrsg.), Das Recht der Europäischen Union, Art. 4 EUV Rn. 121.

[362] *von Bogdandy/Schill*, Die Achtung der nationalen Identität unter dem reformierten Unionsvertrag, Zur unionsrechtlichen Rolle nationalen Verfassungsrechts und zur Überwindung des absoluten Vorrangs, ZaöRV 2010, 701, 729.

[363] Ein Konflikt zwischen nationalen Höchstgerichten und dem EuGH kann vermieden werden, wenn dieser gestützt auf Art. 4 Abs. 2 EUV die fragliche Unionsmaßnahme für nichtig erklärt oder eine Rechtfertigung für eine abweichende staatliche Rechtslage anerkennt. Geschieht dies nicht und ein mitgliedstaatliches Verfassungsgericht verweigert dem EuGH insoweit die Gefolgschaft, ist dies aus unionsrechtlicher Perspektive rechtswidrig, *von Bogdandy/Schill*, Die Achtung der nationalen Identität unter dem reformierten Unionsvertrag, Zur unionsrechtlichen Rolle nationalen Verfassungsrechts und zur Überwindung des absoluten Vorrangs, ZaöRV 2010, 701, 730 f.

Im Hinblick auf die Union enthält Art. 4 Abs. 3 EUV die Pflicht zur Rücksichtnahme auf die elementaren Interessen der Mitgliedstaaten. Vielfach wird diese Pflicht auch als Rechtsgrundsatz des mitgliedstaatsfreundlichen Verhaltens bezeichnet.[364] Art. 4 Abs. 3 EUV fordert dabei in besonderer Weise die Einhaltung der Pflichten, die bereits in anderen Verfassungsprinzipien zum Ausdruck kommen. So fordert der Grundsatz der loyalen Zusammenarbeit etwa, dass das Prinzip der begrenzten Einzelermächtigung, die Kompetenzausübungsgrenzen und Bereichsausnahmen sowie die nationale Identität geachtet werden. Auch können sich Informations- und Amtshilfepflichten ergeben.[365] Die Unionsorgane müssen bei der Ausübung ihrer Kompetenzen u.a. die Zuständigkeiten der Mitgliedstaaten beachten. Ggf. können sich hieraus Unterlassungspflichten ergeben.[366]

Im Verhältnis der mitgliedstaatlichen Beziehungen untereinander wird u.a. aus Art. 4 Abs. 3 EUV außerdem eine Pflicht zur Solidarität abgeleitet.[367]

(2) Folgen für die Rechtsprechung

(a) Kontrolle der anderen Unionsorgane und der Mitgliedstaaten

Dem Gerichtshof obliegt im Anwendungsbereich von Art. 4 Abs. 3 EUV die richterliche Kontrolle der Unionsorgane und der Mitgliedstaaten auf Einhaltung des Grundsatzes der loyalen Zusammenarbeit. Zwar hat sich der EuGH Art. 4 Abs. 3 EUV bzw. dessen Vorgängervorschriften vielfach für eine dynamische Vertragsauslegung bis hin zur Rechtsfortbildung zu Nutze gemacht, doch da die Pflichten von Art. 4 Abs. 3 EUV reziprok ausgestaltet sind, darf er bei der Kontrolle von der Union und den Mitgliedstaaten nicht grundsätzlich zulasten der Mitgliedstaaten entscheiden, sondern muss vielmehr die in Konflikt stehenden Prinzipien und Interessen gegeneinander abwägen. Im Rahmen dieses Abwägungsvorgangs kommen auf der einen Seite vor allem die Prinzipien der Funktionsfähigkeit der Union und der effektiven und einheitlichen Wirkung des Unionsrechts zum Tragen, auf der anderen Seite ist insbesondere die nationale Gestaltungsautonomie von Bedeutung.[368]

---

[364] Vgl. *Kahl*, in: Calliess/Ruffert (Hrsg.), EUV/AEUV, Das Verfassungsrecht der Europäischen Union mit Europäischer Grundrechtecharta, Art. 4 EUV Rn. 172 f.

[365] *Vedder*, in: Vedder/Heintschel von Heinegg (Hrsg.), Europäisches Unionsrecht: EUV/AEUV/GRCh/EAGV Handkommentar, Art. 4 EUV Rn. 31.

[366] *Hatje*, in: Schwarze/Becker/Hatje et al. (Hrsg.), EU-Kommentar, Art. 4 EUV Rn. 75 f.

[367] *Kahl*, in: Calliess/Ruffert (Hrsg.), EUV/AEUV, Das Verfassungsrecht der Europäischen Union mit Europäischer Grundrechtecharta, Art. 4 EUV Rn. 179; *Vedder*, in: Vedder/Heintschel von Heinegg (Hrsg.), Europäisches Unionsrecht: EUV/AEUV/GRCh/EAGV Handkommentar, Art. 4 EUV Rn. 28.

[368] Vgl. *Schill/Krenn*, in: Grabitz/Hilf/Nettesheim (Hrsg.), Das Recht der Europäischen Union, Art. 4 EUV Rn. 65.

Vor diesem Hintergrund hat der Gerichtshof seine Kontrollkompetenz z.B. ausgeübt, um auf die Verpflichtung der Kommission zur loyalen Zusammenarbeit mit nationalen Gerichten hinzuweisen, selbst wenn diese auf Grundlage des nationalen Rechts entscheiden.[369] Darüber hinaus hat der EuGH Pflichten der Unionsorgane auch aus Spezialregelungen hergeleitet, die etwa sekundärrechtlicher Natur sein können.[370]

Zwar ist Art. 4 Abs. 3 EUV ausweislich seines Wortlauts nur zwischen der Union und den Mitgliedstaaten anwendbar und der Norm kommt daher grundsätzlich keine unmittelbare Wirkung zu[371], mitunter hat der EuGH jedoch dennoch primärrechtliche Pflichten aus Art. 4 Abs. 3 EUV abgeleitet, bspw. im Bereich des Rechtsschutzes, bei Durchführungsverboten oder Stillhalteverpflichtungen.[372] Eine solche Auslegung ist jedoch nur dann möglich, wenn allein die vom EuGH aus dem Grundsatz der loyalen Zusammenarbeit abgeleitete Maßnahme unionsrechtskonform sein kann.

(b) Berücksichtigung bei der sonstigen Auslegung

Auch bei der sonstigen Auslegung des Unionsrechts ist Art. 4 Abs. 3 EUV insoweit zu berücksichtigen, als der EuGH stets die in Konflikt stehenden Prinzipien und Interessen der Union und der Mitgliedstaaten miteinander in Einklang bringen muss.

Als Grenze von Auslegung und Rechtsfortbildung kommt Art. 4 Abs. 3 EUV dabei vor allem in seiner Ausprägung, die das Verhalten der Union gegenüber ihren Mitgliedstaaten regelt, Bedeutung zu. Da Art. 4 Abs. 3 EUV – wie gesehen – die Union und all ihre Organe verpflichtet, auf die elementaren Interessen der Mitgliedstaaten Rücksicht zu nehmen[373], ist auch der EuGH unmittelbar an diese Pflicht gebunden. Ausfluss des Grundsatzes der loyalen Zusammenarbeit ist insoweit etwa, dass sich Mitgliedstaaten im Rahmen von Vertragsverletzungsverfahren, die auf die Rückforderung von unionsrechtswidrig gewährten Beihilfen gerichtet sind, in Extremfällen darauf berufen können, dass es „absolut unmöglich sei, die Entscheidung richtig durchzuführen".[374]

---

[369] Rs. C-231/11 *Kommission/Siemens Österreich u.a.*, EuGH Urteil v. 10.4.2014, Rn. 63.

[370] *Kahl*, in: Calliess/Ruffert (Hrsg.), EUV/AEUV, Das Verfassungsrecht der Europäischen Union mit Europäischer Grundrechtecharta, Art. 4 EUV Rn. 112.

[371] *Schill/Krenn*, in: Grabitz/Hilf/Nettesheim (Hrsg.), Das Recht der Europäischen Union, Art. 4 EUV Rn. 72; *Hatje*, in: Schwarze/Becker/Hatje et al. (Hrsg.), EU-Kommentar, Art. 4 EUV Rn. 29.

[372] Rs. C-213/89 *Factortame*, EuGH Urteil v. 19.6.1990, Rn. 19 u. Rs. C-50/00 P *Unión de Pequeños Agricultores*, EuGH Urteil v. 25.7.2002, Rn. 41 f.

[373] *Kahl*, in: Calliess/Ruffert (Hrsg.), EUV/AEUV, Das Verfassungsrecht der Europäischen Union mit Europäischer Grundrechtecharta, Art. 4 EUV Rn. 172.

[374] *Obwexer*, in: von der Groeben/Schwarze/Hatje (Hrsg.), Europäisches Unionsrecht,

Außerdem verstärkt und ergänzt Art. 4 Abs. 3 EUV den Art. 4 Abs. 2 EUV, der seinerseits nur einen sachlichen Ausschnitt des umfassenderen Rücksichtnahmegebots enthält.[375] Legt der EuGH Art. 4 Abs. 2 EUV hinsichtlich der Achtung der nationalen Identität der Mitgliedstaaten aus, ist Ausfluss des Prinzips der loyalen Zusammenarbeit, dass der EuGH die Auffassung der Mitgliedstaaten darüber, was Teil ihrer jeweiligen nationalen Identität ist, berücksichtigen muss.[376] Art. 4 Abs. 3 EUV verpflichtet daher vor allem dazu, die Rechtsprechung der nationalen Verfassungs- und Höchstgerichte bei seiner Auslegung von Art. 4 Abs. 2 EUV einzubeziehen.[377]

b) Das Prinzip des institutionellen Gleichgewichts als horizontale Kompetenzgrenze zwischen den einzelnen Organen der Union

aa) Allgemeiner Bedeutungsgehalt

Das Primärrecht sieht neben der Normierung der Verbandskompetenz der Union auch detaillierte Regeln für die Zuständigkeiten der einzelnen Organe vor.[378] Zentrale Vorschrift, die das Verhältnis der Unionsorgane untereinander betrifft, ist Art. 13 Abs. 2 EUV. Nach Art. 13 Abs. 2 S. 1 EUV handelt jedes Organ nach Maßgabe der ihm in den Verträgen zugewiesenen Befugnisse nach den Verfahren, Bedingungen und Zielen, die in den Verträgen festgelegt sind. Mit Art. 13 Abs. 2 S. 1 EUV setzt sich das Prinzip der begrenzten Einzelermächtigung hinsichtlich der jeweiligen Organe fort.[379] Diese dürfen nur handeln, soweit der Union die Verbandskompetenz zukommt und ihnen die jeweilige Organkompetenz übertragen ist. Das Primärrecht positiviert insoweit das Prinzip des institutionellen Gleichgewichts[380], welches von der Rechtsprechung bereits lange vor Aufnahme in den Vertragstext entwi-

Art. 4 EUV Rn. 145 mit Verweis auf Rs. 94/87 *Kommission/Deutschland*, EuGH Urteil v. 2.2.1989, Rn. 8.

[375] *Kahl*, in: Calliess/Ruffert (Hrsg.), EUV/AEUV, Das Verfassungsrecht der Europäischen Union mit Europäischer Grundrechtecharta, Art. 4 EUV Rn. 173.

[376] *Martens*, Methodenlehre des Unionsrechts, 451.

[377] Hierzu bereits oben § 5 B. II 2. a) dd) (2) (b); vgl. auch *von Bogdandy/Schill*, Die Achtung der nationalen Identität unter dem reformierten Unionsvertrag, Zur unionsrechtlichen Rolle nationalen Verfassungsrechts und zur Überwindung des absoluten Vorrangs, ZaöRV 2010, 701, 731 f.

[378] Insbesondere Art. 223 ff. AEUV.

[379] *Geiger*, in: Geiger/Khan/Kotzur (Hrsg.), EUV/AEUV, Vertrag über die Europäische Union/Vertrag über die Arbeitsweise der Europäischen Union, Art. 13 EUV Rn. 10.

[380] *Jacqué*, in: von der Groeben/Schwarze/Hatje (Hrsg.), Europäisches Unionsrecht, Art. 13 EUV Rn. 12; vgl. *Calliess*, in: Calliess/Ruffert (Hrsg.), EUV/AEUV, Das Verfassungsrecht der Europäischen Union mit Europäischer Grundrechtecharta, Art. 13 EUV Rn. 15; *Geiger*, in: Geiger/Khan/Kotzur (Hrsg.), EUV/AEUV, Vertrag über die Europäische Union/Vertrag über die Arbeitsweise der Europäischen Union, Art. 13 EUV Rn. 13.

ckelt wurde[381]. Prominentes Beispiel ist die durch Rechtsfortbildung erfolgte Anerkennung der Aktivlegitimation des Parlaments bei Nichtigkeitsklagen, die der EuGH u.a. mit Verweis auf das Prinzip des institutionellen Gleichgewichts begründete.[382]

Das Prinzip des institutionellen Gleichgewichts ist dem in demokratischen Nationalstaaten vorfindlichen Gewaltenteilungsgrundsatz ähnlich[383] und verweist auf die institutionelle Struktur der Union, die auf der Verteilung der Befugnisse auf die in Art. 13 Abs. 1 EUV enumerativ aufgezählten Unionsorgane aufbaut.[384] Es gebietet, dass jedes Organ seine Befugnisse unter Beachtung der Befugnisse der anderen Organe ausübt. Dabei ist das institutionelle Gleichgewicht jedoch nicht derart zu verstehen, dass jedem Organ tatsächlich gleiches Gewicht zukäme. Vielmehr werden die spezifischen Zuständigkeiten und die mit diesen verbundene Rechte durch die speziellen Bestimmungen hinsichtlich der einzelnen Organe und die in Anspruch genommenen Kompetenznormen konkretisiert.[385] Im Vergleich zu der in den Mitgliedstaaten herkömmlichen Gewaltenteilung ist insbesondere die Sonderrolle der Kommission zu nennen, die nicht nur verwaltungsbehördliche Befugnisse wahrnimmt, sondern daneben auch auf das Gesetzgebungsverfahren durch ihr Initiativmonopol besonderen Einfluss nimmt. Außerdem sind trotz einer weiteren Aufwertung der Befugnisse des Europäischen Parlaments seit dem Vertrag von Lissabon, diese bis heute schwächer, als dies üblicherweise bei nationalen Parlamenten der Fall ist. Der Gerichtshof nimmt hingegen im klassischen Sinne judikative Kompetenzen war.[386] Diese in den Verträgen zum Ausdruck kommenden Wertungen müssen von den Organen beachtet und berücksichtigt werden.[387] Als unionsrechtliches Or-

---

[381] *Siegel*, Das Gleichgewicht der Gewalten in der Bundesrepublik Deutschland und in der Europäischen Gemeinschaft, DÖV 2010, 1, 1; *Huber*, Das institutionelle Gleichgewicht zwischen Rat und Europäischem Parlament in der künftigen Verfassung für Europa, EuR 2003, 574, 576 f.

[382] Rs. C-70/88 *Parlament/Rat*, EuGH Urteil v. 22.5.1990, Rn. 21 f.

[383] Vgl. *Geiger*, in: Geiger/Khan/Kotzur (Hrsg.), EUV/AEUV, Vertrag über die Europäische Union/Vertrag über die Arbeitsweise der Europäischen Union, Art. 13 EUV Rn. 13; vgl. auch *Calliess*, in: Calliess/Ruffert (Hrsg.), EUV/AEUV, Das Verfassungsrecht der Europäischen Union mit Europäischer Grundrechtecharta, Art. 13 EUV Rn. 17; *Siegel*, Das Gleichgewicht der Gewalten in der Bundesrepublik Deutschland und in der Europäischen Gemeinschaft, DÖV 2010, 1, 1 ff.

[384] *Jacqué*, in: von der Groeben/Schwarze/Hatje (Hrsg.), Europäisches Unionsrecht, Art. 13 EUV Rn. 12.

[385] Vgl. *Calliess*, in: Calliess/Ruffert (Hrsg.), EUV/AEUV, Das Verfassungsrecht der Europäischen Union mit Europäischer Grundrechtecharta, Art. 13 EUV Rn. 18.

[386] *Classen/Nettesheim*, in: Oppermann/Classen/Nettesheim (Hrsg.), Europarecht, § 5 Rn. 18.

[387] *Geiger*, in: Geiger/Khan/Kotzur (Hrsg.), EUV/AEUV, Vertrag über die Europäische Union/Vertrag über die Arbeitsweise der Europäischen Union, Art. 13 EUV Rn. 14 f.

ganisationsprinzip hat der Grundsatz des institutionellen Gleichgewichts freiheitswahrende und legitimationssichernde Funktion.[388]

Er wird in Art. 13 Abs. 2 S. 2 EUV vom Prinzip der Organtreue bzw. der Pflicht zur loyalen Zusammenarbeit der Organe flankiert. Auch Art. 13 Abs. 2 S. 2 EUV positiviert damit einen Grundsatz, den der EuGH bereits zuvor als ungeschriebenen Grundsatz des Primärrechts anerkannt hatte.[389] Die Unionsorgane sind zur Verwirklichung der Ziele der Union gemeinsam verpflichtet und müssen ihre Befugnisse daher in loyaler Zusammenarbeit ausüben.[390] Sie sind zu gegenseitiger Rücksichtnahme aufgerufen und müssen sich über die Art der Erreichung der gemeinsamen Ziele verständigen.[391]

bb) Folgen für die Rechtsprechung

(1) Kontrolle der anderen Unionsorgane

Nach der ständigen Rechtsprechung des Gerichtshofs können Verstöße gegen das Prinzip des institutionellen Gleichgewichts von ihm geahndet werden.[392] Es fungiert folglich als Grenze der internen und externen Organisationskompetenz der Unionsorgane und kann insoweit als rechtlicher Prüfungsmaßstab herangezogen werden.[393] Vor diesem Hintergrund hat der EuGH etwa einzelne Bestimmungen einer Richtlinie des Rates für nichtig erklärt, die dem Rat auf Vorschlag der Kommission und nach Anhörung des Parlaments mit qualifizierter Mehrheit ermöglichen sollte, Listen sicherer Staaten zu erstellen, obwohl der EG-Vertrag vorsah, dass entsprechende Maßnahmen nur durch einstimmigen Beschluss nach Anhörung des Parlaments oder im Mitentscheidungsverfahren zulässig waren.[394] Einem Organ dürfte folglich nicht die Möglichkeit zur Schaffung abgeleiteter Rechts-

---

[388] Vgl. *Calliess*, in: Calliess/Ruffert (Hrsg.), EUV/AEUV, Das Verfassungsrecht der Europäischen Union mit Europäischer Grundrechtecharta, Art. 13 EUV Rn. 18.

[389] *Calliess*, in: Calliess/Ruffert (Hrsg.), EUV/AEUV, Das Verfassungsrecht der Europäischen Union mit Europäischer Grundrechtecharta, Art. 13 EUV Rn. 28.

[390] *Streinz*, in: Streinz (Hrsg.), EUV/AEUV, Vertrag über die Europäische Union und Vertrag über die Arbeitsweise der Europäischen Union, Art. 13 EUV Rn. 25.

[391] *Calliess*, in: Calliess/Ruffert (Hrsg.), EUV/AEUV, Das Verfassungsrecht der Europäischen Union mit Europäischer Grundrechtecharta, Art. 13 EUV Rn. 28.

[392] *Streinz*, in: Streinz (Hrsg.), EUV/AEUV, Vertrag über die Europäische Union und Vertrag über die Arbeitsweise der Europäischen Union, Art. 13 EUV Rn. 23 mit einem Überblick über die bisherige Rspr. in Fn. 75.

[393] Vgl. nur *Calliess*, in: Calliess/Ruffert (Hrsg.), EUV/AEUV, Das Verfassungsrecht der Europäischen Union mit Europäischer Grundrechtecharta, Art. 13 EUV Rn. 18 m.w.N.; a.A.: *Hatje*, in: von der Groeben/Schwarze/Hatje (Hrsg.), Europäisches Unionsrecht, Art. 13 EUV Rn. 33 m.w.N.; krit. auch: *Nettesheim*, in: Grabitz/Hilf/Nettesheim (Hrsg.), Das Recht der Europäischen Union, Art. 13 EUV Rn. 31 f.

[394] C-133/06, *Parlament/Rat*, EuGH Urteil v. 6.5.2008, Rn. 44 f.

grundlagen gegeben werden, die die Modalitäten des zugrundeliegenden Rechtsakts verschärfen oder erleichtern, da ihm sonst eine Rechtsetzungsbefugnis verliehen würde, die über das im Vertrag vorgesehene Maß hinausgehe. Dies würde gegen den Grundsatz des institutionellen Gleichgewichts verstoßen.[395]

(2) Berücksichtigung bei der sonstigen Auslegung

Auch das Prinzip des institutionellen Gleichgewichts ist nicht nur relevant, soweit der Gerichtshof die anderen Organe auf dessen Einhaltung kontrolliert, es bindet ebenso den Gerichtshof unmittelbar selbst bei der Auslegung des sonstigen Rechts. Das Prinzip des institutionellen Gleichgewichts verlangt vom Gerichtshof im Rahmen seiner Tätigkeit, die Zuständigkeiten der anderen Unionsorgane zu respektieren. Insbesondere die Zuständigkeiten des Unionsgesetzgebers müssen Beachtung finden. Dem Prinzip des institutionellen Gleichgewichts kommt daher vor allem hinsichtlich der Auslegung und Rechtsfortbildung des Sekundärrechts begrenzende Funktion zu.

So lässt sich aus dem Grundsatz des institutionellen Gleichgewichts auch im Unionsrecht eine Einschätzungsprärogative der gesetzgebenden Organe ableiten. Der Gerichtshof billigt dem Unionsgesetzgeber folglich hinsichtlich von Bereichen, die politische, wirtschaftliche oder soziale Entscheidungen verlangen und in denen eine komplexe Prüfung und Beurteilung vorausgegangen sein muss, ein weites Ermessen zu und begrenzt in dieser Hinsicht die eigene Kontrolldichte.[396] Darüber hinaus ist Ausfluss des institutionellen Gleichgewichts nicht nur die begrenzte Möglichkeit der normerhaltenden primärrechtskonformen Auslegung[397], sondern bspw. ebenso die Abwägung im Einzelfall, ob bei Teilrechtswidrigkeit eines Sekundärrechtsakts dieser gänzlich aufzuheben ist oder eine teilweise Nichtigerklärung in Betracht kommt. Vor diesem Hintergrund hatte der Gerichtshof etwa in der Rs. *Deutschland/Parlament und Rat* von einer teilweisen Nichtigerklärung abgesehen, da diese den Erklärungsgehalt der Richtlinie geändert hätte und dies dem Gesetzgeber vorbehalten sei.[398]

Weiterhin kann bei einer Rechtsfortbildung des Sekundärrechts aus dem institutionellen Gleichgewicht eine gegenüber der einfachen Auslegung gesteigerte Begründungspflicht abgeleitet werden.[399] Da der Gerichtshof durch

---

[395] C-133/06, *Parlament/Rat*, EuGH Urteil v. 6.5.2008, Rn. 56 f.

[396] *Dougan*, The Constitutional Dimension to the Case Law on Union Citizenship, E.L.Rev. 2006, 613, 618 u. 624 f. Dabei ist die Rücknahme der Kontrolldichte jedoch durchaus auch kritisch zu betrachten, hierzu: *Trstenjak/Beysen*, Das Prinzip der Verhältnismäßigkeit in der Unionsrechtsordnung, EuR 2012, 265, 273 f.

[397] Hierzu bereits oben, § 4 B. II. 2. a).

[398] Rs. C-376/98 *Deutschland/Parlament und Rat*, EuGH Urteil v. 5.10.2000, Rn. 117.

[399] Vgl. hierzu bereits oben, § 5 B. I. 1.

seine Rechtsfortbildung das vom Gemeinschaftsgesetzgeber gesetzte Recht ändert oder ergänzt und folglich punktuell in die Rechtsetzungsmacht der Legislativgewalt eingreift, muss er die Gründe für eine derartige Rechtsfortbildung offenlegen. Nur hierdurch ermöglicht er dem Gesetzgeber, auf eine möglicherweise unerwünschte Entscheidung entsprechend zu reagieren.

III. Zwischenfazit

Die vorstehende Analyse zeigt, dass sich aus dem Unionsverfassungsrecht Grenzen der Auslegung und Rechtsfortbildung ableiten lassen. Dies folgt zunächst daraus, dass das Primärrecht selbst dem EuGH die Kompetenz zur letztverbindlichen Auslegung des Unionsrechts zuweist. Darüber hinaus folgt dies aus der Normenhierarchie des Unionsrechts und schließlich aus dem Grundsatz der Einheit der Unionsrechtsordnung.

Materiellrechtliche Grenzen lassen sich sowohl hinsichtlich des Vertikalverhältnisses zwischen der Union und ihren Mitgliedstaaten als auch im Horizontalverhältnis zwischen dem Gerichtshof und den anderen Unionsorganen beschreiben. Denn der EuGH ist als Unionsorgan in das institutionelle Gefüge der EU eingebunden. Er muss sich daher bei seinem Wirken nicht nur im Rahmen der Verbandskompetenz der Union, sondern auch im Rahmen seiner Organzuständigkeit halten. Dabei folgen die Rechtsfortbildungsgrenzen im Vertikalverhältnis aus dem Prinzip der begrenzten Einzelermächtigung, dem Subsidiaritätsprinzip, dem Verhältnismäßigkeitsprinzip, dem Prinzip des Schutzes der nationalen Identität und dem Grundsatz der loyalen Zusammenarbeit. Im Horizontalverhältnis folgen die wesentlichen Grenzen aus dem Prinzip des institutionellen Gleichgewichts.

Weiter hat die Analyse gezeigt, dass sich aus den genannten Verfassungsprinzipien unterschiedliche Implikationen für die Rechtsprechungstätigkeit des Gerichtshofs ableiten lassen, je nachdem ob dieser das Handeln der anderen Organe bzw. der Mitgliedstaaten kontrolliert oder ob er selbst bei der Rechtsanwendung unmittelbar oder mittelbar an sie gebunden ist. Als Grenze der Rechtsfortbildung ist vor allem die zweite Konstellation von Bedeutung.

Das Prinzip der begrenzten Einzelermächtigung wird als Grenze vornehmlich insoweit relevant, als der Gerichtshof bei der Auslegung des Primärrechts den Anwendungsbereich der einschlägigen Normen bestimmt. Das Subsidiaritätsprinzip, das jedenfalls als eine die Auslegung steuernde Maxime herangezogen werden kann, verpflichtet den EuGH – ähnlich wie der kompetenzbezogene Verhältnismäßigkeitsgrundsatz – die mitgliedstaatlichen Belange zu schützen und den Mitgliedstaaten möglichst weitgehend Regelungsbereiche zu überlassen und Wertungsspielräume zu eröffnen.

Auch der Schutz der nationalen Identität enthält eine Rechtsfortbildungsschranke, insbesondere mit Blick auf den Schutz der Verfassungsidentität der

Mitgliedstaaten. Dieser gebietet etwa, dass nationale Grundrechte als Rechtfertigung der Beschränkung von Grundfreiheiten herangezogen werden können. Auch der Grundsatz der loyalen Zusammenarbeit erfordert es, die Belange der Mitgliedstaaten zu berücksichtigen.

Als Rechtsfortbildungsgrenze im Horizontalverhältnis wirkt das Prinzip des institutionellen Gleichgewichts. Dies gilt vor allem hinsichtlich der Rechtsfortbildung des Sekundärrechts. Darüber hinaus ist Ausfluss des Prinzips des institutionellen Gleichgewichts, dass es auch im Unionsrecht eine Einschätzungsprärogative des Gesetzgebers gibt, die der Gerichtshof zu achten hat.

Teil 2

Rechtsprechungsanalyse

Im nachfolgenden zweiten Teil der Arbeit soll nun vor dem Hintergrund der im ersten Teil gewonnenen Ergebnisse die Rechtsprechung, die den Status der Unionsbürger bis heute prägt, analysiert werden. Hierfür werden einführend zunächst die historischen Grundlagen der Unionsbürgerschaft dargestellt (§ 6), bevor auf richtungsweisende Entscheidungen des Gerichtshofs näher eingegangen wird (§ 7).

§ 6

Historische Grundlagen der Unionsbürgerschaft

A. Frühe politische Ambitionen und erster wissenschaftlicher Diskurs

Erste Ideen einer europäischen Bürgerschaft entstanden bereits vor mehreren Jahrhunderten.[1] Die Entwicklung der Unionsbürgerschaft in ihrer heutigen Ausprägung nahm jedoch erst mit der Ingangsetzung des europäischen Integrationsprozesses ihren Anfang. Bereits der EGKS-Vertrag[2] strebte ausweislich seines fünften Erwägungsgrundes eine „vertiefte Gemeinschaft" der Völker an, deren Grundlage die Europäische Gemeinschaft für Kohle und Stahl bilden sollte. Eine ähnliche Formulierung wurde schließlich 1957 im EWG-Vertrag[3] gewählt, der „in dem festen Willen, die Grundlagen für einen immer engeren Zusammenschluß der europäischen Völker zu schaffen", unterzeichnet wurde.[4] Art. 138 Abs. 3 EWG-Vertrag normierte darüber hinaus die Aufgabe, dass die Versammlung[5] Entwürfe für allgemeine unmittelbare Wahlen nach einem einheitlichen Verfahren in allen Mitgliedstaaten erarbeiten sollte. Insoweit war bereits im EWG-Vertrag von 1957 eine bürgerschaftlich-politische Dimension angelegt. Zwar wurde diese bürgerschaftlich-politische Dimension in der frühen rechtswissenschaftlichen Diskussion auch vereinzelt angesprochen[6], lange Zeit herrschte aber der von Hans Peter Ipsen geprägte Begriff des „Marktbürgers" vor.[7] Der Personenbegriff des Euro-

[1] Eingehend: *Rabenschlag*, Leitbilder der Unionsbürgerschaft, 21 f.

[2] Vertrag zur Gründung der Europäischen Gemeinschaft für Kohle und Stahl, EGKS-Vertrag v. 18.4.1951.

[3] Vertrag zur Gründung der Europäischen Wirtschaftsgemeinschaft, EWG-Vertrag v. 25.3.1957.

[4] Erster Erwägungsgrund, EGW-Vertrag v. 25.3.1957.

[5] Das Vorläuferorgan des Europäischen Parlaments.

[6] *Schönberger*, in: Grabitz/Hilf/Nettesheim (Hrsg.), Das Recht der Europäischen Union, Art. 20 AEUV Rn. 8.

[7] Der Begriff der „Marktbürgerschaft" wurde von *Hans Peter Ipsen* erstmals auf dem zweiten FIDE-Kongress 1963 in Den Haag verwendet, *Randelzhofer*, Marktbürgerschaft – Unionsbürgerschaft – Staatsbürgerschaft, in: Randelzhofer/Scholz/Wilke (Hrsg.), Gedächtnisschrift für Eberhard Grabitz, 581, 581; *Kokott*, Die Freizügigkeit der Unionsbürger als neue Grundfreiheit, in: Völkerrecht als Wertordnung: Festschrift für Christian Tomuschat, 207, 209; *Kotalakidis*, Von der nationalen Staatsangehörigkeit zur Unions-

parechts wurde insoweit primär ökonomisch-funktionalistisch verstanden und die Freizügigkeit dabei als notwendiges Begleitrecht der ökonomisch ausgerichteten Grundfreiheiten angesehen.[8] Folglich konnten sich die Unionsbürger nur auf die klassischen (personenbezogenen) Grundfreiheiten, d.h. insbesondere die Arbeitnehmerfreizügigkeit und die Niederlassungsfreiheit berufen. Ihnen standen zum damaligen Zeitpunkt jedoch keine „aktivbürgerlichen" Rechte zu.[9]

Nachdem die europäische Integration in den sechziger Jahren zunächst in einer schweren Krise stagnierte, die insbesondere von Frankreichs „Politik des leeren Stuhls" gekennzeichnet war, löste Georges Pompidou mit seiner Wahl am 15.6.1969 Charles de Gaulle als neuen französischen Staatspräsidenten ab. Pompidou schlug kurz nach seiner Wahl ein Gipfeltreffen zur Lösung entscheidender Fragen der „Vollendung, Vertiefung und Erweiterung" der Europäischen Gemeinschaften vor. Auf Einladung der Niederlande, die zum damaligen Zeitpunkt die Präsidentschaft im Ministerrat innehatten, fand der Gipfel noch Ende desselben Jahres in Den Haag statt und führte zu richtungsweisenden Entscheidungen vor allem im Bereich der Agrarpolitik und hinsichtlich der Ausarbeitung eines Stufenplanes für die Errichtung einer gemeinsamen Wirtschafts- und Währungsunion. Obwohl die Entscheidungen des Gipfels eine besonders starke wirtschaftliche Ausrichtung hatten, wurde der Haager Gipfel als wichtiger Impuls für die Entwicklung der wirtschaftlich orientierten Gemeinschaft hin zu einem Europa der Bürger gewertet.[10] So betonten die Staats- und Regierungschefs im Abschlusskommuniqué auch ihren „Glauben an die politischen Zielsetzungen, die der Gemeinschaft ihren ganzen Sinn und ihre Tragweite" verliehen und sprachen sich dafür aus, „dieses Unterfangen zu Ende zu führen".[11]

---

bürgerschaft, 138 Fn. 425; *Ipsen*, Europäisches Gemeinschaftsrecht, 187, 250 ff.; *Schönberger*, in: Grabitz/Hilf/Nettesheim (Hrsg.), Das Recht der Europäischen Union, Art. 20 AEUV Rn. 7.

[8] Vgl. *Derksen*, Das Aufenthaltsrecht von Unionsbürgern aus anderen Mitgliedstaaten der Europäischen Union und ihr Zugang zu Grundsicherungsleistungen im Aufenthaltsstaat unter besonderer Berücksichtigung der Rechtslage in Deutschland, Infobrief Deutscher Bundestag, Unterabteilung Europa 2015, 1, 8.

[9] Kritisch: *Grabitz*, Europäisches Bürgerrecht zwischen Marktbürgerschaft und Staatsbürgerschaft, 25 ff.; *Randelzhofer*, Marktbürgerschaft – Unionsbürgerschaft – Staatsbürgerschaft, in: Randelzhofer/Scholz/Wilke (Hrsg.), Gedächtnisschrift für Eberhard Grabitz, 581, 585.

[10] *Magiera*, Die Europäische Gemeinschaft auf dem Wege zu einem Europa der Bürger, DÖV 1987, 221, 221.

[11] *Wollenschläger*, Grundfreiheit ohne Markt, 91 mit Verweis auf Schlußkommuniqué der Konferenz der Staats- und Regierungschefs vom 1. und 2.12.1969 im Haag, EG-Gesamtbericht 3/1969, 527.

Der Kommission gingen die Erklärungen der Staats- und Regierungschefs hinsichtlich der politischen Integration jedoch nicht weit genug. Sie drückte in einer dem Kommuniqué folgenden Presseerklärung ihr Bedauern aus, dass die Konferenz in der Frage der politischen Union keinen Fortschritt habe erzielen können.[12] Insofern ließ sich schon im Jahr 1969 seitens der mitgliedstaatlichen Regierungen der Wille zur Vertiefung der politischen Union feststellen, ohne dass diesem aber unmittelbar konkrete Umsetzungsmaßnahmen folgten.

Für den europäischen Integrationsprozess auch in politischer Hinsicht weitreichende Bedeutung hatte indes der Gipfel von Paris im Jahr 1974.[13] So wurde hier u.a. die Institutionalisierung der regelmäßigen Treffen der europäischen Staats- und Regierungschefs und mithin die Gründung des Europäischen Rates beschlossen, die vor allem auf einen Vorschlag von Jean Monnet zurückging. Für die Entwicklung der Unionsbürgerschaft war insbesondere die Einsetzung von zwei Arbeitsgruppen entscheidend. Eine dieser Arbeitsgruppen sollte die Möglichkeit der Bildung einer Passunion prüfen und eine weitere Arbeitsgruppe wurde beauftragt „zu untersuchen, unter welchen Voraussetzungen [...] den Bürgern der neun Mitgliedstaaten besondere Rechte als Angehörige der Gemeinschaft zuerkannt werden könnten."[14] Weiterhin drängten die Regierungschefs darauf, das Vertragsziel der Einführung von allgemeinen Wahlen des Europäischen Parlaments schnellstmöglich zu verwirklichen und sahen deshalb „mit Interesse den Vorschlägen des Parlaments entgegen".[15] Der belgische Premierminister Leo Tindemans wurde außerdem gebeten, Reformvorschläge für eine Weiterentwicklung der Gemeinschaft zu einer politischen Europäischen Union auszuarbeiten.[16]

Den sogenannten Tindemans-Bericht legte er schließlich Ende des Jahres 1975 vor und erörterte in diesem diverse Vorschläge zur Stärkung der Rechte der Angehörigen der Mitgliedstaaten.[17] Tindemans forderte u.a. eine gemein-

---

[12] Vgl. *Wollenschläger*, Grundfreiheit ohne Markt, 91 mit Verweis auf die Presseerklärung der Kommission, 5.12.1969, EG-Gesamtbericht 3/1969, 530.

[13] *Kotalakidis*, Von der nationalen Staatsangehörigkeit zur Unionsbürgerschaft, 142.

[14] Treffen der Regierungschefs der Gemeinschaft Paris, 9. und 10.12.1974, Kommuniqué Ziff. 10 und 11, EG-Gesamtbericht 8/1974, 339; *Sharpston*, Citizenship and Fundamental Rights – Pandora's Box or a Natural Step Towards Maturity?, in: Cardonnel/Rosas/Wahl (Hrsg.), Constitutionalising the EU Judicial System: Essays in Honour of Pernilla Lindh, 245, 248.

[15] Treffen der Regierungschefs der Gemeinschaft Paris, 9. und 10.12.1974, Kommuniqué Ziff. 12, EG-Gesamtbericht 8/1974, 339.

[16] Treffen der Regierungschefs der Gemeinschaft Paris, 9. und 10.12.1974, Kommuniqué Ziff. 13, EG-Gesamtbericht 8/1974, 340.

[17] *Kotalakidis*, Von der nationalen Staatsangehörigkeit zur Unionsbürgerschaft, 143; *Sharpston*, Citizenship and Fundamental Rights – Pandora's Box or a Natural Step Towards Maturity?, in: Cardonnel/Rosas/Wahl (Hrsg.), Constitutionalising the EU Judicial System: Essays in Honour of Pernilla Lindh, 245, 248.

same Gesetzgebung im Bereich der Sozialpolitik und wollte einen sozialen Dialog zwischen Arbeitgebern und Arbeitnehmern auf europäischer Ebene schaffen, sodass europäische Rahmenabkommen oder Tarifverträge abgeschlossen werden könnten. Auch die betriebliche Mitbestimmung der Arbeitnehmer sollte auf europäischer Ebene geregelt werden. Weiter schlug Tindemans die Einführung der Direktwahl des Parlaments, eines individuellen Klagerechts und des Kommunalwahlrechts vor, sowie die Stärkung der Freizügigkeit durch den Abbau von Grenzkontrollen und die Vereinfachung der Erstattung von in einem anderen Mitgliedstaat entstandenen Heilbehandlungskosten. Schließlich forderte Tindemans eine Stärkung des Verbraucherschutzes sowie eine intensivere Verflechtung der Mitgliedstaaten im Bildungswesen durch die gegenseitige Anerkennung von Hochschulabschlüssen und die Förderung von Austauschprogrammen für Schüler und Studenten.[18] Während der Rat eher zurückhaltend reagierte, wurde der Bericht vom Europäischen Parlament positiv aufgenommen.

Das Parlament hatte auch bereits in einer Entschließung vom 10.7.1975 die Ausarbeitung einer Charta der Bürgerrechte der Europäischen Gemeinschaften vorgeschlagen, die „den Bürgern [...] das Gefühl einer Schicksalsgemeinschaft" vermitteln und identitätsstiftende Wirkung entfalten sollte.[19] Damit hat sich das Parlament schon früh in besonderem Maße für eine Vertiefung der politischen Integration eingesetzt.

Von den im Tindemans-Bericht angeregten Maßnahmen wurde zunächst nur die Direktwahl des Europäischen Parlaments tatsächlich umgesetzt.[20] Zwar wurde die Direktwahl bereits 1976 beschlossen, es sollte jedoch noch drei weitere Jahre dauern, bis 1979 schließlich die erste Direktwahl abgehalten wurde. Altiero Spinelli, ehemals Kommissionsmitglied und seinerzeit Abgeordneter des Europäischen Parlaments, sah das Parlament durch die erfolgte Direktwahl legitimiert, eine europäische Verfassung auszuarbeiten, die schließlich von den nationalen Parlamenten ratifiziert werden sollte, um die europäische Integration entscheidend weiter voranzutreiben. In dem im Februar 1984 vom Europäischen Parlament angenommenen Spinelli-Entwurf wurde der Begriff der „Unionsbürgerschaft" erstmals verwendet.[21]

---

[18] Bericht über die Europäische Union, in: Bulletin der Europäischen Gemeinschaften 1976, Sonderbeilage 1/1976, 11–39.

[19] Amtsbl. Nr. C 179 v. 6.8.1975, 28–30, 30; *Bieber*, „Besondere Rechte" für Bürger der Europäischen Gemeinschaften, EuGRZ 1978, 203, 205 Fn. 15. Eingehend zur integrationsstiftenden Wirkung auch: *Reddig*, Bürger jenseits des Staates? Unionsbürgerschaft als Mittel europäischer Integration.

[20] *Hailbronner*, in: Hailbronner/Maaßen/Hecker et al. (Hrsg.), Staatsangehörigkeitsrecht, Teil I Grundlagen des Staatsangehörigkeitsrechts, H. Deutsche Staatsangehörigkeit und Unionsbürgerschaft, I. Die Entwicklung der Unionsbürgerschaft, Rn. 1.

[21] Entwurf eines Vertrages zur Gründung der Europäischen Union, Amtsbl. Nr. C 77 v. 19.3.1984, 33–52, 36.

Trotz intensiver Bemühungen wurde das Vorhaben wegen politisch widerstreitender Interessen der Mitgliedstaaten letztlich nicht umgesetzt.

Erst bei der Sitzung des Europäischen Rats in Fontainebleau im Juni 1984 wurden die Inhalte des Tindemans-Berichts wieder von den Staats- und Regierungschefs thematisiert. Unter dem Vorsitz des Italieners Pietro Adonnino wurde ein Ausschuss eingesetzt, der Maßnahmen für ein „Europa der Bürger“ erarbeiten sollte.[22] Die 1985 vorgelegten abschließenden Berichte zielten ähnlich wie der Tindemans-Bericht auf Verbesserungen des Freizügigkeitsrechts und der wirtschaftlichen und sozialen Stellung der Angehörigen der Mitgliedstaaten, sowie eine Stärkung politischer Beteiligungsrechte ab.[23] Zwar wurden die Empfehlungen des Adonnino-Ausschusses vom Europäischen Rat in Brüssel würdigend zur Kenntnis genommen und sich mit den Vorschlägen einverstanden erklärt[24], dennoch fanden sie 1986 keinen Eingang in die Einheitliche Europäische Akte (EEA)[25].[26] In dieser wurde die Umwandlung der Gemeinschaften in eine Europäische Union jedoch als Ziel verankert.[27] Eine Stärkung der bürgerschaftlichen Rechte erfolgte schließlich mit dem Erasmus-Beschluss des Rates von 1987[28], der ein Aktionsprogramm zur Förderung der Mobilität von Hochschulstudierenden ins Leben rief. Mit dem Erasmus-Beschluss fand auch der Begriff „Europa der Bürger“ erstmals Erwähnung im Sekundärrecht.[29] 1988 schlug die Kommission dann die Verabschiedung einer Richtlinie vor, aufgrund welcher die Angehörigen der Mitgliedstaaten das aktive und passive Kommunalwahlrecht in den anderen Mitgliedstaaten erhalten sollten. Diesen Vorschlag zunächst außer Acht lassend, wurde die Gemeinschaft jedoch erst im Bereich des Aufenthaltsrechts

---

[22] Bulletin der Europäischen Gemeinschaften, Beilage 7/85, 5; *Kotalakidis*, Von der nationalen Staatsangehörigkeit zur Unionsbürgerschaft, 144.

[23] Bulletin der Europäischen Gemeinschaften, Beilage 7/85, 7 ff.; *Hailbronner*, in: Hailbronner/Maaßen/Hecker et al. (Hrsg.), Staatsangehörigkeitsrecht, Teil I Grundlagen des Staatsangehörigkeitsrechts, H. Deutsche Staatsangehörigkeit und Unionsbürgerschaft, I. Die Entwicklung der Unionsbürgerschaft, Rn. 2.

[24] Bulletin der Europäischen Gemeinschaften, Beilage 7/85, 16.

[25] Einheitliche Europäische Akte, Amtsbl. Nr. L 169 v. 29.6.1987, 1–28.

[26] *Stewen*, Die Entwicklung des allgemeinen Freizügigkeitsrechts der Unionsbürger und seiner sozialen Begleitrechte, 13.

[27] Art. 1 EEA lautete: Die Europäischen Gemeinschaften und die Europäische Politische Zusammenarbeit verfolgen das Ziel, gemeinsam zu konkreten Fortschritten auf dem Wege zur Europäischen Union beizutragen.

[28] 87/327/EWG: Beschluß des Rates vom 15.6.1987 über ein gemeinschaftliches Aktionsprogramm zur Förderung der Mobilität von Hochschulstudenten (ERASMUS), Amtsbl. Nr. L 166 v. 25.6.1987, 20–24.

[29] Die Begrifflichkeit wurde zweimal in den Erwägungsgründen des Erasmus-Beschlusses aufgenommen; *Stewen*, Die Entwicklung des allgemeinen Freizügigkeitsrechts der Unionsbürger und seiner sozialen Begleitrechte, 14.

gesetzgeberisch tätig: 1990 wurden drei Richtlinien verabschiedet, die unter den Voraussetzungen von ausreichenden Existenzmitteln und umfassendem Krankenversicherungsschutz das Aufenthaltsrecht von Studenten, Rentnern und sonstigen Nichterwerbstätigen regelten.[30] Auch diese Richtlinien gingen auf einen früheren Vorschlag der Kommission zurück[31] und wurden im Jahr 2004 von der bis heute geltenden „Unionsbürgerrichtlinie"[32] abgelöst.[33]

B. Die primärrechtliche Formalisierung der Unionsbürgerschaft

Mit dem Vertrag von Maastricht vom 7.2.1992[34] wurde die Unionsbürgerschaft als solche erstmals rechtlich formalisiert.[35] Entscheidend für diese Entwicklung waren im Vorfeld insbesondere ein spanisches und ein belgisches Memorandum, die die Aufnahme konkreter Bürgerrechte in den Vertrag forderten.[36] Bemerkenswert ist, dass das spanische Memorandum die „Eu-

---

[30] Richtlinie 90/365/EWG des Rates vom 28.6.1990 über das Aufenthaltsrecht der aus dem Erwerbsleben ausgeschiedenen Arbeitnehmer und selbständig Erwerbstätigen, Amtsbl. Nr. L 180 v. 13.7.1990, 28–29; Richtlinie 90/366/EWG des Rates vom 28.6.1990 über das Aufenthaltsrecht der Studenten, Amtsbl. Nr. L 180 v. 13.7.1990, 30–31; Richtlinie 90/364/EWG des Rates vom 28.6.1990 über das Aufenthaltsrecht, Amtsbl. Nr. L 180 vom 13.7.1990, 26–27. Die Studentenrichtlinie wurde vom EuGH in der Rs. C-295/90 *Parlament/Rat*, EuGH Urteil v. 7.7.1992 für nichtig erklärt, da Art. 235 EWG-Vertrag die falsche Rechtsgrundlage darstellte und später durch die Richtlinie 93/96/EWG des Rates vom 29.10.1993 über das Aufenthaltsrecht für Studenten, Amtsbl. Nr. L 317 v. 18.12.1993, 59–60 ersetzt.

[31] Vorschlag für eine Richtlinie des Rates über das Aufenthaltsrecht der Staatsangehörigen der Mitgliedstaaten im Hoheitsgebiet eines anderen Mitgliedstaats, Amtsbl. Nr. C 207 v. 17.8.1979, 14–16.

[32] Richtlinie 2004/38/EG des Europäischen Parlaments und des Rates vom 29.4.2004 über das Recht der Unionsbürger und ihrer Familienangehörigen, sich im Hoheitsgebiet der Mitgliedstaaten frei zu bewegen und aufzuhalten, zur Änderung der Verordnung (EWG) Nr. 1612/68 und zur Aufhebung der Richtlinien 64/221/EWG, 68/360/EWG, 72/194/EWG, 73/148/EWG, 75/35/EWG, 90/364/EWG, 90/365/EWG und 93/96/EWG, Amtsbl. Nr. L 158 v. 30.4.2004, 77–123.

[33] *Griller*, Unionsbürgerschaft als grundlegender Status, EuR Beiheft 1 2015, 7, 10.

[34] Vertrag über die Europäische Union, Amtsbl. Nr. C 191 v. 29.7.1992, 1–112.

[35] *Böhm*, Europäische Grundfreiheiten – Teil 2, JA 2009, 328, 328; *Kotalakidis*, Von der nationalen Staatsangehörigkeit zur Unionsbürgerschaft, 150; *Schmahl/Jung*, Die Unionsbürgerschaft: Ein komplexes Rechtsinstitut mit weitreichenden Folgen, Jura 2016, 1272, 1273; *Sharpston*, Citizenship and Fundamental Rights – Pandora's Box or a Natural Step Towards Maturity?, in: Cardonnel/Rosas/Wahl (Hrsg.), Constitutionalising the EU Judicial System: Essays in Honour of Pernilla Lindh, 245, 249.

[36] *Höfler*, Die Unionsbürgerfreiheit: Ansprüche der Unionsbürger auf allgemeine Freizügigkeit und Gleichheit unter besonderer Berücksichtigung sozialer Rechte, 25 m.w.N.

ropabürgerschaft" bereits als dynamisches und sich je nach gegenwärtigem Stand des europäischen Integrationsprozesses fortentwickelndes Konzept bezeichnete[37] und damit eine Definition vorwegnahm, die heute ihren Ausdruck in der Entwicklung der Rechtsprechungslinie des EuGH gefunden hat und deshalb auch in der aktuellen rechtswissenschaftlichen Literatur Verwendung findet.[38] Der Europäische Rat in Rom 1990 griff das Konzept der „Europabürgerschaft" auf und stellte fest, dass unter den Mitgliedstaaten Einvernehmen darüber bestünde, dass der Begriff der Europabürgerschaft geprüft werden solle. Erwogen wurde insbesondere die vertragliche Verankerung staatsbürgerlicher, sozialer und wirtschaftlicher Rechte, sowie ein gemeinsamer Schutz der Gemeinschaftsbürger außerhalb der Grenzen der Gemeinschaft.[39] Die vom Europäischen Rat in Rom auf Grundlage der vorangegangenen politischen Diskussion der Regierungskonferenz zur Prüfung vorgelegten Rechte, fanden dann letztlich auch Eingang in den Maastrichter Vertrag. Der Begriff der Unionsbürgerschaft wurde in den Vertragstext aufgenommen und mit ihm ein Katalog verschiedener Einzelrechte. Art. 8 des Vertrags zur Gründung der Europäischen Gemeinschaft (EGV) i.d.F. von Maastricht normierte die Einführung der Unionsbürgerschaft und die Akzessorietät derselben mit der nationalen Staatsangehörigkeit. Die Art. 8a und 8b statuierten ein Freizügigkeits- und Aufenthaltsrecht der Unionsbürger im Hoheitsgebiet aller Mitgliedstaaten, vorbehaltlich der im EGV und in den Durchführungsbestimmungen vorgesehenen Beschränkungen und Bedingungen, sowie das aktive und passive Wahlrecht bei Kommunalwahlen und zum Europäischen Parlament im Wohnsitzland. Art. 8c und 8d normierten den gemeinsamen diplomatischen und konsularischen Schutz der Gemeinschaftsbürger außerhalb der Gemeinschaftsgrenzen und ein Petitionsrecht zum Europäischen Parlament. Durch die Einführung des Begriffs der Unionsbürgerschaft wurden die Einzelrechte zu einem gemeinsamen Status zusammengefasst und dadurch gestärkt. Insbesondere das Freizügigkeitsrecht wurde aufgewertet, indem es von nun an nicht mehr nur im Sekundärrecht, sondern ebenfalls im Primärrecht verankert war.[40] Die von dem wirtschaft-

---

[37] *Höfler*, Die Unionsbürgerfreiheit: Ansprüche der Unionsbürger auf allgemeine Freizügigkeit und Gleichheit unter besonderer Berücksichtigung sozialer Rechte, 26.

[38] Vgl. *Hilpold*, Die Unionsbürgerschaft – Entwicklung und Probleme, EuR 2015, 133, 133; *von Bogdandy*, in: Grabitz/Hilf/Nettesheim (Hrsg.), Das Recht der Europäischen Union, Art. 18 AEUV Rn. 35; *Magiera*, in: Streinz (Hrsg.), EUV/AEUV, Vertrag über die Europäische Union und Vertrag über die Arbeitsweise der Europäischen Union, Art. 20 AEUV Rn. 21; *Hailbronner/Thym*, Ruiz Zambrano – Die Entdeckung des Kernbereichs der Unionsbürgerschaft, NJW 2011, 2008, 2008.

[39] *Höfler*, Die Unionsbürgerfreiheit: Ansprüche der Unionsbürger auf allgemeine Freizügigkeit und Gleichheit unter besonderer Berücksichtigung sozialer Rechte, 26.

[40] *Randelzhofer*, Marktbürgerschaft – Unionsbürgerschaft – Staatsbürgerschaft, in: Randelzhofer/Scholz/Wilke (Hrsg.), Gedächtnisschrift für Eberhard Grabitz, 581, 590.

lichen Bezug der Grundfreiheiten losgelöste primärrechtliche Normierung sollte in der Folge zu einem kontroversen Diskurs über das Verhältnis zwischen dem primärrechtlichen Freizügigkeitsrecht und dem konkretisierenden Sekundärrecht führen, der bis heute in der rechtswissenschaftlichen Literatur Relevanz hat.[41]

Die Verträge von Amsterdam[42] (1997) und Nizza[43] (2001) haben den Bestand der Vorschriften zur Unionsbürgerschaft inhaltlich nur geringfügig verändert. Mit dem Vertrag von Amsterdam wurde ex-Art. 8 EGV in Art. 17 EGV neu nummeriert und Abs. 1 um den klarstellenden Satz erweitert, dass die Unionsbürgerschaft die nationale Staatsbürgerschaft ergänzt, diese aber nicht ersetzt. Auch der Vertrag von Lissabon[44] vom 13.12.2007 enthält nur wenige die Unionsbürgerschaft betreffende Änderungen. Art. 20 AEUV (ex-Art. 17 EGV) fasst nunmehr in seinem zweiten Absatz die bestehenden Rechte im Überblick zusammen. Daneben normiert Art. 24 AEUV (ex-Art. 21 EGV) Ausführungsbestimmungen für die neu eingeführte Bürgerinitiative. Mit dem Vertrag von Lissabon wurden außerdem auf Anregung von Mitgliedern des Europäischen Parlaments die Formulierungen des Art. 20 Abs. 1 S. 2 und 3 AEUV auch in Art. 9 EUV übernommen und der Unionsbürgerschaft damit nochmals eine prominente Stelle im Vertragstext zugewiesen. Art. 9 S. 2 und S. 3 EUV und Art. 20 Abs. 1 S. 2 und 3 AEUV normieren, dass Unionsbürger ist, wer die Staatsangehörigkeit eines Mitgliedstaats besitzt und dass die Unionsbürgerschaft zur nationalen Staatsangehörigkeit hinzutritt. Damit wurde der Wortlaut mit dem Vertrag von Lissabon gegenüber dem des Vertrags von Amsterdam an dieser Stelle nur geringfügig modifiziert.

C. Der Unionsbürger in der frühen Rechtsprechung

Schon lange vor der rechtlichen Formalisierung der Unionsbürgerschaft haben auch die Entscheidungen des Gerichtshofs die rechtliche Stellung der Angehörigen der Mitgliedstaaten maßgeblich beeinflusst. Bereits in den frühen 1960er Jahren stellte der Gerichtshof in der *van Gend und Loos*-Entscheidung[45] den Bürger ins Zentrum seiner Argumentation.[46] So begründete der EuGH die unmittelbare Geltung und Anwendbarkeit des Gemein-

[41] Hierzu: § 7 B. II. 2 d) dd) (1).

[42] Vertrag von Amsterdam, Amtbl. Nr. C 340 v. 10.11.1997, 1–144.

[43] Vertrag von Nizza, Amtsbl. Nr. C 80 v. 10.3.2001, 1–87.

[44] Vertrag von Lissabon, Amtsbl. Nr. C 306 v. 17.12.2007, 1–230.

[45] Rs. 26/62 *van Gend & Loos*, EuGH Urteil v. 5.2.1963.

[46] *Stewen*, Die Entwicklung des allgemeinen Freizügigkeitsrechts der Unionsbürger und seiner sozialen Begleitrechte, 12.

schaftsrechts u.a. damit, dass „die Schaffung eines gemeinsamen Marktes, dessen Funktionieren die der Gemeinschaft angehörigen Einzelnen unmittelbar betrifft", Ziel des EWG-Vertrages sei. Außerdem richte sich die Präambel des Vertrages nicht nur an die vertragsschließenden Staaten, sondern auch an die Völker. Darüber hinaus betreffe die Übertragung von Hoheitsrechten auf die geschaffenen Organe die Staatsbürger in gleicher Weise wie die Mitgliedstaaten.[47]

Eine weitere Stärkung der bürgerschaftlichen Rechtsstellung der Angehörigen der Mitgliedstaaten erzielte der EuGH wenige Jahre später durch die Entwicklung der Gemeinschaftsgrundrechte, welche er erstmals mit dem *Stauder*-Urteil[48] im Jahr 1969 als allgemeine ungeschriebene Rechtsgrundsätze des Gemeinschaftsrechts anerkannte.[49] In einer sich stetig fortsetzenden Rechtsprechungslinie deutete der EuGH den Gewährleistungsgehalt der Grundrechte in den folgenden Jahren weiter aus.[50]

Besonders starken Einfluss nahm der EuGH darüber hinaus auf den Status der Unionsbürger durch die Ausformung des Freizügigkeitsregimes. Wie oben bereits angedeutet, war das Freizügigkeitsrecht, im Einklang mit der ursprünglichen gemeinschaftsrechtlichen Zielsetzung der Errichtung eines gemeinsamen Marktes, eng verknüpft mit den Personenverkehrsfreiheiten, d.h. insbesondere mit der Arbeitnehmer- und der Niederlassungsfreiheit. Die Gruppe der grenzüberschreitend tätigen Arbeitnehmer und der im Ausland tätigen Selbstständigen fasste der EuGH im Rahmen seiner Rechtsprechung bereits relativ weit. So sind laut EuGH nicht nur der Arbeitnehmer im engeren Sinne, sondern u.a. auch Arbeitssuchende, Arbeitslose, Arbeitsunfähige und Rentner geschützt.[51] Eine „graduelle Verallgemeinerung des gemeinschaftsrechtlichen Freizügigkeitsregimes"[52] erzielte der EuGH später durch die extensive Auslegung der passiven Dienstleistungsfreiheit. Trotz zum Teil erheblicher Kritik und anfänglichem Zögern, sah der EuGH den Aufenthalt von Touristen sowie Studien- und Geschäftsreisenden in einem anderen Mitgliedstaat als von der Dienstleistungsfreiheit umfasst an.[53] Durch das Nutz-

[47] Rs. 26/62 *van Gend & Loos*, EuGH Urteil v. 5.2.1963.

[48] Rs. 29/69 *Stauder*, EuGH Urteil v. 12.11.1969.

[49] *Becker*, Freizügigkeit in der EU – auf dem Weg vom Begleitrecht zur Bürgerfreiheit, EuR 1999, 522, 527; *Stewen*, Die Entwicklung des allgemeinen Freizügigkeitsrechts der Unionsbürger und seiner sozialen Begleitrechte, 12.

[50] Vgl. u.a. Rs. 11/70 *Internationale Handelsgesellschaft*, EuGH Urteil v. 17.12.1970; Rs. C-149/77 *Defrenne III*, EuGH Urteil v. 15.6.1978; vb. Rs. C-92/09 und C-93/09 *Schecke und Eifert*, EuGH Urteil v. 9.10.2010.

[51] *Becker*, Freizügigkeit in der EU – auf dem Weg vom Begleitrecht zur Bürgerfreiheit, EuR 1999, 522, 525; *Wollenschläger*, Grundfreiheit ohne Markt, 64 f.

[52] *Wollenschläger*, Grundfreiheit ohne Markt, 76.

[53] Etwa vb. Rs. 286/82 und 26/83 *Luisi* und *Carbone*, EuGH Urteil v. 31.1.1984; *Becker*, Freizügigkeit in der EU – auf dem Weg vom Begleitrecht zur Bürgerfreiheit, EuR 1999,

barmachen der passiven Dienstleistungsfreiheit wurde der Anwendungsbereich des Gemeinschaftsrechts damit bereits erheblich erweitert, um die rechtliche Stellung der Bürger zu stärken. Bei im Ausland Studierenden geriet der EuGH mit der Definition der passiven Dienstleistungsfreiheit jedoch an seine Grenzen. Da der Staat mit dem im Rahmen des nationalen Bildungssystems erteilten Unterricht seinen sozialen, kulturellen und bildungspolitischen Auftrag gegenüber seinen Bürgern erfülle, können sich im Ausland Studierende nicht auf die grundrechtlich geschützte Dienstleistungsfreiheit berufen. Selbst etwaig erhobene Studiengebühren stünden dem nicht entgegen.[54] Der EuGH behalf sich daher bereits früh mit einer Berufung auf das Diskriminierungsverbot.[55]

Das Diskriminierungsverbot war auch in der *Grzelczyk*-Entscheidung im Jahr 2001 von entscheidender Bedeutung. Hier bezeichnete er die Unionsbürgerschaft erstmals als den „grundlegende[n] Status der Angehörigen der Mitgliedstaaten“[56], eine Formulierung, die der EuGH in vielen darauffolgenden Entscheidungen wiederholen und als Argumentation heranziehen sollte.[57]

Innerhalb der letzten Jahre hat der EuGH die Rechtsstellung der Unionsbürger im Wege dynamischer Rechtsfortbildung stetig gestärkt. Diese Entwicklung macht es Unionsbürgern nun auch möglich, sich gegenüber ihrem Heimatstaat auf den unionsrechtlichen Schutz zu berufen und ein grenzüberschreitender Bezug ist nicht mehr unbedingt erforderlich.[58] Letzteres begründete der Gerichtshof insbesondere mit dem Verweis auf den „Kernbestand“ der unionsbürgerschaftlichen Rechte; ein durch den Gerichtshof neu geschaffenes Konzept, dessen Bedeutung bis heute nicht abschließend geklärt ist.

Die den Status der Unionsbürger betreffende Rechtsfortbildung des Gerichtshofs ist vor dem Hintergrund der oben entwickelten Maßstäbe kritisch zu reflektieren. Schon in den älteren Urteilen, die die Unionsbürgerschaft nach ihrer Konstitutionalisierung maßgeblich geprägt haben, lassen sich diverse methodische Schwächen des Gerichtshofs in den Urteilsbegründungen

---

522, 525; *Wollenschläger*, Grundfreiheit ohne Markt, 77; *Stewen*, Die Entwicklung des allgemeinen Freizügigkeitsrechts der Unionsbürger und seiner sozialen Begleitrechte, 59.

[54] *Wollenschläger*, Grundfreiheit ohne Markt, 81.

[55] Richtungsweisend bereits Rs. C-293/83 *Gravier*, EuGH Urteil v. 13.2.1985. Zur Einordnung des Diskriminierungsverbots: *Basedow*, Der Grundsatz der Nichtdiskriminierung im Europäischen Privatrecht, ZEuP 2008, 230, 234.

[56] Rs. C-184/99 *Grzelczyk*, EuGH Urteil v. 20.9.2001, Rn. 31.

[57] Eingehend zum Ganzen § 7 B. II.

[58] *Schönberger*, in: Grabitz/Hilf/Nettesheim (Hrsg.), Das Recht der Europäischen Union, Art. 20 AEUV Rn. 23; wegweisend, Rs. C-34/09 *Zambrano*, EuGH Urteil v. 8.3.2011, siehe insoweit unten, § 7 B. III. 3.

ausmachen. Darüber hinaus begegnen vor allem die jüngeren Entscheidungen, in denen der Gerichtshof den „Kernbestand“ der unionsbürgerschaftlichen Rechte in einen noch ungeklärten Zusammenhang mit den Unionsgrundrechten setzt, vor dem Hintergrund der unionsverfassungsrechtlichen Grenzen erheblichen Bedenken.

§ 7

Systematische Analyse ausgewählter Entscheidungen des Gerichtshofs

A. Auswahl der Rechtsprechung und Analysemodus

Im nachfolgenden Kapitel wird ausgewählte Rechtsprechung, die für das Konzept der Unionsbürgerschaft maßgeblich prägend war, eingehend analysiert. Die Auswahl der relevanten Rechtssachen erfolgt dabei insbesondere unter Berücksichtigung des materiellen Gehalts, den die jeweiligen Urteile für das Konzept der Unionsbürgerschaft aufweisen. Maßgeblicher Indikator für die Bedeutung von Rechtsprechung ist dabei unter anderem die Zuweisung der in Rede stehenden Rechtssachen an die Große Kammer oder das Plenum.[1] Daneben wird berücksichtigt, inwieweit die jeweiligen Urteile durch die Wissenschaft rezipiert wurden. Auch die Schlussanträge der Generalanwältinnen und -anwälte werden Eingang in die Analyse finden, da diese vor allem bei wenig begründeten Urteilen Aufschluss über die Entscheidungsfindung geben können und der EuGH mitunter ausdrücklich oder implizit auf die Schlussanträge Bezug nimmt.

Im Rahmen der Analyse wird untersucht, welchen Auslegungsmethoden sich der EuGH bedient und ob die jeweilige Interpretation methodisch begründbar und nachvollziehbar ist. Dabei wird ebenso festgestellt, ob der EuGH mit dem jeweiligen Urteil i.S.d. oben gefundenen Definition das Recht fortgebildet hat und ob insoweit die die Rechtsfortbildung begrenzenden Verfassungsprinzipien berücksichtigt wurden.

B. Praktische Anwendung

Die ausgewählte Rechtsprechung wird im Folgenden drei verschiedenen Teilgebieten der Unionsbürgerschaft zugeordnet. Daher erfolgt die Analyse nur innerhalb der verschiedenen Teilbereiche chronologisch. Die Einordnung der Rechtsprechung in verschiedene Themenkomplexe soll dabei den Zugang zur Materie erleichtern. Freilich ergeben sich auch Wechselwirkungen zwi-

---

[1] Hierzu bereits ausführlich oben, § 3 A. II. 2. c).

schen den verschiedenen Themenkomplexen, die insbesondere durch die selbstreferenzielle Methodik des EuGH sichtbar werden. An gegebener Stelle wird auf die jeweiligen Wechselwirkungen entsprechend hingewiesen.

Die Vorlagefragen werden regelmäßig verkürzt in der vom EuGH formulierten Fassung wiedergegeben und mit dem Ziel einer besseren Übersichtlichkeit ggf. neu nummeriert. Außerdem werden für diese Arbeit weniger relevante Vorlagefragen ausgespart.

I. Erwerb und Verlust der Unionsbürgerschaft

Der erste Themenkomplex der Rechtsprechungsanalyse befasst sich mit der heute in Art. 20 Abs. 1 S. 2 AEUV verankerten Verknüpfung von nationaler Staatsangehörigkeit und europäischer Unionsbürgerschaft. Gem. Art. 20 Abs. 1 S. 2 AEUV ist Unionsbürger, wer die Staatsangehörigkeit eines Mitgliedstaats besitzt. Da das Staatsangehörigkeitsrecht einerseits allein im nationalstaatlichen Kompetenzbereich liegt, andererseits über dieses aber auch die Unionsbürgerschaft vermittelt wird, ergeben sich hieraus schwierige kompetenzielle Abgrenzungsprobleme, die sich in der Frage der richtigen Interpretation des Primärrechts manifestieren.

1. Die Rechtssache Micheletti[2]

a) Sachverhalt und Vorlagefrage

Herr Micheletti besitzt sowohl die argentinische als auch die italienische Staatsangehörigkeit. Am 3.3.1989 beantragte er bei der spanischen Verwaltung unter Vorlage eines gültigen italienischen Reisepasses die Ausstellung einer vorläufigen Fremdenkarte für Gemeinschaftsangehörige, welche ihm auch ausgestellt wurde. Später beantragte Herr Micheletti eine endgültige Fremdenkarte für Gemeinschaftsangehörige zum Zweck seiner Niederlassung in Spanien als Zahnarzt. Dieser Antrag wurde zurückgewiesen, da nach dem einschlägigen spanischen Recht bei einer doppelten Staatsangehörigkeit diejenige Staatsangehörigkeit vorrangig behandelt wurde, die dem gewöhnlichen Aufenthalt des Betroffenen vor seiner Einreise entsprach. Im Falle des Klägers war dies die argentinische Staatsangehörigkeit. Herr Micheletti wendete sich gerichtlich gegen die Zurückweisung des Antrags und das zuständige Gericht legte dem EuGH folgende Frage zur Vorabentscheidung vor:

Verwehren es die Bestimmungen des Gemeinschaftsrechts auf dem Gebiet der Niederlassungsfreiheit einem Mitgliedstaat, diese Freiheit im Fall der doppelten Staatsangehörigkeit zu beschränken, soweit eine der Staatsbürgerschaften durch einen Drittstaat vergeben wurde?

---

[2] Rs. C-369/90 *Micheletti*, EuGH Urteil v. 7.7.1992.

b) Würdigung durch den Generalanwalt[3]

Nach Auffassung von GA Tesauro darf ein Mitgliedstaat einem Staatsbürger eines anderen Mitgliedstaats das Recht auf Niederlassungsfreiheit nicht verweigern, nur weil dieser auch Staatsbürger eines Drittstaates ist und dort seinen gewöhnlichen, tatsächlichen oder letzten Aufenthalt gehabt hat. Zur Begründung stellt GA Tesauro zunächst fest, dass die Festlegung der Art und Weise des Erwerbs und Verlusts der Staatsangehörigkeit unstreitig allein in die ausschließliche Zuständigkeit der Mitgliedstaaten fällt. Nachfolgend analysiert er Art. 52 EWG-Vertrag (heute Art. 49 AEUV), der als einzige Voraussetzung für die Niederlassungsfreiheit die Staatsangehörigkeit eines anderen Mitgliedstaats voraussetze, deren Festlegung dem betreffenden Mitgliedstaat überlassen sei. Damit beinhalte Art. 52 EWG-Vertrag eine Verweisung auf das nationale Recht des Staates, dessen Staatsbürgerschaft die Grundlage für das geltend gemachte Recht bilde. Eine solche Verweisung beinhalte auch Art. 8 des Maastrichter Vertrages im Hinblick auf die Unionsbürgerschaft.[4] Der Besitz der Staatsbürgerschaft sei folglich die einzige subjektive Voraussetzung für die Gewährung des Aufenthaltsrechts und dürfe nicht unter zusätzliche Voraussetzungen gestellt werden. Insbesondere könne sich die spanische Regierung nicht auf das aus dem internationalen Recht bekannte Kriterium der „effektiven Staatsangehörigkeit" berufen, denn für die Zwecke von Art. 52 EWG-Vertrag sei es nicht erforderlich, eine vorrangige Staatsangehörigkeit zu bestimmen.[5] Schließlich verweist GA Tesauro auf die Erklärungen der deutschen Regierung und der Regierung des Vereinigten Königreiches im Anhang zum Vertrag über die Definition der Personen, die für die von der Gemeinschaft verfolgten Zwecke als ihre Staatsangehörigen gelten. Diese Erklärungen würden zeigen, dass die Mitgliedstaaten für die Zwecke des anwendbaren Gemeinschaftsrechts dem Begriff „Staatsbürger eines Mitgliedstaats" eine sehr weite Bedeutung beigemessen hätten. Die genannten Erwägungen bestätigten, dass die Mitgliedstaaten die Ausübung der Niederlassungsfreiheit nicht zusätzlichen Kriterien wie dem Aufenthaltsort unterwerfen dürften, auch dann, wenn die Person, die sich auf das Recht beruft, gleichzeitig die Staatsangehörigkeit eines Drittlandes besitzt.[6] Im Ergebnis dürften die Mitgliedstaaten einen Staatsbürger eines anderen Mitgliedstaats folglich nicht daran hindern, sich auf die Niederlassungsfreiheit zu berufen, weil dieser auch die Staatsangehörigkeit eins Drittstaates besitzt und seinen gewöhnlichen, tatsächlichen oder letzten Aufenthalt in diesem hatte.[7]

---

[3] Rs. C-369/90 *Micheletti*, Schlussanträge GA Tesauro v. 30.1.1992.
[4] Rs. C-369/90 *Micheletti*, Schlussanträge GA Tesauro v. 30.1.1992, Rn. 3.
[5] Rs. C-369/90 *Micheletti*, Schlussanträge GA Tesauro v. 30.1.1992, Rn. 5.
[6] Rs. C-369/90 *Micheletti*, Schlussanträge GA Tesauro v. 30.1.1992, Rn. 7.
[7] Rs. C-369/90 *Micheletti*, Schlussanträge GA Tesauro v. 30.1.1992, Rn. 8.

c) Würdigung durch den EuGH

Auch der EuGH stellt zunächst fest, dass die Festlegung der Voraussetzungen für Erwerb und Verlust der Staatsangehörigkeit in die Zuständigkeit der Mitgliedstaaten fällt. Von dieser Zuständigkeit dürften die Mitgliedstaaten aber nur „unter Beachtung des Gemeinschaftsrechts Gebrauch" machen. Es sei nicht Sache der Rechtsvorschriften eines Mitgliedstaats, die Wirkungen der Staatsangehörigkeit eines anderen Mitgliedstaats dadurch zu beschränken, dass eine zusätzliche Voraussetzung für die Anerkennung dieser Staatsangehörigkeit im Hinblick auf die Ausübung der Grundfreiheiten verlangt werde.[8] Dies könne sonst dazu führen, dass der persönliche Geltungsbereich der Gemeinschaftsbestimmungen in den Mitgliedstaaten unterschiedlich sei.[9] Dieser Auslegung entsprechend sehe die Richtlinie 73/148/EWG u.a. vor, dass die Mitgliedstaaten bei Vorlage eines gültigen Personalausweises oder Reisepasses die Einreise in ihr Hoheitsgebiet gestatteten und eine Aufenthaltserlaubnis erteilten.[10] Die Mitgliedstaaten dürften bei Vorlage des Nachweises über die Staatsangehörigkeit diese daher nicht mit der Begründung bestreiten, dass der Betroffene auch die Staatsangehörigkeit eines Drittstaates besäße[11] und die Niederlassungsfreiheit dürfe nicht mit dieser Begründung verweigert werden.[12]

d) Analyse

Zwar hat sich der dem Urteil zugrunde liegende Sachverhalt noch vor dem Inkrafttreten des Vertrages von Maastricht und folglich auch noch vor der rechtlichen Formalisierung der Unionsbürgerschaft zugetragen. Dennoch wird die Entscheidung in der Rs. *Micheletti* als Leitentscheidung betrachtet, die maßgeblich das Verständnis der heute in den Art. 20 und 21 AEUV verankerten Unionsbürgerschaft prägt.[13] Im Zentrum stand die Auslegung des Begriffs der „Staatsangehörigen eines Mitgliedstaats", da nur diese sich gem. Art. 52 EWG-Vertrag (heute Art. 49 AEUV) auf die Niederlassungsfreiheit berufen konnten (bzw. können). Da Art. 20 Abs. 1 S. 2 AEUV seinerseits normiert, dass Unionsbürger ist, wer die Staatsangehörigkeit eines Mitgliedstaats besitzt, sind die Ausführungen, die der EuGH hierzu getätigt hat, auch im Hinblick auf die Unionsbürgerschaft relevant. GA Tesauro sprach inso-

[8] Rs. C-369/90 *Micheletti*, EuGH Urteil v. 7.7.1992, Rn. 10.
[9] Rs. C-369/90 *Micheletti*, EuGH Urteil v. 7.7.1992, Rn. 12.
[10] Rs. C-369/90 *Micheletti*, EuGH Urteil v. 7.7.1992, Rn. 13.
[11] Rs. C-369/90 *Micheletti*, EuGH Urteil v. 7.7.1992, Rn. 14.
[12] Rs. C-369/90 *Micheletti*, EuGH Urteil v. 7.7.1992, Rn. 15.
[13] Vgl. *Schönberger*, in: Grabitz/Hilf/Nettesheim (Hrsg.), Das Recht der Europäischen Union, Art. 20 AEUV Rn. 36 Fn. 4.

weit von einer Verweisung auf nationales Recht.[14] Er kommt letztlich überzeugend zu dem Ergebnis, dass die doppelte Staatsbürgerschaft der Berufung auf die Niederlassungsfreiheit nicht entgegenstehen dürfe. Interessant an seinen Ausführungen ist insbesondere der Verweis auf die Erklärungen der deutschen Regierung und der Regierung des Vereinigten Königreichs, auf welche er im letzten Abschnitt seiner Schlussanträge Bezug nimmt. Wenngleich er die Frage der rechtlichen Wirkungen dieser Erklärungen ausdrücklich offenlässt[15], scheint er jedenfalls eine Berücksichtigung der Erklärungen im Rahmen einer historischen Auslegung zu befürworten.

Der EuGH folgt den Ausführungen des Generalanwalts im Ergebnis, wie üblich jedoch mit einer etwas knapperen Begründung. Er bestätigt ausdrücklich, dass die Regelung von Erwerb und Verlust der Staatsangehörigkeit ausschließlich in die jeweilige mitgliedstaatliche Zuständigkeit fällt, weist gleichzeitig aber darauf hin, dass die Mitgliedstaaten von dieser Zuständigkeit nur unter Berücksichtigung des Gemeinschaftsrechts Gebrauch machen dürfen.[16] Da in der Rs. *Micheletti* nicht Erwerb oder Verlust der Staatsangehörigkeit in Frage stand, sondern vielmehr inwieweit Spanien die gemeinschaftsrechtlichen Konsequenzen einer im Grundsatz unbestrittenen Staatsangehörigkeit anerkennen muss, handelt es sich bei dem später vielfach zitierten Satz um ein *obiter dictum*.[17] Der EuGH lässt mit diesem bereits deutlich erkennen, dass er künftig auch den sensiblen Bereich des nationalen Staatsangehörigkeitsrechts seiner Kontrolle unterwerfen wird.

Dass der EuGH die Mitgliedstaaten zur Anerkennung jeder anderen mitgliedstaatlichen Staatsangehörigkeit verpflichtet, unabhängig davon, ob daneben noch eine weitere – möglicherweise Drittstaatsangehörigkeit – besteht, ist richtig. Maßgeblich ist insoweit das wechselseitige Anerkennungsprinzip

---

[14] Hierzu auch *Schönberger*, Unionsbürger: Europas föderales Bürgerrecht in vergleichender Sicht, 275 f.

[15] „Unabhängig von den rechtlichen Wirkungen, die diesen Erklärungen beigemessen werden können, zeigen sie [...]", Rs. C-369/90 *Micheletti*, Schlussanträge GA Tesauro v. 30.1.1992, Rn. 7.

[16] Rs. C-369/90 *Micheletti*, EuGH Urteil v. 7.7.1992, Rn. 10.

[17] *d'Oliveira*, Janko Rottmann v. Freistaat Bayern Case Note 1: Decoupling Nationality and Union Citizenship?, EuConst 2011, 138, 142; *Stewen*, Die Entwicklung des allgemeinen Freizügigkeitsrechts der Unionsbürger und seiner sozialen Begleitrechte, 22; *Cambien*, Case C-135/08, Janko Rottmann v. Freistaat Bayern, CJEL 2011, 375, 375. *Schönberger* bezeichnet den Verweis auf die Berücksichtigung des Gemeinschaftsrechts hingegen als „interpretationsbedürftige Leerformel", da es ohnehin selbstverständlich sei, dass die Mitgliedstaaten das Unionsrecht beachten müssten, *Schönberger*, in: Grabitz/Hilf/Nettesheim (Hrsg.), Das Recht der Europäischen Union, Art. 20 AEUV Rn. 41. Allerdings ist die Eröffnung des Anwendungsbereichs des Unionsrechts hinsichtlich des nationalen Staatsangehörigkeitsrechts keinesfalls so eindeutig, wie die nachfolgenden Ausführungen hinsichtlich der Rs. *Kaur* zeigen.

hinsichtlich der mitgliedstaatlichen Autonomie im Staatsangehörigkeitsrecht. Gewährt ein Mitgliedstaat einem Bürger seine Staatsangehörigkeit, so muss jener stets auch von den anderen Mitgliedstaaten als Unionsbürger anerkannt werden, ohne dass hierbei der völkerrechtliche Effektivitätsgrundsatz eine Rolle spielen darf.[18] Insoweit ist auch der Verweis auf die erforderliche einheitliche Bestimmung des persönlichen Anwendungsbereichs überzeugend. Da der EuGH nicht in nationales Staatsangehörigkeitsrecht eingreift, sondern allein der bereits national verliehenen Staatsangehörigkeit unionsrechtliche Bedeutung verleiht, ist die Rs. *Micheletti* vor dem Hintergrund der zu beachtenden Verfassungsprinzipien als unproblematisch einzuordnen.

2. Die Rechtssache Kaur[19]

a) Sachverhalt und Vorlagefrage

Frau Kaur wurde im Jahr 1949 in Kenia geboren und ist gemäß dem British Nationality Act Bürgerin des Vereinigten Königreichs und der Kolonien. Der Immigration Act 1971 erkannte ihr kein Aufenthaltsrecht im Vereinigten Königreich zu. Auch der British Nationality Act 1981 gewährte ihr nur den Status „britische überseeische Bürgerin", welcher kein Recht beinhaltete, in das Vereinigte Königreich einzureisen, es sei denn man erhielt eine besondere Erlaubnis. Frau Kaur hielt sich mehrfach vorübergehend im Vereinigten Königreich auf. Am 4.9.1996 war Frau Kaur wieder dort und stellte erneut einen Antrag auf eine Aufenthaltserlaubnis, wie sie es bereits seit 1990 mehrfach getan hatte. Die Aufenthaltserlaubnis wurde nicht erteilt. Daraufhin klagte Frau Kaur und machte geltend, dass sie im Vereinigten Königreich bleiben und dort einer Beschäftigung nachgehen wollte. Außerdem wollte sie von Zeit zu Zeit in andere Mitgliedstaaten reisen, um dort Waren zu kaufen, Dienstleistungen in Anspruch zu nehmen und gegebenenfalls zu arbeiten.

Nach Vorlage an den EuGH prüfte dieser die Frage, welche Kriterien dafür maßgeblich sind, dass eine Person gem. Art. 8 EGV (heute Art. 20 AEUV) die Staatsangehörigkeit eines Mitgliedstaats besitzt. Im Hinblick hierauf war nach Auffassung des vorlegenden Gerichts insbesondere fraglich, welche gemeinschaftsrechtlichen Wirkungen zwei Erklärungen des Ver-

---

[18] *Schönberger*, in: Grabitz/Hilf/Nettesheim (Hrsg.), Das Recht der Europäischen Union, Art. 20 AEUV Rn. 40; vgl. auch *Forsthoff*, in: Grabitz/Hilf/Nettesheim (Hrsg.), Das Recht der Europäischen Union, Art. 45 AEUV Rn. 16; *Streinz*, in: Streinz (Hrsg.), EUV/AEUV, Vertrag über die Europäische Union und Vertrag über die Arbeitsweise der Europäischen Union, Art. 18 AEUV Rn. 35.

[19] Rs. C-192/99 *Kaur*, EuGH Urteil v. 20.2.2001.

einigten Königreichs über die Bestimmung des Begriffs „Staatsangehörige“ von 1972[20] und 1982[21] besaßen.

b) Würdigung durch den Generalanwalt[22]

GA Léger prüft zunächst, ob Art. 8a Abs. 1 EGV (heute Art. 21 Abs. 1 AEUV) in einer Situation in der eine Person, die die Staatsangehörigkeit eines Mitgliedstaats besitzt, ohne in diesen Mitgliedstaat einreisen und sich dort aufhalten zu dürfen, zur Anwendung gebracht werden kann, um in diesem Mitgliedstaat über das Gemeinschaftsrecht ein Aufenthaltsrecht zu erhalten.[23] Sollte dies verneint werden, könne die Frage, ob Frau Kaur gem. Art. 8 EGV (heute Art. 20 AEUV) „die Staatsangehörigkeit eines Mitgliedstaats besitzt“, dahinstehen.

Im Rahmen dieser Prüfung stellt der Generalanwalt anfänglich fest, dass mehrere mitgliedstaatliche Regierungen und die Kommission mit Verweis auf die Rechtssachen *Uecker und Jacquet*[24] vorgetragen hätten, dass die vorgelegte Frage nicht in den Geltungsbereich des Gemeinschaftsrechts falle.

Vor diesem Hintergrund verweist GA Léger darauf, dass der Gerichtshof in seiner Rechtsprechung u.a. hinsichtlich der Arbeitnehmerfreizügigkeit zwischen der Einreise eines Staatsangehörigen eines Mitgliedstaats in einen anderen Mitgliedstaat und seinem dortigen Aufenthalt und der Einreise eines Staatsangehörigen in seinen eigenen Staat zum dortigen Aufenthalt unterschieden habe. Während erstere Fälle dem Gemeinschaftsrecht unterfielen, beruhten letztere auf der nationalen Staatsangehörigkeit. An dieser Differenzierung habe auch der Text, der Art. 8 Abs. 1 EGV (heute Art. 20 Abs. 1 AEUV) durch den Amsterdamer Vertrag hinzugefügt worden sei, nichts geändert. Die Unionsbürgerschaft sei im vorliegenden Fall daher nur unter dem Blickwinkel der Freizügigkeit zwischen den Mitgliedstaaten maßgeblich. Nach ständiger Rechtsprechung gälten die Vorschriften über die Freizügigkeit jedoch nur für Unionsbürger, die sich im Hoheitsgebiet eines anderen Mitgliedstaats niederlassen wollen oder für Unionsbürger, die sich in einer Lage befinden, die einen [sonstigen] Anküpfungspunkt zu einer vom

---

[20] Erklärung über die Bestimmung des Begriffs „Staatsangehörige“, die beim Beitritt zu den Europäischen Gemeinschaften abgegeben und der Schlussakte der Beitrittskonferenz beigefügt wurde.

[21] Infolge der Verabschiedung des British Nationality Act 1981 hinterlegte die Regierung des Vereinigten Königreichs 1982 bei der Regierung der Italienischen Republik, die Verwahrerin der Verträge ist, die Erklärung von 1982, die ab 1.1.1983 an die Stelle der Erklärung von 1972 trat.

[22] Rs. C-192/99 *Kaur*, Schlussanträge GA Léger v. 7.11.2000.

[23] Rs. C-192/99 *Kaur*, Schlussanträge GA Léger v. 7.11.2000, Rn. 17.

[24] Vb. Rs. C-64/96 u. C-65/96 *Uecker und Jacquet*, EuGH Urteil v. 5.6.1997.

Gemeinschaftsrecht erfassten Situation aufweist. Die Situation von Frau Kaur lasse sich aber keiner der genannten Fallgruppen zuordnen.[25]

Denn nach den vom nationalen Gericht festgestellten Tatsachen sei Frau Kaur „britische überseeische Bürgerin" i.S.d. nationalen Rechts. Folglich kämen zwei Möglichkeiten in Betracht: Falls Frau Kaur als „britische überseeische Bürgerin" nach dem Gemeinschaftsrecht auch Unionsbürgerin wäre, so fehle jedenfalls der grenzüberschreitende Bezug, der den Sachverhalt dem Gemeinschaftsrecht unterwerfe. Denn Frau Kaur berufe sich auf Art. 8a Abs. 1 EGV (heute Art. 21 Abs. 1 AEUV), um ein Aufenthaltsrecht im Mitgliedstaat ihrer Staatsangehörigkeit, dem Vereinigten Königreich, zu erhalten. Die nur hypothetisch geplanten Aufenthalte in anderen Mitgliedstaaten seien nicht ausreichend, um das Gemeinschaftsrecht zur Anwendung zu bringen.[26] Wenn Frau Kaur jedoch nicht als Unionsbürgerin im Sinne des Gemeinschaftsrechts anzusehen sei, könne sie sich als Drittstaatsangehörige ohnehin nicht auf das Freizügigkeitsrecht berufen.[27] Art. 8a Abs. 1 EGV ist nach Ansicht von GA Léger daher in einer Situation wie der vorliegenden nicht anwendbar.

Nur innerhalb einer Fußnote verweist der Generalanwalt auf das Urteil in der Rs. *Singh*[28], in dem der Gerichtshof festgestellt habe, dass Art. 3 des Protokolls Nr. 4 zur EMRK vorsehe, dass ein Staat seinem Staatsangehörigen die Einreise nicht verweigern dürfe. Im vorliegenden Fall sei jedoch der Anwendungsbereich des Gemeinschaftsrechts nicht eröffnet, weshalb auch die Grundrechte als allgemeine Rechtsgrundsätze des Gemeinschaftsrechts nicht zur Anwendung gelangen könnten.[29]

c) Würdigung durch den EuGH[30]

Der EuGH prüft, anders als der Generalanwalt, welche Kriterien dafür maßgeblich sind, dass eine Person gemäß Art. 8 EGV die Staatsangehörigkeit eines Mitgliedstaats besitzt und welche gemeinschaftsrechtliche Wirkung in dieser Hinsicht den Erklärungen von 1972 und 1982 zukommt.[31] Unter Verweis auf das Urteil in der Rechtssache *Micheletti*[32] stellt der EuGH zunächst fest, dass die Festlegung der Voraussetzungen für den Erwerb und den Verlust der Staatsangehörigkeit der Zuständigkeit der einzelnen Mitgliedstaaten

---

[25] Rs. C-192/99 *Kaur*, Schlussanträge GA Léger v. 7.11.2000, Rn. 27 f.
[26] Rs. C-192/99 *Kaur*, Schlussanträge GA Léger v. 7.11.2000, Rn. 33 f.
[27] Rs. C-192/99 *Kaur*, Schlussanträge GA Léger v. 7.11.2000, Rn. 35 f.
[28] Rs. C-370/90 *Singh*, EuGH Urteil v. 7.7.1992.
[29] Rs. C-192/99 *Kaur*, Schlussanträge GA Léger v. 7.11.2000, Rn. 27 Fn. 17.
[30] Rs. C-192/99 *Kaur*, EuGH Urteil v. 20.2.2001.
[31] Rs. C-192/99 *Kaur*, EuGH Urteil v. 20.2.2001, Rn. 16.
[32] Rs. C-369/90 *Micheletti*, EuGH Urteil v. 7.7.1992, Rn. 10, hierzu oben, § 7 B. I. 1.

unterfalle und von dieser Zuständigkeit unter Beachtung des Gemeinschaftsrechts Gebrauch zu machen sei.[33]

Nachfolgend verweist der EuGH auf die imperiale und koloniale Vergangenheit des Vereinigten Königreichs, welche den Hintergrund dafür darstelle, dass es insbesondere durch den Immigration Act 1971 mehrere Kategorien britischer Bürger bestimmt habe, denen unterschiedliche Rechte zuerkannt würden.[34] Bei seinem Beitritt zu den Europäischen Gemeinschaften habe das Vereinigte Königreich den Vertragsparteien durch die Erklärung von 1972 über die Bestimmung des Begriffs „Staatsangehörige" mitgeteilt, welche Kategorien von Bürgern als seine Staatsangehörigen im Sinne des Gemeinschaftsrechts anzusehen seien. Die Erklärung sei der Schlussakte der Beitrittskonferenz beigefügt worden. Als Staatsangehörige anzusehen seien insbesondere diejenigen Bürger, denen ein Aufenthaltsrecht im Vereinigten Königreich zugestanden habe.[35] Zwar sei die Erklärung einseitig abgegeben worden, sie habe aber die für alle Vertragsparteien besonders wichtige Frage der Abgrenzung des persönlichen Geltungsbereichs des Gemeinschaftsrechts geklärt und die anderen Vertragsparteien hätten von ihrem Inhalt umfassende Kenntnis gehabt. Die Beitrittsbedingungen seien folglich auf dieser Grundlage festgelegt worden.[36] Der EuGH stellt daher fest, dass die Erklärung von 1972 eine sich auf den Vertrag beziehende Urkunde sei, die zu dessen Auslegung und zur Bestimmung des persönlichen Geltungsbereichs des Gemeinschaftsrechts herangezogen werden müsse.[37] Frau Kaur seien folglich keine gemeinschaftsrechtlichen Rechte entzogen worden, sondern ihr seien derlei Rechte vielmehr niemals erwachsen.[38] Auch die Erklärung von 1982, welche die Erklärung von 1972 später ersetzt habe, habe Frau Kaurs Situation nicht verändert. Im Ergebnis könne sich Frau Kaur folglich nicht auf die Art. 8 und 8a EGV berufen.[39]

d) Analyse

Besonders auffällig sind die völlig unterschiedlichen Begründungswege, die einerseits der Generalanwalt und andererseits der Gerichtshof wählen.[40] Während der Generalanwalt einen höheren Begründungsaufwand betreibt, um herauszustellen, dass es seiner Ansicht nach unerheblich ist, ob Frau

[33] Rs. C-192/99 *Kaur*, EuGH Urteil v. 20.2.2001, Rn. 19.
[34] Rs. C-192/99 *Kaur*, EuGH Urteil v. 20.2.2001, Rn. 20 f.
[35] Rs. C-192/99 *Kaur*, EuGH Urteil v. 20.2.2001, Rn. 22.
[36] Rs. C-192/99 *Kaur*, EuGH Urteil v. 20.2.2001, Rn. 23.
[37] Rs. C-192/99 *Kaur*, EuGH Urteil v. 20.2.2001, Rn. 24.
[38] Rs. C-192/99 *Kaur*, EuGH Urteil v. 20.2.2001, Rn. 25.
[39] Vgl. Rs. C-192/99 *Kaur*, EuGH Urteil v. 20.2.2001, Rn. 27.
[40] Hierzu auch *Shah*, British Nationals under Community Law: The Kaur Case, EJML 2001, 271.

Kaur als Unionsbürgerin angesehen werden kann oder nicht, da sie sich auch als Unionsbürgerin in ihrer Situationen nicht auf das Freizügigkeits- und Aufenthaltsrecht berufen könne, stellt der EuGH die Frage, ob Frau Kaur als Unionsbürgerin angesehen werden müsse, in das Zentrum seiner Argumentation. Das Urteil ist damit im Hinblick auf die Frage relevant, wie genau die Unionsbürgerschaft über die nationale Staatsangehörigkeit vermittelt wird, beziehungsweise wem die Deutungshoheit über den Erwerb der nationalen Staatsangehörigkeit und damit verbunden den Erwerb der Unionsbürgerschaft zukommt. Mit dem Verweis auf die einseitigen Erklärungen, die der Schlussakte der Beitrittskonferenz seitens des Vereinigten Königreichs beigefügt worden sind, bedient sich der EuGH ausnahmsweise der historischen Auslegung zur Interpretation des Primärrechts.[41] Maßgeblich entscheidend für die Urteilsbegründung ist die Feststellung des Gerichtshofs, dass ein Eingriff in unionsbürgerschaftliche Rechte nicht stattgefunden habe, da Frau Kaur solche niemals entstanden seien.[42] Folglich geht der EuGH hinsichtlich des Erwerbs der Unionsbürgerschaft noch von einer echten Akzessorietät zwischen der Staatsangehörigkeit und der Unionsbürgerschaft aus. Das Unionsrecht greift also nicht auf einen unionsrechtlichen Begriff der Staatsangehörigkeit eines Mitgliedstaats zurück, sondern verweist insoweit auf mitgliedstaatliches Recht.[43] Die Mitgliedstaaten haben die alleinige Kompetenz, ihre jeweilige Staatsangehörigkeit für die Zwecke des Unionsrechts zu bestimmen.[44] Diese Interpretation entspricht auch der Erklärung zur Staatsangehörigkeit eines Mitgliedstaats[45], welche die Mitgliedstaaten dem Vertrag von Maastricht beigefügt hatten, um etwaigen Bedenken gegenüber der Aufnahme der Unionsbürgerschaft in den Vertragstext zu begegnen.[46] Das EuGH-Urteil scheint damit im Ergebnis eine Einwirkungsmög-

---

[41] Zum Ausnahmecharakter der historischen Auslegung in der Rs. *Kaur*: *Wendel*, Renaissance der historischen Auslegung im europäischen Verfassungsrecht? Überlegungen zur Tragweite der historischen Auslegung infolge des jüngsten EU-Reformprozesses, ZaöRV 2008, 803, 810 Fn. 41. Dass der EuGH zu den Erklärungen ausdrücklich Stellung genommen hat, ist jedoch insbesondere in der Formulierung der Vorlagefragen begründet, da der High Court of Justice die Frage der gemeinschaftsrechtlichen Wirkung der Erklärungen ausdrücklich angesprochen hat.

[42] Vgl. auch *Shah*, British Nationals under Community Law: The Kaur Case, EJML 2001, 271, 278.

[43] *Schönberger*, Unionsbürger: Europas föderales Bürgerrecht in vergleichender Sicht, 276; vgl. auch *Magiera*, in: Streinz (Hrsg.), EUV/AEUV, Vertrag über die Europäische Union und Vertrag über die Arbeitsweise der Europäischen Union, Art. 20 AEUV Rn. 28 f.

[44] *Schönberger*, Unionsbürger: Europas föderales Bürgerrecht in vergleichender Sicht, 276.

[45] Amtsbl. Nr. C 191 v. 29.7.1992, 98. Hierzu auch: *Closa*, The Concept of Citizenship in the Treaty on European Union, CMLR 1992, 1137, 1161.

[46] Die nationale Staatsangehörigkeit und die Staatsangehörigkeit für die Zwecke des

lichkeit des Unionsrechts hinsichtlich des Erwerbs der Unionsbürgerschaft noch auszuschließen, anders als die vom Generalanwalt formulierten Schlussanträge. Mit ihrem Verweis auf mögliche Grundrechtsimplikationen in einer anderen Fallgestaltung lassen diese durchaus darauf schließen, dass der Generalanwalt eine gemeinschaftsrechtliche Kontrolle auch des Erwerbs der Staatsangehörigkeit und damit der Unionsbürgerschaft nicht für ausgeschlossen hält.[47]

Insbesondere vor dem Hintergrund, dass die Mitgliedstaaten durch die dem Vertrag von Maastricht beigefügte Erklärung offenkundig versuchten, die Einwirkungsmöglichkeit des Gemeinschaftsrechts auf nationales Staatsangehörigkeitsrecht zu beschränken, erscheint die Entscheidung des Gerichtshofs sachgerecht. Mit der Berücksichtigung der Erklärungen hinsichtlich der Auslegung des Primärrechts achtet der EuGH das Prinzip der begrenzten Einzelermächtigung und die ausschließliche Kompetenz der Mitgliedstaaten im Bereich des Staatsangehörigkeitsrechts. Wenngleich die Tatsache, dass ein Regelungsbereich in den mitgliedstaatlichen Kompetenzbereich fällt, nicht ausschließt, dass Unionsrecht zur Anwendung gelangt, erfordert die Anwendung desselben doch stets einen unionsrechtlichen Bezug. Jedenfalls soweit der Erwerb einer mitgliedstaatlichen Staatsangehörigkeit und mithin der Unionsbürgerschaft durch einen Drittstaatsangehörigen in Rede steht, ist dieser nicht gegeben und die Entscheidung des Gerichtshofs insoweit folgerichtig.

3. Die Rechtssache Rottmann[48]

a) Sachverhalt und Vorlagefrage

Herr Rottmann war österreichischer Staatsbürger und wurde mit dem Beitritt Österreichs am 1.1.1995 zur Europäischen Union auch Unionsbürger. Die Bundespolizeidirektion Graz leitete im Juli 1995 Ermittlungen wegen des schweren gewerbsmäßigen Betruges gegen Herrn Rottmann ein. Herr Rottmann zog daraufhin nach München, wo er schließlich auch die deutsche Staatsbürgerschaft beantragte. Er verschwieg dabei, dass gegen ihn in Öster-

---

Gemeinschaftsrechts sind folglich nicht immer deckungsgleich. Den Mitgliedstaaten steht es jedoch nicht nur frei, abgestufte Regelungen zu Lasten bestimmter Personengruppen zu treffen, ebenso sind Regelungen möglich, die den Kreis der Staatsangehörigen zu Zwecken des Unionsrechts erweitern. Im Einzelnen hierzu: *Schönberger*, Unionsbürger: Europas föderales Bürgerrecht in vergleichender Sicht, 277 f.

[47] *Shah*, British Nationals under Community Law: The Kaur Case, EJML 2001, 271, 277. Eine solche Entwicklung für die Zukunft begrüßend: *Davies*, in: *Davies/Dougan/Golynker et al.*, Has the European Court of Justice Challenged Member State Sovereignty in Nationality Law?, EUI Working Paper 2011, 1, 9.

[48] Rs. C-135/08 *Rottmann*, EuGH Urteil v. 2.3.2010.

reich ein Ermittlungsverfahren anhängig war und wurde eingebürgert. Durch seine Einbürgerung in Deutschland verlor Herr Rottmann nach österreichischem Recht seine österreichische Staatsangehörigkeit. Als bekannt wurde, dass er in Österreich per Haftbefehl gesucht wird, nahm der Freistaat Bayern die Einbürgerung rückwirkend zurück. Herr Rottmann erhob Anfechtungsklage gegen den Bescheid. Sowohl das erstinstanzliche Verfahren als auch die Berufung blieben erfolglos. Das BVerwG setzte schließlich das Verfahren aus und legte dem EuGH u.a. die folgende Frage zur Vorabentscheidung vor:

Verstößt es gegen Unionsrecht, insbesondere Art. 17 EGV (heute Art. 20 AEUV), wenn ein Mitgliedstaat einem Unionsbürger die durch erschlichene Einbürgerung erlangte Staatsangehörigkeit dieses Mitgliedstaats wieder entzieht, soweit der Betroffene mit dieser Entziehung staatenlos wird und hierdurch seinen Unionsbürgerstatus und die damit verbundenen Rechte verliert?

b) Würdigung durch den Generalanwalt[49]

GA Maduro diskutiert zunächst unter dem Prüfungspunkt der Zulässigkeit die Frage, ob es sich bei der Rs. *Rottmann* gegebenenfalls um einen rein internen Sachverhalt handeln könnte, der nicht in den Anwendungsbereich des Gemeinschaftsrechts fällt.[50] Dieser Einwand wurde von mehreren Mitgliedstaaten und der Kommission vorgebracht. Die Mitgliedstaaten stützten ihre Ansicht darauf, dass der Streitgegenstand, d.h. sowohl Erwerb als auch Verlust der Staatsangehörigkeit, ausschließlich nach nationalem Recht zu beurteilen sei.

GA Maduro folgt diesem Argument jedoch nicht: Nach seiner Auffassung bezweckt es der Status der Unionsbürgerschaft nicht, den sachlichen Anwendungsbereich des Vertrages auf rein interne Sachverhalte auszudehnen, die keinerlei Bezug zum Gemeinschaftsrecht aufweisen. Im Hinblick auf die nationalen Bestimmungen über Erwerb und Verlust der Staatsangehörigkeit sei das Gemeinschaftsrecht daher nicht allein deshalb anzuwenden, weil die Anwendung des nationalen Rechts auch zu Erwerb oder Verlust der Unionsbürgerschaft führen könne. Maßgeblich für die Anwendung des Gemeinschaftsrechts sei vielmehr das Vorliegen eines grenzüberschreitenden Bezuges.[51] Dieser liege im gegebenen Sachverhalt vor, da Herr Rottmann zunächst von seinem Freizügigkeitsrecht gem. Art. 18 EGV (heute Art. 21 AEUV) Gebrauch machte. Erst durch die Wohnsitznahme in Deutschland erfüllte Herr Rottmann die Voraussetzungen für den Erwerb der deutschen Staats-

[49] Rs. C-135/08 *Rottmann*, Schlussanträge GA Maduro v. 30.9.2009.
[50] Rs. C-135/08 *Rottmann*, Schlussanträge GA Maduro v. 30.9.2009, Rn. 8 ff.
[51] Rs. C-135/08 *Rottmann*, Schlussanträge GA Maduro v. 30.9.2009, Rn. 10.

angehörigkeit. Dieser Zusammenhang genüge, um das Gemeinschaftsrecht zur Anwendung zu bringen.[52]

Weiterhin legt GA Maduro dar, dass die Unionsbürgerschaft durch die nationale Staatsangehörigkeit vermittelt wird und gem. Art. 17 EGV (Art. 20 AEUV) neben diese tritt.[53] Die Unionsbürgerschaft setze folglich die nationale Staatsangehörigkeit eines Mitgliedstaats voraus, ihr abgeleiteter Charakter folge aus ihrem Charakter als „staatsübergreifende Bürgerschaft".[54] Die Festlegung der Voraussetzungen für Erwerb und Verlust der Staatsangehörigkeit und damit der Unionsbürgerschaft liege in diesem Zusammenhang in der ausschließlichen Zuständigkeit der Mitgliedstaaten.[55] Auch nach dem Völkerrecht fielen Fragen der Staatsangehörigkeit in die Zuständigkeit der einzelnen Staaten. An der im Völkerrecht gefundenen Lösung würden die Mitgliedstaaten auch festhalten, wie sich aus der Erklärung Nr. 2 zur Staatsangehörigkeit eines Mitgliedstaats, die von den Mitgliedstaaten der Schlussakte des Vertrags über die Europäische Union beigefügt worden ist, ergebe. Diese sei nach der Rechtsprechung jedenfalls als Auslegungshilfe anerkannt.[56] Auch wenn das Staatsangehörigkeitsrecht folglich in die Zuständigkeit der Mitgliedstaaten falle, sei von dieser Zuständigkeit, wie der EuGH bereits in der Rechtssache *Micheletti*[57] festgestellt habe, nur unter Beachtung des Gemeinschaftsrechts Gebrauch zu machen. Die Tragweite dieses Vorbehalts sei jedoch noch nicht hinreichend bestimmt.[58] Insbesondere müsse herausgestellt werden, wie sich der Vorbehalt auf einen Sachverhalt, wie den obigen, in welchem der Verlust der Unionsbürgerschaft in Rede steht, auswirke.[59]

Hierzu müsse vor allem das Verhältnis von der Staatsbürgerschaft eines Mitgliedstaats auf der einen Seite und der Unionsbürgerschaft auf der anderen Seite herausgearbeitet werden. Das Konzept der Unionsbürgerschaft setze das Bestehen eines politischen Bandes zwischen den Völkern Europas voraus. Dadurch, dass sie nicht das Bestehen eines europäischen Volkes voraussetze, löse sie sich konzeptionell von der Staatsbürgerschaft. Zwar eröffne die durch nationales Recht vermittelte Staatsbürgerschaft den Zugang zur Unionsbürgerschaft, doch diese bilde gleichsam die Grundlage für einen neuen politischen Raum, aus dem Rechte und Pflichten erwachsen, die durch

---

[52] Rs. C-135/08 *Rottmann*, Schlussanträge GA Maduro v. 30.9.2009, Rn. 13.

[53] Rs. C-135/08 *Rottmann*, Schlussanträge GA Maduro v. 30.9.2009, Rn. 15.

[54] Rs. C-135/08 *Rottmann*, Schlussanträge GA Maduro v. 30.9.2009, Rn. 16 mit Verweis auf *Schönberger*, Unionsbürger: Europas föderales Bürgerrecht in vergleichender Sicht.

[55] Rs. C-135/08 *Rottmann*, Schlussanträge GA Maduro v. 30.9.2009, Rn. 17.

[56] Rs. C-135/08 *Rottmann*, Schlussanträge GA Maduro v. 30.9.2009, Rn. 19.

[57] Rs. C-369/90 *Micheletti*, EuGH Urteil v. 7.7.1992, Rn. 10.

[58] Rs. C-135/08 *Rottmann*, Schlussanträge GA Maduro v. 30.9.2009, Rn. 20 u. 21.

[59] Rs. C-135/08 *Rottmann*, Schlussanträge GA Maduro v. 30.9.2009, Rn. 22.

das Gemeinschaftsrecht festgelegt würden und nicht vom Staat abhingen. Dies sei es, was im Gegenzug die Autonomie und die Autorität der Gemeinschaftsrechtsordnung legitimiere. Die mit der Unionsbürgerschaft verbundenen Rechte und Pflichten dürften durch die diese bedingende Staatsangehörigkeit eines Mitgliedstaats nicht in ungerechtfertigter Weise beschränkt werden.[60] Hieraus könne zwar nicht abgeleitet werden, dass in einem Fall wie dem vorliegenden der Entzug der Staatsbürgerschaft unmöglich wäre, denn dies träfe die mitgliedstaatliche Autonomie gem. Art. 17 Abs. 1 EGV (heute Art. 20 Abs. 1 AEUV) im Kern. Darüber hinaus würde ein solches Ergebnis der Verpflichtung, die nationale Identität der Mitgliedstaaten zu wahren, zuwiderlaufen.[61] Nicht vertreten lasse sich aber, wie von einigen Mitgliedstaaten vorgebracht, dass die Beurteilung nach Gemeinschaftsrecht allein die Ausübung der mit der durch die mitgliedstaatliche Staatsangehörigkeit vermittelten Unionsbürgerschaft einhergehenden Rechte erfasse, nicht hingegen die Voraussetzungen für Erwerb und Verlust der Staatsangehörigkeit eines Mitgliedstaats als solche.[62] Einem Verlust der Unionsbürgerschaft könne etwa der Grundsatz des schutzwürdigen Vertrauens entgegengehalten werden, wobei vorliegend ein solches gerade nicht bestanden habe.[63] Außerdem könnten der streitigen Rücknahme der Einbürgerung die Vertragsbestimmungen der Unionsbürgerschaft selbst und der damit verbundenen Rechte entgegenstehen. Der vorliegende potenzielle Verlust der Unionsbürgerschaft stehe aber mit der Ausübung vertraglicher Rechte in keinem Zusammenhang.[64]

Im Ergebnis stehe das Gemeinschaftsrecht dem Verlust der Unionsbürgerschaft folglich nicht entgegen, wenn die Rücknahme der Einbürgerung weder durch die Ausübung der aus dem Vertrag fließenden Rechte und Freiheiten begründet, noch auf einen vom Gemeinschaftsrecht verbotenen Grund gestützt sei.[65]

c) Würdigung durch den EuGH[66]

Im Hinblick auf die erste Vorlagefrage widmet sich der Gerichtshof zunächst der Problematik, ob es sich bei einem Fall wie dem vorliegenden um einen rein internen Sachverhalt handelt. Der EuGH stellt hierzu fest, dass alle Regierungen, die Erklärungen beim EuGH eingereicht haben, sowie der

---

[60] Rs. C-135/08 *Rottmann*, Schlussanträge GA Maduro v. 30.9.2009, Rn. 23.
[61] Rs. C-135/08 *Rottmann*, Schlussanträge GA Maduro v. 30.9.2009, Rn. 24 u. 25.
[62] Rs. C-135/08 *Rottmann*, Schlussanträge GA Maduro v. 30.9.2009, Rn. 26.
[63] Rs. C-135/08 *Rottmann*, Schlussanträge GA Maduro v. 30.9.2009, Rn. 31.
[64] Rs. C-135/08 *Rottmann*, Schlussanträge GA Maduro v. 30.9.2009, Rn. 32.
[65] Rs. C-135/08 *Rottmann*, Schlussanträge GA Maduro v. 30.9.2009, Rn. 34.
[66] Rs. C-135/08 *Rottmann*, EuGH Urteil v. 2.3.2010.

Freistaat Bayern und die Kommission davon ausgehen, dass die Vorschriften über Erwerb und Verlust der Staatsangehörigkeit in die Zuständigkeit der Mitgliedstaaten fallen. Unter Berücksichtigung der Erklärung Nr. 2 zur Staatsangehörigkeit eines Mitgliedstaats der Schlussakte des EU-Vertrags falle die Entscheidung über die Rücknahme einer Einbürgerung daher ihrer Auffassung nach nicht unter das Unionsrecht. Da im vorliegenden Fall ein Mitgliedstaat eine Maßnahme gegenüber seinem eigenen Staatsangehörigen getroffen habe, liege ein rein interner Sachverhalt vor, der keinerlei Bezug zum Unionsrecht aufweise. Dass Herr Rottmann vor seiner Einbürgerung vom Freizügigkeitsrecht Gebrauch gemacht habe, stelle kein ausreichendes grenzüberschreitendes Element dar.[67]

Zwar falle nach Auffassung des EuGH die Festlegung der Voraussetzungen für Erwerb und Verlust der Staatsangehörigkeit tatsächlich in die Zuständigkeit der einzelnen Mitgliedstaaten[68] und auch die von den Regierungen genannte Erklärung Nr. 2 zur Staatsangehörigkeit eines Mitgliedstaats könne als Instrument zu Auslegung des EGV herangezogen werden, insbesondere bei der Bestimmung des persönlichen Anwendungsbereichs.[69] Die Tatsache, dass für ein Rechtsgebiet die Mitgliedstaaten zuständig sind, schließe jedoch nicht aus, dass die betreffenden nationalen Vorschriften in Situationen, die unter das Unionsrecht fallen, dieses Recht beachten müssten.[70]

Es liege auf der Hand, dass eine Situation, in welcher ein Unionsbürger durch Rücknahme der Einbürgerung möglicherweise die Unionsbürgerschaft verliere, ihrem Wesen und ihren Folgen nach unter das Unionsrecht falle. Denn wie der Gerichtshof etwa in den Rs. *Grzelczyk*[71] und *Baumbast und R*[72] hervorgehoben habe, sei der Unionsbürgerstatus dazu bestimmt, der grundlegende Status der Angehörigen der Mitgliedstaaten zu sein.[73] Art. 17 Abs. 2 EGV (heute Art. 20 Abs. 2 AEUV) knüpfe an diesen Status die im EGV vorgesehenen Rechte und Pflichten. Infolgedessen und unter Berücksichtigung des Urteils in der Rs. *Micheletti*[74] müssten die Mitgliedstaaten bei der Ausübung ihrer Zuständigkeit im Bereich der Staatsangehörigkeit das

---

[67] Rs. C-135/08 *Rottmann*, EuGH Urteil v. 2.3.2010, Rn. 37 f.

[68] Rs. C-135/08 *Rottmann*, EuGH Urteil v. 2.3.2010, Rn. 39.

[69] Rs. C-135/08 *Rottmann*, EuGH Urteil v. 2.3.2010, Rn. 40.

[70] Rs. C-135/08 *Rottmann*, EuGH Urteil v. 2.3.2010, Rn. 41 mit Verweis auf die Rs. C-274/96 *Bickel und Franz*, EuGH Urteil v. 24.11.1998, Rn. 17; Rs. C-148/02 *Garcia Avello*, EuGH Urteil v. 2.10.2003, Rn. 25 u. Rs. C-403/03 *Schempp*, EuGH Urteil v. 12.7.2005, Rn. 19.

[71] Rs. C-184/99 *Grzelczyk*, EuGH Urteil v. 20.9.2001, vgl. hierzu unten, § 7 B. II. 2.

[72] Rs. C-413/99 *Baumbast und R*, EuGH Urteil v. 19.9.2002, vgl. hierzu unten, § 7 B. II. 4.

[73] Rs. C-135/08 *Rottmann*, EuGH Urteil v. 2.3.2010, Rn. 42 f.

[74] Rs. C-369/90 *Micheletti*, EuGH Urteil v. 7.7.1992, Rn. 10.

Unionsrecht beachten. Das vorlegende Gericht frage daher im Wesentlichen, wie dieser eben ausgesprochene Vorbehalt zu verstehen sei und welche Konsequenzen der Vorbehalt für das Ausgangsverfahren habe.

Der Vorbehalt stelle den Grundsatz auf, dass die Ausübung nationaler Zuständigkeiten, soweit sie die von der Rechtsordnung der Union verliehenen und geschützten Rechte berühre, der gerichtlichen Kontrolle im Hinblick auf das Unionsrecht unterliege.[75] Der vorliegende Fall sei von der Rs. *Kaur*[76] dadurch zu unterscheiden, dass Frau Kaur die unionsbürgerschaftlichen Rechte nicht habe verlieren können, Herr Rottmann aber zweifellos einmal die österreichische und später die deutsche Staatsangehörigkeit und damit auch die Unionsbürgerschaft besessen habe.[77]

Eine Entscheidung über die Rücknahme der Einbürgerung könne dann mit dem Unionsrecht vereinbar sein, wenn sie auf einer arglistigen Täuschung beruhe, die der Betroffene im Rahmen des Einbürgerungsverfahrens begangen habe. Eine solche Entscheidung stehe auch mit den völkerrechtlichen Wertungen im Einklang und sei grundsätzlich auch rechtmäßig, wenn der Betroffene hierdurch seine Unionsbürgerschaft verliert.[78] In einem solchen Fall habe das vorlegende Gericht jedoch zu prüfen, ob die Rücknahmeentscheidung – ggf. über die Prüfung der Verhältnismäßigkeit nach nationalem Recht hinaus – hinsichtlich ihrer Auswirkungen auf die unionsrechtliche Stellung des Betroffenen den Grundsatz der Verhältnismäßigkeit wahrt.[79] Angesichts der Bedeutung, die das Primärrecht der Unionsbürgerschaft beimesse, sei zu prüfen, welche Folgen die Rücknahmeentscheidung für den Betroffenen in Bezug auf die unionsbürgerschaftlichen Rechte mit sich bringe. Dabei sei u.a. zu berücksichtigen, ob der Verlust im Verhältnis zur Schwere des vom Betroffenen begangenen Verstoßes gerechtfertigt sei.[80] Der Mitgliedstaat, dessen Einbürgerung durch Täuschung erschlichen worden sei, könne nicht allein deshalb verpflichtet sein, von der Rücknahmeentscheidung abzusehen, weil der Betroffene die Staatsangehörigkeit seines Herkunftsstaats nicht wiedererlangt.[81] Im Ergebnis sei daher festzustellen, dass es nicht gegen Art. 17 EGV (Art. 20 AEUV) verstößt, wenn ein Mitgliedstaat einem Unionsbürger die durch Täuschung erworbene Staatsangehörigkeit unter Berücksichtigung des Grundsatzes der Verhältnismäßigkeit wieder entzieht.[82]

---

[75] Rs. C-135/08 *Rottmann*, EuGH Urteil v. 2.3.2010, Rn. 45 f.
[76] Rs. C-192/99 *Kaur*, EuGH Urteil v. 20.2.2001.
[77] Rs. C-135/08 *Rottmann*, EuGH Urteil v. 2.3.2010, Rn. 49.
[78] Rs. C-135/08 *Rottmann*, EuGH Urteil v. 2.3.2010, Rn. 50.
[79] Rs. C-135/08 *Rottmann*, EuGH Urteil v. 2.3.2010, Rn. 55.
[80] Rs. C-135/08 *Rottmann*, EuGH Urteil v. 2.3.2010, Rn. 56.
[81] Rs. C-135/08 *Rottmann*, EuGH Urteil v. 2.3.2010, Rn. 57 f.
[82] Rs. C-135/08 *Rottmann*, EuGH Urteil v. 2.3.2010, Rn. 59.

Abschließend stellt der EuGH fest, dass seine Ausführungen nicht nur im Hinblick auf den die Staatsangehörigkeit zurücknehmenden Staat Anwendung finden, sondern ebenfalls hinsichtlich des Staates der ursprünglichen Staatsangehörigkeit.[83]

d) Analyse

Die besondere Bedeutung des Urteils in der Rs. *Rottmann* wird bereits daran ersichtlich, dass der Gerichtshof als Große Kammer entscheidet und neben der Kommission acht Mitgliedstaaten Stellungnahmen abgegeben haben.[84] Obwohl der EuGH in besonders aktiver Weise Rechtsfortbildung betrieben hat, die mit den zu beachtenden Verfassungsgrundsätzen nur schwer in Einklang zu bringen ist, hat das Urteil in der deutschsprachigen Literatur zunächst nur wenig Beachtung gefunden. Dies dürfte insbesondere damit zu erkären sein, dass die besondere Brisanz erst nachträglich durch das *Zambrano*-Urteil[85] offenkundig geworden ist.[86]

aa) Einfluss des Unionsrechts auf das nationale Staatsangehörigkeitsrecht

Im Rahmen der Frage, ob das Unionsrecht der Rücknahme einer nationalen Staatsangehörigkeit entgegenstehen kann, setzt sich der EuGH damit auseinander, wie der bereits in der Rs. *Micheletti* formulierte Vorbehalt, dass bei der Ausübung der ausschließlichen Zuständigkeiten hinsichtlich des nationalen Staatsangehörigkeitsrechts das Unionsrecht zu beachten sei[87], zu verstehen ist. Die seitens des Gerichtshofs vorgenommene Differenzierung zwischen den Rs. *Kaur* und *Rottmann* scheint darauf hinzudeuten, dass der Erwerb der Staatsangehörigkeit, anders als der Verlust der Staatsangehörigkeit, wohl jedenfalls bislang nicht der unionsrechtlichen Kontrolle unterliegt.[88] Dies ist jedoch keinesfalls eindeutig, da Österreich als Staat der ursprünglichen Staatsangehörigkeit ebenfalls an die vom EuGH aufgestellten Grundsätze gebunden ist.[89]

---

[83] Rs. C-135/08 *Rottmann*, EuGH Urteil v. 2.3.2010, Rn. 62.

[84] *d'Oliveira*, Janko Rottmann v. Freistaat Bayern Case Note 1: Decoupling Nationality and Union Citizenship?, EuConst 2011, 138, 138.

[85] Rs. C-34/09 *Zambrano*, EuGH Urteil v. 8.3.2011, hierzu unten, § 7 B. III. 3.

[86] Hierzu unten, § 7 B. III. 3. d) cc).

[87] Rs. C-369/90 *Micheletti*, EuGH Urteil v. 7.7.1992, Rn. 10.

[88] *d'Oliveira*, Janko Rottmann v. Freistaat Bayern Case Note 1: Decoupling Nationality and Union Citizenship?, EuConst 2011, 138, 143; vgl. auch *Hailbronner/Iglesias Sánchez*, The European Court of Justice and Citizenship of the European Union: New Developments Towards a Truly Fundamental Status, ICL Journal 2011, 498, 508; a.A.: *Epiney*, Der Unionsbürgerstatus als der „grundlegende Status der Angehörigen der Mitgliedstaaten", in: Europe(s), Droit(s) européen(s) – Une passion d'universitaire – Liber Amicorum en l'honneur du professeur Vlad Constantinesco, 163, 164f.

[89] Für eine umfassende Bindung an das Unionsrecht auch beim Erwerb der Staatsan-

Mit der Feststellung, dass der Anwendungsbereich des Unionsrechts in einer Situation, in der der Verlust des Unionsbürgerstatus droht, allein durch diesen Umstand eröffnet ist, definiert der EuGH das von Art. 17 Abs. 1 S. 2 EGV (heute Art. 20 Abs. 1 S. 2 AEUV) geregelte Abhängigkeitsverhältnis zwischen der nationalen Staatsangehörigkeit und der Unionsbürgerschaft neu. Die unionsrechtlich geschützte Rechtsposition kann, soweit sie einmal erworben wurde, nicht mehr unionsrechtskontrollfrei entzogen werden.[90] Die Unionsbürgerschaft erhält entgegen dem Wortlaut gegenüber der nationalen Staatsangehörigkeit insoweit eine gewisse Eigenständigkeit. Der akzessorische Charakter der Unionsbürgerschaft wird folglich relativiert.[91]

Inhaltlich erweist sich der von der Unionsbürgerschaft nunmehr ausgehende Schutz als Verpflichtung der Mitgliedstaaten bei Entscheidungen über den Entzug der Staatsangehörigkeit, neben der Berücksichtigung eines möglicherweise im nationalen Recht geltenden Verhältnismäßigkeitsgrundsatzes, auch den unionsrechtlichen Verhältnismäßigkeitsgrundsatz zu wahren.[92] Insoweit gibt der EuGH den Mitgliedstaaten auch mehrere Kriterien zur Prüfung an die Hand[93], die jedoch nicht abschließend sind und in anders gelagerten Fällen auch durchaus anders lauten können.[94] Darüber hinaus wird diskutiert, ob auch die Unionsgrundrechte in ähnlichen Fällen zur Anwendung gelangen können.[95] Wenngleich es der EuGH in der Rs. *Rottmann* den

---

gehörigkeit etwa: *de Groot/Seling*, Janko Rottmann v. Freistaat Bayern Case Note 2: The Consequences of the Rottmann Judgment on Member State Autonomy – The European Court of Justice's Avant-Gardism in Nationality Matters, EuConst 2011, 150, 154; *Davies*, in: *Davies/Dougan/Golynker et al.*, Has the European Court of Justice Challenged Member State Sovereignty in Nationality Law?, EUI Working Paper 2011, 1, 8 u. ebenso *Kochenov*, Case C-135/08, Janko Rottmann v. Freistaat Bayern, Judgment of the Court (Grand Chamber) of 2 March 2010, CMLR 2010, 1831, 1842.

[90] Um die Effektivität des unionsrechtlichen Schutzes nicht zu gefährden, kommt es bei der Rücknahme der Einbürgerung und damit einhergehend auch der Unionsbürgerschaft nicht darauf an, ob diese im nationalen Recht *ex tunc* oder *ex nunc* ausgestaltet ist, vgl. nur *Oberhäuser*, in: Hofmann (Hrsg.), Ausländerrecht, § 35 StAG Rn. 48.

[91] *Epiney*, Der Unionsbürgerstatus als der „grundlegende Status der Angehörigen der Mitgliedstaaten", in: Europe(s), Droit(s) européen(s) – Une passion d'universitaire – Liber Amicorum en l'honneur du professeur Vlad Constantinesco, 163, 166; vgl. auch *Schwarze*, Die Abwägung von Zielen der europäischen Integration und mitgliedstaatlichen Interessen in der Rechtsprechung des EuGH, EuR 2013, 253, 265 f.

[92] *d'Oliveira*, Janko Rottmann v. Freistaat Bayern Case Note 1: Decoupling Nationality and Union Citizenship?, EuConst 2011, 138, 144. Kritisch dazu, dass „Staatenlosigkeit" überhaupt einer Abwägung zugänglich sei: *Kochenov*, Case C-135/08, Janko Rottmann v. Freistaat Bayern, Judgment of the Court (Grand Chamber) of 2 March 2010, CMLR 2010, 1831, 1842 f.

[93] Rs. C-135/08 *Rottmann*, EuGH Urteil v. 2.3.2010, Rn. 57 f.

[94] *Cambien*, Case C-135/08, Janko Rottmann v. Freistaat Bayern, CJEL 2011, 375, 387.

[95] Für eine Anwendbarkeit der Grundrechte: *Düsterhaus*, EU Citizenship and Funda-

nationalen Gerichten überlassen hat, die Abwägung im Einzelfall zu treffen[96], sichert er sich mit dieser Auslegung die Letztentscheidungskompetenz für Rücknahmeentscheidungen im nationalen Staatsangehörigkeitsrecht.[97]

bb) Mängel in der Urteilsbegründung

(1) Aufgabe des grenzüberschreitenden Bezuges?

Mit Blick auf das Prinzip der begrenzten Einzelermächtigung ist die Frage, ob die Rs. *Rottmann* in den Anwendungsbereich des Unionsrechts fällt oder es sich nicht vielmehr um einen rein internen Sachverhalt handelt, von besonderer Bedeutung. Dies gilt vor allem, da in der Rs. *Rottmann* das nationale Staatsangehörigkeitsrecht betroffen ist, das unstreitig in die ausschließliche Kompetenz der Mitgliedstaaten fällt. Dies wurde auch mit der Erklärung zur Staatsangehörigkeit eines Mitgliedstaats[98], die die Mitgliedstaaten dem Vertrag von Maastricht beigefügt hatten, bekräftigt.

Zwar kann allein der Umstand, dass das Staatsangehörigkeitsrecht in die ausschließliche Zuständigkeit der Mitgliedstaaten fällt, einen Sachverhalt nicht dem Anwendungsbereich des Unionsrechts entziehen.[99] Aufgrund des Prinzips der begrenzten Einzelermächtigung ist in diesen Fällen jedoch eine dezidierte Begründung erforderlich, inwieweit trotzdem ein Anknüpfungspunkt an das Unionsrecht besteht. Einige Mitgliedstaaten hatten vor diesem Hintergrund darauf hingewiesen, dass es sich bei der Rs. *Rottmann* um einen internen Sachverhalt handeln würde, da eine Person mit deutscher Staatsangehörigkeit betroffen gewesen sei, deren Einbürgerung von deutschen Behörden wieder rückgängig gemacht werden sollte. Der Generalanwalt war

---

mental Rights: Contradictory, Converging or Complementary?, in: Kochenov (Hrsg.), EU Citizenship and Federalism: The Role of Rights, 642, 660 sowie vor allem der Berücksichtigung des Rechts auf Achtung des Privat- und Familienlebens: *Cambien*, Case C-135/08, Janko Rottmann v. Freistaat Bayern, CJEL 2011, 375, 388, der dabei jedoch nicht prüft, ob die Anwendungsvoraussetzungen der Charta auch einschlägig sind. Eingehend zur fraglichen Einbeziehung der Unionsgrundrechte unten, § 7 B. III. 3. d) bb) (2).

[96] Sehr kritisch zu diesem Vorgehen, da sogar noch eine strengere Kontrolle befürwortet wird: *Kochenov*, in: *Davies/Dougan/Golynker et al.*, Has the European Court of Justice Challenged Member State Sovereignty in Nationality Law?, EUI Working Paper 2011, 1, 14. Allgemein zu den unterschiedlichen Spielräumen, die der EuGH den vorlegenden Gerichten im Rahmen der Vorabentscheidungsverfahren überlässt: *Tridimas*, Constitutional Review of Member State Action: The Virtues and Vices of an Incomplete Jurisdiction, ICON 2011, 373.

[97] *Kochenov*, Case C-135/08, Janko Rottmann v. Freistaat Bayern, Judgment of the Court (Grand Chamber) of 2 March 2010, CMLR 2010, 1831, 1836.

[98] Amtsbl. Nr. C 191 v. 29.7.1992, 98.

[99] *Kochenov*, Case C-135/08, Janko Rottmann v. Freistaat Bayern, Judgment of the Court (Grand Chamber) of 2 March 2010, CMLR 2010, 1831, 1838.

der Auffassung, dass der Anwendungsbereich des Unionsrechts dennoch eröffnet sei und verwies zur Begründung auf die zuvor erfolgte Ausübung des Freizügigkeitsrechts.[100] Dass sich Herr Rottmann insoweit nunmehr gegen seinen eigenen Mitgliedstaat wendet, ist unschädlich, da der EuGH bereits in vorhergehenden Entscheidungen festgestellt hatte, dass sich Unionsbürger nach Ausübung eines Freizügigkeitsrechts auch gegenüber ihrem Heimatstaat auf dieses berufen können.[101]

Der Gerichtshof thematisiert die Frage des grenzüberschreitenden Bezuges nicht ausdrücklich. Nach seiner Auffassung liege es „auf der Hand", dass Situationen, in denen der Verlust der Unionsbürgerschaft in Rede stehe „nachdem er die Staatsangehörigkeit eines anderen Mitgliedstaats, die er usprünglich besessen hatte, verloren hat [...] ihrem Wesen und ihren Folgen nach unter das Unionsrecht" fielen.[102] Für den EuGH ist das Unionsrecht daher offenbar aufgrund des drohenden Verlusts dieses besonderen Status anwendbar. Allerdings verweist der Gerichtshof im gleichen Satz ebenfalls darauf, dass vor dem in Rede stehenden drohenden Verlust der deutschen Staatsangehörigkeit bereits ein Staatsangehörigkeitswechsel stattgefunden hatte. Aus diesem Grund war nach der Entscheidung in der Rs. *Rottmann* zunächst unklar, ob der Gerichtshof, ähnlich wie der Generalanwalt, der Ausübung des Freizügigkeitsrechts hinsichtlich der Frage des Anwendungsbereichs des Unionsrechts Bedeutung beimaß.

Auffällig ist insoweit, dass die durch den Gerichtshof zur Begründung der Eröffnung des Anwendungsbereichs des Unionsrechts zitierten Urteile, in denen ebenfalls trotz mitgliedstaatlicher Kompetenzen die Anwendbarkeit des Unionsrechts festgestellt worden war[103], alle einen – wenn auch teilweise nur noch schwach vorhandenen – grenzüberschreitenden Bezug aufweisen.[104] Denn in der Rs. *Bickel und Franz*[105] ging es um einen österreichischen und einen deutschen Staatsangehörigen, die in einem italienischen Strafverfahren nach Ausübung ihres Freizügigkeitsrechts das Recht auf Nichtdiskriminierung aus Gründen der Staatsangehörigkeit einforderten. In der Rs. *Garcia Avello*[106], die das Namensrecht betraf, konnten die Unionsbürger doppelte

[100] Rs. C-135/08 *Rottmann*, Schlussanträge GA Maduro v. 30.9.2009, Rn. 13.

[101] Hierzu unten, § 7 B. II. 3. d) bb) (3).

[102] Rs. C-135/08 *Rottmann*, EuGH Urteil v. 2.3.2010, Rn. 42.

[103] Rs. C-135/08 *Rottmann*, EuGH Urteil v. 2.3.2010, Rn. 41 u.a. mit Verweis auf Rs. C-274/96 *Bickel und Franz*, EuGH Urteil v. 24.11.1998; Rs. C-148/02 *Garcia Avello*, EuGH Urteil v. 2.10.2003 u. Rs. C-403/03 *Schempp*, EuGH Urteil v. 12.7.2005.

[104] Vgl. *Kochenov*, Case C-135/08, Janko Rottmann v. Freistaat Bayern, Judgment of the Court (Grand Chamber) of 2 March 2010, CMLR 2010, 1831, 1841.

[105] Rs. C-274/96 *Bickel und Franz*, EuGH Urteil v. 24.11.1998.

[106] Rs. C-148/02 *Garcia Avello*, EuGH Urteil v. 2.10.2003. Vgl. zur Problematik des auch insoweit schon nur noch schwach ausgeprägten grenzüberschreitenden Bezuges und der insoweit fehlenden Begründungsintensität unten, § 7 B. III. 1. d) aa) (1).

Staatsangehörigkeiten vorweisen, sodass der Fall bereits aus diesem Grund einen grenzüberschreitenden Bezug aufwies. Darüber hinaus konnte nicht ausgeschlossen werden, dass die in Rede stehende Namensregelung Nachteile in dem anderen Mitgliedstaat mit sich bringen würde. Und schließlich war auch in der überaus streitigen Rs. *Schempp*[107] jedenfalls im weiteren Sinne ein grenzüberschreitender Bezug gegeben, da in diesem Fall ein deutscher Staatsangehöriger seiner in Österreich lebenden geschiedenen Ehefrau Unterhalt zahlte und dies steuerlich geltend machen wollte. Dies spricht dafür, dass der Gerichtshof zum Entscheidungszeitpunkt in der Rs. *Rottmann* dem Umstand, dass Herr Rottmann vor dem drohenden Verlust seiner Staatsangehörigkeit sein Freizügigkeitsrecht ausgeübt hatte und der drohende Verlust daher mit dem Freizügigkeitsrecht in einem inneren Zusammenhang stand, durchaus noch eine gewisse Bedeutung beimaß.

Erst in der Rückschau ordnet der Gerichtshof dies im Rahmen der Urteilsbegründung in der Rs. *Zambrano* ausdrücklich anders ein und macht durch die nachfolgende Bezugnahme deutlich, dass er seine Argumentation in der Rs. *Rottmann* nicht durch das Freizügigkeitsrecht beeinflusst sieht, sondern bei einem drohenden Verlust der Unionsbürgerschaft ein grenzüberschreitender Bezug überhaupt nicht mehr erforderlich sein wird. Vielmehr soll insoweit der Kernbestand der unionsbürgerschaftlichen Rechte betroffen sein und das Unionsrecht allein aus diesem Grund Anwendung finden.[108] Dieses Ergebnis wurde mit Blick auf das niederländische Staatsangehörigkeitsrecht mittlerweile auch durch den Gerichtshof nochmals ausdrücklich in der Rs. *Tjebbes* bestätigt.[109]

Da der Anwendungsbereich des Unionsrechts, soweit der Verlust des Status der Unionsbürgerschaft droht, nunmehr unabhängig von der Ausübung des Freizügigkeitsrechts eröffnet sein soll, wäre aufgrund der bedeutenden Implikationen, die dieser Schritt für das nationale Staatsangehörigkeitsrecht der Mitgliedstaaten haben kann, eine ausführliche Begründung erforderlich gewesen.[110] Die Verweise auf die durch den Gerichtshof zitierten Urteile sind

---

[107] Rs. C-403/03 *Schempp*, EuGH Urteil v. 12.7.2005. Auch in der Rs. *Schempp* war der grenzüberschreitende Bezug bestritten worden, da Herr Schempp, der die Unionsrechtswidrigkeit einer nationalen Regelung des Steuerrechts feststellen lassen wollte, selbst nicht von seinem Freizügigkeitsrecht Gebrauch gemacht hatte. Seine geschiedene Frau hatte jedoch von ihrem Freizügigkeitsrecht Gebrauch gemacht. Da das nationale Steuerrecht die Interdependenz zwischen der Steuerpflicht von geschiedenen Ehegatten beinhaltet, kann das Abstellen auf die Ausübung das Freizügigkeitsrecht der geschiedenen Ehefrau insoweit daher durchaus überzeugen. Zur Auslegung des allgemeinen Freizügigkeitsrechts als Beschränkungsverbot in der Rs. *Schempp*: *Kokott*, Die Freizügigkeit der Unionsbürger als neue Grundfreiheit, in: Völkerrecht als Wertordnung: Festschrift für Christian Tomuschat, 207, 225.

[108] Hierzu unten, § 7 B. III. 3. d) bb) u. cc).

[109] Rs. C-221/17 *Tjebbes*, EuGH Urteil v. 12.3.2019, Rn. 28 u. 32

[110] Vgl. insoweit auch den kritischen Ansatz von *Nic Shuibhne*, Recasting EU Citizens-

hinsichtlich der Eröffnung des Anwendungsbereichs des Unionsrechts durch die nachträgliche Einbettung der Rs. *Rottmann* in die Kernbestands-Dogmatik nicht mehr tragfähig, da sie durch ihre grenzüberschreitenden Bezüge anders gelagerte Sachverhalte aufweisen.

Auch im Rahmen der *Zambrano*-Rechtsprechung, mit welcher er erstmals ausdrücklich den Kernbestandsschutz anerkennt, liefert der Gerichtshof die entscheidende Begründung nicht nach, sondern stellt allein das Ergebnis, nämlich die Anwendbarkeit des Unionsrechts und insoweit insbesondere von Art. 20 AEUV, fest.[111] Durch die Verweisungstechnik scheint es indes, als ob die völlige Aufgabe des grenzüberschreitenden Bezuges bereits in den in der Rs. *Rottmann* zitierten Urteilen und in der Rs. *Rottmann* selbst angelegt war, obgleich dies bei näherer Betrachtung nicht der Fall ist.

(2) Fehlende Berücksichtigung des Subsidiaritätsprinzips und der mitgliedstaatlichen Identität

Darüber hinaus begegnet das Urteil in der Rs. *Rottmann* auch aus Subsidiaritätsgesichtspunkten Bedenken. Denn es ist nicht ersichtlich, weshalb in einem innerstaatlichen Sachverhalt der drohende Verlust der nationalen Staatsangehörigkeit, welcher notwendig mit einem Verlust der Unionsbürgerschaft einhergeht, einer „harmonisierten Kontrolle" des EuGH bedarf.[112] Wenn der unionsbürgerschaftliche Status in derart gelagerten Fällen eine Art Mindestschutz gewährleisten soll, den der Gerichtshof ohne das Erfordernis eines grenzüberschreitenden Elements kontrollieren darf, erscheint es sachgerechter, den Unionsbürgerstatus von der nationalen Staatsangehörigkeit gänzlich zu entkoppeln und ihm hierdurch eine auch im Vertrag verankerte Eigenständigkeit zu gewähren.[113]

Außerdem ist das Prinzip der Achtung der Wahrung der Identität der Mitgliedstaaten in der *Rottmann*-Entscheidung nicht hinreichend berücksichtigt worden. Im Hinblick auf die Gestaltung des Staatsangehörigkeitsrechts ist es naheliegend, dass mit diesem auch die mitgliedstaatliche Identität

---

hip as Federal Citizenship: What are the Implications for the Citizen when the Polity Bargain is Privileged?, in: Kochenov (Hrsg.), EU Citizenship and Federalism: The Role of Rights, 147, 161.

[111] Hierzu unten, § 7 B. III. 3. d) aa).

[112] *d'Oliveira*, Janko Rottmann v. Freistaat Bayern Case Note 1: Decoupling Nationality and Union Citizenship?, EuConst 2011, 138, 148.

[113] Kritisch, ob dies beim derzeitigen Integrationsstand möglich wäre: *Schmahl/Jung*, Die Unionsbürgerschaft: Ein komplexes Rechtsinstitut mit weitreichenden Folgen, Jura 2016, 1272, 1273; kritisch, vor dem Hintergrund, dass die Unionsbürgerschaft auf Grundlage der föderalen wechselseitigen Zuerkennung von Angehörigenprivilegien verliehen werde: *Schönberger*, Unionsbürger: Europas föderales Bürgerrecht in vergleichender Sicht, 296.

i.S.v. Art. 4 Abs. 2 EUV betroffen ist.[114] Denn die Staatsangehörigkeit ist Voraussetzung für die demokratische Teilhabe und Ausdruck des besonderen Bandes, welches zwischen einem Staat und seinen Staatsangehörigen besteht und mit gewissen Rechten und Pflichten einhergeht. Wenngleich die nationale Identität der Mitgliedstaaten nicht absolut geschützt ist, sondern durchaus einer Abwägung zwischen der Funktionsfähigkeit der Union und ihres Rechts sowie den Aspekten, die von der nationalen Identität umfasst werden, möglich ist, ist vorliegend nicht ersichtlich, weshalb das Unionsrecht in einem rein nationalrechtlich geprägten Sachverhalt Anwendung finden sollte. Der besondere Schutz, den die nationale Identität über Art. 4 Abs. 2 EUV genießt, gebietet es, dass der Gerichtshof in Bereichen, die von diesem Schutz umfasst sind, zurückhaltend agiert und wenn eine Einschränkung erfolgen soll, die oben angesprochene Abwägung vornimmt. Zwar erkennt der EuGH im Rahmen der von ihm angeregten Verhältnismäßigkeitsprüfung den Schutz des besonderen Verhältnisses zwischen einem Staat und seinen Staatsangehörigen als legitimes Ziel an, ohne dabei aber den Schutz, den die Ausgestaltung des nationalen Staatsangehörigkeitsrechts über das Achtungsgebot des Art. 4 Abs. 2 EUV erfährt, zu berücksichtigen.

cc) Abschließende Einschätzung

Im Ergebnis lässt sich daher festhalten, dass die Argumentation des Generalanwalts weitaus schlüssiger ist und den Unionsverfassungsprinzipien besser gerecht wird als die (nachträgliche) Entscheidungsbegründung des Gerichtshofs. Aufgrund des besonderen Status, den die Unionsbürgerschaft mittlerweile erlangt hat, erscheint es durchaus angemessen, ihren potenziellen Verlust der unionsrechtlichen Kontrolle zu unterwerfen, jedoch nur dann, wenn das Unionsrecht auch über den drohenden Verlust des Unionsbürgerstatus hinaus betroffen ist. Derart würde eine Ausweitung der Kontrolle auf alle erdenklichen Fälle des Verlusts – etwa wenn einem ursprünglich Drittstaatsangehörigen die mitgliedstaatliche Staatsangehörigkeit wieder entzogen werden soll oder in Fällen wie der deutschen Optionsregelung – verhindert. Fälle, in denen der drohende Verlust der Unionsbürgerschaft jedoch auf fehlender Harmonisierung der nationalen Staatsangehörigkeitsrechte beruht und erst durch die Ausübung eines Freizügigkeitsrechts möglich wird, könnten auch nach der vorgeschlagenen Argumentation unionsrechtlich kontrolliert werden[115], ohne die einschlägigen Verfassungsprinzipien zu beeinträchtigen.

---

[114] Vgl. auch die Ausführungen des GA Maduro, Rs. C-135/08 *Rottmann*, Schlussanträge GA Maduro v. 30.9.2009; *d'Oliveira*, Janko Rottmann v. Freistaat Bayern Case Note 1: Decoupling Nationality and Union Citizenship?, EuConst 2011, 138, 148.

[115] Hierzu auch: *Schönberger*, Unionsbürger: Europas föderales Bürgerrecht in vergleichender Sicht, 283 f.

4. Abschließende Einschätzung zu Erwerb und Verlust der Unionsbürgerschaft

Der Gerichtshof hat nunmehr jedenfalls alle mitgliedstaatlichen Handlungen, die zu einem potenziellen Verlust der Unionsbürgerschaft führen würden, der unionsrechtlichen Kontrolle unterworfen. Seit dem *Zambrano*-Urteil ist zudem geklärt, dass der Gerichtshof sich die Kontrolle unter Verweis auf den Kernbestand der unionsbürgerschaftlichen Rechte auch unabhängig von einem sonstigen Unionsrechtsbezug vorbehält. Die Anwendbarkeit des Unionsrechts muss daher nicht mehr durch eine Beschränkung des Freizügigkeitsrechts begründet werden.

Damit wird das dem Vertrag in Art. 20 Abs. 1 AEUV zugrundeliegende Regelungskonzept tangiert, nach welchem die Unionsbürgerschaft die Staatsangehörigkeit nur ergänzt, nicht aber ersetzt. Die Mitgliedstaaten haben daher durch die Rechtsfortbildung des Gerichtshofs die uneingeschränkte Gestaltungsfreiheit über das Staatsangehörigkeitsrecht verloren.

Da das Staatsangehörigkeitsrecht in der ausschließlichen Kompetenz der Mitgliedstaaten liegt, ist die unionsrechtliche Kontrolle des Verlusts der Unionsbürgerschaft bei einem fehlenden anderweitigen Unionsrechtsbezug insbesondere mit Blick auf das Prinzip der begrenzten Einzelermächtigung, das Subsidiaritätsprinzip und den Schutz der nationalen Identität kaum zu rechtfertigen.

II. Das Aufenthaltsrecht und die derivativen Teilhaberechte der Unionsbürger

Der zweite Themenkomplex befasst sich mit Urteilen, die den Gewährleistungsgehalt des Freizügigkeits- und Aufenthaltsrechts der Unionsbürger prägen. Mit der Erwähnung in Art. 20 Abs. 2 a) und Art. 21 Abs. 1 AEUV stellt das Primärrecht das Freizügigkeits- und Aufenthaltsrecht an die Spitze der mit der Unionsbürgerschaft verknüpften Rechte.[116] Darüber hinaus hat der EuGH durch die Verknüpfung von Art. 21 AEUV und Art. 18 AEUV ein wirkungsvolles Instrument geschaffen, vielfältige Politikfelder, die nicht der unionalen Gesetzgebungskompetenz unterfallen, aus dem Blickwinkel des Diskriminierungsverbots zu überprüfen. Die Folge sind derivative Teilhaberechte, die Unionsbürger als Rechte im Aufenthalt geltend machen können. Der diskriminierungsfreie Zugang zu Sozialleistungen spielt insoweit eine besonders wichtige Rolle.[117]

---

[116] *Schönberger*, Unionsbürger: Europas föderales Bürgerrecht in vergleichender Sicht, 318.

[117] *Schmahl/Jung*, Die Unionsbürgerschaft: Ein komplexes Rechtsinstitut mit weitreichenden Folgen, Jura 2016, 1272, 1274; *Borchardt*, Der sozialrechtliche Gehalt der Unionsbürgerschaft, NJW 2000, 2057, 2058.

1. Die Rechtssache Martínez Sala[118]

a) Sachverhalt und Vorlagefrage

Frau Martínez Sala ist spanische Staatsangehörige und lebte seit 1968 in Deutschland. Dort übte sie von 1976 bis 1989 mit mehreren Unterbrechungen verschiedene Tätigkeiten als Arbeitnehmerin aus und erhielt danach Sozialhilfe nach dem Bundessozialhilfegesetz. Bis zum Mai 1984 erhielt Frau Martínez Sala Aufenthaltserlaubnisse, im Anschluss daran Bescheinigungen, dass die Verlängerung ihrer Aufenthaltserlaubnis beantragt sei. Im Januar 1993 beantragte sie schließlich Erziehungsgeld für ihr kürzlich geborenes zweites Kind. Der Antrag wurde mit der Begründung abgelehnt, dass Frau Martínez Sala weder deutsche Staatsangehörige, noch im Besitz einer Aufenthaltsberechtigung oder Aufenthaltserlaubnis sei. Art. 1a BErzGG[119] sah damals vor, dass ein Ausländer im Besitz einer Aufenthaltsberechtigung oder Aufenthaltserlaubnis sein musste. Hiergegen wandte sich Frau Martínez Sala und das zuständige Gericht legte dem EuGH u.a. folgende Frage zur Vorabentscheidung vor:

Verbietet es das Gemeinschaftsrecht, die Gewährung von Erziehungsgeld an Angehörige anderer Mitgliedstaaten von der Vorlage einer förmlichen Aufenthaltserlaubnis abhängig zu machen?

b) Würdigung durch den Generalanwalt[120]

Im Fall war u.a. auch streitig, ob Frau Martínez Sala als Arbeitnehmerin im Sinne einer der einschlägigen Verordnungen anzusehen war. Daher stellte der Generalanwalt fest, dass nur für den Fall, dass das vorlegende Gericht zu dem Ergebnis käme, dass Frau Martínez Sala nicht als Arbeitnehmerin anzusehen sei, die Frage beantwortet werden müsse, ob die Bewilligung des Erziehungsgeldes für Angehörige der Mitgliedstaaten von der Vorlage einer förmlichen Aufenthaltsgenehmigung abhängig gemacht werden dürfe, wenn diese sich ansonsten erlaubt in einem anderen Mitgliedstaat aufhielten. Diese Voraussetzung enthalte mit der vorgenannten Regelung eine auf der Staatsangehörigkeit beruhende Ungleichbehandlung der möglichen Empfänger des Erziehungsgeldes.[121]

In Beantwortung dieser Frage fasst GA La Pergola zunächst die Auffassungen der Kommission und mehrerer Mitgliedstaaten zusammen[122]: Die

---

[118] Rs. C-85/96 *Martínez Sala*, EuGH Urteil v. 12.5.1998.

[119] Gesetz über die Gewährung von Erziehungsgeld und Erziehungsurlaub (Bundeserziehungsgeldgesetz – BErzGG) v. 6.12.1985, BGBl. I 1985, 2154.

[120] Rs. C-85/96 *Martínez Sala*, Schlussanträge GA La Pergola v. 1.7.1997.

[121] Rs. C-85/96 *Martínez Sala*, Schlussanträge GA La Pergola v. 1.7.1997, Rn. 14.

[122] Rs. C-85/96 *Martínez Sala*, Schlussanträge GA La Pergola v. 1.7.1997, Rn. 15.

Kommission gehe davon aus, dass sich das Aufenthaltsrecht unmittelbar aus dem Vertrag ableiten lasse. Denn die in Art. 8a EGV (heute Art. 21 AEUV) vorgesehenen Beschränkungen und Bedingungen beträfen nur die Ausübung dieses Rechts. Die deutsche Regierung, der sich die britische und die französische Regierung angeschlossen hätten, bringe demgegenüber vor, dass Art. 8a EGV (heute Art. 21 AEUV) das Aufenthaltsrecht ausdrücklich nur in den Grenzen anerkenne, die sich aus dem Vertrag und dem abgeleiteten Recht ergäben. Der Fall von Frau Martínez Sala müsse daher an der Richtlinie 90/364/EWG gemessen werden. Auf Grundlage der Richtlinie könne Frau Martínez Sala jedoch kein Aufenthaltsrecht zuerkannt werden, da sie mangels vollständiger Krankenversicherung und ausreichender finanzieller Mittel im Aufnahmemitgliedstaat nicht die entsprechenden Voraussetzungen erfülle. Ihr Aufenthalt sei einzig durch eine nationale Rechtsvorschrift begründet, die ein völkerrechtliches Abkommen umsetze. Folglich sei der Fall von Frau Martínez Sala nicht gemeinschaftsrechtlich geregelt und könne nicht am allgemeinen Diskriminierungsverbot gemessen werden.

GA La Pergola betont jedoch, dass der Gerichtshof durch das vorlegende Gericht nicht um die Frage ersucht werde, ob ein Aufenthaltsrecht bestehe, sondern vielmehr, ob Frau Martínez Sala während ihres Aufenthalts unter den gleichen Voraussetzungen wie deutsche Staatsangehörige Erziehungsgeld erhalten könne.[123]

Bevor GA La Pergola diese Frage konkret beantwortet, ist aus seiner Sicht dennoch eine Vorbemerkung erforderlich: Seitdem Art. 8a EGV (heute Art. 21 AEUV) in Kraft getreten sei, lasse sich nicht mehr die Auffassung vertreten, dass das Aufenthaltsrecht nur durch eine Richtlinie begründet werde. Das Recht, sich in der gesamten Union frei zu bewegen und aufzuhalten, sei nunmehr in einer Primärvorschrift niedergelegt und bestehe nicht in Abhängigkeit des Sekundärrechts. Die in Art. 8a EGV (heute Art. 21 AEUV) vorgesehenen Beschränkungen beträfen nur die Ausübung, nicht aber das Bestehen des Rechts. Mit Art. 8a EGV (heute Art. 21 AEUV) sei das Freizügigkeits- und Aufenthaltsrecht von den anderen Verkehrsfreiheiten abgelöst worden und stehe an erster Stelle der mit der Unionsbürgerschaft verbundenen Rechte. Das Freizügigkeits- und Aufenthaltsrecht sei untrennbar mit dem Unionsbürgerstatus verbunden. Die Unionsbürgerschaft sei durch Schaffung der Primärnorm dem Einzelnen unmittelbar verliehen worden, der nunmehr förmlich als Rechtssubjekt anerkannt sei. Die Unionsbürgerschaft sei die grundlegende Rechtsstellung, die allen Staatsangehörigen der Mitgliedstaaten garantiert sei. Dies ergebe sich aus dem eindeutigen Wortlaut von Art. 8 EGV (heute Art. 20 AEUV).[124]

---

[123] Rs. C-85/96 *Martínez Sala*, Schlussanträge GA La Pergola v. 1.7.1997, Rn. 16.
[124] Rs. C-85/96 *Martínez Sala*, Schlussanträge GA La Pergola v. 1.7.1997, Rn. 18.

Vor dem Hintergrund dieser Erwägungen wendet GA La Pergola das Verbot der Diskriminierung aus Gründen der Staatsangehörigkeit auf den vorliegenden Fall an. Das Diskriminierungsverbot sei ein allgemeiner Grundsatz, der sich auf den gesamten Anwendungsbereich des Vertrages erstrecke. Die Schaffung des unionsbürgerschaftlichen Status habe sich auf den Anwendungsbereich des Vertrages in zweifacher Hinsicht ausgewirkt: Einerseits sei dem Einzelnen ein neuer Status verliehen worden, damit das Unterscheidungsmerkmal der Staatsangehörigkeit an Bedeutung verliere, andererseits verknüpfe Art. 8a EGV (heute Art. 21 AEUV) mit der subjektiven Rechtsqualität des Unionsbürgers das Recht, sich in jedem Mitgliedstaat zu bewegen und aufzuhalten. Sei einem Gemeinschaftsbürger irgendwie das Recht eingeräumt worden, sich in einem anderen Mitgliedstaat aufzuhalten, bestehe das Recht, gegenüber den Staatsangehörigen des Aufnahmestaats nicht diskriminiert zu werden, solange er sich dort aufhalte. Dieses Recht lasse sich unmittelbar auf die primärrechtliche Vorschrift des Art. 8 EGV (heute Art. 20 AEUV) stützen. Insoweit sei es unwichtig, ob sich die Erlaubnis zum Aufenthalt im Aufnahmestaat auf die Richtlinie oder das nationale Recht dieses Staates stützen lasse.[125] Das Diskriminierungsverbot aus Gründen der Staatsangehörigkeit wirke jedoch nur insoweit nicht Rechte betroffen seien, die gerade aufgrund der Staatsbürgerschaft den Staatsangehörigen des jeweiligen Mitgliedstaats vorbehalten seien.[126] Folge der bisherigen Ausführungen sei, dass mit dem zusätzlichen Erfordernis der Vorlage einer Aufenthaltsgenehmigung eine unzulässige Ungleichheit zwischen Gemeinschaftsangehörigen und deutschen Staatsangehörigen geschaffen werde. Darüber hinaus habe der Gerichtshof bereits in der Rs. *Royer*[127] entschieden, dass die Erteilung einer Aufenthaltserlaubnis allein deklaratorischen Charakter habe und der Anspruch auf Erziehungsgeld daher ohnehin dadurch entstehe, dass der Mitgliedstaat den Aufenthalt oder die Wohnsitznahme des Gemeinschaftsbürgers in seinem Gebiet erlaube oder zulasse.[128] GA La Pergola stellt weiterhin fest, dass er im Ergebnis der Kommission folge, die wie festgestellt davon ausgehe, dass sich das Aufenthaltsrecht von Frau Martínez Sala unmittelbar aus dem Vertrag ergebe und sie daher auch einen Anspruch auf Gleichbehandlung geltend machen könne. Im Unterschied zur Kommission geht GA La Perogla aber davon aus, dass die Gleichbehandlung bereits dadurch erforderlich sei, dass Frau Martínez Sala die persönliche Rechtsstellung einer Unionsbürgerin, wie sie in Art. 8 EGV (heute Art. 20 AEUV) geregelt sei, zukomme und den Bürger jedes Mitgliedstaats in jeden Mitgliedstaat begleite. Die im Vertrag von Maastricht vorgezeichnete Union ver-

---

[125] Rs. C-85/96 *Martínez Sala*, Schlussanträge GA La Pergola v. 1.7.1997, Rn. 20.
[126] Rs. C-85/96 *Martínez Sala*, Schlussanträge GA La Pergola v. 1.7.1997, Rn. 21.
[127] Rs. 48/75 *Royer*, EuGH Urteil v. 8.4.1976, Rn. 31–33.
[128] Rs. C-85/96 *Martínez Sala*, Schlussanträge GA La Pergola v. 1.7.1997, Rn. 22.

lange, dass man das Diskriminierungsverbot auf den Bereich des Rechtsinstituts der gemeinsamen Bürgerschaft anwende. Die Bezugnahme auf Art. 8 EGV (heute Art. 20 AEUV) sei im Grunde eine Weiterentwicklung der Rs. *Cowan*[129], in der der EuGH bereits entschieden habe, dass der Schutz des Diskriminierungsverbots auch Personen zukomme, die von ihrer passiven Dienstleistungsfreiheit Gebrauch machen.[130] Im Ergebnis könne daher eine Gemeinschaftsangehörige, die sich erlaubt oder befugt im Gebiet eines Mitgliedstaats aufhalte, unabhängig vom Besitz einer gültigen Aufenthaltserlaubnis, unter den gleichen Voraussetzungen wie die Staatsangehörigen dieses Staates Anspruch auf Erziehungsgeld geltend machen.

c) Würdigung durch den EuGH

Zunächst stellt der EuGH fest, dass das streitige Erziehungsgeld sowohl Familienleistung i.S.d. Art. 4 Abs. 1 h) der Verordnung 1408/71/EWG als auch soziale Vergünstigung i.S.v. Art. 7 Abs. 2 der Verordnung 1612/86/EWG ist.[131] Beide Verordnungen seien jedoch nur auf Arbeitnehmer anwendbar und mangels ausreichender Angaben könne die Arbeitnehmereigenschaft von Frau Martínez Sala nicht festgestellt werden.[132]

Nachfolgend wendet sich der EuGH der Frage zu, ob die Mitgliedstaaten die Gewährung von Erziehungsgeld an Angehörige anderer Mitgliedstaaten von der Vorlage einer förmlichen Aufenthaltserlaubnis abhängig machen dürfen.[133] Hierzu hält der EuGH zunächst fest, dass ein Anspruch nach dem BErzGG, anders als bei Deutschen, bei „Ausländern", d.h. auch bei Angehörigen eines anderen Mitgliedstaats, den Besitz eines Aufenthaltstitels voraussetze. Aus den Urteilen in den Rs. *Kommission/Belgien*[134] und *Kommission/Deutschland*[135] gehe insoweit hervor, dass es nicht gemeinschaftsrechtswidrig sei, von Angehörigen anderer Mitgliedstaaten, die sich rechtmäßig in einem anderen Mitgliedstaat aufhalten, zu verlangen, dass diese ständig ein Dokument bei sich tragen, das ihr Aufenthaltsrecht bescheinigt, soweit Inländer eine entsprechende Pflicht in Bezug auf ihren Personalausweis treffe. Dies gelte aber nicht notwendig für den Fall, dass ein Mitgliedstaat den Erziehungsgeldanspruch vom Besitz einer Aufenthaltserlaubnis abhängig mache.[136] Denn nach der Entscheidung in der Rs. *Royer*[137] habe die Aufent-

---

[129] Rs. C-186/87 *Cowan*, EuGH Urteil v. 2.2.1989.

[130] Rs. C-85/96 *Martínez Sala*, Schlussanträge GA La Pergola v. 1.7.1997, Rn. 23.

[131] Rs. C-85/96 *Martínez Sala*, EuGH Urteil v. 12.5.1998, Rn. 21 f.

[132] Rs. C-85/96 *Martínez Sala*, EuGH Urteil v. 12.5.1998, Rn. 32 f.

[133] Rs. C-85/96 *Martínez Sala*, EuGH Urteil v. 12.5.1998, Rn. 46 f.

[134] Rs. 321/87 *Kommission/Belgien*, EuGH Urteil v. 27.4.1989, Rn. 12.

[135] Rs. C-24/97 *Kommission/Deutschland*, EuGH Urteil v. 30.4.1998, Rn. 13.

[136] Rs. C-85/96 *Martínez Sala*, EuGH Urteil v. 12.5.1998, Rn. 52.

[137] Rs. 48/75 *Royer*, EuGH Urteil v. 8.4.1976, Rn. 50.

haltserlaubnis hinsichtlich der Anerkennung des Aufenthaltsrechts allein deklaratorische Wirkung. Die streitige Leistung werde im vorliegenden Fall aber im Sinne einer konstitutiven Bedeutung von der Aufenthaltserlaubnis abhängig gemacht.[138] Insoweit bestehe eine Ungleichbehandlung zwischen deutschen Staatsangehörigen und Staatsangehörigen anderer Mitgliedstaaten, die im Anwendungsbereich des Vertrages eine nach Art. 6 EGV (heute Art. 18 AEUV) verbotene Diskriminierung darstelle, soweit sie nicht gerechtfertigt sei. Unter Berücksichtigung der Antworten auf die vorherigen Fragen falle das Erziehungsgeld zweifelsfrei in den sachlichen Anwendungsbereich des Gemeinschaftsrechts.[139] Stelle das vorlegende Gericht nach den oben genannten Kriterien fest, dass Frau Martínez Sala Arbeitnehmerin sei, so sei die Ungleichbehandlung mit den Art. 48 u. 51 EGV (heute Art. 45 u. 48 AEUV) unvereinbar.[140] Für den Fall, dass Frau Martínez Sala nicht Arbeitnehmerin i.S.d. oben genannten Verordnung sei, trage die Kommission vor, dass ihr ein Aufenthaltsrecht gem. Art. 8a EGV (Art. 21 AEUV) zustehe. Ob Frau Martínez Sala tatsächlich ein Aufenthaltsrecht nach Art. 8a EGV (Art. 21 AEUV) zustehe, müsse in einem Fall wie dem vorliegenden allerdings nicht geprüft werden, da sie sich unstreitig erlaubterweise in Deutschland aufhalte. Da Frau Martínez Sala Angehörige eines Mitgliedstaats sei und sich rechtmäßig in einem anderen Mitgliedstaat aufhalte, sei der persönliche Anwendungsbereich der Vertragsbestimmungen über die Unionsbürgerschaft eröffnet. Art. 8 Abs. 2 EGV (Art. 20 Abs. 2 AEUV) knüpfe an den Status eines Unionsbürgers die im Vertrag vorgesehenen Pflichten und Rechte, darunter auch das in Art. 6 EGV (Art. 18 AEUV) verankerte Recht, im sachlichen Anwendungsbereich des Vertrages nicht aus Gründen der Staatsangehörigkeit diskriminiert zu werden. Daher könne sich ein Unionsbürger, der sich rechtmäßig im Gebiet des Aufnahmemitgliedstaats aufhalte, in allen vom sachlichen Anwendungsbereich des Gemeinschaftsrechts erfassten Fällen auf Art. 6 EGV (Art. 18 AEUV) berufen.[141] Da dem Gerichtshof nichts vorgetragen worden sei, was die in Rede stehende Ungleichbehandlung rechtfertige, verbiete das Gemeinschaftsrecht den Mitgliedstaaten, die Gewährung von Erziehungsgeld an Angehörige anderer Mitgliedstaaten, die sich rechtmäßig im Aufnahmestaat aufhalten, von der Vorlage einer förmlichen Aufenthaltsgenehmigung abhängig zu machen.[142]

---

[138] Rs. C-85/96 *Martínez Sala*, EuGH Urteil v. 12.5.1998, Rn. 53.
[139] Rs. C-85/96 *Martínez Sala*, EuGH Urteil v. 12.5.1998, Rn. 57.
[140] Rs. C-85/96 *Martínez Sala*, EuGH Urteil v. 12.5.1998, Rn. 58.
[141] Rs. C-85/96 *Martínez Sala*, EuGH Urteil v. 12.5.1998, Rn. 59 f.
[142] Rs. C-85/96 *Martínez Sala*, EuGH Urteil v. 12.5.1998, Rn. 64 f.

d) Analyse

aa) Rechtslage bis zum Inkrafttreten des Vertrags von Maastricht

Um die besondere Brisanz, die das Urteil in der Rs. *Martínez Sala* zum Entscheidungszeitpunkt aufwies, hervorzuheben, sei zunächst noch einmal auf die Rechtslage im Hinblick auf das Freizügigkeitsregime und den Zugang zu Sozialleistungen vor Inkrafttreten des Vertrags von Maastricht hingewiesen. Bis zum Inkrafttreten des Vertrags von Maastricht war in den Verträgen kein allgemeines Freizügigkeitsrecht normiert.[143] Die primärrechtlich verankerten Freizügigkeitsrechte hatten bis dahin vielmehr dienende Funktion, um die Ausübung der wirtschaftlichen Grundfreiheiten zu ermöglichen.[144] Die wirtschaftlichen Grundfreiheiten wurden darüber hinaus durch das Sekundärrecht konkretisiert. Arbeitnehmer und ihre Familienangehörigen konnten sich so etwa während eines Aufenthalts in einem anderen Mitgliedstaat auf die Verordnung Nr. 1612/68 stützen, um die gleichen sozialen Vergünstigungen zu erhalten wie inländische Arbeitnehmer.[145] Die 1990 verabschiedeten Richtlinien, die erstmals das Aufenthaltsrecht von Studenten, Rentnern und sonstigen Nichterwerbstätigen sekundärrechtlich regelten[146], kannten im Gegensatz zu den die wirtschaftlichen Freizügigkeitsrechte ausgestaltenden Richtlinien keinen Anspruch auf Teilhabe an Sozialleistungen.

Freilich hatte der EuGH schon vor Erlass dieser Richtlinien, gestützt auf das allgemeine Diskriminierungsverbot, richterrechtlich das Aufenthaltsrecht von Studenten in anderen Mitgliedstaaten begründet[147], wobei den Mitgliedstaaten unbenommen blieb eine ausreichende Krankenversicherung und Existenzmittel zu verlangen.[148] Auch der Anwendungsbereich der wirtschaftlichen Grundfreiheiten wurde vom Gerichtshof immer großzügiger in-

---

[143] Vgl. *Martínez Soria*, Die Unionsbürgerschaft und der Zugang zu sozialen Vergünstigungen, JZ 2002, 643, 645.

[144] *Schönberger*, Unionsbürger: Europas föderales Bürgerrecht in vergleichender Sicht, 319; *Kokott*, Die Freizügigkeit der Unionsbürger als neue Grundfreiheit, in: Völkerrecht als Wertordnung: Festschrift für Christian Tomuschat, 207, 215; *Becker*, Freizügigkeit in der EU – auf dem Weg vom Begleitrecht zur Bürgerfreiheit, EuR 1999, 522, 523; *Scheuing*, Freizügigkeit als Unionsbürgerrecht, EuR 2003, 744, 746.

[145] *Höfler*, Europa auf dem Weg zu einer sozialen Union? Die EuGH-Rechtsprechung zu unionsrechtlichen Ansprüchen auf Sozialhilfe, NVwZ 2002, 1206, 1206.

[146] Siehe auch § 6 A.

[147] Rs. C-357/89 *Raulin*, EuGH Urteil v. 26.2.1992. Zum Problem, dass durch eine derartige Argumentation den unterschiedlichen Sachgehalten des gleichheitsrechtlichen Diskriminierungsverbots und des freiheitsrechtlichen Freizügigkeitsrechts nicht hinreichend Rechnung getragen wird: *Schönberger*, Unionsbürger: Europas föderales Bürgerrecht in vergleichender Sicht, 310.

[148] *Kokott*, Die Freizügigkeit der Unionsbürger als neue Grundfreiheit, in: Völkerrecht als Wertordnung: Festschrift für Christian Tomuschat, 207, 216.

terpretiert und die Anwendung des allgemeinen Diskriminierungsverbots hierdurch gerechtfertigt.[149] Hierauf wies auch der Generalanwalt in den Schlussanträgen zur Rs. *Martínez Sala* mit seinem Verweis auf die Rs. *Cowan*[150] hin.[151] In dieser hatte der EuGH die Anwendung des allgemeinen Diskriminierungsverbots auf die passive Dienstleistungsfreiheit eines Touristen gestützt.[152]

Ebenfalls in die Zeit vor dem Inkrafttreten des Vertrags von Maastricht und der Studentenrichtlinie fielen die Entscheidungen in den Rechtssachen *Forcheri*[153], *Gravier*[154] und *Blaizot*[155]. Auch in diesen Fällen stützte sich der EuGH auf das Diskriminierungsverbot, ohne dass eine der wirtschaftlichen Grundfreiheiten geltend gemacht werden konnte.[156] Es ging dabei jeweils um die Frage, ob das allgemeine Diskriminierungsverbot mitgliedstaatliche Regelungen verbot, die unterschiedliche Voraussetzungen hinsichtlich des Zugangs zum berufsbildenden Unterricht für inländische und ausländische Studierende vorsahen. Da das allgemeine Diskriminierungsverbot nur „im Anwendungsbereich des Vertrages" einschlägig war, bemühte sich der EuGH gemeinschaftsrechtliche Regelungen heranzuziehen, um zu begründen, dass ein bestimmter Sachbereich auch tatsächlich vom Gemeinschaftsrecht umfasst war. Entscheidend ist insoweit, dass der EuGH den Begriff „Anwendungsbereich des Vertrages" als dynamisches Tatbestandselement versteht, welches stets vor dem Hintergrund des jeweiligen Entwicklungsstands des Gemeinschaftsrechts auszulegen ist.[157] Der EuGH griff im Rahmen der genannten Fälle u.a. jeweils auf Art. 128 EWGV[158] (vgl. heute Art. 166 AEUV)

---

[149] *Kokott*, Die Freizügigkeit der Unionsbürger als neue Grundfreiheit, in: Völkerrecht als Wertordnung: Festschrift für Christian Tomuschat, 207, 217.

[150] Rs. C-186/87 *Cowan*, EuGH Urteil v. 2.2.1989.

[151] Rs. C-85/96 *Martínez Sala*, Schlussanträge GA La Pergola v. 1.7.1997, Rn. 23.

[152] Rs. C-186/87 *Cowan*, EuGH Urteil v. 2.2.1989, Rn. 17. Die entscheidende Neuerung an der Rs. *Cowan* war, dass die Diskriminierung nicht in einem spezifischen Zusammenhang zur Ausübung der passiven Dienstleistungsfreiheit stand, vgl. insoweit *Tomuschat*, Case C-85/96, María Martínez Sala v. Freistaat Bayern, Judgment of 12 May 1998, Full Court, CMLR 2000, 449, 451; vgl. auch *Scheuing*, Freizügigkeit als Unionsbürgerrecht, EuR 2003, 744, 753.

[153] Rs. 152/82 *Forcheri*, EuGH Urteil v. 13.7.1983

[154] Rs. 293/83 *Gravier*, EuGH Urteil v. 13.2.1985.

[155] Rs. 24/86 *Blaizot*, EuGH Urteil v. 2.2.1988

[156] Vgl. insoweit *Husmann*, Auswirkungen des EG-Primärrechts auf den Erwerb von Sozialleistungen, NZS 2009, 547, 548; *Lenaerts*, Union Citizenship and the Principle of Non-Discrimination on Grounds of Nationality, in: Festskrift til Claus Gulmann: Liber Amicorum, 289, 296f.

[157] *Martínez Soria*, Die Unionsbürgerschaft und der Zugang zu sozialen Vergünstigungen, JZ 2002, 643, 645.

[158] Art. 128 EWGV lautete: Auf Vorschlag der Kommission und nach Anhörung des Wirtschafts- und Sozialausschusses stellt der Rat in Bezug auf die Berufsausbildung all-

zurück, um die Anwendung des Gemeinschaftsrechts zu rechtfertigen. Darüber hinaus begrenzte er aus kompetenzrechtlichen Erwägungen den Anspruch auf diskriminierungsfreien Zugang zum berufsbildenden Unterricht, während Beihilfen zum Lebensunterhalt nicht vom Diskriminierungsverbot umfasst sein sollten.[159]

bb) Neuerungen in der Rs. Martínez Sala

Mit der Entscheidung in der Rs. *Martínez Sala* hatte der EuGH nunmehr erstmals seit der rechtlichen Formalisierung der Unionsbürgerschaft einen Fall zu entscheiden, der den Zugang zu sozialen Vergünstigungen von einer Unionsbürgerin betraf, die wirtschaftlich nicht aktiv war.[160]

Da in der Rs. *Martínez Sala* nicht eindeutig festgestellt werden konnte, ob Frau Martínez Sala Arbeitnehmerin war, musste der EuGH die Anwendbarkeit des allgemeinen Diskriminierungsverbots, wie auch in den zuvor genannten Fällen, anders begründen. Seine Argumentation ist dabei in mehrfacher Hinsicht problematisch.

Einerseits stellt der EuGH fest, dass der Anwendungsbereich des Vertrages sowohl in persönlicher als auch in sachlicher Hinsicht eröffnet sein muss. Hinsichtlich des sachlichen Anwendungsbereichs verweist der EuGH dann jedoch auf Verordnungen, die im konkreten Fall nicht einschlägig sind, da die Arbeitnehmereigenschaft von Frau Martínez Sala nicht festgestellt werden konnte.[161] Trotz alledem stellt der EuGH sogar fest, dass das im Ausgangsverfahren streitige Erziehungsgeld „zweifelsfrei in den Anwendungsbereich des Vertrages" falle.[162] Hinsichtlich des persönlichen Anwendungsbereichs des Diskriminierungsverbots verweist der EuGH schließlich auf die Bestimmungen zur Unionsbürgerschaft, die beinhalten würden, dass jede Diskriminierung aus Gründen der Staatsangehörigkeit verboten sei, sodass es bei

---

gemeine Grundsätze zur Durchführung einer gemeinsamen Politik auf, die zu einer harmonischen Entwicklung sowohl der einzelnen Volkswirtschaften als auch des Gemeinsamen Marktes beitragen kann.

[159] *Tomuschat*, Case C-85/96, María Martínez Sala v. Freistaat Bayern, Judgment of 12 May 1998, Full Court, CMLR 2000, 449, 454 mit Verweis auf Rs. 39/86 *Lair*, EuGH Urteil v. 21.6.1988 u. Rs. 197/86 *Brown*, EuGH Urteil v. 21.6.1988; *Jacqueson*, Union Citizenship and the Court of Justice: Something New under the Sun? Towards Social Citizenship, E.L.Rev. 2002, 260, 270, die die Differenzierung zwischen dem Zugang zum berufsbildenden Unterricht und Beihilfen zum Lebensunterhalt gestützt auf die fehlende Kompetenz der Gemeinschaft für letztere auch schon vor Inkrafttreten des Maastrichtvertrags nicht überzeugend findet.

[160] Vgl. *Calliess*, Der Unionsbürger: Status, Dogmatik und Dynamik, EuR Beiheft 1 2007, 1, 30 f.

[161] *Jacqueson*, Union Citizenship and the Court of Justice: Something New under the Sun? Towards Social Citizenship, E.L.Rev. 2002, 260, 266.

[162] Rs. C-85/96 *Martínez Sala*, EuGH Urteil v. 12.5.1998, Rn. 57.

einem rechtmäßigen Aufenthalt in einem anderen Mitgliedstaat – der hier wohl aufgrund des Europäischen Fürsorgeabkommens gegeben war[163] – stets einschlägig sei. Damit nahm der EuGH in der Rs. *Martínez Sala* erstmals in einer Entscheidungsbegründung direkt auf die neu eingeführten Vorschriften über die Unionsbürgerschaft Bezug.[164]

Durch den Verweis auf die Verordnungen einerseits und die Unionsbürgerschaft andererseits scheint der EuGH den persönlichen vom sachlichen Anwendungsbereich des Vertrages in nicht logischer Weise zu entkoppeln.[165] Denn ein Anspruch auf Sozialleistungen sollte sich aus den Verordnungen gerade nur für am Wirtschaftsleben beteiligte Unionsbürger ergeben.[166] Die Eröffnung des sachlichen Anwendungsbereichs, gestützt auf den Verweis auf im konkreten Fall – mangels Vorliegens der subjektiven Voraussetzungen – nicht einschlägige Verordnungen, ist mit dem Prinzip der begrenzten Einzelermächtigung nicht in Einklang zu bringen. Denn hierdurch wird eine klare Zuordnung, wann ein Fall in den Anwendungsbereich des Unionsrechts fällt, unmöglich.

Darüber hinaus diskutiert der EuGH hinsichtlich des persönlichen Anwendungsbereichs des Vertrages nicht die unterschiedlichen Anknüpfungspunkte, die das Diskriminierungsverbot zur Anwendung bringen könnten. Denn wie es scheint kann das Diskriminierungsverbot im vorliegenden Fall entweder auf Grundlage des zuvor ausgeübten Freizügigkeitsrechts – wie von der Kommission vorgebracht – oder als unmittelbarer Ausfluss des unionsbürgerschaftlichen Status zur Anwendung kommen.[167] Die unterschiedlichen Anknüpfungspunkte sind deshalb relevant, da das Freizügigkeitsrecht nach Art. 8a EGV (heute Art. 21 AEUV) nur „vorbehaltlich der im Vertrag und in den Durchführungsvorschriften vorgesehenen Beschränkungen und Bedin-

---

[163] *Steiger*, Freizügigkeit in der EU und Einschränkungen von Sozialleistungen für EU-Ausländer, Vom Verlust der richtigen Balance zwischen den Interessen der Mitgliedstaaten und den Rechten des Einzelnen sowie der Notwendigkeit einer primärrechtskonformen Auslegung der Freizügigkeitsrichtlinie, EuR 2018, 304, 311.

[164] *Jacqueson*, Union Citizenship and the Court of Justice: Something New under the Sun? Towards Social Citizenship, E.L.Rev. 2002, 260, 264.

[165] Vgl. *Griller*, Unionsbürgerschaft als grundlegender Status, EuR Beiheft 1 2015, 7, 11.

[166] Vgl. *Tomuschat*, Case C-85/96, María Martínez Sala v. Freistaat Bayern, Judgment of 12 May 1998, Full Court, CMLR 2000, 449, 452; *Griller*, Unionsbürgerschaft als grundlegender Status, EuR Beiheft 1 2015, 7, 11; *Hailbronner*, Diskriminierungsverbot, Unionsbürgerschaft und gleicher Zugang zu Sozialleistungen, ZaöRV 2004, 603, 608; *Becker*, Freizügigkeit in der EU – auf dem Weg vom Begleitrecht zur Bürgerfreiheit, EuR 1999, 522, 532.

[167] *Tomuschat*, Case C-85/96, María Martínez Sala v. Freistaat Bayern, Judgment of 12 May 1998, Full Court, CMLR 2000, 449, 452; vgl. auch *Jacqueson*, Union Citizenship and the Court of Justice: Something New under the Sun? Towards Social Citizenship, E.L.Rev. 2002, 260, 266.

gungen" gewährleistet ist, während dem Status der Unionsbürgerschaft als solchem kein vergleichbarer Vorbehalt entgegengesetzt werden kann.

Dass der EuGH die von einigen Mitgliedstaaten und der Kommission angeregte und vom Generalanwalt aufgegriffene Diskussion um die unmittelbare Anwendbarkeit von Art. 8a EGV (heute Art. 21 AEUV) nicht aufnimmt[168], hatte wohl den Hintergrund, dass sich der EuGH zum damaligen Zeitpunkt nicht dazu äußern wollte, wie sich der Vorbehalt im Rahmen des Freizügigkeitsrechts auf dieses auswirkt.[169] Der EuGH stellt daher ohne die ausdrückliche Anerkennung eines unmittelbar anwendbaren Freizügigkeitsrechts fest, dass sich Unionsbürger, die sich faktisch rechtmäßig in einem anderen Mitgliedstaat aufhalten, auf das allgemeine Diskriminierungsverbot berufen können.[170] Auch die vom EuGH in der Rs. *Martínez Sala* jedenfalls nicht ausgeschlossene Begründung, das Diskriminierungsverbot allein auf Grundlage der Unionsbürgerschaft anzuwenden, ist vor dem Hintergrund des Prinzips der begrenzten Einzelermächtigung problematisch.

Die Entscheidungsbegründung in der Rs. *Martínez Sala* wies daher in dogmatischer Hinsicht erhebliche Schwierigkeiten auf und barg dabei durch die sich andeutende Verknüpfung der Unionsbürgerschaft mit dem allgemeinen Diskriminierungsverbot erhebliche Sprengkraft. Es scheint als könnten Unionsbürger nunmehr unabhängig von einer wirtschaftlichen Betätigung soziale Vergünstigungen beanspruchen, ohne dass dies im Primär- oder Sekundärrecht ausdrücklich vorgesehen wäre.[171] Die Konkretisierung, auf welche dogmatische Grundlage derlei Ansprüche künftig gestützt werden können, blieb derweil den Folgeentscheidungen überlassen.

2. *Die Rechtssache* Grzelczyk[172]

a) Sachverhalt und Vorlagefrage

Der französische Staatsangehörige Grzelczyk nahm 1995 ein Studium in Belgien auf. Während der ersten drei Studienjahre kam er für seinen Unterhalt durch Ausübung verschiedener Nebentätigkeiten selbst auf. Zu Beginn des vierten Studienjahres beantragte er bei der zuständigen belgischen Behörde

[168] *Scheuing*, Freizügigkeit als Unionsbürgerrecht, EuR 2003, 744, 761.

[169] Eingehend zu der Diskussion um den Vorbehalt unten, § 7 B. II. 2. d) dd) (2) (a).

[170] *Jacqueson*, Union Citizenship and the Court of Justice: Something New under the Sun? Towards Social Citizenship, E.L.Rev. 2002, 260, 266. Zum Aufenthaltsrecht aus dem Europäischen Fürsorgeabkommen auch: *Schönberger*, Unionsbürger: Europas föderales Bürgerrecht in vergleichender Sicht, 337 f.

[171] *Martínez Soria*, Die Unionsbürgerschaft und der Zugang zu sozialen Vergünstigungen, JZ 2002, 643, 646; *Hailbronner*, Diskriminierungsverbot, Unionsbürgerschaft und gleicher Zugang zu Sozialleistungen, ZaöRV 2004, 603, 609.

[172] Rs. C-184/99 *Grzelczyk*, EuGH Urteil v. 20.9.2001.

die Gewährung des Existenzminimums (Minimex), da es ihm im letzten Studienjahr wegen der Abfassung einer schriftlichen Arbeit und der Ableistung der Vorbereitungszeit nicht möglich war, für seinen Unterhalt selbst zu sorgen. Das Existenzminimum wurde auf Grundlage des belgischen Rechts ausschließlich belgischen Staatsangehörigen gewährt, bzw. nach Art. 7 Abs. 2 der Verordnung 1612/68/EWG solchen Arbeitnehmern, die von ihrem Freizügigkeitsrecht Gebrauch gemacht hatten. Da Herr Grzelczyk weder belgischer Staatsbürger noch Arbeitnehmer war, wurden ihm die Mittel zur Sicherung des Existenzminimums letztlich verwehrt. Diese Entscheidung griff Herr Grzelczyk beim zuständigen Gericht an, welches dem EuGH folgende Frage zu Vorabentscheidung vorlegte:

Ist es mit den Art. 6 und 8 EGV (heute Art. 18 und 20 AEUV) vereinbar, dass die Gewährung einer beitragsunabhängigen Sozialleistung wie des Existenzminimums bei Angehörigen anderer Mitgliedstaaten als des Aufnahmemitgliedstaats, in dem sie sich rechtmäßig aufhalten, von der Voraussetzung abhängig gemacht wird, dass sie in den Anwendungsbereich der Verordnung 1612/68/EWG fallen, während für die Angehörigen des Aufnahmemitgliedstaats eine derartige Voraussetzung nicht gilt?

b) *Würdigung durch den Generalanwalt*[173]

Nach Auffassung des GA Alber habe das vorlegende Gericht durch die Formulierung der Vorlagefragen zwar implizit ausgeschlossen, dass der Kläger als Arbeitnehmer anzusehen gewesen sei.[174] Da jedoch nicht ersichtlich sei, ob das vorlegende Gericht diese Möglichkeit bewusst ausgeschlossen habe, sei diese Frage aus systematischen Gründen als erstes zu prüfen. GA Alber kommt insoweit zu dem Ergebnis, dass sich Herr Grzelczyk als Arbeitnehmer bzw. aufgrund der Folgewirkungen, die sich aus der Arbeitnehmereigenschaft ergäben, auf Art. 7 Abs. 2 der Verordnung 1612/68/EWG berufen könne.[175]

Für den Fall, dass die Arbeitnehmereigenschaft von Herrn Grzelczyk nicht anerkannt werde, sei jedoch weiter zu prüfen, ob er als Student die Gewährung des Existenzminimums beanspruchen könne.[176] Die Rechtsstellung des Studenten im Gemeinschaftsrecht basiere auf der Richtlinie 93/96/EWG sowie der bereichsrelevanten Rechtsprechung.

Da die Anwendung des Gleichbehandlungsgrundsatzes gem. Art. 6 EGV (heute Art. 18 AEUV) die Eröffnung des Anwendungsbereichs des Vertrages voraussetze, sei Gleichbehandlung bis zum Inkrafttreten der Studentenricht-

---

[173] Rs. C-184/99 *Grzelczyk*, Schlussanträge GA Alber v. 28.9.2000.
[174] Rs. C-184/99 *Grzelczyk*, Schlussanträge GA Alber v. 28.9.2000, Rn. 63.
[175] Rs. C-184/99 *Grzelczyk*, Schlussanträge GA Alber v. 28.9.2000, Rn. 65 f.
[176] Rs. C-184/99 *Grzelczyk*, Schlussanträge GA Alber v. 28.9.2000, Rn. 105.

linie insbesondere im Hinblick auf Beihilfen, welche Einschreibegebühren oder andere für den Zugang zum Unterricht erhobene Gebühren abdecken sollten, gewährt worden. Beihilfen zum Lebensunterhalt seien hingegen auf Grundlage des EWG und EGV nicht als vom Gleichbehandlungsgrundsatz umfasst, angesehen worden.[177]

GA Alber hält es jedoch für denkbar, dass durch die zwischenzeitliche sekundärrechtliche Regelung der Status der Studenten nunmehr gemeinschaftsrechtlich geregelt sei, sodass der allgemeine Gleichbehandlungsgrundsatz zur Anwendung gelangen müsse.[178] Dass Art. 3 der Richtlinie einen Anspruch auf Unterhaltsstipendien im Aufnahmemitgliedstaat explizit ausschließe, bedeute nicht, dass ein solcher nicht aufgrund einer anderen Rechtsgrundlage begründet werden könne.[179] Berücksichtigt werden müsse aber, dass die Glaubhaftmachung von Existenzmitteln eine der Voraussetzungen für das Aufenthaltsrecht der Studenten sei (Art. 1 der Richtlinie). Dabei sei fraglich, ob der Nachweis von Existenzmitteln Bedingung für das Aufenthaltsrecht sei oder ob die Inanspruchnahme der Sozialhilfe des Aufnahmemitgliedstaats einen möglichen Beendigungstatbestand für das Aufenthaltsrecht darstelle. Unter Berücksichtigung des Urteils in der Rs. *Kommission/Italienische Republik*[180] erscheine letztere Deutung zutreffend. In diesem Fall wäre das Vorhandensein von Existenzmitteln keine konstitutive Voraussetzung für das Aufenthaltsrecht.[181]

Allerdings erscheine ein Anspruch auf Gleichbehandlung, bei der der erlangte Vorteil zugleich ein anerkannter Grund für die Beendigung des Aufenthaltsrechts sei, nicht möglich. Denn das Aufenthaltsrecht sei gerade notwendige Voraussetzung für die Anwendbarkeit des Gleichbehandlungsgrundsatzes.[182] Denkbar sei jedoch, dass die sekundärrechtliche Vorschrift

---

[177] Rs. C-184/99 *Grzelczyk*, Schlussanträge GA Alber v. 28.9.2000, Rn. 107.

[178] Rs. C-184/99 *Grzelczyk*, Schlussanträge GA Alber v. 28.9.2000, Rn. 108.

[179] Rs. C-184/99 *Grzelczyk*, Schlussanträge GA Alber v. 28.9.2000, Rn. 109.

[180] Rs. C-424/98 *Kommission/Italienische Republik*, EuGH Urteil v. 25.5.2000, Rn. 44: „Artikel 1 der Richtlinie 93/96 enthält unter den für die Erteilung einer Aufenthaltserlaubnis notwendigen Bedingungen keine Bedingung in Bezug auf Existenzmittel in einer bestimmten Höhe, die zudem durch bestimmte Dokumente nachgewiesen werden müßten. Es ist nur vorgesehen, daß der Student durch eine Erklärung oder andere, zumindest gleichwertige Mittel, der nationalen Behörde glaubhaft macht, daß er für sich und gegebenenfalls seinen Ehegatten und unterhaltsberechtigte Kinder über Existenzmittel verfügt, so daß er und seine Familie während ihres Aufenthalts nicht die Sozialhilfe des Aufnahmemitgliedstaats in Anspruch nehmen müssen. Dagegen wird in dieser Bestimmung die Anerkennung des Aufenthaltsrechts davon abhängig gemacht, daß der Student bei einer anerkannten Lehranstalt zum Erwerb einer beruflichen Bildung als Hauptzweck eingeschrieben ist und daß er einen Krankenversicherungsschutz genießt, der sämtliche Risiken im Aufnahmemitgliedstaat abdeckt."

[181] Rs. C-184/99 *Grzelczyk*, Schlussanträge GA Alber v. 28.9.2000, Rn. 110.

[182] Rs. C-184/99 *Grzelczyk*, Schlussanträge GA Alber v. 28.9.2000, Rn. 111.

gegen höherrangiges Recht verstoße und aufgrund ihrer Gemeinschaftsrechtswidrigkeit außer Betracht zu lassen sei. Insofern stelle sich die Frage, ob ein Student bereits auf Grundlage des Vertrages ein Aufenthaltsrecht und einen weiterführenden Anspruch auf Gleichbehandlung geltend machen könne.[183] Ein Aufenthaltsrecht könne aus der Dienstleistungsfreiheit oder der Unionsbürgerschaft folgen.

Zwar habe der Gerichtshof im Hinblick auf Schulunterricht bereits festgestellt, dass Schüler sich aufgrund des fehlenden wirtschaftlichen Charakters nicht auf die passive Dienstleistungsfreiheit berufen könnten. Entsprechendes müsse auch für Studenten gelten.[184] Allerdings verleihe die Unionsbürgerschaft dem Unionsbürger ein originäres Aufenthaltsrecht im Rang des Vertrages. Aufgrund dieser in den Anwendungsbereich des Vertrages fallenden subjektiven Rechtsposition müsse folglich auch das allgemeine Diskriminierungsverbot aus Gründen der Staatsangehörigkeit zur Anwendung kommen.[185] Das Aufenthaltsrecht werde aber nur vorbehaltlich der im Vertrag und in den Durchführungsvorschriften vorgesehenen Beschränkungen und Bedingungen gewährt, zu denen insbesondere die Aufenthaltsrichtlinien 90/364/EWG, 90/365/EWG und 93/96/EWG zählten. Allen drei Richtlinien sei gemein, dass die Berechtigten über Existenzmittel verfügen müssten, um – wie sich aus den jeweiligen Erwägungsgründen der Richtlinien ergebe – die öffentlichen Finanzen nicht über Gebühr zu belasten. Insoweit ergebe sich eine gemeinschaftsrechtlich tolerierte Grenze des Gleichbehandlungsanspruchs auf dem Gebiet der Sozialleistungen. Möglich sei daher, dass die Inanspruchnahme von Sozialhilfe einen Beendigungstatbestand für das Aufenthaltsrecht schaffe.[186] Wann die öffentlichen Finanzen „über Gebühr“ belastet würden, ergebe sich nicht unmittelbar aus den einschlägigen Vorschriften des Gemeinschaftsrechts, insbesondere da nach der hier vertretenen Konzeption keine automatische Beendigung des Aufenthaltsrechts aus der Inanspruchnahme öffentlicher Mittel folge. Insoweit hätten die Mitgliedstaaten einen gewissen Spielraum, wie sie diese Grenze ausgestalteten.[187] Vor diesem Hintergrund sei eine belgische Regelung zu sehen, nach der eine aufenthaltsbeendende Verfügung erlassen werden könne, wenn finanzielle Beihilfen in gewisser Höhe bezogen wurden, und diese nicht binnen sechs Monaten zurückgezahlt werden könnten.[188] Im Ergebnis sei es daher mit den Grundsätzen der Unionsbürgerschaft und der Nichtdiskriminierung nicht vereinbar, wenn ein Anspruch auf beitragsunabhängige Sozialleistungen

[183] Rs. C-184/99 *Grzelczyk*, Schlussanträge GA Alber v. 28.9.2000, Rn. 112.
[184] Rs. C-184/99 *Grzelczyk*, Schlussanträge GA Alber v. 28.9.2000, Rn. 114 f.
[185] Rs. C-184/99 *Grzelczyk*, Schlussanträge GA Alber v. 28.9.2000, Rn. 120.
[186] Rs. C-184/99 *Grzelczyk*, Schlussanträge GA Alber v. 28.9.2000, Rn. 122.
[187] Rs. C-184/99 *Grzelczyk*, Schlussanträge GA Alber v. 28.9.2000, Rn. 123.
[188] Rs. C-184/99 *Grzelczyk*, Schlussanträge GA Alber v. 28.9.2000, Rn. 124.

nicht sämtlichen Unionsbürgern offensteht, wobei der Geltendmachung des Gleichbehandlungsgrundsatzes enge Grenzen gezogen würden, die jedenfalls dort gegeben seien, wo durch das Angewiesensein auf Sozialhilfe ein Beendigungsgrund für das Aufenthaltsrecht geschaffen werde.[189]

c) Würdigung durch den EuGH

Der EuGH stellt zunächst fest, dass das vorlegende Gericht davon ausging, dass Herr Grzelzcyk nicht die Voraussetzungen erfülle, um als Arbeitnehmer i.S.d. Gemeinschaftsrechts zu gelten. Auf dieser tatsächlichen und rechtlichen Grundlage prüft der Gerichtshof nachfolgend den Fall.[190]

Zunächst sei festzustellen, dass ein belgischer Student in der gleichen Situation wie Herr Grzelzcyk die Voraussetzungen für die Bewilligung des Existenzminimums erfüllen würde. Da Herr Grzelzcyk nur aufgrund seiner Staatsangehörigkeit die Bewilligung des Existenzminimums versagt worden sei, stehe fest, dass er allein aufgrund seiner Staatsangehörigkeit diskriminiert werde. Im Anwendungsbereich des EGV sei eine solche Diskriminierung nach Art. 6 (heute Art. 18 AEUV) grundsätzlich verboten. Im vorliegenden Fall sei der Artikel für die Beurteilung seines Anwendungsbereichs in Verbindung mit den Bestimmungen über die Unionsbürgerschaft zu sehen:[191]

> „Der Unionsbürgerstatus ist nämlich dazu bestimmt, der grundlegende Status der Angehörigen der Mitgliedstaaten zu sein, der es denjenigen unter ihnen, die sich in der gleichen Situation befinden, erlaubt, unabhängig von ihrer Staatsangehörigkeit und unbeschadet der insoweit ausdrücklich vorgesehenen Ausnahmen die gleiche rechtliche Behandlung zu genießen."[192]

Mit Verweis auf das Urteil in der Rs. *Martínez Sala*[193] stellt der Gerichtshof weiter fest, dass sich ein Unionsbürger, der sich rechtmäßig im Gebiet des Aufnahmemitgliedstaats aufhalte, in allen Situationen, die dem sachlichen Anwendungsbereich des Gemeinschaftsrechts unterfielen, auf Art. 6 EGV (heute Art. 18 AEUV) berufen könne. Der Anwendungsbereich des Gemeinschaftsrechts werde auch durch die Ausübung des Freizügigkeitsrechts nach Art. 8a EGV (heute Art. 21 AEUV) eröffnet.[194] Zwar habe der Gerichtshof noch in der Rs. *Brown*[195] festgestellt, dass eine Förderung des studentischen

---

[189] Rs. C-184/99 *Grzelczyk*, Schlussanträge GA Alber v. 28.9.2000, Rn. 126.

[190] Rs. C-184/99 *Grzelczyk*, EuGH Urteil v. 20.9.2001, Rn. 16.

[191] Rs. C-184/99 *Grzelczyk*, EuGH Urteil v. 20.9.2001, Rn. 29 f.

[192] Rs. C-184/99 *Grzelczyk*, EuGH Urteil v. 20.9.2001, Rn. 31.

[193] Rs. C-85/96 *Martínez Sala*, EuGH Urteil v. 12.5.1998, Rn. 63.

[194] Rs. C-184/99 *Grzelczyk*, EuGH Urteil v. 20.9.2001, Rn. 32 f. mit Verweis auf Rs. C-274/96 *Bickel und Franz*, EuGH Urteil v. 24.11.1998, Rn. 15–16 (Anwendungsbereich des Diskriminierungsverbots wird über die passive Dienstleistungsfreiheit und mit dem zusätzlichen Hinweis auf Art. 8a EGV eröffnet).

[195] Rs. 197/86 *Brown*, EuGH Urteil v. 21.6.1988.

Lebensunterhalts nicht in den Anwendungsbereich des damaligen Art. 7 EWG-Vertrag (heute Art. 18 AEUV) falle, doch seither sei einerseits die Unionsbürgerschaft in den EGV und in dessen Dritten Teil ein Kapitel über die allgemeine und berufliche Bildung aufgenommen worden und andererseits habe der Rat die Richtlinie 93/96/EWG erlassen, nach welcher Studenten unter bestimmten Voraussetzungen das Aufenthaltsrecht in anderen Mitgliedstaaten gewährt werde.[196] Dass ein Unionsbürger in einem anderen Mitgliedstaat ein Studium absolviere, dürfe ihn nicht daran hindern, sich auf das allgemeine Diskriminierungsverbot zu berufen. Das Verbot sei, wie bereits angesprochen, im Zusammenhang mit Art. 8a Abs. 1 EGV (heute Art. 21 Abs. 1 AEUV) zu sehen, welcher das Freizügigkeitsrecht vorbehaltlich der im Vertrag und den Durchführungsvorschriften vorgesehenen Beschränkungen und Bedingungen gewähre. Aus Art. 1 der Richtlinie 93/96/EWG ergäben sich im Hinblick auf das Aufenthaltsrecht von Studenten drei solcher Beschränkungen und Bedingungen: die Glaubhaftmachung, über ausreichende Existenzmittel zu verfügen, sodass während des Aufenthalts keine Sozialhilfe in Anspruch genommen werden müsse, die Einschreibung in einer anerkannten Lehranstalt als Hauptzweck sowie umfassender Krankenversicherungsschutz.[197] Im Übrigen stelle Art. 3 der Richtlinie 93/96/EWG klar, dass sich aus dieser kein Anspruch auf die Gewährung von Unterhaltsstipendien durch den Aufnahmemitgliedstaat ableiten ließe. Ansonsten schließe aber keine Richtlinienbestimmung die durch die Richtlinie Begünstigten von Sozialleistungen aus.[198] Die Richtlinie 93/96/EWG verlange im Unterschied zu den Richtlinien 90/364/EWG und 90/365/EWG nicht den Nachweis einer bestimmten Höhe von Existenzmitteln, sondern lediglich die Glaubhaftmachung, für sich selbst und ggf. seine Familienangehörigen sorgen zu können. Diese Differenzierung lasse sich durch die Besonderheiten des Aufenthalts von Studenten begründen.[199]

Diese Auslegung schließe jedoch nicht aus, dass der Aufnahmemitgliedstaat aus der Inanspruchnahme von Sozialhilfe durch den Studenten schlussfolgere, dass die Voraussetzungen für dessen Aufenthaltsrecht möglicherweise nicht mehr erfüllt seien und Maßnahmen ergreife, um die Aufenthaltserlaubnis nicht mehr zu verlängern oder zu beenden. Solche Maßnahmen dürften jedoch nicht automatische Folge der Inanspruchnahme von Sozialhilfe sein.[200] Aus Art. 4 der Richtlinie gehe zwar hervor, dass das Aufenthaltsrecht bestehe, solange die Berechtigten die Bedingungen des Art. 1 erfüllten. Art. 4 sei aber im Zusammenhang mit dem 16. Erwägungsgrund der Richt-

---

[196] Rs. C-184/99 *Grzelczyk*, EuGH Urteil v. 20.9.2001, Rn. 34 f.

[197] Rs. C-184/99 *Grzelczyk*, EuGH Urteil v. 20.9.2001, Rn. 37 f.

[198] Rs. C-184/99 *Grzelczyk*, EuGH Urteil v. 20.9.2001, Rn. 39.

[199] Rs. C-184/99 *Grzelczyk*, EuGH Urteil v. 20.9.2001, Rn. 40.

[200] Rs. C-184/99 *Grzelczyk*, EuGH Urteil v. 20.9.2001, Rn. 43.

linie zu sehen, nach welchem die Aufenthaltsberechtigten die öffentlichen Finanzen des Aufnahmemitgliedstaats nicht „über Gebühr" belasten dürften. Allen Aufenthaltsrichtlinien sei folglich gemein, dass sie eine bestimmte finanzielle Solidarität der Angehörigen des Aufnahmemitgliedstaats mit denen der anderen Mitgliedstaaten vorsähen, insbesondere wenn die Schwierigkeiten des Aufenthaltsberechtigten nur von vorübergehender Natur seien.[201] Von Bedeutung sei in diesem Zusammenhang auch, dass sich die finanzielle Situation von Studenten ändern könne. Ob die die Existenzmittel betreffende Erklärung zutreffend sei, könne also nur zu dem Zeitpunkt beurteilt werden, zu welchem der Student diese abgebe.[202]

Im Ergebnis sei es daher nicht mit Art. 6 und 8 EGV (heute Art. 18 und 20 AEUV) vereinbar, die Gewährung einer beitragsunabhängigen Sozialleistung wie des Existenzminimums für Unionsbürger eines anderen Mitgliedstaats von der Voraussetzung abhängig zu machen, dass der Anwendungsbereich der Verordnung Nr. 1612/68 eröffnet ist, während diese Voraussetzung für die Angehörigen des Aufnahmemitgliedstaats nicht gilt.[203]

d) Analyse

aa) Die Unionsbürgerschaft im Zentrum der Argumentation

An dem richtungsweisenden Urteil in der Rs. *Grzelczyk* ist zunächst auffällig, dass der EuGH, anders als der Generalanwalt, die Arbeitnehmereigenschaft von Herrn Grzelczyk nicht prüft. Vor dem Hintergrund der bisherigen Rechtsprechung wäre die Annahme, dass Herr Grzelczyk für die Zwecke des Gemeinschaftsrechts als Arbeitnehmer anzusehen ist, nicht fernliegend gewesen[204], worauf der Generalanwalt im Rahmen seiner Schlussanträge auch hinwies. Der EuGH begründet die fehlende Auseinandersetzung mit der Arbeitnehmereigenschaft von Herrn Grzelczyk mit der Feststellung, dass das vorlegende Gericht nicht von der Arbeitnehmereigenschaft ausgegangen sei. Da der EuGH bei der Beurteilung der Vorlagefrage jedoch nach gefestigter Rechtsprechung alle einschlägigen unionsrechtlichen Bestimmungen heranziehen darf, ohne dass diese vom vorzulegenden Gericht benannt sein müssen[205], und das vorlegende Gericht an die unionsrechtliche Begriffsbestimmung der Arbeitnehmereigenschaft gebunden ist, hätte dies dem Gerichtshof durchaus die Möglichkeit eröffnet den Fall über die Arbeitnehmereigen-

---

[201] Rs. C-184/99 *Grzelczyk*, EuGH Urteil v. 20.9.2001, Rn. 44.

[202] Rs. C-184/99 *Grzelczyk*, EuGH Urteil v. 20.9.2001, Rn. 45.

[203] Rs. C-184/99 *Grzelczyk*, EuGH Urteil v. 20.9.2001, Rn. 46.

[204] *Kokott*, Die Freizügigkeit der Unionsbürger als neue Grundfreiheit, in: Völkerrecht als Wertordnung: Festschrift für Christian Tomuschat, 207, 220.

[205] *Wegener*, in: Calliess/Ruffert (Hrsg.), EUV/AEUV, Das Verfassungsrecht der Europäischen Union mit Europäischer Grundrechtecharta, Art. 267 AEUV Rn. 7.

schaft von Herrn Grzelczyk zu lösen. Dies legt den Schluss nahe, dass der Gerichtshof den Fall nutzen wollte, um seine Rechtsprechung zur Unionsbürgerschaft weiterzuentwickeln.[206]

bb) Die Unionsbürgerschaft als „grundlegender Status"

Die Anwendung des allgemeinen Diskriminierungsverbots begründet der EuGH in ausdrücklicher Abkehr zu früheren Urteilen mit Änderungen, die der Vertrag von Maastricht bewirkt habe. Nicht nur sei die Unionsbürgerschaft eingeführt worden, die als Basisrecht das Freizügigkeitsrecht beinhalte, dessen Ausübung das allgemeine Diskriminierungsverbot zur Anwendung bringen könne. Darüber hinaus umfasse der Vertrag von Maastricht nunmehr auch Vorschriften über die berufliche und allgemeine Bildung. Außerdem gewähre die Studentenrichtlinie ein Aufenthaltsrecht.[207] Mit der Feststellung, dass der Unionsbürgerstatus dazu bestimmt sei der „grundlegende Status" der Unionsbürger zu sein, greift der EuGH einerseits die Formulierung, die GA La Pergola in ähnlicher Weise in seinen Schlussanträgen hinsichtlich der Rs. *Martínez Sala*[208] gefunden hatte, wieder auf und bestätigt den in der Rs. *Martínez Sala* festgestellten Grundsatz, dass der Anwendungsbereich des allgemeinen Diskriminierungsverbots durch die Einführung der Unionsbürgerschaft erweitert wurde.[209] Außerdem formuliert der Gerichtshof erstmals ausdrücklich den besonderen Bedeutungsgehalt, den er dem neuen Konzept der Unionsbürgerschaft zuschreibt. Aus der englischen Sprachfassung „Union Citizenship is destined to be [...]" wird darüber hinaus noch mehr als etwa auf Grundlage der deutschen oder der französischen[210] Sprachfassungen des Urteils die Entwicklungsoffenheit des Konzepts für die Zukunft hergeleitet.[211]

cc) Kritische Stimmen in der Literatur

Die Urteilsbegründung des Gerichtshofs wurde von einem Teil der Lehre harsch kritisiert und im Rahmen dessen etwa moniert, dass sich „eine Ten-

[206] Vgl. *Streinz*, Anmerkung zum EuGH Urteil v. 20.9.2001 – C-184/99 Grzelczyk, JuS 2002, 387, 388.

[207] Rs. C-184/99 *Grzelczyk*, EuGH Urteil v. 20.9.2001, Rn. 31 f.

[208] Rs. C-85/96 *Martínez Sala*, Schlussanträge GA La Pergola v. 1.7.1997, Rn. 18 a.E.: „Es ist die grundlegende Rechtsstellung, möchte ich sagen, die dem Staatsangehörigen jedes Mitgliedstaats von der Rechtsordnung der Gemeinschaft und heute der Union garantiert ist."

[209] *Jacqueson*, Union Citizenship and the Court of Justice: Something New under the Sun? Towards Social Citizenship, E.L.Rev. 2002, 260, 270.

[210] „En effet, le statut des citoyen de l'Union a vocation à être […]".

[211] *Sankari*, European Court of Justice Legal Reasoning in Context, 93; vgl. auch *Cede*, Kernbestand der Unionsbürgerschaft und Grundrechte, EuR Beiheft 1 2015, 79, 80 f.

denz zum Verzicht auf herkömmliche juristische Methoden feststellen" lasse.[212] Die Kritik gründete sich insbesondere auf die Annahme, dass die Studentenrichtlinie, die als *lex specialis* vorrangig zur Anwendung kommen müsse, nicht hinreichend beachtet worden sei. Denn aus der Studentenrichtlinie lasse sich die eindeutige Schlussfolgerung ziehen, dass Studenten keinen Anspruch auf Sozialhilfe oder die Gewährung eines sozialhilfegleichen Unterhaltsstipendiums hätten. Der eindeutige Wortlaut der Richtlinie sei durch den EuGH in sein Gegenteil verkehrt worden.[213] Dabei hätte der Inhalt der Richtlinie nur dann außer Acht gelassen werden dürfen, wenn ein Verstoß gegen höherrangiges Gemeinschaftsrecht festgestellt und sie daher als vertragswidrig aufgehoben worden wäre. Eine derartige Prüfung habe der EuGH jedoch nicht vorgenommen.[214] Vielmehr sei der Anspruch auf Sozialhilfe „konkurrierend" auf die Unionsbürgerschaft und das hiermit verbundene Diskriminierungsverbot gestützt worden.[215]

dd) Einordnung der Kritik

Diese kritische Argumentation ist Ausdruck von mehreren Problemen, die vom EuGH zwar nicht ausdrücklich angesprochen wurden, deren Lösung für das Verständnis des Falles und hinsichtlich der Frage, ob sich die juristische Argumentation und Rechtsfortbildung des Gerichtshofs im Rahmen der vertretbaren Argumentation bewegte, jedoch von entscheidender Bedeutung ist.

(1) Die unmittelbare Anwendbarkeit des Freizügigkeitsrechts

Zum einen hat der EuGH, anders als der Generalanwalt, auch in der Rs. *Grzelczyk* die Frage der unmittelbaren Anwendbarkeit des Freizügigkeitsrechts nicht ausdrücklich thematisiert.[216]

Ob das in Art. 8a Abs. 1 EGV (heute Art. 21 Abs. 1 AEUV) verankerte Freizügigkeitsrecht unmittelbar anwendbar ist, wurde diskutiert, da es nur „vorbehaltlich der im Vertrag und in den Durchführungsvorschriften vorge-

[212] *Hailbronner*, Die Unionsbürgerschaft und das Ende rationaler Jurisprudenz durch den EuGH?, NJW 2004, 2185, 2185; ebenfalls auf methodische Fehler hinweisend: *Griller*, Unionsbürgerschaft als grundlegender Status, EuR Beiheft 1 2015, 7.

[213] *Hailbronner*, Die Unionsbürgerschaft und das Ende rationaler Jurisprudenz durch den EuGH?, NJW 2004, 2185, 2187; *Hailbronner*, Diskriminierungsverbot, Unionsbürgerschaft und gleicher Zugang zu Sozialleistungen, ZaöRV 2004, 603, 610 f.

[214] *Hailbronner*, Die Unionsbürgerschaft und das Ende rationaler Jurisprudenz durch den EuGH?, NJW 2004, 2185, 2187; *Griller*, Unionsbürgerschaft als grundlegender Status, EuR Beiheft 1 2015, 7, 18.

[215] *Griller*, Unionsbürgerschaft als grundlegender Status, EuR Beiheft 1 2015, 7, 18.

[216] *Streinz*, Anmerkung zum EuGH Urteil v. 20.9.2001 – C-184/99 Grzelczyk, JuS 2002, 387, 389.

sehenen Beschränkungen und Bedingungen" gewährleistet wird. Vor diesem Hintergrund wurde gegen die unmittelbare Anwendbarkeit des allgemeinen Freizügigkeitsrechts insbesondere angeführt, dass die Mitgliedstaaten die Aufnahme des allgemeinen Freizügigkeitsrechts in das Primärrecht bewusst an die Erfüllung der im Sekundärrecht aufgestellten Bedingungen koppeln wollten, um Druck auf die großzügigeren Sozialsysteme einzelner Mitgliedstaaten zu vermeiden.[217] Es entspreche folglich dem historischen Willen der Regierungskonferenz, dass dem Freizügigkeitsrecht keine unmittelbare Anwendbarkeit zukomme.[218] Mit der Aufnahme des Freizügigkeitsrechts in die Verträge habe man die drei Aufenthaltsrichtlinien nur primärrechtlich absichern wollen, was eine unmittelbare Anwendbarkeit von Art. 8a EGV (heute Art. 21 AEUV) jedoch nicht erforderlich mache.[219] Insoweit führten denn auch die belgische und die dänische Regierung im Verfahren der Rs. *Grzelczyk* an, dass der Vertrag von Maastricht kein unbedingtes Freizügigkeitsrecht geschaffen habe: Die Unionsbürgerschaft bedeute nicht, dass die Unionsbürger neue und weitergehende Rechte als diejenigen erhielten, die sich bereits aus dem EG-Vertrag und dem abgeleiteten Recht ergäben. Der Grundsatz der Unionsbürgerschaft habe somit keinen eigenständigen Inhalt, sondern knüpfe nur an die anderen Bestimmungen des EG-Vertrags an.[220]

Schon die historischen Argumente, die gegen eine unmittelbare Anwendbarkeit ins Feld geführt wurden, können indes nicht vollkommen überzeugen. Während im Vertragsentwurf der Luxemburger Präsidentschaft vom 12.4.1991 noch ein „Vorbehalt der sekundärrechtlichen Umsetzung" verankert war, findet sich im Entwurf der Luxemburger Präsidentschaft vom 18.6.1991 bereits diejenige Formulierung, die später auch Eingang in den Vertrag finden sollte.[221] Auch der Wortlaut der Norm, der in Abs. 1 „das Recht, sich im Hoheitsgebiet der Mitgliedstaaten" zu bewegen, beinhaltet und in Abs. 2 feststellt, dass der Rat Vorschriften erlassen kann, mit denen die „Ausübung der Rechte nach Abs. 1" erleichtert wird, spricht für eine unmittelbare Anwendbarkeit.[222] Denn das Bestehen der Rechte wird offensichtlich bereits vorausgesetzt.[223] Außerdem ist die Einführung der Unionsbürger-

[217] Vgl. *Closa*, The Concept of Citizenship in the Treaty on European Union, CMLR 1992, 1137, 1162.

[218] *Degen*, Die Unionsbürgerschaft nach dem Vertrag über die europäische Union unter besonderer Berücksichtigung des Wahlrechts, DÖV 1993, 749, 752 Fn. 19.

[219] *Pechstein/Bunk*, Das Aufenthaltsrecht als Auffangrecht – Die fehlende unmittelbare Anwendbarkeit sowie die Reichweite des Art. 8a Abs. 1 EGV, EuGRZ 1997, 547, 547 ff.

[220] Rs. C-184/99 *Grzelczyk*, EuGH Urteil v. 20.9.2001, Rn. 21.

[221] *Wollenschläger*, Grundfreiheit ohne Markt, 127 mit Verweis auf die Vertragsentwürfe abgedruckt in *Corbett*, The Treaty of Maastricht. From Conception to Ratification: A Comprehensive Reference Guide, 267 ff. u. 293 ff.

[222] *Scheuing*, Freizügigkeit als Unionsbürgerrecht, EuR 2003, 744, 760; *Potacs*, Effet utile als Auslegungsgrundsatz, EuR 2009, 465, 485.

[223] *Magiera*, in: Streinz (Hrsg.), EUV/AEUV, Vertrag über die Europäische Union und Vertrag über die Arbeitsweise der Europäischen Union, Art. 21 AEUV Rn. 11.

schaft an prominenter Stelle im Vertrag erfolgt.[224] Dieses systematische Argument steht der Annahme entgegen, dass Art. 8a EGV (heute Art. 21 AEUV) nur eine Verweisung auf das Sekundärrecht beinhaltet. Insoweit ist außerdem zu berücksichtigen, dass die unmittelbare Anwendung eines Rechts nicht voraussetzt, dass dieses ohne Beschränkungen gilt.[225] Darüber hinaus ist der Vorbehalt, der in der deutschen Fassung vor dem Freizügigkeitsrecht genannt wird, in anderen Sprachfassungen ohnehin nachgelagert und daher weniger gewichtig.[226] Vor allem rechtfertigt sich die unmittelbare Anwendbarkeit jedoch mit Blick auf den *effet utile*-Grundsatz, nach dem einer europarechtlichen Norm eine gewisse praktische Bedeutung zukommen muss.[227] Daher ist davon auszugehen, dass die Mitgliedstaaten nicht eine gänzlich überflüssige Norm schaffen wollten.[228]

Wie im methodischen Teil der Arbeit herausgearbeitet, kommt der historischen Auslegung zwar insbesondere aus demokratietheoretischer Sicht einige Bedeutung zu, sie ist gegenüber den anderen Auslegungsmethoden jedoch keinesfalls vorrangig. Darüber hinaus liefert die historische Auslegung hinsichtlich der Frage der unmittelbaren Anwendbarkeit des Freizügigkeitsrechts im vorliegenden Fall auch keine eindeutigen Ergebnisse, sodass den anderen Auslegungsmethoden ungleich größeres Gewicht zukommt. Die vom EuGH in der Rs. *Grzelczyk* zwar nicht ausdrücklich thematisierte aber wohl vorausgesetzte unmittelbare Anwendbarkeit des Freizügigkeitsrechts lässt sich folglich schlüssig begründen und wird daher von der heutigen Literatur auch ganz überwiegend nicht mehr bestritten.[229]

---

[224] *Scheuing*, Freizügigkeit als Unionsbürgerrecht, EuR 2003, 744, 759.

[225] *Bode*, Von der Freizügigkeit zur sozialen Gleichstellung aller Unionsbürger? Zur Wirkung und Reichweite von Art. 18 EG in der Rechtsprechung des EuGH, EuZW 2003, 552, 554.

[226] *Kluth*, in: Calliess/Ruffert (Hrsg.), EUV/AEUV, Das Verfassungsrecht der Europäischen Union mit Europäischer Grundrechtecharta, Art. 21 AEUV Rn. 11; *Scheuing*, Freizügigkeit als Unionsbürgerrecht, EuR 2003, 744, 760 Fn. 79 mit Verweis auf die englische („Every citizen of the Union shall have the right to move and reside freely within the territory of the Member States, subject to the limitations and conditions laid down in the Treaties and by the measures adopted to give them effect.") und die französische Sprachfassung („Tout citoyen de l'Union a le droit de circuler et de séjourner librement sur le territoire des États members, sous réserve des limitations et conditions prévues par les traités et par les dispositions prises pour leur application.").

[227] Ausführlich zum *effet utile*-Grundsatz oben, § 4 B. III. 3.

[228] Vgl. *Potacs*, Effet utile als Auslegungsgrundsatz, EuR 2009, 465, 485; vgl. auch *Kokott*, Die Freizügigkeit der Unionsbürger als neue Grundfreiheit, in: Völkerrecht als Wertordnung: Festschrift für Christian Tomuschat, 207, 214.

[229] *Haag*, in: von der Groeben/Schwarze/Hatje (Hrsg.), Europäisches Unionsrecht, Art. 21 Rn. 9; *Magiera*, in: Streinz (Hrsg.), EUV/AEUV, Vertrag über die Europäische Union und Vertrag über die Arbeitsweise der Europäischen Union, Art. 21 AEUV Rn. 11; *Wollenschläger*, Grundfreiheit ohne Markt, 126 ff.; vgl. auch *Höfler*, Die Unionsbürger-

(2) Die primärrechtskonforme Auslegung als Folge der Konstitutionalisierung

Die durch den Maastricht-Vertrag erfolgte Konstitutionalisierung eröffnet nunmehr prinzipiell die Möglichkeit, die im Sekundärrecht enthaltenen Beschränkungen und Bedingungen, auf die das allgemeine Freizügigkeitsrecht verweist, primärrechtskonform auszulegen.[230] Diese Möglichkeit verkennen *Hailbronner* und *Griller* offenbar, soweit sie allein von der Möglichkeit der Aufhebung der Richtlinie ausgehen.[231] Dabei ist eine primärrechtskonforme Auslegung des Rechts vor dem Hintergrund des Prinzips des institutionellen Gleichgewichts als schonenderer Eingriff grundsätzlich der Aufhebung der Richtlinie vorzuziehen, wenn sie dem ursprünglichen Regelungsziel des Gesetzgebers nicht grundlegend zuwiderläuft.[232]

(a) Die einheitliche Schrankensystematik des allgemeinen Freizügigkeitsrechts

Mit der Feststellung, dass das Freizügigkeitsrecht unmittelbar anwendbar ist und dessen Konstitutionalisierung, die die Möglichkeit der primärrechtskonformen Auslegung eröffnet, stellt sich zunächst die Frage, welche Bedeutung dem im Freizügigkeitsrecht enthaltenen Verweis auf die im Vertrag und in den Durchführungsvorschriften enthaltenen Beschränkungen und Bedingungen zukommt. Der EuGH verweist in der Rs. *Grzelczyk* insoweit auf die Studentenrichtlinie, die als Voraussetzung des Freizügigkeitsrechts die Glaubhaftmachung ausreichender Existenzmittel, die Einschreibung in einer

---

freiheit: Ansprüche der Unionsbürger auf allgemeine Freizügigkeit und Gleichheit unter besonderer Berücksichtigung sozialer Rechte, 67 ff.; kritisch, aber im Ergebnis dennoch zustimmend: *Stewen*, Die Entwicklung des allgemeinen Freizügigkeitsrechts der Unionsbürger und seiner sozialen Begleitrechte, 87 ff.

[230] *Schönberger*, Unionsbürger: Europas föderales Bürgerrecht in vergleichender Sicht, 323; *Kokott*, Die Freizügigkeit der Unionsbürger als neue Grundfreiheit, in: Völkerrecht als Wertordnung: Festschrift für Christian Tomuschat, 207, 220; vgl. auch *Bode*, Von der Freizügigkeit zur sozialen Gleichstellung aller Unionsbürger? Zur Wirkung und Reichweite von Art. 18 EG in der Rechtsprechung des EuGH, EuZW 2003, 552, 555; *Sankari*, European Court of Justice Legal Reasoning in Context, 109.

[231] *Hailbronner*, Die Unionsbürgerschaft und das Ende rationaler Jurisprudenz durch den EuGH?, NJW 2004, 2185, 2187; *Griller*, Unionsbürgerschaft als grundlegender Status, EuR Beiheft 1 2015, 7, 17 f. Möglicherweise beziehen sich die Autoren mit ihrer Annahme auf die Ausführungen des Generalanwalts, der selbst zunächst von einem etwaigen Verstoß gegen höherrangiges Recht ausgeht, Rs. C-184/99 *Grzelczyk*, Schlussanträge GA Alber v. 28.9.2000, Rn. 111. Am Ende kommt der Generalanwalt jedoch, wie gesehen, zu dem Ergebnis, dass die Richtlinien das Freizügigkeitsrecht in zulässiger Weise beschränken, Rn. 125 am Anfang.

[232] Hierzu oben, § 4 B. II. 2. a).

anerkannten Lehranstalt sowie den Bestand einer umfassenden Krankenversicherung vorsehe.[233] Aus der terminologischen Differenzierung von „Bedingungen" und „Beschränkungen" wurde teilweise gefolgert, dass zwischen den Entstehungsvoraussetzungen des Freizügigkeitsrechts, die dieses schon tatbestandlich bedingen und Beschränkungen, die den Mitgliedstaaten die Möglichkeit einräumen, den Aufenthalt zu beenden, unterschieden werden müsse.[234] Die wirtschaftlichen Voraussetzungen, die die Studentenrichtlinie aufstellte, wurden vor diesem Hintergrund als Entstehungsvoraussetzungen des Freizügigkeitsrechts, der *ordre public*-Vorbehalt hingegen als allgemeine Beschränkung eingeordnet. Folge der Differenzierung sei, dass die Entstehungsvoraussetzungen als Schutzbereichskonkretisierungen nicht in gleicher Weise wie sonstige Beschränkungen primärrechtlichen Vorgaben unterworfen werden könnten und etwa die Anwendung des Verhältnismäßigkeitsgrundsatzes auf die Entstehungsvoraussetzungen fraglich sei.[235] Jedenfalls in der Rs. *Grzelczyk* scheint der EuGH jedoch terminologisch nicht zwischen Bedingungen und Beschränkungen zu unterscheiden, sondern vielmehr von einer einheitlichen Schrankensystematik auszugehen.[236]

Trotz des anders anmutenden Wortlauts streiten auch diverse Argumente für eine einheitliche Schrankensystematik. Denn einerseits ist nicht ersichtlich, wie sich Beschränkungen und Bedingungen trennscharf voneinander abgrenzen ließen.[237] Andererseits begreift der EuGH das Freizügigkeitsrecht als Grundtatbestand zu den wirtschaftlichen Grundfreiheiten. Würde etwa die Nichterfüllung der wirtschaftlichen Voraussetzungen bereits die Eröffnung des Schutzbereichs des Freizügigkeitsrechts in Frage stellen, ließe sich das Spezialitätsverhältnis zwischen dem allgemeinen Freizügigkeitsrecht und den wirtschaftlichen Grundfreiheiten normologisch nicht mehr begründen, da das Freizügigkeitsrecht insoweit nicht mehr die allgemeinere Norm darstellen könnte.[238]

---

[233] Rs. C-184/99 *Grzelczyk*, EuGH Urteil v. 20.9.2001, Rn. 38.

[234] Vgl. insoweit auch die Ausführungen des Generalanwalts, Rs. C-184/99 *Grzelczyk*, Schlussanträge GA Alber v. 28.9.2000, Rn. 110.

[235] *Becker*, Freizügigkeit in der EU – auf dem Weg vom Begleitrecht zur Bürgerfreiheit, EuR 1999, 522, 530 Fn. 63 m.w.N.; *Schönberger*, Unionsbürger: Europas föderales Bürgerrecht in vergleichender Sicht, 340; vgl. zur Diskussion auch: *Steiger*, Freizügigkeit in der EU und Einschränkungen von Sozialleistungen für EU-Ausländer, Vom Verlust der richtigen Balance zwischen den Interessen der Mitgliedstaaten und den Rechten des Einzelnen sowie der Notwendigkeit einer primärrechtskonformen Auslegung der Freizügigkeitsrichtlinie, EuR 2018, 304, 332 f.

[236] Rs. C-184/99 *Grzelczyk*, EuGH Urteil v. 20.9.2001, Rn. 38 f.

[237] *Magiera*, in: Streinz (Hrsg.), EUV/AEUV, Vertrag über die Europäische Union und Vertrag über die Arbeitsweise der Europäischen Union, Art. 21 AEUV Rn. 19.

[238] *Wollenschläger*, Grundfreiheit ohne Markt, 183 mit weiteren Argumenten für eine einheitliche Schrankensystematik.

Im Ergebnis ist daher von einer einheitlichen Schrankensystematik auszugehen, sodass sekundärrechtliche Beschränkungen und Bedingungen grundsätzlich in gleicher Weise am primärrechtlich verbürgten Freizügigkeitsrecht gemessen werden können und insbesondere der Verhältnismäßigkeitsgrundsatz herangezogen werden kann.[239]

(b) Primärrechtskonforme Auslegung statt teleologischer Reduktion

Vor diesem Hintergrund ist zu prüfen, ob die vom EuGH vorgenommene Argumentation überzeugen kann. Relevant ist insoweit insbesondere die Feststellung des Gerichtshofs, dass Art. 4 der Studentenrichtlinie zwar ausdrücklich festschreibe, dass das Aufenthaltsrecht bestehe, *solange* die Berechtigten die Bedingungen des Art. 1 erfüllten. Diese Norm sei jedoch im Einklang mit den Erwägungsgründen auszulegen, nach denen die öffentlichen Finanzen des Aufnahmemitgliedstaats nicht „über Gebühr" belastet werden dürften. Aus dieser Formulierung lasse sich eine gewisse finanzielle Solidarität der Mitgliedstaaten untereinander ablesen.[240]

Mit dem Verweis auf die Erwägungsgründe folgt der EuGH den Ausführungen des Generalanwalts. Unstreitig belegte die Inanspruchnahme der Sozialhilfe, dass Herr Grzelczyk nicht mehr über ausreichende finanzielle Mittel verfügte. Der Gerichtshof nimmt nun jedoch eine teleologische Reduktion des Art. 4 vor dem Hintergrund der Erwägungsgründe dergestalt vor, dass die Mitgliedstaaten zwar aufenthaltsbeendende Maßnahmen vornehmen könnten, diese jedoch nicht automatische Folge der Inanspruchnahme der Sozialhilfe sein dürften. Diese richtlinieninterne Argumentation ist indes wenig überzeugend, da in allen Richtlinien, die das Aufenthaltsrecht wirtschaftlich inaktiver Unionsbürger betrafen, die Grenzen der finanziellen Belastbarkeit der Mitgliedstaaten hervorgehoben wurden und diese gerade nicht – wie vom EuGH angenommen – eine gewisse finanzielle Solidarität der Mitgliedstaaten begründen sollten.[241]

Der Gerichtshof hätte daher vielmehr offenlegen müssen, inwieweit die Möglichkeit besteht, Art. 4 i.V.m. Art. 1 der Richtlinie primärrechtskonform auszulegen. Wie bereits eingehend begründet, ist eine primärrechtskonforme Auslegung im Regelfall der Normverwerfung vorzuziehen, es sei denn der

---

[239] Vgl. im Ergebnis auch *Steiger*, Freizügigkeit in der EU und Einschränkungen von Sozialleistungen für EU-Ausländer, Vom Verlust der richtigen Balance zwischen den Interessen der Mitgliedstaaten und den Rechten des Einzelnen sowie der Notwendigkeit einer primärrechtskonformen Auslegung der Freizügigkeitsrichtlinie, EuR 2018, 304, 334.

[240] Rs. C-184/99 *Grzelczyk*, EuGH Urteil v. 20.9.2001, Rn. 44.

[241] *Schönberger*, Unionsbürger: Europas föderales Bürgerrecht in vergleichender Sicht, 346.

ursprüngliche Regelungsgehalt wird derart verändert, dass hierdurch ein stärkerer Eingriff als bei einer Nichtig- bzw. Ungültigerklärung vorliegt.[242]

Zwar ist zu überlegen, ob dieselben Gründe, die gegen eine teleologische Reduktion vorgebracht werden können, auch einer primärrechtskonformen Auslegung entgegenstehen, da durch die vom EuGH vorgenommene Argumentation der Wille des Gemeinschaftsgesetzgebers scheinbar in sein Gegenteil verkehrt wird.

Entscheidend ist jedoch, dass die Konstitutionalisierung des Freizügigkeitsrechts der Verabschiedung der Richtlinie zeitlich nachgelagert war, sodass der ursprüngliche Regelungsgehalt nicht ungeprüft fortbestehen kann. Darüber hinaus ist die freiheitsrechtliche Dimension des Falles von seiner gleichheitsrechtlichen Dimension zu unterscheiden.[243] Art. 4 der Richtlinie befasst sich i.V.m. den in Art. 1 genannten Voraussetzungen – anders als Art. 3, welcher den Anspruch auf Unterhaltsstipendien ausschließt – mit dem Freizügigkeits- und Aufenthaltsrecht. Regelungsziel der Richtlinie war insoweit, das Freizügigkeits- und Aufenthaltsrecht nicht beschränkungsfrei zu gewährleisten.

Indem der EuGH mit der Entscheidung in der Rs. *Grzelczyk* aufenthaltsbeendende Maßnahmen als automatische Folge der Inanspruchnahme von Sozialhilfe ausschließt, kehrt er das Regelungsziel folglich nicht um, sondern legt die Beschränkungen des Freizügigkeits- und Aufenthaltsrechts restriktiv aus. Vor dem Hintergrund, dass Beschränkungen der Grundfreiheiten als Ausnahmen im Allgemeinen restriktiv auszulegen sind, ist eine konvergente Auslegung der Beschränkungen des allgemeinen Freizügigkeitsrechts durchaus überzeugend. Darüber hinaus hätte die Aufhebung der Studentenrichtlinie auch keinen weniger intensiven Eingriff in die Rechtsetzungsgewalt des Gemeinschaftsgesetzgebers bedeutet als ihre primärrechtskonforme Auslegung. Denn bei einer Neufassung der Richtlinie wäre die Entscheidung, dass der Wegfall der Existenzmittel nicht automatisch zum Verlust des Aufenthaltrechts führen darf, zu berücksichtigen.[244] Darüber hinaus sah auch schon

---

[242] Hierzu oben, § 4 B. II. 2. a).

[243] Kritisch zu Rechsprechungstendenzen, die die „dogmatischen Trennlinien zwischen Diskriminierungsverbot und Unionsbürgerschaft“ verschwimmen lassen: *Schmahl*, in: Grabenwarter (Hrsg.), Enzyklopädie Europarecht Band 2: Europäischer Grundrechtsschutz, § 20 Rn. 70; *Rossi*, Anmerkung zu EuGH, Urteil v. 20.9.2001 – C-184/99 Grzelczyk, JZ 2002, 351, 352; *Sander*, Die Unionsbürgerschaft als Türöffner zu mitgliedstaatlichen Sozialversicherungssystemen? – Überlegungen anlässlich des Trojani-Urteils des EuGH –, DVBl 2005, 1014, 1015; vgl. auch *Bode*, Von der Freizügigkeit zur sozialen Gleichstellung aller Unionsbürger? Zur Wirkung und Reichweite von Art. 18 EG in der Rechtsprechung des EuGH, EuZW 2003, 552, 555. Allgemein zum Freizügigkeitsrecht als Freiheitsrecht und zum Diskriminierungsverbot als Gleichheitsrecht: *Schönberger*, Unionsbürger: Europas föderales Bürgerrecht in vergleichender Sicht, 310 f.

[244] Vgl. daher heute auch Art. 14 Abs. 3 der Richtlinie 2004/38/EG.

Art. 8a Abs. 2 EGV (heute Art. 21 Abs. 2 AEUV) vor, dass der Rat nur Vorschriften erlassen kann, mit denen die Ausübung der Rechte nach Abs. 1 erleichtert wird, um den bisher erreichten Integrationsstand abzusichern. Eine Neufassung der sekundärrechtlichen Regelung des allgemeinen Freizügigkeitsrechts konnte folglich nur die bereits bestehenden Beschränkungen des Freizügigkeitsrechts bestehen lassen oder sie fortan lockern. Auch die Aufhebung der Richtlinie hätte daher dem Gemeinschaftsgesetzgeber keinen besonderen Spielraum eröffnet, sodass die Aufhebung der Richtlinie gegenüber der primärrechtskonformen Auslegung nicht vorzugswürdig erscheint.

Im Ergebnis ist die primärrechtskonforme Auslegung der sekundärrechtlichen Beschränkungen und Bedingungen des Freizügigkeitsrechts dergestalt, dass der nachträgliche Wegfall der Existenzmittel aufenthaltsbeendende Maßnahmen nicht automatisch nach sich ziehen dürfen, folglich möglich[245] und überzeugender als die durch den EuGH vorgenommene teleologische Reduktion.

(3) Anspruch auf Gleichbehandlung aus dem allgemeinen Diskriminierungsverbot

Nachdem feststeht, dass das Aufenthaltsrecht von Herrn Grzelczyk wirksam begründet wurde und aufgrund des nachträglichen Wegfalls der Existenzmittel nicht automatisch beendet wird, war weiterhin fraglich, ob Herr Grzelczyk während seines Aufenthalts in Belgien Anspruch auf Gewährung des Existenzminimums hat. Ob ein Anspruch auf Gewährung des Existenzminimums besteht, richtet sich nach der Anwendbarkeit des allgemeinen Diskriminierungsverbots. Dieses sah in Art. 6 EGV (heute Art. 18 AEUV) vor, dass „unbeschadet besonderer Bestimmungen der Verträge" in „ihrem Anwendungsbereich jede Diskriminierung aus Gründen der Staatsangehörigkeit verboten" ist. Relevant ist damit folglich zunächst die Frage, wie der Verweis auf den „Anwendungsbereich der Verträge" auszulegen ist.

In der Literatur wird, soweit ersichtlich, überwiegend zwischen dem persönlichen und sachlichen Anwendungsbereich der Norm unterschieden[246],

[245] Im Ergebnis auch *Epiney*, in: Calliess/Ruffert (Hrsg.), EUV/AEUV, Das Verfassungsrecht der Europäischen Union mit Europäischer Grundrechtecharta, Art. 18 AEUV Rn. 25.

[246] *von Bogdandy*, in: Grabitz/Hilf/Nettesheim (Hrsg.), Das Recht der Europäischen Union, Art. 18 AEUV Rn. 29 f.; *Holoubek*, in: Schwarze/Becker/Hatje et al. (Hrsg.), EU-Kommentar, Art. 18 AEUV Rn. 25 f.; *Streinz*, in: Streinz (Hrsg.), EUV/AEUV, Vertrag über die Europäische Union und Vertrag über die Arbeitsweise der Europäischen Union, Art. 18 AEUV Rn. 19 f.; *Lorenzmeier*, in: Vedder/Heintschel von Heinegg (Hrsg.), Europäisches Unionsrecht: EUV/AEUV/GRCh/EAGV Handkommentar, Art. 18 AEUV Rn. 3 f.; *Rust*, in: von der Groeben/Schwarze/Hatje (Hrsg.), Europäisches Unionsrecht, Art. 18 AEUV Rn. 45 f.; *Schönberger*, Unionsbürger: Europas föderales Bürgerrecht in vergleichender Sicht, 390 f.

teilweise eine solche Unterscheidung jedoch auch als nicht zielführend angesehen[247].

Da die Rs. *Grzelczyk* einen Unionsbürger betrifft, ist der persönliche Anwendungsbereich unstreitig eröffnet. Problematisch erscheint allenfalls der sachliche Anwendungsbereich. Der EuGH verweist insoweit wenig überzeugend auf ein neu eingefügtes Kapitel über allgemeine und berufliche Bildung.[248] Denn Art. 128 EWGV war mit den Verträgen von Maastricht durch Art. 149 u. 150 EGV ersetzt worden, die beide insbesondere die „strikte Beachtung der Verantwortung der Mitgliedstaaten" betonten. Aufgrund der Einfügung dieser Normen kann also nicht von einer substanziellen Veränderung ausgegangen werden, die eine Abkehr von der bisherigen Rechtsprechung begründen könnte.[249] Diese kann vielmehr in der Einführung der Unionsbürgerschaft gesehen werden. Und so betont der EuGH denn auch, dass die Ausübung des Freizügigkeitsrechts in den sachlichen Anwendungsbereich des Vertrages fällt.[250] Der EuGH folgt insoweit hinsichtlich der Eröffnung des sachlichen Anwendungsbereichs des Vertrages im Rahmen von Art. 6 EGV (heute Art. 18 AEUV) weiterhin einem einzelfallorientierten funktionellen Ansatz, bei welchem geprüft wird, ob die Verwirklichung eines unionsrechtlich gewährten Rechts oder Grundsatzes betroffen ist.[251] Freilich wird durch die Verknüpfung der Ausübung des Freizügigkeitsrechts mit dem allgemeinen Diskriminierungsverbot dessen Anwendungsbereich bedeutend erweitert.[252] Wie schon die Rs. *Grzelczyk* zeigt, führt eine derartige Ausle-

[247] *Rossi*, Das Diskriminierungsverbot nach Art. 12 EGV, EuR 2000, 197, 200; *Rossi*, in: Kluth/Heusch (Hrsg.), Beck'scher Online-Kommentar Ausländerrecht, Art. 18 AEUV Rn. 9.

[248] Rs. C-184/99 *Grzelczyk*, EuGH Urteil v. 20.9.2001, Rn. 35.

[249] *Jacqueson*, Union Citizenship and the Court of Justice: Something New under the Sun? Towards Social Citizenship, E.L.Rev. 2002, 260, 272; vgl. *O'Leary*, The Past, Present and Future of the Purely Internal Rule in EU Law, Irish Jurist 2009, 13, 13 f., die insoweit ausführt: „the Court ingenously combined the general principle of non-discrimination on grounds of nationality with a rather vague commitment in the original EEC Treaty to the establishment of a common vocational policy".

[250] Rs. C-184/99 *Grzelczyk*, EuGH Urteil v. 20.9.2001, Rn. 32 f.

[251] *Epiney* hat die bisherige Rechtsprechung zu gliedern versucht und u.a. folgende Fallgruppen ausgemacht, in denen der sachliche Anwendungsbereich der Verträge eröffnet sei: bei Vollzug oder Durchführung des Unionsrechts, wenn eine bestimmte Frage Gegenstand einer sekundärrechtlichen Regelung ist und wenn die Ausübung einer Grundfreiheit betroffen ist, *Epiney*, in: Calliess/Ruffert (Hrsg.), EUV/AEUV, Das Verfassungsrecht der Europäischen Union mit Europäischer Grundrechtecharta, Art. 18 AEUV Rn. 17 f. mit umfangreichen Verweisen auf die Urteile des Gerichtshofs.

[252] *Holoubek*, in: Schwarze/Becker/Hatje et al. (Hrsg.), EU-Kommentar, Art. 18 AEUV Rn. 27. Kritisch insoweit z.B.: *Höfler*, Europa auf dem Weg zu einer sozialen Union? Die EuGH-Rechtsprechung zu unionsrechtlichen Ansprüchen auf Sozialhilfe, NVwZ 2002, 1206, 1207.

gung des Anwendungsbereichs zu einem starken Harmonisierungsdruck auch in diversen Rechtsbereichen, für die die Regelungszuständigkeiten weiterhin bei den Mitgliedstaaten verblieben sind.[253] Denn anders als bei Ausübung der sonstigen Grundfreiheiten gibt es bei der Verknüpfung des Freizügigkeitsrechts mit dem Diskriminierungsverbot, über die Prüfung einer potenziellen Beschränkung des unionsbürgerschaftlichen Freizügigkeitsrechts hinaus, keine weiteren Kriterien, die die Anwendung des Diskriminierungsverbots begrenzen könnten.[254] Durch die Verknüpfung kann daher nahezu jeder Bereich des nationalen Rechts auch dem Diskriminierungsverbot unterfallen.[255]

Die Rechtsprechungsentwicklung könnte folglich insbesondere vor dem Hintergrund des Prinzips der begrenzten Einzelermächtigung kritisch zu betrachten sein.[256] In der Literatur wurden deshalb verschiedene Einschränkungsmöglichkeiten hinsichtlich des sachlichen Anwendungsbereichs des Diskriminierungsverbots erwogen.[257] So wurde beispielsweise vorgeschlagen nur solche Sachverhalte als vom Anwendungsbereich des Diskriminierungsverbots erfasst anzusehen, welche auch in den Regelungsbereich einer Gemeinschaftskompetenz fielen.[258]

---

[253] *von Bogdandy*, in: Grabitz/Hilf/Nettesheim (Hrsg.), Das Recht der Europäischen Union, Art. 18 AEUV Rn. 41 f.

[254] Vgl. *Bode*, EuGH: Diskriminierung eigener Staatsangehöriger wegen ausländischen Schulbesuchs, EuZW 2002, 635, 638; *Schönberger*, Unionsbürger: Europas föderales Bürgerrecht in vergleichender Sicht, 395.

[255] Die Konsequenzen dieser Rechtsprechung seien folglich kaum zu überblicken, *von Bogdandy*, in: Grabitz/Hilf/Nettesheim (Hrsg.), Das Recht der Europäischen Union, Art. 18 AEUV Rn. 35.

[256] Kritisch insoweit etwa: *Bode*, EuGH: Diskriminierung eigener Staatsangehöriger wegen ausländischen Schulbesuchs, EuZW 2002, 635, 638; vgl. allgemein zum Zusammenhang: *von Bogdandy*, in: Grabitz/Hilf/Nettesheim (Hrsg.), Das Recht der Europäischen Union, Art. 18 AEUV Rn. 33 u. *Streinz*, in: Streinz (Hrsg.), EUV/AEUV, Vertrag über die Europäische Union und Vertrag über die Arbeitsweise der Europäischen Union, Art. 18 AEUV Rn. 19, die beide nicht von einem Verstoß ausgehen.

[257] Vergleichend zu den verschiedenen Ansätzen der Bestimmung des sachlichen Anwendungsbereichs in der Literatur, die mitunter auch noch weiter gefasst sind als der funktionelle Ansatz des EuGH: *Epiney*, in: Calliess/Ruffert (Hrsg.), EUV/AEUV, Das Verfassungsrecht der Europäischen Union mit Europäischer Grundrechtecharta, Art. 18 AEUV Rn. 22 f.; ebenfalls vergleichend: *Rossi*, Das Diskriminierungsverbot nach Art. 12 EGV, EuR 2000, 197, 202 f.

[258] *Rossi*, Das Diskriminierungsverbot nach Art. 12 EGV, EuR 2000, 197, 202 Fn. 37 u.a. mit Verweis auf *Braun*, Das Diskriminierungsverbot des Art. 7 Abs. 1 EWGV und das internationale Urheber- und Leistungsschutzrecht, IPRax 1994, 263, 264; *Schroeder*, Der praktische Fall – Europarecht: Auslandsstudium mit Hindernissen, JuS 1995, 1010, 1012.

Trotz der tatbestandlichen Erweiterung, die eine Verknüpfung des Freizügigkeitsrechts mit dem allgemeinen Diskriminierungsverbot mit sich bringt, ist die Rechtsprechung des Gerichtshofs in der Rs. *Grzelczyk* insoweit nachvollziehbar. Denn das Freizügigkeitsrecht der Unionsbürger stellt seit seiner Aufnahme in den Vertrag von Maastricht ein individuelles Freiheitsrecht dar, sodass dessen Wahrnehmung in den Anwendungsbereich des Vertrages fällt und insoweit eine unionsrechtlich geregelte Situation vorliegt.[259] Da laut dem EuGH der Anwendungsbereich des Diskriminierungsverbots auch aufgrund der Ausübung der sonstigen Grundfreiheiten eröffnet ist[260], ist eine kongruente Auslegung hinsichtlich des allgemeinen Freizügigkeitsrechts überzeugend.

Infolge der grundsätzlichen Anwendbarkeit des allgemeinen Diskriminierungsverbots ist weiter fraglich, wie mit dem in Art. 3 der Studentenrichtlinie immanenten Ausschluss von Unterhaltsstipendien umzugehen ist. Art. 3 schließt laut dem EuGH jedoch einen Anspruch auf Sozialhilfe nicht aus.[261] Da Unterhaltsstipendien, die typischerweise nur an in Ausbildung befindliche Personen vergeben werden, einen anderen Zweck verfolgen als die allgemeine Sozialhilfe, ist die vom EuGH im Ergebnis vorgenommene Differenzierung vertretbar. Offensichtlich versucht er insoweit jedoch die Frage zu umgehen, ob das Sekundärrecht hinsichtlich dieser Bestimmung gegen höherrangiges Recht verstößt.[262]

ee) Abschließende Einschätzung

Der Sachverhalt der Rs. *Grzelczyk* gab Anlass, diverse Probleme zu diskutieren, über die der Gerichtshof nach der Konstitutionalisierung der Uni-

---

[259] *Epiney*, in: Calliess/Ruffert (Hrsg.), EUV/AEUV, Das Verfassungsrecht der Europäischen Union mit Europäischer Grundrechtecharta, Art. 18 AEUV Rn. 25; vgl. auch *Rossi*, Das Diskriminierungsverbot nach Art. 12 EGV, EuR 2000, 197, 204; *Streinz*, Anmerkung zum EuGH Urteil v. 20.9.2001 – C-184/99 Grzelczyk, JuS 2002, 387, 389; im Ergebnis auch *Schönberger*, Unionsbürger: Europas föderales Bürgerrecht in vergleichender Sicht, 401 f., der darauf hinweist, dass das Diskriminierungsverbot insbesondere dort Bedeutung erlange, wo die Rechtsetzungskompetenz bei den Gliedstaaten verblieben sei, da sich dort die besondere Gefahr realisiere, fremdenrechtliche Unterscheidungen zu treffen.

[260] Vgl. insoweit die von *Epiney* zusammengestellte Rspr., *Epiney*, in: Calliess/Ruffert (Hrsg.), EUV/AEUV, Das Verfassungsrecht der Europäischen Union mit Europäischer Grundrechtecharta, Art. 18 AEUV Rn. 17 f.

[261] Rs. C-184/99 *Grzelczyk*, EuGH Urteil v. 20.9.2001, Rn. 39.

[262] Vgl. insoweit *Jacqueson*, Union Citizenship and the Court of Justice: Something New under the Sun? Towards Social Citizenship, E.L.Rev. 2002, 260, 275 Fn. 71 mit Verweis auf Rs. C-184/99 *Grzelczyk*, EuGH Urteil v. 20.9.2001, 39. Vgl. hierzu auch: *Kokott*, Die Freizügigkeit der Unionsbürger als neue Grundfreiheit, in: Völkerrecht als Wertordnung: Festschrift für Christian Tomuschat, 207, 220.

onsbürgerschaft zu entscheiden hatte. Zwar kann das Urteil in der Rs. *Grzelczyk* im Ergebnis überzeugen. Da der Gerichtshof seine Lösung jedoch nicht sauber begründet, hat er die Nachvollziehbarkeit der Entscheidung sichtlich erschwert. Der Gerichtshof hätte nicht nur die unmittelbare Anwendbarkeit des Freizügigkeitsrechts offenlegen, sondern auch anstelle einer teleologischen Reduktion und dem missverständlichen Verweis auf die Erwägungsgründe die Studentenrichtlinie primärrechtskonform auslegen müssen. Daher überzeugt zwar die Begründung des Urteils dogmatisch nicht, das Ergebnis kann aber auf vertretbarem Wege hergeleitet werden. Um den Mitgliedstaaten trotz der Verknüpfung des Freizügigkeitsrechts und des allgemeinen Diskriminierungsverbots die notwendigen Handlungsspielräume zu belassen, müssen diesen jedoch Rechtfertigungsmöglichkeiten eröffnet werden.

3. Die Rechtssache D'Hoop[263]

a) Sachverhalt und Vorlagefrage

Frau D'Hoop ist belgische Staatsangehörige und schloss ihre höhere Schulbildung in Frankreich ab, wo sie 1991 ein Zeugnis über die Befähigung zum Hochschulunterricht erlangte (Baccalauréat). Anschließend studierte Frau D'Hoop bis 1995 in Belgien und beantragte dort danach beim zuständigen Office national de l'emploi Überbrückungsgeld. Dieses wurde Frau D'Hoop nicht gewährt, da nach belgischem Recht erforderlich war, dass entweder die höhere Schulbildung in Belgien abgeschlossen wurde oder man unterhaltsberechtigtes Kind eines Wanderarbeitnehmers aus der Gemeinschaft war und seine höhere Schulbildung an einer Lehranstalt eines anderen Mitgliedstaats als Belgien abgeschlossen hatte. Frau D'Hoop griff die Entscheidung an und das zuständige Gericht legte dem EuGH folgende Frage zur Vorabentscheidung vor:

Darf ein Mitgliedstaat einem Staatsangehörigen, der als Student auf der Suche nach einer ersten Beschäftigung ist, den Anspruch auf Überbrückungsgeld nur aus dem Grund versagen, dass er seine höhere Schulbildung in einem anderen Mitgliedstaat abgeschlossen hat?

b) Würdigung durch den Generalanwalt[264]

GA Geelhoed erörtert zunächst die Frage, ob der vorliegende Sachverhalt in den Anwendungsbereich des Gemeinschaftsrechts fällt. Zwar könne anhand der erforderlichen Informationen nicht festgestellt werden, ob Frau D'Hoop sich mit Erfolg auf die Dienstleistungsfreiheit berufen könne.[265] Die

[263] Rs. C-224/98 *D'Hoop*, EuGH Urteil v. 11.7.2002.

[264] Rs. C-224/98 *D'Hoop*, Schlussanträge GA Geelhoed v. 21.2.2002.

[265] Rs. C-224/98 *D'Hoop*, Schlussanträge GA Geelhoed v. 21.2.2002, Rn. 27.

in diesem Bereich erfolgte Rechtsprechung sei aber von Bedeutung, da sie zeige, wie in Folge einer weiten Auslegung des EWG-Vertrags auch primär nicht wirtschaftliche Belange, wie der Zugang zur Bildung, in den Anwendungsbereich des Vertrages einbezogen wurden, sodass das allgemeine Diskriminierungsverbot aus Gründen der Staatsangehörigkeit Anwendung finden könnte. Dieser Rechtsprechung seien der Vertragsgesetzgeber und der Gemeinschaftsgesetzgeber gefolgt, indem sie den Gemeinschaftsbürgern verschiedene Rechte zuerkannt hätten, die nicht direkt mit dem Wirtschaftskreislauf im Zusammenhang stünden.[266]

Des Weiteren sei zu prüfen, ob Frau D'Hoop sich auf die Vertragsbestimmungen über die Unionsbürgerschaft, Art. 17–22 EGV (heute Art. 20–25 AEUV) berufen könne und folglich auch das Recht habe, nicht aus Gründen der Staatsangehörigkeit gem. Art. 12 EGV (heute Art. 18 AEUV) diskriminiert zu werden.[267] Die Vertreter des Vereinigten Königreichs hätten dies bestritten, da Frau D'Hoop keine Berufsausbildung in einem anderen Mitgliedstaat absolviert habe. Anders als das Recht der Berufsausbildungen falle die allgemeine Bildung, die im vorliegenden Sachverhalt in Rede stehe, nicht in den Zuständigkeitsbereich der Gemeinschaft.[268]

Nach Auffassung von GA Geelhoed ist der Anwendungsbereich des Gemeinschaftsrechts hinsichtlich des vorliegenden Sachverhalts dennoch eröffnet. Denn Frau D'Hoop habe von ihrem Freizügigkeitsrecht gem. Art. 18 EGV (heute Art. 21 AEUV) Gebrauch gemacht, um in einem anderen Mitgliedstaat am Unterricht teilzunehmen, ein Aufenthalt, der vom Gemeinschaftsgesetzgeber entsprechend vorgesehen werde.[269] Das Urteil in der Rs. *Grzelczyk*[270] habe gezeigt, dass sich ein Unionsbürger, der sich in einen anderen Mitgliedstaat begebe um ein Hochschulstudium aufzunehmen, auf Art. 18 EGV i.V.m. Art. 12 EGV (heute Art. 21 AEUV i.V.m. Art. 18 AEUV) berufen könne.[271] Die vorliegende Situation sei im Wesentlichen umgekehrt; Frau D'Hoop sei keinen Beschränkungen ihres Bewegungs- und Aufenthaltsrechts ausgesetzt, habe sie hiervon doch ungehindert Gebrauch machen können. Das Überbrückungsgeld würde ihr jedoch nur aufgrund ihres Auslandsaufenthalts verwehrt. Daher müsse es auch Frau D'Hoop möglich sein, sich auf Art. 18 EGV i.V.m. Art. 12 EGV (heute Art. 21 AEUV i.V.m. Art. 18 AEUV) zu berufen.[272] Dem Vorbringen der Regierung des Vereinigten Kö-

[266] Rs. C-224/98 *D'Hoop*, Schlussanträge GA Geelhoed v. 21.2.2002, Rn. 28.

[267] Rs. C-224/98 *D'Hoop*, Schlussanträge GA Geelhoed v. 21.2.2002, Rn. 29.

[268] Rs. C-224/98 *D'Hoop*, Schlussanträge GA Geelhoed v. 21.2.2002, Rn. 30.

[269] Rs. C-224/98 *D'Hoop*, Schlussanträge GA Geelhoed v. 21.2.2002, Rn. 31 Fn. 21 mit Verweis auf die Richtlinie 93/96/EWG des Rates vom 29.10.1993 über das Aufenthaltsrecht der Studenten, Amtsbl. Nr. L 317 v. 18.12.1993, 59–60.

[270] Rs. C-184/99 *Grzelczyk*, EuGH Urteil v. 20.9.2001.

[271] Rs. C-224/98 *D'Hoop*, Schlussanträge GA Geelhoed v. 21.2.2002, Rn. 32.

[272] Rs. C-224/98 *D'Hoop*, Schlussanträge GA Geelhoed v. 21.2.2002, Rn. 33 f.

nigreichs, dass es an der Gemeinschaftszuständigkeit fehle, da Frau D'Hoop nicht zwecks Berufsausbildung ins Ausland gegangen sei, könne nicht gefolgt werden. Denn einerseits sei die Art der Ausbildung im vorliegenden Fall nicht entscheidend, da es primär um die unionsbürgerschaftlichen Rechte junger Leute gehe. Und des Weiteren werde der Begriff „Berufsausbildung" seit dem Urteil in der Rs. *Humbel*[273] ohnehin weit ausgelegt und könne daher auch die höhere Schulausbildung umfassen.[274] Darüber hinaus fehle es auch nicht – wie teilweise vorgetragen – am grenzüberschreitenden Element. Dass sich Frau D'Hoop gegenüber ihrem Herkunftsstaat auf die Unionsbürgerschaft berufen wolle, stehe dem nicht entgegen, denn aus den dargelegten Tatsachen sei die zwischenstaatliche Dimension unverkennbar.[275] Im Ergebnis sei daher festzustellen, dass sich Frau D'Hoop auf die Unionsbürgerschaft berufen könne, um hieraus einen Anspruch auf Nichtdiskriminierung ableiten zu können.[276]

Bevor GA Geelhoed die Anwendung von Art. 12 EGV (heute Art. 18 AEUV) im vorliegenden Fall konkret prüft, zeichnet er zunächst zwei Rechtsentwicklungen nach, die nach seiner Auffassung für die Beurteilung der Rechtssache relevant sein könnten:[277] Der Politik werde auf dem Gebiet der allgemeinen und beruflichen Bildung und Jugend aufgrund der fortschreitenden Marktintegration mehr Aufmerksamkeit geschenkt. Laut dem Vertrag leiste die Gemeinschaft einen Beitrag zur qualitativ hochstehenden allgemeinen und beruflichen Bildung. Außerdem habe die Gemeinschaft die Entwicklung der europäischen Dimension des Bildungswesens und die Förderung des Jugendaustauschs zum Ziel. In Erfüllung ihrer Aufgaben habe die Gemeinschaft bereits diverse Maßnahmen ergriffen, die die Mobilität junger Menschen förderten.[278] Im vorliegenden Fall habe Frau D'Hoop als Unionsbürgerin von ihrem Freizügigkeitsrecht i.S.d. oben genannten Vertragsziele Gebrauch gemacht. Darüber hinaus stehe auch die Art des belgischen Überbrückungsgelds in einem Zusammenhang mit den gemeinschaftlichen Beschäftigungszielsetzungen. Beide Tatsachen seien zusätzliche Gründe dafür, dass die vorliegende Situation in den materiellen Anwendungsbereich des Vertrages falle.[279]

Weiterhin sei zu prüfen, ob sich Frau D'Hoop erfolgreich auf Art. 12 EGV (Art. 18 AEUV) i.V.m. den Vertragsbestimmungen über die Unionsbürgerschaft berufen könne. In Ansehung der bisherigen Rechtsprechung könne

[273] Rs. C-263/86 *Humbel*, EuGH Urteil v. 27.9.1988, Rn. 10–12.
[274] Rs. C-224/98 *D'Hoop*, Schlussanträge GA Geelhoed v. 21.2.2002, Rn. 36.
[275] Rs. C-224/98 *D'Hoop*, Schlussanträge GA Geelhoed v. 21.2.2002, Rn. 38.
[276] Rs. C-224/98 *D'Hoop*, Schlussanträge GA Geelhoed v. 21.2.2002, Rn. 39.
[277] Rs. C-224/98 *D'Hoop*, Schlussanträge GA Geelhoed v. 21.2.2002, Rn. 40.
[278] Rs. C-224/98 *D'Hoop*, Schlussanträge GA Geelhoed v. 21.2.2002, Rn. 42 f.
[279] Rs. C-224/98 *D'Hoop*, Schlussanträge GA Geelhoed v. 21.2.2002, Rn. 43 f.

sich ein belgischer Staatsangehöriger in Belgien in allen vom Gemeinschaftsrecht geregelten Situationen auf das Diskriminierungsverbot berufen.[280] Problematisch sei jedoch die Frage, mit welcher Personengruppe Frau D'Hoop zu vergleichen sei. Die belgische Regierung gehe davon aus, dass keine Diskriminierung vorliege, da die in Rede stehende Regelung auf Inländer und andere Gemeinschaftsangehörige gleichermaßen anzuwenden sei.[281] GA Geelhoed sieht eine Diskriminierung hingegen als gegeben an. Denn die relevante Vergleichsgruppe sei vielmehr in anderen Personen mit ebenfalls belgischer Staatsangehörigkeit zu sehen, die eine gleichwertige höhere Schulausbildung in Belgien absolviert hätten. Die belgische Regelung habe insoweit einen Unterschied zwischen Staatsangehörigen, die von ihrem Recht auf Freizügigkeit Gebrauch gemacht hätten und solchen, die dieses Recht nicht genutzt hätten, eingeführt. Insoweit stelle die Voraussetzung, die für das Überbrückungsgeld festgesetzt worden sei, eine Diskriminierung i.S.v. Art. 12 EGV dar.[282] Die Urteile in den Rs. *Kraus*[283] und *Angonese*[284] zeigten, dass Diskriminierungen auch vom eigenen Mitgliedstaat ausgehen könnten.

Eine derartige Ungleichbehandlung könne nur gerechtfertigt werden, wenn sie auf objektiven, von der Staatsangehörigkeit der Betroffenen unabhängigen, Erwägungen beruhe und in einem angemessenen Verhältnis zu dem Zweck stehe, der mit der nationalen Rechtsvorschrift zulässigerweise verfolgt werde.[285] Nach Auffassung der Kommission könne ein Überbrückungsgeld an die Voraussetzung geknüpft werden, dass der Begünstigte seine letzte Ausbildung im Inland vollendet habe. Denn ein Mitgliedstaat könne nicht jedem Studenten Überbrückungsgeld gewähren, der seine Ausbildung in irgendeinem Mitgliedstaat der Gemeinschaft beendet habe und in dem betroffenen Mitgliedstaat eine Anstellung suche. Es dürfe eine bestimmte Verbindung des Studenten zum Aufnahmemitgliedstaat verlangt werden.[286]

Nach Auffassung von GA Geelhoed ist primäre Zielsetzung der belgischen Regelung, den Übergang zwischen Ausbildung und Arbeitsleben zu erleichtern. Der Ausschluss von Staatsangehörigen vom Überbrückungs-

---

[280] Rs. C-224/98 *D'Hoop*, Schlussanträge GA Geelhoed v. 21.2.2002, Rn. 47 Fn. 39 mit Verweis auf Rs. C-184/99 *Grzelczyk*, EuGH Urteil v. 20.9.2001, Rn. 30–32.

[281] Rs. C-224/98 *D'Hoop*, Schlussanträge GA Geelhoed v. 21.2.2002, Rn. 48.

[282] Rs. C-224/98 *D'Hoop*, Schlussanträge GA Geelhoed v. 21.2.2002, Rn. 50.

[283] Rs. C-19/92 *Kraus*, EuGH Urteil v. 31.3.1993 (Genehmigungspflicht von im Ausland erworbenem akademischem Titel verstößt gegen das Gemeinschaftsrecht).

[284] Rs. C-281/98 *Angonese*, EuGH Urteil v. 6.6.2000 (notwendiges Sprachdiplom, das nur in einer einzigen Provinz Italiens erlangt werden kann, verstößt gegen das Gemeinschaftsrecht).

[285] Rs. C-224/98 *D'Hoop*, Schlussanträge GA Geelhoed v. 21.2.2002, Rn. 54.

[286] Rs. C-224/98 *D'Hoop*, Schlussanträge GA Geelhoed v. 21.2.2002, Rn. 55.

geld, weil sie ihre höhere Schulausbildung in einem anderen Mitgliedstaat beendet hätten, sei mit dieser Zielsetzung indes nicht vereinbar. Außerdem gingen die Anforderungen über das hinaus, was erforderlich sei, um die tatsächliche Verbindung mit dem belgischen Arbeitsmarkt zu garantieren. Denn als Staatsangehöriger des Mitgliedstaats Belgien bestehe schon insoweit eine Verbindung zum belgischen Arbeitsmarkt und weiter ergebe sich diese auch aus der Anerkennung der Gleichwertigkeit des in Frankreich erlangten Diploms.[287]

Im Ergebnis stehe Art. 12 EGV (heute Art. 18 AEUV) daher der Ablehnung des Antrags auf Gewährung des Überbrückungsgeldes entgegen.[288]

c) *Würdigung durch den EuGH*[289]

Frau D'Hoop könne sich weder auf die den Wanderarbeitnehmern zustehenden noch auf die abgeleiteten Rechte, die Familienmitgliedern von Wanderarbeitnehmern gewährt würden, berufen.[290]

Nach Auffassung der Kommission und der Klägerin könne der Sachverhalt aber an Art. 8 und 6 EGV (Art. 20 und 18 AEUV) gemessen werden.[291] Die Regierung des Vereinigten Königreichs habe indes vorgebracht, dass der Sachverhalt nicht in den Anwendungsbereich des Gemeinschaftsrechts falle, da sich die Klägerin nicht in Frankreich aufgehalten habe, um eine Berufsausbildung zu erhalten.[292]

Vor diesem Hintergrund führt der Gerichtshof weiter aus, dass Art. 8 EGV jedem der die Staatsangehörigkeit eines Mitgliedstaats besitze, den Status eines Unionsbürgers verleihe. Dieser Unionsbürgerstatus sei entsprechend dem Urteil in der Rs. *Grzelczyk*[293] bestimmungsgemäß der grundlegende Status der Staatsangehörigen der Mitgliedstaaten, die, wenn sie sich in der gleichen Situation befänden, aufgrund dieses Status im sachlichen Geltungsbereich des EGV vorbehaltlich der hiervon ausdrücklich vorgesehenen Ausnahmen unabhängig von ihrer Staatsangehörigkeit Anspruch auf gleiche rechtliche Behandlung hätten.[294] In den Geltungsbereich des Gemeinschaftsrechts fielen u.a. Situationen, in denen die Ausübung der Grundfreiheiten, namentlich das in Art. 8a EGV (Art. 21 AEUV) verbürgte Freizügigkeitsrecht, betroffen sei. Da ein Unionsbürger in allen Mitgliedstaaten Anspruch auf die gleiche rechtliche Behandlung wie die Staatsangehörigen dieses Mit-

[287] Rs. C-224/98 *D'Hoop*, Schlussanträge GA Geelhoed v. 21.2.2002, Rn. 55.
[288] Rs. C-224/98 *D'Hoop*, Schlussanträge GA Geelhoed v. 21.2.2002, Rn. 57.
[289] Rs. C-224/98 *D'Hoop*, EuGH Urteil v. 11.7.2002.
[290] Rs. C-278/94 *Kommission/Belgien*, EuGH Urteil v. 12.9.1996, Rn. 17 f.
[291] Rs. C-224/98 *D'Hoop*, EuGH Urteil v. 11.7.2002, Rn. 21.
[292] Rs. C-224/98 *D'Hoop*, EuGH Urteil v. 11.7.2002, Rn. 22.
[293] Rs. C-184/99 *Grzelczyk*, EuGH Urteil v. 20.9.2001, Rn. 31.
[294] Rs. C-224/98 *D'Hoop*, EuGH Urteil v. 11.7.2002, Rn. 28.

gliedstaats habe, die sich in einer vergleichbaren Situation befänden, wäre es mit dem Freizügigkeitsrecht unvereinbar, wenn der Mitgliedstaat, dessen Staatsangehöriger er ist, ihn deshalb weniger günstig behandeln würde, weil er von seinem Freizügigkeitsrecht Gebrauch gemacht hat. Wie das Urteil in der Rs. *Singh*[295] zeige, könne das Freizügigkeitsrecht dann nicht seine volle Wirkung entfalten, wenn ein Staatsangehöriger eines Mitgliedstaats von der Wahrnehmung seines Rechts abgehalten würde, weil ihm bei der Rückkehr in sein Herkunftsland Nachteile entstünden.[296] Dies gelte besonders im Bereich der Bildung. Zu den Tätigkeitszielen der Gemeinschaft gehöre ein Beitrag zu einer qualitativ hochstehenden allgemeinen beruflichen Bildung, der insbesondere die Mobilität von Lernenden und Lehrenden fördern solle.[297] In Fällen wie dem vorliegenden führe die nationale Regelung zu einer Ungleichbehandlung von belgischen Staatsangehörigen je nachdem, ob sie ihre gesamte Schulbildung in Belgien erhalten oder von ihrem Freizügigkeitsrecht Gebrauch gemacht haben. Eine solche Ungleichbehandlung widerspreche den Grundsätzen, auf denen der Status der Unionsbürgerschaft beruhe, der Garantie rechtlicher Gleichbehandlung bei Ausübung der Freizügigkeit.[298]

Die Ungleichbehandlung sei nur dann gerechtfertigt, wenn sie auf objektiven, von der Staatsangehörigkeit unabhängigen Erwägungen beruhe, und in einem angemessenen Verhältnis zum legitimen Zweck stünde, der mit der nationalen Regelung verfolgt würde. Das belgische Überbrückungsgeld solle den Übergang von der Ausbildung zum Arbeitsmarkt erleichtern. Es sei daher legitimes Anliegen des Gesetzgebers, den tatsächlichen Zusammenhang zwischen dem Leistungsempfänger und dem betroffenen räumlichen Arbeitsmarkt zu sichern. Hierbei ausschließlich auf den Ort der Erlangung des Abschlusszeugnisses abzustellen berücksichtige nicht, dass die tatsächliche Verbundenheit des Antragstellers auch anders festgestellt werden könne.[299]

Im Ergebnis sei es den Mitgliedstaaten daher nach dem Gemeinschaftsrecht verwehrt, einem eigenen Staatsangehörigen, der als Student auf der Suche nach einer ersten Beschäftigung sei, den Anspruch auf Überbrückungsgeld zu versagen, weil er seine höhere Schulbildung in einem anderen Mitgliedstaat abgeschlossen habe.[300]

---

[295] Rs. C-370/90 *Singh*, EuGH Urteil v. 7.7.1992, Rn. 23 (Berufung auf Art. 48 u. 52 EWG-Vertrag, d.h. heute Art. 45 u. 49 AEUV gegenüber dem Herkunftsstaat).

[296] Rs. C-224/98 *D'Hoop*, EuGH Urteil v. 11.7.2002, Rn. 30 f.

[297] Rs. C-224/98 *D'Hoop*, EuGH Urteil v. 11.7.2002, Rn. 32.

[298] Rs. C-224/98 *D'Hoop*, EuGH Urteil v. 11.7.2002, Rn. 35.

[299] Rs. C-224/98 *D'Hoop*, EuGH Urteil v. 11.7.2002, Rn. 36 f.

[300] Rs. C-224/98 *D'Hoop*, EuGH Urteil v. 11.7.2002, Rn. 40.

d) Analyse

aa) Andeutung der unmittelbaren Anwendbarkeit des Freizügigkeitsrechts

Zwar setzt sich der EuGH, ähnlich wie in der Rs. *Grzelczyk*, nicht ausdrücklich mit der Frage der unmittelbaren Anwendbarkeit des Freizügigkeitsrechts auseinander. Da er das Freizügigkeitsrecht in der Rs. *D'Hoop* jedoch erstmals ausdrücklich als Grundfreiheit bezeichnet[301], liegt ein solches Verständnis nahe.[302] Mit der Einordnung des Freizügigkeitsrechts als Grundfreiheit hebt der Gerichtshof das Freizügigkeitsrecht darüber hinaus auf eine Stufe mit den anderen Grundfreiheiten und ebnet damit den Weg zu einer konvergenten Auslegung.

bb) Unionsbürgerschaftliche Ansprüche auch gegenüber dem Heimatstaat

Außerdem zeichnet sich die Entscheidung insbesondere dadurch aus, dass der EuGH erstmals Ansprüche aus der Unionsbürgerschaft auch gegenüber dem Heimatstaat gewährt.[303] Vor dem Hintergrund des Prinzips der begrenzten Einzelermächtigung wirft dieser Umstand in besonderer Weise die Frage auf, wie der notwendige Unionsrechtsbezug bei dem streitgegenständlichen Sachverhalt hergestellt werden konnte.

(1) Doppelbödige Begründung hinsichtlich des Anwendungsbereichs des Gemeinschaftsrechts

Das Vorbringen des Vereinigten Königreichs, dass der Fall außerhalb des Anwendungsbereichs des Gemeinschaftsrechts läge, da Frau D'Hoop keine Berufsausbildung, sondern allgemeine Bildung in Frankreich genossen habe, wiesen sowohl der Generalanwalt als auch der Gerichtshof klar zurück. Dies lässt sich vor dem Hintergrund erklären, dass bereits in der Entscheidung in der Rs. *Grzelczyk*[304] angedeutet wurde, dass ein Sachverhalt allein durch die Ausübung des Freizügigkeitsrechts in den Anwendungsbereich des Vertrages fallen kann. Daher haben in der Rs. *D'Hoop* sowohl der Generalanwalt als auch der Gerichtshof auf die hierzu erfolgten Ausführungen in der *Grzelczyk*-Entscheidung Bezug genommen.[305]

---

[301] Rs. C-224/98 *D'Hoop*, EuGH Urteil v. 11.7.2002, Rn. 29.

[302] *Streinz*, Anmerkung zum EuGH Urteil v. 11.7.2002 – C-224/98 D'Hoop, JuS 2002, 1218, 1219.

[303] Folgeurteile ergingen insoweit u.a. in den Rs. C-192/05 *Tas-Hagen und Tas*, EuGH Urteil v. 26.10.2006, Rn. 24 f. und vb. Rs. C-11/06 u. C-12/06 *Morgan/Bucher*, EuGH Urteil v. 23.10.2007, Rn. 22.

[304] Rs. C-184/99 *Grzelczyk*, EuGH Urteil v. 20.9.2001, Rn. 32 f.

[305] Rs. C-224/98 *D'Hoop*, Schlussanträge GA Geelhoed v. 21.2.2002, Rn. 31 f.; Rs. C-224/98 *D'Hoop*, EuGH Urteil v. 11.7.2002, Rn. 29.

Offenbar scheint dieser Ansatz jedoch selbst dem Gerichtshof zum damaligen Zeitpunkt noch als recht weitgehend. Denn er verweist darauf, dass einem Staatsangehörigen nach Ausübung des Freizügigkeitsrechts gegenüber dem Heimatstaat keine Nachteile entstehen sollten. Dies gelte „besonders im Bereich der Bildung", da es zu den „Zielen der Tätigkeit der Gemeinschaft" gehöre, einen „Beitrag zu einer qualitativ hochstehenden allgemeinen beruflichen Bildung" zu leisten, der „insbesondere die Mobilität von Lernenden und Lehrenden fördern" solle.[306] Der Verweis auf die Ziele des EG-Vertrages, den auch der Generalanwalt in ähnlicher Weise vorgenommen hat, wäre überflüssig, wenn allein die Ausübung des Freizügigkeitsrechts den Anwendungsbereich des Gemeinschaftsrechts eröffnen würde. Daher lässt sich der Verweis des Gerichtshofs auf die Ziele der Gemeinschaft dahingehend deuten, dass er sich angesichts der besonderen Bedeutung, die seine rechtsfortbildenden Urteile im Bereich der Unionsbürgerschaft einnehmen würden, über einen weiteren Argumentationsstrang gegenüber Kritik absichern wollte.

(2) Unklare Anspruchsgrundlage für das Überbrückungsgeld

Der Verweis auf die Rs. *Grzelczyk* bei der Prüfung des „Geltungsbereichs des EGV" offenbart auch eine weitere argumentative Schwäche des Urteils. Denn es ist kaum erkennbar, ob der Gerichtshof den Anspruch auf das Überbrückungsgeld allein aus dem Freizügigkeitsrecht herleitet oder ob er hierzu – wie in der Rs. *Grzelczyk* geschehen – auch auf das Diskriminierungsverbot abstellt. Zwar nennt der EuGH, anders als der Generalanwalt, Art. 6 EGV (heute Art. 18 AEUV) im Rahmen seiner eigenen Argumentation nicht ausdrücklich. Er stellt jedoch unter Bezugnahme auf das *Grzelczyk*-Urteil einleitend fest, dass Unionsbürger im sachlichen Geltungsbereich des EGV unabhängig von ihrer Staatsangehörigkeit Anspruch auf die gleiche rechtliche Behandlung haben. Durch diese Bezugnahme ließe sich das Urteil daher derart verstehen, dass sich der Anspruch auf das Überbrückungsgeld in der Rs. *D'Hoop* gerade aus der Verknüpfung des Freizügigkeitsrechts mit dem Diskriminierungsverbot herleiten ließe.[307]

Dies ist jedoch nicht schlüssig. Denn das in Art. 6 EGV (heute Art. 18 AEUV) normierte Diskriminierungsverbot verbietet nur Diskriminierungen

---

[306] Rs. C-224/98 *D'Hoop*, EuGH Urteil v. 11.7.2002, Rn. 32.

[307] *Bode*, EuGH: Diskriminierung eigener Staatsangehöriger wegen ausländischen Schulbesuchs, EuZW 2002, 635, 638; vgl. auch *Wollenschläger*, Grundfreiheit ohne Markt, 293 u. 295, der darauf hinweist, dass der EuGH möglicherweise zusätzlich das Diskriminierungsverbot herangezogen habe, da die Schulausbildung von Frau D'Hoop abgeschlossen gewesen sei, noch bevor das Freizügigkeitsrecht primärrechtlich verankert worden war, sodass ein alleiniges Abstellen auf dieses möglicherweise problematisch gewesen wäre.

aus Gründen der Staatsangehörigkeit. Eine solche war im Ausgangsfall – wie vom Generalanwalt und dem EuGH auch festgestellt – jedoch nicht gegeben. Sinnvollerweise ist daher allein auf das Freizügigkeitsrecht abzustellen.[308] Mit diesem Ansatz steht auch die Formulierung des Gerichtshofs in Einklang, dass es mit dem Freizügigkeitsrecht unvereinbar sei, wenn ein Mitgliedstaat einen seiner Staatsangehörigen weniger günstig behandelt, weil er von seinem Freizügigkeitsrecht Gebrauch gemacht hat.[309]

(3) Ansprüche gegenüber dem Heimatstaat aufgrund des effet utile-*Grundsatzes*

Zwar hatte die Regelung, dass die höhere Schulbildung in Belgien abgeschlossen sein musste um Überbrückungsgeld zu beanspruchen, Frau D'Hoop offenbar nicht davon abgehalten ihren Schulabschluss dennoch in Frankreich zu absolvieren. Der EuGH stellt jedoch im Rahmen seiner weiteren Argumentation darauf ab, dass das Freizügigkeitsrecht nicht seine volle Wirkung entfalten könne, wenn einem Staatsangehörigen gerade durch die Ausübung des Freizügigkeitsrechts nach seiner Rückkehr Nachteile entstehen könnten.[310] Der EuGH nutzt für seine Auslegung insoweit folglich den Grundsatz des *effet utile*.

Dass der EuGH damit Rechte auch gegenüber dem Heimatstaat gewährleistet, korrespondiert mit der Auslegung der übrigen Grundfreiheiten. Denn auch auf diese können Inländer sich nach Gebrauchmachen gegenüber ihrem Heimatstaat berufen.[311]

cc) Rechtfertigungsmöglichkeiten der Mitgliedstaaten

Wie im Rahmen der Analyse des Urteils *Grzelczyk* bereits angedeutet, sind die mitgliedstaatlichen Handlungsspielräume, die durch ein weites Verständnis des Freizügigkeitsrechts und der hiermit verbundenen Rechte stark eingeschränkt werden, jedenfalls durch die Einräumung von Rechtfertigungsmöglichkeiten zu wahren. Abgesehen davon, dass dies schon deshalb erforderlich ist, um eine kongruente Auslegung im Hinblick auf die sonstigen Grundfreiheiten zu gewährleisten, lässt sich dies insbesondere auch auf den kompetenzbezogenen Verhältnismäßigkeitsgrundsatz stützen. Denn zwar konnte die grundsätzliche Anwendbarkeit des Unionsrechts sowohl in der *Grzelczyk*- als auch in der *D'Hoop*-Entscheidung argumentativ begründet werden und stellte insoweit letztlich auch keinen Verstoß gegen das Prinzip

---

308 *Wollenschläger*, Grundfreiheit ohne Markt, 295 ff.

309 Rs. C-224/98 *D'Hoop*, EuGH Urteil v. 11.7.2002, Rn. 30.

310 Rs. C-224/98 *D'Hoop*, EuGH Urteil v. 11.7.2002, Rn. 31.

311 *Streinz*, Anmerkung zum EuGH Urteil v. 11.7.2002 – C-224/98 D'Hoop, JuS 2002, 1218, 1219.

der begrenzten Einzelermächtigung dar. Die Tatsache, dass durch die neue Argumentationslinie erhebliche Einwirkungsmöglichkeiten des Unionsrechts auf weite Teile des nationalen Rechts, dessen Regelung weiterhin den Mitgliedstaaten obliegt, eröffnet werden, muss jedoch hinreichend Berücksichtigung finden. Denn die kaum abgrenzbaren Anwendungsmöglichkeiten des Freizügigkeitsrechts ggf. im Zusammenhang mit dem Diskriminierungsverbot führen nicht nur zu einem massiven Harmonisierungsdruck auf das nationale Recht, sondern ebenfalls dazu, dass dieses mittelbar letztverbindlich der Rechtskontrolle durch den EuGH unterworfen wird. Dieser muss daher insbesondere hinsichtlich sensibler nationalrechtlicher Materien auch verhältnismäßig judizieren.

Daher ist es positiv zu werten, dass der EuGH Rechtfertigungsgründe prüft, ohne dass die Beteiligten auf solche Bezug genommen hatten.[312] Der EuGH untersuchte insoweit, ob die Ungleichbehandlung auf objektiven, von der Staatsangehörigkeit unabhängigen Erwägungen beruhte und in einem angemessen Verhältnis zum legitimen Zweck stand, der mit der nationalen Regelung verfolgt wurde und stellte insbesondere fest, dass es ein legitimes Anliegen des Gesetzgebers ist, sich der tatsächlichen Verbundenheit des Antragstellers zum räumlichen Arbeitsmarkt zu versichern.[313] Auch wenn der Gerichtshof in der Rs. *D'Hoop* im Ergebnis eine Rechtfertigung verneinte, sollte der Verweis auf die Rechtfertigungsmöglichkeit über das Kriterium der tatsächlichen Verbundenheit zwischen dem Antragsteller und dem die soziale Vergünstigung gewährleistenden Mitgliedstaat von zentraler Bedeutung für die weitere Rechtsprechungsentwicklung sein.

4. Die Rechtssache Baumbast und R[314]

a) Sachverhalt und Vorlagefragen

In der Rechtssache *Baumbast und R* ging es um die kolumbianische Staatsangehörige Maria Baumbast, die mit dem deutschen Wolfgang Baumbast verheiratet war. Zur Familie gehören zwei Töchter, ein nichteheliches Kind von Frau Baumbast mit kolumbianischer Staatsangehörigkeit und eine gemeinsame Tochter, welche die deutsche und die kolumbianische Staatsangehörigkeit besitzt. Herr Baumbast arbeitete zunächst als Arbeitnehmer und später als Unternehmer im Vereinigten Königreich. Nach dem Konkurs seines Unternehmens arbeitete er für deutsche Unternehmen in China und Lesotho. Herr und Frau Baumbast besaßen im Vereinigten Königreich ein Haus und die Töchter besuchten dort die Schule. Sie nahmen keine Sozial-

---

[312] Vgl. *Streinz*, Anmerkung zum EuGH Urteil v. 11.7.2002 – C-224/98 D'Hoop, JuS 2002, 1218, 1219.

[313] Rs. C-224/98 *D'Hoop*, EuGH Urteil v. 11.7.2002, Rn. 36 f.

[314] Rs. C-413/99 *Baumbast und R*, EuGH Urteil v. 19.9.2002.

leistungen in Anspruch und begaben sich zur ärztlichen Betreuung nach Deutschland, wo sie in vollem Umfang krankenversichert waren. Eine Notversorgung innerhalb des Vereinigten Königreichs deckte diese Krankenversicherung nicht ab.

Der Secretary of State lehnte im Januar 1996 die Verlängerung der Aufenthaltserlaubnis für die Familie Baumbast ab, wogegen sie Klage erhob. Das Immigration Appeal Tribunal legte dem EuGH schließlich u.a. folgende Fragen zur Vorabentscheidung vor:

1. Muss dem Elternteil, der die Personensorge für die Kinder tatsächlich wahrnimmt ungeachtet seiner Staatsangehörigkeit über Art. 12 der Verordnung Nr. 1612/68 ein Aufenthaltsrecht gewährt werden, um den Kindern die Wahrnehmung ihres Rechts zu erleichtern, wenn der Unionsbürger nicht mehr Wanderarbeitnehmer im Aufnahmemitgliedstaat ist?

2. Genießt ein Unionsbürger, der im Aufnahmemitgliedstaat kein Aufenthaltsrecht als Wanderarbeitnehmer mehr besitzt, dort als Unionsbürger ein Aufenthaltsrecht, welches sich aus der unmittelbaren Anwendung von Art. 18 EGV (heute Art. 21 AEUV) ergibt?

b) Würdigung durch den Generalanwalt[315]

Zunächst sei die Frage zu beantworten, ob auch dem tatsächlich sorgenden Elternteil der aufenthaltsberechtigten Kinder, in der Rs. *Baumbast und R* also der Mutter, ein Aufenthaltsrecht gewährt werden müsse. Denn problematisch sei, dass sie sich nach dem Wegfall der Arbeitnehmereigenschaft des Ehemannes nicht mehr unmittelbar auf Art. 10 der Verordnung 1612/68/EWG berufen könne. Der Gemeinschaftsgesetzgeber habe Fälle nicht bedacht, in welchen sich die Familien- oder Arbeitnehmersituation nach Einreise in den Aufnahmestaat geändert habe. Bei der Auslegung der Verordnung müsse jedoch den geänderten gesellschaftlichen Bedingungen Rechnung getragen werden, um Lücken im Gemeinschaftsrecht, die zu unerwünschten Rechtsfolgen führen könnten, zu verhindern.[316] Da den Kindern ein Aufenthaltsrecht zukomme, müsse auch der Mutter der Kinder ein abgeleitetes beschränktes Aufenthaltsrecht zustehen. Dies ergebe sich zum einen aus der zentralen Zielsetzung der Verordnung, die die Arbeitnehmerfreizügigkeit fördern solle, und zum anderen aus der praktischen Wirksamkeit der Regelung in Art. 12. Werde der Mutter das Aufenthaltsrecht versagt, könne die Fortsetzung der Ausbildung im Aufnahmestaat durch die Kinder nicht tatsächlich ausgeübt werden. Eine solche Auslegung werde auch Art. 8 EMRK gerecht.[317]

---

[315] Rs. C-413/99 *Baumbast und R*, Schlussanträge GA Geelhoed v. 5.7.2001.

[316] Rs. C-413/99 *Baumbast und R*, Schlussanträge GA Geelhoed v. 5.7.2001, Rn. 88.

[317] Rs. C-413/99 *Baumbast und R*, Schlussanträge GA Geelhoed v. 5.7.2001, Rn. 90 f.

Weiter war die Frage zu beantworten, ob Herr Baumbast unmittelbar aus Art. 18 EGV (heute Art. 21 AEUV) ein Aufenthaltsrecht ableiten kann. Die Beantwortung dieser Frage leitet GA Geelhoed damit ein, dass sich auch die GA La Pergola und Cosmas bereits für eine unmittelbare Wirkung von Art. 18 Abs. 1 EGV (heute Art. 21 AEUV) ausgesprochen hätten.[318] GA Geelhoed folgt diesen Auffassungen aufgrund verschiedener Erwägungen. Schon der Wortlaut der Norm lasse auf eine unmittelbare Anwendbarkeit schließen. Gem. Art. 18 Abs. 1 EGV (heute Art. 21 Abs. 1 AEUV) habe jeder Unionsbürger das Recht, sich frei zu bewegen und aufzuhalten. Diese Aussage sei eindeutig und bedingungslos formuliert.[319] Ein zweites Argument lasse sich der Systematik des EGV und dem darauf aufbauenden Regelwerk entnehmen. Die Gemeinschaftsgesetzgebung betreffe im Hinblick auf die Freizügigkeit zwei unterschiedliche Gruppen: einerseits wirtschaftlich aktive Personen, welche ihre Rechte auf die wirtschaftlichen Grundfreiheiten stützen könnten. Andererseits seien Personen umfasst, die sich unabhängig von einer etwaigen wirtschaftlichen Tätigkeit innerhalb der EU bewegten, wie etwa Studenten oder Rentner. Ihre Rechte seien insbesondere den entsprechenden Richtlinien zu entnehmen. Für beide Gruppen gälten unterschiedliche Regelungskomplexe, die nicht unmittelbar miteinander in Verbindung stünden. Art. 18 EGV (heute Art. 21 AEUV) ergänze nun beide Regelungskomplexe durch ein allgemeines Aufenthaltsrecht, das unlösbar mit der Unionsbürgerschaft verknüpft sei. Art. 18 EGV (heute Art. 21 AEUV) verankere damit ein Grundrecht[320] der Unionsbürger, sich im Gebiet der Union frei zu bewegen und aufzuhalten. Für nicht wirtschaftlich aktive Bürger komme Art. 18 EGV (heute Art. 21 AEUV) daher besondere Bedeutung zu, da diese seit der primärrechtlichen Verankerung ihr Reise- und Aufenthaltsrecht unmittelbar aus dem Vertrag ableiten könnten und dieses Recht folglich nicht mehr gänzlich der Entscheidung des Gemeinschaftsgesetzgebers überlassen sei.[321] Auch ein teleologisches Argument spreche für die unmittelbare Wirkung von Art. 18 Abs. 1 EGV (heute Art. 21 Abs. 1 AEUV). Wäre das Reise- und Aufenthaltsrecht allein von besonderen Rechten abhängig, welche durch (sonstige) Bestimmungen des Vertrages oder das Sekundärrecht geschaffen würden, käme der Norm keine praktische Wirkung zu. Außerdem erfülle eine unmittelbare Anwendung der Norm das vom Verfasser des Vertrages angestrebte Ziel, die Freizügigkeit der Bürger zu sichern.[322]

---

[318] Rs. C 85/98 *Martínez Sala*, Schlussanträge GA La Pergola v. 1.7.1997, Rn. 18; Rs. C-378/97 *Wijsenbeek*, Schlussanträge GA Cosmas v. 16.3.1999, Rn. 78 f.

[319] Rs. C-413/99 *Baumbast und R*, Schlussanträge GA Geelhoed v. 5.7.2001, Rn. 103.

[320] In der englischen Fassung der Schlussanträge „fundamental right".

[321] Rs. C-413/99 *Baumbast und R*, Schlussanträge GA Geelhoed v. 5.7.2001, Rn. 104 f.

[322] Rs. C-413/99 *Baumbast und R*, Schlussanträge GA Geelhoed v. 5.7.2001, Rn. 106.

Aufgrund der Anerkennung der unmittelbaren Wirkung von Art. 18 Abs. 1 EGV (heute Art. 21 Abs. 1 AEUV), seien die Beschränkungen und Bedingungen, denen die Ausübung des Rechts unterliege, eng zu fassen. Sie sollen nämlich öffentliche Belange wie die öffentliche Ordnung und Sicherheit, die Volksgesundheit und finanzielle Interessen der Mitgliedstaaten schützen.[323]

Materielle Bedeutung komme Art. 18 EGV (heute Art. 21 AEUV) in zwei besonderen Punkten zu: Einerseits habe Art. 18 EGV (heute Art. 21 AEUV) den Charakter einer Garantienorm, d.h. die gemeinschaftsrechtlichen Bedingungen dürften nicht willkürlich sein und das Aufenthaltsrecht aushöhlen. Dies werde auch durch die nicht bindende EU-GRCh gestützt, die in Art. 45 EU-GRCh das Freizügigkeits- und Aufenthaltsrecht beinhalte. Der Gemeinschaftsgesetzgeber müsse daher dafür Sorge tragen, dass der Unionsbürger sein ihm zustehendes Recht auch nutzen könne.[324] Andererseits komme Art. 18 Abs. 1 EGV (heute Art. 21 Abs. 1 AEUV) insoweit Bedeutung zu, dass auch Personen, denen nicht aufgrund anderer Bestimmungen des Gemeinschaftsrechts ein Aufenthaltsrecht zustünde, durch Berufung auf Art. 18 Abs. 1 EGV (heute Art. 21 Abs. 1 AEUV) ein entsprechendes Aufenthaltsrecht zukommen könne. Auch in diesen Fällen gelte jedoch kein bedingungsloses Aufenthaltsrecht. Vielmehr müssten die Bedingungen und Beschränkungen, die das Gemeinschaftsrecht für dieses Recht vorsehe, auch auf Personen angewendet werden, die ihr Aufenthaltsrecht unmittelbar aus Art. 18 Abs. 1 EGV (heute Art. 21 Abs. 1 AEUV) ableiten würden.[325]

In Ansehung der besonderen Situation von Herrn Baumbast bedeute dies Folgendes: Herr Baumbast könne sein Aufenthaltsrecht nicht auf die Richtlinie 90/364/EWG stützen. Denn zum einen sei er nur in Deutschland, nicht aber im Aufnahmestaat krankenversichert, was Art. 1 der Richtlinie aber vorschreibe. Zum anderen gelte die genannte Richtlinie nur für Nichterwerbstätige, Herr Baumbast sei jedoch erwerbstätig.[326] Der Fall von Herrn Baumbast sei daher ein Fall, den der Gemeinschaftsgesetzgeber nicht vorausgesehen habe. Deshalb fehle es an einem Regelungsrahmen, in dem ein Aufenthaltsrecht ausgeübt werden könne. Der Regelungsrahmen für Erwerbstätige müsse daher analog angewandt werden. Herrn Baumbast müsse folglich auf Grundlage von Art. 18 EGV (heute Art. 21 AEUV) i.V.m. Art. 39 EGV (heute Art. 45 AEUV) sowie der Verordnung Nr. 1612/68 ein Aufenthaltsrecht im Vereinigten Königreich zuerkannt werden.[327]

---

[323] Rs. C-413/99 *Baumbast und R*, Schlussanträge GA Geelhoed v. 5.7.2001, Rn. 107 f.
[324] Rs. C-413/99 *Baumbast und R*, Schlussanträge GA Geelhoed v. 5.7.2001, Rn. 110 f.
[325] Rs. C-413/99 *Baumbast und R*, Schlussanträge GA Geelhoed v. 5.7.2001, Rn. 113 f.
[326] Rs. C-413/99 *Baumbast und R*, Schlussanträge GA Geelhoed v. 5.7.2001, Rn. 116 f.
[327] Rs. C-413/99 *Baumbast und R*, Schlussanträge GA Geelhoed v. 5.7.2001, Rn. 121 f.

c) Würdigung durch den EuGH

Im Hinblick auf die erste Vorlagefrage entschied der EuGH, dass auch dem die Personensorge tatsächlich wahrnehmenden Elternteil ungeachtet seiner Staatsangehörigkeit unabdingbar ein abgeleitetes Aufenthaltsrecht aus Art. 12 der Verordnung 1612/68/EWG zustehen müsse. Dies entspreche Sinn und Zweck der Verordnung. Ansonsten würde das Recht des Kindes eines Wanderarbeitnehmers, im Aufnahmemitgliedstaat weiterhin unter den bestmöglichen Voraussetzungen am Unterricht teilzunehmen, verletzt und die praktische Wirksamkeit von Art. 12 der Verordnung gefährdet. Dieses Ergebnis sei insbesondere unter Berücksichtigung des Art. 8 EMRK, in dessen Licht die Verordnung auszulegen sei, da das Recht auf Achtung des Familienlebens vom Gemeinschaftsrecht anerkannt werde, erforderlich.[328]

Die zweite Vorlagefrage entschied der EuGH dahingehend, dass Art. 18 Abs. 1 EGV (heute Art. 21 Abs. 1 AEUV) unmittelbar anwendbar sei und Herr Baumbast hieraus ein Aufenthaltsrecht erwachse. Vor Inkrafttreten des Vertrages über die Europäische Union habe ein unmittelbar aus dem EGV fließendes Aufenthaltsrecht zwar die Ausübung einer wirtschaftlichen Tätigkeit vorausgesetzt, seither sei jedoch die Unionsbürgerschaft in den EGV aufgenommen worden.[329] Entsprechend den Ausführungen im Urteil *Grzelczyk*[330] sei die Unionsbürgerschaft dazu bestimmt, der grundlegende Status der Angehörigen der Mitgliedstaaten zu sein. Im Übrigen sei nicht (mehr) erforderlich, dass der Unionsbürger einer wirtschaftlichen Tätigkeit nachgehe, um in den Genuss der im zweiten Teil des EGV vorgesehenen Rechte zu kommen. Art. 18 Abs. 1 EGV (heute Art. 21 Abs. 1 AEUV) sei eine klare und präzise Vorschrift, die jedem Unionsbürger das Aufenthaltsrecht im Hoheitsgebiet der Mitgliedstaaten unmittelbar zuerkenne. Daher könne auch Herr Baumbast sich auf die entsprechende Vorschrift berufen. Das Aufenthaltsrecht bestehe zwar nur vorbehaltlich der im EGV und seiner Durchführungsvorschriften vorgesehenen Beschränkungen und Bedingungen, diese unterlägen jedoch der gerichtlichen Kontrolle.[331] Die in der Norm genannten Beschränkungen und Bedingungen stünden daher im Einklang mit der Rs. *van Duyn*[332] nicht der Annahme entgegen, dass Art. 18 Abs. 1 EGV (heute Art. 21 Abs. 1 AEUV) dem Einzelnen Rechte verleiht, welche dieser gerichtlich geltend machen kann. Zwar setze Art. 1 der Richtlinie 90/364/EWG die Verfügung über ausreichende Existenzmittel sowie eine Krankenversicherung,

328 Rs. C-413/99 *Baumbast und R*, EuGH Urteil v. 17.9.2002, Rn. 68 f.

329 Rs. C-413/99 *Baumbast und R*, EuGH Urteil v. 17.9.2002, Rn. 81.

330 Rs. C-184/99 *Grzelczyk*, EuGH Urteil v. 20.9.2001.

331 Rs. C-413/99 *Baumbast und R*, EuGH Urteil v. 17.9.2002, Rn. 86 f.

332 Rs. 41/74 *van Duyn*, EuGH Urteil v. 4.12.1974, Rn. 7 (unmittelbare Anwendbarkeit von Art. 48 EWG-Vertrag, heute Art. 45 AEUV).

welche im Aufnahmemitgliedstaat alle Risiken abdeckt, voraus, diese Beschränkungen und Bedingungen seien jedoch nur unter Einhaltung der einschlägigen gemeinschaftsrechtlichen Grenzen und im Einklang mit den allgemeinen Grundsätzen des Gemeinschaftsrechts, d.h. insbesondere mit dem Grundsatz der Verhältnismäßigkeit, anzuwenden. Das berechtigte Interesse des Aufnahmemitgliedstaats, dass dessen öffentliche Finanzen nicht „über Gebühr" belastet werden dürften, stünde dem unionsbürgerschaftlichen Aufenthaltsinteresse gegenüber. Es wäre ein unverhältnismäßiger Eingriff in das Aufenthaltsrecht aus Art. 18 Abs. 1 EGV, wenn Herr Baumbast die Ausübung seines Aufenthaltsrechts in Anwendung der Richtlinie 90/364/EWG allein mit der Begründung versagt werde, dass seine Krankenversicherung eine Notversorgung im Aufnahmemitgliedstaat nicht abdecke.[333]

d) Analyse

Die Entscheidung in der Rs. *Baumbast und R* ist insbesondere aus drei Gründen bedeutsam:

aa) Rechtsfortbildung des Sekundärrechts

Zunächst kommen sowohl der Generalanwalt als auch der Gerichtshof zu dem Ergebnis, dass auch dem tatsächlich sorgenden Elternteil eines aus der Verordnung 1612/68/EWG aufenthaltsberechtigten Kindes unabhängig von dessen Staatsangehörigkeit ein Aufenthaltsrecht zustehen müsse. Zwar sieht die Verordnung für eine drittstaatsangehörige Person in der Situation von Frau Baumbast eigentlich kein Aufenthaltsrecht vor, da Herr Baumbast zum fraglichen Zeitpunkt nicht mehr als Wanderarbeitnehmer anzusehen ist. Der Generalanwalt sieht insoweit jedoch eine ausfüllungsbedürftige Lücke des Gemeinschaftsrechts. Letztlich kommen daher sowohl der Generalanwalt als auch der EuGH zu dem Ergebnis, dass dem tatsächlich sorgenden Elternteil unabhängig von der Staatsangehörigkeit ein Aufenthaltsrecht zustehen müsse. Dies wird mit der Effektivität des Aufenthaltsrechts der Kinder bzw. der praktischen Wirksamkeit (*effet utile*) von Art. 12 der Verordnung 1612/68/EWG begründet und darüber hinaus mit Blick auf Art. 8 EMRK, d.h. dem Recht auf Achtung des Privat- und Familienlebens. Es handelt sich damit folglich um eine Rechtsfortbildung des Sekundärrechts.

Zwar ist eine Rechtsfortbildung des Sekundärrechts grundsätzlich weniger folgenreich als eine Rechtsfortbildung des Primärrechts, da das Sekundärrecht einfacher änderbar ist als das Primärrecht, doch auch eine solche unterliegt einer gegenüber der einfachen Auslegung des Rechts erhöhten Begründungspflicht. Diese ergibt sich auch aus dem Prinzip des institutionellen

---

[333] Rs. C-413/99 *Baumbast und R*, EuGH Urteil v. 17.9.2002, Rn. 93.

Gleichgewichts.[334] In der Rs. *Baumbast und R* führen sowohl der Generalanwalt als auch der Gerichtshof verschiedene Gründe für ein abgeleitetes Aufenthaltsrecht an. Insbesondere das Kriterium der Effektivität ist mit Blick auf die später zu erörternden Urteile in den Rs. *Zhu und Chen*[335] sowie *Zambrano*[336] bereits zukunftsweisend. Vor diesem Hintergrund ist auch der Verweis auf Art. 8 EMRK bedeutsam. Er sollte später die Frage aufwerfen, inwieweit die Entscheidung in der Rs. *Zambrano* auch durch grundrechtliche Implikationen begründet war.

Darüber hinaus ist festzustellen, dass Art. 12 der Verordnung 1612/68/EWG selbst davon ausgeht, dass sich der Beschäftigungsstatus des Elternteils, durch welches das Aufenthaltsrecht des Kindes vermittelt wird, ändern kann. Denn der Wortlaut spricht davon, dass Kinder eines Unionsbürgers, der im Hoheitsgebiet eines anderen Mitgliedstaats „beschäftigt ist oder beschäftigt gewesen ist", am Unterricht teilnehmen können. Insoweit ist dem Gerichtshof zu folgen, dass dieses tatsächlich normierte Recht nicht effektiv ausgeübt werden könnte, wenn nicht auch ein Aufenthaltsrecht des sorgenden Elternteils gewährleistet wird, obgleich Art. 10 Abs. 1 der Verordnung Nr. 1612/68/EWG den Fortbestand des Aufenthaltsrechts nach Wegfall des Beschäftigungsverhältnisses gerade nicht vorsieht. Würde man der Mutter das Aufenthaltsrecht hier indes nicht gewähren, so würde in Fallgestaltungen, wie derjenigen in der Rs. *Baumbast und R*, Art. 12 der Verordnung 1612/68/EWG gänzlich leerlaufen und daher eine solche Auslegung nicht einmal mehr dem Effektivitätsgrundsatz in seiner am wenigsten weitreichenden Form[337] entsprechen.

Dass die in der Rs. *Baumbast und R* erfolgte Rechtsfortbildung kaum Aufmerksamkeit erhielt, ist sicherlich nicht nur damit zu begründen, dass es sich „nur" um eine Rechtsfortbildung des Sekundärrechts handelte, die sich darüber hinaus auch schlüssig begründen ließ. Daneben dürfte maßgeblich gewesen sein, dass Frau Baumbast bereits für einen längeren Zeitraum ein gemeinschaftsrechtliches Aufenthaltsrecht zugestanden hatte, sodass es sich allein um eine zeitliche Ausdehnung dieses Rechts handelte.

bb) Unmittelbare Anwendbarkeit des Aufenthalts- und Freizügigkeitsrechts

Deutlich mehr Beachtung erhielt das Urteil vor dem Hintergrund, dass der EuGH richtigerweise mit diesem erstmals ausdrücklich die unmittelbare An-

---

[334] Hierzu oben, § 5 B. II. 2. b) bb) (2).

[335] Rs. C-200/02 *Zhu und Chen*, EuGH Urteil v. 19.10.2004, hierzu ausführlich unten, § 7 B. III. 1.

[336] Rs. C-34/09 *Zambrano*, EuGH Urteil v. 8.3.2011, hierzu ausführlich unten, § 7 B. III. 3.

[337] Zu dem unterschiedlichen Gewicht, das der EuGH dem Effektivitätsgrundsatz beimisst, oben, § 4 B. III. 3.

wendbarkeit von Art. 18 Abs. 1 EGV (heute Art. 21 Abs. 1 AEUV) bestätigte.[338] Auch der Generalanwalt hatte sich für diese mit ausführlicher Begründung ausgesprochen.[339] Durch die Feststellung der unmittelbaren Anwendbarkeit des Freizügigkeits- und Aufenthaltsrechts wird das Verständnis der bereits zuvor ergangenen viel diskutierten Entscheidungen nachträglich erhöht.

cc) Anwendbarkeit des Verhältnismäßigkeitsgrundsatzes

Weiter geht mit der Entscheidung in der Rs. *Baumbast und R* die Feststellung einher, dass vor dem Hintergrund der unmittelbaren Anwendbarkeit des Freizügigkeits- und Aufenthaltsrechts Einschränkungen dieses Rechts verhältnismäßig sein müssen.[340] Der Gerichtshof kommt insoweit zu dem Ergebnis, dass eine Versagung des Aufenthaltsrechts von Herrn Baumbast allein aus dem Grund, dass die Krankenversicherung in Deutschland eine etwaige Notversorgung im Vereinigten Königreich nicht umfasst, unverhältnismäßig ist.[341]

Dass der Gerichtshof die im Sekundärrecht verankerten Beschränkungen und Bedingungen der gerichtlichen Kontrolle anhand des Primärrechts unterwirft und daher insbesondere den Verhältnismäßigkeitsgrundsatz anwendet, ist aufgrund der einheitlichen Schrankensystematik, die dem Freizügigkeits- und Aufenthaltsrecht zugrunde liegt, überzeugend.[342]

---

[338] *Steiger*, Freizügigkeit in der EU und Einschränkungen von Sozialleistungen für EU-Ausländer, Vom Verlust der richtigen Balance zwischen den Interessen der Mitgliedstaaten und den Rechten des Einzelnen sowie der Notwendigkeit einer primärrechtskonformen Auslegung der Freizügigkeitsrichtlinie, EuR 2018, 304, 310; *Lenaerts*, Union Citizenship and the Principle of Non-Discrimination on Grounds of Nationality, in: Festskrift til Claus Gulmann: Liber Amicorum, 289, 291 f.

[339] Vgl. insoweit aber das Urteil in der Rs. C-356/89 *Kaba*, EuGH Urteil v. 11.4.2000, Rn. 30, indem der EuGH noch folgendermaßen argumentiert hatte: „Hierzu ist festzustellen, daß beim gegenwärtigen Stand des Gemeinschaftsrechts das Aufenthaltsrecht der Staatsangehörigen eines Mitgliedstaats im Hoheitsgebiet eines anderen Mitgliedstaats nicht uneingeschränkt gewährt wird. Das ergibt sich zum einen aus den Bestimmungen zur Freizügigkeit im Titel III des Dritten Teils des EG-Vertrags und den zu ihrer Durchführung erlassenen Vorschriften des abgeleiteten Rechts und zum anderen aus den Bestimmungen des Zweiten Teils des EG-Vertrags und insbesondere aus Artikel 8a EG-Vertrag, der zwar den Unionsbürgern das Recht verleiht, sich im Hoheitsgebiet der Mitgliedstaaten frei zu bewegen und aufzuhalten, dabei aber ausdrücklich auf die im EG-Vertrag und in den Durchführungsvorschriften vorgesehenen Beschränkungen und Bedingungen verweist."

[340] Rs. C-413/99 *Baumbast und R*, EuGH Urteil v. 17.9.2002, Rn. 91; *Lenaerts*, Union Citizenship and the Principle of Non-Discrimination on Grounds of Nationality, in: Festskrift til Claus Gulmann: Liber Amicorum, 289, 292.

[341] Rs. C-413/99 *Baumbast und R*, EuGH Urteil v. 17.9.2002, Rn. 93.

[342] Hierzu bereits oben, § 7 B. II. 2. d) dd) (2) (a).

Zwar scheint dem vom EuGH gefundenen Ergebnis der eindeutige Wortlaut von Art. 1 Abs. 1 der Richtlinie 90/364/EWG entgegenzustehen, da Herr Baumbast offenbar gerade nicht über eine Krankenversicherung verfügte, die alle Risiken im Aufnahmemitgliedstaat abdeckte, da eine Notversorgung nicht mit eingeschlossen war. Der EuGH überwindet die grammatische Auslegung der Richtlinie jedoch plausibel mit Hilfe eines teleologischen Arguments. Denn der EuGH geht von der Unverhältnismäßigkeit einer Versagung des Aufenthaltsrechts insbesondere vor dem Hintergrund aus, dass Herr Baumbast über ausreichende Mittel zur Existenzsicherung verfügte, da er weiterhin eine feste Anstellung bei einer deutschen Firma vorweisen konnte, für die er in mehreren Drittstaaten tätig war. Es stand also nicht zu befürchten, dass die öffentlichen Finanzen des Aufnahmemitgliedstaats „über Gebühr" belastet würden. Insoweit gründet sich die Entscheidung des Gerichtshofs auch auf der Tatsache, dass die strengen Voraussetzungen der Richtlinie, welche für wirtschaftlich inaktive Unionsbürger gelten sollten, auf die Situation von Herrn Baumbast nicht wirklich passten. Diese Überlegung scheint auch in den Ausführungen des Generalanwalts auf, der daher eine analoge Anwendung der Vorschriften für Erwerbstätige vorschlägt.[343] Darüber hinaus spricht für eine Unverhältnismäßigkeit der Versagung des Aufenthaltsrechts, dass die Bedingungen und Beschränkungen der Aufenthaltsrichtlinie als Einschränkungen des primärrechtlichen Freizügigkeits- und Aufenthaltsrechts eng auszulegen sind. Die Entscheidung des Gerichtshofs hinsichtlich des Aufenthaltsrechts von Herrn Baumbast kann daher im Ergebnis überzeugen.[344]

5. Die Rechtssache Trojani[345]

a) Sachverhalt und Vorlagefrage

Herr Trojani ist französischer Staatsangehöriger und hielt sich im Jahr 1972 für eine kurze Zeit in Belgien auf, wo er nach eigenen Angaben zeitweise eine selbstständige Tätigkeit im Vetriebssektor ausübte. Im Jahr 2000 kehrte er nach Belgien zurück und hatte ein vorläufiges Aufenthaltsrecht. Im Januar 2002 wurde er in einem Heim der Heilsarmee aufgenommen, wo er für seine Unterkunft und etwas Taschengeld im Rahmen eines Projekts zur beruflichen Eingliederung etwa 30 Stunden in der Woche verschiedene Leistungen erbrachte. Da Herr Trojani mittellos war, beantragte er bei der zuständigen Behörde die Gewährung des Existenzminimums (Minimex) mit der Begründung, dass er monatlich 400 Euro an das Wohnheim zu zahlen habe, er jedoch

[343] Rs. C-413/99 *Baumbast und R*, Schlussanträge GA Geelhoed v. 5.7.2001, Rn. 121 f.

[344] Vgl. im Ergebnis auch: *Dougan*, The Constitutional Dimension to the Case Law on Union Citizenship, E.L.Rev. 2006, 613, 626.

[345] Rs. C-456/02 *Trojani*, EuGH Urteil v. 7.9.2004.

auch die Möglichkeit haben müsse, aus diesem auszuziehen und selbstständig zu leben. Der Antrag wurde mit der Argumentation abgelehnt, dass Herr Trojani nicht die belgische Staatsangehörigkeit besitze und die Verordnung 1612/68/EWG nicht auf ihn anwendbar sei. Diesen Ablehnungsbescheid griff Herr Trojani vor dem zuständigen Gericht an, das dem EuGH u.a. folgende Frage zur Vorabentscheidung vorlegte:

Steht einer Person in einer Situation wie der vorliegenden allein aufgrund ihrer Unionsbürgerschaft im Aufnahmemitgliedstaat in unmittelbarer Anwendung von Art. 18 EGV (heute Art. 21 AEUV) ein Aufenthaltsrecht zu?

b) Würdigung durch den Generalanwalt[346]

GA Geelhoed legt zunächst ausführlich den Ausgangspunkt für die nachfolgende Beurteilung des Sachverhalts dar:[347] Im vorliegenden Fall gehe es um einen Bürger eines Mitgliedstaats, der sich in einen anderen Mitgliedstaat begebe, ohne über ausreichende Mittel zur Bestreitung seines Lebensunterhalts zu verfügen. Er lebe dort in einem Obdachlosenheim, in dem er bestimmte Arbeiten verrichte. Fraglich sei, ob dieser Bürger aus dem Gemeinschaftsrecht ein Aufenthaltsrecht ableiten und ggf. auch Leistungen im Aufnahmestaat beanspruchen könne. Bei Beantwortung der Frage müsse die Entwicklung des Aufenthaltsrechts im Rahmen der Europäischen Union berücksichtigt werden.

Wie der EuGH in der Rs. *Baumbast und R*[348] festgestellt habe, sei das in Art. 18 EGV (heute Art. 21 AEUV) verankerte Aufenthaltsrecht ein grundlegendes Recht, das unmittelbar anwendbar sei und möglichst wenig eingeschränkt werden dürfe.[349] Zwei Gruppen legitimer Interessen, die die Mitgliedstaaten zur Beschränkung des Aufenthaltsrechts anführen dürften, seien anerkannt. Einerseits seien Beschränkungen aus Gründen der öffentlichen Sicherheit, Ordnung oder Gesundheit möglich, andererseits dürften Beschränkungen festgelegt werden, um zu vermeiden, dass Aufenthaltsberechtigte die öffentlichen Finanzen des Aufnahmemitgliedstaats über Gebühr belasteten. So könne verhindert werden, dass das Aufenthaltsrecht für einen Sozialtourismus in einen Mitgliedstaat mit angenehmeren Bedingungen auf dem Gebiet der sozialen Sicherheit benutzt werde. In der vorliegenden Sache stünden letztgenannte Beschränkungen im Vordergrund.[350]

Da Herr Trojani unter Berücksichtigung der hierzu ergangenen Rechtsprechung nicht als Arbeitnehmer anzusehen sei[351], müsse geprüft werden, ob

---

[346] Rs. C-456/02 *Trojani*, Schlussanträge GA Geelhoed v. 19.2.2004.

[347] Rs. C-456/02 *Trojani*, Schlussanträge GA Geelhoed v. 19.2.2004, Rn. 9f.

[348] Rs. C-413/99 *Baumbast und R*, EuGH Urteil v. 19.9.2002, Rn. 84.

[349] Rs. C-413/99 *Baumbast und R*, EuGH Urteil v. 19.9.2002, Rn. 10f.

[350] Rs. C-413/99 *Baumbast und R*, EuGH Urteil v. 19.9.2002, Rn. 10 u. 13.

[351] Rs. C-456/02 *Trojani*, Schlussanträge GA Geelhoed v. 19.2.2004, Rn. 51f.

ihm ein Aufenthaltsrecht aus Art. 18 EGV (Art. 21 AEUV) zustehe. Hierzu stellt der Generalanwalt zunächst fest, dass die Beschränkungen und Bedingungen, durch welche die Mitgliedstaaten nach Art. 18 Abs. 1 EGV (heute Art. 21 Abs. 1 AEUV) das Freizügigkeits- und Aufenthaltsrecht einschränken könnten, nach dem Urteil in der Rs. *Baumbast und R* der gerichtlichen Überprüfung insbesondere anhand des Verhältnismäßigkeitsgrundsatzes unterlägen.[352]

Zunächst sei zu prüfen, ob eine der Beschränkungen und Bedingungen i.S.v. Art. 18 Abs. 1 EGV (Art. 21 Abs. 1 AEUV) anwendbar sei. Dies sei zweifelsfrei der Fall, da Herr Trojani nicht über ausreichende Mittel verfüge, um seinen Lebensunterhalt zu bestreiten und daher unter die Beschränkung des Art. 1 Abs. 1 der Richtlinie 90/364/EWG falle.[353] Darüber hinaus dürften nationale Maßnahmen, die das Aufenthaltsrecht beschränkten jedoch nicht unverhältnismäßig sein. Nach dem Urteil in der Rs. *Baumbast und R* sei von Unverhältnismäßigkeit jedenfalls dann auszugehen, wenn die Kriterien des Art. 1 der o.g. Richtlinie zwar nicht buchstabengetreu erfüllt, die öffentlichen Finanzen des Gastlandes aber nicht belastet würden. Eine Beschränkung des Aufenthaltsrechts aus rein formalen Gründen sei folglich nicht möglich.[354] Im vorliegenden Fall sei die Beschränkung des Aufenthaltsrechts jedoch nicht unverhältnismäßig, da die Beschränkungen und Bedingungen gemäß der Richtlinie insbesondere Fälle beträfen, in denen die Betroffenen für einen erheblichen Teil ihres Einkommens auf Sozialleistungen im Aufnahmemitgliedstaat angewiesen seien. Denn das Gemeinschaftsrecht gehe davon aus, dass Personen, die auf Sozialleistungen angewiesen seien, im eigenen Staat unterstützt würden.[355]

Abschließend sei zu prüfen, ob die Verweigerung des „Minimex" gegenüber Herrn Trojani eine verbotene Diskriminierung aus Gründen der Staatsangehörigkeit darstelle. Die Beantwortung dieser Frage hänge von dem aufenthaltsrechtlichen Status des Unionsbürgers ab. Könne ein Unionsbürger sein Aufenthaltsrecht aus dem Gemeinschaftsrecht herleiten, so sei der Anwendungsbereich des Gemeinschaftsrechts eröffnet und entsprechend dem Urteil in der Rs. *Grzelczyk* in der Folge auch das Diskriminierungsverbot anwendbar. Auch wenn eine unbeschränkte Aufenthaltsgenehmigung vorliege, wäre der Aufenthaltsstatus eines Unionsbürgers dem eines belgischen Staatsangehörigen vergleichbar und eine etwaige Leistungsversagung knüpfe in einem solchen Fall nicht an einen unterschiedlichen Aufenthaltsstatus an, sondern an die unterschiedliche Staatsangehörigkeit.[356]

---

[352] Rs. C-456/02 *Trojani*, Schlussanträge GA Geelhoed v. 19.2.2004, Rn. 62.
[353] Rs. C-456/02 *Trojani*, Schlussanträge GA Geelhoed v. 19.2.2004, Rn. 66 f.
[354] Rs. C-456/02 *Trojani*, Schlussanträge GA Geelhoed v. 19.2.2004, Rn. 68 f.
[355] Rs. C-456/02 *Trojani*, Schlussanträge GA Geelhoed v. 19.2.2004, Rn. 70.
[356] Rs. C-456/02 *Trojani*, Schlussanträge GA Geelhoed v. 19.2.2004, Rn. 73.

Sei hingegen, wie im vorliegenden Fall, nur eine befristete Aufenthaltsgenehmigung erteilt worden, habe der Unionsbürger kein uneingeschränktes Aufenthaltsrecht und könne in der Folge auch keine sozialen Leistungen des Mitgliedstaats beanspruchen.[357]

c) *Würdigung durch den EuGH*[358]

Auch der EuGH prüft zunächst, ob Herr Trojani unter Anwendung der spezielleren Grundfreiheiten ein Freizügigkeitsrecht genießt, insbesondere ob er als Arbeitnehmer angesehen werden kann. Es sei jedoch Sache des vorlegenden Gerichts diese Frage zu beantworten.[359]

Weiter prüft der EuGH, ob Herr Trojani aufgrund von Art. 18 EGV (Art. 21 AEUV) ein Aufenthaltsrecht zusteht.[360] Zwar habe der EuGH in der Rs. *Baumbast und R*[361] bereits festgestellt, dass sich jeder Unionsbürger unmittelbar auf Art. 18 Abs. 1 EGV (Art. 21 Abs. 1 AEUV) berufen kann, das Aufenthaltsrecht bestehe aber nur vorbehaltlich der im Vertrag und den Durchführungsvorschriften vorgesehenen Beschränkungen und Bedingungen. Zu diesen gehöre auch Art. 1 der Richtlinie 90/364/EWG, nach welchem das Aufenthaltsrecht von einem umfassenden Krankenversicherungsschutz sowie ausreichenden Existenzmitteln abhängig gemacht werden könne. Die Existenzmittel sollten sicherstellen, dass während des Aufenthalts nicht die Sozialhilfe des Aufnahmemitgliedstaats in Anspruch genommen werden müsse. Die Beschränkungen und Bedingungen dürften jedoch nur im Einklang mit den allgemeinen Grundsätzen des Gemeinschaftsrechts, insbesondere dem Grundsatz der Verhältnismäßigkeit, angewendet werden.[362] Im vorliegenden Fall habe Herr Trojani jedoch aus Mangel an Existenzmitteln Sozialleistungen beantragt. Unter diesen Umständen könne ein Unionsbürger kein Aufenthaltsrecht aus Art. 18 EGV (Art. 21 AEUV) ableiten, denn im Unterschied zu der Situation in der Rs. *Baumbast und R* ginge die Versagung des Aufenthaltsrechts im vorliegenden Fall nicht über das hinaus, was zur Erreichung des mit der Richtlinie 90/364/EWG verfolgten Ziels erforderlich sei.[363]

Herr Trojani habe sich jedoch rechtmäßig in Belgien aufgehalten und habe eine entsprechende Aufenthaltserlaubnis vorweisen können. Insoweit sei daher zu prüfen, ob sich ein Unionsbürger trotz der vorher getroffenen Fest-

---

357 Rs. C-456/02 *Trojani*, Schlussanträge GA Geelhoed v. 19.2.2004, Rn. 74.
358 Rs. C-456/02 *Trojani*, EuGH Urteil v. 7.9.2004.
359 Rs. C-456/02 *Trojani*, EuGH Urteil v. 7.9.2004, Rn. 23 f.
360 Rs. C-456/02 *Trojani*, EuGH Urteil v. 7.9.2004, Rn. 30 f.
361 Rs. C-413/99 *Baumbast und R*, EuGH Urteil v. 19.9.2002, Rn. 84.
362 Rs. C-456/02 *Trojani*, EuGH Urteil v. 7.9.2004, Rn. 31 f.
363 Rs. C-456/02 *Trojani*, EuGH Urteil v. 7.9.2004, Rn. 35 f.

stellung, dass kein Aufenthaltsrecht aus Art. 18 EGV (Art. 21 AEUV) besteht, auf Art. 12 EGV (Art. 18 AEUV) berufen könne. Zwar dürften die Mitgliedstaaten den Aufenthalt eines wirtschaftlich nicht aktiven Unionsbürgers von der Verfügbarkeit ausreichender Existenzmittel abhängig machen, hieraus ergebe sich aber nicht, dass während eines rechtmäßigen Aufenthalts im Aufnahmemitgliedstaat nicht das in Art. 12 EGV (Art. 18 AEUV) niedergelegte Prinzip der Gleichbehandlung zur Anwendung komme, nach dem im Anwendungsbereich des Vertrages jede Diskriminierung aus Gründen der Staatsangehörigkeit verboten sei. In diesem Zusammenhang sei festzustellen, dass Leistungen der Sozialhilfe nach dem Urteil in der Rs. *Grzelczyk* in den Anwendungsbereich des Vertrages fielen. Im Hinblick auf derartige Leistungen könne sich ein Unionsbürger, wenn er sich für eine bestimmte Dauer rechtmäßig im Aufnahmemitgliedstaat aufgehalten habe oder im Besitz einer Aufenthaltserlaubnis sei, auf Art. 12 EGV (Art. 18 AEUV) berufen. Wenn einem Unionsbürger die Sozialhilfe nicht gewährt werde, obwohl er sich rechtmäßig im Aufnahmemitgliedstaat aufhalte und alle Voraussetzungen erfülle, die für die Staatsangehörigen des Aufnahmemitgliedstaats gelten, stelle dies eine nach Art. 12 EGV (Art. 18 AEUV) verbotene Diskriminierung dar.[364] Dem aufnehmenden Mitgliedstaat bliebe es aber unbenommen festzustellen, dass ein Unionsbürger, der Sozialhilfe in Anspruch genommen habe, die Voraussetzungen für sein Aufenthaltsrecht nicht mehr erfülle und unter Einhaltung der gemeinschaftsrechtlichen Grenzen eine Ausweisungsmaßnahme vorzunehmen. Eine solche dürfe jedoch unter Berücksichtigung des Urteils in der Rs. *Grzelczyk*[365] nicht automatische Folge der Inanspruchnahme von Sozialhilfe sein.[366]

Im Ergebnis könne einem Unionsbürger, dem nicht bereits aufgrund der speziellen Grundfreiheiten ein Aufenthaltsrecht zustehe, aufgrund unmittelbarer Anwendung von Art. 18 Abs. 1 EGV (Art. 21 Abs. 1 AEUV) ein Aufenthaltsrecht zustehen. Die Wahrnehmung dieses Rechts unterliege aber den in der Norm genannten Beschränkungen und Bedingungen. Diese seien jedoch nur unter Beachtung der allgemeinen Grundsätze des Gemeinschaftsrechts, insbesondere des Grundsatzes der Verhältnismäßigkeit, anzuwenden. Befinde sich eine Person in der Situation des Klägers und besitze eine Aufenthaltserlaubnis, könne sie unter Berufung auf Art. 12 EGV (heute Art. 18 AEUV) eine Leistung der Sozialhilfe beanspruchen.[367]

---

[364] Rs. C-456/02 *Trojani*, EuGH Urteil v. 7.9.2004, Rn. 39 f.
[365] Rs. C-184/99 *Grzelczyk*, EuGH Urteil v. 20.9.2001, Rn. 42 f.
[366] Rs. C-456/02 *Trojani*, EuGH Urteil v. 7.9.2004, Rn. 45.
[367] Rs. C-456/02 *Trojani*, EuGH Urteil v. 7.9.2004, Rn. 46.

d) Analyse

Das Urteil in der Rs. *Trojani* überrascht schon allein aufgrund der Tatsache, dass der Gerichtshof, anders als in der Regel üblich, den Schlussanträgen des Generalanwalts nicht folgt. Zwar kommen sowohl der Generalanwalt als auch der Gerichtshof zu dem Ergebnis, dass kein gemeinschaftsrechtliches, auf Art. 18 Abs. 1 EGV (heute Art. 21 Abs. 1 AEUV) gestütztes Aufenthaltsrecht geltend gemacht werden konnte, da Herr Trojani gänzlich mittellos war und daher nicht über ausreichende Existenzmittel i.S.d. Aufenthaltsrichtlinie verfügte.[368]

Anders als der Generalanwalt wendet der Gerichtshof das allgemeine Diskriminierungsverbot jedoch trotz dieses Hintergrundes an. Für den EuGH war insoweit ausreichend, dass der Aufenthalt von Herrn Trojani im Aufnahmemitgliedstaat „rechtmäßig" war. Insoweit nimmt der EuGH wieder auf das Urteil in der Rs. *Martínez Sala* Bezug.[369]

Die damit erfolgte extensive Auslegung des Tatbestandsmerkmals des „Anwendungsbereich[s]" der Verträge i.S.v. Art. 12 EGV (heute Art. 18 AEUV) ist höchst problematisch und kann nicht überzeugen. Denn in der Rs. *Trojani* begründete der EuGH die Eröffnung des sachlichen Anwendungsbereichs des Diskriminierungsverbots mit einem irreführenden Verweis auf das Urteil in der Rs. *Grzelczyk*. Dort habe der EuGH bereits geurteilt, dass Sozialhilfe vom Anwendungsbereich des Vertrages umfasst sei. Diese Feststellung hatte der EuGH in der Rs. *Grzelczyk* indes in dieser Form nicht getroffen, vielmehr konnte dort für die Eröffnung des Anwendungsbereichs in erster Linie auf die Ausübung einer vertraglich garantierten Grundfreiheit abgestellt werden.[370] Insoweit entsprach die Entscheidung in der Rs. *Grzelczyk* folglich dem ohnehin eher weit gefassten funktionalen Verständnis des allgemeinen Diskriminierungsverbots, nach welchem nach Auffassung des Gerichtshofs für dessen Anwendung darauf abzustellen ist, ob ein unionsrechtlich gewährtes Recht oder ein unionsrechtlicher Grundsatz in Rede steht. Da der EuGH in der Rs. *Trojani* jedoch zu dem Ergebnis kam, dass kein gemeinschaftsrechtliches Aufenthaltsrecht bestand, ist nicht ersichtlich, aus welchem Grund die Situation von Herrn Trojani in den Anwendungsbereich der Verträge fallen könnte.

---

[368] Kritisch hierzu: *Wollenschläger*, Aufenthaltsrecht und Sozialhilfe für Unionsbürger ohne wirtschaftliche Tätigkeit, EuZW 2005, 307, 310 f.

[369] Hierzu oben, § 7 B. II. 1. c); vgl. auch *Wollenschläger*, Aufenthaltsrecht und Sozialhilfe für Unionsbürger ohne wirtschaftliche Tätigkeit, EuZW 2005, 307, 311.

[370] *Wollenschläger*, Aufenthaltsrecht und Sozialhilfe für Unionsbürger ohne wirtschaftliche Tätigkeit, EuZW 2005, 307, 311; *Stewen*, Die Entwicklung des allgemeinen Freizügigkeitsrechts der Unionsbürger und seiner sozialen Begleitrechte, 179.

Dies ließe sich nur dann anders beurteilen, wenn man für die Eröffnung des Anwendungsbereichs des Diskriminierungsverbots allein das Abstellen auf die Unionsbürgerschaft genügen ließe. Eine derart weit verstandene Auslegung von Art. 12 EGV (heute Art. 18 AEUV) kann jedoch dogmatisch nicht überzeugen und ist darüber hinaus auch mit den die Auslegung leitenden Verfassungsprinzipien nicht in Einklang zu bringen.

Zwar schränkt der EuGH das Abstellen auf die Unionsbürgerschaft sinnvollerweise insoweit ein, als der Unionsbürger sich „in einem anderen Mitgliedstaat" aufgehalten haben muss, sodass durch diese Voraussetzung jedenfalls verhindert wird, dass das allgemeine Diskriminierungsverbot auch in Sachverhalten ohne grenzüberschreitenden Bezug Anwendung finden könnte, denn dies wäre insbesondere wegen des Prinzips der begrenzten Einzelermächtigung problematisch. Dass der EuGH jedoch auf die „Rechtmäßigkeit" des Aufenthalts abstellt, ist dogmatisch nicht überzeugend. Denn da die Unionsbürgerschaft jedem Staatsangehörigen eines anderen Mitgliedstaats voraussetzungslos gewährt wird, ist nicht ersichtlich, wie sich das vom EuGH aufgestellte Kriterium des „rechtmäßigen" Aufenthalts ohne Bezugnahme auf das gemeinschaftsrechtliche Aufenthaltsrecht schlüssig begründen lässt.[371] Außerdem lässt der Verweis auf den „Anwendungsbereich der Verträge" darauf schließen, dass die Mitgliedstaaten das Diskriminierungsverbot nicht völlig voraussetzungslos zur Anwendung bringen wollten, sondern eine Anwendung nur bei hinreichendem Bezug zum Unionsrecht möglich sein soll. Lässt man jedoch die Unionsbürgerschaft als Anknüpfungspunkt genügen, ist das Tatbestandsmerkmal des „Anwendungsbereichs der Verträge" faktisch nahezu bedeutungslos, da jeder Staatsangehörige eines anderen Mitgliedstaats zugleich auch Unionsbürger ist. Insbesondere der Verhältnismäßigkeitsgrundsatz streitet deshalb dafür, den Anwendungsbereich der Verträge bei Sachverhalten, in denen ein Mitgliedstaat Unionsbürgern ein Aufenthaltsrecht gänzlich unabhängig von den Rechtsgrundlagen des Unionsrechts gewährt, nicht als eröffnet anzusehen. Denn insoweit ist der Bezug zum Unionsrecht derart schwach, dass dem nationalen Recht der Vorrang einzuräumen ist. Ein Eingreifen in die mitgliedstaatliche Regelungsgewalt in Fällen, in welchen ein Mitgliedstaat einem Unionsbürger im Hinblick auf das Unionsrecht überobligatorisch ein Aufenthaltsrecht gewährt, ist daher nicht verhältnismäßig.[372]

---

[371] Vgl. *Wollenschläger*, Aufenthaltsrecht und Sozialhilfe für Unionsbürger ohne wirtschaftliche Tätigkeit, EuZW 2005, 307, 312; *Stewen*, Die Entwicklung des allgemeinen Freizügigkeitsrechts der Unionsbürger und seiner sozialen Begleitrechte, 211 f.

[372] Kritisch ohne Bezugnahme auf das Verhältnismäßigkeitsprinzip auch schon: *Tomuschat*, Case C-85/96, María Martínez Sala v. Freistaat Bayern, Judgment of 12 May 1998, Full Court, CMLR 2000, 449, 455 u. später *Streinz*, Anmerkung zum EuGH Urteil v. 7.9.2004 – C-456/02 Trojani, JuS 2005, 1117, 1120.

6. *Die Rechtssache* Bidar[373]

a) Sachverhalt und Vorlagefragen

Dany Bidar ist französischer Staatsangehöriger und zog 1998 in das Vereinigte Königreich, um dort bei seiner Großmutter zu leben. Nach dem Abschluss der höheren Schulbildung in London nahm er 2001 ein Studium der Wirtschaftswissenschaften auf und beantragte bei der zuständigen Stelle einen finanziellen Zuschuss zum Studium. Zwar wurde ihm eine Förderung für seine Studiengebühren gewährt, ein Darlehen für seine Unterhaltskosten aber versagt, da er nicht die nach inländischem Recht erforderliche Wohnzeit von vier Jahren erfüllte und folglich im Vereinigten Königreich nicht „settled", d.h. auf Dauer ansässig war. Als Student konnte Herr Bidar diese Stellung auch nicht erlangen, da jede für Vollzeitausbildung aufgewendete Zeit nicht für die erforderliche Wohnzeit anerkannt wurde. Herr Bidar focht diese Entscheidung an und das zuständige Gericht legte dem EuGH folgende Fragen zur Vorabentscheidung vor:

1. Liegt eine Unterhaltsbeihilfe für Studierende außerhalb des Anwendungsbereichs des Vertrages und insbesondere des Art. 12 Abs. 2 EGV (heute Art. 18 Abs. 1 AEUV)?

2. Sollte Unterhaltsbeihilfe in den Anwendungsbereich von Art. 12 Abs. 2 EGV (heute Art. 18 Abs. 1 AEUV) fallen, welche Kriterien hat das nationale Gericht anzuwenden, um festzustellen, ob die Voraussetzungen für den Anspruch auf Unterhaltsbeihilfe auf objektive Erwägungen gegründet sind, die nicht auf der Staatsangehörigkeit beruhen?

b) Würdigung durch den Generalanwalt[374]

GA Geelhoed beginnt seine Schlussanträge mit einer allgemeinen Würdigung des Standes des Gemeinschaftsrechts im Hinblick auf die Förderung von Studienkosten. Allgemein seien hierbei zwei Anknüpfungspunkte zu differenzieren: Erster Anknüpfungspunkt sei das Ziel der finanziellen Unterstützung (sachlicher Geltungsbereich des EG-Vertrages), der zweite Anknüpfungspunkt sei die Eigenschaft, in der eine Person finanzielle Förderung erhalte (persönlicher Geltungsbereich des EG-Vertrages).[375] Die Vorlagefragen konzentrierten sich insbesondere darauf, ob nationale Stipendien zur Deckung der Unterhaltskosten nunmehr vom sachlichen Geltungsbereich des EGV i.S.d. Art. 12 EGV (heute Art. 18 AEUV) umfasst seien.

Bislang habe man zwischen den Kosten für den Zugang zu einer Ausbildung einerseits und den Unterhaltskosten andererseits differenzieren müs-

[373] Rs. C-209/03 *Bidar*, EuGH Urteil v. 15.3.2005.

[374] Rs. C-209/03 *Bidar*, Schlussanträge GA Geelhoed v. 11.11.2004.

[375] Rs. C-209/03 *Bidar*, Schlussanträge GA Geelhoed v. 11.11.2004, Rn. 9.

sen. Seit dem Urteil in der Rs. *Gravier*[376] hätten die Staatsangehörigen der Mitgliedstaaten einen Anspruch auf Gleichbehandlung im Hinblick auf sämtliche Kosten des Zugangs zu einer Ausbildung, welche die Befähigung zu der Ausübung eines Berufes verleihe. So müssten etwa die Kosten für die Einschreibung einheitlich ausgestaltet sein. Vor diesem Hintergrund sei Herr Bidar auch im vorliegenden Fall eine Förderung für die Studiengebühren gewährt worden. Die Förderung für Unterhaltskosten bei Personen, die nicht als Arbeitnehmer i.S.d. Gemeinschaftsrechts anzusehen seien[377], sei bislang hingegen nicht in den Geltungsbereich des Vertrages gefallen. Denn eine derartige Förderung sei den Bereichen der Bildungspolitik und der Sozialpolitik zugeordnet worden. Für die Bildungspolitik sei die Gemeinschaft nicht zuständig gewesen, gleiches habe für den Bereich der Sozialpolitik gegolten, sofern keine besonderen Vorschriften des EWG-Vertrages einschlägig gewesen seien.[378]

Bei Studenten, die keiner wirtschaftlichen Betätigung nachgingen, seien zwei Gruppen zu differenzieren: Die Situation von Studenten, die sich in einen anderen Mitgliedstaat begäben, um dort ein volles Studium zu absolvieren, werde von der Richtlinie 93/96/EWG geregelt, die den Studenten für die Dauer ihres Studiums ein Aufenthaltsrecht gewähre. Der Aufnahmemitgliedstaat dürfe von den Studenten jedoch die Glaubhaftmachung von Existenzmitteln verlangen, sodass während des Aufenthalts nicht die Sozialhilfe des Aufnahmemitgliedstaats in Anspruch genommen werden müsse. Weiterhin dürfe der Aufnahmemitgliedstaat die Einschreibung in einer anerkannten Lehranstalt sowie einen Krankenversicherungsschutz, der sämtliche Risiken im Aufnahmemitgliedstaat abdeckt, verlangen. Außerdem sehe Art. 3 der Richtlinie 93/96/EWG vor, dass ein Anspruch auf die Gewährung von Unterhaltsstipendien durch die Richtlinie nicht begründet werde.[379]

Die zweite Gruppe umfasse Personen, die unter Gebrauchmachung ihres in Art. 18 EGV (heute Art. 21 AEUV) verankerten und in der Richtlinie 90/364/EWG im Einzelnen geregelten Freizügigkeits- und Aufenthaltsrechts als Unionsbürger in den Aufnahmemitgliedstaat eingereist seien. Die als Unionsbürger eingereisten Personen behielten ihr Aufenthaltsrecht so lange, wie sie die Voraussetzungen der Richtlinie 90/364/EWG erfüllten, unabhängig von ihren jeweiligen Beweggründen.[380] Personen dieser zweiten Gruppe

---

[376] Rs. 293/83 *Gravier*, EuGH Urteil v. 13.2.1985.

[377] Arbeitnehmer hatten nach Art. 7 Abs. 2 der Verordnung 1612/68/EWG einen Anspruch auf die gleichen sozialen Vergünstigungen wie die Staatsangehörigen des Aufnahmemitgliedstaats. Die Förderung für den Lebensunterhalt ist eine solche soziale Vergünstigung.

[378] Rs. C-209/03 *Bidar*, Schlussanträge GA Geelhoed v. 11.11.2004, Rn. 11.

[379] Rs. C-209/03 *Bidar*, Schlussanträge GA Geelhoed v. 11.11.2004, Rn. 18.

[380] Rs. C-209/03 *Bidar*, Schlussanträge GA Geelhoed v. 11.11.2004, Rn. 19.

hätten nach den Urteilen in den Rs. *Gravier*[381] und *Raulin*[382] Anspruch auf Förderung für die Kosten für den Zugang zur Bildung. Dieser Anspruch sei, wie bereits erwähnt, vorliegend auch unbestritten.

Da eine Art. 3 der Richtlinie 93/96/EWG entsprechende Regelung in der Richtlinie 90/364/EWG nicht getroffen worden sei, bleibe die Situation von Studenten, die sich als Unionsbürger im Aufnahmemitgliedstaat aufhielten im Hinblick auf die Förderung für die Unterhaltskosten ein unerforschtes Gebiet. Um diese Lücke in der Richtlinie 90/364/EWG hinsichtlich der Rechtsstellung von Unionsbürgern in der genannten Situation ausfüllen zu können, bedürfe es einer Analyse der Rechtsprechung des Gerichtshofs zur Unionsbürgerschaft gem. den Art. 17 und 18 EGV (heute Art. 20 u. 21 AEUV) und zu sozialen Vergünstigungen.[383]

In der Folge gibt GA Geelhoed daher einen Überblick über die bislang entschiedenen Fälle. In der Rs. *Martínez Sala*[384] sei das Erziehungsgeld vom sachlichen Geltungsbereich des EGV erfasst gewesen. Frau Martínez Sala habe daher gem. Art. 12 EGV (heute Art. 18 AEUV) unter denselben Bedingungen wie deutschen Staatsangehörigen Erziehungsgeld gewährt werden müssen.[385] In der Rs. *Grzelczyk*[386] habe der Gerichtshof festgestellt, dass Art. 3 der Richtlinie 93/96 die Gewährung von Sozialleistungen nicht ausschließe. Da die Gewährung des Existenzminimums (Minimex) vom Geltungsbereich des EGV umfasst gewesen sei, habe Herr Grzelzyk insoweit gem. Art. 12 EGV (heute Art. 18 AEUV) einen Anspruch gehabt.[387] In der Rs. *D'Hoop*[388] habe einer belgischen Studentin von ihrem Heimatstaat nicht das Überbrückungsgeld mit der Begründung versagt werden dürfen, dass sie ihre höhere Schulbildung in Frankreich erworben hatte.[389] Zwar dürften die Mitgliedstaaten Voraussetzungen aufstellen, die gewährleisteten, dass eine tatsächliche Verbindung zwischen dem Beantragenden einer sozialen Vergünstigung i.S.v. Art. 7 Abs. 2 der Verordnung Nr. 1612/68 und dem räumlichen Arbeitsmarkt bestehe, diese dürften jedoch nicht über das zur Erreichung dieses Zieles Erforderliche hinausgehen.[390] Und schließlich habe der Gerichtshof in der Rs. *Trojani*[391] festgestellt, dass der französische Kläger

[381] Rs. 293/83 *Gravier*, EuGH Urteil v. 13.2.1985.
[382] Rs. C-357/89 *Raulin*, EuGH Urteil v. 26.2.1992.
[383] Rs. C-209/03 *Bidar*, Schlussanträge GA Geelhoed v. 11.11.2004, Rn. 20.
[384] Rs. C-85/96 *Martínez Sala*, EuGH Urteil v. 12.5.1998.
[385] Rs. C-209/03 *Bidar*, Schlussanträge GA Geelhoed v. 11.11.2004, Rn. 23.
[386] Rs. C-184/99 *Grzelczyk*, EuGH Urteil v. 20.9.2001.
[387] Rs. C-209/03 *Bidar*, Schlussanträge GA Geelhoed v. 11.11.2004, Rn. 24.
[388] Rs. C-224/98 *D'Hoop*, EuGH Urteil v. 11.7.2002.
[389] Rs. C-209/03 *Bidar*, Schlussanträge GA Geelhoed v. 11.11.2004, Rn. 25.
[390] Rs. C-209/03 *Bidar*, Schlussanträge GA Geelhoed v. 11.11.2004, Rn. 26.
[391] Rs. C-456/02 *Trojani*, EuGH Urteil v. 7.9.2004.

zwar aufgrund seiner Mittellosigkeit in Belgien kein Recht auf Aufenthalt aus Art. 18 Abs. 1 EGV i.V.m. der Richtlinie 90/364/EWG herleiten konnte, jedoch über eine Aufenthaltserlaubnis verfügte und aufgrund dieses rechtmäßigen Aufenthalts einen Anspruch auf Gleichbehandlung nach Art. 12 EGV (heute Art. 18 AEUV) habe geltend machen können.[392]

Betrachte man die genannten Urteile in ihrer Gesamtheit werde deutlich, dass die Unionsbürgerschaft den grundlegenden Status aller Staatsangehörigen von EU-Mitgliedstaaten darstelle. Dass ein Unionsbürger in einem anderen Mitgliedstaat ein Hochschulstudium absolviere, könne ihm nicht die Möglichkeit nehmen, sich auf Art. 12 EGV (heute Art. 18 AEUV) zu berufen. Nach den genannten Urteilen seien zahlreiche Vergünstigungen, die die Mitgliedstaaten gem. den Verordnungen Nr. 1612/68 und Nr. 1408/21 ihren Staatsangehörigen und wirtschaftlich tätigen Personen gewährt haben, nun auch auf nicht wirtschaftlich tätige Unionsbürger erstreckt worden. In den Rs. *Martínez Sala*, *Grzelczyk*, *Trojani* und *D'Hoop* seien die Vergünstigungen von bestehenden Verordnungen erfasst gewesen und seien daher eindeutig in den sachlichen Geltungsbereich des Vertrages gefallen.[393]

Aus der Rechtsprechung werde jedoch auch offenbar, dass die Mitgliedstaaten die Gewährung von sozialen Vergünstigungen von objektiven, diskriminierungsfreien Voraussetzungen abhängig machen dürften, soweit diese verhältnismäßig angewendet würden.[394] Unionsbürger hätten jedoch nur dann einen Anspruch auf die sozialen Vergünstigungen, wenn sie sich rechtmäßig im Aufnahmemitgliedstaat aufhielten. So müssten Unionsbürger und Studenten nach den einschlägigen Richtlinien 90/364/EWG und 93/96/EWG über ausreichende finanzielle Mittel und eine umfassende Krankenversicherung verfügen. Auch diese Beschränkungen und Bedingungen seien jedoch im Einklang mit den allgemeinen Grundsätzen des Gemeinschaftsrechts und insbesondere mit dem Grundsatz der Verhältnismäßigkeit anzuwenden. Insoweit habe der Gerichtshof in der Rs. *Grzelczyk* herausgestellt, dass die Richtlinie 93/96/EWG von den Mitgliedstaaten eine bestimmte finanzielle Solidariät bei der Unterstützung ihrer Staatsangehörigen erwarte. Für die Richtlinie 90/364/EWG könne insoweit nichts anderes gelten.[395] Nach GA Geelhoed sei jedoch fraglich, was unter dem Begriff „einer bestimmten finanziellen Solidariät" zu verstehen sei. Es sei nicht Absicht des Gerichtshofs, dass die Mitgliedstaaten ihre Sozialsysteme gegenüber den Unionsbürgern im vollen Umfang öffneten. Sofern sich Unionsbürger jedoch rechtmäßig für erhebliche Zeit in einem anderen Mitgliedstaat aufhielten, müsste ihnen auch diskriminierungsfreier Zugang zu entsprechender Förderung er-

---

[392] Rs. C-209/03 *Bidar*, Schlussanträge GA Geelhoed v. 11.11.2004, Rn. 27.
[393] Rs. C-209/03 *Bidar*, Schlussanträge GA Geelhoed v. 11.11.2004, Rn. 28.
[394] Rs. C-209/03 *Bidar*, Schlussanträge GA Geelhoed v. 11.11.2004, Rn. 30.
[395] Rs. C-209/03 *Bidar*, Schlussanträge GA Geelhoed v. 11.11.2004, Rn. 31.

möglicht werden. Jedenfalls dürfe eine Versagung solchen Beistands nicht den „Kernbereich" – wie aus dem deutschen Verfassungsrecht bekannt – des in Art. 18 Abs. 1 EGV (heute Art. 21 Abs. 1 AEUV) verbürgten Rechts beeinträchtigen. Dieser Grundsatz sei auch in Art. II-112 der Grundrechtecharta im Entwurf einer Verfassung für Europa niedergelegt worden.[396] Im Ergebnis habe folglich im Gemeinschaftsrecht eine erhebliche Entwicklung dadurch stattgefunden, dass durch die Verbindung der Unionsbürgerschaft mit dem Diskriminierungsverbot eine Anspruchsgrundlage für bestimmte soziale Vergünstigungen geschaffen worden sei. Die Mitgliedstaaten dürften zur Beschränkung dieses Anspruchs eine hinreichende Verbindung mit ihrem Hoheitsgebiet fordern.[397]

Nachfolgend widmet sich GA Geelhoed schließlich den Vorlagefragen. Zunächst sei zu beantworten, ob Unterhaltsbeihilfen für Studierende nunmehr für die Zwecke des Art. 12 EGV (heute Art. 18 AEUV) in den Anwendungsbereich des Vertrages fielen.[398] Die Antwort auf diese Frage hänge jedoch vom Sachverhalt des Falles ab. Um zu bestimmen, ob die Förderung für Unterhaltskosten nunmehr vom Geltungsbereich des EGV erfasst werde, müsse zunächst geklärt werden, nach welcher Regelung dies zu beurteilen sei. Das Vereinigte Königreich mache geltend, dass der Sachverhalt von Herrn Bidar, da dieser Student sei, allein von der Richtlinie 93/96/EWG geregelt würde. Herr Bidar berufe sich jedoch seinerseits darauf, dass er sich bereits vor Aufnahme des Studiums einige Jahre im Vereinigten Königreich aufgehalten habe und sein Fall daher – ähnlich wie der Fall von Frau D'Hoop – auf der Grundlage von Art. 18 Abs. 1 i.V.m. Art. 12 EGV (heute Art. 21 Abs. 1 i.V.m. Art. 18 AEUV) zu lösen sei. Nach Auffassung von GA Geelhoed gebe es starke Anhaltspunkte dafür, dass Herr Bidar tatsächlich eher in die zweite Kategorie von Personen falle. Da der Sachverhalt jedoch vom vorlegenden Gericht zu bestimmen sei, werde er beide Situationen erörtern:[399]

Müsse Herr Bidar als Student betrachtet werden, dessen Situation allein durch die Richtlinie 93/96/EWG geregelt werde, stelle Art. 3 der Richtlinie ein erhebliches Hindernis für einen Anspruch auf ein Unterhaltsstipendium dar. Allerdings stehe Art. 3 ausweislich seines Wortlauts ausdrücklich nur Unterhaltsstipendien entgegen, Herr Bidar beanspruche jedoch ein vergünstigtes Darlehen. Dafür, dass Art. 3 auf vergünstigte Darlehen keine Anwendung findet, könnte auch die neue Regelung des Art. 24 Abs. 2 der Richtlinie 2004/38/EG sprechen, der nunmehr ausdrücklich den Anspruch auf vergünstigte Darlehen ausschließt.[400] Daher sei die Frage, ob Studenten Darlehen für

[396] Rs. C-209/03 *Bidar*, Schlussanträge GA Geelhoed v. 11.11.2004, Rn. 32.
[397] Rs. C-209/03 *Bidar*, Schlussanträge GA Geelhoed v. 11.11.2004, Rn. 33.
[398] Rs. C-209/03 *Bidar*, Schlussanträge GA Geelhoed v. 11.11.2004, Rn. 34.
[399] Rs. C-209/03 *Bidar*, Schlussanträge GA Geelhoed v. 11.11.2004, Rn. 39.
[400] Rs. C-209/03 *Bidar*, Schlussanträge GA Geelhoed v. 11.11.2004, Rn. 43.

Unterhaltskosten beanspruchen dürften insbesondere anhand des in Art. 1 der Richtlinie 93/96/EWG niedergelegten Grundsatzes zu beantworten. Nach Art. 1 der Richtlinie haben Studenten nur dann ein Aufenthaltsrecht in einem anderen Mitgliedstaat, wenn sie zu Beginn ihres Aufenthalts erklärten, über ausreichend finanzielle Mittel zu verfügen, sodass sie während ihres Aufenthalts nicht die Sozialhilfe im Aufnahmemitgliedstaat beanspruchen müssten. Auch wenn derartige Darlehen nicht Teil der Sozialhilfesysteme der Mitgliedstaaten seien, könnten sie – da sie nicht zu marktüblichen Bedingungen gewährt würden – den Haushalt der Mitgliedstaaten erheblich belasten. Insoweit scheine es im Ergebnis doch gerechtfertigt Art. 3 der Richtlinie auch auf Unterhaltsstipendien anzuwenden.[401] Allerdings sieht GA Geelhoed begründete Ausnahmen als möglich an. Da die Richtlinie im Einklang mit den allgemeinen Grundsätzen des Gemeinschaftsrechts und insbesondere mit dem Grundsatz der Verhältnismäßigkeit anzuwenden sei, dürfe der Kern von Art. 18 Abs. 1 EGV (heute Art. 21 Abs. 1 AEUV) nicht angetastet werden. Wenn in der Rs. *Grzelczyk* aus den dort genannten Gründen ein Anspruch auf das Existenzminimum bestanden habe, erscheine es nicht sachgerecht eine ähnliche Ausnahme im Hinblick auf einen Anspruch auf Studiendarlehen abzulehnen, da diese die finanzielle Situation der Mitgliedstaaten weniger stark belasten würde.[402]

Sei Herr Bidar nicht als Student zu betrachten, sondern als Unionsbürger, der von seinem Freizügigkeits- und Aufenthaltsrecht Gebrauch gemacht hat, müsse die eingangs aufgeworfene Frage geprüft werden, ob sich der EG-Vertrag nach Einführung der Bestimmungen über die Unionsbürgerschaft und die Bildung mittlerweile auch auf die Unterhaltskosten für Studenten erstrecke.[403] So bildeten insbesondere Art. 3 Abs. 1 q) und Art. 149 EGV (vgl. heute Art. 9 AEUV u. Art. 165 AEUV) die Grundlage für eine Gemeinschaftstätigkeit in diesem Bereich. Zwar blieben die Mitgliedstaaten für die Lehrinhalte und die Gestaltung des Bildungssystems verantwortlich, bedeutsam sei jedoch vielmehr, dass der Gemeinschaft ermöglicht werde, Maßnahmen auch zur Gewährung finanzieller Förderung für die Unterhaltskosten von Studenten zu erlassen.[404] Die nunmehr im Vertrag aufgenommenen Bestimmungen seien daher Anhaltspunkt dafür, dass die Förderung von Unterhaltskosten mittlerweile in den sachlichen Geltungsbereich des EGV fielen. Außerdem sei bedeutsam, dass Grundrechte und das Freizügigkeits- und Aufenthaltsrecht nunmehr auch nicht wirtschaftlich tätigen Staatsangehörigen der Mitgliedstaaten gewährt würden. Zwar könne die Ausübung dieser Rechte von Beschränkungen und Bedingungen abhängig gemacht werden,

[401] Rs. C-209/03 *Bidar*, Schlussanträge GA Geelhoed v. 11.11.2004, Rn. 44.
[402] Rs. C-209/03 *Bidar*, Schlussanträge GA Geelhoed v. 11.11.2004, Rn. 45.
[403] Rs. C-209/03 *Bidar*, Schlussanträge GA Geelhoed v. 11.11.2004, Rn. 46.
[404] Rs. C-209/03 *Bidar*, Schlussanträge GA Geelhoed v. 11.11.2004, Rn. 48 f.

dies bedeute jedoch nicht, dass soziale Vergünstigungen nicht in den Geltungsbereich des Vertrages fielen. Insoweit sei auf die oben skizzierte Rechtsprechung zur Unionsbürgerschaft und zu sozialen Vergünstigungen zu verweisen.[405] Da Unterhaltsförderung im Hinblick auf Arbeitnehmer als soziale Vergünstigung i.S.v. Art. 7 Abs. 2 der Verordnung Nr. 1612/68 angesehen werde und daher für Arbeitnehmer vom sachlichen Geltungsbereich des EG-Vertrages umfasst sei, erscheine es gekünstelt, wenn diese Vergünstigungen für andere Personen nicht als vom Geltungsbereich des Vertrages umfasst angesehen würden.[406] In diesem Zusammenhang sei auch nochmals auf die oben genannte Rechtsprechungsentwicklung hinzuweisen. Unionsbürger hätten einen Anspruch auf Gleichbehandlung nicht nur im Hinblick auf Situationen, die vom sachlichen Geltungsbereich des Vertrages umfasst werden, sondern die Unionsbürgerschaft selbst könne ausreichend sein, um das Diskriminierungsverbot zur Anwendung zu bringen.[407] Im Ergebnis sei auf die erste Frage daher zu antworten, dass vergünstigte Darlehen und Stipendien nicht mehr vom Anwendungsbereich des Art. 12 EGV (heute Art. 18 AEUV) ausgeschlossen seien.[408]

Mit der zweiten Vorlagefrage wolle das vorlegende Gericht wissen, welche Gründe für eine Rechtfertigung einer Diskriminierung i.S.v. Art. 12 EGV (Art. 18 AEUV) in Betracht kommen könnten, die im vorliegenden Fall darin zu sehen sei, dass Unionsbürger um einen Anspruch auf Unterhaltsbeihilfe im Vereinigten Königreich geltend machen zu können, dort als „settled" angesehen werden müssten. Britische Staatsbürger hingegen müssten sich nur in den drei dem Studium vorausgegangen Jahren im Inland aufgehalten haben.[409]

Nach der Rechtsprechung des Gerichtshofs könnten Ungleichbehandlungen nur dann gerechtfertigt werden, wenn sie auf objektiven, von der Staatsangehörigkeit des Betroffenen unabhängigen Erwägungen beruhten und verhältnismäßig seien. Im Hinblick auf soziale Vergünstigungen, die Arbeitnehmern gewährt würden, habe der Gerichtshof anerkannt, dass es ein legitimes Ziel der Mitgliedstaaten sei, die tatsächliche Verbindung des Anspruchstellers und des räumlichen Arbeitsmarktes zu sichern.[410] Zwar könne ein Wohnorterfordernis nach Auffassung des Gerichtshofs hierzu grundsätzlich geeignet sein, dürfe jedoch nicht über das hinausgehen, was zur Erreichung des Ziels erforderlich sei.[411] Im Hinblick auf Unterhaltsbeihilfen von Studenten

[405] Rs. C-209/03 *Bidar*, Schlussanträge GA Geelhoed v. 11.11.2004, Rn. 50.
[406] Rs. C-209/03 *Bidar*, Schlussanträge GA Geelhoed v. 11.11.2004, Rn. 51.
[407] Rs. C-209/03 *Bidar*, Schlussanträge GA Geelhoed v. 11.11.2004, Rn. 52.
[408] Rs. C-209/03 *Bidar*, Schlussanträge GA Geelhoed v. 11.11.2004, Rn. 53.
[409] Rs. C-209/03 *Bidar*, Schlussanträge GA Geelhoed v. 11.11.2004, Rn. 54 f.
[410] Rs. C-209/03 *Bidar*, Schlussanträge GA Geelhoed v. 11.11.2004, Rn. 58.
[411] Rs. C-209/03 *Bidar*, Schlussanträge GA Geelhoed v. 11.11.2004, Rn. 59.

sei eher nicht die Verbindung zum Arbeitsmarkt des Aufnahmemitgliedstaats relevant, sondern vielmehr die Verbindung zum Bildungssystem und die Integration in das soziale Leben. Habe der Student bereits seine Schulbildung im Aufnahmemitgliedstaat erhalten, sei die Verbindung zum Bildungssystem offenkundig.[412] Weitere Gesichtspunkte, die Berücksichtigung finden müssten, seien die Notwendigkeit, den ununterbrochenen Fortgang der Bildung zu gewährleisten, sowie die Wahrscheinlichkeit, dass der Antragsteller später Zugang zum nationalen Arbeitsmarkt findet, wie auch die Möglichkeit, dass ein Anspruch auf Unterhaltsförderung aus anderen Quellen – etwa von seinem Heimatstaat – nicht mehr bestehe.[413] Zwar hätten die verfahrensbeteiligten Regierungen und die Kommission darauf hingewiesen, dass nach dem neuen Art. 24 Abs. 2 der Richtlinie 2004/38/EG Unterhaltsbeihilfen Unionsbürgern, die noch nicht das Recht auf Daueraufenthalt im Aufnahmemitgliedstaat besäßen, nicht gewährt werden müssten, doch sei diese Richtlinie zeitlich noch nicht anwendbar und ihre Anwendung dürfe darüber hinaus auch die Grundrechte der Unionsbürger nicht verletzen.

Im Ergebnis stelle ein Wohnorterfordernis wie im vorliegenden Fall jedenfalls dann eine ungerechtfertigte Diskriminierung i.S.v. Art. 12 EGV i.V.m. Art. 18 Abs. 1 EGV dar, wenn der Unionsbürger im Aufnahmemitgliedstaat ausreichend integriert sei und eine enge Verbindung zum Bildungssystem des Aufnahmemitgliedstaats bestehe. Die Anwendung eines solchen Wohnorterfordernisses sei dann nicht verhältnismäßig.[414]

c) Würdigung durch den EuGH[415]

Der EuGH widmet sich zunächst der Frage, ob die Gewährung eines vergünstigten Darlehens oder eines Stipendiums zur Deckung der Unterhaltskosten von Studenten i.S.v. Art. 12 Abs. 1 EGV (heute Art. 18 Abs. 1 AEUV) in den Anwendungsbereich des Vertrages fällt.[416] Nach ständiger Rechtsprechung könne sich ein Unionsbürger in allen Situationen, die in den sachlichen Anwendungsbereich des Vertrages fallen, auf das Diskriminierungsverbot berufen, wenn er sich rechtmäßig in einem anderen Mitgliedstaat aufhalte. Der sachliche Anwendungsbereich des Vertrages sei auch dann eröffnet, wenn die in Art. 18 EGV (heute Art. 21 AEUV) verbürgten Rechte ausgeübt worden seien.[417] Aus dem Vertragstext lasse sich auch nicht entnehmen, dass

---

[412] Rs. C-209/03 *Bidar*, Schlussanträge GA Geelhoed v. 11.11.2004, Rn. 60.

[413] Rs. C-209/03 *Bidar*, Schlussanträge GA Geelhoed v. 11.11.2004, Rn. 62.

[414] Rs. C-209/03 *Bidar*, Schlussanträge GA Geelhoed v. 11.11.2004, Rn. 67.

[415] Rs. C-209/03 *Bidar*, EuGH Urteil v. 15.3.2005.

[416] Rs. C-209/03 *Bidar*, EuGH Urteil v. 15.3.2005, Rn. 28.

[417] Rs. C-209/03 *Bidar*, EuGH Urteil v. 15.3.2005, Rn. 32 u. 33 mit Verweis auf die Rs. C-274/96 *Bickel und Franz*, EuGH Urteil v. 24.11.1998, Rn. 15 u. 16, Rs. C-184/99 *Grzelczyk*, EuGH Urteil v. 20.9.2001, Rn. 33 und Rs. C-148/02 *Garcia Avello*, EuGH Urteil v. 2.10.2003, Rn. 24.

Unionsbürger diese Rechte als Studenten verlören.[418] Zwar habe der Gerichtshof in seinen Urteilen *Lair*[419] und *Brown*[420] entschieden, dass beim damaligen Entwicklungsstand eine Förderung für den Lebensunterhalt von Studenten nicht in den Anwendungsbereich des Vertrages gefallen sei, mittlerweile habe sich das Gemeinschaftsrecht jedoch mit der Einführung der Unionsbürgerschaft und der Aufnahme eines Kapitels, das sich mit der allgemeinen und beruflichen Bildung befasse, weiterentwickelt.[421] In Art. 149 Abs. 1 EGV (heute Art. 165 AEUV) sei der Gemeinschaft die Unterstützung und Ergänzung der Tätigkeit der Mitgliedstaaten übertragen worden und der Rat könne Fördermaßnahmen unter Ausschluss der Harmonisierung der Rechts- und Verwaltungsvorschriften der Mitgliedstaaten erlassen.[422] Vor diesem Hintergrund sei mittlerweile davon auszugehen, dass der Erhalt von vergünstigten Darlehen für Studenten oder Studienstipendien für die Zwecke des Art. 12 EGV in den Anwendungsbereich des Vertrages falle.[423] Da auch Art. 24 Abs. 2 der Richtlinie 2004/38/EG bestimme, dass nicht wirtschaftlich tätige Unionsbürger ohne Daueraufenthaltsrecht keinen Anspruch auf Unterhalt hätten, sei im Umkehrschluss davon auszugehen, dass die Gewährung solcher Beihilfen grundsätzlich in den Anwendungsbereich des Vertrages falle.[424] Zwar sei vorgebracht worden, dass Art. 18 EGV das Aufenthalts- und Freizügigkeitsrecht nur unter Beschränkungen und Bedingungen gewährleiste und dass Art. 3 der Richtlinie 93/96/EWG die Gewährung von Unterhaltsstipendien gerade ausschließe, dies führe aber nicht dazu, dass Unterhaltsstipendien weiterhin außerhalb des Anwendungsbereichs des Vertrages lägen.[425] Art. 3 der Richtlinie 93/96/EWG hindere einen Unionsbürger nicht daran, soweit er sich gemäß Art. 18 EGV (heute Art. 21 AEUV) und der Richtlinie 90/364/EWG rechtmäßig im Hoheitsgebiet eines anderen Mitgliedstaats aufhalte, sich auf Art. 12 EGV (heute Art. 18 AEUV) zu berufen.[426]

Anschließend prüft der Gerichtshof, welche Kriterien das vorlegende Gericht anzuwenden hat, um festzustellen, ob die Voraussetzungen für den Anspruch auf Unterhaltsbeihilfe auf objektiven Erwägungen gegründet sind, die nicht auf der Staatsangehörigkeit beruhen.[427] Hierzu sei zunächst festzu-

---

[418] Rs. C-209/03 *Bidar*, EuGH Urteil v. 15.3.2005, Rn. 34.
[419] Rs. 39/86 *Lair*, EuGH Urteil v. 21.6.1988.
[420] Rs. 197/86 *Brown*, EuGH Urteil v. 21.6.1988.
[421] Rs. C-209/03 *Bidar*, EuGH Urteil v. 15.3.2005, Rn. 38 f.
[422] Rs. C-209/03 *Bidar*, EuGH Urteil v. 15.3.2005, Rn. 40 f.
[423] Rs. C-209/03 *Bidar*, EuGH Urteil v. 15.3.2005, Rn. 42.
[424] Rs. C-209/03 *Bidar*, EuGH Urteil v. 15.3.2005, Rn. 43.
[425] Rs. C-209/03 *Bidar*, EuGH Urteil v. 15.3.2005, Rn. 44 f.
[426] Rs. C-209/03 *Bidar*, EuGH Urteil v. 15.3.2005, Rn. 46 f.
[427] Rs. C-209/03 *Bidar*, EuGH Urteil v. 15.3.2005, Rn. 49.

stellen, ob die in Rede stehende Regelung in Abhängigkeit von der jeweiligen Staatsangehörigkeit unterscheide, d.h. ob eine Diskriminierung vorliege.[428] Um im vorliegenden Fall Unterhaltsbeihilfe beantragen zu können sei insbesondere erforderlich, dass nicht wirtschaftlich tätige Personen im Vereinigten Königreich auf Dauer ansässig seien. Diese und die anderen vorgeschriebenen Voraussetzungen seien von Inländern leichter zu erfüllen.[429] Eine derartige Diskriminierung könne nur gerechtfertigt werden, wenn sie auf objektiven, von der Staatsangehörigkeit des Betroffenen unabhängigen Erwägungen beruhe und verhältnismäßig sei.[430] Nach dem Urteil in der Rs. *Grzelczyk*[431] müssten die Mitgliedstaaten zwar im Hinblick auf ihr Sozialhilfesystem eine gewisse finanzielle Solidarität mit den Staatsangehörigen der anderen Mitgliedstaaten zeigen, sie dürften aber darauf achten, dass die Gewährung von Unterhaltsbeihilfen nicht zu einer übermäßigen Belastung werde.[432] Insoweit dürfte insbesondere verlangt werden, dass sich der anspruchstellende Student zu einem gewissen Grad in die Gesellschaft integriert habe.[433] Vor diesem Hintergrund könne jedoch keine Verbindung zum nationalen Arbeitsmarkt verlangt werden, da die Situation von Studenten nicht vergleichbar sei mit Personen, die etwa Unterstützung zur Arbeitssuche beantragten.[434] Ein hinreichender Integrationsgrad könne jedoch durch eine gewisse Aufenthaltsdauer im Aufnahmemitgliedstaat nachgewiesen werden. Mitgliedstaaten dürften daher Wohnsitzerfordernisse aufstellen. Im vorliegenden Fall sei jedoch das Erfordernis im Aufnahmemitgliedstaat „dauernd ansässig" zu sein problematisch. Da Studenten den Status der dauerhaften Ansässigkeit nicht erfüllen könnten, sei es ihnen nicht möglich, Unterhaltskostenbeihilfe zu beanspruchen. Eine solche Behandlung könne nicht mit dem legitimen Ziel der Regelung gerechtfertigt werden.[435] Denn die Regelung verhindere, dass Studenten, die sich rechtmäßig im Aufnahmemitgliedstaat aufhielten und eine tatsächliche Verbindung zur Gesellschaft des Aufnahmemitgliedstaats hergestellt hätten, unter den gleichen Bedingungen studierten wie nichtausländische Studenten. Eine solche Regelung sei nicht mit Art. 12 EGV (heute Art. 18 AEUV) vereinbar.[436]

---

[428] Rs. C-209/03 *Bidar*, EuGH Urteil v. 15.3.2005, Rn. 50 f.
[429] Rs. C-209/03 *Bidar*, EuGH Urteil v. 15.3.2005, Rn. 52 f.
[430] Rs. C-209/03 *Bidar*, EuGH Urteil v. 15.3.2005, Rn. 54.
[431] Rs. C-184/99 *Grzelczyk*, EuGH Urteil v. 20.9.2001, Rn. 44.
[432] Rs. C-209/03 *Bidar*, EuGH Urteil v. 15.3.2005, Rn. 56.
[433] Rs. C-209/03 *Bidar*, EuGH Urteil v. 15.3.2005, Rn. 57.
[434] Rs. C-209/03 *Bidar*, EuGH Urteil v. 15.3.2005, Rn. 58.
[435] Rs. C-209/03 *Bidar*, EuGH Urteil v. 15.3.2005, Rn. 59.
[436] Rs. C-209/03 *Bidar*, EuGH Urteil v. 15.3.2005, Rn. 62 f.

d) Analyse

Die Ausführungen in den Schlussanträgen zur Rs. *Bidar* sind zunächst deshalb interessant, weil der Generalanwalt auch unter Bezugnahme auf das deutsche Verfassungsrecht von einem Kernbereich des Freizügigkeitsrechts spricht.[437] Wenngleich der Hinweis auf einen etwaigen Kernbereich in der Rs. *Bidar* nicht fallentscheidend war, ist er insbesondere vor dem Hintergrund der späteren Entwicklung der Kernbereichsdogmatik wegweisend.[438]

Mit der Entscheidung in der Rs. *Bidar* bestätigt der EuGH nachfolgend im Ergebnis überzeugend den bereits im Urteil *Grzelczyk* aufgestellten Grundsatz, dass die Ausübung des Freizügigkeitsrechts unabhängig von anderen kompetenzrechtlichen Erwägungen zur Anwendbarkeit des allgemeinen Diskriminierungsverbots führt.[439] In der Rs. *Bidar* sind auch keinerlei Anhaltspunkte dafür ersichtlich, die das gemeinschaftsrechtliche Aufenthaltsrecht von Herrn Bidar in Frage stellen könnten. Auch Art. 3 der Studentenrichtlinie steht dieser Annahme nicht entgegen, da dieser die inhaltliche Ausgestaltung der gleichheitsrechtlichen Dimension des Falles betrifft, die der Frage der grundsätzlichen Anwendbarkeit des Diskriminierungsverbots – die ihrerseits auf der Ausübung einer Grundfreiheit beruht – erst nachgelagert ist.

Fehl geht dabei jedoch die Überlegung des Gerichtshofs, dass Art. 3 der Studentenrichtlinie für die Rs. *Bidar* keinerlei Bedeutung zukommt. Da Herr Bidar ein speziell für Studenten vorgesehenes vergünstigtes Darlehen beantragte, ist Art. 3 der Studentenrichtlinie – wie vom Generalanwalt zunächst auch richtigerweise festgestellt[440] – grundsätzlich nach seinem Sinn und Zweck anwendbar. Denn insoweit kann es keinen Unterschied machen, ob der aufnehmende Mitgliedstaat finanziell durch ein Unterhaltsstipendium belastet wird oder durch ein vergünstigtes Darlehen. Dennoch urteilt der EuGH insoweit in Anlehnung an die weiteren Ausführungen des Generalanwalts, dass Art. 3 der Richtlinie 93/96/EWG einen Unionsbürger nicht daran hindere – soweit er sich gemäß Art. 18 EGV (heute Art. 21 AEUV) und der Richtlinie 90/364/EWG rechtmäßig im Hoheitsgebiet eines anderen Mitgliedstaats aufhielte – sich auf das Diskriminierungsverbot zu berufen.[441] Sowohl der Generalanwalt als auch der EuGH scheinen folglich davon auszugehen, dass zwischen Unionsbürgern, die auf Grundlage der Studentenrichtlinie und solchen, die sich auf Grundlage der allgemeinen Aufenthaltsricht-

---

[437] Rs. C-209/03 *Bidar*, Schlussanträge GA Geelhoed v. 11.11.2004, Rn. 32.

[438] Vgl. *Sankari*, European Court of Justice Legal Reasoning in Context, 123. Hierzu ausführlich unten, § 7 B. III. 3. d) bb).

[439] § 7 B. II. 2.

[440] Rs. C-209/03 *Bidar*, Schlussanträge GA Geelhoed v. 11.11.2004, Rn. 44.

[441] Rs. C-209/03 *Bidar*, EuGH Urteil v. 15.3.2005, Rn. 46 f.

linie in einem anderen Mitgliedstaat aufhielten zu unterscheiden und der Ausschluss der Studentenrichtlinie nicht auf letztere anwendbar war. Da die Studentenrichtlinie jedoch im Verhältnis zu der allgemeinen Aufenthaltsrichtlinie die speziellere Regelung darstellte und Studenten gegenüber allgemein aufenthaltsberechtigten Unionsbürgern privilegieren sollte, erscheint diese formal anmutende Begründung systemwidrig[442] und missachtet die Legislativgewalt des Gemeinschaftsgesetzgebers. Insbesondere aufgrund des Prinzips des institutionellen Gleichgewichts hätte der Gerichtshof die vom Gemeinschaftsgesetzgeber aufgestellten unterschiedlichen Regelungen berücksichtigen müssen. Um die Nicht- oder verhältnismäßige Anwendung von Art. 3 der Richtlinie 93/96/EWG auf die Situation von Herrn Bidar zu rechtfertigen, hätte es daher der Normverwerfung oder einer primärrechtskonformen Auslegung bedurft.[443] Insbesondere die Anwendung des Verhältnismäßigkeitsgrundsatzes auf Art. 3 der Studentenrichtlinie hätte eine einzelfallorientierte Entscheidung ermöglicht.[444] Eine Prüfung der Norm anhand des höherrangigen Vertragsrechts nimmt der Gerichtshof jedoch gerade nicht vor. Dies wohl deshalb, da eine solche Prüfung noch vor Inkrafttreten die Rechtmäßigkeit der neuen Regelung des Art. 24 Abs. 2 der Richtlinie 2004/38/EG, die einen Anspruch auf Studienbeihilfen sogar bis zum Erwerb des Daueraufenthaltsrechts ausschließt, in Frage gestellt hätte.

Die weiteren Ausführungen des Gerichtshofs hinsichtlich der Rechtfertigungsebene erscheinen wiederum verständlich. Er stellt fest, dass die Mitgliedstaaten die Gewährung von Sozialleistungen grundsätzlich von der hinreichend sozialen Integration in den Aufnahmemitgliedstaat abhängig machen dürfen. Auch eine bestimmte Aufenthaltsdauer billigt der EuGH in dieser Hinsicht. Die Ausführungen in der Rs. *Bidar* lassen insoweit die Herausbildung des „Konzepts einer abgestuften Solidarität“ im Rahmen des unionsbürgerlichen Diskriminierungsverbots erkennen.[445]

Nur das Kriterium der „dauerhaften Ansässigkeit“ ist laut dem Gerichtshof gemeinschaftsrechtswidrig, da dieses Kriterium von den Staatsangehörigen anderer Mitgliedstaaten nicht zu erfüllen ist.

---

[442] Vgl. *Bode*, Unterhaltsbeihilfen für ausländische Studenten ohne Daueraufenthaltsrecht, EuZW 2005, 276, 281 f.; a.A.: *Düsterhaus*, Bidar und BaföG: Nachlese zum Urteil EuGH, EuZW 2005, 277 – Bidar m. Anm. Bode, EuZW 2005, 325, 325. *Wollenschläger* geht davon aus, dass der EuGH die allgemeine Freizügigkeitsrichtlinie anwendete, da Herr Bidar jedenfalls zum Zeitpunkt der Antragstellung noch kein Student war, *Wollenschläger*, Grundfreiheit ohne Markt, 240.

[443] Vgl. *Hailbronner*, Unionsbürgerschaft und Zugang zu den Sozialsystemen, JZ 2005, 1138, 1140.

[444] *Wollenschläger*, Grundfreiheit ohne Markt, 241.

[445] *Wollenschläger*, Grundfreiheit ohne Markt, 255 f.

7. *Die Rechtssache* Förster[446]

a) Sachverhalt und Vorlagefragen

Frau Förster ist eine deutsche Staatsangehörige, die sich im März 2000 in den Niederlanden niederließ, um dort zu studieren. Seit diesem Zeitpunkt übte sie auch einige Tätigkeiten im Lohn- oder Gehaltsverhältnis aus.

Ab September 2000 wurde Frau Förster von der zuständigen niederländischen Behörde Beihilfe zur Studienfinanzierung gewährt, wobei angenommen wurde, dass sie als Arbeitnehmerin i.S.v. Art. 39 EGV (heute Art. 45 AEUV) anzusehen sei, die gem. Art. 7 Abs. 2 der Verordnung Nr. 1612/68 den niederländischen Studenten gleichgestellt werden müsse. Nach Abschluss ihrer Bachelorprüfung im September 2004 endete ihr Anspruch auf Studienfinanzierung. Bei einer Kontrolle wurde festgestellt, dass Frau Förster von Juli bis Dezember 2003 keine entgeltliche Tätigkeit ausgeübt hatte und daher während dieses Zeitraums nicht als Arbeitnehmerin anzusehen war. Da nach niederländischem Recht Studenten aus einem anderen Mitgliedstaat, die sich nicht auf ein spezielles Diskriminierungsverbot berufen konnten, nur nach einem mindestens fünfjährigen Aufenthalt in den Niederlanden einen Anspruch auf Studienfinanzierung hatten, wurde Frau Förster aufgefordert, die zu viel geleisteten Beiträge zurückzuzahlen. Frau Förster ging gegen diese Entscheidung gerichtlich vor und das zuständige Gericht legte dem EuGH u.a. folgende Fragen zur Vorabentscheidung vor:

Kann sich ein Unionsbürger, der sich in einen anderen Mitgliedstaat begibt, um dort zu studieren, auf Art. 12 Abs. 1 EGV (heute Art. 18 Abs. 1 AEUV) berufen, um ein Unterhaltsstipendium zu erhalten? Und ist es mit Art. 12 Abs. 1 EGV vereinbar, einen vorherigen Aufenthalt von fünf Jahren zu verlangen und falls ja, ist es in bestimmten Fällen angebracht andere Faktoren heranzuziehen, durch welche ein nennenswerter Integrationsgrad in den Aufnahmemitgliedstaat belegt werden kann?

b) Würdigung durch den Generalanwalt[447]

In einigen einleitenden Bemerkungen weist GA Mazák zunächst darauf hin, dass das Gemeinschaftsrecht im Allgemeinen zwischen Erwerbstätigen und Nichterwerbstätigen unterscheide, wobei ersteren in der Regel weitergehende Ansprüche zukämen.[448]

---

[446] Rs. C-158/07 *Förster*, EuGH Urteil v. 18.11.2008.
[447] Rs. C-158/07 *Förster*, Schlussanträge GA Mazák v. 10.7.2008.
[448] Rs. C-158/07 *Förster*, Schlussanträge GA Mazák v. 10.7.2008, Rn. 45.

Weiter sei zu berücksichtigen, dass der Gerichtshof in Urteilen wie *Martínez Sala*[449], *Trojani*[450] und *Bidar*[451] nicht erwerbstätigen Unionsbürgern gewährt habe, sich auf Art. 12 EGV (heute Art. 18 AEUV) zu berufen, wenn sie sich für eine bestimmte Dauer rechtmäßig im Aufnahmemitgliedstaat aufgehalten hätten. Das Gemeinschaftsrecht habe sich insoweit von seinen wirtschaftlichen Denkmustern gelöst. Mussten die Mitgliedstaaten früher nur die soziale Verantwortung und Fürsorge für Personen übernehmen, die bereits in ihren Arbeitsmarkt eingetreten waren, müsse diese finanzielle Solidarität nunmehr auf alle Unionsbürger ausgedehnt werden, die sich rechtmäßig im Hoheitsgebiet aufhielten. Zwar sei in den Urteilen *Grzelczyk*[452] und *Bidar*[453] festgestellt worden, dass die Mitgliedstaaten im Hinblick auf ihre Sozialhilfesysteme eine „gewisse finanzielle Solidarität" zeigen müssten, diese stehe aber im Gegensatz zur unbeschränkten Solidarität. Seit dem Urteil *Bidar* stehe fest, dass es den Mitgliedstaaten erlaubt sei, von den unterhaltsbeantragenden Studenten den Nachweis einer gewissen Integration in die Gesellschaft des Aufnahmemitgliedstaats zu verlangen.

Da nach Ansicht von GA Mazák die Arbeitnehmereigenschaft von Frau Förster fortbestanden habe, könne sie aus Art. 7 Abs. 2 der Verordnung Nr. 1612/68 ein Recht auf die gleichen sozialen Vergünstigungen wie inländische Arbeitnehmer ableiten und Studienfinanzierung verlangen.[454]

Nur hilfsweise geht GA Mazák deshalb auf die Frage der Anwendbarkeit des Grundsatzes der Nichtdiskriminierung im Geltungsbereich von Art. 12 EGV (heute Art. 18 AEUV) und das Wohnsitzerfordernis im Lichte des Urteils *Bidar*[455] ein.[456]

Zunächst sei zu berücksichtigen, dass nach ständiger Rechtsprechung, die im vorgenannten Urteil zusammengefasst worden sei, jeder Unionsbürger, der sich rechtmäßig im Aufnahmemitgliedstaat aufhalte, in allen Situationen, die in den sachlichen Anwendungsbereich des Gemeinschaftsrechts fielen, auf Art. 12 EGV (heute Art. 18 AEUV) berufen könne. Zu diesen Situationen gehöre auch die Ausübung des in Art. 18 EGV (heute Art. 21 AEUV) verankerten Freizügigkeits- und Aufenthaltsrechts.[457] In der Rs. *Bidar*[458] habe der EuGH bekräftigt, dass sich auch ein nicht erwerbstätiger Unionsbürger

---

[449] Rs. C-85/96 *Martínez Sala*, EuGH Urteil v. 12.5.1998.

[450] Rs. C-456/02 *Trojani*, EuGH Urteil v. 7.9.2004.

[451] Rs. C-209/03 *Bidar*, EuGH Urteil v. 15.3.2005.

[452] Rs. C-184/99 *Grzelczyk*, EuGH Urteil v. 20.9.2001.

[453] Rs. C-209/03 *Bidar*, EuGH Urteil v. 15.3.2005.

[454] Rs. C-158/07 *Förster*, Schlussanträge GA Mazák v. 10.7.2008, Rn. 76f.

[455] Rs. C-209/03 *Bidar*, EuGH Urteil v. 15.3.2005.

[456] Rs. C-158/07 *Förster*, Schlussanträge GA Mazák v. 10.7.2008, Rn. 91f.

[457] Rs. C-158/07 *Förster*, Schlussanträge GA Mazák v. 10.7.2008, Rn. 104f.

[458] Rs. C-209/03 *Bidar*, EuGH Urteil v. 15.3.2005, Rn. 37.

auf Art. 12 Abs. 1 EGV (heute Art. 18 Abs. 1 AEUV) berufen könne, wenn er sich im Aufnahmemitgliedstaat für eine bestimmte Dauer rechtmäßig aufgehalten habe oder eine Aufenthaltserlaubnis besitze.[459] Im Hinblick auf den vorliegenden Sachverhalt sei unstreitig, dass sich Frau Förster stets rechtmäßig in den Niederlanden aufgehalten und sie von ihrem Recht aus Art. 18 EGV (heute Art. 21 AEUV) Gebrauch gemacht habe. Insoweit könne sich Frau Förster in allen Sachverhalten, die in den Anwendungsbereich des Gemeinschaftsrechts fielen, grundsätzlich auf Art. 12 EGV berufen.[460] In der Rs. *Bidar*[461] habe der EuGH entschieden, dass in Abweichung zu früheren Urteilen aufgrund der zwischenzeitlichen Entwicklung des Gemeinschaftsrechts eine Unterhaltskostenbeihilfe für Studenten, die sich rechtmäßig im Aufnahmemitgliedstaat aufhielten, in den Anwendungsbereich des Vertrages falle, soweit es um Art. 12 Abs. 1 EGV gehe.[462] Daher könne sich eine Studentin in der Situation von Frau Förster, sofern weitere Voraussetzungen erfüllt seien, auf Art. 12 EGV berufen.[463] Das Vorbringen der Beteiligten lasse deutlich werden, dass Unsicherheiten hinsichtlich der Auswirkungen der Richtlinie 93/96/EWG auf das zuvor gefundene Ergebnis bestünden. So sei vorgebracht worden, dass die Situation von Frau Förster insoweit von der Rs. *Bidar*[464] zu unterscheiden sei, dass Frau Förster hauptsächlich zu Studienzwecken in einen anderen Mitgliedstaat gekommen und ihr Aufenthaltsrecht aus der Richtlinie 93/96 herzuleiten sei, während Herr Bidar sein Aufenthaltsrecht auf Art. 18 EGV (heute Art. 21 AEUV) und die Richtlinie 90/364/EWG habe stützen können.[465]

In der Tat habe der Gerichtshof im genannten Urteil entschieden, dass Art. 3 der Richtlinie 93/96/EWG nicht verhindere, dass ein Unionsbürger, der sich gem. Art. 18 EGV (heute Art. 21 AEUV) und der Richtlinie 90/364/EWG rechtmäßig im Hoheitsgebiet eines anderen Mitgliedstaats aufhalte, sich auf Art. 12 EGV (heute Art. 18 AEUV) berufen könne. Nach Auffassung von GA Mazák müsse dieser Grundsatz jedoch ebenfalls für Personen gelten, die ihr Aufenthaltsrecht aus der Richtlinie 93/96/EWG ableiteten. Denn seit dem Urteil in der Rs. *Baumbast und R*[466] sei entschieden, dass Unionsbürger ihr Recht, sich in einem Hoheitsgebiet eines anderen Mitgliedstaats aufzuhalten, unmittelbar aus Art. 18 EGV (heute Art. 21 AEUV) herleiten könnten.[467] Zwar unterwerfe Art. 18 EGV das Aufenthaltsrecht den

[459] Rs. C-158/07 *Förster*, Schlussanträge GA Mazák v. 10.7.2008, Rn. 108.
[460] Rs. C-158/07 *Förster*, Schlussanträge GA Mazák v. 10.7.2008, Rn. 108 f.
[461] Rs. C-209/03 *Bidar*, EuGH Urteil v. 15.3.2005.
[462] Rs. C-158/07 *Förster*, Schlussanträge GA Mazák v. 10.7.2008, Rn. 111.
[463] Rs. C-209/03 *Bidar*, EuGH Urteil v. 15.3.2005, Rn. 112.
[464] Rs. C-209/03 *Bidar*, EuGH Urteil v. 15.3.2005.
[465] Rs. C-209/03 *Bidar*, EuGH Urteil v. 15.3.2005, Rn. 113.
[466] Rs. C-413/99 *Baumbast und R*, EuGH Urteil v. 19.9.2002.
[467] Rs. C-158/07 *Förster*, Schlussanträge GA Mazák v. 10.7.2008, Rn. 115.

im EG-Vertrag und in den Durchführungsvorschriften vorgesehenen Beschränkungen und Bedingungen, zu welchen auch die Richtlinie 93/96/EWG zu zählen sei. Aus den Urteilen in den Rs. *Grzelczyk*[468] und *Trojani*[469] gehe aber hervor, dass einerseits zwischen dem Aufenthaltsrecht und den Bedingungen, denen dieses unterworfen sei, und andererseits der für Unionsbürger gegebenen Möglichkeit, sich auf Art. 12 EGV zu berufen, zu unterscheiden sei. Zwar dürften die Mitgliedstaaten das Aufenthaltsrecht bestimmten Bedingungen und Beschränkungen unterwerfen, solange sich der Unionsbürger aber auf Grundlage von nationalem Recht oder Unionsrecht rechtmäßig im betreffenden Mitgliedstaat aufhalte, habe er Anspruch auf Gleichbehandlung. Wenn Mitgliedstaaten die Gewährung von Leistung vermeiden wollten, müssten sie den Aufenthalt des Unionsbürgers beenden.[470] Aus der genannten Rechtsprechung ergäbe sich wohl, dass sekundäres Gemeinschaftsrecht, das Bedingungen und Beschränkungen des Aufenthaltsrechts regele, aufgrund der in Art. 18 EGV (heute Art. 21 AEUV) enthaltenen Verweisung *lex specialis* zu diesem sei, nicht aber im Verhältnis zu Art. 12 EGV (heute Art. 18 AEUV).[471] Bereits in der Rs. *Grzelczyk*[472] habe der Gerichtshof außerdem festgestellt, dass Art. 3 der Richtlinie 93/96/EWG zwar klarstelle, dass die Richtlinie keinen Anspruch der aufenthaltsberechtigten Studenten auf Gewährung von Unterhaltsstipendien durch den Aufnahmemitgliedstaat begründe, andererseits aber auch keine Richtlinienbestimmung, die durch die Richtlinie Begünstigten von Sozialleistungen ausschließe. Dies würde heißen, auch wenn die Richtlinie keinen Anspruch auf Unterhaltsbeihilfen vorsehe, könne ein solcher Anspruch Studenten, die unter diese Richtlinie fielen, immer noch aufgrund einer anderen Gemeinschaftsbestimmung wie z.B. Art. 12 EGV (heute Art. 18 AEUV) zustehen.[473] Hinsichtlich der Frage, ob die Studentin im Ausgangsverfahren hauptsächlich zum Studium in die Niederlande gezogen sei, habe das vorlegende Gericht selbst ausgeführt, dass die Absicht, mit der jemand in den Aufnahmemitgliedstaat komme, schwer zu ermitteln sei. Eine solche Absicht sei für die Anwendbarkeit der Richtlinie 93/96/EWG aber auch unerheblich.[474] Im Ergebnis folge daraus, dass Art. 3 der Richtlinie 93/96/EWG einen Angehörigen eines Mitgliedstaats, der sich rechtmäßig im Hoheitsgebiet eines anderen Mitgliedstaats aufhalte, nicht daran hindere, sich während dieses Aufenthalts auf Art. 12 Abs. 1 EGV (heute Art. 18 Abs. 1 AEUV) zu berufen und Studienfinanzierung zu bean-

---

[468] Rs. C-184/99 *Grzelczyk*, EuGH Urteil v. 20.9.2001.
[469] Rs. C-456/02 *Trojani*, EuGH Urteil v. 7.9.2004.
[470] Rs. C-158/07 *Förster*, Schlussanträge GA Mazák v. 10.7.2008, Rn. 117.
[471] Rs. C-158/07 *Förster*, Schlussanträge GA Mazák v. 10.7.2008, Rn. 118.
[472] Rs. C-184/99 *Grzelczyk*, EuGH Urteil v. 20.9.2001.
[473] Rs. C-158/07 *Förster*, Schlussanträge GA Mazák v. 10.7.2008, Rn. 119 f.
[474] Rs. C-158/07 *Förster*, Schlussanträge GA Mazák v. 10.7.2008, Rn. 121.

spruchen, auch dann wenn sein Aufenthaltsrecht auf dieser Richtlinie beruhe.[475]

Fraglich bleibe, ob die Mitgliedstaaten die Studienfinanzierung von einer Mindestaufenthaltsdauer von fünf Jahren abhängig machen dürften. In der Rs. *Bidar*[476] sei entschieden worden, dass die Mitgliedstaaten zwar im Hinblick auf die Organisation und Anwendung ihrer Sozialsysteme eine gewisse finanzielle Solidarität zeigen müssten, sie dürften die Gewährung von Beihilfe jedoch vom Kriterium der hinreichenden Integration in den Aufnahmemitgliedstaat abhängig machen, sodass die Beihilfen nicht zu einer übermäßigen Belastung würden, die Auswirkungen auf das Gesamtniveau der Beihilfen haben könnte.[477] Der Gerichtshof habe außerdem entschieden, dass der Integrationsgrad über eine gewisse Aufenthaltsdauer festgestellt werden dürfe und insoweit einen dreijährigen Aufenthalt als angemessenen Zeitraum anerkannt.[478] Eine fünfjährige Mindestaufenthaltsdauer sei jedoch als unverhältnismäßig anzusehen. Denn die von den Mitgliedstaaten verwendeten Kriterien müssten den Integrationsgrad in der Gesellschaft widerspiegeln. Eine Reihe von Studenten könnten jedoch schon vor dem Ablauf von fünf Jahren einen nennenswerten Grad an Integration in den Aufnahmemitgliedstaat aufweisen, insbesondere dann, wenn sie, wie Frau Förster, bereits eine Beschäftigung ausgeübt hätten.[479] Zwar seien die Mitgliedstaaten nach Art. 24 Abs. 2 der Richtlinie 2004/38/EG nicht verpflichtet Unterhaltsbeihilfe vor dem Erwerb des Rechts auf Daueraufenthalt, d.h. vor dem Ablauf von fünf Jahren, zu gewähren. Diese Richtlinie könne jedoch – abgesehen davon, dass sie auf den vorliegenden Sachverhalt keine Anwendung finde – die Erfordernisse, die sich aus Art. 12 EGV (heute Art. 18 AEUV) und dem allgemeinen Grundsatz der Verhältnismäßigkeit ergäben, nicht außer Kraft setzen.[480] Im Ergebnis sei es den Mitgliedstaaten daher durch Art. 12 EGV (heute Art. 18 AEUV) in Verbindung mit dem Verhältnismäßigkeitsgrundsatz verwehrt, einem nicht erwerbstätigen Studenten aus einem anderen Mitgliedstaat, der sich bereits drei Jahre im Aufnahmemitgliedstaat aufgehalten habe, die Studienfinanzierung zu versagen, da er sich noch keine fünf Jahre im Aufnahmemitgliedstaat aufgehalten habe, sofern andere Faktoren, die einen nennenswerten Grad an Integration nachwiesen, außer Betracht gelassen würden.[481]

---

[475] Rs. C-158/07 *Förster*, Schlussanträge GA Mazák v. 10.7.2008, Rn. 122.

[476] Rs. C-209/03 *Bidar*, EuGH Urteil v. 15.3.2005, Rn. 56.

[477] Rs. C-158/07 *Förster*, Schlussanträge GA Mazák v. 10.7.2008, Rn. 124 f.

[478] Rs. C-158/07 *Förster*, Schlussanträge GA Mazák v. 10.7.2008, Rn. 127 Fn. 72 mit Verweis auf die Rs. C-209/03 *Bidar*, EuGH Urteil v. 15.3.2005, Rn. 59–61.

[479] Rs. C-158/07 *Förster*, Schlussanträge GA Mazák v. 10.7.2008, Rn. 128 f.

[480] Rs. C-158/07 *Förster*, Schlussanträge GA Mazák v. 10.7.2008, Rn. 131.

[481] Rs. C-158/07 *Förster*, Schlussanträge GA Mazák v. 10.7.2008, Rn. 135.

c) Würdigung durch den EuGH[482]

Der Gerichtshof stellt zunächst fest, dass ein Unionsbürger, der sich rechtmäßig im Gebiet des Aufnahmemitgliedstaats aufhält, in allen Situationen, die in den sachlichen Anwendungsbereich des Gemeinschaftsrechts fallen, auf Art. 12 EGV (heute Art. 18 AEUV) berufen kann.[483] Zu diesen Situationen gehöre auch die Ausübung der vertraglich garantierten Grundfreiheiten wie die Ausübung des in Art. 18 EGV (heute Art. 21 AEUV) verankerten Freizügigkeits- und Aufenthaltsrechts.[484] Sozialleistungen betreffend, sei im Urteil *Bidar*[485] bereits entschieden worden, dass sich ein nicht wirtschaftlich tätiger Unionsbürger auf Art. 12 Abs. 1 EGV (heute Art. 18 Abs. 1 AEUV) berufen könne, wenn er sich im Aufnahmemitgliedstaat für eine bestimmte Dauer rechtmäßig aufgehalten habe.[486] Ein Unionsbürger, der sich zu Studienzwecken in einen anderen Mitgliedstaat begebe, könne auf Grundlage von Art. 18 EGV und der Richtlinie 93/96/EWG ein Aufenthaltsrecht haben, wenn er die sich aus Art. 1 der Richtlinie 93/96/EWG ergebenden Voraussetzungen erfülle: ausreichende Existenzmittel und Krankenversicherungsschutz, wie auch die Einschreibung an einer anerkannten Lehranstalt zum Erwerb einer beruflichen Bildung als Hauptzweck.[487] Der Anwendungsbereich des Vertrages i.S.v. Art. 12 Abs. 1 EGV (heute Art. 18 Abs. 1 AEUV) sei im Hinblick auf die Situation eines Studierenden, der sich rechtmäßig in einem anderen Mitgliedstaat aufhalte und ein Unterhaltsstipendium beantrage, eröffnet.[488] Zwar werde aufgrund von Art. 3 der Richtlinie 93/96/EWG durch die Richtlinie kein Anspruch auf Unterhaltsstipendien begründet, doch hindere diese Bestimmung einen Unionsbürger, der sich rechtmäßig in einem anderen Mitgliedstaat aufhalte, nicht, sich während seines Aufenthalts auf Art. 12 Abs. 1 EGV (heute Art. 18 Abs. 1 AEUV) zu berufen.[489] In diesem Zusammenhang sei es ohne Bedeutung, dass sich Frau Förster hauptsächlich zu Studienzwecken in die Niederlande begeben habe.[490]

---

[482] Rs. C-158/07 *Förster*, EuGH Urteil v. 18.11.2008.

[483] Rs. C-158/07 *Förster*, EuGH Urteil v. 18.11.2008, Rn. 36 mit Verweis auf die Rs. C-85/96 *Martínez Sala*, EuGH Urteil v. 12.5.1998, Rn. 63 u. Rs. C-209/03 *Bidar*, EuGH Urteil v. 15.3.2005, Rn. 32.

[484] Rs. C-209/03 *Bidar*, EuGH Urteil v. 15.3.2005, Rn. 37 mit Verweis auf die Rs. C-148/02 *Garcia Avello*, EuGH Urteil v. 2.10.2003, Rn. 24 u. Rs. C-403/03 *Schempp*, EuGH Urteil v. 12.7.2005, Rn. 18.

[485] Rs. C-209/03 *Bidar*, EuGH Urteil v. 15.3.2005, Rn. 37.

[486] Rs. C-158/07 *Förster*, EuGH Urteil v. 18.11.2008, Rn. 39.

[487] Rs. C-158/07 *Förster*, EuGH Urteil v. 18.11.2008, Rn. 40.

[488] Rs. C-158/07 *Förster*, EuGH Urteil v. 18.11.2008, Rn. 41 mit vergleichendem Verweis auf die Rs. C-209/03 *Bidar*, EuGH Urteil v. 15.3.2005, Rn. 42.

[489] Rs. C-158/07 *Förster*, EuGH Urteil v. 18.11.2008, Rn. 42 u. 43 mit Verweis auf die Rs. C-209/03 *Bidar*, EuGH Urteil v. 15.3.2005, Rn. 46.

[490] Rs. C-158/07 *Förster*, EuGH Urteil v. 18.11.2008, Rn. 44.

Nach den niederländischen Verwaltungsvorschriften sei es nichtniederländischen Unionsbürgern erst gestattet ein Unterhaltsstipendium zu beantragen, wenn sie sich zuvor mindestens fünf Jahre ununterbrochen in den Niederlanden aufgehalten haben. Vor diesem Hintergrund stelle sich die Frage, welche Grenzen dem Unterhaltsanspruch von ausländischen Studierenden gesetzt werden dürften, ohne dass sich hieraus eine unzulässige Diskriminierung i.S.v. Art. 12 Abs. 1 EGV (heute Art. 18 Abs. 1 AEUV) ergebe.[491] Im Rahmen der Rs. *Bidar*[492] sei festgestellt worden, dass die Mitgliedstaaten im Hinblick auf Anwendung und Organisation ihrer Sozialhilfesysteme eine gewisse finanzielle Solidarität zeigen müssten, aber auch darauf achten dürften, dass die Beihilfengewährung nicht zu einer übermäßigen Belastung werde, die Auswirkung auf das Gesamtniveau der Beihilfen haben könne.[493] Insoweit sei es legitim, wenn die Mitgliedstaaten die Zahlung von Beihilfe an Studierende von einem gewissen Integrationsgrad in ihre Gesellschaft abhängig machten, der anhand einer nachgewiesenen Mindestaufenthaltsdauer festgestellt werden dürfe.[494] Fraglich sei aber, ob das Erfordernis einer Mindestaufenthaltsdauer von fünf Jahren als verhältnismäßig angesehen werden könne.[495] Dies sei der Fall. Auch wenn die Richtlinie 2004/38/EG auf den vorliegenden Sachverhalt keine Anwendung finde, ergebe sich aus ihrem Art. 24 Abs. 2, dass Mitgliedstaaten nicht verpflichtet seien, Studierenden, die noch kein Recht auf Daueraufenthalt erworben hätten, Studienbeihilfen zu leisten.[496] Darüber hinaus müssten die nationalen Aufenthaltserfordernisse insbesondere von klaren und im Voraus bekannten Kriterien abhängen. Dies sei mit den Verwaltungsvorschriften vorliegend der Fall.[497]

Im Ergebnis sei daher festzustellen, dass das Erfordernis eines fünfjährigen Aufenthalts nicht darüber hinausgehe, was zur Erreichung des Zwecks, nämlich festzustellen, dass Studierende aus anderen Mitgliedstaaten zu einem gewissen Grad im Aufnahmemitgliedstaat integriert seien, erforderlich sei. Die Regelung stehe Art. 12 Abs. 1 EGV (heute Art. 18 Abs. 1 AEUV) nicht entgegen.[498]

---

[491] Rs. C-158/07 *Förster*, EuGH Urteil v. 18.11.2008, Rn. 45.

[492] Rs. C-209/03 *Bidar*, EuGH Urteil v. 15.3.2005, Rn. 56.

[493] Rs. C-158/07 *Förster*, EuGH Urteil v. 18.11.2008, Rn. 48.

[494] Rs. C-158/07 *Förster*, EuGH Urteil v. 18.11.2008, Rn. 49 f. mit Verweis auf Rs. C-209/03 *Bidar*, EuGH Urteil v. 15.3.2005, Rn. 57 u. 59.

[495] Rs. C-158/07 *Förster*, EuGH Urteil v. 18.11.2008, Rn. 51 f.

[496] Rs. C-158/07 *Förster*, EuGH Urteil v. 18.11.2008, Rn. 55.

[497] Rs. C-158/07 *Förster*, EuGH Urteil v. 18.11.2008, Rn. 56 f.

[498] Rs. C-158/07 *Förster*, EuGH Urteil v. 18.11.2008, Rn. 58 u. 60.

d) Analyse

In der Rechtssache *Förster* ist das gemeinschaftsrechtliche Aufenthaltsrecht der Studentin im Aufnahmemitgliedstaat unproblematisch gegeben. Aufgrund des ausgeübten Freizügigkeitsrechts ist auch das allgemeine Diskriminierungsverbot grundsätzlich anwendbar.

Fraglich ist nun wiederum, ob und inwieweit Art. 3 der Studentenrichtlinie eine Gewährung der Studienbeihilfe seitens des Aufnahmemitgliedstaats ausschließen kann. Mit Blick auf die Rs. *Bidar* in welcher der Gerichtshof darauf abzustellen schien, welche Richtlinie hinsichtlich des Aufenthaltsrechts maßgeblich war, stellt der Gerichtshof in der Rs. *Förster* richtigerweise klar, dass die Intention, mit welcher ein Unionsbürger in den Aufnahmemitgliedstaat einreist, für das Aufenthaltsrecht des jeweiligen Unionsbürgers nicht entscheidend ist.[499] Eine solche Differenzierung hätte sonst zu höchst unbilligen Ergebnissen führen können, da nicht einzusehen ist, warum die Anwendbarkeit der Studentenrichtlinie und insbesondere ihres Art. 3 von einem Aufenthalt im Aufnahmemitgliedstaat vor Studienbeginn abhängig sein sollte.[500] Darüber hinaus stellten die Aufenthaltsrichtlinien auf objektive, nicht jedoch auf subjektive Kriterien ab.

Problematisch ist hingegen, dass der EuGH sich trotz Anwendbarkeit der Studentenrichtlinie wiederholt kaum mit dem in Art. 3 verankerten Ausschluss auseinandersetzt. Aus Sicht des EuGH stellt die Richtlinie lediglich klar, dass sich aus dieser selbst kein Anspruch auf Studienbeihilfen ergibt.[501] Sie schließe jedoch nicht aus, dass sich ein Anspruch aus anderen Anspruchsgrundlagen und daher insbesondere dem Primärrecht ergäbe. Wie bereits im Rahmen der Analyse des Urteils in der Rs. *Bidar* festgestellt wurde, ist eine solche Annahme ohne eine Prüfung dahingehend, wie sich Art. 3 der Studentenrichtlinie zum Primärrecht verhält, nicht überzeugend.[502]

Wenngleich Art. 3 der Studentenrichtlinie das Diskriminierungsverbot aus Sicht des Gerichtshofs nicht wirksam begrenzen kann, hatte der EuGH bereits in seiner vorherigen Rechtsprechung festgestellt, dass Einschränkungen des Diskriminierungsverbots dennoch möglich sind, damit die Beihilfengewährung nicht zu einer übermäßigen Belastung wird, die Auswirkung auf das Gesamtniveau der Beihilfen haben könnte. Auf diese verweist der EuGH

---

[499] Rs. C-158/07 *Förster*, EuGH Urteil v. 18.11.2008, Rn. 44.

[500] *Wollenschläger*, Grundfreiheit ohne Markt, 240 führt im Hinblick auf die Rs. *Bidar* beispielhaft an, dass es unbillig wäre jährlich neu zu beantragende Studiendarlehen oder von bestimmten Studienleistungen abhängige Stipendien nach anderen Normen zu beurteilen als die Beanspruchung dieser Leistungen nach der Einreise kurz vor Studienbeginn.

[501] Rs. C-158/07 *Förster*, EuGH Urteil v. 18.11.2008, Rn. 42 f.; *Streinz*, Anmerkung zum EuGH Urteil v. 18.11.2008 – C-158/07 Förster, JuS 2009, 552, 554.

[502] Hierzu oben, § 7 B. II. 6. d).

auch in der Rs. *Förster*.[503] Insoweit billigt er das Kriterium des vorangegangenen Aufenthalts von fünf Jahren im Aufnahmemitgliedstaat, um sich der hinreichenden Integration des Antragstellers zu versichern. In Ansehung der bislang ergangenen Urteile, insbesondere in den Rs. *Grzelczyk* und *Bidar*, erscheint die Rechtsprechung des Gerichtshofs ungewöhnlich restriktiv.[504] Und so hatte auch der Generalanwalt im Rahmen der Schlussanträge die Meinung vertreten, dass das Kriterium der fünfjährigen Aufenthaltsdauer vor dem Hintergrund, dass die Integration auch anders nachgewiesen werden könnte, unverhältnismäßig ist.[505] Um die Verhältnismäßigkeit des Kriteriums zu begründen, verwies der Gerichtshof auf den in der Rs. *Förster ratione temporis* noch nicht anwendbaren Art. 24 Abs. 2 der Richtlinie 2004/38/EG.[506] Anders als der Generalanwalt, der ebenfalls auf den bald in Kraft tretenden Art. 24 Abs. 2 hinwies, insoweit aber feststellte, dass dieser künftig auf Grundlage des Primärrechts und insbesondere des Verhältnismäßigkeitsgrundsatzes ausgelegt werden müsse, stellt der EuGH die Primärrechtskonformitität des Art. 24 Abs. 2 Richtlinie 2004/38/EG nicht in Frage, sondern zieht ihn vielmehr zur Auslegung des Primärrechts heran. Wenngleich jedenfalls eine sekundärrechtsorientierte Auslegung des Primärrechts grundsätzlich möglich ist[507], ist sie im Rahmen der Rs. *Förster* nicht überzeugend. Denn einerseits ist die zur Auslegung herangezogene Norm, wie bereits festgestellt, noch nicht in Kraft. Der Verweis auf das baldige Inkrafttreten kann daher nur so verstanden werden, dass der EuGH dessen Primärrechtskonformität nicht bereits in Form eines *obiter dictums* anzweifeln wollte. Andererseits ist die Entscheidung in der Rs. *Förster* auch vor dem Hintergrund der bislang ergangenen Entscheidungen nicht kohärent. Insbesondere das Urteil in der Rs. *Baumbast und R* hätte vermuten lassen, dass hinsichtlich einer pauschalen Regelung wie des fünfjährigen Mindestaufenthalts eine Einzelfallbetrachtung auf Grundlage des Verhältnismäßigkeitsprinzips vorgenommen werden muss.[508] Weiterhin ist auffällig, dass der EuGH zunächst die Prüfung von

---

[503] Rs. C-158/07 *Förster*, EuGH Urteil v. 18.11.2008, Rn. 45.

[504] Vgl. auch *O'Leary*, Equal treatment and EU Citizens: A New Chapter on Cross-Border Educational Mobility and Access to Student Financial Assistance, E.L.Rev. 2009, 612, 623.

[505] Rs. C-158/07 *Förster*, Schlussanträge GA Mazák v. 10.7.2008, Rn. 128 f.; *O'Leary*, Equal treatment and EU Citizens: A New Chapter on Cross-Border Educational Mobility and Access to Student Financial Assistance, E.L.Rev. 2009, 612, 617 f.

[506] Rs. C-158/07 *Förster*, EuGH Urteil v. 18.11.2008, Rn. 54 f.; *O'Leary*, Equal treatment and EU Citizens: A New Chapter on Cross-Border Educational Mobility and Access to Student Financial Assistance, E.L.Rev. 2009, 612, 622.

[507] Hierzu ausführlich oben, § 4 B. II. 2. b).

[508] Vgl. *O'Leary*, Equal treatment and EU Citizens: A New Chapter on Cross-Border Educational Mobility and Access to Student Financial Assistance, E.L.Rev. 2009, 612, 622.

Art. 3 der Studentenrichtlinie gänzlich unterlässt, um das Diskriminierungsverbot möglichst weitreichend zur Anwendung zu bringen, nun aber zur Begrenzung desselben auf eine Norm mit ähnlicher Zielrichtung abstellt, die noch gar nicht in Kraft ist. Dass der EuGH einerseits Art. 3 der Studentenrichtlinie nur deklaratorische Wirkung und andererseits Art. 24 Abs. 2 der Richtlinie 2004/38/EG ohne Überprüfung volle Wirksamkeit beimisst, stellt einen Bruch zur bisherigen Rechtsprechung dar. Damit deutet sich bereits eine stärkere Fokussierung auf das Sekundärrecht an, die in späteren Entscheidungen zu noch restriktiveren Entscheidungen führen wird.[509]

8. *Die Rechtssache* Dano[510]

a) *Sachverhalt und Vorlagefragen*

Frau Dano und ihr in Deutschland geborener Sohn sind beide rumänische Staatsangehörige. Sie reisten zuletzt im Oktober 2010 nach Deutschland ein und leben seither bei der Schwester von Frau Dano. Im Juli 2011 wurde Frau Dano eine unbefristete Freizügigkeitsbescheinigung für EU-Bürger ausgestellt.

Frau Dano bezieht für ihren Sohn Kindergeld und einen Unterhaltsvorschuss. Sie war bislang weder in Rumänien noch in Deutschland erwerbstätig. Im Januar 2012 stellte Frau Dano für sich und ihren Sohn einen Antrag auf Gewährung von Leistungen der Grundsicherung nach dem SGB II. Nach Ablehnung des Antrags ging Frau Dano gegen die Entscheidung vor und erhob Klage beim Sozialgericht Leipzig. Dieses war der Auffassung, dass Frau Dano und ihr Sohn nach § 7 Abs. 1 S. 2 Nr. 2 SGB II[511] und § 23 Abs. 3 SGB XII[512] keinen Anspruch auf die beantragten Leistungen hatten. Es hatte jedoch Zweifel, ob die Bestimmungen mit dem Unionsrecht vereinbar sind und legte dem EuGH folgende Fragen zur Vorabentscheidung vor:

---

[509] *Steiger*, Freizügigkeit in der EU und Einschränkungen von Sozialleistungen für EU-Ausländer, Vom Verlust der richtigen Balance zwischen den Interessen der Mitgliedstaaten und den Rechten des Einzelnen sowie der Notwendigkeit einer primärrechtskonformen Auslegung der Freizügigkeitsrichtlinie, EuR 2018, 304, 319.

[510] Rs. C-333/13 *Dano*, EuGH Urteil v. 11.11.2014.

[511] § 7 Abs. 1 S. 2 Nr. 2 SGB II lautete zum damaligen Zeitpunkt: Ausgenommen sind Ausländerinnen und Ausländer, deren Aufenthaltsrecht sich allein aus dem Zweck der Arbeitssuche ergibt, und ihre Familienangehörigen.

[512] § 23 Abs. 3 SGB XII lautet: Ausländer und ihre Familienangehörigen erhalten keine Leistungen nach Absatz 1 oder nach dem Vierten Kapitel, wenn 1. sie weder in der Bundesrepublik Deutschland Arbeitnehmer oder Selbständige noch auf Grund des § 2 Abs. 3 des Freizügigkeitsgesetzes/EU freizügigkeitsberechtigt sind, für die ersten drei Monate ihres Aufenthalts, 2. sie kein Aufenthaltsrecht haben oder sich ihr Aufenthaltsrecht allein aus dem Zweck der Arbeitssuche ergibt oder 3. sie eingereist sind, um Sozialhilfe zu erlangen.

1. Ist Art. 4 der Verordnung Nr. 883/2004/EG dahin auszulegen, dass er auch für die „besonderen beitragsunabhängigen Leistungen" i.S.v. Art. 3 Abs. 3 und Art. 70 der Verordnung gilt?

2. Sind die Art. 18 AEUV und Art. 20 Abs. 2 AEUV sowie Art. 24 Abs. 2 der Richtlinie 2004/38/EG und Art. 4 der Verordnung Nr. 883/2004/EG dahin auszulegen, dass sie der Regelung eines Mitgliedstaats entgegenstehen, nach der nicht erwerbstätige Staatsangehörige anderer Mitgliedstaaten ganz oder teilweise vom Bezug bestimmter „besonderer beitragsunabhängiger Geldleistungen" i.S.d. Verordnung Nr. 883/2004/EG ausgeschlossen werden, während Staatsangehörige des betreffenden Mitgliedstaats, die sich in der gleichen Situation befinden, diese Leistungen erhalten?

3. Verpflichten Art. 20 und 51 der EU-GRCh die Mitgliedstaaten, Unionsbürgern beitragsunabhängige Geldleistungen der Grundsicherung zu gewähren, die geeignet sind einen dauerhaften Aufenthalt zu ermöglichen, oder dürfen sich die Mitgliedstaaten darauf beschränken, die zur Rückkehr in den Heimatstaat erforderlichen Mittel bereitzustellen?

b) Würdigung durch den Generalanwalt[513]

Zwar würden die Vorlagefragen die Qualifizierung der im Ausgangsverfahren in Rede stehenden Leistungen nicht ausdrücklich betreffen, da die Qualifizierung jedoch im Hinblick auf die Anwendungsbereiche der Verordnung Nr. 883/2004/EG und der Richtlinie 2004/38/EG für den vorliegenden Fall relevant sei, beginnt GA Wathelet mit dieser.[514]

Nach Auffassung des GA Wathelet sind die von Frau Dano beantragten Leistungen zunächst als besondere beitragsunabhängige Geldleistung i.S.d. Verordnung Nr. 883/2004/EG zu qualifizieren.[515] Dies schließe aber nicht aus, dass sie auch unter den Begriff der „Sozialhilfeleistung" im Sinne der Richtlinie 2004/38/EG fielen.[516]

Diese Möglichkeit habe auch in der Rs. *Brey*[517] im Mittelpunkt gestanden:[518] Der Gerichtshof habe festgestellt, dass der Begriff der Sozialhilfeleistungen i.S.d. Richtlinie anhand des von der Bestimmung verfolgten Ziels und nicht nach formalen Kriterien zu bestimmen sei. Der Begriff erstrecke sich daher auf sämtliche von öffentlichen Stellen eingerichteten Hilfesysteme, die ein Einzelner in Anspruch nehme, der nicht über ausreichende Existenzmittel zur Bestreitung seiner Grundbedürfnisse verfüge und deshalb während seines

---

[513] Rs. C-333/13 *Dano*, Schlussanträge GA Wathelet v. 20.5.2014.

[514] Rs. C-333/13 *Dano*, Schlussanträge GA Wathelet v. 20.5.2014, Rn. 42 f.

[515] Rs. C-333/13 *Dano*, Schlussanträge GA Wathelet v. 20.5.2014, Rn. 57.

[516] Rs. C-333/13 *Dano*, Schlussanträge GA Wathelet v. 20.5.2014, Rn. 58.

[517] Rs. C-140/12 *Brey*, EuGH Urteil v. 19.9.2013.

[518] Rs. C-333/13 *Dano*, Schlussanträge GA Wathelet v. 20.5.2014, Rn. 59.

Aufenthalts möglicherweise die öffentlichen Finanzen des Aufnahmemitgliedstaats belasten müsse, was Auswirkungen auf das Gesamtniveau der Beihilfe haben könne, die dieser Staat gewähren könne.[519] Im Ergebnis seien die Leistungen der Grundsicherung daher als besondere beitragsunabhängige Geldleistungen i.S.d. Verordnung Nr. 883/2004/EG und als Sozialhilfeleistungen i.S.d. Richtlinie 2004/38/EG zu qualifizieren.[520]

Nachfolgend widmet der Generalanwalt seine Ausführungen der ersten Vorlagefrage. Mit dieser wolle das vorlegende Gericht wissen, ob der Gleichbehandlungsgrundsatz aus Art. 4 der Verordnung Nr. 883/2004/EG auch für besondere beitragsunabhängige Geldleistungen i.S.v. Art. 3 Abs. 3 und Art. 70 dieser Verordnung gelte.[521] Da Art. 3 der Verordnung, der den sachlichen Geltungsbereich betreffe, ausdrücklich auch auf die besonderen beitragsunabhängigen Geldleistungen verweise und Art. 70 die Anwendung auch nicht ausnahmsweise ausschließe, gelte Art. 4 auch für besondere beitragsunabhängige Geldleistungen.[522] Diese Auslegung entspreche auch dem Willen des Gesetzgebers.[523] Im Ergebnis sei der persönliche Anwendungsbereich von Art. 4 der Verordnung Nr. 883/2004/EG daher für Personen eröffnet, die eine besondere beitragsunabhängige Geldleistung i.S.v. Art. 3 Abs. 3 und Art. 70 der Verordnung Nr. 883/2004/EG beanspruchten.[524]

Mit der zweiten Frage wolle das vorlegende Gericht wissen, ob das Unionsrecht einer nationalen Regelung entgegenstehe, nach der Staatsangehörige eines anderen Mitgliedstaats, die keiner Erwerbstätigkeit nachgingen, ganz oder teilweise von bestimmten besonderen beitragsunabhängigen Geldleistungen i.S.d. Verordnung Nr. 883/2004/EG ausgeschlossen seien, obwohl der betreffende Mitgliedstaat diese Leistungen seinen eigenen Staatsangehörigen gewähre.

Zunächst müssten die im Hinblick auf die Vorlagefrage anwendbaren Vorschriften in den Blick genommen werden. Neben dem in Art. 4 der genannten Verordnung verankerten Gleichbehandlungsgrundsatz könnten auch Art. 18 AEUV, Art. 20 Abs. 2 Unterabs. 1 a) und Unterabs. 2 AEUV sowie Art. 24 Abs. 2 der Richtlinie 2004/38/EG relevant sein.[525] In Art. 18 AEUV sei das allgemeine Diskriminierungsverbot aufgrund der Staatsangehörigkeit verankert, aus Art. 20 Abs. 2 Unterabs. 2 AEUV und Art. 21 Abs. 1 AEUV gehe hervor, dass die unionsbürgerschaftlichen Rechte von den in den Verträgen

---

[519] Rs. C-333/13 *Dano*, Schlussanträge GA Wathelet v. 20.5.2014, Rn. 61 u. 62 mit Verweis auf Rs. C-140/12 *Brey*, EuGH Urteil v. 19.9.2013, Rn. 58 u. Rn. 60 f.

[520] Rs. C-333/13 *Dano*, Schlussanträge GA Wathelet v. 20.5.2014, Rn. 73.

[521] Rs. C-333/13 *Dano*, Schlussanträge GA Wathelet v. 20.5.2014, Rn. 75.

[522] Rs. C-333/13 *Dano*, Schlussanträge GA Wathelet v. 20.5.2014, Rn. 76 f.

[523] Rs. C-333/13 *Dano*, Schlussanträge GA Wathelet v. 20.5.2014, Rn. 80 f.

[524] Rs. C-333/13 *Dano*, Schlussanträge GA Wathelet v. 20.5.2014, Rn. 84.

[525] Rs. C-333/13 *Dano*, Schlussanträge GA Wathelet v. 20.5.2014, Rn. 88.

und Durchführungsvorschriften vorgesehenen Beschränkungen und Bedingungen abhängig seien.[526] Zwar stellten sowohl die Verordnung Nr. 883/2004/EG als auch die Richtlinie 2004/38/EG solche Bedingungen und Beschränkungen dar. Art. 24 Abs. 2 der Richtlinie 2004/38/EG sei im vorliegenden Fall jedoch ohne Bedeutung, da die Situation von Frau Dano nicht vom persönlichen Anwendungsbereich dieser Bestimmung erfasst werde. Denn Frau Dano halte sich seit mehr als drei Monaten in Deutschland auf, suche derzeit keine Arbeit und sei auch nicht zur Arbeitssuche nach Deutschland eingereist.[527] Einschlägig sei aber Art. 7 Abs. 1 b) der Richtlinie 2004/38, aus dem das Erfordernis ausreichender Existenzmittel hervorgehe.[528]

Im Weiteren versucht GA Wathelet die Tragweite der Vorlagefrage im Hinblick auf die bisherige Rechtsprechung des Gerichtshofs herauszuarbeiten. Hierbei beginnt er mit der Feststellung, dass es möglich sei, die Geltung des Gleichbehandlungsgrundsatzes einzuschränken. Denn eine eventuelle Ungleichbehandlung zwischen Unionsbürgern, die von ihrem Freizügigkeits- und Aufenthaltsrecht Gebrauch gemacht hätten, und Staatsangehörigen des Aufnahmemitgliedstaats sei unvermeidliche Folge der Richtlinie 2004/38/EG.[529] Zwar wolle die Verordnung Nr. 883/2004/EG die Beibehaltung des Anspruchs auf bestimmte Leistungen der sozialen Sicherheit bei Ausübung der Arbeitnehmerfreizügigkeit garantieren. Andererseits erlaube es die Richtlinie 2004/38/EG dem Aufnahmemitgliedstaat aber, Unionsbürgern, die die Arbeitnehmereigenschaft nicht oder nicht mehr besäßen, rechtmäßige Beschränkungen in Bezug auf die Gewährung von Sozialleistungen aufzuerlegen, damit sie die Sozialhilfeleistungen eines Staates nicht unangemessen in Anspruch nähmen.[530] Das in Art. 7 der Richtlinie 2004/38/EG verankerte Erfordernis ausreichender Existenzmittel als Aufenthaltsvoraussetzung und das Anliegen, keine Belastung für die Sozialhilfesysteme der Mitgliedstaaten hervorzurufen, führten zwangsläufig zu Ungleichbehandlungspotenzial. Daher stelle sich vorliegend vor allem die Frage, inwieweit ein allgemeiner Ausschluss von Sozialhilfe mit der Richtlinie 2004/38/EG und dem Verhältnismäßigkeitsgrundsatz vereinbar sei.[531]

Um diese Frage zu beantworten versucht GA Wathelet zunächst die bisherige Rechtsprechung des Gerichtshofs zusammenzufassen: In der Rs. *Brey*[532] habe der Gerichtshof entschieden, dass ein automatischer Leistungs-

---

[526] Rs. C-333/13 *Dano*, Schlussanträge GA Wathelet v. 20.5.2014, Rn. 89.
[527] Rs. C-333/13 *Dano*, Schlussanträge GA Wathelet v. 20.5.2014, Rn. 92.
[528] Rs. C-333/13 *Dano*, Schlussanträge GA Wathelet v. 20.5.2014, Rn. 92.
[529] Rs. C-333/13 *Dano*, Schlussanträge GA Wathelet v. 20.5.2014, Rn. 93.
[530] Rs. C-333/13 *Dano*, Schlussanträge GA Wathelet v. 20.5.2014, Rn. 95.
[531] Rs. C-333/13 *Dano*, Schlussanträge GA Wathelet v. 20.5.2014, Rn. 96 f.
[532] Rs. C-140/12 *Brey*, EuGH Urteil v. 19.9.2013, Rn. 77.

ausschluss den zuständigen Behörden nicht erlaube, umfassend zu beurteilen, welche Belastung die Gewährung dieser Leistung aufgrund der individuellen Umstände konkret für das gesamte Sozialsystem darstellen würde. Ein automatischer Ausschluss stehe damit weder mit den Anforderungen, die sich aus der Richtlinie ergäben, noch mit dem Grundsatz der Verhältnismäßigkeit in Einklang.[533] Dieses Ergebnis füge sich kontinuierlich in die bisherige Rechtsprechung in den Rs. *Grzelczyk*[534] und *Trojani*[535] zur Frage der Sozialleistungen ein.

Der vorliegende Fall sei nun der genannten Rechtsprechung, der *ratio legis* und dem Text der Richtlinie 2004/38/EG gegenüberzustellen.[536] Die Richtlinie mache das Aufenthaltsrecht von mehr als drei Monaten von der doppelten Voraussetzung abhängig, dass der Unionsbürger für sich und seine Familienangehörigen über ausreichende Existenzmittel verfüge, sodass während des Aufenthalts keine Sozialhilfeleistungen in Anspruch genommen werden müssten und dass ausreichender Krankenversicherungsschutz bestehe. Die Vereinbarkeit der Richtlinie mit dem Primärrecht vorausgesetzt, erscheine es vor diesem Hintergrund legitim, dass ein Mitgliedstaat die Gewährleistung von Sozialhilfe verweigern könne, soweit das Freizügigkeitsrecht einzig mit dem Ziel ausgeübt werde, Sozialhilfe in einem anderen Mitgliedstaat zu erhalten und der Unionsbürger nicht über ausreichende Existenzmittel verfüge, um ein Aufenthaltsrecht von mehr als drei Monaten zu beanspruchen.[537] Würde das in Rede stehende Sekundärrecht derart ausgelegt, dass es einen Mitgliedstaat daran hinderte andere Staatsangehörige von der Sozialhilfegewährung auszuschließen, würde dies den vom Gesetzgeber in den Erwägungsgründen Nr. 10 und 21 dieser Richtlinie ausgedrückten Willen zunichtemachen.[538] Darüber hinaus verlange Art. 7 Abs. 1 b) der Richtlinie 2004/38/EG, dass ein Unionsbürger der länger als drei Monate im Aufnahmemitgliedstaat bleiben möchte, über ausreichende Existenzmittel verfügen müsse, ohne dass hier von einem Kriterium der „unangemessenen" Inanspruchnahme von Sozialhilfe gesprochen würde.[539] Die Voraussetzungen der Richtlinie für das Aufenthaltsrecht bedeuteten daher, dass ein Unionsbürger entweder über ausreichende Existenzmittel verfüge und daher auch keine Sozialhilfeleistungen in Anspruch nehmen müsse oder er verfüge nicht über derartige Existenzmittel und erfülle damit zwar theoretisch die Voraussetzungen, um Sozialhilfeleistungen zu erhalten, er könne sich dann aber in

[533] Rs. C-333/13 *Dano*, Schlussanträge GA Wathelet v. 20.5.2014, Rn. 99.
[534] Rs. C-184/99 *Grzelczyk*, EuGH Urteil v. 20.9.2001, Rn. 46.
[535] Rs. C-456/02 *Trojani*, EuGH Urteil v. 7.9.2004, Rn. 46.
[536] Rs. C-333/13 *Dano*, Schlussanträge GA Wathelet v. 20.5.2014, Rn. 103.
[537] Rs. C-333/13 *Dano*, Schlussanträge GA Wathelet v. 20.5.2014, Rn. 104 f.
[538] Rs. C-333/13 *Dano*, Schlussanträge GA Wathelet v. 20.5.2014, Rn. 107 f.
[539] Rs. C-333/13 *Dano*, Schlussanträge GA Wathelet v. 20.5.2014, Rn. 109.

Anbetracht von Art. 7 Abs. 1 b) der Richtlinie 2004/38/EG nicht in einem anderen Mitgliedstaat aufhalten. Hindere man die Mitgliedstaaten daran, in diesen Situationen den Sozialhilfebezug auszuschließen, führe dies dazu, dass die Voraussetzung ausreichender Existenzmittel bei dem Unionsbürger, der sich einzig und allein mit dem Ziel fortbewegt, Sozialhilfe eines anderen Mitgliedstaats zu erhalten, künstlich erfüllt werde.[540]

Eine Auslegung der Verordnung Nr. 883/2004/EG und der Richtlinie 2004/38/EG in der Linie der Rechtsprechung des Gerichtshofs könne auch zu einer paradoxen Situation im Hinblick auf Art. 24 Abs. 2 der Richtlinie führen. Denn während Art. 24 Abs. 1 der Richtlinie den Grundsatz der allgemeinen Gleichbehandlung festschreibe, weiche Abs. 2 von diesem ab, in dem er den Mitgliedstaaten gestatte, Arbeitssuchenden den Anspruch auf Sozialhilfeleistungen abzusprechen. Sollte der Gerichtshof nun eine Regelung, wie sie im Ausgangsverfahren vorliege, als mit dem Unionsrecht unvereinbar ansehen, befände sich ein Unionsbürger, der ohne Integrationswillen in einen anderen Mitgliedstaat kommt, in einer günstigeren Lage, als ein Unionsbürger, der nach Arbeit sucht. Denn dem Arbeitssuchenden könne Sozialhilfe nach Art. 24 Abs. 2 der Richtlinie 2004/38/EG verwehrt werden, während dies bei dem Unionsbürger ohne Integrationswillen erst nach einer eingehenden Prüfung seiner Situation möglich sei.[541] Im Ergebnis scheine daher die Regelung, die Personen von besonderen beitragsunabhängigen Geldleistungen i.S.d. Verordnung Nr. 883/2004/EG bzw. einer Sozialhilfeleistung i.S.d. Richtlinie 2004/38/EG ausschließe, wenn sie sich nur in einen anderen Mitgliedstaat begäben, um Sozialhilfe zu beantragen, weder gegen Art. 4 der Verordnung Nr. 883/2004/EG noch gegen das mit der Richtlinie 2004/38/EG eingerichtete System zu verstoßen.[542]

Eine letzte Prüfung sei nunmehr im Hinblick auf den Verhältnismäßigkeitsgrundsatz durchzuführen. Der Gerichtshof habe in Fällen, die den Bereich der Unterhaltskosten für Studierende betrafen, anerkannt, dass die Mitgliedstaaten zwar bei der Organisation und Anwendung ihres Sozialhilfesystems eine gewisse finanzielle Solidarität zeigen müssten, es ihnen aber freistehe darauf zu achten, dass die Gewährung von Beihilfen nicht zu einer übermäßigen Belastung werde. Insoweit dürften sie sich eines gewissen Integrationsgrades der Antragsteller in die Gesellschaft des Aufnahmemitgliedstaats versichern.[543] Die Sorge der Mitgliedstaaten, dass es zu übermäßigen Belastungen kommen könne, spiegele sich auch in den Erwägungsgründen Nr. 10 und 21 der Richtlinie 2004/38/EG wider, nach welchen Unionsbürger die Sozialhilfeleistungen im Aufnahmemitgliedstaat nicht unan-

---

[540] Rs. C-333/13 *Dano*, Schlussanträge GA Wathelet v. 20.5.2014, Rn. 113.
[541] Rs. C-333/13 *Dano*, Schlussanträge GA Wathelet v. 20.5.2014, Rn. 114 f.
[542] Rs. C-333/13 *Dano*, Schlussanträge GA Wathelet v. 20.5.2014, Rn. 117 f.
[543] Rs. C-333/13 *Dano*, Schlussanträge GA Wathelet v. 20.5.2014, Rn. 126 f.

gemessen in Anspruch nehmen sollten.[544] Im vorliegenden Fall füge sich die nationale Regelung, die den Sozialhilfebezug von Personen verhindere, die sich nicht um Integration in den nationalen Arbeitsmarkt bemühten, in den Willen des Unionsgesetzgebers ein. Auch habe der Gerichtshof entschieden, dass vor dem Hintergrund der Handhabbarkeit nicht stets jeder Einzelfall individuell geprüft werden müsse. Außerdem könne eine erhebliche Gefährdung des finanziellen Gleichgewichts eines Systems der sozialen Sicherheit einen zwingenden Rechtfertigungsgrund zum Schutz des Allgemeininteresses darstellen.[545]

Das im Ausgangsverfahren in Rede stehende Kriterium – dass sich der Betroffene einzig und allein mit dem Ziel in ein anderes Staatsgebiet begibt, eine Beschäftigung zu suchen oder Sozialhilfe zu beziehen – sei geeignet, das Fehlen einer tatsächlichen Verbindung mit dem Gebiet des Aufnahmemitgliedstaats darzulegen. Es erlaube auch, die wirtschaftliche Lebensfähigkeit des Systems zu sichern. Die Vorschriften verfolgten daher ein legitimes Ziel.[546] Darüber hinaus stehe die gewählte Voraussetzung auch im Verhältnis zu dem mit dem nationalen Recht legitim verfolgten Ziel. Solle die Gewährung von Leistungen der Grundsicherung verweigert werden, müssten die Behörden zwangsläufig in gewissem Maße die persönliche Situation des Antragstellers dahingehend prüfen, ob er unter die in § 7 Abs. 1 S. 2 Nr. 2 SGB II oder § 23 Abs. 3 SGB XII vorgesehene Ausnahme falle. Da der Anwendungsbereich dieser Ausnahme sehr begrenzt sei, bestehe auch nicht das Risiko einer automatischen Ausweisung wegen der Beantragung von Sozialhilfe. Im Ergebnis sei daher davon auszugehen, dass die Verordnung Nr. 883/2004/EG und die Richtlinie 2004/38/EG einer nationalen Regelung, wie der im Ausgangsverfahren, nicht entgegenstehen.[547]

Mit der letzten Vorlagefrage wolle das vorlegende Gericht wissen, ob Art. 1 (Unverletzlichkeit der Menschenwürde), Art. 20 (Gleichheit vor dem Gesetz) und Art. 51 der EU-GRCh die Mitgliedstaaten dazu verpflichteten, Unionsbürgern besondere beitragsunabhängige Geldleistungen zu zahlen. Gem. Art. 51 Abs. 1 der EU-GRCh, gelte die Charta jedoch für die Mitgliedstaaten nur, soweit sie Unionsrecht umsetzten. Art. 70 der Verordnung Nr. 883/2004/EG, der den Begriff der besonderen beitragsunabhängigen Geldleistung definiere, würde als solcher nicht die inhaltlichen Voraussetzungen für das Vorliegen eines Anspruchs festlegen. Es sei Sache der Rechtsvorschriften der Mitgliedstaaten die Voraussetzungen für das Vorliegen eines Anspruchs festzulegen. Art. 70 Abs. 4 enthalte nur eine „Kollisionsnorm".

[544] Rs. C-333/13 *Dano*, Schlussanträge GA Wathelet v. 20.5.2014, Rn. 130.
[545] Rs. C-333/13 *Dano*, Schlussanträge GA Wathelet v. 20.5.2014, Rn. 131 f.
[546] Rs. C-333/13 *Dano*, Schlussanträge GA Wathelet v. 20.5.2014, Rn. 135.
[547] Rs. C-333/13 *Dano*, Schlussanträge GA Wathelet v. 20.5.2014, Rn. 139.

Insoweit setzten die Mitgliedstaaten folglich kein Unionsrecht um, und der Gerichtshof sei für die Beantwortung der vierten Frage nicht zuständig.[548]

c) *Würdigung durch den EuGH*[549]

Der Auffassung des GA Wathelet folgend geht auch der EuGH im Hinblick auf die erste Vorlagefrage davon aus, dass Art. 4 der Verordnung Nr. 883/2004/EG auch für die besonderen beitragsunabhängigen Geldleistungen i.S.v. Art. 3 Abs. 3 und Art. 70 der Verordnung gilt.[550]

Mit seiner zweiten Frage wolle das vorlegende Gericht wissen, ob ein Ausschluss von Sozialleistungen in einem Fall wie dem vorliegenden mit dem Unionsrecht vereinbar sei.

Art. 20 Abs. 1 AEUV verleihe jeder Person, die die Staatsangehörigkeit eines Mitgliedstaats besitzt, den Status eines Unionsbürgers.[551] Dieser grundlegende Status ermögliche es, im sachlichen Anwendungsbereich des AEUV unabhängig von der Staatsangehörigkeit und unbeschadet von ausdrücklichen Ausnahmen aufgrund von Art. 18 AEUV die gleiche rechtliche Behandlung zu genießen.[552] Zu diesen Situationen gehöre auch die Ausübung des Freizügigkeits- und Aufenthaltsrechts, wie es in Art. 20 Abs. 2 Unterabs. 1 a) und Art. 21 AEUV verankert sei.[553] Die Art. 18 Abs. 1, 20 Abs. 2 Unterabs. 2 und 21 Abs. 1 AEUV verliehen die unionsbürgerschaftlichen Rechte jedoch nur „unbeschadet besonderer Bestimmungen“ bzw. „unter den Bedingungen und innerhalb der Grenzen“, die in den Verträgen festgelegt seien und „vorbehaltlich der in den Verträgen und in den Durchführungsvorschriften vorgesehenen Beschränkungen und Bedingungen“.[554]

Das allgemeine Diskriminierungsverbot des Art. 18 AEUV werde von Art. 24 der Richtlinie 2004/38/EG und Art. 4 der Verordnung Nr. 883/2004/EG konkretisiert, daher seien beide Normen auszulegen.[555] Einleitend sei hierzu festzustellen, dass die von Art. 70 Abs. 2 der Verordnung Nr. 883/2004/EG erfassten besonderen beitragsunabhängigen Geldleistungen unter den Begriff der Sozialhilfe i.S.d. Art. 24 Abs. 2 der Richtlinie 2004/38/EG fielen, der eine Ausnahme vom Diskriminierungsverbot enthalte.[556] Nach Art. 24

[548] Rs. C-333/13 *Dano*, Schlussanträge GA Wathelet v. 20.5.2014, Rn. 141 f.

[549] Rs. C-333/13 *Dano*, EuGH Urteil v. 11.11.2014.

[550] Rs. C-333/13 *Dano*, EuGH Urteil v. 11.11.2014, Rn. 55.

[551] Rs. C-333/13 *Dano*, EuGH Urteil v. 11.11.2014, Rn. 57.

[552] Rs. C-333/13 *Dano*, EuGH Urteil v. 11.11.2014, Rn. 58 mit Verweis auf die. Rs. C-184/99 *Grzelczyk*, EuGH Urteil v. 20.9.2001, Rn. 31; Rs. C-224/98 *D'Hoop*, EuGH Urteil v. 11.7.2002, Rn. 28; Rs. C-46/12 *N.*, EuGH Urteil v. 21.2.2013, Rn. 27.

[553] Rs. C-333/13 *Dano*, EuGH Urteil v. 11.11.2014, Rn. 59.

[554] Rs. C-333/13 *Dano*, EuGH Urteil v. 11.11.2014, Rn. 60 mit Verweis auf Rs. C-140/12 *Brey*, EuGH Urteil v. 19.9.2013, Rn. 46.

[555] Rs. C-333/13 *Dano*, EuGH Urteil v. 11.11.2014, Rn. 61 f.

[556] Rs. C-333/13 *Dano*, EuGH Urteil v. 11.11.2014, Rn. 63 f.

Abs. 2 der Richtlinie 2004/38/EG sei ein Aufnahmemitgliedstaat nicht verpflichtet, nicht wirtschaftlich tätigen Unionsbürgern während der ersten drei Monate des Aufenthalts oder gegebenenfalls während einer über diesen Zeitraum hinausgehenden Arbeitssuche nach Art. 14 Abs. 4 b) der Richtlinie einen Anspruch auf Sozialhilfe oder vor Erwerb des Rechts auf Daueraufenthalt Studienbeihilfen zu gewähren.[557] Da Frau Dano ihren Wohnsitz seit mehr als drei Monaten in Deutschland habe, nicht auf Arbeitssuche sei und auch nicht nach Deutschland eingereist sei, um dort zu arbeiten, werde ihre Situation nicht vom persönlichen Geltungsbereich des Art. 24 Abs. 2 der Richtlinie erfasst.[558]

Unter diesen Umständen sei zu prüfen, ob die sekundärrechtlich konkretisierten Diskriminierungsverbote der Versagung von Sozialleistungen in einer Situation wie der vorliegenden entgegenstünden. Nach Art. 24 Abs. 1 der Richtlinie 2004/38/EG genieße jeder Unionsbürger, der sich aufgrund der Richtlinie im Hoheitsgebiet eines anderen Mitgliedstaats aufhalte, im Anwendungsbereich des Vertrages die gleiche Behandlung wie die Staatsangehörigen des Aufnahmemitgliedstaats. Hieraus folge, dass Gleichbehandlung in Bezug auf Sozialleistungen nur verlangt werden könne, wenn die Aufenthaltsvoraussetzungen der Richtlinie erfüllt seien.[559]

Drei Situationen seien zu unterscheiden: Art. 6 der Richtlinie 2004/38/EG knüpfe das Aufenthaltsrecht bis zu drei Monaten an das Erfordernis des Besitzes eines gültigen Personalausweises oder Reisepasses. Nach Art. 14 Abs. 1 der Richtlinie bestehe das Aufenthaltsrecht fort, solange die Sozialhilfeleistungen des Aufnahmemitgliedstaats nicht unangemessen in Anspruch genommen würden. Nach Art. 24 Abs. 2 der Richtlinie sei der Aufnahmemitgliedstaat somit nicht verpflichtet, Unionsbürgern aus anderen Mitgliedstaaten während des genannten Zeitraums einen Anspruch auf Sozialleistungen einzuräumen.[560] Bei einem Aufenthalt von mehr als drei Monaten sei das Aufenthaltsrecht von den in Art. 7 Abs. 1 der Richtlinie 2004/38/EG genannten Voraussetzungen abhängig und nach Art. 14 Abs. 2 der Richtlinie stehe es Unionsbürgern und ihren Familienangehörigen nur solange zu, wie sie diese Voraussetzungen erfüllten.[561] Schließlich sei in Art. 16 Abs. 1 der Richtlinie geregelt, dass ein Unionsbürger, der sich rechtmäßig fünf Jahre lang ununterbrochen in einem Aufnahmemitgliedstaat aufgehalten habe, dort ein Daueraufenthaltsrecht genieße, welches nicht an die vorstehenden Voraussetzungen geknüpft sei.[562]

---

[557] Rs. C-333/13 *Dano*, EuGH Urteil v. 11.11.2014, Rn. 65.
[558] Rs. C-333/13 *Dano*, EuGH Urteil v. 11.11.2014, Rn. 66.
[559] Rs. C-333/13 *Dano*, EuGH Urteil v. 11.11.2014, Rn. 68 f.
[560] Rs. C-333/13 *Dano*, EuGH Urteil v. 11.11.2014, Rn. 70.
[561] Rs. C-333/13 *Dano*, EuGH Urteil v. 11.11.2014, Rn. 71.
[562] Rs. C-333/13 *Dano*, EuGH Urteil v. 11.11.2014, Rn. 72.

Im vorliegenden Fall gehe es um die Frage, ob ein Unionsbürger, der sich länger als drei Monate aber weniger als fünf Jahre im Aufnahmemitgliedstaat aufgehalten habe, einen Gleichbehandlungsanspruch hinsichtlich von Sozialleistungen geltend machen kann. Folglich sei zu prüfen, ob der Aufenthalt die Voraussetzungen des Art. 7 Abs. 1 b) der Richtlinie 2004/38/EG, d.h. vor allem das Vorliegen ausreichender Existenzmittel, erfülle.[563] Könnten Personen, denen kein Aufenthaltsrecht nach der Richtlinie zustehe, unter den gleichen Voraussetzungen wie Inländer Sozialhilfe beanspruchen, liefe dies dem zehnten Erwägungsgrund der Richtlinie zuwider, nach dem die unangemessene Inanspruchnahme von Sozialhilfeleistungen im Aufnahmemitgliedstaat verhindert werden solle.[564] Die Richtlinie unterscheide auch ausdrücklich zwischen erwerbstätigen und nicht erwerbstätigen Unionsbürgern. Während das Aufenthaltsrecht von erwerbstätigen Unionsbürgern nach Art. 7 Abs. 1 a) nicht von zusätzlichen Voraussetzungen abhängig sei, verlange Art. 7 Abs. 1 b) von nicht erwerbstätigen Unionsbürgern das Vorliegen ausreichender Existenzmittel. Art. 7 Abs. 1 b) solle derart verhindern, dass nicht erwerbstätige Unionsbürger das System der sozialen Sicherheit des Aufnahmemitgliedstaats in Anspruch nähmen.[565] Eine eventuelle Ungleichbehandlung von Unionsbürgern, die von ihrem Freizügigkeitsrecht Gebrauch gemacht hätten, und Staatsangehörigen des Aufnahmemitgliedstaats sei insoweit unvermeidliche Folge der Richtlinie, wie sie von dem Unionsgesetzgeber verabschiedet worden sei.[566] Einem Mitgliedstaat müsse es daher möglich sein, in einer Fallkonstellation wie der vorliegenden, Sozialhilfeleistungen zu versagen. Wäre dies nicht der Fall, kämen Unionsbürger ohne ausreichende Existenzmittel automatisch in den Genuss dieser Mittel. Bei der Beurteilung, ob ein Unionsbürger über ausreichende Mittel i.S.d. Richtlinie verfüge, sei eine konkrete Prüfung der wirtschaftlichen Situation des Betroffenen vorzunehmen.[567]

Im vorliegenden Verfahren verfügten die Betroffenen nicht über ausreichende Existenzmittel und könnten daher auch kein Aufenthaltsrecht i.S.d. Richtlinie 2004/38/EG geltend machen. Daher könnten sie sich auch nicht auf das Diskriminierungsverbot des Art. 24 Abs. 1 der Richtlinie berufen.[568] Gleiches gelte für das Diskriminierungsverbot des Art. 4 der Verordnung Nr. 883/2004/EG, da die beitragsunabhängigen Geldleistungen i.S.d. Verordnung nach Art. 70 Abs. 4 ausschließlich in dem Mitgliedstaat, in dem die betreffende Person wohne, und nach dessen Rechtsvorschriften gewährt

[563] Rs. C-333/13 *Dano*, EuGH Urteil v. 11.11.2014, Rn. 73.
[564] Rs. C-333/13 *Dano*, EuGH Urteil v. 11.11.2014, Rn. 74.
[565] Rs. C-333/13 *Dano*, EuGH Urteil v. 11.11.2014, Rn. 75 f.
[566] Rs. C-333/13 *Dano*, EuGH Urteil v. 11.11.2014, Rn. 77.
[567] Rs. C-333/13 *Dano*, EuGH Urteil v. 11.11.2014, Rn. 78 f.
[568] Rs. C-333/13 *Dano*, EuGH Urteil v. 11.11.2014, Rn. 81.

würden.[569] Die Sozialleistungen könnten daher vor dem Hintergrund der Richtlinie 2004/38/EG und der Verordnung Nr. 883/2004/EG versagt werden.[570]

Mit seiner dritten Frage wolle das vorlegende Gericht wissen, ob die Art. 1, 20 und 51 der EU-GRCh die Mitgliedstaaten dazu verpflichten, Unionsbürgern beitragsunabhängige Geldleistungen der Grundsicherung zu gewähren, um einen dauerhaften Aufenthalt im Aufnahmemitgliedstaat zu ermöglichen.[571]

Da Art. 70 der Verordnung Nr. 883/2204/EG, der den Begriff der „besonderen beitragsunabhängigen Geldleistungen" definiere, nicht die inhaltlichen Voraussetzungen des Leistungsanspruchs festlege, sondern dies Sache der Mitgliedstaaten sei und sich diese Voraussetzungen auch nicht aus der Richtlinie 2004/38/EG oder anderen Sekundärrechtsakten ergäben, führten die Mitgliedstaaten kein Unionsrecht durch. Der Gerichtshof sei daher für die Beantwortung der Frage nicht zuständig.[572]

d) Analyse

aa) Hintergrund

Das Urteil in der Rs. *Dano* ist eines der ersten Urteile, das auf Grundlage der neuen Richtlinie 2004/38/EG betreffend den Zugang zu Sozialleistungen im Aufnahmemitgliedstaat ergangen ist. Die Richtlinie 2004/38/EG – auch Freizügigkeitsrichtlinie oder Unionsbürgerrichtlinie genannt – löste die bislang geltenden drei Richtlinien, die das Aufenthaltsrecht von Studierenden, Rentnern und sonstigen Nichterwerbstätigen zuvor geregelt hatten, ab.[573] Sie trat entsprechend ihres Art. 41 am 30.4.2004 mit ihrer Veröffentlichung im Amtsblatt der Europäischen Union in Kraft und musste bis zum 30.4.2006 durch die Mitgliedstaaten umgesetzt werden. Daneben stand in der Rs. *Dano* auch die Anwendbarkeit der Verordnung Nr. 883/2004/EG in Rede, die erlassen wurde, um die Systeme der sozialen Sicherheit der Mitgliedstaaten zu koordinieren. Die Verordnung trat, obwohl sie bereits im Jahr 2004 erlassen und damit zeitgleich mit der Freizügigkeitsrichtlinie beraten wurde[574], gemäß ihres Art. 91 i.V.m. Art. 97 der Durchführungsverordnung Nr. 987/2009[575] erst am 1.5.2010 in Kraft. Eine Neuerung der Verordnung zur Koordinierung der

---

[569] Rs. C-333/13 *Dano*, EuGH Urteil v. 11.11.2014, Rn. 83.

[570] Rs. C-333/13 *Dano*, EuGH Urteil v. 11.11.2014, Rn. 84.

[571] Rs. C-333/13 *Dano*, EuGH Urteil v. 11.11.2014, Rn. 85.

[572] Rs. C-333/13 *Dano*, EuGH Urteil v. 11.11.2014, Rn. 89 f.

[573] Vgl. oben, § 6 A.

[574] *Thym*, Sozialleistungen für und Aufenthalt von nichterwerbstätigen Unionsbürgern, NZS 2014, 81, 82.

[575] Verordnung (EG) Nr. 987/2009 des Europäischen Parlaments und des Rates vom 16.9.2009 zur Festlegung der Modalitäten für die Durchführung der Verordnung (EG)

Systeme der sozialen Sicherheit ist, dass sie, anders als die vorherigen Verordnungen, auch für Nichterwerbstätige gilt.

bb) Anwendungsbereich der Freizügigkeitsrichtlinie und der Koordinierungsverordnung

Der Generalanwalt wendet sich im Rahmen der Schlussanträge zunächst der „Qualifikation" der von Frau Dano beantragten Sozialleistungen zu, um die Anwendungsbereiche der Koordinierungsverordnung und der Freizügigkeitsrichtlinie zu klären. Dies hatte den Hintergrund, dass das Verhältnis der beiden Sekundärrechtsakte in Literatur und Rechtsprechung seit ihrem Erlass umstritten war.[576] Denn beide Rechtsakte regeln im weiteren Sinne den Zugang zu Sozialleistungen und enthalten jeweils eine sekundärrechtliche Konkretisierung des allgemeinen Diskriminierungsverbots. In der Koordinierungsverordnung wird das Diskriminierungsverbot in Art. 4 statuiert, in der Freizügigkeitsrichtlinie in Art. 24 Abs. 1. Während Art. 24 Abs. 2 der Richtlinie 2004/38/EG unter bestimmten Voraussetzungen für Unionsbürger eine Ausnahme zu diesem Diskriminierungsverbot enthält, sieht die Koordinierungsverordnung keine entsprechende Ausnahme vor.[577]

Vor diesem Hintergrund wurde diskutiert, inwieweit die nach dem SGB II gewährten Sozialleistungen vom Anwendungsbereich der Koordinierungsverordnung und der Freizügigkeitsrichtlinie erfasst werden.[578]

(1) Der Begriff der „besonderen beitragsunabhängigen Geldleistungen" i.S.d. Verordnung Nr. 883/2004/EG

Art. 3 Abs. 3 der Verordnung Nr. 883/2004/EG normiert, dass die Verordnung auch für die „besonderen beitragsunabhängigen Geldleistungen" gemäß Art. 70 gilt. Dabei sind mit dem Begriff der „besonderen beitragsunabhängigen Geldleistungen" vor allem Unterstützungsleistungen gemeint, bei denen es sich weder um Versicherungsleistungen noch um reine Hilfeleistun-

---

Nr. 883/2004 über die Koordinierung der Systeme der sozialen Sicherheit, Amtsbl. Nr. L 284 v. 30.10.2009, 1–42.

[576] Zum Streitstand aus deutscher Perspektive: *Schreiber*, Europäische Sozialrechtskoordinierung und Arbeitslosengeld II-Anspruch, NZS 2012, 647, 650 f.

[577] *Steiger*, Freizügigkeit in der EU und Einschränkungen von Sozialleistungen für EU-Ausländer, Vom Verlust der richtigen Balance zwischen den Interessen der Mitgliedstaaten und den Rechten des Einzelnen sowie der Notwendigkeit einer primärrechtskonformen Auslegung der Freizügigkeitsrichtlinie, EuR 2018, 304, 318; *Weber*, Unionsbürgerschaft, (fehlendes) Aufenthaltsrecht und Sozialleistungen – Überlegungen zu Dano, EuGH 11.11.2010 Rs. C-333/13, ZöR 2015, 187, 193.

[578] Im Überblick hierzu: *Steiger*, Freizügigkeit in der EU und Einschränkungen von Sozialleistungen für EU-Ausländer, Vom Verlust der richtigen Balance zwischen den Interessen der Mitgliedstaaten und den Rechten des Einzelnen sowie der Notwendigkeit einer primärrechtskonformen Auslegung der Freizügigkeitsrichtlinie, EuR 2018, 304, 314.

gen wie die deutsche Sozialhilfe nach dem SGB XII handelt. Dies bedeutet, dass diese Zahlungen nicht nur der Sicherung des Lebensunterhalts dienen, sondern üblicherweise durch weitere Merkmale gekennzeichnet sind und so etwa zur Arbeitsaufnahme motivieren sollen. Daher wird insoweit teilweise auch der Begriff „Hybridleistungen" verwendet.[579]

Sowohl der Generalanwalt als auch der Gerichtshof kommen deshalb zu dem Ergebnis, dass die von Frau Dano beantragten SGB II-Leistungen als „besondere beitragsunabhängige Geldleistungen" im Sinne der Verordnung Nr. 883/2004/EG einzuordnen sind.

(2) Der Begriff der „Sozialhilfeleistungen" i.S.d. Richtlinie 2004/38/EG

Bis zur Entscheidung des Gerichtshofs in der Rs. *Brey*[580] war umstritten, ob „besondere beitragsunabhängige Geldleistungen" i.S.d. Verordnung Nr. 883/2004/EG zugleich „Sozialhilfeleistungen" i.S.d. Freizügigkeitsrichtlinie darstellen können. Dieser Streit beruhte darauf, dass die Verordung Nr. 883/2004/EG ein dreistufiges System etabliert, das zwischen Leistungen der sozialen Sicherheit, den soeben bereits näher erörterten beitragsunabhängigen Geldleistungen mit Hybridcharakter und der sozialen Fürsorge im engeren Sinne unterscheidet.[581] Da die von Frau Dano beantragten Leistungen im Anwendungsbereich der Verordnung Nr. 883/2004/EG als „besondere beitragsunabhängige Geldleistungen" und nicht als „soziale Fürsorge" charakterisiert wurden, wäre es möglich gewesen diese Wertung auf die Freizügigkeitsrichtlinie zu übertragen. Ein Leistungsbezug von besonderen beitragsunabhängigen Geldleistungen hätte in diesem Fall dem Freizügigkeitsrecht nicht erwerbstätiger Unionsbürger nicht entgegengestanden.[582]

Vor diesem Hintergrund hatte insbesondere die Kommission im Verfahren in der Rs. *Brey* vorgebracht, dass besondere beitragsunabhängige Leistungen im Sinne der Verordnung Nr. 883/2004/EG nicht als „Sozialhilfe" im Sinne der Freizügigkeitsrichtlinie eingeordnet werden könnten.[583]

---

[579] *Raschka*, Anspruch von Unionsbürgern auf Zugang zu Sozialleistungen nach der jüngsten Rechtsprechung des EuGH, ZAR 2015, 331, 332; *Schreiber*, in: Körner/Leitherer/Mutschler et al. (Hrsg.), Kasseler Kommentar Sozialversicherungsrecht, Art. 70 VO (EG) 883/2004, Rn. 8; *Verschueren*, Free Movement or Benefit Tourism: The Unreasonable Burden of Brey, EJML 2014, 147, 159; *Kingreen*, In Love with the Single Market? Die EuGH-Entscheidung Alimanovic zum Ausschluss von Unionsbürgern von sozialen Grundsicherungsleistungen, NVwZ 2015, 1503, 1505.

[580] Rs. C-140/12 *Brey*, EuGH Urteil v. 19.9.2013.

[581] *Thym*, Sozialleistungen für und Aufenthalt von nichterwerbstätigen Unionsbürgern, NZS 2014, 81, 82.

[582] *Thym*, Sozialleistungen für und Aufenthalt von nichterwerbstätigen Unionsbürgern, NZS 2014, 81, 82 f.

[583] So u.a. die Rechtsauffassung der Kommission in der Rs. C-140/12 *Brey*, EuGH Urteil v. 19.9.2013, Rn. 48.

Mit dem Urteil in der Rs. *Brey* stellte der Gerichtshof demgegenüber erstmals klar, dass die Qualifikation einer Leistung als „besondere beitragsunabhängige Geldleistungen“ nicht ausschließt, dass diese Leistung zugleich als „Sozialhilfeleistung“ im Sinne der Freizügigkeitsrichtlinie betrachtet wird. Damit postulierte er eine eigenständige Auslegung des in der Freizügigkeitsrichtlinie verankerten Sozialhilfebegriffs. Denn wie es nun auch der Generalanwalt in der vorliegenden Rs. *Dano* aufgreift, sei der Begriff der „Sozialhilfeleistung“ im Sinne der Freizügigkeitsrichtlinie nicht anhand von formalen Kriterien, sondern anhand des Ziels der in Rede stehenden Rechtsnorm auszulegen.[584] Im Unterschied zur Koordinierungsverordnung, deren Ziel es sei durch eine Harmonisierung des mitgliedstaatlichen Rechts nachteilige Auswirkungen der Ausübung der Arbeitnehmerfreizügigkeit zu vermeiden[585], regele die Freizügigkeitsrichtlinie die Bedingungen, unter denen das Freizügigkeitsrecht ausgeübt werden könne.[586] Da die in der Freizügigkeitsrichtlinie genannten Bedingungen unter anderem den Schutz der öffentlichen Finanzsysteme der Mitgliedstaaten bezwecken sollen, erscheint das weite Begriffsverständnis des Gerichtshofs angemessen.[587] Der Gerichtshof versteht den Begriff der „Sozialhilfeleistungen“ i.S.d. Freizügigkeitsrichtlinie daher so, dass er sich auf sämtliche von öffentlichen Stellen eingerichteten Hilfesysteme beziehe, die auf nationaler, regionaler oder örtlicher Ebene bestünden und die ein Einzelner in Anspruch nehme, der nicht über ausreichende Existenzmittel zur Bestreitung seiner Grundbedürfnisse und derjenigen seiner Familie verfüge und deshalb während seines Aufenthalts möglicherweise die öffentlichen Finanzen des Aufnahmemitgliedstaats belasten müsse, was Auswirkungen auf das gesamte Niveau der Beihilfe haben könne, die dieser Staat gewähren könne.[588]

In der Rs. *Dano* bestätigt der Gerichtshof nunmehr diese erstmals in der Rs. *Brey* formulierte Auslegung und charakterisiert damit auch die von Frau Dano beantragten Leistungen als Sozialhilfeleistungen i.S.d. Freizügigkeitsrichtlinie.[589]

Damit ist in der Rs. *Dano* sowohl die Freizügigkeitsrichtlinie als auch die Koordinierungsverordnung einschlägig.

---

[584] Rs. C-140/12 *Brey*, EuGH Urteil v. 19.9.2013, Rn. 60; Rs. C-333/13 *Dano*, Schlussanträge GA Wathelet v. 20.5.2014, Rn. 62.

[585] Rs. C-140/12 *Brey*, EuGH Urteil v. 19.9.2013, Rn. 51 f.

[586] Rs. C-140/12 *Brey*, EuGH Urteil v. 19.9.2013, Rn. 53.

[587] *Thym*, Sozialleistungen für und Aufenthalt von nichterwerbstätigen Unionsbürgern, NZS 2014, 81, 83.

[588] Rs. C-140/12 *Brey*, EuGH Urteil v. 19.9.2013, Rn. 61 u.a. mit Verweis auf die Entscheidungen in der Rs. C-209/03 *Bidar*, EuGH Urteil v. 15.3.2005, Rn. 56 und Rs. C-158/07 *Förster*, EuGH Urteil v. 18.11.2008.

[589] Rs. C-333/13 *Dano*, EuGH Urteil v. 11.11.2014, Rn. 63.

cc) Allgemeine Reichweite des Diskriminierungsverbots in Art. 4 der Verordnung Nr. 883/2004/EG

Aufgrund der bereits angesprochenen unterschiedlichen Reichweite der Diskriminierungsverbote in der Koordinierungsverordnung und der Freizügigkeitsrichtlinie, wollte das vorlegende Gericht mit seiner ersten Vorlagefrage entschieden wissen, ob das in Art. 4 der Koordinierungsverordnung verankerte Diskriminierungsverbot auch für die besonderen beitragsunabhängigen Geldleistungen gilt.

In der deutschen Rechtsprechung wurde dies teilweise verneint und damit ein möglicher Ausschluss von Sozialleistungen begründet. Argumentiert wurde insoweit, dass für die besonderen beitragsunabhängigen Leistungen nicht die allgemeinen Koordinierungsregelungen und damit auch nicht das allgemeine Diskriminierungsverbot gelten, sondern allein die Sonderreglung des Art. 70 der Verordnung Nr. 883/2004/EG.[590]

In nachvollziehbarer Weise stellen sich indes sowohl der Generalanwalt als auch der Gerichtshof, gestützt auf Wortlaut, Systematik und den Willen des Unionsgesetzgebers, wie er in den Erwägungsgründen zum Ausdruck komme, der eben genannten Auffassung entgegen. Denn insbesondere weil Art. 70 der Koordinierungsverordnung ausdrücklich auflistet, welche Bestimmungen der Verordnung auf besondere beitragsunabhängige Geldleistungen nicht anwendbar sind, hätte dort dann auch das Diskriminierungsverbot genannt werden müssen, wenn dieses auf die besonderen beitragsunabhängigen Geldleistungen keine Anwendung finden soll.[591]

dd) Unionsrechtskonformität des Ausschlusses von Sozialleistungen

Im Weiteren prüft der Gerichtshof nunmehr, ob ein Ausschluss von Sozialleistungen vor dem Hintergrund des allgemeinen Diskriminierungsverbots im genannten Fall dennoch unionsrechtskonform ist.

Der Argumentation des Generalanwalts folgend stellt der EuGH zunächst fest, dass Art. 24 Abs. 2 der Freizügigkeitsrichtlinie, der die sekundärrechtlich verankerte Ausnahme vom Diskriminierungsverbot enthält, nicht auf die Situation von Frau Dano anwendbar sei, da Frau Dano nicht auf Arbeitssuche und deshalb der persönliche Anwendungsbereich der genannten Vorschrift nicht eröffnet sei.[592]

---

[590] SG Berlin, Urteil v. 14.5.2012 – S 124 AS 7164/12; SG Berlin, Urteil v. 11.6.2012 – S 205 AS 11266/12.

[591] Vgl. *Derksen*, Keine Grundsicherung für Arbeitsuchende für EU-Ausländer?, ZAR 2016, 324, 326.

[592] Rs. C-333/13 *Dano*, Schlussanträge GA Wathelet v. 20.5.2014, Rn. 91 f.; Rs. C-333/13 *Dano*, EuGH Urteil v. 11.11.2014, Rn. 66.

Damit begründet der Gerichtshof den Leistungsausschluss nicht über einen Erst-Recht-Schluss, wie dies v.a. mit Blick auf die Umsetzung im deutschen Recht mehrere nationale Gerichte vertreten haben.[593] Im Wege eines Erst-Recht-Schlusses hätte der Gerichtshof argumentieren können, dass, wenn ein Leistungsausschluss selbst für Arbeitssuchende unionsrechtlich zulässig ist, dies erst Recht auch für Personen, die die Aufnahme einer Erwerbstätigkeit gar nicht anstreben, zulässig sein muss. Neben dieser erweiternden Auslegung von Art. 24 Abs. 2 der Richtlinie 2004/38/EG hätte der Gerichtshof dann das Diskriminierungsverbot der Freizügigkeitsrichtlinie gegenüber dem Diskriminierungsverbot der Koordinierungsverordnung als spezieller einstufen müssen, um das Spannungsverhältnis der beiden Sekundärrechtsakte aufzulösen.[594]

Da der EuGH jedoch einer solchen Argumentation nicht folgt, prüft er weiter, ob Art. 24 Abs. 1 der Richtlinie 2004/38/EG und Art. 4 der Verordnung Nr. 883/2004/EG der Versagung von Sozialleistungen in der streitgegenständlichen Situation entgegenstehen.

(1) Unanwendbarkeit des Diskriminierungsverbots des Art. 24 Abs. 1 der Richtlinie 2004/38/EG

Mit Blick auf Art. 24 Abs. 1 der Richtlinie 2004/38/EG scheint der Gerichtshof zunächst vor allem auf den Wortlaut der Norm abzustellen, um zu begründen, dass das Diskriminierungsverbot der Freizügigkeitsrichtlinie im Ausgangsverfahren nicht den gleichen Zugang zu Sozialleistungen gebietet. Denn daraus, dass die Richtlinie gleichen Zugang nur Unionsbürgern gewähre, die sich „aufgrund dieser Richtlinie" im Hoheitsgebiet des Aufnahmemitgliedstaats aufhielten[595], folgert der Gerichtshof, dass sich ein Unionsbürger nur dann auf Gleichbehandlung berufen kann, wenn sein Aufenthalt im Hoheitsgebiet des Aufnahmemitgliedstaats die Voraussetzungen der Richtlinie erfüllt.[596] Damit war insbesondere zu prüfen, ob Frau Dano und ihr Sohn über ausreichende Existenzmittel verfügten, um ein Aufenthalts-

---

[593] Beispielhaft für einen solchen Ansatz bereits nach der Entscheidung in der Rs. *Dano*: LSG Berlin-Brandenburg, Urteil v. 29.1.2015 – L 29 AS 3339/14 B ER; *Wallrabenstein*, Wie Florin zwischen die Stühle rutschte – Die Unionsbürgerschaft und das menschenwürdige Existenzminimum, JZ 2016, 109, 112 m.w.N in Fn. 23.

[594] Kritisch zu einer solchen Lösung: *Wallrabenstein*, Wie Florin zwischen die Stühle rutschte – Die Unionsbürgerschaft und das menschenwürdige Existenzminimum, JZ 2016, 109, 114. Des Weiteren hätte der EuGH dann prüfen müssen, ob ein Ausschluss über Art. 24 Abs. 2 der Richtlinie 2004/38/EG primärrechtskonform hätte erfolgen können.

[595] Rs. C-333/13 *Dano*, EuGH Urteil v. 11.11.2014, Rn. 68.

[596] Rs. C-333/13 *Dano*, EuGH Urteil v. 11.11.2014, Rn. 69; *Kingreen*, In Love with the Single Market? Die EuGH-Entscheidung Alimanovic zum Ausschluss von Unionsbürgern von sozialen Grundsicherungsleistungen, NVwZ 2015, 1503, 1504.

recht i.S.d. Richtlinie zu genießen. Bei dieser aufenthaltsrechtlichen Prüfung durften nach den Erläuterungen des Generalanwalts und des Gerichtshofs die beantragten Existenzmittel nicht berücksichtigt werden, da mittellose Personen sonst „automatisch über entsprechende Existenzmittel verfügen würden“ aufgrund derer sie ein entsprechendes Aufenthaltsrecht geltend machen könnten.[597] Da es Frau Dano und ihrem Sohn an ausreichenden Existenzmitteln und damit nach den Ausführungen des Gerichtshofs auch an einem Aufenthaltsrecht „aufgrund der Richtlinie“ fehlte, kam eine Berufung auf Art. 24 Abs. 1 der Freizügigkeitsrichtlinie nicht in Betracht.[598]

Diese Ausführungen sind ausgesprochen restriktiv und insbesondere vor dem Hintergrund der Rechtsprechung, die zu den Vorgängerrichtlinien ergangen ist, in ihrer Konsequenz überraschend.[599] Denn aus der Zusammenschau der entsprechenden Urteile lässt sich ablesen, dass die Voraussetzungen der Aufenthaltsrichtlinien nicht notwendig hinlänglich erfüllt sein mussten, um das allgemeine Diskriminierungsverbot zur Anwendung zu bringen.[600] In der Rs. *Martínez Sala* war der Aufenthalt zwar rechtmäßig, dies folgte jedoch nicht aus dem Gemeinschaftsrecht, sondern aus dem Europäischen Fürsorgeabkommen. In der Rs. *Grzelczyk* erfüllte Herr Grzelczyk zwar anfänglich die Voraussetzungen der Richtlinie, zu einem späteren Zeitpunkt aber nicht mehr. Der Gerichtshof wendete dennoch das allgemeine Diskriminierungsverbot an, eröffnete den Mitgliedstaaten jedoch die Möglichkeit aufenthaltsbeendende Maßnahmen zu treffen, soweit diese verhältnismäßig seien. Und auch in der Rs. *Trojani* stellte der Gerichtshof fest, dass Herrn Trojani wegen fehlender Existenzmittel kein gemeinschaftsrechtliches Aufenthaltsrecht zustehe, er sich aber dennoch rechtmäßig in Belgien aufhalte, da Belgien das Aufenthaltsrecht nicht für beendet erklärt habe und allein deshalb das allgemeine Diskriminierungsverbot Anwendung finde.[601]

---

[597] Rs. C-333/13 *Dano*, EuGH Urteil v. 11.11.2014, Rn. 79 f.; Rs. C-333/13 *Dano*, Schlussanträge GA Wathelet v. 20.5.2014, Rn. 106.

[598] Kritisch hinsichtlich dieses Ergebnisses *Wallrabenstein*, die vorschlägt, dass jedenfalls das Kindergeld und der Unterhaltsvorschuss des Jugendamtes möglicherweise als Existenzmittel des Sohnes von Frau Dano anerkannt werden könnten, *Wallrabenstein*, Wie Florin zwischen die Stühle rutschte – Die Unionsbürgerschaft und das menschenwürdige Existenzminimum, JZ 2016, 109, 117.

[599] Vgl. *Thym*, Die Rückkehr des „Marktbürgers“ – Zum Ausschluss nichterwerbsfähiger EU-Bürger von Hartz IV-Leistungen, NJW 2015, 130, 131 u. 133; *Steiger*, Freizügigkeit in der EU und Einschränkungen von Sozialleistungen für EU-Ausländer, Vom Verlust der richtigen Balance zwischen den Interessen der Mitgliedstaaten und den Rechten des Einzelnen sowie der Notwendigkeit einer primärrechtskonformen Auslegung der Freizügigkeitsrichtlinie, EuR 2018, 304, 321.

[600] Vgl. *Cremer*, Unionsinterne Migration als integrationspolitische und unionsrechtliche Herausforderung, EuR 2017, 681, 698 f.

[601] *Kingreen*, In Love with the Single Market? Die EuGH-Entscheidung Alimanovic

In der Rs. *Dano* argumentierten der Generalanwalt und der Gerichtshof nun, dass die Ungleichbehandlung „unvermeidliche Folge" dessen sei, dass der Unionsgesetzgeber – um eine Überlastung der Sozialsysteme zu vermeiden – in der Richtlinie das Erfordernis ausreichender Existenzmittel als Voraussetzung für den Aufenthalt festgeschrieben habe.[602] Dies stellt ersichtlich eine deutliche Diskrepanz zu den eben noch einmal benannten Entscheidungen dar, die auf Grundlage von Richtlinien ergangen sind, die ebenfalls ausreichende Existenzmittel und einen umfassenden Krankenversicherungsschutz als Voraussetzungen für das Aufenthaltsrecht festschrieben.

Diese Änderung in der Rechtsprechung auf Grundlage der neuen Richtlinie lässt sich u.a. damit begründen, dass der Gerichtshof nach einer erneuten Willensäußerung des Unionsgesetzgebers, die der älteren Rechtsprechung zeitlich nachfolgte, nun den gesetzgeberischen Willen entsprechend umsetzen will. Derart ist auch der als historisch-teleologische Auslegung anzusehende Hinweis des Gerichtshofs auf den zehnten Erwägungsgrund zu verstehen, der als Ziel der Richtlinie, die Verhinderung der unangemessenen Inanspruchnahme der Sozialhilfeleistungen der jeweiligen Aufnahmemitgliedstaaten, festlegt.[603] Positiv gewendet kann die Rechtsprechungsänderung daher als Ausdruck des Prinzips des institutionellen Gleichgewichts gewertet werden.[604]

Dogmatisch lässt sich der restriktivere Ansatz im Hinblick auf das Diskriminierungsverbot bei den im Grundsatz gleich gebliebenen Voraussetzungen des unionsrechtlichen Aufenthaltsrechts damit begründen, dass das Diskriminierungsverbot in den Vorgängerrichtlinien noch nicht sekundärrechtlich verankert war, sondern in der älteren Rechtsprechung unmittelbar auf das Primärrecht zurückgegriffen werden musste. Da die Richtlinie nunmehr das Diskriminierungsverbot einfachgesetzlich konkretisiert und es ausdrücklich in einen Zusammenhang mit dem unionsrechtlichen Aufenthaltsrecht stellt, erscheint es grundsätzlich vertretbar, das sekundärrechtliche Diskriminierungsverbot nunmehr – soweit die Voraussetzungen des Aufenthaltsrechts aus der Richtlinie nicht vorliegen – unangewendet zu lassen. Vor dem Hintergrund der vormals vor allem auf das Primärrecht gestützten Rechtsprechungslinie, die weitergehende Sozialleistungsansprüche vorsah, hätte jedoch geprüft werden müssen, ob eine derartige Interpretation von Art. 24

---

zum Ausschluss von Unionsbürgern von sozialen Grundsicherungsleistungen, NVwZ 2015, 1503, 1504.

[602] Rs. C-333/13 *Dano*, EuGH Urteil v. 11.11.2014, Rn. 77; Rs. C-333/13 *Dano*, Schlussanträge GA Wathelet v. 20.5.2014, Rn. 93.

[603] Rs. C-333/13 *Dano*, EuGH Urteil v. 11.11.2014, Rn. 74.

[604] Vgl. *Thym*, Die Rückkehr des „Marktbürgers" – Zum Ausschluss nichterwerbsfähiger EU-Bürger von Hartz IV-Leistungen, NJW 2015, 130, 131, der das Urteil als „Akt der richterlichen Zurückhaltung gegenüber politischen Entscheidungsträgern" wertet.

Abs. 1 der Richtlinie 2004/38/EG primärrechtskonform ist.[605] Ohne dies ausdrücklich zu benennen, scheint der Gerichtshof hiervon wohl auszugehen. Außerdem erscheint es in Anbetracht der zuvor ergangenen Rechtsprechung problematisch, dass der Gerichtshof – anders als der Generalanwalt – keinerlei Verhältnismäßigkeitsprüfung durchführt.

(2) Unanwendbarkeit des Diskriminierungsverbots des Art. 4 der Verordnung Nr. 883/2004/EG

Die Ausführungen zu dem in der Koordinierungsverordnung konkretisierten Diskriminierungsverbot nehmen nachfolgend nur einen einzigen Absatz ein und erscheinen damit überaus kurz.[606] Dies gilt insbesondere vor dem Hintergrund, dass der Gerichtshof eingangs noch ausführlich begründet hatte, weshalb das Diskriminierungsverbot grundsätzlich auch auf besondere beitragsunabhängige Geldleistungen anwendbar ist.

Indem der Gerichtshof im Einklang mit den Ausführungen des Generalanwalts darauf verweist, dass nach Art. 70 Abs. 4 der Verordnung die Leistungen ausschließlich nach den Rechtsvorschriften des Mitgliedstaats gewährt werden, in dem die betreffenden Personen wohnen, versteht der Gerichtshof Art. 70 Abs. 4 als Kollisionsnorm, die bei grenzüberschreitenden Sachverhalten jeweils eine Rechtsordnung für anwendbar erklärt.[607] Dies hat nach dem Verständnis des Gerichtshofs zur Folge, dass das anwendbare nationale Recht nicht mehr am Maßstab von Art. 4 der Verordnung zu überprüfen ist.[608] Sehen die Rechtsvorschriften des betreffenden Mitgliedstaats vor, dass ein rechtmäßiger Aufenthalt i.S.d. Freizügigkeitsrichtlinie Voraussetzung für die Gewährung der beantragten Leistungen ist, so ist dies nach Auffassung des Gerichtshofs daher zulässig.[609] Die aufenthaltsrechtliche Prüfung setzt sich mit diesem Ansatz deshalb im Koordinierungsrecht fort.

---

[605] *Kingreen*, In Love with the Single Market? Die EuGH-Entscheidung Alimanovic zum Ausschluss von Unionsbürgern von sozialen Grundsicherungsleistungen, NVwZ 2015, 1503, 1504.

[606] Vgl. *Nazik/Ulber*, Die „aufenthaltsrechtliche Lösung“ des EuGH in der Rechtssache Dano, NZS 2015, 369, 373; *Weber*, Unionsbürgerschaft, (fehlendes) Aufenthaltsrecht und Sozialleistungen – Überlegungen zu Dano, EuGH 11.11.2010 Rs. C-333/13, ZöR 2015, 187, 202.

[607] *Thym*, Sozialleistungen für und Aufenthalt von nichterwerbstätigen Unionsbürgern, NZS 2014, 81, 83; *Verschueren*, Free Movement or Benefit Tourism: The Unreasonable Burden of Brey, EJML 2014, 147, 159; *Derksen*, Keine Grundsicherung für Arbeitsuchende für EU-Ausländer?, ZAR 2016, 324, 326.

[608] *Weber*, Unionsbürgerschaft, (fehlendes) Aufenthaltsrecht und Sozialleistungen – Überlegungen zu Dano, EuGH 11.11.2010 Rs. C-333/13, ZöR 2015, 187, 203.

[609] *Nazik/Ulber*, Die „aufenthaltsrechtliche Lösung“ des EuGH in der Rechtssache Dano, NZS 2015, 369, 373.

(3) Grundrechtsprüfung

Überaus knapp sind auch die Ausführungen des Gerichtshofs zur Grundrechtsprüfung. Im Ergebnis versagt er diese gänzlich. Er verweist auch an dieser Stelle darauf, dass Art. 70 Abs. 4 der Verordnung Nr. 883/2004/EG eine Kollisionsnorm enthalte, die nationales Recht für anwendbar erkläre. Für die Grundrechtsprüfung sei er daher nicht zuständig, da keine Durchführung von Unionsrecht i.S.v. Art. 51 EU-GRCh gegeben sei.[610] Die gleiche Argumentation hatte auch GA Wathelet in den Schlussanträgen verfolgt.[611]

Vor dem Hintergrund, dass das koordinierungsrechtliche Diskriminierungsverbot allein aus dem Grund nicht als weiterreichend als das Diskriminierungsverbot der Freizügigkeitsrichtlinie angesehen wurde, da über das nationale Recht ein unmittelbarer Zusammenhang zu den aufenthaltsrechtlichen Voraussetzungen der Freizügigkeitsrichtlinie hergestellt wird, erscheint die Zurückhaltung des Gerichtshofs wiederum sehr restriktiv.[612] Dies gilt insbesondere auch soweit er nachfolgend ausführt, dass sich die Voraussetzungen der Leistungsgewährung nicht aus der Freizügigkeitsrichtlinie ergäben.[613] Dies mag zwar formal-juristisch zutreffen. In der Vergangenheit hat der Gerichtshof indes deutlich losere Verbindungen zum Unionsrecht ausreichen lassen, um eine Grundrechtsprüfung durchzuführen.[614]

Die Anwendbarkeit der Grundrechtecharta hätte der Gerichtshof etwa mit dem Argument begründen können, dass Art. 7 Abs. 1 b) der Freizügigkeitsrichtlinie nach seiner eigenen Argumentation wirtschaftlich nicht aktive Unionsbürger daran hindern solle, die Systeme der sozialen Sicherheit des Aufenthaltsstaates zur Bestreitung des Lebensunterhalts in Anspruch zu

---

[610] Rs. C-333/13 *Dano*, EuGH Urteil v. 11.11.2014, Rn. 89 f.

[611] Rs. C-333/13 *Dano*, Schlussanträge GA Wathelet v. 20.5.2014, Rn. 141 f.

[612] *Weber*, Unionsbürgerschaft, (fehlendes) Aufenthaltsrecht und Sozialleistungen – Überlegungen zu Dano, EuGH 11.11.2010 Rs. C-333/13, ZöR 2015, 187, 2010; kritisch auch *Wallrabenstein*, Wie Florin zwischen die Stühle rutschte – Die Unionsbürgerschaft und das menschenwürdige Existenzminimum, JZ 2016, 109.

[613] Rs. C-333/13 *Dano*, EuGH Urteil v. 11.11.2014, Rn. 90.

[614] *Weber*, Unionsbürgerschaft, (fehlendes) Aufenthaltsrecht und Sozialleistungen – Überlegungen zu Dano, EuGH 11.11.2010 Rs. C-333/13, ZöR 2015, 187, 210 insbesondere mit dem Verweis auf das Urteil in der Rs. C-617/10 *Åkerberg Fransson*, EuGH Urteil v. 26.2.2013; *Frenz*, Vorrang, Grenzen und Verstärkungseffekte der EU-Grundrechte – Folgerungen aus den Urteilen Åkerberg Fransson, Pfleger und Dano (Hartz IV), DVBl 2015, 741, 744. Auch *Dougan* sieht es als bemerkenswert an, dass sich die große Kammer in der Rs. *Dano* nicht mit seiner vorhergehenden Rechtsprechung zum Anwendungsbereich der Unionsgrundrechte auseinandersetzt, *Dougan*, Judicial Review of Member State Action under the General Principles and the Charter: Defining the "Scope of Union Law", CMLR 2015, 1201, 1225 u. 1231. Umfassend zum Anwendungsbereich der Grundrechtecharta: *Schwerdtfeger*, in: Meyer/Hölscheidt (Hrsg.), Charta der Grundrechte der Europäischen Union, Art. 51 EU-GRCh Rn. 36 f.

nehmen. Vor diesem Hintergrund hätte § 7 Abs. 1 S. 2 Nr. 2 SGB II als Umsetzung dieses Richtlinienziels und damit als „Durchführung des Unionsrechts" i.S.d. Art. 51 Abs. 1 EU-GRCh angesehen werden können.[615] Denn dass das sekundäre Unionsrecht dem nationalen Recht Spielräume lässt, hat auch in der Vergangenheit nicht stets dazu geführt, dass der Gerichtshof die Anwendung von Unionsgrundrechten ausgeschlossen hat.[616]

ee) *Abschließende Einschätzung*

Zwar lässt sich die *Dano*-Entscheidung schlüssig aus dem positiven Recht herleiten und begründen. Es ist jedoch ersichtlich, dass der EuGH Ansprüche über die Unionsbürgerschaft nunmehr sehr viel restriktiver zuerkennt. Insoweit ist ein deutlicher Bruch zu der vorherigen Rechtsprechungsentwicklung erkennbar.

Dies gilt insbesondere dahingehend, dass der Gerichtshof in der vorliegenden Entscheidung weder den Verhältnismäßigkeitsgrundsatz noch die Frage der Primärrechtskonformität der sekundärrechtlichen Regelungen anspricht und auch eine Grundrechtsprüfung ablehnt. Zwar lässt sich hieraus positiv folgern, dass die strengere Prüfung der Voraussetzungen des Sekundärrechts Ausfluss des Prinzips des institutionellen Gleichgewichts ist. Die zeitliche Nähe des Urteils zum Auslaufen der Freizügigkeitsbeschränkungen für Rumänien und Bulgarien am 31.12.2013 lassen indes vermuten, dass auch dieser politische Hintergrund den Gerichtshof nicht unbeeinflusst ließ.

Im deutschen Sozialrecht hat die *Dano*-Entscheidung unterdessen zu einer Anpassung der den Sozialleistungsauschluss regelnden Vorschrift geführt. Seit dem 29.12.2016 sind vom SGB II-Leistungsanspruch gemäß dem neu eingefügten § 7 Abs. 1 S. 2 Nr. 2 a) SGB II Ausländerinnen und Ausländer, die kein Aufenthaltsrecht haben, nunmehr auch explizit ausgeschlossen.[617]

---

[615] *Weber*, Unionsbürgerschaft, (fehlendes) Aufenthaltsrecht und Sozialleistungen – Überlegungen zu Dano, EuGH 11.11.2010 Rs. C-333/13, ZöR 2015, 187, 209.

[616] *Frenz*, Vorrang, Grenzen und Verstärkungseffekte der EU-Grundrechte – Folgerungen aus den Urteilen Åkerberg Fransson, Pfleger und Dano (Hartz IV), DVBl 2015, 741, 744.

[617] *Mushoff*, in: Rolfs/Giesen/Kreikebohm et al. (Hrsg.), BeckOK Sozialrecht, § 7 SGB II, Rn. 32; *Schwerdtfeger*, in: Meyer/Hölscheidt (Hrsg.), Charta der Grundrechte der Europäischen Union, Art. 51 EU-GRCh Rn. 36 f.

9. *Die Rechtssache* Alimanovic[618]

a) Sachverhalt und Vorlagefrage

Frau Alimanovic und ihre drei Kinder besitzen die schwedische Staatsangehörigkeit. Alle drei Kinder wurden in Deutschland geboren. Frau Alimanovic und ihre Kinder hatten Deutschland zwischen 1999 und 2010 verlassen, waren 2010 aber erneut eingereist. Nach ihrer Rückkehr wurde Frau Alimanovic eine unbefristete Aufenthaltsbescheinigung nach § 5 FreizügG/EU[619] erteilt. Frau Alimanovic und ihre älteste Tochter Sonita waren zwischen Juni 2010 und Mai 2011 kurzzeitig beschäftigt. Frau Alimanovic und ihre Tochter Sonita erhielten später Leistungen zur Sicherung des Lebensunterhalts für erwerbsfähige Leistungsberechtigte (Arbeitslosengeld II), ihre beiden anderen Kinder erhielten Sozialgeld für nicht erwerbsfähige Leistungsberechtigte. Die Leistungsbewilligung wurde später vom Jobcenter auf Grundlage von § 7 Abs. 1 S. 2 Nr. 2 SGB II wieder aufgehoben. Hiergegen erhob Frau Alimanovic Klage und das Bundessozialgericht legte dem Gerichtshof u.a. folgende Frage zur Vorabentscheidung vor:

Ist es den Mitgliedstaaten aufgrund von Art. 24 der Richtlinie 2004/38/EG und Art. 4 der Verordnung Nr. 883/2004/EG verwehrt, Unionsbürgern eines anderen Mitgliedstaats, die im Aufnahmemitgliedstaat nach Arbeit suchen, vom Bezug bestimmter „besonderer beitragsunabhängiger Geldleistungen" i.S.v. Art. 70 Abs. 2 der Verordnung Nr. 883/2004/EG, die auch eine Leistung der Sozialhilfe i.S.v. Art. 24 Abs. 2 der Richtlinie 2004/38/EG darstellen, auszuschließen?

b) Würdigung durch den Generalanwalt[620]

GA Wathelet ordnet die Situation zunächst als Gelegenheit ein, das Urteil in der Rs. *Dano*[621] zu konkretisieren. Der vorliegende Fall betreffe einen Unionsbürger, der im Aufnahmemitgliedstaat weniger als ein Jahr gearbeitet habe und dort Leistungen zur Sicherung des Lebensunterhalts beantrage.[622]

Nach Art. 24 Abs. 2 der Richtlinie 2004/38/EG sei ein Aufnahmemitgliedstaat nicht verpflichtet, während der ersten drei Monate des Aufenthalts oder während des längeren Aufenthalts nach Art. 14 Abs. 4 b), d.h. dem Zeitraum der Arbeitssuche, einen Anspruch auf Sozialhilfe zu gewähren. Dies bedeute, dass während Art. 24 Abs. 1 der Richtlinie 2004/38/EG und Art. 4 der Ver-

---

[618] Rs. C-67/14 *Alimanovic*, EuGH Urteil v. 15.9.2015.

[619] Gesetz über die allgemeine Freizügigkeit von Unionsbürgern (FreizügG/EU), BGBl. I 2004, 1986 in der damals geltenden Fassung.

[620] Rs. C-67/14 *Alimanovic*, Schlussanträge GA Wathelet v. 26.3.2015.

[621] Rs. C-333/13 *Dano*, EuGH Urteil v. 11.11.2014.

[622] Rs. C-67/14 *Alimanovic*, Schlussanträge GA Wathelet v. 26.3.2015, Rn. 7.

ordnung Nr. 883/2004/EG das allgemeine Diskriminierungsverbot aufgriffen, Art. 24 Abs. 2 der Richtlinie 2004/38/EG eine Ausnahme zum Diskriminierungsverbot darstelle.[623] Das Vorliegen einer Ungleichbehandlung von Unionsbürgern, die von ihrem Freizügigkeitsrecht Gebrauch gemacht hätten, und den Staatsangehörigen des Aufnahmemitgliedstaats bei der Gewährung von Sozialhilfe sei eine unvermeidliche Folge aufgrund des Verhältnisses, welches der Unionsgesetzgeber in Art. 7 der Richtlinie zwischen dem Erfordernis ausreichender Existenzmittel als Voraussetzung für den Aufenthalt und dem Ziel, keine Belastung für die Sozialhilfesysteme der Mitgliedstaaten herbeizuführen, geschaffen habe.[624] Unter diesen Umständen verstoße eine Regelung wie die des Ausgangsverfahrens grundsätzlich weder gegen Art. 4 der Verordnung Nr. 883/2004/EG noch gegen das mit der Richtlinie 2004/38/EG geschaffene System.[625] Jedoch bedürfe die Art und Weise der Umsetzung der Regelung einer eingehenden Prüfung, da der umfassende Rechtsrahmen, in dem die Richtlinie 2004/38/EG stehe, nicht außer Acht gelassen werden dürfe.[626]

Insoweit müsse die Stellung von Art. 24 der Richtlinie 2004/38/EG innerhalb der Unionsrechtsordnung betrachtet werden. Der Generalanwalt wiederholt dazu noch einmal die grundlegenden Ausführungen, die der Gerichtshof in den Rs. *Dano*[627] und *Brey*[628] getätigt hatte. Der Unionsbürgerstatus sei der grundlegende Status der Staatsangehörigen der Mitgliedstaaten. Jeder Unionsbürger könne sich in allen Situationen, die in den sachlichen Anwendungsbereich des Unionsrechts fielen, auf das in Art. 18 AEUV verankerte Diskriminierungsverbot berufen. Zu diesen Situationen gehöre auch, wenn ein Unionsbürger von seinem Freizügigkeits- und Aufenthaltsrecht Gebrauch gemacht habe.[629] Die unionsbürgerschaftlichen Rechte würden jedoch nur unter den Bedingungen und innerhalb der Grenzen bzw. vorbehaltlich der in den Verträgen und den Durchführungsvorschriften vorgesehenen Beschränkungen und Bedingungen ausgeübt.[630] Schließlich sei der Gerichtshof zu dem Ergebnis gelangt, dass das allgemeine Diskriminierungsverbot mit Art. 24 der Richtlinie 2004/38/EG und Art. 4 der Verordnung

---

[623] Rs. C-67/14 *Alimanovic*, Schlussanträge GA Wathelet v. 26.3.2015, Rn. 73 f.

[624] Rs. C-67/14 *Alimanovic*, Schlussanträge GA Wathelet v. 26.3.2015, Rn. 77 mit Verweis auf Rs. C-333/13 *Dano*, EuGH Urteil v. 11.11.2014, Rn. 77.

[625] Rs. C-67/14 *Alimanovic*, Schlussanträge GA Wathelet v. 26.3.2015, Rn. 78.

[626] Rs. C-67/14 *Alimanovic*, Schlussanträge GA Wathelet v. 26.3.2015, Rn. 79.

[627] Rs. C-333/13 *Dano*, EuGH Urteil v. 11.11.2014.

[628] Rs. C-140/12 *Brey*, EuGH Urteil v. 19.9.2013.

[629] Rs. C-67/14 *Alimanovic*, Schlussanträge GA Wathelet v. 26.3.2015, Rn. 82 mit Verweis auf Rs. C-333/13 *Dano*, EuGH Urteil v. 11.11.2014, Rn. 59.

[630] Rs. C-67/14 *Alimanovic*, Schlussanträge GA Wathelet v. 26.3.2015, Rn. 83 mit Verweis auf Rs. C-140/12 *Brey*, EuGH Urteil v. 19.9.2013, Rn. 46 u. Rs. C-333/13 *Dano*, EuGH Urteil v. 11.11.2014, Rn. 60.

Nr. 883/2004/EG konkretisiert worden sei.[631] Daher stelle Art. 24 Abs. 2 der Richtlinie 2004/38/EG eine Ausnahme des allgemeinen Diskriminierungsverbots dar. Er sei insoweit eng und im Einklang mit den Vertragsbestimmungen auszulegen. Auf Grundlage von Art. 24 Abs. 2 der Richtlinie 2004/38/EG geschaffene Beschränkungen bei der Gewährung von Sozialhilfe an Unionsbürger, die die Erwerbstätigeneigenschaft nicht oder nicht mehr besäßen, müssten möglich sein.[632] Vor dem Hintergrund der vorstehenden Erwägungen sind nach GA Wathelet drei Fallgestaltungen zu unterscheiden:[633]

Die erste Fallgestaltung betreffe Unionsbürger, die sich in einen anderen Mitgliedstaat begäben und sich dort seit weniger als drei Monaten oder seit mehr als drei Monaten aufhielten, ohne jedoch den Zweck der Arbeitssuche zu verfolgen. Diese Fallgestaltung entspräche im Wesentlichen derjenigen, die der Gerichtshof in der Rs. *Dano*[634] behandelt habe. Diesbezüglich habe der Gerichtshof entschieden, dass der Aufnahmemitgliedstat nicht verpflichtet sei, während des genannten Zeitraums Sozialhilfe zu leisten.[635] Denn räume man Unionsbürgern, die nicht verpflichtet seien, über ausreichende Existenzmittel zu verfügen, das Recht auf Sozialhilfe ein, bestünde die Gefahr, dass hierdurch eine Massenzuwanderung ausgelöst werde, die eine unangemessene Inanspruchnahme der nationalen Systeme der sozialen Sicherheit nach sich ziehen könnte.[636]

Die zweite Fallgestaltung betreffe Unionsbürger, die sich zur Arbeitssuche in das Hoheitsgebiet eines anderen Mitgliedstaats begäben.[637] Es sei grundlegend zu unterscheiden zwischen Unionsbürgern, die bereits in den Arbeitsmarkt des Aufnahmemitgliedstaats eingetreten seien und solchen, die zur Arbeitssuche einreisten. Unionsbürger, die zur Arbeitssuche einreisten, hätten nur Anspruch auf Gleichbehandlung hinsichtlich des Zugangs zu einer Beschäftigung. Arbeitnehmer, die bereits Zugang zum Arbeitsmarkt gefunden hätten, hätten indes Anspruch auf die gleichen sozialen und steuerlichen Vergünstigungen wie inländische Arbeitnehmer.[638] Vor diesem Hintergrund verstoße eine Regelung, die Personen, die sich zum Zweck der Arbeitssuche in das Hoheitsgebiet eines anderen Mitgliedstaats begäben, von

[631] Rs. C-67/14 *Alimanovic*, Schlussanträge GA Wathelet v. 26.3.2015, Rn. 84 mit Verweis auf Rs. C-333/13 *Dano*, EuGH Urteil v. 11.11.2014, Rn. 61.

[632] Rs. C-67/14 *Alimanovic*, Schlussanträge GA Wathelet v. 26.3.2015, Rn. 85 f.

[633] Rs. C-67/14 *Alimanovic*, Schlussanträge GA Wathelet v. 26.3.2015, Rn. 87 f.

[634] Rs. C-333/13 *Dano*, EuGH Urteil v. 11.11.2014.

[635] Rs. C-67/14 *Alimanovic*, Schlussanträge GA Wathelet v. 26.3.2015, Rn. 89 mit Verweis auf Rs. C-333/13 *Dano*, EuGH Urteil v. 11.11.2014, Rn. 70.

[636] Rs. C-67/14 *Alimanovic*, Schlussanträge GA Wathelet v. 26.3.2015, Rn. 91.

[637] Rs. C-67/14 *Alimanovic*, Schlussanträge GA Wathelet v. 26.3.2015, Rn. 94 f.

[638] Rs. C-67/14 *Alimanovic*, Schlussanträge GA Wathelet v. 26.3.2015, Rn. 96.

einer besonderen beitragsunabhängigen Geldleistung i.S.d. Verordnung Nr. 883/2004/EG, die auch eine Leistung der Sozialhilfe i.S.d. Richtlinie 2004/38/EG darstelle, ausschließe, nicht gegen Art. 4 der Verordnung Nr. 883/2004/EG und das mit der Richtlinie 2004/38/EG geschaffene System.[639] Der Ausschluss entspreche dem Wortlaut von Art. 24 Abs. 2 der Richtlinie 2004/38/EG und dem in der Rechtsprechung festgestellten Unterschied zwischen Personen, die eine Arbeit suchten und solchen, die bereits in den Arbeitsmarkt des Aufnahmemitgliedstaats eingetreten seien.[640]

Die dritte Fallgestaltung betreffe Situationen, in denen sich ein Unionsbürger für mehr als drei Monate im Hoheitsgebiet eines anderen Mitgliedstaats aufhalte und dort bereits eine Beschäftigung ausgeübt habe.[641] Diese Fallgestaltung sei im vorliegenden Fall gegeben. Nach § 2 Abs. 3 FreizügG/EU bleibe Unionsbürgern, die weniger als ein Jahr erwerbstätig gewesen seien – was auf Frau Alimanovic und ihr Tochter Sonita zutreffe – bei unfreiwilliger Arbeitslosigkeit ihr Aufenthaltsrecht für sechs Monate erhalten. Da Fau Alimanovic und ihre Tochter jedoch nicht mehr die Eigenschaft als Erwerbstätige besessen hätten, seien sie erneut als arbeitssuchend angesehen worden und daher erneut in den Anwendungsbereich von § 7 Abs. 1 S. 2 Nr. 2 SGB II gefallen, der den Anspruch auf Leistungen zur Sicherung des Lebensunterhalts für Langzeitarbeitslose ausschließe.[642] Zwar stelle der Verlust des Erwerbstätigenstatus eine angemessene Umsetzung von Art. 7 Abs. 3 c) der Richtlinie 2004/38/EG dar, die automatische Konsequenz des Verlusts des Anspruchs auf Leistungen zur Sicherung des Lebensunterhalts nach dem SGB II würde aber gegen das mit der Richtlinie geschaffene System verstoßen.[643] Dies würde sich aus dem Urteil *Brey*[644] ergeben. Im Rahmen des Urteils habe der Gerichtshof entschieden, dass ein automatischer Ausschluss von der Gewährung bestimmter Sozialhilfeleistungen selbst für die in Art. 24 Abs. 2 der Richtlinie 2004/38/EG genannte Zeit nach einem dreimonatigen Aufenthalt, es den zuständigen Behörden nicht erlaube, im Einklang mit den Anforderungen der Richtlinie und dem Verhältnismäßigkeitsgrundsatz eine umfassende Beurteilung der Frage vorzunehmen, welche Belastung die Gewährung der Leistung konkret für das gesamte Sozialhilfesystem darstellen würde.[645] Vor dem Hintergrund dieser Rechtsprechung sei es von Bedeutung, dass die entscheidenden Behörden berücksichtigten für welchen Zeitraum die

---

[639] Rs. C-67/14 *Alimanovic*, Schlussanträge GA Wathelet v. 26.3.2015, Rn. 97.

[640] Rs. C-67/14 *Alimanovic*, Schlussanträge GA Wathelet v. 26.3.2015, Rn. 98.

[641] Rs. C-67/14 *Alimanovic*, Schlussanträge GA Wathelet v. 26.3.2015, Rn. 99 f.

[642] Rs. C-67/14 *Alimanovic*, Schlussanträge GA Wathelet v. 26.3.2015, Rn. 101 f.

[643] Rs. C-67/14 *Alimanovic*, Schlussanträge GA Wathelet v. 26.3.2015, Rn. 103.

[644] Rs. C-140/12 *Brey*, EuGH Urteil v. 19.9.2013.

[645] Rs. C-67/14 *Alimanovic*, Schlussanträge GA Wathelet v. 26.3.2015, Rn. 104 mit Verweis auf Rs. C-140/12 *Brey*, EuGH Urteil v. 19.9.2013, Rn. 77.

beantragte Leistung voraussichtlich gezahlt würde. Außerdem sollte die tatsächliche Verbindung zum Aufnahmemitgliedstaat den automatischen Ausschluss von den betreffenden Leistungen verhindern.[646]

Im Ergebnis sei daher festzustellen, dass der primärrechtlich verankerte und sekundärrechtlich konkretisierte unionsrechtliche Gleichheitssatz einer Regelung wie der im Ausgangsverfahren entgegenstehe, die einen Unionsbürger nach Ablauf eines Zeitraums der unfreiwilligen Arbeitslosigkeit von sechs Monaten im Anschluss an eine Erwerbstätigkeit von weniger als einem Jahr automatisch von einer besonderen beitragsunabhängigen Geldleistung ausschließe, ohne dass es dem betreffenden Unionsbürger erlaubt würde, das Bestehen einer tatsächlichen Verbindung mit dem Aufnahmemitgliedstaat nachzuweisen. Neben Umständen, die sich aus dem familiären Kontext ergeben könnten, müsste die effektive und tatsächliche Beschäftigungssuche oder eine frühere Erwerbstätigkeit Berücksichtigung finden.[647]

c) Würdigung durch den EuGH[648]

Bevor sich der Gerichtshof der Beantwortung der Vorlagefrage zuwendet, stellt er zu Beginn fest, dass die im Ausgangsverfahren streitigen Leistungen als „besondere beitragsunabhängige Geldleistungen" im Sinne der Verordnung Nr. 883/2004/EG einzustufen sind.[649] Diese Leistungen fielen ebenfalls unter den Begriff der „Sozialhilfe" im Sinne von Art. 24 Abs. 2 der Richtlinie 2004/38/EG. Denn die überwiegende Funktion der in Rede stehenden Leistungen bestehe darin, das Minimum an Existenzmitteln zu gewährleisten, das erforderlich sei, um ein Leben zu führen, das der Menschenwürde entspreche. Daher seien die betreffenden Leistungen nicht als finanzielle Leistungen, die den Zugang zum Arbeitsmarkt eines Mitgliedstaats erleichtern sollen, einzustufen.[650]

Im Hinblick auf die Vorlagefrage stellt der EuGH zunächst fest, dass ein Unionsbürger hinsichtlich des Zugangs zu Sozialleistungen eine Gleichbehandlung mit den Staatsangehörigen des Aufnahmemitgliedstaats nach Art. 24 Abs. 1 der Richtlinie 2004/38/EG nur verlangen könne, wenn sein Aufenthalt die Voraussetzungen der Richtlinie erfülle.[651] Ansonsten könne es zu einer unangemessenen Inanspruchnahme von Sozialhilfeleistungen kommen.[652] Um festzustellen, ob Sozialhilfeleistungen aufgrund von Art. 24

646 Rs. C-67/14 *Alimanovic*, Schlussanträge GA Wathelet v. 26.3.2015, Rn. 106 f.

647 Rs. C-67/14 *Alimanovic*, Schlussanträge GA Wathelet v. 26.3.2015, Rn. 110 f.

648 Rs. C-67/14 *Alimanovic*, EuGH Urteil v. 15.9.2015.

649 Rs. C-67/14 *Alimanovic*, EuGH Urteil v. 15.9.2015, Rn. 43.

650 Rs. C-67/14 *Alimanovic*, EuGH Urteil v. 15.9.2015, Rn. 44 f.

651 Rs. C-67/14 *Alimanovic*, EuGH Urteil v. 15.9.2015, Rn. 49 mit Verweis auf Rs. C-333/13 *Dano*, EuGH Urteil v. 11.11.2014, Rn. 69.

652 Rs. C-67/14 *Alimanovic*, EuGH Urteil v. 15.9.2015, Rn. 50 mit Verweis auf Rs. C-333/13 *Dano*, EuGH Urteil v. 11.11.2014, Rn. 74.

Abs. 2 der Richtlinie 2004/38/EG verweigert werden dürften, müsse zunächst geprüft werden, ob der Gleichbehandlungsgrundsatz nach Art. 24 Abs. 1 anwendbar sei und folglich, ob sich der betroffene Unionsbürger rechtmäßig im Aufnahmemitgliedstaat aufhalte.[653] Im Hinblick auf den vorliegenden Sachverhalt kämen zwei Bestimmungen der Richtlinie in Betracht, die Frau Alimanovic und ihrer Tochter ein Aufenthaltsrecht gewähren könnten. Nach Art. 7 Abs. 3 c) der Richtlinie 2004/38/EG bleibe einem Erwerbstätigen, der unfreiwillig arbeitslos sei, seine Erwerbstätigeneigenschaft für mindestens sechs Monate erhalten und er könne während dieses Zeitraums sein Aufenthaltsrecht auf Art. 7 der Richtlinie stützen und sich folglich auch auf Art. 24 Abs. 1 der Richtlinie berufen. Im vorliegenden Fall sei jedoch unbestritten, dass zu dem Zeitpunkt, als die Leistungen versagt wurden, weder Frau Alimanovic noch ihre Tochter die Erwerbstätigeneigenschaft besaßen.[654] Nach Art. 14 Abs. 4 b) der Richtlinie 2004/38/EG dürfe außerdem nicht ausgewiesen werden, wer in den Aufnahmemitgliedstaat eingereist sei, um Arbeit zu suchen, solange er nachweisen könne, dass er weiterhin Arbeit suche und eine begründete Aussicht habe, eingestellt zu werden. Aus dieser Vorschrift könnten Frau Alimanovic und ihre Tochter zwar ein Aufenthaltsrecht ableiten, und grundsätzlich auch einen Anspruch auf Gleichbehandlung hinsichtlich des Zugangs zu Sozialhilfeleistungen haben. Der Aufnahmemitgliedstaat dürfe sich jedoch in diesem Fall auf Art. 24 Abs. 2 der Richtlinie berufen, um die beantragte Hilfe nicht zu gewähren.[655] Dies ergebe sich ausdrücklich aus dem Verweis in Art. 24 Abs. 2 der Richtlinie 2004/38/EG. Zwar habe der Gerichtshof bereits entschieden, dass der Mitgliedstaat die persönlichen Umstände des Betreffenden berücksichtigen müsse, wenn er eine Ausweisung veranlassen oder feststellen wolle, dass die Person im Rahmen ihres Aufenthalts dem Sozialhilfesystem eine unangemessene Belastung verursache[656], eine solche individuelle Prüfung sei bei einer Fallgestaltung wie der des Ausgangsverfahrens jedoch nicht erforderlich. Die Richtlinie 2004/38/EG, die das Aufenthaltsrecht und den Zugang zu Sozialleistungen sichern solle, beinhalte ein abgestuftes System für die Aufrechterhaltung der Erwerbstätigeneigenschaft und berücksichtige selbst Faktoren, die die jeweiligen persönlichen Umstände der betreffenden Person kennzeichneten, insbesondere die Dauer der Ausübung der Erwerbstätigkeit.[657] Das Kriterium, auf welches das nationale und das Unionsrecht abstellten, nämlich der Zeitraum von sechs Monaten nach Beendigung der Erwerbstätigkeit, in welchem der Sozialleis-

[653] Rs. C-67/14 *Alimanovic*, EuGH Urteil v. 15.9.2015, Rn. 51.

[654] Rs. C-67/14 *Alimanovic*, EuGH Urteil v. 15.9.2015, Rn. 53 f.

[655] Rs. C-67/14 *Alimanovic*, EuGH Urteil v. 15.9.2015, Rn. 56 f.

[656] Rs. C-67/14 *Alimanovic*, EuGH Urteil v. 15.9.2015, Rn. 59 mit Verweis auf Rs. C-140/12 *Brey*, EuGH Urteil v. 19.9.2013, Rn. 64, 69 u. 78.

[657] Rs. C-67/14 *Alimanovic*, EuGH Urteil v. 15.9.2015, Rn. 60.

tungsanspruch erhalten bleibe, gewährleiste Rechtssicherheit und Transparenz und stehe mit dem Grundsatz der Verhältnismäßigkeit in Einklang.[658]

Im Ergebnis sei daher auf die Vorlagefrage zu antworten, dass Art. 24 der Richtlinie 2004/38/EG und Art. 4 der Verordnung Nr. 83/2004/EG einer Regelung eines Mitgliedstaats nicht entgegenstünden, nach der Staatsangehörige anderer Mitgliedstaaten, die sich in der von Art. 14. Abs. 4 b) der Richtlinie 2004/38/EG erfassten Situation befänden, vom Bezug bestimmter besonderer beitragsunabhängiger Geldleistungen i.S.v. Art. 70 Abs. 2 der Verordnung Nr. 883/2004/EG, die auch eine Leistung der „Sozialhilfe" i.S.v. Art. 24 Abs. 2 der Richtlinie 2004/38/EG darstelle, ausgeschlossen würden.[659]

d) Analyse

Mit seiner Entscheidung in der Rs. *Alimanovic* setzt der Gerichtshof seine restriktive Rechtsprechungslinie fort. Sie stellt eine der wenigen Entscheidungen dar, in denen der Gerichtshof den Schlussanträgen des Generalanwalts in der Sache nicht folgt.

aa) Differenzierung zur Rs. Dano

Auch in der Rs. *Alimanovic* geht es um wirtschaftlich nicht aktive Unionsbürger, die einen Leistungsbezug im Aufnahmemitgliedstaat anstreben. Anders als in der Rs. *Dano* kann der Leistungsbezug in der Rs. *Alimanovic* indes nicht schon wegen des fehlenden Freizügigkeitsrechts verweigert werden. Denn während Frau Dano keinerlei Verbindung zum deutschen Arbeitsmarkt nachweisen konnte, war Frau Alimanovic zur Arbeitssuche nach Deutschland eingereist. Sie hält sich daher aufgrund der Freizügigkeitsrichtlinie rechtmäßig in Deutschland auf. Daher steht insoweit der Leistungsausschluss von Art. 24 Abs. 2 der Richtlinie 2004/38/EG im Zentrum der Argumentation, dessen Anwendung auch für Personen in der Situation von Frau Dano diskutiert, vom Gerichtshof aber abgelehnt wurde.

bb) Unionsrechtliches Aufenthaltsrecht von Arbeitssuchenden

Der Gerichtshof nutzt die Entscheidung zunächst, um sein Urteil in der Rs. *Dano* dahingehend zu bestätigen, dass ein Sozialleistungsbezug auf Grundlage des Diskriminierungsverbots überhaupt nur dann in Betracht komme, wenn auch ein Aufenthaltsrecht nach der Richtlinie gegeben sei.[660]

Deshalb prüft er nachfolgend welches unionsrechtliche Aufenthaltsrecht Frau Alimanovic und ihre Tochter geltend machen können. Als Arbeitssu-

---

[658] Rs. C-67/14 *Alimanovic*, EuGH Urteil v. 15.9.2015, Rn. 61.
[659] Rs. C-67/14 *Alimanovic*, EuGH Urteil v. 15.9.2015, Rn. 63.
[660] Rs. C-67/14 *Alimanovic*, EuGH Urteil v. 15.9.2015, Rn. 49.

chende kommen nach der Freizügigkeitsrichtlinie drei Aufenthaltsrechte in Betracht: Arbeitssuchende, die bei ordnungsgemäß bestätigter unfreiwilliger Arbeitslosigkeit nach mehr als einjähriger Beschäftigung dem zuständigen Arbeitsamt zur Verfügung stehen, können ein Aufenthaltsrecht nach Art. 7 Abs. 3 b) der Richtlinie 2004/38/EG geltend machen. Nach Art. 7 Abs. 3 c) der Richtlinie 2004/38/EG besteht außerdem bei unfreiwilliger Arbeitslosigkeit nach Ablauf eines auf weniger als ein Jahr befristeten Arbeitsvertrages oder bei im Laufe der ersten zwölf Monate eintretender unfreiwilliger Arbeitslosigkeit für Arbeitssuchende ein auf sechs Monate zeitlich befristetes Aufenthaltsrecht.

Die erste Variante spricht der Gerichtshof in seiner Entscheidung nicht an. Hinsichtlich der zweiten Variante stellt der Gerichtshof fest, dass Frau Alimonvic und ihre Tochter das Aufenthaltsrecht zu dem Zeitpunkt, als sie die streitigen Leistungen beantragten, nicht mehr besaßen.[661] Der Gerichtshof kommt daher zu dem Ergebnis, dass das Aufenthaltsrecht letztlich aus Art. 14 Abs. 4 b) der Richtlinie 2004/38/EG folgt. Hiernach darf gegen Unionsbürger oder ihre Familienangehörige auf keinen Fall eine Ausweisung verfügt werden, wenn die Unionsbürger in das Hoheitsgebiet des Aufnahmemitgliedstaats eingereist sind, um Arbeit zu suchen, solange sie nachweisen können, dass sie weiterhin Arbeit suchen und dass sie eine begründete Aussicht haben, eingestellt zu werden. Damit enthält die Freizügigkeitsrichtlinie das Aufenthaltsrecht in diesem Fall nicht ausdrücklich, sondern setzt es vielmehr als bestehend voraus.[662]

cc) Sozialleistungsaussschluss nach Art. 24 Abs. 2 der Richtlinie 2004/38/EG

Da Frau Alimonvic und ihre Tochter ein Aufenthaltsrecht nach der Richtlinie haben, können sie sich grundsätzlich auch auf das in Art. 24 Abs. 1 der Richtlinie 2004/38/EG und Art. 4 der Verordung 883/2004/EG verankerte Gleichbehandlungsgebot berufen.

Nachfolgend prüft der Gerichtshof daher, ob der Aufnahmemitgliedstaat die beantragten Leistungen nach Art. 24 Abs. 2 der Richtlinie 2004/38/EG verweigern darf.

---

[661] Rs. C-67/14 *Alimanovic*, EuGH Urteil v. 15.9.2015, Rn. 55.

[662] *Steiger* bezeichnet dies als „indirektes" Aufenthaltsrecht, *Steiger*, Freizügigkeit in der EU und Einschränkungen von Sozialleistungen für EU-Ausländer, Vom Verlust der richtigen Balance zwischen den Interessen der Mitgliedstaaten und den Rechten des Einzelnen sowie der Notwendigkeit einer primärrechtskonformen Auslegung der Freizügigkeitsrichtlinie, EuR 2018, 304, 316.

(1) Subsumtion der beantragten Leistung als Sozialhilfe i.S.d. Freizügigkeitsrichtlinie

Hierzu stuft der Gerichtshof zunächst die von Frau Alimanovic beantragten Leistungen ein und wiederholt insoweit seine in der Rs. *Dano* getroffene Feststellung, dass es sich bei den beantragten Sozialhilfeleistungen um „besondere beitragsunabhängige Geldleistungen" i.S.d. Koordinierungsverordnung handele, die zugleich unter den Begriff der „Sozialhilfe" im Sinne von Art. 24 Abs. 2 der Freizügigkeitsrichtlinie fielen.[663]

Indem der Gerichtshof zur Begründung darauf abstellt, dass die beantragten Sozialhilfeleistungen vor allem der Existenzsicherung dienten[664], rückt er von seiner eigens im Urteil *Vatsouras und Koupatantze* getätigten Andeutung ab, dass SGB II-Leistungen, da sie Erwerbstätigkeit voraussetzen, möglicherweise den Zugang zum Arbeitsmarkt erleichtern sollten.[665] Eine derartige Einstufung hätte bedeutet, dass der Ausschluss von Leistungen der sozialen Grundsicherung für Arbeitssuchende ausschließlich an Art. 45 Abs. 2 AEUV und der konkretisierenden Verordnung Nr. 883/2004/EG zu messen und daher möglicherweise europarechtswidrig gewesen wäre.[666] Indem der Gerichtshof den SGB II-Leistungen nun primär die Funktion der Existenzsicherung zuspricht, macht er deutlich, dass er insoweit an seiner Entscheidung in der Rs. *Vatsouras und Koupatantze* nicht festhalten will.[667] Dieses durch den Gerichtshof gefundene Ergebnis ist insbesondere insoweit zu kritisieren, als er hierdurch letztlich eine nationale Norm rechtsverbindlich auslegt und auch ihren Charakter bestimmt.[668]

(2) Reichweite des in Art. 24 Abs. 2 der Richtlinie 2004/38/EG verankerten Sozialhilfeleistungsausschlusses

Im Weiteren stellt der Gerichtshof nunmehr in Abweichung zu den Ausführungen Wathelets fest, dass in einer Situation wie der des Ausgangsverfahrens Art. 24 Abs. 2 der Richtlinie 2004/38/EG greife und Frau Alimanovic und ihre Tochter daher von Sozialhilfeleistungen ausgeschlossen werden könnten.

---

[663] Rs. C-67/14 *Alimanovic*, EuGH Urteil v. 15.9.2015, Rn. 43.

[664] Rs. C-67/14 *Alimanovic*, EuGH Urteil v. 15.9.2015, Rn. 45.

[665] Vb. Rs. C-22/08 u. C-23/088 *Vatsouras und Koupatantze*, EuGH Urteil v. 4.6.2009, Rn. 43.

[666] *Kötter*, Die Entscheidung des EuGH in der Rechtssache Alimanovic – das Ende der europäischen Sozialbürgerschaft?, info also 2016, 3, 3.

[667] *Kingreen*, In Love with the Single Market? Die EuGH-Entscheidung Alimanovic zum Ausschluss von Unionsbürgern von sozialen Grundsicherungsleistungen, NVwZ 2015, 1503, 1505.

[668] *Lehmann*, Es gilt die Freizügigkeit der Unionsbürger zu stärken – nicht zu schwächen, ZAR 2015, 212, 216.

Zwar ergibt sich diese Rechtsfolge recht zwanglos aus dem Wortlaut der Norm. Denn dort heißt es: „Abweichend von Absatz 1 ist der Aufnahmemitgliedstaat nicht verpflichtet, [...] gegebenenfalls während des längeren Zeitraums nach Artikel 14 Abs. 4 Buchstabe b einen Anspruch auf Sozialhilfe [...] zu gewähren."

GA Wathelet hatte demgegenüber jedoch vorgeschlagen hinsichtlich des Leistungsausschlusses insbesondere danach zu unterscheiden, ob eine Integration in den Arbeitsmarkt bereits erfolgt ist oder nicht. Während im ersten Fall ein Sozialhilfeleistungsausschluss gerechtfertigt sei, müsse im zweiten Fall eine differenzierte Betrachtung erfolgen. Seine Argumentation stützt der Generalanwalt auf die lange Rechtsprechungslinie, die Unionsbürgern in der Vergangenheit Sozialleistungen zuerkannte. Nach seiner Interpretation der Entscheidung in der Rs. *Brey* fordert er, dass ein Sozialhilfeleistungsausschluss nicht automatisch erfolgen dürfe. Vielmehr müsse es den Antragstellern möglich sein, eine tatsächliche Verbindung mit dem Aufnahmemitgliedstaat nachzuweisen. GA Wathelet schlägt insoweit eine Einzelfallbetrachtung im Einklang mit dem individualschutzbezogenen Verhältnismäßigkeitsgrundsatz vor.

Zwar spricht auch der Gerichtshof in seiner Begründung – anders als zuvor in der Rs. *Dano* – den Verhältnismäßigkeitsgrundsatz an. Eine individuelle Prüfung der persönlichen Umstände, wie er es zuletzt noch in der Rs. *Brey* gefordert hatte, sei in einer Situation wie der des Ausgangsverfahrens indes nicht erforderlich.[669] Indem der Gerichtshof darauf verweist, dass die Richtlinie selbst ein abgestuftes System für die Aufrechterhaltung der Erwerbstätigeneigenschaft und die damit verbundene Dauer des Sozialleistungsbezuges für maximal sechs Monate nach Ende der Erwerbstätigkeit enthalte und diese Regel transparent und verhältnismäßig sei[670], scheint der Gerichtshof in Konstellationen wie der vorliegenden, den Verhältnismäßigkeitsgrundsatz nicht mehr individuell und situationsbezogen prüfen zu wollen. Vielmehr versagt der Gerichtshof im Ergebnis hierdurch eine entsprechende Prüfung im Einzelfall, gestützt auf das Argument, dass die Regelung der Richtlinie selbst verhältnismäßig sei.

Vor dem Hintergrund, dass der Verhältnismäßigkeitsgrundsatz spätestens seit der Entscheidung in der Rs. *Baumbast und R*[671] fester Bestandteil der Prüfung von Beschränkungen des Freizügigkeitsrechts war, erscheint die

[669] Rs. C-67/14 *Alimanovic*, EuGH Urteil v. 15.9.2015, Rn. 59 mit Verweis auf Rs. C-140/12 *Brey*, EuGH Urteil v. 19.9.2013, Rn. 64, 69 u. 78.

[670] Rs. C-67/14 *Alimanovic*, EuGH Urteil v. 15.9.2015, Rn. 60.

[671] In der Rs. *Baumbast und R* hatte der Gerichtshof erstmals die unmittelbare Anwendbarkeit des Freizügigkeits- und Aufenthaltsrechts ausdrücklich bestätigt und deshalb gefordert, dass Einschränkungen dieses Rechts am Grundsatz der Verhältnismäßigkeit zu messen seien. Vgl. hierzu oben, § 7 B. II. 4. d) cc).

Entscheidung des Gerichtshofs in der Rs. *Alimanovic* rückwärtsgewandt. Denn mit der Anerkennung des Freizügigkeits- und Aufenthaltsrechts als Grundfreiheit ist bei entsprechenden Beschränkungen eine umfassende Verhältnismäßigkeitsprüfung geboten.

Zwar lässt sich die Rs. *Alimanovic* von Konstellationen unterscheiden, in denen das Aufenthaltsrecht von Unionsbürgern und ihren Familienangehörigen auf Art. 7 Abs. 1 b) der Freizügigkeitsrichtlinie basiert, d.h. von dem Nachweis eines umfassenden Krankenversicherungsschutzes und ausreichender Existenzmittel abhängt. Insbesondere in Anbetracht derartiger Konstellationen dürfte der Unionsgesetzgeber in Art. 14 Abs. 3 der Freizügigkeitsrichtlinie in Kodifizierung der *bis dato* existierenden Rechtsprechung normiert haben, dass die Inanspruchnahme von Sozialhilfeleistungen durch einen Unionsbürger oder einen seiner Familienangehörigen im Aufnahmemitgliedstaat nicht automatisch zur einer Ausweisung führen darf.[672] Hierdurch wurde der Verhältnismäßigkeitsgrundsatz einfachgesetzlich konkretisiert. Das Verbot der automatischen Ausweisung ist darüber hinaus in Verbindung mit dem 16. Erwägungsgrund der Richtlinie zu sehen, nach welchem keine Ausweisung erfolgen soll, solange die Aufenthaltsberechtigten die Sozialhilfesysteme des Aufnahmemitgliedstaats nicht unangemessen in Anspruch nehmen.[673]

Ein auf Art. 7 Abs. 1 b) der Richtlinie 2004/38/EG gestütztes Aufenthaltsrecht stand auch in der durch den Generalanwalt zitierten Rs. *Brey* in Rede, in der der Gerichtshof noch ausdrücklich festgestellt hatte, dass ein automatischer Sozialleistungssauschluss nicht im Einklang mit dem Verhältnismäßigkeitsgrundsatz steht.[674]

Dass die in Art. 14 Abs. 3 der Richtlinie 2004/38/EG enthaltene einfachgesetzliche Konkretisierung des Verhältnismäßigkeitsgrundsatzes in der Rs. *Alimanovic* nicht einschlägig war, da Frau Alimanovic und ihre Tochter sogar ein in Art. 14 Abs. 4 b) der Freizügigkeitsrichtlinie vorausgesetztes Freizügigkeitsrecht geltend machen können, das nicht vom Nachweis genügender Existenzmittel oder eines umfassenden Krankenversicherungsschutzes abhängig ist, kann den zurückgenommenen Prüfungsansatz des Gerichtshofs hinsichtlich des Verhältnismäßigkeitsprinzips aber nicht begründen. Denn wenn das Aufenthaltsrecht sogar unabhängig vom Nachweis ausreichender Existenzmittel besteht, müsste eine Verhältnismäßigkeitsprüfung bei

[672] Die Formulierung geht insbesondere auf die Entscheidung in der Rs. *Grzelzcyk* zurück, vgl. hierzu oben, § 7 B. II. 2. c).

[673] Vergleichbar regelt auch Art. 14 Abs. 1 der Richtlinie 2004/38/EG in Verbindung mit dem zehnten Erwägungsgrund der Richtlinie, dass die Sozialleistungssysteme während der ersten drei Monate des Aufenthalts nicht unangemessen in Anspruch genommen werden dürfen.

[674] Rs. C-140/12 *Brey*, EuGH Urteil v. 19.9.2013, insbesondere Rn. 77.

einer Situation wie der des Ausgangsverfahrens erst recht erfolgen. Andernfalls höhlt die Rücknahme der Prüfungsintensität diesen insbesondere dem Individualrechtsschutz dienenden fundamentalen Grundsatz aus.[675]

Durch die rigorose Rücknahme der Prüfungsdichte in der vorliegenden Konstellation scheint der Gerichtshof zwar wiederum dem Gebot des institutionellen Gleichgewichts stärkeres Gewicht zu verleihen, indem er Art. 24 Abs. 2 der Freizügigkeitsrichtlinie eng anhand seines Wortlauts auslegt. Dies geschieht allerdings auf Kosten eines anderen mindestens gleichwertigen unionsrechtlichen Grundsatzes.

10. Die Rechtssache García-Nieto u.a.[676]

a) Sachverhalt und Vorlagefrage

Alle Mitglieder der Familie Peña-García sind spanische Staatsangehörige. Frau García-Nieto und Herr Peña Cuevas lebten seit mehreren Jahren in Spanien als Paar, ohne eine Ehe geschlossen zu haben. In ihrem gemeinsamen Haushalt lebten auch ihre Tochter sowie der minderjährige Sohn von Herrn Peña Cuevas.

Im April 2012 reiste Frau García-Nieto mit der gemeinsamen Tochter nach Deutschland und meldete sich dort arbeitssuchend. Ab Anfang Juni 2012 arbeitete sie versicherungspflichtig als Küchenhilfe. Am 23.6.2012 zogen Herr Peña Cuevas und sein Sohn der Familie nach Deutschland nach. Am 30.7.2012 beantragte die Familie Peña-García beim Jobcenter Leistungen zur Sicherung des Lebensunterhalts nach dem SGB II. Das Jobcenter lehnte die Bewilligung der in Rede stehenden Leistungen an Herrn Peña Cuevas und seinen Sohn für die Monate August und September 2012 ab, bewilligte sie allerdings ab Oktober 2012. Zur Begründung stützte es sich auf § 7 Abs. 1 S. 2 Nr. 1 SGB II[677] und führte aus, dass Herr Peña Cuevas und sein Sohn sich zum Zeitpunkt des Antrags weniger als drei Monate in Deutschland aufgehalten hätten. Die Familie Peña-García klagte gegen die Entscheidung. Das LSG Nordrhein-Westfalen setzte das Verfahren aus und legte dem EuGH folgende Frage zur Vorabentscheidung vor:

---

[675] Vgl. *Steiger*, Freizügigkeit in der EU und Einschränkungen von Sozialleistungen für EU-Ausländer, Vom Verlust der richtigen Balance zwischen den Interessen der Mitgliedstaaten und den Rechten des Einzelnen sowie der Notwendigkeit einer primärrechtskonformen Auslegung der Freizügigkeitsrichtlinie, EuR 2018, 304, 330.

[676] Rs. C-67/14 *García-Nieto u.a.*, EuGH Urteil v. 25.2.2016.

[677] § 7 Abs. 1 S. 2 Nr. 1 SGB II lautete: Ausgenommen sind Ausländerinnen und Ausländer, die weder in der Bundesrepublik Deutschland Artbeitnehmerinnen, Arbeitnehmer oder Selbständige noch aufgrund des § 2 Abs. 3 des FreizügG/EU freizügigkeitsberechtigt sind, und ihre Familienangehörigen für die ersten drei Monate ihres Aufenthalts.

Sind Art. 24 der Richtlinie 2004/38/EG und Art. 4 der Verordnung Nr. 883/2004/EG dahin auszulegen, dass sie einer Regelung eines Mitgliedstaats entgegenstehen, nach der Staatsangehörige anderer Mitgliedstaaten, die sich in einer von Art. 6 Abs. 1 der Richtlinie 2004/38/EG erfassten Situation befinden, vom Bezug bestimmter „besonderer beitragsunabhängiger Geldleistungen" im Sinne von Art. 70 Abs. 2 der Verordnung Nr. 883/2004/EG, die auch eine Leistung der „Sozialhilfe" im Sinne von Art. 24 Abs. 2 der Richtlinie 2004/38/EG darstellen, ausgeschlossen werden?

b) Würdigung durch den Generalanwalt[678]

In dem vorliegenden Vorabentscheidungsersuchen gehe es im Wesentlichen um die Frage, ob ein Mitgliedstaat Staatsangehörige anderer Mitgliedstaaten während der ersten drei Monate ihres Aufenthalts, wenn sie noch keiner Erwerbstätigkeit nachgingen und hilfebedürftig seien, von zur Sicherung des Lebensunterhalts bestimmten beitragsunabhängigen Leistungen im Sinne der Verordnung Nr. 883/2004/EG ausschließen dürfe.[679]

Art. 24 Abs. 1 der Richtlinie 2004/38/EG und Art. 4 der Verordnung Nr. 883/2004/EG griffen das Verbot der Diskriminierung aufgrund der Staatsangehörigkeit auf, während Art. 24 Abs. 2 der Richtlinie eine Ausnahme für den Zeitraum der Arbeitssuche und gegebenenfalls den längeren Zeitraum nach Art. 14 Abs. 4 b) vom Diskriminierungsverbot enthalte.[680] Was die in der Vorschrift genannten ersten drei Monate betreffe, habe der Gerichtshof nunmehr in ständiger Rechtsprechung bestätigt, dass ein Mitgliedstaat nach Art. 24 Abs. 2 der Richtlinie 2004/38/EG nicht verpflichtet sei, einem Staatsangehörigen eines anderen Mitgliedstaats während des genannten Zeitraums einen Anspruch auf Sozialleistungen einzuräumen.[681]

Das Vorliegen einer Ungleichbehandlung bei der Gewährung von Sozialleistungen von Unionsbürgern, die von ihrem Freizügigkeits- und Aufenthaltsrecht Gebrauch gemacht hätten und Staatsangehörigen des Aufnahmemitgliedstaats sei eine unvermeidliche Folge der Richtlinie 2004/38/EG. Denn diese Ungleichbehandlung beruhe auf dem Verhältnis, das der Unionsgesetzgeber in Art. 7 dieser Richtlinie zwischen dem Erfordernis ausreichender Existenzmittel als Voraussetzung für den Aufenthalt und dem Bestreben, keine Belastung für die Sozialhilfesysteme der Mitgliedstaaten herbeizuführen, geschaffen habe.[682] Unter diesen Umständen verstoße eine Re-

---

[678] Rs. C-67/14 *García-Nieto u.a.*, Schlussanträge GA Wathelet v. 4.6.2015.

[679] Rs. C-67/14 *García-Nieto u.a.*, Schlussanträge GA Wathelet v. 4.6.2015, Rn. 1.

[680] Rs. C-67/14 *García-Nieto u.a.*, Schlussanträge GA Wathelet v. 4.6.2015, Rn. 53 f.

[681] Rs. C-67/14 *García-Nieto u.a.*, Schlussanträge GA Wathelet v. 4.6.2015, Rn. 55 u.a. mit Verweis auf die Rs. C-333/13 *Dano*, EuGH Urteil v. 11.11.2014, Rn. 70 und Rs. C-140/12 *Brey*, EuGH Urteil v. 19.9.2013, Rn. 56.

[682] Rs. C-67/14 *García-Nieto u.a.*, Schlussanträge GA Wathelet v. 4.6.2015, Rn. 57.

gelung eines Mitgliedstaats, wie die im Ausgangsverfahren in Rede stehende, weder gegen Art. 4 der Verordnung Nr. 883/2004/EG noch gegen das mit der Richtlinie 2004/38/EG geschaffene System.[683]

Diese Schlussfolgerung werde durch den Rechtsrahmen, in dem die Richtlinie 2004/38/EG stehe, nicht in Frage gestellt. Der Gerichtshof habe in der Rs. *Dano* an seine ständige Rechtsprechung angeknüpft, wonach der Unionsbürgerstatus dazu bestimmt sei, der grundlegende Status der Staatsangehörigen der Mitgliedstaaten zu sein. Aus dieser Rechtsprechung ergebe sich, dass sich jeder Unionsbürger in allen Situationen, die in den sachlichen Anwendungsbereich des Unionsrechts fielen, auf das Diskriminierungsverbot nach Art. 18 AEUV berufen könne. Zu diesen Situationen gehöre die Ausübung des Freizügigkeits- und Aufenthaltsrechts, das nach Art. 21 Abs. 1 AEUV vorbehaltlich der in den Verträgen und in den Durchführungsvorschriften vorgesehenen Beschränkungen und Bedingungen gewährt werde.[684]

Das in Art. 18 AEUV niedergelegte Diskriminierungsverbot werde schließlich durch Art. 24 der Richtlinie 2004/38/EG und Art. 4 der Verordnungen 883/2004/EG konkretisiert.[685] Art. 24 Abs. 2 der Richtlinie 2004/38/EG sei als Ausnahme von dem in Art. 18 AEUV normierten Grundsatz daher eng und im Einklang mit den Vertragsbestimmungen auszulegen.[686] Außerdem müssten auf der Grundlage von Art. 24 Abs. 2 der Richtlinie 2004/38/EG geschaffene Beschränkungen bei der Gewährung von Sozialleistungen an Unionsbürger, die die Erwerbstätigeneigenschaft nicht oder nicht mehr besitzen, rechtmäßig sein.[687] Vor diesem Hintergrund habe der Generalanwalt in der Rs. *Alimanovic* die Differenzierung von drei Fallgestaltungen vorgeschlagen. Die Situation der Kläger des Ausgangsverfahrens entspreche sowohl der ersten Alternative der ersten Fallgestaltung, nämlich der Situation eines Unionsbürgers, der sich in das Hoheitsgebiet eines anderen Mitgliedstaats begebe und sich dort weniger als drei Monate aufhalte und darüber hinaus der zweiten Fallgestaltung, d.h. dem Staatsangehörigen eines Mitgliedstaats, der sich zur Arbeitssuche in das Hoheitsgebiet eines anderen Mitgliedstaats begebe.[688]

---

[683] Rs. C-67/14 *García-Nieto u.a.*, Schlussanträge GA Wathelet v. 4.6.2015, Rn. 58.

[684] Rs. C-67/14 *García-Nieto u.a.*, Schlussanträge GA Wathelet v. 4.6.2015, Rn. 61 f.

[685] Rs. C-67/14 *García-Nieto u.a.*, Schlussanträge GA Wathelet v. 4.6.2015, Rn. 64.

[686] Rs. C-67/14 *García-Nieto u.a.*, Schlussanträge GA Wathelet v. 4.6.2015, Rn. 65.

[687] Rs. C-67/14 *García-Nieto u.a.*, Schlussanträge GA Wathelet v. 4.6.2015, Rn. 66. In der deutschen Übersetzung wird von „berechtigt“ anstelle von „rechtmäßig“ gesprochen. Die Übersetzung mit „rechtmäßig“ dürfte jedoch eher der englischen und der französischen Sprachfassung „restrictions [...] must be legitimate“ bzw. „les restrictions [...] doivent être légitimes“ entsprechen.

[688] Rs. C-67/14 *García-Nieto u.a.*, Schlussanträge GA Wathelet v. 4.6.2015, Rn. 67 f.

Wie bereits ausgeführt sei ein Aufnahmemitgliedstaat nach Art. 24 Abs. 2 der Richtlinie 2004/38/EG nicht verpflichtet, einem Staatsangehörigen eines anderen Mitgliedstaats während der ersten drei Monate seines Aufenthalts einen Anspruch auf Sozialleistungen einzuräumen. Diese Auslegung stehe auch im Einklang mit dem Ziel der Richtlinie, das finanzielle Gleichgewicht der Sozialsysteme der Mitgliedstaaten zu sichern. Da die Mitgliedstaaten im genannten Zeitraum von Unionsbürgern weder ausreichende Mittel zur Bestreitung des Lebensunterhalts noch eine Absicherung für den Krankheitsfall verlangen dürften, sei es legitim, dass den Mitgliedstaaten während dieses Zeitraumes nicht auferlegt werde, Kosten für sie zu übernehmen.[689] Andernfalls bestünde die Gefahr, dass eine Massenzuwanderung ausgelöst würde, die eine unangemessene Inanspruchnahme der nationalen Sozialsysteme nach sich ziehen könnte.[690]

GA Wathelet habe darüber hinaus in den Schlussanträgen zur Rs. *Alimanovic* ausgeführt, dass für Angehörige, die zuwanderten, um eine Beschäftigung zu suchen, der Gleichbehandlungsgrundsatz nur für den *Zugang* zur Beschäftigung gelte, während diejenigen, die bereits Zugang zum Arbeitsmarkt gefunden hätten, wegen der Verordnung über die Freizügigkeit der Arbeitnehmer[691] die gleichen sozialen und steuerlichen Vergünstigungen beanspruchen könnten wie inländische Arbeitnehmer.[692]

Vor diesem Hintergrund verstoße eine Regelung, wie die im Ausgangsverfahren in Rede stehende, die Personen, die sich zum Zweck der Arbeitssuche in das Hoheitsgebiet dieses Mitgliedstaats begäben, während der ersten drei Monate ihres Aufenthalts oder für einen längeren Zeitraum von Sozialleistungen ausschließe, weder gegen Art. 4 der Verordnung 883/2004/EG noch gegen das mit der Richtlinie 2004/38/EG geschaffene System.[693] Dies entspreche sowohl dem Wortlaut von Art. 24 Abs. 2 der Richtlinie 2004/38/EG als auch dem vom Gerichtshof und im Sekundärrecht angelegten objektiven Unterschied zwischen der Lage solcher Staatsangehöriger, die eine erste Arbeit im Hoheitsgebiet des Aufnahmemitgliedstaats suchten und der Lage solcher, die bereits in den Arbeitsmarkt eingetreten seien.[694]

Auch Art. 7 der EU-GRCh, in dem das Recht auf Achtung des Privat- und Familienlebens verankert sei, vermöge an dieser Analyse nichts zu ändern.

---

[689] Rs. C-67/14 *García-Nieto u.a.*, Schlussanträge GA Wathelet v. 4.6.2015, Rn. 70.

[690] Rs. C-67/14 *García-Nieto u.a.*, Schlussanträge GA Wathelet v. 4.6.2015, Rn. 71.

[691] Vgl. Art. 7 Abs. 2 der Verordnung Nr. 1612/68 EWG des Rates vom 15.10.1968 über die Freizügigkeit der Arbeitnehmer innerhalb der Gemeinschaft, der durch Art. 7 Abs. 2 der Verordnung (EU) Nr. 492/2011 des Europäischen Parlaments und des Rates vom 5.4.2011 über die Freizügigkeit der Arbeitnehmer innerhalb der Union ersetzt worden ist.

[692] Rs. C-67/14 *García-Nieto u.a.*, Schlussanträge GA Wathelet v. 4.6.2015, Rn. 73.

[693] Rs. C-67/14 *García-Nieto u.a.*, Schlussanträge GA Wathelet v. 4.6.2015, Rn. 74.

[694] Rs. C-67/14 *García-Nieto u.a.*, Schlussanträge GA Wathelet v. 4.6.2015, Rn. 75.

Denn Art. 7 EU-GRCh könne eingeschränkt werden, soweit der Verhältnismäßigkeitsgrundsatz beachtet werde, und werde darüber hinaus nicht in seinem Kernbereich berührt.[695]

c) Würdigung durch den EuGH[696]

Im Urteil in der Rs. *Alimanovic* habe der Gerichtshof bereits entschieden, dass Leistungen, wie die in Rede stehenden, nicht als finanzielle Leistungen, die den Zugang zum Arbeitsmarkt eines Mitgliedstaats erleichtern sollen, sondern als „Sozialhilfe" im Sinne von Art. 24 Abs. 2 der Richtlinie 2004/38/EG anzusehen seien.[697] Hinsichtlich des Zugangs zu solchen Leistungen könne ein Unionsbürger eine Gleichbehandlung mit den Staatsangehörigen des Aufnahmemitgliedstaats nach Art. 24 Abs. 1 der Richtlinie 2004/38/EG nur verlangen, wenn sein Aufenthalt im Hoheitsgebiet des Aufnahmemitgliedstaats die Voraussetzungen der Richtlinie 2004/38/EG erfülle.[698]

Um feststellen zu können, ob Sozialhilfeleistungen, wie die in Rede stehenden Leistungen, auf Grundlage der Ausnahmebestimmung des Art. 24 Abs. 2 der Richtlinie 2004/38/EG verweigert werden dürften, müsse vorab geprüft werden, ob der Gleichbehandlungsgrundsatz nach Art. 24 Abs. 1 dieser Richtlinie anwendbar ist und damit, ob sich der betreffende Unionsbürger rechtmäßig im Gebiet des Aufnahmemitgliedstaats aufhalte.[699]

Herr Peña Cuevas könne sein Aufenthaltsrecht aus Art. 6 Abs. 1 der Richtlinie 2004/38/EG ableiten.[700] Nach dieser Bestimmung habe ein Unionsbürger das Recht auf Aufenthalt im Hoheitsgebiet eines anderen Mitgliedstaats für einen Zeitraum bis zu drei Monaten. Nach Art. 14 Abs. 1 der Richtlinie bestehe dieses Recht für den Unionsbürger und seine Familienangehörigen fort, solange sie die Sozialhilfeleistungen des Aufnahmemitgliedstaats nicht unangemessen in Anspruch nähmen.[701] In einem solchen Fall könne sich der Mitgliedstaat jedoch auf Art. 24 Abs. 2 der Richtlinie 2004/38/EG berufen, um dem betreffenden Unionsbürger die beantragte Sozialhilfe zu verweigern. Die betreffende Vorschrift stehe im Einklang mit dem Ziel der Erhaltung des finanziellen Gleichgewichts der Systeme der sozialen Sicherheit der Mitgliedstaaten.[702]

---

[695] Rs. C-67/14 *García-Nieto u.a.*, Schlussanträge GA Wathelet v. 4.6.2015, Rn. 78.

[696] Rs. C-67/14 *García-Nieto u.a.*, EuGH Urteil v. 25.2.2016.

[697] Rs. C-67/14 *García-Nieto u.a.*, EuGH Urteil v. 25.2.2016, Rn. 37.

[698] Rs. C-67/14 *García-Nieto u.a.*, EuGH Urteil v. 25.2.2016, Rn. 38 mit Verweis auf die Urteile in den Rs. *Dano* und *Alimanovic*.

[699] Rs. C-67/14 *García-Nieto u.a.*, EuGH Urteil v. 25.2.2016, Rn. 40.

[700] Rs. C-67/14 *García-Nieto u.a.*, EuGH Urteil v. 25.2.2016, Rn. 41.

[701] Rs. C-67/14 *García-Nieto u.a.*, EuGH Urteil v. 25.2.2016, Rn. 42.

[702] Rs. C-67/14 *García-Nieto u.a.*, EuGH Urteil v. 25.2.2016, Rn. 43 f.

Zwar müsse der Mitgliedstaat die persönlichen Umstände des Betroffenen berücksichtigen, wenn er eine Ausweisung veranlassen oder feststellen wolle, dass diese Person im Rahmen ihres Aufenthalts dem Sozialhilfesystem eine unangemessene Belastung verursache. Eine solche individuelle Prüfung sei aber bei einer Fallgestaltung wie der des Ausgangsverfahrens nicht geboten. Der Gerichtshof habe nämlich in der Rs. *Alimanovic* bereits festgestellt, dass die Richtlinie 2004/38/EG selbst verschiedene Faktoren berücksichtige, die die jeweiligen persönlichen Umstände der eine Sozialleistung beantragenden Person kennzeichneten, insbesondere die Dauer der Ausübung der Erwerbstätigkeit.[703]

Wenn daher eine solche Prüfung bei einem arbeitssuchenden Unionsbürger nicht erforderlich sei, gelte dies erst recht bei Personen, die sich in einer Situation befänden wie Herr Peña Cuevas im Ausgangsverfahren.[704] Was zudem die individuelle Prüfung angehe, welche Belastung die Gewährung einer Leistung für das gesamte nationale Sozialhilfesystem darstellen würde, so sei festzustellen, dass die einem einzigen Antragsteller gewährte Hilfe schwerlich als „unangemessene Inanpruchnahme“ eines Mitgliedstaats im Sinne von Art. 14 Abs. 1 der Richtlinie 2004/38/EG eingestuft werden könne. Eine solche Inanspruchnahme belaste einen Mitgliedstaat nämlich nur aufgrund der Aufsummierung sämtlicher Einzelanträge.[705]

Art. 24 Abs. 2 der Richtlinie 2004/38/EG stehe daher einer nationalen Regelung wie derjenigen im Ausgangsverfahren nicht entgegen.[706] Gleiches gelte hinsichtlich der Auslegung von Art. 4 der Verordnung Nr. 883/2004/EG. Denn die in Rede stehenden „besonderen beitragsunabhängigen Geldleistungen“ würden nach Art. 70 Abs. 4 der Verordnung ausschließlich in dem Mitgliedstaat, in dem die betreffende Person wohne und nach den Rechtsvorschriften dieses Mitgliedstaats gewährt.[707]

d) Analyse

Die Entscheidung in der Rs. *García-Nieto u.a.* schließt die Reihe von Urteilen, die Sozialleistungsansprüche wirtschaftlich nicht aktiver Unionsbürger in einem anderen Aufnahmemitgliedstaat betreffen und insoweit insbesondere die deutsche Umsetzung des Sozialleistungsausschlusses zum Gegenstand hatten, vorerst ab.

Der Fall betraf nunmehr Antragsteller, die sich weniger als drei Monate im Aufnahmemitgliedstaat aufhielten und ihr Aufenthaltsrecht daher auf

[703] Rs. C-67/14 *García-Nieto u.a.*, EuGH Urteil v. 25.2.2016, Rn. 46 f.
[704] Rs. C-67/14 *García-Nieto u.a.*, EuGH Urteil v. 25.2.2016, Rn. 48.
[705] Rs. C-67/14 *García-Nieto u.a.*, EuGH Urteil v. 25.2.2016, Rn. 50.
[706] Rs. C-67/14 *García-Nieto u.a.*, EuGH Urteil v. 25.2.2016, Rn. 51.
[707] Rs. C-67/14 *García-Nieto u.a.*, EuGH Urteil v. 25.2.2016, Rn. 52.

Art. 6 der Freizügigkeitsrichtlinie stützten. Hiernach haben Unionsbürger und Familienangehörige, die einen Unionsbürger begleiten oder ihm nachfolgen, das Recht auf Aufenthalt im Hoheitsgebiet eines anderen Mitgliedstaats für einen Zeitraum von bis zu drei Monaten, wobei sie lediglich im Besitz eines gültigen Personalausweises oder Reisepasses sein müssen.

In Ansehung der restriktiven Entscheidungen des Gerichtshofs in den Rs. *Dano* und *Alimanovic* ist das Ergebnis wenig überraschend. Wenn schon Arbeitssuchende wie in der Rs. *Alimanovic* keinen Anspruch auf die Gewährleistung von Sozialleistungsansprüchen haben, so muss dies erst Recht für Unionsbürger während der ersten drei Monate ihres Aufenthalts gelten.[708] Mit Verweis auf die Rs. *Alimanovic* stellt der Gerichtshof auch hinsichtlich dieser Regelung fest, dass sie aufgrund ihrer Transparenz Rechtssicherheit gewährleistet und daher im Einklang mit dem Grundsatz der Verhältnismäßigkeit steht.[709] Auch insoweit gibt der Gerichtshof daher die einzelfallorientierte Prüfung des Verhältnismäßigkeitsgrundsatzes zu Gunsten einer pauschalisierten Lösung auf. Da die Freizügigkeitsrichtlinie allerdings in Art. 14 Abs. 1 ausdrücklich normiert, dass das Aufenthaltsrecht nach Art. 6 solange besteht wie Sozialhilfeleistungen des Aufnahmemitgliedstaats nicht unangemessen in Anspruch genommen werden, muss der Gerichtshof im Weiteren erklären, weshalb trotzdem eine individualisierte Prüfung des Verhältnismäßigkeitsprinzips auch insoweit unterbleiben kann. Dies begründet er nachfolgend damit, dass eine „unangemessene Inanspruchnahme“ eines Mitgliedstaats ohnehin nicht infolge eines einzelnen Antrags, sondern nur durch Summierung der Einzelanträge erfolgen könne.[710]

Das Ergebnis erscheint vor dem Hintergrund, dass das Aufenthaltsrecht innerhalb der ersten drei Monate quasi voraussetzungslos gewährt wird nachvollziehbar. Dogmatisch schwerer verständlich ist jedoch, dass Art. 14 Abs. 1 der Richtlinie 2004/38/EG in Folge der Auslegung durch den Gerichtshof nur ein sehr begrenzter Anwendungsbereich verbleibt. Dies ist mit Blick auf den Effektivitätsgrundsatz nur wenig überzeugend.[711]

Abschließend wiederholt der Gerichtshof nochmals, dass sich auch aus der Koordinierungsverordnung nichts anderes ergibt, sodass sich auch insoweit gegenüber den Rs. *Dano* und *Alimanovic* keine Neuerungen ergeben.

---

[708] Rs. C-67/14 *García-Nieto u.a.*, EuGH Urteil v. 25.2.2016, Rn. 48; *Raschka*, Anspruch von Unionsbürgern auf Zugang zu Sozialleistungen nach der jüngsten Rechtsprechung des EuGH, ZAR 2015, 331, 335.

[709] Rs. C-67/14 *García-Nieto u.a.*, EuGH Urteil v. 25.2.2016, Rn. 49.

[710] Rs. C-67/14 *García-Nieto u.a.*, EuGH Urteil v. 25.2.2016, Rn. 50.

[711] Vgl. hierzu oben, § 4 B. III. 3.

II. Abschließende Einschätzung zur Verknüpfung des Freizügigkeitsrechts mit dem allgemeinen Diskriminierungsverbot

Die Analyse der ausgewählten Urteile hat gezeigt, wie der Gerichtshof durch eine Verknüpfung der Unionsbürgerschaft mit dem allgemeinen Diskriminierungsverbot die Rechte der Unionsbürger durch Rechtsfortbildung schrittweise ausgeweitet hat. Das Freizügigkeitsrecht und das Diskriminierungsverbot können daher nicht mehr isoliert betrachtet werden, sondern müssen vielmehr als Verpflichtung der Mitgliedstaaten verstanden werden, den Unionsbürgern Zugang zu ihren jeweiligen Territorien zu gewähren und sie anschließend in ihre Gesellschaft zu integrieren.[712]

Da mit der Aufnahme der Unionsbürgerschaft in das Primärrecht eine substanzielle Änderung der Grundlagenverträge vollzogen wurde, ist es nachvollziehbar, dass der Gerichtshof in den analysierten Urteilen die damals noch neuen Implikationen des Primärrechts auch auf die Richtlinien, die das Freizügigkeitsrecht vor der Primärrechtsänderung für wirtschaftlich nicht aktive Unionsbürger festschrieb, einfließen ließ. Dabei ist eines der wichtigsten Argumentationsmuster der *effet utile*-Grundsatz, den der Gerichtshof nicht nur zu Begründung der unmittelbaren Anwendbarkeit des Freizügigkeitsrechts heranzieht, sondern hierauf auch die Rechtsposition der Unionsbürger gegenüber ihrem Heimatstaat stützt.

Häufig ließ der Gerichtshof allerdings auch eine dogmatisch überzeugende Begründung des Ergebnisses vermissen. Dies gilt insbesondere hinsichtlich der Frage, ob der Anwendungsbereich des allgemeinen Diskriminierungsverbots auch ohne ein gemeinschafts- oder unionsrechtlich begründetes Freizügigkeitsrecht eröffnet ist, daneben aber auch hinsichtlich der Auslegung und Anwendung einzelner Bestimmungen des Sekundärrechts. Insbesondere der in manchen Urteilen kaum mehr eingrenzbare Anwendungsbereich des allgemeinen Diskriminierungsverbots ist mit dem Prinzip der begrenzten Einzelermächtigung nicht in Einklang zu bringen. Der kompetenzbezogene Verhältnismäßigkeitsgrundsatz gebietet es, dass den Mitgliedstaaten durch Rechtfertigungsmöglichkeiten jedenfalls Handlungsspielräume eröffnet werden.

Darüber hinaus sind die Urteilsbegründungen innerhalb der Rechtsprechungslinie nicht immer kohärent. Dies wird indes durch die Verweisungstechnik des Gerichtshofs vielfach verdeckt, da sie etwa suggeriert, dass ein bestimmtes Ergebnis logische Folge eines vorhergehenden Urteils war, obwohl dieses Ergebnis bei genauerer Betrachtung aus dem vorhergehenden Urteil nicht abgeleitet werden konnte.

---

[712] *Azoulai*, Transfiguring European Citizenship: from Member State Territory to Union Territory, in: Kochenov (Hrsg.), EU Citizenship and Federalism: The Role of Rights, 178, 184.

Die Urteile, die der Gerichtshof seit Verabschiedung der Freizügigkeitsrichtlinie hinsichtlich des Zugangs zu Sozialleistungen gefällt hat, stellen einen Bruch gegenüber der vorhergehenden Rechtsprechung dar. Das restriktivere Vorgehen zeigt sich u.a. in der fehlenden Grundrechtsprüfung und darüber hinaus insbesondere am Umgang mit dem Verhältnismäßigkeitsgrundsatz, den der EuGH nunmehr in den analysierten Konstellationen nicht mehr einzelfallbezogen prüfen will, da dessen Wertungen bereits vollumfänglich in der Freizügigkeitsrichtlinie aufgegangen seien. Die zurückgenommene Prüfungsdichte erinnert an die überholte Diskussion, ob es hinsichtlich der Schranken des Freizügigkeitsrechts einen Unterschied zwischen „Beschränkungen" und „Bedingungen" gibt, ohne dass der Gerichtshof hieran ausdrücklich anknüpft. Indem der Gerichtshof auch in den jüngeren Entscheidungen den Verhältnismäßigkeitsgrundsatz anspricht, ihn aber nicht im Einzelfall prüft, scheint er vordergründig im Einklang mit seiner älteren Rechtsprechung den Verhältnismäßigkeitsgrundsatz weiterhin anzuwenden, kommt im Ergebnis aber der Auffassung, dass das Aufenthaltsrecht durch die Voraussetzungen in der Richtlinie tatbestandlich bedingt wird, nahe.

Zwar kann der neue Ansatz des Gerichtshofs insoweit positiv betrachtet werden, als hierdurch dem Prinzip des institutionellen Gleichgewichts Geltung verschafft wird, insbesondere dahingehend, dass nunmehr ein Aufenthaltsrecht nach der Freizügigkeitsrichtlinie bestehen muss, um das unionsrechtliche Diskriminierungsverbot zur Anwendung zu bringen. Allerdings setzt sich der Gerichtshof in den jüngeren Urteilen nicht dezidiert mit den Wertungen der älteren Urteile auseinander. Dies erschwert das Verständnis der neueren Entscheidungen.

III. Der Kernbestand der Unionsbürgerschaft: Derivative Rechte von Familienangehörigen

Die nachfolgend betrachteten Urteile analysieren, inwieweit Familienangehörige von Unionsbürgern abgeleitete Aufenthalts- und Freizügigkeitsrechte geltend machen können. Derartige Rechte zeichnen sich dadurch aus, dass sie akzessorisch an den Status des Unionsbürgers anknüpfen.

Im Sekundärrecht sind abgeleitete Aufenthalts- und Freizügigkeitsrechte von Familienangehörigen von Unionsbürgern nunmehr hauptsächlich in der Freizügigkeitsrichtlinie geregelt. Die Richtlinie gewährt dabei sowohl Familienangehörigen, die selbst Unionsbürger sind, als auch drittstaatsangehörigen Familienmitgliedern abgeleitete Aufenthalts- und Freizügigkeitsrechte. Familienangehörige, die selbst die Staatsangehörigkeit eines Mitgliedstaats besitzen, können sich auch auf ihren eigenen Unionsbürgerstatus berufen. Besondere Bedeutung gewinnt die Richtlinie daher für die Rechte von drittstaatsangehörigen Familienmitgliedern.

Da die Anwendbarkeit der Richtlinie jedoch einen grenzüberschreitenden Bezug erfordert, setzte sich der EuGH mit der Frage auseinander, inwieweit drittstaatsangehörigen Familienangehörigen von Unionsbürgern abgeleitete Rechte möglicherweise auch aus dem Primärrecht zustehen können, wenn die in Rede stehende Situation nicht durch die Freizügigkeitsrichtlinie geregelt ist. Insoweit ist der EuGH umfassend rechtsfortbildend tätig geworden und hat in diesem Rahmen die schillernde „Kernbestands-Rechtsprechung" entwickelt, deren eingehende Analyse in der wissenschaftlichen Literatur große Bedeutung erlangte. Nicht nur im Hinblick auf die Kernbestands-Rechtsprechung ist dabei die Frage entscheidend, wie sich die europäischen Grundrechte, insbesondere das in Art. 7 EU-GRCh verankerte Recht auf Achtung des Privat- und Familienlebens, auf die Frage nach etwaigen abgeleiteten Freizügigkeits- und Aufenthaltsrechten von drittstaatsangehörigen Familienmitgliedern der Unionsbürger auswirken.

Hinsichtlich der mitgliedstaatlichen Handlungsbefugnisse ist die Rechtsprechungsentwicklung des Gerichtshofs bedeutsam, da die Entscheidungen das Migrationsrecht berühren und damit aus Sicht der Mitgliedstaaten ein besonders sensibler Politikbereich betroffen ist. Insoweit ist daran zu erinnern, dass das Einwandungerungsrecht primärrechtlich grundsätzlich von Titel V des AEUV erfasst wird, der das in Art. 3 Abs. 2 EUV verankerte Vertragsziel der Union, für ihre Bürgerinnen und Bürger einen Raum der Freiheit, der Sicherheit und des Rechts zu gewährleisten, näher ausgestaltet. Hinsichtlich der Entwicklung einer gemeinsamen Einwanderungspolitk im Hinblick auf Drittstaatsangehörige wird die Union in geteilter Zuständigkeit und damit im Rahmen des Subsidiaritätsprinzips tätig.[713] Soweit die Union ihre Zuständigkeit nicht ausübt, verbleibt es bei der Zuständigkeit der Mitgliedstaaten, Art. 2 Abs. 2 AEUV. Gestützt auf Art. 63 Abs. 1 Nr. 3 lit. a) EGV (vgl. heute Art. 79 AEUV) hat der Gemeinschaftsgesetzgeber insbesondere die Richtlinie 2003/86/EG[714], die das Recht auf Familienzusammenführung regelt und bis zum 3.10.2005 umzusetzen war[715], erlassen. Auf denselben Kompetenztitel stützte der Rat auch die Richtlinie 2003/109/EG[716], die die Rechtsstellung der langfristig aufenthaltsberechtigten Drittstaatsangehörigen regelt.

---

[713] *Müller-Graff*, in: Pechstein/Nowak/Häde (Hrsg.), Frankfurter Kommentar zu EUV, GRC und AEUV, Art. 79 AEUV Rn. 11. Art. 79 Abs. 5 AEUV enthält außerdem einen mitgliedstaatlichen Kontingentvorbehalt zum Schutz der Arbeitsmärkte.

[714] Richtlinie 2003/86/EG des Rates vom 22.9.2003 betreffend das Recht auf Familienzusammenführung, Amtsbl. Nr. L 251 v. 3.10.2003, 12–18.

[715] *Rossi*, in: Calliess/Ruffert (Hrsg.), EUV/AEUV, Das Verfassungsrecht der Europäischen Union mit Europäischer Grundrechtecharta, Art. 79 AEUV Rn. 19.

[716] Richtlinie 2003/109/EG des Rates vom 25.11.2003 betreffend die Rechtsstellung der langfristig aufenthaltsberechtigten Drittstaatsangehörigen, Amtsbl. Nr. L 16 v. 23.1.2004, 44–53.

Die nachfolgenden Fälle zeichnen sich dadurch aus, dass auch die Richtlinie 2003/86/EG hinsichtlich der betroffenen Familienangehörigen nicht einschlägig ist. Denn die Familienzusammenführungsrichtlinie regelt zwar den Zuzug von drittstaatsangehörigen Familienmitgliedern zu bereits in der Union aufenthaltsberechtigten Drittstaatsangehörigen, nicht aber den Familienzuzug aus Drittstaaten zu einem Unionsbürger.[717]

Die analysierte Rechtsprechung ist daher vor dem Hintergrund zu betrachten, dass drittstaatsangehörigen Familienmitgliedern von Unionsbürgern eine Doppelstellung zukommt. Einerseits umfasst die geteilte Zuständigkeit in Art. 79 AEUV auch Familienangehörige von Unionsbürgern. Andererseits gewährt ihnen die Freizügigkeitsrichtlinie und aufgrund der Rechtsprechungsentwicklung auch das Primärrecht eine privilegierte Rechtsstellung, die akzessorisch an den Status des Unionsbürgers von dem sie ihr Aufenthaltsrecht ableiten, anknüpft.

1. Die Rechtssache Zhu und Chen[718]

a) Sachverhalt und Vorlagefrage

Die Eheleute Chen sind beide Staatsangehörige der Volksrepublik China. Frau Chen, im sechsten Monat schwanger, reiste im Mai 2000 in das Vereinigte Königreich ein. Im Juli desselben Jahres begab sie sich nach Belfast (Nordirland), wo am 16. September Catherine Zhu geboren wurde. Nach dem Irish Nationality and Citizenship Act 1956[719] erhielt jeder, der auf der Insel Irland geboren wurde, die irische Staatsangehörigkeit, wenn er nicht die Staatsbürgerschaft eines anderen Landes beanspruchen konnte. In Anwendung dieser Regelung wurde Catherine im September 2000 ein irischer Pass ausgestellt und sie damit auch Unionsbürgerin. Die Staatsangehörigkeit des Vereinigten Königreichs erwarb Catherine hingegen nicht.

In Großbritannien beantragte Frau Chen für sich und ihre Tochter die Erlaubnis zum ständigen Aufenthalt. Unstreitig war, dass der Aufenthalt auf der Insel Irland einzig dazu bestimmt war, dem Kind die irische Staatsbürgeschaft zu verleihen und der Mutter hierdurch gegebenenfalls zu ermöglichen, im Vereinigten Königreich zu verbleiben. Frau Chen nahm im Vereinigten Königreich keine öffentlichen Gelder in Anspruch und sie und ihre Tochter waren krankenversichert. Da die britischen Behörden den Antrag ablehnten, entstand zwischen den Beteiligten ein Rechtsstreit.

Das zuständige nationale Gericht legte dem EuGH die Frage zur Vorabentscheidung vor, ob die Richtlinie 73/148/EWG[720], die Richtlinie 90/364/

---

[717] Art. 3 Abs. 3 der Richtlinie 2003/86/EG.

[718] Rs. C-200/02 *Zhu und Chen*, EuGH Urteil v. 19.10.2004.

[719] Irish Nationality and Citizenship Act 1956, in der 2001 geänderten Fassung, rückwirkend ab dem 2.12.1999 anwendbar.

[720] Richtlinie 73/148/EWG des Rates vom 21.5.1973 zur Aufhebung der Reise- und

EWG oder Art. 18 EGV (heute Art. 21 AEUV) gegebenenfalls i.V.m. den Art. 8 und 14 EMRK dem minderjährigen Staatsangehörigen eines Mitgliedstaats im Kleinkindalter, dem von einem Elternteil, der Staatsangehöriger eines Drittstaates ist, Unterhalt gewährt wird, das Recht verleihen, sich in einem anderen Mitgliedstaat aufzuhalten und ob dieselben Vorschriften auch dem betreffenden Elternteil ein abgeleitetes Aufenthaltsrecht verleihen.

b) Würdigung durch den Generalanwalt[721]

Nach einer kurzen Vorbemerkung widmet sich GA Tizzano der Frage, ob es sich bei dem vorliegenden Sachverhalt, wie von der Regierung des Vereinigten Königreichs vorgetragen, um einen rein internen Sachverhalt handelt, für den der EuGH nicht zuständig ist. Denn die Staatsangehörigkeit des Kindes sei einziger Anknüpfungspunkt für die Anwendbarkeit des Gemeinschaftsrechts.[722] Nach der ständigen Rechtsprechung des Gerichtshofs sei der Besitz einer vom Wohnsitzmitgliedstaat verschiedenen Staatsangehörigkeit jedoch ausreichend, um den Anwendungsbereich des Gemeinschaftsrechts zu eröffnen, selbst wenn die betreffende Person nie ihren Wohnsitzmitgliedstaat verlassen habe.[723] Daher reiche die irische Staatsangehörigkeit von Catherine aus, um den Anwendungsbereich des Gemeinschaftsrechts zu eröffnen.[724]

Fraglich sei daher nachfolgend welche Freizügigkeits- und Aufenthaltsrechte einem Kind wie Catherine, das Unionsbürger ist und seit seiner Geburt in einem anderen Mitgliedstaat gelebt hat, nach dem Gemeinschaftsrecht zustünden.

Nach Argumentation der irischen Regierung könne eine Minderjährige nicht Inhaberin der Freizügigkeits- und Aufenthaltsrechte sein. Denn Catherine sei aufgrund ihres Alters nicht in der Lage diese Rechte eigenständig auszuüben.[725]

Hiergegen wendet sich GA Tizzano jedoch entschieden: Denn bei einer solchen Argumentation werde der Unterschied von Rechts- und Handlungsfähigkeit verkannt. Da die Rechtsfähigkeit allgemein mit Geburt erworben würde, seien auch Minderjährige Rechtssubjekte und als solche Träger der

---

Aufenthaltsbeschränkungen für Staatsangehörige der Mitgliedstaaten innerhalb der Gemeinschaft auf dem Gebiet der Niederlassung und des Dienstleistungsverkehrs, Amtsbl. Nr. L 172 v. 28.6.1973, 14–16.

[721] Rs. C-200/02 *Zhu und Chen*, Schlussanträge GA Tizzano v. 18.5.2004.

[722] Rs. C-200/02 *Zhu und Chen*, Schlussanträge GA Tizzano v. 18.5.2004, Rn. 28 f.

[723] Rs. C-200/02 *Zhu und Chen*, Schlussanträge GA Tizzano v. 18.5.2004, Rn. 32 Fn. 5 mit Verweis auf Rs. 235/87 *Matteucci*, EuGH Urteil v. 27.9.1988 u. Rs. 36/75 *Rutili*, EuGH Urteil v. 28.10.1975 u. Rn. 33 Fn. 6 u. 7 mit Verweis auf Rs. C-148/02 *Garcia Avello*, EuGH Urteil v. 2.10.2003, Rn. 26 f.

[724] Rs. C-200/02 *Zhu und Chen*, Schlussanträge GA Tizzano v. 18.5.2004, Rn. 34 f.

[725] Rs. C-200/02 *Zhu und Chen*, Schlussanträge GA Tizzano v. 18.5.2004, Rn. 41 f.

von der Rechtsordnung verliehenen Rechte. Die von der irischen Regierung vertretene Argumentation würde auch den vom Gemeinschaftsrecht verfolgten Zielen entgegenstehen. So könne auch ein Minderjähriger Dienstleistungsempfänger sein.[726] Betreffend die Vorschriften über das Aufenthaltsrecht sei darauf hinzuweisen, dass Art. 18 EGV (heute Art. 21 AEUV), ergänzt durch Art. 1 der Richtlinie 90/364/EWG, jedem Gemeinschaftsangehörigen, der bestimmte Voraussetzungen erfülle, das Recht garantiere sich in einem beliebigen Mitgliedstaat niederzulassen, auch wenn er dort keine wirtschaftliche Tätigkeit ausübe. Dieses Recht stehe auch Minderjährigen zu.[727]

Nachfolgend sei daher zu prüfen, ob Catherine auch im konkreten Fall ein Aufenthaltsrecht zustehe. Catherine könne möglicherweise ein Aufenthaltsrecht im Vereinigten Königreich nach Art. 18 EGV (heute Art. 21 AEUV) und der Richtlinie 90/364/EWG geltend machen. Art. 18 EGV (heute Art. 21 AEUV) verleihe jedem Unionsbürger das Recht, sich im Hoheitsgebiet der Mitgliedstaaten vorbehaltlich der im Vertrag und in den Vorschriften des sekundären Rechts vorgesehenen Beschränkungen und Bedingungen frei zu bewegen und aufzuhalten. Beschränkungen und Bedingungen seien im Hinblick auf den vorliegenden Fall in der Richtlinie 90/364/EWG verankert.[728] Nach Art. 1 dieser Richtlinie werde Unionsbürgern das Aufenthaltsrecht unter der Bedingung gewährt, dass eine Krankenversicherung für den Unionsbürger und seine Familienmitglieder bestehe, die im Aufnahmemitgliedstaat alle Risiken abdecke und dass der Unionsbürger über ausreichende Existenzmittel verfüge, sodass nicht die Gefahr bestehe, während des Aufenthalts die Sozialhilfe des Aufnahmemitgliedstaats in Anspruch nehmen zu müssen.[729] Eine angemessene Krankenversicherung bestehe, auch ausreichende Existenzmittel stünden zur Verfügung.

Nach dem Hinweis der am Verfahren beteiligten Regierungen sei jedoch fraglich, wie es sich auswirke, dass nicht die Unionsbürgerin Catherine über die finanziellen Mittel verfüge, sondern diese vielmehr durch die Mutter garantiert würden. Nach Auffassung der irischen Regierung sei das in der Richtlinie 90/364/EWG verankerte Aufenthaltsrecht auf Unionsbürger beschränkt, die selbst über ausreichende Existenzmittel verfügten.[730] Eine solche Auslegung der Richtlinie findet nach Ansicht von GA Tizzano indes im Wortlaut keine Stütze, da die Richtlinie nur verlange über ausreichende Existenzmittel zu „verfügen".[731] Darüber hinaus wäre eine entsprechende Be-

[726] Rs. C-200/02 *Zhu und Chen*, Schlussanträge GA Tizzano v. 18.5.2004, Rn. 43 f.

[727] Rs. C-200/02 *Zhu und Chen*, Schlussanträge GA Tizzano v. 18.5.2004, Rn. 51 f. Fn. 18 mit Verweis auf vb. Rs. 389/87 u. 390/87 *Echternach und Moritz*, EuGH Urteil v. 15.3.1989.

[728] Rs. C-200/02 *Zhu und Chen*, Schlussanträge GA Tizzano v. 18.5.2004, Rn. 63.

[729] Rs. C-200/02 *Zhu und Chen*, Schlussanträge GA Tizzano v. 18.5.2004, Rn. 65.

[730] Rs. C-200/02 *Zhu und Chen*, Schlussanträge GA Tizzano v. 18.5.2004, Rn. 69.

[731] Rs. C-200/02 *Zhu und Chen*, Schlussanträge GA Tizzano v. 18.5.2004, Rn. 70.

schränkung nicht mit den Zielen der Richtlinie vereinbar, die darauf gerichtet seien, die Tragweite des Freizügigkeits- und Aufenthaltsrechts auszudehnen und auf alle Gemeinschaftsangehörigen zu erstrecken. Die in Rede stehende Beschränkung solle ausweislich der vierten Begründungserwägung verhindern, dass die Finanzen des Aufnahmemitgliedstaats über Gebühr belastet würden.[732] Seit dem Vertrag von Maastricht sei mit dessen Art. 8a EGV (heute Art. 21 AEUV) die Freizügigkeit und die Aufenthaltsfreiheit zum Grundrecht der Gemeinschaftsangehörigen erklärt worden, vorbehaltlich der vorgesehenen Beschränkungen und Bedingungen. Vor diesem Hintergrund werde die Ausübung des Grundrechts durch die Richtlinie beschränkt. Derartige Beschränkungen seien wie alle Ausnahmen und Beschränkungen der vertraglich verankerten Freiheiten eng auszulegen, sodass eine vom Wortlaut nicht ausdrücklich vorgesehene Bedingung nicht eingeführt werden könne.[733] Darüber hinaus habe der Gerichtshof in der Rs. *Baumbast und R*[734] festgestellt, dass die Wahrnehmung des Aufenthaltsrechts der Unionsbürger zwar von den berechtigten Interessen der Mitgliedstaaten abhängig gemacht werden könnte, allerdings seien derartige Beschränkungen unter Einhaltung der gemeinschaftsrechtlichen Grenzen, insbesondere dem Verhältnismäßigkeitsgrundsatz, anzuwenden. Eine Auslegung der Richtlinie wie sie vom Vereinigten Königreich und von Irland vorgeschlagen werde, würde zu einer nicht erforderlichen Bedingung des Aufenthaltsrechts führen. Denn um die Finanzen des Aufnahmemitgliedstaats nicht zu belasten, sei es ausreichend, dass der Unionsbürger in irgendeiner Weise über die von der Richtlinie geforderten Existenzmittel verfüge.[735]

Im Ergebnis könne sich ein Unionsbürger wie Catherine, für den eine entsprechende Krankenversicherung sowie ausreichende Existenzmittel durch das Vermögen des Elternteils zur Verfügung stünden, daher auf das Aufenthaltsrecht aus Art. 1 der Richtlinie 90/364/EWG im Hoheitsgebiet eines anderen Mitgliedstaats berufen.[736]

Schließlich sei das Aufenthaltsrecht der Mutter von Catherine zu prüfen. Nach Art. 1 Abs. 1 d) der Richtlinie 73/148/EWG und Art. 1 Abs. 2 b) der Richtlinie 90/364/EWG bestehe ein Aufenthaltsrecht für Verwandte eines Gemeinschaftsangehörigen, denen dieser Unterhalt gewährt. Vorliegend sei Frau Chen von ihrer Tochter aber wirtschaftlich unabhängig und im Gegenteil sei sie es, die für die materiellen Bedürfnisse ihrer Tochter sorge. Daher könne Frau Chen unmittelbar aus den genannten Richtlinien kein Aufenthaltsrecht ableiten.[737]

---

[732] Rs. C-200/02 *Zhu und Chen*, Schlussanträge GA Tizzano v. 18.5.2004, Rn. 71 f.
[733] Rs. C-200/02 *Zhu und Chen*, Schlussanträge GA Tizzano v. 18.5.2004, Rn. 73 f.
[734] Rs. C-413/99 *Baumbast und R*, EuGH Urteil v. 19.9.2002, Rn. 91.
[735] Rs. C-200/02 *Zhu und Chen*, Schlussanträge GA Tizzano v. 18.5.2004, Rn. 75 f.
[736] Rs. C-200/02 *Zhu und Chen*, Schlussanträge GA Tizzano v. 18.5.2004, Rn. 78.
[737] Rs. C-200/02 *Zhu und Chen*, Schlussanträge GA Tizzano v. 18.5.2004, Rn. 81 f.

Frau Chen müsse jedoch ein vom Aufenthaltsrecht ihrer Tochter abgeleitetes Aufenthaltsrecht zustehen. Denn ein entgegengesetztes Ergebnis liefe den Interessen des Kindes und dem Gebot, die Einheit des Familienlebens zu achten, zuwider. Außerdem würde ein anderes Ergebnis dem Aufenthaltsrecht von Catherine jede praktische Wirksamkeit nehmen, da sie als Kind nicht allein im Vereinigten Königreich bleiben könne.[738] Diese Erwägungen hätten den Gerichtshof auch in der Rs. *Baumbast und R* zu einer Entscheidung bewogen, nach der einem Elternteil, der die Personensorge für ein gemeinschaftsangehöriges Kind wahrnehme, ungeachtet seiner Staatsangehörigkeit, Aufenthalt bei dem Kind gewährt werden müsse.[739] Eine Verweigerung des Aufenthaltsrechts würde auch im Widerspruch zu dem in Art. 8 EMRK verankerten Grundsatz stehen, dass die Einheit des Familienlebens zu achten ist.[740] Schon aus diesen Gründen müsse Frau Chen ein abgeleitetes Aufenthaltsrecht zustehen.[741]

Darüber hinaus würde eine Versagung des Aufenthaltsrechts aber auch gegen Art. 12 EGV (heute Art. 18 AEUV) verstoßen. Die Streitigkeit falle zweifellos in den Anwendungsbereich des Vertrages, da das Recht eines Gemeinschaftsangehörigen betroffen sei, sich gem. Art. 18 EGV (heute Art. 21 AEUV) und gem. der Richtlinie 90/364/EWG im Hoheitsgebiet eines Mitgliedstaats aufzuhalten. Dies gelte auch für das Aufenthaltsrecht der Mutter, da dieses untrennbar mit dem der Tochter verbunden sei.[742] Wie sich im Laufe des Verfahrens ergeben habe, wäre die Mutter, wenn Catherine die Staatsangehörigkeit des Vereinigten Königreichs besessen hätte, auch als Drittstaatsangehörige im Vereinigten Königreich aufenthaltsberechtigt gewesen. Es gäbe jedoch keinen sachlichen Grund, der eine unterschiedliche Behandlung rechtfertigen könne. Denn die Mutter eines englischen Kindes sei aufgrund ihrer grundlegenden Rolle bei der Erziehung ihres Kindes aufenthaltsberechtigt. Diese grundlegende Rolle sei aber nicht abhängig von der Staatsangehörigkeit des Kindes. Daher würden die fraglichen Maßnahmen des Vereinigten Königreichs auch gegen Art. 12 EGV (heute Art. 18 AEUV) verstoßen.[743] Im Ergebnis würde die Ablehnung der Aufenthaltsberechtigung in einer Situation wie der vorliegenden daher nicht nur dem Recht der Minderjährigen aus Art. 18 EGV (heute Art. 21 AEUV) die praktische Wirksamkeit nehmen, sondern stelle ebenfalls eine verbotene Diskriminierung aus Gründen der Staatsangehörigkeit dar.[744]

---

[738] Rs. C-200/02 *Zhu und Chen*, Schlussanträge GA Tizzano v. 18.5.2004, Rn. 90.

[739] Rs. C-200/02 *Zhu und Chen*, Schlussanträge GA Tizzano v. 18.5.2004, Rn. 91 Fn. 26 mit Verweis auf Rs. C-413/99 *Baumbast und R*, EuGH Urteil v. 19.9.2002, Rn. 75.

[740] Rs. C-200/02 *Zhu und Chen*, Schlussanträge GA Tizzano v. 18.5.2004, Rn. 94.

[741] Rs. C-200/02 *Zhu und Chen*, Schlussanträge GA Tizzano v. 18.5.2004, Rn. 96.

[742] Rs. C-200/02 *Zhu und Chen*, Schlussanträge GA Tizzano v. 18.5.2004, Rn. 99.

[743] Rs. C-200/02 *Zhu und Chen*, Schlussanträge GA Tizzano v. 18.5.2004, Rn. 101 f.

[744] Rs. C-200/02 *Zhu und Chen*, Schlussanträge GA Tizzano v. 18.5.2004, Rn. 107.

Fraglich sei, ob das vorliegende Ergebnis durch den Umstand beeinflusst werden könne, dass die Eheleute Chen die Geburt der Tochter im Hoheitsgebiet Nordirlands veranlassten, um ihr den Erwerb der irischen Staatsangehörigkeit und mithin ein Aufenthaltsrecht im Vereinigten Königreich und der Gemeinschaft zu sichern. Ein Rechtsmissbrauch liege indes nicht vor. Denn um festzustellen, ob ein Rechtsmissbrauch vorgelegen habe, sei zu prüfen, ob trotz formaler Einhaltung der gemeinschaftsrechtlichen Bedingungen das Ziel der angewandten Regelung nicht erreicht wurde.[745] Ziel der in Rede stehenden Regelungen sei es, Beschränkungen des Freizügigkeits- und Aufenthaltsrechts der Gemeinschaftsangehörigen auszuschließen.[746] Wenn Eltern dafür sorgten, dass ihr Kind unter Beachtung aller Gesetze die Staatsangehörigkeit eines Mitgliedstaats erwirbt, so liege hierin kein Missbrauch, da sie lediglich die rechtmäßigen Mittel nutzten, um das Ziel zu erreichen, das die Gemeinschaftsvorschrift gewährleisten wolle.[747] Es bleibe daher beim bereits festgehaltenen Ergebnis.[748]

c) Würdigung durch den Gerichtshof[749]

Im Hinblick auf die Vorlagefrage sei zunächst zu prüfen, ob Catherine ein Aufenthaltsrecht zustehe.[750] Insoweit sei festzustellen, dass die Anwendbarkeit des Gemeinschaftsrechts nicht schon deshalb ausgeschlossen sei, weil Catherine von ihrem Freizügigkeitsrecht noch nie Gebrauch gemacht habe.[751] Auch stehe einer Berufung auf die gemeinschaftsrechtlich gewährten Rechte nicht entgegen, dass Catherine diese aufgrund ihres Alters noch nicht ausüben könne. Keine der in Rede stehenden Regelungen sei abhängig von einem Mindestalter.[752]

Möglicherweise könne Catherines Aufenthaltsrecht auf Art. 18 EGV (heute Art. 21 AEUV) und die Richtlinie 90/364/EWG gestützt werden.[753] Die Unionsbürgerschaft sei dazu bestimmt, der grundlegende Status der Angehörigen der Mitgliedstaaten zu sein. Das Aufenthaltsrecht im Hoheitsgebiet eines anderen Mitgliedstaats werde nach Art. 18 Abs. 1 EGV jedem Unionsbürger unmittelbar zuerkannt. D.h. Catherine könne sich allein deshalb auf Art. 18 Abs. 1 EGV berufen, da sie Unionsbürgerin sei. Die uni-

---

[745] Rs. C-200/02 *Zhu und Chen*, Schlussanträge GA Tizzano v. 18.5.2004, Rn. 114.
[746] Rs. C-200/02 *Zhu und Chen*, Schlussanträge GA Tizzano v. 18.5.2004, Rn. 119.
[747] Rs. C-200/02 *Zhu und Chen*, Schlussanträge GA Tizzano v. 18.5.2004, Rn. 122.
[748] Rs. C-200/02 *Zhu und Chen*, Schlussanträge GA Tizzano v. 18.5.2004, Rn. 129 f.
[749] Rs. C-200/02 *Zhu und Chen*, EuGH Urteil v. 19.10.2004.
[750] Rs. C-200/02 *Zhu und Chen*, EuGH Urteil v. 19.10.2004, Rn. 18 f.
[751] Rs. C-200/02 *Zhu und Chen*, EuGH Urteil v. 19.10.2004, Rn. 19 mit Verweis auf Rs. C-148/02 *Garcia Avello*, EuGH Urteil v. 2.10.2003, Rn. 13 u. 27.
[752] Rs. C-200/02 *Zhu und Chen*, EuGH Urteil v. 19.10.2004, Rn. 20.
[753] Rs. C-200/02 *Zhu und Chen*, EuGH Urteil v. 19.10.2004, Rn. 24 f.

onsbürgerschaftlichen Rechte würden jedoch vorbehaltlich der im Vertrag und in seinen Durchführungsvorschriften vorgesehenen Beschränkungen und Bedingungen gewährt.[754] Im Hinblick auf diese Beschränkungen und Bedingungen sehe Art. 1 Abs. 1 der Richtlinie 90/364/EWG vor, dass Unionsbürger, die in einem anderen Mitgliedstaat ihr Aufenthaltsrecht genießen wollen, für sich und ihre Familienangehörigen über ausreichende Existenzmittel und eine umfassende Krankenversicherung verfügen müssten.[755] Catherine verfüge sowohl über eine Krankenversicherung als auch über ausreichende Existenzmittel. Dass diese von ihrer Mutter stammten sei unerheblich, da die Vorschrift keinerlei Angaben über die Herkunft der entsprechenden Mittel enthalte und eine andere Auslegung einen unverhältnismäßigen Eingriff in die Ausübung des Rechts aus Art. 18 EGV (heute Art. 21 AEUV) darstelle. Denn eine andere Auslegung sei für die Erreichung des verfolgten Zieles, nämlich den Schutz der öffentlichen Finanzen der Mitgliedstaaten, nicht erforderlich.[756] Die Berufung auf das Aufenthaltsrecht durch Catherine stelle auch keinen Rechtsmissbrauch dar. Denn die Voraussetzungen für Erwerb und Verlust der Staatsangehörigkeit falle in die Zuständigkeit der einzelnen Mitgliedstaaten, die von dieser unter Beachtung des Gemeinschaftsrechts Gebrauch machen müssten.[757] Die Rechtmäßigkeit oder Wirksamkeit des Erwerbs der irischen Staatsangehörigkeit durch Catherine sei von niemandem in Frage gestellt worden. Darüber hinaus sei es nicht Sache eines Mitgliedstaats die Wirkungen der Verleihung der Staatsangehörigkeit durch einen anderen Mitgliedstaat dadurch zu beschränken, dass ihre Anerkennung von weiteren Voraussetzungen abhängig gemacht werde.[758] Dies wäre jedoch der Fall, wenn Catherine das Aufenthaltsrecht mit der Begründung des Rechtsmissbrauchs verwehrt werden könnte. Im Ergebnis stehe Catherine daher ein Aufenthaltsrecht im Vereinigten Königreich zu.[759]

Nachfolgend sei fraglich, ob auch Frau Chen ein Aufenthaltsrecht habe. Sie könne sich nicht auf Art. 1 Abs. 2 b) der Richtlinie 90/364/EWG berufen. Denn nach dieser Vorschrift stehe allein Familienangehörigen, denen seitens des Unionsbürgers Unterhalt gewährt werde, ein Aufenthaltsrecht zu. Da Frau Chen jedoch wirtschaftlich unabhängig sei und für Catherine sorge,

---

[754] Rs. C-200/02 *Zhu und Chen*, EuGH Urteil v. 19.10.2004, Rn. 35 f. mit Verweis auf Rs. C-413/99 *Baumbast und R*, EuGH Urteil v. 19.9.2002, Rn. 82 u. 84 f.

[755] Rs. C-413/99 *Baumbast und R*, EuGH Urteil v. 19.9.2002, Rn. 27.

[756] Rs. C-413/99 *Baumbast und R*, EuGH Urteil v. 19.9.2002, Rn. 28 f.

[757] Rs. C-413/99 *Baumbast und R*, EuGH Urteil v. 19.9.2002, Rn. 37 mit Verweis auf die Rs. C-369/90 *Micheletti*, EuGH Urteil v. 7.7.1992, Rn. 10 u. Rs. C-192/99 *Kaur*, EuGH Urteil v. 20.2.2001, Rn. 19.

[758] Rs. C-192/99 *Kaur*, EuGH Urteil v. 20.2.2001, Rn. 39 mit Verweis auf Rs. C-369/90 *Micheletti*, EuGH Urteil v. 7.7.1992, Rn. 10 u. Rs. C-148/02 *Garcia Avello*, EuGH Urteil v. 2.10.2003, Rn. 28.

[759] Rs. C-200/02 *Zhu und Chen*, EuGH Urteil v. 19.10.2004, Rn. 41.

liege die umgekehrte Situation vor.[760] Würde aber einem drittstaatsangehörigen Elternteil, der für ein Kind tatsächlich sorgt, dem kraft seiner unionsbürgerschaftlichen Rechte ein Aufenthaltsrecht zusteht, nicht erlaubt, sich mit diesem Kind im Aufnahmemitgliedstaat aufzuhalten, würde dem Aufenthaltsrecht des Kindes jede praktische Wirksamkeit genommen. Denn offenkundig setze der Genuss des Aufenthaltsrechts durch ein Kind im Kleinkindalter voraus, dass sich die tatsächlich sorgende Person mit dem Kind im Aufnahmemitgliedstaat aufhalten dürfe.[761] Daher verliehen dieselben Vorschriften, die Catherine das Aufenthaltsrecht gewährten, auch Frau Chen ein Aufenthaltsrecht.[762]

d) Analyse

Die besondere Bedeutung, die der Gerichtshof der Entscheidung in der Rs. *Zhu und Chen* beimaß, lässt sich schon daran ablesen, dass im Plenum entschieden wurde. Und so ist auch in der Rückschau erkennbar, dass das Urteil eine der wichtigsten Grundlagen für die später folgende *Zambrano*-Entscheidung[763] werden sollte.

aa) Das Aufenthaltsrecht von Catherine

(1) Der grenzüberschreitende Bezug

Bevor sich der Gerichtshof der eigentlichen Beantwortung der Vorlagefrage zuwendet, stellt er zunächst kurz fest, dass die Tatsache, dass Catherine von ihrem Freizügigkeitsrecht noch keinen Gebrauch gemacht hat, nicht dazu führt, dass im Ausgangsverfahren ein rein interner Sachverhalt gegeben ist.[764] Damit spricht der Gerichtshof implizit das Kriterium des grenzüberschreitenden Bezuges an, das nach seiner Rechtsprechung grundsätzlich gegeben sein muss, um die gemeinschaftsrechtlichen Vorschriften über die Freizügigkeit zur Anwendung zu bringen.[765] Die Prüfung des Kriteriums ist insbesondere bedeutend, um Sachverhalte, die keine Berührungspunkte mit dem Unionsrecht aufweisen, nicht der Rechtskontrolle des Gerichtshofs zu unterwerfen und insoweit die mitgliedstaatlichen Kompetenzen zu schützen.[766]

---

[760] Rs. C-200/02 *Zhu und Chen*, EuGH Urteil v. 19.10.2004, Rn. 42 f.

[761] Rs. C-200/02 *Zhu und Chen*, EuGH Urteil v. 19.10.2004, Rn. 45.

[762] Rs. C-200/02 *Zhu und Chen*, EuGH Urteil v. 19.10.2004, Rn. 46.

[763] Rs. C-34/09 *Zambrano*, EuGH Urteil v. 8.3.2011, eingehend hierzu unten, § 7 B. III. 3.

[764] Rs. C-200/02 *Zhu und Chen*, EuGH Urteil v. 19.10.2004, Rn. 18 f.

[765] Vgl. *Lippert*, Der grenzüberschreitende Sachverhalt – Der Yeti des Europarechts, ZEuS 2014, 274, 275; *Seyr/Rümke*, Das grenzüberschreitende Element in der Rechtsprechung des EuGH zur Unionsbürgerschaft – zugleich eine Anmerkung zum Urteil in der Rechtssache Chen, EuR 2005, 667, 670.

[766] Vgl. *Seyr/Rümke*, Das grenzüberschreitende Element in der Rechtsprechung des

Problematisch ist, dass die Konturen des Kriteriums, das der Gerichtshof insbesondere mit Blick auf die wirtschaftlichen Grundfreiheiten entwickelt hat[767], unscharf geblieben sind. Dies liegt vor allem daran, dass der Gerichtshof das Vorliegen eines grenzüberschreitenden Bezuges negativ defniniert. So fehlt es nach der Rechtsprechung des Gerichtshofs an einem grenzüberschreitenden Bezug, wenn die Betroffenen sich in einer Situation befinden, die mit keinem relevanten Element über die Grenzen dieses Mitgliedstaats hinausweist oder der Sachverhalt keinerlei über den rein innerstaatlichen Rahmen hinausgehende Gesichtspunkte aufweist.[768]

In der Rs. *Zhu und Chen* greift der Gerichtshof nicht einmal auf die genannte Negativdefinition zurück, sondern stellt lediglich innerhalb von zwei kurzen Absätzen fest, dass die Situation von Catherine nicht einer „rein internen Situation gleichgestellt" werden könne.[769] Eine inhaltliche Begründung liefert der Gerichtshof indes nicht, sondern verweist stattdessen auf die Rs. *Garcia Avello*[770] in der das Gemeinschaftsrecht in einer vergleichbaren Situation angewendet worden ist. In der Rs. *Garcia Avello* ging es um die Kinder eines spanischen Staatsangehörigen, die in Belgien geboren wurden und eine doppelte Staatsangehörigkeit besaßen. Für die Kinder sollte – wie in Spanien üblich – der jeweils erste Nachname des Vaters und der erste Nachname der Mutter als Nachname eingetragen werden. Dies entsprach nicht der belgischen Verwaltungspraxis, weshalb es zum Rechtsstreit kam. Auch die in Belgien geborenen Kinder hatten Belgien nie verlassen. Der Gerichthof ließ insoweit die doppelte Staatsangehörigkeit bei gleichzeitigem Aufenthalt in einem hinsichtlich einer Staatsangehörigkeit anderen Mitgliedstaat genügen, um festzustellen, dass ein Bezug zum Gemeinschaftsrecht gegeben ist.[771]

Mit der Rs. *Zhu und Chen* bestätigt der Gerichtshof dieses weite Verständnis des grenzüberschreitenden Bezuges. Ein grenzüberschreitender Bezug setzte daher bereits zum damaligen Zeitpunkt keinesfalls mehr einen tatsächlichen oder auch nur möglichen Grenzübertritt voraus. Das Abstellen auf die

---

EuGH zur Unionsbürgerschaft – zugleich eine Anmerkung zum Urteil in der Rechtssache Chen, EuR 2005, 667, 674.

[767] Einen Überblick gibt insoweit *Lippert*, Der grenzüberschreitende Sachverhalt – Der Yeti des Europarechts, ZEuS 2014, 274.

[768] *Schreiber*, in: Körner/Leitherer/Mutschler et al. (Hrsg.), Kasseler Kommentar Sozialversicherungsrecht, Art. 2 VO (EG) 883/2004, Rn. 10 mit Verweis auf die Rs. C-212/06 *Gouvernement de la Communauté française und Gouvernement wallon*, EuGH Urteil v. 1.4.2008, Rn. 33; *Lippert*, Der grenzüberschreitende Sachverhalt – Der Yeti des Europarechts, ZEuS 2014, 274, 276; *Seyr/Rümke*, Das grenzüberschreitende Element in der Rechtsprechung des EuGH zur Unionsbürgerschaft – zugleich eine Anmerkung zum Urteil in der Rechtssache Chen, EuR 2005, 667, 670.

[769] Rs. C-200/02 *Zhu und Chen*, EuGH Urteil v. 19.10.2004, Rn. 19.

[770] Rs. C-148/02 *Garcia Avello*, EuGH Urteil v. 2.10.2003.

[771] Rs. C-148/02 *Garcia Avello*, EuGH Urteil v. 2.10.2003, Rn. 27 f.

Staatsangehörigkeit eines anderen Mitgliedstaats gegenüber dem Aufenthaltsstaat ist seither ausreichend und es deutet sich bereits eine weitere Aufweichung des Kriteriums des grenzüberschreitenden Bezuges an.[772]

Zwar weisen beide Sachverhalte durch die Anknüpfung an die Staatsangehörigkeit eines anderen Mitgliedstaats i.S.d. Negativdefinition des Gerichtshofs mit einem entscheidenden Element über die Grenzen eines Mitgliedstaats hinaus, sodass die entsprechende Auslegung des grenzüberschreitenden Bezuges noch vertretbar erscheint. Dass der Gerichtshof dieses Ergebnis jedoch nicht mit der notwendigen Begründungstiefe erörtert[773], ist angesichts des Umstands, dass hierdurch sowohl das Prinzip der begrenzten Einzelermächtigung als auch das Subsidiaritätsprinzip signifikant berührt werden, nicht verständlich. Schon die in den die wirtschaftlichen Grundfreiheiten betreffenden Urteilen gefundene Negativdefinition ist vor dem Hintergrund des Prinzips der begrenzten Einzelermächtigung insoweit problematisch, als durch sie suggeriert wird, dass die Eröffnung des Anwendungsbereichs des Gemeinschaftsrechts den Regelfall darstellt und die alleinige Anwendung des nationalen Rechts den zu begründenden Ausnahmefall. Wird das Prinzip der begrenzten Einzelermächtigung noch um die Wertung des Subsidiaritätsprinzips ergänzt, kann die Definition des Gerichtshofs erst recht nicht überzeugen. Denn es wäre vielmehr umgekehrt zu begründen, weshalb im konkreten Fall das Gemeinschaftsrecht Anwendung finden soll.

(2) Voraussetzungen des Aufenthalts- und Freizügigkeitsrechts

Im Weiteren stellen sowohl der Generalanwalt als auch der Gerichtshof überzeugend fest, dass die Anwendbarkeit des Aufenthalts- und Freizügigkeitsrechts nicht vom Alter der das Recht geltend machenden Person abhängig sein kann. Denn eine andere Auslegung würde den Unterschied zwischen der Möglichkeit, diese Rechte prozessual eigenständig geltend zu machen, und der Frage, ob eine Person Trägerin der betreffenden Grundfreiheit ist, verkennen.

Dass die Wahrnehmung des Aufenthalts- und Freizügigkeitsrechts indes faktisch von der Anwesenheit der tatsächlich sorgenden Personen abhängig ist, deutet bereits auf das später zu erörternde Problem hin, inwieweit auch diesen Personen ein Aufenthaltsrecht zukommen muss.

Ebenfalls überzeugend legt der Gerichtshof im Weiteren die Voraussetzungen der Richtlinie dahingehend aus, dass Catherine nicht selbst über die

---

[772] Vgl. auch die spätere Analyse des GA Szpunar in der Rs. C-165/14 *Rendón Marín* u. Rs. C-304/14 *CS*, Schlussanträge GA Szpunar v. 4.2.2016, Fn. 79.

[773] *Seyr/Rümke*, Das grenzüberschreitende Element in der Rechtsprechung des EuGH zur Unionsbürgerschaft – zugleich eine Anmerkung zum Urteil in der Rechtssache Chen, EuR 2005, 667, 671.

notwendigen Existenzmittel verfügen muss. Schon der Wortlaut der Richtlinie 90/364/EWG, nachdem ein Aufenthaltsrecht nach Art. 1 Abs. 1 u.a. unter der Bedingung gewährt wird, dass die Antragsteller „über ausreichende Existenzmittel verfügen", kann weit verstanden werden. Denn die Richtlinie konkretisiert die Herkunft der Existenzmittel nicht und hat insbesondere nicht normiert, dass über „eigene Existenzmittel" verfügt werden muss. Vor diesem Hintergrund stellt auch der Gerichtshof auf den Wortlaut der Norm ab.[774] Darüber hinaus legt der Gerichtshof die Norm auch systematisch und nach ihrem Telos aus. Auf die Systematik stellt er ab, soweit er anmerkt, dass die Richtlinie das fundamentale Freizügigkeitsrecht konkretisiert und deshalb weit auszulegen ist.[775] Als Zweck der Norm erkennt der Gerichtshof an, dass die Regelung sichern soll, dass die Finanzsysteme der Mitgliedstaaten nicht „über Gebühr" belastet werden.[776] Die Herkunft der Mittel ist insoweit völlig unbedeutend, um diesen Zweck zu sichern. Eine andere Auslegung würde daher einen unverhältnismäßigen Eingriff in das primärrechtlich verankerte Freizügigkeitsrecht bedeuten. Die besondere Bedeutung, die der Gerichtshof dem Freizügigkeitsrecht beimisst, wird dabei auch insoweit deutlich, als der Gerichtshof hier von einem „Grundrecht" spricht.[777]

Begründeterweise schließt der Gerichtshof seine Ausführungen Catherine betreffend damit ab, dass auch ein Rechtsmissbrauch nicht vorliegt, obgleich die Eheleute Chen tatsächlich allein deshalb nach Belfast gereist sind, um die dortige Regelung zu nutzen, um für Catherine die irische Staatsangehörigkeit zu erhalten.[778] Denn die Eheleute nutzten lediglich die legal bestehenden Möglichkeiten, die ihnen das nationale irische Recht im Zusammenspiel mit dem Unionsrecht gewährte. Das Staatsangehörigkeitsrecht liegt – worauf der Gerichtshof zutreffend hinweist – nach wie vor in der Zuständigkeit der Mitgliedstaaten. Soweit ein Mitgliedstaat daher die Voraussetzungen für den Staatsangehörigkeitserwerb entsprechend wie die Republik Irland regelt, hat das Vereinigte Königreich diese Regelung auch anzuerkennen und kann sich nicht auf rechsmissbräuchliches Verhalten berufen.

bb) Das Aufenthaltsrecht von Frau Chen

Nachfolgend widmet sich der Gerichtshof der Frage, ob auch der Mutter von Catherine, Frau Chen, ein gemeinschaftsrechtliches Aufenthaltsrecht zuzuerkennen ist.

---

[774] Rs. C-200/02 *Zhu und Chen*, EuGH Urteil v. 19.10.2004, Rn. 30; *Sankari*, European Court of Justice Legal Reasoning in Context, 105.

[775] Rs. C-200/02 *Zhu und Chen*, EuGH Urteil v. 19.10.2004, Rn. 31.

[776] Rs. C-200/02 *Zhu und Chen*, EuGH Urteil v. 19.10.2004, Rn. 32.

[777] Rs. C-200/02 *Zhu und Chen*, EuGH Urteil v. 19.10.2004, Rn. 33. In der englischen Fassung wird entsprechend von „fundamental principle", in der französischen Fassung von „droit fondamental" gesprochen.

[778] Rs. C-200/02 *Zhu und Chen*, EuGH Urteil v. 19.10.2004, Rn. 34f.

Zutreffend legt der Gerichtshof wieder den Wortlaut der Richtlinie aus, soweit er feststellt, dass Frau Chen sich nicht auf Art. 1 Abs. 2 b) der Richtlinie 90/364/EWG berufen kann, da hiernach nur Angehörige eines Unionsbürgers ein Aufenthaltsrecht haben, denen der freizügigkeitsberechtigte Unionsbürger Unterhalt gewährt. Hinsichtlich der Mutter von Catherine ist die Situation hingegen umgekehrt, da nicht sie es ist, die Unterhalt erhält, sondern vielmehr den Unterhalt an ihre Tochter leistet.

Der Gerichtshof kommt jedoch zu dem Ergebnis, dass, da Catherine ein primärrechtlich geschütztes und sekundärrechtlich konkretisiertes Aufenthalts- und Freizügigkeitsrecht geltend machen kann, dieselben Bestimmungen auch ihrer Mutter ein Aufenthalts- und Freizügigkeitsrecht im Vereinigten Königreich gewähren müssen. Denn da Catherines Mutter die Person ist, die für Catherine tatsächlich sorgt, würde durch eine Versagung des Aufenthaltsrechts der Mutter auch dem Aufenthaltsrecht des Kindes jede praktische Wirksamkeit genommen.[779] Der Gerichtshof gibt insoweit durch seine Argumentation zu erkennen, dass er eine strikte Anbindung der Auslegung des primärrechtlichen Freizügigkeitsrechts an das Sekundärrecht ablehnt.[780]

Mit dem Verweis auf die „praktische Wirksamkeit“ des Aufenthaltsrechts von Catherine stützt sich der Gerichtshof auf den *effet utile*-Grundsatz, um rechtsfortbildend tätig zu werden.[781] Die gleiche Argumentation hatte er auch bereits erstmals in der Rs. *Baumbast und R* mit Blick auf Art. 12 der Verordnung 1612/68/EWG verfolgt[782] und später in der Rs. *Ibrahim*[783] bestätigt.

Anders als in der Rs. *Baumbast und R*, wo der Gerichtshof das Sekundärrecht durch Rechtsfortbildung weiterentwickelte, stützt sich der Gerichtshof in der Rs. *Zhu und Chen* nunmehr sowohl auf die Richtlinie als auch auf das Primärrecht, da er auf „dieselben Vorschriften“ abstellt, die auch Catherine

---

[779] Rs. C-200/02 *Zhu und Chen*, EuGH Urteil v. 19.10.2004, Rn. 45 mit Verweis auf die Rs. C-413/99 *Baumbast und R*, EuGH Urteil v. 17.9.2002, Rn. 71 f.

[780] *Nettesheim*, Der „Kernbereich“ der Unionsbürgerschaft – vom Schutz der Mobilität zur Gewährleistung eines Lebensumfelds, JZ 2011, 1030, 1031 u.a. mit Verweis auf *Hailbronner*, Unionsbürgerschaft und Zugang zu den Sozialsystemen, JZ 2005, 1138.

[781] *Kokott*, Die Freizügigkeit der Unionsbürger als neue Grundfreiheit, in: Völkerrecht als Wertordnung: Festschrift für Christian Tomuschat, 207, 216 f.; vgl. auch *Epiney*, Der Unionsbürgerstatus als der „grundlegende Status der Angehörigen der Mitgliedstaaten“, in: Europe(s), Droit(s) européen(s) – Une passion d'universitaire – Liber Amicorum en l'honneur du professeur Vlad Constantinesco, 163, 169.

[782] Rs. C-413/99 *Baumbast und R*, EuGH Urteil v. 19.9.2002, Rn. 68 f.; vgl. hierzu oben, § 7 B. II. 4. d) aa).

[783] Rs. C-310/08 *Ibrahim*, EuGH Urteil v. 23.2.2010, Rn. 59. Der Gerichtshof stellte insoweit fest, dass das abgeleitete Aufenthaltsrecht für Kinder von ehemaligen Wanderarbeitnehmern und dem tatsächlich sorgenden Elternteil auch nach Inkrafttreten der Richtlinie 2004/38/EG unabhängig von den Voraussetzungen ausreichender Existenzmittel und eines umfassenden Krankenversicherungsschutzes fortbesteht.

ein Aufenthaltsrecht gewähren.[784] Damit deutet sich bereits an, dass der Gerichtshof auch gewillt ist, das Primärrecht selbst umfassend fortzubilden. Zwar betrifft die Rs. *Zhu und Chen* noch das Freizügigkeitsrecht, aus dem der Gerichtshof derivative Rechte für den drittstaatsangehörigen Elternteil ableitet. Allerdings wird der Gerichtshof später in der Rs. *Zambrano* mit Blick auf Art. 20 AEUV eine sehr ähnliche Formulierung finden.[785]

Als Fortentwicklung und Bestätigung der Rs. *Baumbast und R* erscheint das Urteil in der Rs. *Zhu und Chen* überzeugend. Denn eine praktische Wahrnehmung des Aufenthalts- und Freizügigkeitsrechts wäre dem Kleinkind Catherine nicht möglich gewesen, wenn ihrer Mutter nicht ebenfalls ein Freizügigkeitsrecht zuerkannt worden wäre. Auch jedes der in der Rs. *Zhu und Chen* angelegte Problem hat der Gerichtshof, wie gezeigt, grundsätzlich überzeugend gelöst. Aus der Summe dieser Probleme, die der Gerichtshof jedoch jeweils stets zu Gunsten von Catherine und ihrer Mutter entschieden hat (weite Auslegung des grenzüberschreitenden Bezuges, weites Verständnis der „Verfügung über Existenzmittel", kein Rechtsmissbrauch und abgeleitetes Aufenthaltsrecht der Mutter), folgt aber dennoch, dass es sich um ein Urteil handelt, bei dem das Interesse der Mitgliedstaaten, den Zuzug und Aufenthalt von drittstaatsangehörigen Personen eigenständig zu regeln, bereits stark eingeschränkt wird.

Offen bleibt nach dem Urteil des Gerichtshofs auch, inwieweit dieses Ergebnis auf andere Situationen zu übertragen ist, in denen nicht Kleinkinder, sondern gegebenenfalls andere auf Unterstützung angewiesene Personen betroffen sind.[786]

2. *Die Rechtssache* Metock u.a.[787]

a) Sachverhalt und Vorlagefragen

Das Vorabentscheidungsverfahren betrifft vier verbundene Verfahren mit sehr ähnlichen Sachverhalten. In jeder der Rechtssachen reiste ein Drittstaatsangehöriger aus einem Drittstaat nach Irland ein und beantragte dort politisches Asyl, was abgelehnt wurde. Nach der Einreise heirateten die Betroffenen in Irland wohnende und arbeitende Staatsangehörige anderer Mitgliedstaaten. Die Drittstaatsangehörigen beantragten in der Folge als Ehegatten einer sich rechtmäßig in Irland aufhaltenden Unionsbürgerin eine Aufenthaltskarte, die abgelehnt wurde, da die Antragsteller nicht nachwei-

---

[784] Rs. C-200/02 *Zhu und Chen*, EuGH Urteil v. 19.10.2004, Rn. 46.

[785] Vgl. *Sankari*, European Court of Justice Legal Reasoning in Context, 106.

[786] *Epiney*, Der Unionsbürgerstatus als der „grundlegende Status der Angehörigen der Mitgliedstaaten", in: Europe(s), Droit(s) européen(s) – Une passion d'universitaire – Liber Amicorum en l'honneur du professeur Vlad Constantinesco, 163, 170 f.

[787] Rs. C-127/08 *Metock u.a.*, EuGH Urteil v. 25.7.2008.

sen konnten, dass sie sich zuvor rechtmäßig in einem anderen Mitgliedstaat aufgehalten haben. Dies war jedoch eine Voraussetzung des irischen Rechts, welches in Umsetzung der Richtlinie 2004/38/EG erlassen worden war. Gegen die ablehnenden Entscheidungen gingen die Betroffenen rechtlich vor. Das zuständige Gericht legte dem EuGH folgende Fragen zur Vorabentscheidung vor:

1. Steht die Richtlinie 2004/38/EG der Regelung eines Mitgliedstaats entgegen, nach der sich ein Drittstaatsangehöriger, der mit einem sich in einem anderen Mitgliedstaat aufhaltenden Unionsbürger verheiratet ist, vor seiner Einreise in den Aufnahmemitgliedstaat zunächst rechtmäßig in einem anderen Mitgliedstaat aufgehalten haben muss, um sich auf die Richtlinie berufen zu können?

2. Begleitet ein Drittstaatsangehöriger in einer Situation wie der vorliegenden den betreffenden Unionsbürger i.S.v. Art. 3 Abs. 1 der Richtlinie 2004/38/EG bzw. zieht diesem nach? Kann er sich also unabhängig von dem Ort und Zeitpunkt der Eheschließung und den Umständen, unter denen er in den Aufnahmemitgliedstaat eingereist ist auf die Bestimmungen der Richtlinie berufen?

b) Würdigung durch den Generalanwalt[788]

Zunächst sei die Voraussetzung eines vorherigen rechtmäßigen Aufenthalts in einem anderen Mitgliedstaat auf ihre Vereinbarkeit mit der Richtlinie 2004/38/EG zu prüfen. Damit werde letztlich nach dem Anwendungsbereich der Richtlinie gefragt. Sei diese nur auf Familienangehörige anwendbar, die sich bereits zuvor in einem anderen Mitgliedstaat aufgehalten hätten? Anders gewendet sei die Frage betroffen, ob die Richtlinie drittstaatsangehörigen Familienmitgliedern von Unionsbürgern nur die Freizügigkeit im Hoheitsgebiet oder unter bestimmten Voraussetzungen auch den Zugang zu diesem gewähre.[789]

In der Richtlinie seien diese Fragen nicht ausdrücklich geregelt. Die Art. 6, 7 und 16 bestimmten nur, dass drittstaatsangehörige Familienmitglieder eines Unionsbürgers, die diesen „begleiten oder ihm nachziehen", ein Aufenthaltsrecht hätten. Da der Wortlaut folglich nicht weiterhelfe, sei auf die Ziele der Richtlinie abzustellen. Die Richtlinie solle das elementare Freizügigkeits- und Aufenthaltsrecht gewährleisten, welches auch in Art. 18 EGV (heute Art. 21 AEUV) verankert sei. Das Recht sei funktionell aufzufassen, reiche also soweit, wie es die Sicherstellung seiner Wirksamkeit erfordere. Es gehe daher um die Frage, ob es zum vollen Genuss des Aufenthaltsrecht eines Unionbürgers gehöre, dass auch seinem drittstaatsangehörigen Familien-

---

[788] Rs. C-127/08 *Metock u.a.*, Schlussanträge GA Maduro v. 11.6.2008.

[789] Rs. C-127/08 *Metock u.a.*, Schlussanträge GA Maduro v. 11.6.2008, Rn. 4 f.

mitglied das Recht zustehe, in das Hoheitsgebiet der Union einzureisen.[790] Diesem Ansatz könnte auch nicht – wie von einigen Regierungen der Mitgliedstaaten vorgebracht – der Verweis auf die vertikale Zuständigkeitsverteilung entgegenstehen. Denn nach ständiger Rechtsprechung müssten die Mitgliedstaaten ihre nationalen Befugnisse unter Wahrung des Gemeinschaftsrechts ausüben.[791] Auch die Systematik der der Gemeinschaft im EGV zugewiesenen Befugnisse stehe nicht entgegen. Zwar würden gemeinschaftsrechtliche Rechtsakte im Bereich der Zuwanderung nur in Titel IV des EGV[792] vorgesehen, die Richtlinie 2004/38/EG werde jedoch auf Titel III des EGV[793] gestützt. Die Richtlinie regele aber primär und unmittelbar nur die Rechte der Unionsbürger, diejenigen der Familienmitglieder nur insoweit, als sie mit diesen zusammenhingen. Eine Überschneidung mit den Befugnissen aus Titel IV liege nicht bereits deshalb vor, da die Richtlinie möglicherweise gewisse Auswirkungen auf den Bereich der Zuwanderungskontrolle habe.[794]

Es bleibe folglich zu prüfen, ob das durch die Richtlinie 2004/38/EG zuerkannte Aufenthaltsrecht für Familienangehörige von Unionsbürgern unter bestimmten Voraussetzungen auch ein Recht auf Zugang zum Hoheitsgebiet der Union umfassen könne. In diesem Zusammenhang sei festzustellen, dass sowohl der Unionsgesetzgeber als auch der Gerichtshof immer wieder die Bedeutung des Schutzes des Familienlebens der Unionsbürger für die Beseitigung von Hindernissen für die im Vertrag verbürgten Grundfreiheiten herausgestellt hätten.[795] Es gäbe also einen Funktionszusammenhang zwischen dem Recht auf Achtung des Familienlebens und der Freizügigkeit. Auch in der Rs. *Akrich*[796], in der einem Drittstaatsangehörigen letztlich kein Freizügigkeitsrecht zuerkannt worden sei, habe der Gerichtshof den Mitgliedstaaten, da die Freizügigkeit des Unionsbürgers betroffen gewesen sei, auferlegt, bei der Prüfung des Aufenthaltsantrags des drittstaatsangehörigen Ehegatten, das Recht auf Achtung des Familienlebens i.S.v. Art. 8 EMRK zu berücksichtigen.[797] Nach diesem Ansatz würde es eindeutig das Recht des

[790] Rs. C-127/08 *Metock u.a.*, Schlussanträge GA Maduro v. 11.6.2008, Rn. 5.

[791] Rs. C-127/08 *Metock u.a.*, Schlussanträge GA Maduro v. 11.6.2008, Rn. 6.

[792] Titel IV des EGV regelte Visa, Asyl, Einwanderung und andere Politiken betreffend den freien Personenverkehr.

[793] Titel III des EGV regelte die Freizügigkeit und den freien Dienstleistungs- und Kapitalverkehr.

[794] Rs. C-127/08 *Metock u.a.*, Schlussanträge GA Maduro v. 11.6.2008, Rn. 7.

[795] Rs. C-127/08 *Metock u.a.*, Schlussanträge GA Maduro v. 11.6.2008, Rn. 8 Fn. 10 u.a. mit Verweis auf Rs. C-60/00 *Carpenter*, EuGH Urteil v. 11.7.2002, Rn. 38; Rs. C-459/99 *MRAX*, EuGH Urteil v. 25.7.2002, Rn. 53; Rs. C-291/05 *Eind*, EuGH Urteil v. 11.12.2007, Rn. 44.

[796] Rs. C-109/01 *Akrich*, EuGH Urteil v. 23.9.2003.

[797] Rs. C-127/08 *Metock u.a.*, Schlussanträge GA Maduro v. 11.6.2008, Rn. 8.

Unionsbürgers auf Führung eines normalen Familienlebens und damit sein Recht auf Aufenthalt im Aufnahmemitgliedstaat verletzen, wenn die Richtlinie 2004/38/EG derart ausgelegt würde, dass einem drittstaatsangehörigen Familienmitglied der Zugang zum Hoheitsgebiet der Gemeinschaft verwehrt würde, wenn er sich zuvor nicht rechtmäßig in einem anderen Mitgliedstaat aufgehalten habe. Damit das Freizügigkeits- und Aufenthaltsrecht von Unionsbürgern seine volle Wirksamkeit entfalten könne, müsse den Familienangehörigen das Recht auch unmittelbar von außerhalb der Union nachzuziehen, gewährt werden.[798]

Diesem Ansatz würden die irische Regierung und weitere Mitgliedstaaten das Urteil *Akrich*[799] entgegenhalten, wonach ein mit einem Unionsbürger verheirateter Drittstaatsangehöriger, der sich in einen Mitgliedstaat begibt, in den der Unionsbürger abgewandert sei, sich zuvor rechtmäßig in einem anderen Mitgliedstaat aufgehalten haben müsse, um in den Genuss der Rechte aus Art. 10 der Verordnung 1612/68/EWG zu kommen.[800]

Nach Auffassung des Generalanwalts komme dem Urteil aus mehreren Gründen jedoch nicht die Bedeutung zu, die die Mitgliedstaaten ihm beimessen wollten. Einerseits gäbe es in der Rechtsprechung eine Tendenz, das Aufenthaltsrecht von drittstaatsangehörigen Familienmitgliedern von Unionsbürgern allein von der Feststellung von familiären Beziehungen abhängig zu machen.[801] Andererseits sei die Versagung des Aufenthaltsrechts in der Rs. *Akrich*[802] auf einen Rechtsmissbrauch zurückzuführen gewesen.[803] Auch müsse der neuen Rechtslage Rechnung getragen werden, die durch die Richtlinie 2004/38/EG entstanden sei. Die Richtlinie solle das Freizügigkeits- und Aufenthaltsrecht aller Unionsbürger verstärken. Im Gegensatz zur Verordnung 1612/68/EWG, die sich hauptsächlich auf die „Freizügigkeit" der Arbeitnehmer bezogen habe, lege die Richtlinie 2004/38/EG auch einen Fokus auf das Aufenthaltsrecht, also die Stabilität und Fortdauer des Aufenthalts in einem anderen Mitgliedstaat. Aus diesem Blickwinkel sei ersichtlich, dass die Abhängigmachung des Aufenthaltsrechts eines drittstaatsangehörigen Familienmitglieds eines Unionsbürgers vom vorherigen rechtmäßigen Aufenthalt in einem anderen Mitgliedstaat den Fortbestand des Aufenthalts gefährden könnte. Könne der Drittstaatsangehörige sich in einem Fall wie dem vorliegenden nicht auf das Gemeinschaftsrecht berufen, könnte sich der

[798] Rs. C-127/08 *Metock u.a.*, Schlussanträge GA Maduro v. 11.6.2008, Rn. 9.

[799] Rs. C-109/01 *Akrich*, EuGH Urteil v. 23.9.2003, Rn. 49–51.

[800] Rs. C-127/08 *Metock u.a.*, Schlussanträge GA Maduro v. 11.6.2008, Rn. 10.

[801] Rs. C-127/08 *Metock u.a.*, Schlussanträge GA Maduro v. 11.6.2008, Rn. 11 Fn. 17 u. 18 mit Verweis auf Rs. C-459/99 *MRAX*, EuGH Urteil v. 25.7.2002, Rn. 59 u. Rs. C-157/03 *Kommission/Spanien*, EuGH Urteil v. 14.4.2005, Rn. 28.

[802] Rs. C-109/01 *Akrich*, EuGH Urteil v. 23.9.2003.

[803] Rs. C-127/08 *Metock u.a.*, Schlussanträge GA Maduro v. 11.6.2008, Rn. 12.

Unionsbürger veranlasst sehen, das Hoheitsgebiet, das er für seinen Aufenthalt gewählt habe, zu verlassen. Da die Richtlinie 2004/38/EG im Lichte des Grundrechts auf Achtung des Familienlebens auszulegen sei, dürfe das Aufenthaltsrecht eines drittstaatsangehörigen Familienmitglieds eines Unionsbürgers nicht von einem vorherigen rechtmäßigen Aufenthalt in einem anderen Mitgliedstaat abhängig gemacht werden.[804]

Weiter sei zu prüfen, ob sich das drittstaatsangehörige Familienmitglied eines Unionsbürgers auch im Aufnahmemitgliedstaat aufhalten darf, obwohl das Familienmitglied bereits vor Eheschließung und auch vor dem Unionsbürger in den Aufnahmemitgliedstaat eingereist ist. Diese Frage stelle sich aufgrund des Wortlauts von Art. 3 Abs. 1 der Richtlinie, nach welchem es den Familienmitgliedern erlaubt sei, den Unionsbürger zu „begleiten" oder ihm „nach[zu]ziehen".[805] Andere Sprachfassungen, etwa die spanische, italienische oder portugiesische, legten nahe, dass die Begriffe nicht nur ein „mitgehen" bedeuten könnten, sondern ebenfalls „bei jemandem sein". Der Wortlaut sei also keinesfalls eindeutig und es müsse auf den Zweck der Bestimmung abgestellt werden. Zweck der Bestimmung sei, wie erwähnt, nicht nur die Förderung der Mobilität, sondern ebenfalls die Stärkung des Aufenthaltsrechts. Wenn auf den Zeitpunkt der Eheschließung abgestellt werde, um das Aufenthaltsrecht des drittstaatsangehörigen Familienmitglieds zu versagen, werde das Aufenthaltsrecht des Unionsbürgers aber stark beeinträchtigt.[806] Daher sei Art. 3 Abs. 1 der Richtlinie 2004/38/EG auf einen drittstaatsangehörigen Ehegatten eines Unionsbürgers unabhängig davon anwendbar, wann und wo die Ehe geschlossen worden sei und wie der Drittstaatsangehörige in den Aufnahmemitgliedstaat eingereist sei.[807]

c) Würdigung durch den Gerichtshof[808]

Mit seiner ersten Frage wolle das vorlegende Gericht wissen, ob ein drittstaatsangehöriger Familienangehöriger eines Unionsbürgers in der vorliegenden Situation sich zunächst rechtmäßig in einem anderen Mitgliedstaat aufgehalten haben müsse, um sich auf die Bestimmungen der Richtlinie 2004/38/EG zu berufen.[809]

Es sei festzustellen, dass keine Bestimmung der Richtlinie die Voraussetzung eines vorherigen rechtmäßigen Aufenthalts in einem anderen Mitgliedstaat aufstelle. Art. 3 Abs. 1 der Richtlinie gewähre das Aufenthaltsrecht je-

---

[804] Rs. C-127/08 *Metock u.a.*, Schlussanträge GA Maduro v. 11.6.2008, Rn. 13 u. 15.
[805] Rs. C-127/08 *Metock u.a.*, Schlussanträge GA Maduro v. 11.6.2008, Rn. 16.
[806] Rs. C-127/08 *Metock u.a.*, Schlussanträge GA Maduro v. 11.6.2008, Rn. 17 f.
[807] Rs. C-127/08 *Metock u.a.*, Schlussanträge GA Maduro v. 11.6.2008, Rn. 20.
[808] Rs. C-127/08 *Metock u.a.*, EuGH Urteil v. 25.7.2008.
[809] Rs. C-127/08 *Metock u.a.*, EuGH Urteil v. 25.7.2008, Rn. 48.

dem Familienangehörigen i.S.v. Art. 2 Nr. 2, der einem Unionsbürger nachzieht oder ihn begleitet. Auch die anderen Artikel, die das Recht auf Einreise und Aufenthalt regelten, nähmen nicht auf Ort oder Bedingung des Aufenthalts vor Einreise in den betreffenden Mitgliedstaat Bezug.[810] Auch aus den Artikeln, die auf die Reisedokumente Bezug nehmen, gehe nicht hervor, dass sich die Drittstaatsangehörigen zuvor rechtmäßig in einem anderen Mitgliedstaat aufgehalten haben müssten.[811] Daher gelte die Richtlinie für jeden Drittstaatsangehörigen, der Familianangehöriger eines Unionsbürgers i.S.v. Art. 2 Nr. 2 der Richtlinie ist ohne danach zu unterscheiden, ob zuvor ein rechtmäßiger Aufenthalt in einem anderen Mitgliedstaat gegeben war.[812]

Diese Auslegung werde auch durch die Rechtsprechung des Gerichtshofs gestützt, die vor Erlass der Richtlinie 2004/38/EG zu den die Freizügigkeit betreffenden Sekundärrechtsakten ergangen sei. Der Gemeinschaftsgesetzgeber habe bereits früh die Bedeutung des Schutzes des Famlienlebens für die Beseitigung von Freizügigkeitshindernissen anerkannt.[813] Zwar habe der Gerichtshof in der Rs. *Akrich*[814] tatsächlich entschieden, dass sich ein mit einem Unionsbürger verheirateter Drittstaatsangehöriger, um in den Genuss der Rechte aus Art. 10 der Verordnung 1612/68/EWG zu kommen, zuvor rechtmäßig in einem anderen Mitgliedstaat aufgehalten haben müsse, hieran sei aber nicht festzuhalten. Denn der Genuss solcher Rechte dürfe nicht von einem vorherigen rechtmäßigen Aufenthalt abhängen.[815] Dies müsse seit Erlass der Richtlinie 2004/38/EG erst recht gelten, da diese das Freizügigkeits- und Aufenthaltsrecht vereinfachen und stärken solle.[816] Auch die Zuständigkeitsverteilung zwischen den Mitgliedstaaten und der Gemeinschaft stehe nicht entgegen. Aus den Art. 18 Abs. 2, 40, 44 und 52 EGV (heute Art. 21 Abs. 2, 46, 50, 59 AEUV) erwachse die Zuständigkeit, alle Maßnahmen zu erlassen, die erforderlich seien, um die Freizügigkeit der Unionsbürger herzustellen. Könnten Unionsbürger im Aufnahmemitgliedstaat kein normales Familienleben führen, würde die Freizügigkeit gravierend beeinträchtigt. Deshalb müsse der Gemeinschaftsgesetzgeber auch Einreise und Aufenthalt von Drittstaatsangehörigen, die Familienangehörige von Unionsbürgern

[810] Rs. C-127/08 *Metock u.a.*, EuGH Urteil v. 25.7.2008, Rn. 49 f.

[811] Rs. C-127/08 *Metock u.a.*, EuGH Urteil v. 25.7.2008, Rn. 52 f.

[812] Rs. C-127/08 *Metock u.a.*, EuGH Urteil v. 25.7.2008, Rn. 54.

[813] Rs. C-127/08 *Metock u.a.*, EuGH Urteil v. 25.7.2008, Rn. 56 u.a. mit Verweis auf Rs. C-60/00 *Carpenter*, EuGH Urteil v. 11.7.2002, Rn. 38 u. Rs. C-459/99 *MRAX*, EuGH Urteil v. 25.7.2002, Rn. 53.

[814] Rs. C-109/01 *Akrich*, EuGH Urteil v. 23.9.2003, Rn. 50 u. 51.

[815] Rs. C-127/08 *Metock u.a.*, EuGH Urteil v. 25.7.2008, Rn. 58.

[816] Rs. C-127/08 *Metock u.a.*, EuGH Urteil v. 25.7.2008, Rn. 59.

sind, regeln können.[817] Die Auffassung einiger Mitgliedstaaten nach der diese vorbehaltlich von Titel IV des Dritten Teils des Vertrages, den erstmaligen Zugang von drittstaatsangehörigen Familienmitgliedern von Unionsbürgern zum Gemeinschaftsgebiet regeln könnten, sei daher zurückzuweisen.[818] Andernfalls würde das Freizügigkeitsrecht der Unionsbürger nach den jeweiligen Vorschriften des nationalen Rechts unterschiedlich ausgestaltet. Dies stehe aber dem in Art. 3 Abs. 1 c) EGV[819] genannten Ziel der Schaffung eines Binnenmarktes entgegen.[820] Auch die Angst der Mitgliedstaaten, aufgrund der vorliegenden Interpretation der Zuwanderung an ihren Außengrenzen nicht mehr Herr werden zu können, sei unbegründet. Denn nicht alle Drittstaatsangehörigen könnten abgeleitete Rechte wahrnehmen, sondern einzig Familienangehörige von Unionsbürgern i.S.d. Richtlinie. Darüber hinaus gewähre die Richtlinie aus Gründen der öffentlichen Ordnung, Sicherheit und Gesundheit wie auch bei Rechtsmissbrauch oder Betrug gewisse Beschränkungsmöglichkeiten.[821] Dass eine derartige Interpretation zur umgekehrten Diskriminierung führen könne, sei ebenso unbeachtlich. Denn eine solche liege außerhalb des Anwendungsbereichs des Gemeinschaftsrechts.[822] Außerdem sei daran zu erinnern, dass die Mitgliedstaaten Unterzeichner der EMRK seien. In Art. 8 EMRK sei das Recht auf Achtung des Privat- und Familienlebens verankert.[823]

Mit seiner zweiten Frage wolle das vorlegende Gericht wissen, ob eine Person in der Situation des Ausgangsverfahrens den betreffenden Unionsbürger i.S.d. Art. 3 Abs. 1 der Richtlinie 2004/38/EG begleitet oder ihm nachzieht und sich somit unabhängig von dem Ort und dem Zeitpunkt der Eheschließung und den Umständen, unter denen er in den Aufnahmemitgliedstaat eingereist ist, auf die Richtlinie berufen kann.[824]

Zunächst sei nochmals daran zu erinnern, dass die Richtlinie das Freizügigkeits- und Aufenthaltsrecht der Unionsbürger stärken solle. Daher müsse auch ihren Familienmitgliedern das Freizügigkeits- und Aufenthaltsrecht gewährt werden.[825] Die Bestimmungen der Richtlinie dürften angesichts des

---

[817] Rs. C-127/08 *Metock u.a.*, EuGH Urteil v. 25.7.2008, Rn. 61 f.

[818] Rs. C-127/08 *Metock u.a.*, EuGH Urteil v. 25.7.2008, Rn. 66.

[819] Art. 3 Abs. 1 c) EGV lautete zum damaligen Zeitpunkt: „Die Tätigkeit der Gemeinschaft im Sinne des Artikels 2 umfasst nach Maßgabe dieses Vertrags und der darin vorgesehenen Zeitfolge: einen Binnenmarkt, der durch die Beseitigung der Hindernisse für den freien Waren-, Personen-, Dienstleistungs- und Kapitalverkehr zwischen den Mitgliedstaaten gekennzeichnet ist."

[820] Rs. C-127/08 *Metock u.a.*, EuGH Urteil v. 25.7.2008, Rn. 67 f.

[821] Rs. C-127/08 *Metock u.a.*, EuGH Urteil v. 25.7.2008, Rn. 71 f.

[822] Rs. C-127/08 *Metock u.a.*, EuGH Urteil v. 25.7.2008, Rn. 76 f.

[823] Rs. C-127/08 *Metock u.a.*, EuGH Urteil v. 25.7.2008, Rn. 79.

[824] Rs. C-127/08 *Metock u.a.*, EuGH Urteil v. 25.7.2008, Rn. 81.

[825] Rs. C-127/08 *Metock u.a.*, EuGH Urteil v. 25.7.2008, Rn. 82 f.

Kontexts und des Ziels der Richtlinie auch keinesfalls ihrer praktischen Wirksamkeit beraubt werden.[826] Nach dem Wortlaut der Richtlinie gelte diese für jeden Unionsbürger, der sich in einen anderen Mitgliedstaat begebe sowie für die ihn begleitenden oder nachziehenden Familienangehörigen.[827] Die Richtlinie verlange jedoch nicht, dass der Unionsbürger seine Familie bereits gegründet haben müsse. Diese Auslegung stehe auch im Einklang mit dem Ziel der Richtlinie. Denn könnte sich ein Drittstaatsangehöriger in der Situation wie der vorliegenden nicht auf die Richtlinie berufen, könnte der Unionsbürger sich davon abbringen lassen, sich weiter im Aufnahmemitgliedstaat aufzuhalten.[828] Auch der Zeitpunkt der Einreise des Drittstaatsangehörigen sei unbeachtlich. Denn die Weigerung des Aufnahmemitgliedstaats, ihm ein Aufenthaltsrecht zu gewähren, würde in die Freizügigkeit des Unionsbürgers gleichermaßen eingreifen, unabhängig davon, wann dessen Familienangehöriger in den Mitgliedstaat eingereist sei.[829] Ebenso unbeachtlich sei auch der Ort der Eheschließung.[830]

d) Analyse

Auch der Entscheidung in der Rs. *Metock u.a.* maß der EuGH große Bedeutung zu und entschied daher als Große Kammer im beschleunigten Vorabentscheidungsverfahren.[831] Die Entscheidung, dem EuGH die Sache vorzulegen, wurde durch den Irish High Court im März 2008 getroffen. Das Urteil des Gerichtshofs folgte nur vier Monate später.[832]

aa) Hintergrund – Die Rs. Akrich *und* Jia

Die Rs. *Metock u.a.* betrifft im Kern die Frage, inwieweit Familiennachzug von drittstaatsangehörigen Personen über die Freizügigkeitsrichtlinie gewährleistet wird. Sie berührt damit die sensible Materie des Einwanderungsrechts. Zwar gab es auch zum damaligen Zeitpunkt bereits nach Art. 63 EGV die Möglichkeit einwanderungspolitische Maßnahmen auf Gemeinschaftsebene zu treffen. Da es sich hierbei allerdings nicht um eine ausschließliche

---

[826] Rs. C-127/08 *Metock u.a.*, EuGH Urteil v. 25.7.2008, Rn. 84 mit Verweis auf Rs. C-291/05 *Eind*, EuGH Urteil v. 11.12.2007, Rn. 43.

[827] Rs. C-291/05 *Eind*, EuGH Urteil v. 11.12.2007, Rn. 85 f.

[828] Rs. C-291/05 *Eind*, EuGH Urteil v. 11.12.2007, Rn. 87 f.

[829] Rs. C-291/05 *Eind*, EuGH Urteil v. 11.12.2007, Rn. 91 f.

[830] Rs. C-291/05 *Eind*, EuGH Urteil v. 11.12.2007, Rn. 98.

[831] Vgl. *Epiney*, Von Akrich über Jia bis Metock: zur Anwendbarkeit der gemeinschaftlichen Regeln über den Familiennachzug – Gleichzeitig eine Anmerkung zu EuGH, Rs. C-127/08 (Metock), Urt. v. 25.7.2008, EuR 2008, 840, 840.

[832] *Fahey*, Going Back to Basics: Reembracing the Fundamentals of the Free Movement of Persons in Metock, Leg. Issues Econ. Integration 2009, 83 Fn. 26.

Gemeinschaftskompetenz handelte[833] und der Gemeinschaftsgesetzgeber von seiner Kompetenz nur sehr eingeschränkt Gebrauch gemacht hatte, waren erhebliche Teile des Einwanderungsrechts in der Zuständigkeit der Mitgliedstaaten verblieben.[834]

Vor diesem Hintergrund hatte der Gerichtshof bereits einige Jahre bevor ihm die Rs. *Metock u.a.* zur Vorabentscheidung vorgelegt worden war, in einer Reihe von Fällen darüber zu entscheiden, inwieweit Unionsbürgern der Familiennachzug zu gestatten ist. In der Rs. *Akrich*[835] ging es um die Auslegung des Art. 10 der Verordnung 1612/68/EWG, der zum Entscheidungszeitpunkt der Rs. *Metock u.a.* bereits durch die Richtlinie 2004/38/EG aufgehoben worden war. Nach Art. 10 Abs. 1 a) der Verordnung 1612/68/EWG durften Ehegatten bei dem Arbeitnehmer, der die Staatsangehörigkeit eines Mitgliedstaats besitzt und im Hoheitsgebiet eines anderen Mitgliedstaats beschäftigt ist, unter bestimmten Voraussetzungen ungeachtet ihrer Staatsangehörigkeit Wohnung nehmen.

Herr Akrich, ein marokkanischer Staatsangehöriger, war mit einer Britin verheiratet. Wegen mehrerer Vergehen wurde er aus dem Vereinigten Königreich ausgewiesen. Die Eheleute lebten zunächst einige Monate in Irland und kehrten dann nach Großbritannien zurück. Herr Akrich beantragte sodann mit Verweis auf Art. 10 der Verordnung 1612/68/EWG den Widerruf der Ausweisungsverfügung, da ihm als Ehegatte einer Unionsbürgerin ein Aufenthaltsrecht in Großbritannien zustehe. Diesen Antrag lehnten die Behörden mit der Begründung ab, dass die Ehefrau von Herrn Akrich ihre Stelle in Irland nur zum Schein vorübergehend angenommen habe, um die britischen aufenthaltsrechtlichen Bestimmungen zu umgehen.[836] Der EuGH befand, dass die Ausübung des Freizügigkeitsrechts zwar keinen Missbrauch begründe[837], Herr Akrich jedoch gleichwohl kein Recht auf Einreise aus Art. 10 der Verordnung 1612/68/EWG ableiten könne. Denn die Verordnung solle die Freizügigkeit innerhalb der Gemeinschaft sichern, sie regele nicht den Zugang von Familienangehörigen aus Drittstaaten.[838] Aus diesem Grund müsse sich ein mit einem Unionsbürger verheirateter Drittstaatsangehöriger rechtmäßig in einem Mitgliedstaat aufhalten, bevor er sich in einen anderen Mitgliedstaat begebe.[839]

---

[833] *Röben*, in: Grabitz/Hilf (Hrsg.), Das Recht der Europäischen Union, Vorbemerkung zu Titel IV Teil 3 EGV, Rn. 3.

[834] So die zutreffende Analyse von GA Geelhoed in der Rs. C-109/01 *Akrich*, Schlussanträge GA Geehlhoed v. 27.2.2003, Rn. 2.

[835] Rs. C-109/01 *Akrich*, EuGH Urteil v. 23.9.2003.

[836] Rs. C-109/01 *Akrich*, EuGH Urteil v. 23.9.2003, Rn. 29 f.

[837] Rs. C-109/01 *Akrich*, EuGH Urteil v. 23.9.2003, Rn. 55 f.

[838] Rs. C-109/01 *Akrich*, EuGH Urteil v. 23.9.2003, Rn. 49.

[839] Rs. C-109/01 *Akrich*, EuGH Urteil v. 23.9.2003, Rn. 50 f.

In der Rs. *Jia*[840] hatte der Gerichtshof Gelegenheit die Voraussetzung des „rechtmäßigen Aufenthalts“, wie er sie in der Rs. *Akrich* formuliert hatte, zu konkretisieren. Sie betraf eine chinesische Staatsangehörige, die ihren in Schweden lebenden Sohn besuchte und während ihres Besuchs ein Daueraufenthaltsrecht beantragte. Frau Jias Sohn war ebenfalls chinesischer Staatsangehöriger und lebte mit seiner Ehefrau zusammen, die die deutsche Staatsangehörigkeit besaß.[841] Der Gerichtshof entschied, dass die Situation von Frau Jia nicht mit der Situation von Herrn Akrich zu vergleichen sei, da Frau Jia rechtmäßig mit einem Besuchervisum nach Schweden eingereist sei. Das Gemeinschaftsrecht verpflichte unter Berücksichtigung des Urteils in der Rs. *Akrich* nicht dazu, die Aufenthaltsgewährung von einem rechtmäßigen Aufenthalt in einem anderen Mitgliedstaat abhängig zu machen.[842] Zwar wurde die Tragweite des Urteils in der Rs. *Jia* aufgrund der vom Gerichtshof gewählten Formulierung als begrenzt eingestuft. Denn der Gerichtshof erklärte nur, dass sich aus dem Gemeinschaftsrecht keine Verpflichtung der Prüfung des vorherigen rechtmäßigen Aufenthalts ableiten lasse. Die bedeutendere Frage aber, ob Frau Jia auch aus dem Gemeinschaftsrecht hätte ein Aufenthaltsrecht ableiten können, ließ er indes offen.[843] Rückschauend betrachtet deutet sich hier jedoch bereits an, dass der Gerichtshof an seinem noch in der Rs. *Akrich* gefundenen Ergebnis nicht langfristig würde festhalten wollen.

bb) Systemwechsel in der Rs. Metock u.a.

Insbesondere vor dem Hintergrund der soeben wiedergegebenen Entscheidungen ist das Urteil in der Rs. *Metock u.a.* beachtenswert und lässt in der Argumentation des Gerichtshofs einen deutlichen Systemwechsel erkennen.

Auf Grundlage der neuen Freizügigkeitsrichtlinie erklärt der Gerichtshof in ausdrücklicher Abkehr von seiner Entscheidung in der Rs. *Akrich*, dass das Aufenthaltsrecht eines drittstaatsangehörigen Familienmitglieds eines Unionsbürgers nicht davon abhängig ist, dass sich dieses bereits vorher rechtmäßig im Unionsgebiet aufgehalten hat.[844] Um dieses Ergebnis zu begründen, stützt sich der Gerichtshof auf Wortlaut, Systematik und Telos der Freizügigkeitsrichtlinie. Soweit der Gerichtshof darauf abstellt, dass die Richtlinie in keiner Bestimmung die Voraussetzung eines vorherigen rechtmäßigen Aufenthalts enthalte[845], ist dies zwar zutreffend. Gleiches galt indes

[840] Rs. C-1/05 *Jia*, EuGH Urteil v. 9.1.2007.

[841] Rs. C-1/05 *Jia*, EuGH Urteil v. 9.1.2007, Rn. 16 f.

[842] Rs. C-1/05 *Jia*, EuGH Urteil v. 9.1.2007, Rn. 31 f.

[843] *Epiney*, Von Akrich über Jia bis Metock: zur Anwendbarkeit der gemeinschaftlichen Regeln über den Familiennachzug – Gleichzeitig eine Anmerkung zu EuGH, Rs. C-127/08 (Metock), Urt. v. 25.7.2008, EuR 2008, 840, 842.

[844] Rs. C-127/08 *Metock u.a.*, EuGH Urteil v. 25.7.2008, Rn. 58

[845] Rs. C-127/08 *Metock u.a.*, EuGH Urteil v. 25.7.2008, Rn. 49.

ebenso mit Blick auf die Vorgängernorm, die in der Rs. *Akrich* zur Anwendung kam. Nichtsdestrotrotz versucht der Gerichtshof die geänderte Rechtsprechung auch mit der neu verabschiedeten Richtlinie zu begründen. Auf die Rechtsänderung hatte auch der Generalanwalt mit einer etwas anderen Akzentuierung hingewiesen. Denn da die Richtlinie – wie aus dem dritten Erwägungsgrund ersichtlich werde – erlassen worden sei, um das Freizügigkeits- und Aufenthaltsrecht aller Unionsbürger zu vereinfachen und zu stärken, müsse sie erst recht im oben genannten Sinne ausgelegt werden.[846] Das Freizügigkeitsrecht des Unionsbürgers würde schwerwiegend behindert, wenn dieser kein normales Familienleben führen könne.[847]

Zwar betont der Gerichshof, dass das Aufenthaltsrecht des drittstaatsangehörigen Familienmitglieds dazu dienen soll, die Freizügigkeit des Unionsbürgers zu sichern und deshalb der Familiennachzug zu gewährleisten sei. Damit verweist der Gerichtshof auf den akzessorischen Charakter des Aufenthaltsrechts von drittstaatsangehörigen Familienmitgliedern. Das Aufenthaltsrecht soll drittstaatsangehörigen Familienmitgliedern gewährt werden, um eine Beschränkung des Freizügigkeitsrechts des Unionsbürgers zu verhindern.[848]

Inhaltlich kann diese primär auf das Freizügigkeitsrecht gestützte Argumentation aber bei näherer Betrachtung nicht überzeugen. Denn es ist nicht ersichtlich, inwieweit das Erfordernis des rechtmäßigen Aufenthalts des Drittstaatsangehörigen im Unionsgebiet die Freizügigkeit des Unionsbürgers behindern sollte. Da das drittstaatsangehörige Familienmitglied (bisher) weder im Heimat- noch im Aufenthaltsstaat ein Aufenthaltsrecht hatte, ändert sich für den betroffenen Unionsbürger hinsichtlich der Möglichkeit des Familiennachzugs durch die Ausübung seines Freizügigkeitsrechts nichts. Unabhängig davon, ob der Unionsbürger sein Freizügigkeitsrecht ausübt, müsste das drittstaatsangehörige Familienmitglied in einem Mitgliedstaat einen Aufenthaltstitel beantragen. Oder anders gewendet, wenn der Unionsbürger in seinem Heimatstaat mit dem Drittstaatsangehörigen noch kein Familienleben pflegt, so wird ihn der Umstand, dass er dieses auch im Aufnahmestaat nicht voraussetzungslos erwarten kann, nicht von der Ausübung seines Freizügigkeitsrechts abhalten.[849] Der Familiennachzug ist daher in den

---

[846] Rs. C-127/08 *Metock u.a.*, EuGH Urteil v. 25.7.2008, Rn. 59.

[847] Rs. C-127/08 *Metock u.a.*, EuGH Urteil v. 25.7.2008, Rn. 62.

[848] *Epiney*, Von Akrich über Jia bis Metock: zur Anwendbarkeit der gemeinschaftlichen Regeln über den Familiennachzug – Gleichzeitig eine Anmerkung zu EuGH, Rs. C-127/08 (Metock), Urt. v. 25.7.2008, EuR 2008, 840, 848.

[849] Vgl. *Nettesheim*, Der „Kernbereich" der Unionsbürgerschaft – vom Schutz der Mobilität zur Gewährleistung eines Lebensumfelds, JZ 2011, 1030, 1032; vgl. auch *Thym*, Zur Rechtsstellung von Familienmitgliedern aus Drittstaaten im Lichte der Kernbereichs-Rechtsprechung des EuGH, EuR Beiheft 1 2015, 135, 141.

Konstellationen wie der des Ausgangsverfahrens hinsichtlich des Freizügigkeitsrechts „neutral".[850] Wenngleich die ausdrückliche Begründung des Gerichtshofs in eine andere Richtung weist, scheint der Familiennachzug daher nunmehr keine dienende Funktion mehr zu haben. Voraussetzung für den Familiennachzug ist, neben dem auch hier nur schwach vorhandenen Element des grenzüberschreitenden Bezuges[851], allein die Verwandtschaftsbeziehung. Damit hat der Gerichtshof, ohne dies ausdrücklich zu erläutern, im Rahmen seiner Argumentation einen Systemwechsel vollzogen[852], der später auch Auswirkungen hinsichtlich der Auslegung des Primärrechts haben sollte.

Die Argumentation des Gerichtshofs ist insoweit nicht nur wenig transparent, sie kann auch vor dem Hintergrund des Prinzips der begrenzten Einzelermächtigung nicht überzeugen. Denn die Freizügigkeitsrichtlinie wurde, wie es der Gerichtshof selbst feststellt[853], auf Grundlage der Art. 18 Abs. 2, 40, 44 und 52 EGV (heute Art. 21 Abs. 2, 46, 50 und 59 AEUV) erlassen, um die Freizügigkeit der Unionsbürger herzustellen bzw. deren tatsächliche Verwirklichung zu fördern.[854] Hier gewährt der Gerichtshof den Familiennachzug jedoch auf Grundlage der Freizügigkeitsrichtlinie, ohne dass faktisch die Freizügigkeit erleichtert wird.

Nachfolgend verweist der Gerichtshof darauf, dass dieses Ergebnis auch erforderlich sei, um das im EGV verankerte Ziel, der Beseitigung der Hindernisse für den freien Personenverkehr, zu erreichen. Vor diesem Hintergrund umfasse das Freizügigkeitsrecht das Recht, sich in allen Mitgliedstaaten unter gleichen Bedingungen niederzulassen.[855] Auch dieses Argument ist mit Blick auf das Prinzip der begrenzten Einzelermächtigung problematisch. Würde man diese auf den Binnenmarkt gestützte Argumentation konsequent weiterführen, müsste das Freizügigkeitsrecht auch einen Anspruch auf Gewährleistung gleicher Lebensbedingungen in den unterschiedlichen Mitgliedstaaten umfassen. Denn jeder insoweit bestehende Unterschied könnte eine Wettbewerbsverzerrung bedeuten.[856] Damit wäre indes der Anwendungsbe-

---

[850] *Epiney*, Von Akrich über Jia bis Metock: zur Anwendbarkeit der gemeinschaftlichen Regeln über den Familiennachzug – Gleichzeitig eine Anmerkung zu EuGH, Rs. C-127/08 (Metock), Urt. v. 25.7.2008, EuR 2008, 840, 848.

[851] *Schmahl/Jung*, Die Unionsbürgerschaft: Ein komplexes Rechtsinstitut mit weitreichenden Folgen, Jura 2016, 1272, 1281.

[852] *Thym*, Zur Rechtsstellung von Familienmitgliedern aus Drittstaaten im Lichte der Kernbereichs-Rechtsprechung des EuGH, EuR Beiheft 1 2015, 135, 141.

[853] Rs. C-127/08 *Metock u.a.*, EuGH Urteil v. 25.7.2008, Rn. 61.

[854] *Epiney*, Von Akrich über Jia bis Metock: zur Anwendbarkeit der gemeinschaftlichen Regeln über den Familiennachzug – Gleichzeitig eine Anmerkung zu EuGH, Rs. C-127/08 (Metock), Urt. v. 25.7.2008, EuR 2008, 840, 848.

[855] Rs. C-127/08 *Metock u.a.*, EuGH Urteil v. 25.7.2008, Rn. 68.

[856] Vgl. *Epiney*, Von Akrich über Jia bis Metock: zur Anwendbarkeit der gemeinschaft-

reich dieser Bestimmungen nicht mehr abgrenzbar, da zahlreiche Rechtsnormen in irgendeiner Form einen Bezug zum Aufenthaltsrecht aufweisen.[857] Eine solche Entwicklung stünde mit dem Prinzip der begrenzten Einzelermächtigung, das eine klare Zuweisung der Zuständigkeiten erfordert, nicht im Einklang.

Anders als der Generalanwalt, stützt der Gerichtshof seine Argumentation nicht ausdrücklich auf grundrechtliche Implikationen, wenngleich sie doch hinsichtlich des Systemwechsels offenbar bedeutsam waren. Denn soweit er auf Art. 8 EMRK verweist[858], scheint der Gerichtshof nur an die sich aus dem internationalen Recht ergebenden Verpflichtungen zu erinnern, an die die Mitgliedstaaten ebenfalls gebunden sind.

Hinsichtlich der zweiten Vorlagefrage betont der Gerichtshof dann, dass es auf Zeit und Ort der Eheschließung nicht ankommt und begründet dies mit dem *effet utile*-Grundsatz. Hier verwendet er den Grundsatz also nicht, um einer Norm überhaupt einen Anwendungsbereich zu eröffnen, sondern um für diese eine größere Wirksamkeit zu erzielen. Da Wortlaut, Systematik und Zweck der Richtlinie nicht erkennen lassen, dass sich ein Ehegatte nur unter bestimmten Voraussetzungen auf das Aufenthalts- und Freizügigkeitsrecht berufen können soll und eine andere Auslegung auch das Freizügigkeitsrecht insoweit einzuschränken droht, als die Fortsetzung des Aufenthalts gefährdet werden könnte, ist dieses Ergebnis insoweit auch konsequent.

3. Die Rechtssache Zambrano[859]

a) Sachverhalt und Vorlagefrage

Herr Ruiz Zambrano und seine Frau, beide kolumbianische Staatsbürger, beantragten in den Jahren 1999 und 2000 in Belgien Asyl. Beide Asylanträge wurden abgelehnt. Die Ausweisung durfte jedoch aufgrund des herrschenden Bürgerkrieges nicht vollzogen werden. Ohne im Besitz einer Arbeitserlaubnis zu sein, schloss Herr Zambrano im April 2001 einen sozialversicherungspflichtigen unbefristeten Arbeitsvertrag, durch welchen er für den Unterhalt der Familie sorgen konnte. In den Jahren 2003 und 2005 gebar die Ehefrau von Herrn Zambrano zwei Kinder (ihr zweites bzw. drittes Kind), die nach belgischem Recht die belgische Staatsangehörigkeit erlangten. Herr Zambrano stellte einen Niederlassungsantrag, der abgelehnt wurde. Da bekannt

---

lichen Regeln über den Familiennachzug – Gleichzeitig eine Anmerkung zu EuGH, Rs. C-127/08 (Metock), Urt. v. 25.7.2008, EuR 2008, 840, 848.

[857] Vgl. *Epiney*, Von Akrich über Jia bis Metock: zur Anwendbarkeit der gemeinschaftlichen Regeln über den Familiennachzug – Gleichzeitig eine Anmerkung zu EuGH, Rs. C-127/08 (Metock), Urt. v. 25.7.2008, EuR 2008, 840, 849.

[858] Rs. C-127/08 *Metock u.a.*, EuGH Urteil v. 25.7.2008, Rn. 79.

[859] Rs. C-34/09 *Zambrano*, EuGH Urteil v. 8.3.2011.

wurde, dass Herr Zambrano keine Arbeitserlaubnis hatte, wurde er in der Zwischenzeit arbeitslos und stellte auch einen Antrag auf Arbeitslosengeld, der ebenfalls abgelehnt wurde. Herr Zambrano erhob Klage gegen die Entscheidung.

Vor diesem Hintergrund wurde der EuGH um Vorabentscheidung u.a. zu der Frage ersucht, ob die Bestimmungen über die Unionsbürgerschaft einem drittstaatsangehörigen Elternteil minderjähriger Kinder, die Unionsbürger sind und denen er Unterhalt leistet, ein Aufenthaltsrecht in dem Mitgliedstaat gewähren, dessen Staatsangehörigkeit die Kinder besitzen und in dem sie wohnen.[860]

b) *Würdigung durch die Generalanwältin*[861]

GA Sharpston setzte sich in ihren Schlussanträgen intensiv mit den unterschiedlichen Rechtsfragen auseinander, die der *Zambrano*-Fall aufwarf.

Da sich nach Auffassung von GA Sharpston das Thema der Grundrechte als Leitmotiv durch alle Fragen des vorlegenden Gerichts zog, nimmt sie einleitend zur Situation der Familie Zambrano und zur Frage einer möglichen Verletzung des Unionsgrundrechts auf Achtung des Familienlebens Stellung.[862] Dabei kommt sie zu dem Ergebnis, dass die Entscheidung der belgischen Behörden, Herrn Zambrano aus Belgien auszuweisen, potenziell eine Verletzung des Grundrechts auf Achtung des Familienlebens darstellen könnte.

Nachfolgend wendete sich GA Sharpston den einzelnen Fragen des vorlegenden Gerichts zu und analysiert, ob eine Berufung auf die aus der Unionsbürgerschaft fließenden Rechte auch auf Grundlage des Aufenthalts im Mitgliedstaat der eigenen Staatsangehörigkeit möglich ist.[863] Zur Argumentation verweist GA Sharpston zunächst auf die wirtschaftlichen Grundfreiheiten, hinsichtlich derer das Kriterium des grenzüberschreitenden Bezuges nach ständiger Rechtsprechung bereits stark aufgeweicht worden sei. So verstießen etwa nach dem Urteil in der Rs. *Carbonati*[864] auch die Erhebung von Abgaben auf Waren in einem einzelnen Mitgliedstaat gegen den Vertrag. Ein physischer Ortswechsel sei ebenso zur Ausübung der aus der Unionsbürgerschaft hergeleiteten Rechte in der Vergangenheit nicht stets erforderlich gewesen. In den Rs. *Garcia Avello*[865] und *Zhu und Chen*[866] sei vielmehr die dop-

---

[860] Rs. C-34/09 *Zambrano*, EuGH Urteil v. 8.3.2011, Rn. 36.
[861] Rs. C-34/09 *Zambrano*, Schlussanträge GA Sharpston v. 30.9.2010.
[862] Rs. C-34/09 *Zambrano*, Schlussanträge GA Sharpston v. 30.9.2010, Rn. 54 f.
[863] Rs. C-34/09 *Zambrano*, Schlussanträge GA Sharpston v. 30.9.2010, Rn. 69 f.
[864] Rs. C-72/03 *Carbonati*, EuGH Urteil v. 9.9.2004.
[865] Rs. C-148/02 *Garcia Avello*, EuGH Urteil v. 2.10.2003.
[866] Rs. C-200/02 *Zhu und Chen*, EuGH Urteil v. 19.10.2004.

pelte Staatsangehörigkeit oder jedenfalls die Staatsangehörigkeit eines Mitgliedstaats, der nicht Wohnsitz der betreffenden Person war, ausreichender Ankünpfungspunkt.[867]

Im Weiteren nimmt GA Sharpston nun auf den Wortlaut der Art. 20 Abs. 2 a) und 21 Abs. 1 AEUV Bezug. Fraglich sei, ob das Recht, sich im Hoheitsgebiet der Mitgliedstaaten zu bewegen und aufzuhalten, auf Fälle beschränkt sei, in denen der Unionsbürger sich zunächst in einen anderen Mitgliedstaat begeben habe, oder ob die Begiffe „sich bewegen“ und „sich aufhalten“ disjunktiv zu verstehen seien, sodass ein Unionsbürger sich auch ohne vorherigen Ortswechsel im Mitgliedstaat seiner Staatsangehörigkeit auf diese Rechte berufen könne. In diesem Zusammenhang seien wieder die Grundrechte zu berücksichtigen, deren Bedeutung GA Jacobs bereits in der Rs. *Konstantinidis*[868] dargelegt habe: Der Unionsbürger, der sich zu Erwerbszwecken in einen anderen Mitgliedstaat begebe, dürfe davon ausgehen, dass er dort im Einklang mit einer gemeinsamen Ordnung von Grundwerten behandelt werde.[869] Vor diesem Hintergrund wendet sich GA Sharpston wieder der bisherigen Rechtsprechung des Gerichtshofs zur Unionsbürgerschaft zu. Wollte man an einem Ortswechsel festhalten, um die unionsbürgerschaftlichen Rechte zur Anwendung zu bringen, käme man zu einer nur zufälligen Anwendbarkeit der unionsbürgerschaftlichen Rechte, je in Abhängigkeit von der Frage, ob der Unionsbürger schon einmal den Mitgliedstaat, dessen Staatsangehörigkeit er besitzt, verlassen habe oder nicht. Für die Ausübung der Rechte der Unionsbürgerschaft regierten dann „offenbar eher die Gesetze des Zufalls als die der Logik“.[870] Nach Ansicht von GA Sharpston sei keine radikale Erweiterung der Rechtsprechung zur Unionsbürgerschaft notwendig, um im vorliegenden Fall zu der Feststellung zu kommen, dass die unionsbürgerschaftlichen Rechte im Hinblick auf die Kinder von Herrn Zambrano zur Anwendung gelangten. Ein rein interner Sachverhalt liege nicht vor. Denn auch im Fall *Rottmann* habe der Gerichtshof nicht darauf abgestellt, dass Herr Rottmann vor der Einbürgerung in Deutschland von seinem Freizügigkeitsrecht Gebrauch gemacht hatte. Der EuGH habe seinen Blick vielmehr in die Zukunft gerichtet und festgestellt, dass die Rücknahme der Einbürgerung zugleich den Verlust des verliehenen Status und der damit verbundenen Rechte bedeuten könne und daher ihrem Wesen und ihren Folgen nach unter das Unionsrecht falle.

Die Rechtssache *Rottmann* müsse im Zusammenhang mit der Rechtssache *Zhu und Chen* gelesen werden. Wie in der Rs. *Rottmann* falle auch die Rs.

[867] Rs. C-34/09 *Zambrano*, Schlussanträge GA Sharpston v. 30.9.2010, Rn. 78.

[868] Rs. C-168/91 *Konstantinidis*, EuGH Urteil v. 30.3.1993.

[869] Rs. C-34/09 *Zambrano*, Schlussanträge GA Sharpston v. 30.9.2010 Rn. 83 f. mit Verweis auf Rs. C-168/91 *Konstantinidis*, Schlussanträge GA Jacobs vom 9.12.1992, Rn. 46.

[870] Rs. C-34/09 *Zambrano*, Schlussanträge GA Sharpston v. 30.9.2010, Rn. 88.

Zambrano in den Anwendungsbereich der Unionsbürgerschaft, da die Kinder bei einem fehlenden Aufenthaltsrecht der Eltern praktisch in eine Lage versetzt würden, die zum Verlust des durch die Unionsbürgerschaft verliehenen Status und der damit verbundenen Rechte führen könne. Im Übrigen könnten die Kinder wie im Fall *Zhu und Chen* ihre Rechte nur bei Anwesenheit und mit der Hilfe ihrer Eltern in vollem Umfang wirksam wahrnehmen. Auch die Situation von Ruiz Zambrano falle daher unter das Unionsrecht.

Da das Unionsrecht einschlägig sei, prüft GA Sharpston nachfolgend, ob ein Eingriff in das den Kindern von Herrn Zambrano als Unionsbürgern zustehende Recht, sich im Hoheitsgebiet der Mitgliedstaaten frei zu bewegen und aufzuhalten, vorlag, ob dieser Eingriff grundsätzlich zulässig ist und ggf. trotzdem Beschränkungen unterliegt.

Vor dem Hintergrund der Rs. *Garcia Avello, Zhu und Chen* sowie *Rottmann*, in denen unionsbürgerschaftliche Rechte ohne vorherige Grenzüberschreitung zur Anwendung gebracht wurden, empfiehlt GA Sharpston die Anerkennung der Existenz eines eigenständigen Aufenthaltsrechts.[871] Da dieses von den Kindern nicht ohne Unterstützung der Eltern wahrgenommen werden könne, führe die Nichtanerkennung eines abgeleiteten Aufenthaltsrechts von Herrn Ruiz Zambrano zu einem potenziellen Eingriff in das den Kindern als Unionsbürgern zustehende Aufenthaltsrecht. Selbst wenn kein eigenständiges Aufenthaltsrecht anerkannt würde, sei die Situation in der Rs. *Zambrano* der Situation *Zhu und Chen* hinreichend vergleichbar, um von einem potenziellen Eingriff auszugehen. Potenzielle Eingriffe in die mit der Unionsbürgerschaft verbundenen Rechte, die sich ergäben, wenn einem Familienangehörigen in aufsteigender Linie nicht automatisch ein abgeleitetes Aufenthaltsrecht zuerkannt würde, seien grundsätzlich hinnehmbar. Sie könnten unter bestimmten Umständen jedoch unzulässig sein, etwa bei fehlender Verhältnismäßigkeit. Diese sei zwar ausschließlich vom nationalen Gericht zu prüfen. GA Sharpston gibt aber dennoch in Bezug auf die Prüfung mehrere Hinweise:[872]

Im Rahmen der Verhältnismäßigkeitsprüfung sei zu berücksichtigen, dass Herr Zambrano nach eigener Aussage fünf Jahre sozialversicherungspflichtig beschäftigt gewesen sei und die Beiträge ordnungsgemäß entrichtet habe, er in Belgien voll integriert und nicht vorbestraft sei und die Kinder regelmäßig die Schule besuchten. Demgegenüber seien die im vorliegenden Fall enstehenden langfristigen Folgen der Nichtanerkennung eines abgeleiteten Aufenthaltsrechts gravierend. Das Aufenthaltsrecht der Kinder wäre, bis diese alt genug seien, um es selbstständig auszuüben, völlig inhaltslos. Im Hinblick auf die im Urteil *Baumbast und R* genannten Beschränkungen – die

---

[871] Rs. C-34/09 *Zambrano*, Schlussanträge GA Sharpston v. 30.9.2010, Rn. 100 f.

[872] Rs. C-34/09 *Zambrano*, Schlussanträge GA Sharpston v. 30.9.2010, Rn. 107 f.

Wahrnehmung des Aufenthaltsrechts der Unionsbürger dürfe die öffentlichen Finanzen des Aufnahmemitgliedstaats nicht „über Gebühr" belasten – müsse berücksichtigt werden, dass Herr Zambrano fünf Jahre vollzeitlich beschäftigt gewesen sei und zu den öffentlichen Finanzen des Aufnahmemitgliedstaats beigetragen habe.[873]

GA Sharpston kommt daher letztlich zu dem Ergebnis, dass Art. 20 und 21 AEUV ein auf der Unionsbürgerschaft beruhendes Aufenthaltsrecht im Hoheitsgebiet der Mitgliedstaaten verliehen, welches unabhängig von dem Recht bestehe, sich von einem Mitgliedstaat in einen anderen zu begeben. Ein abgeleitetes Aufenthaltsrecht einer Person, die in aufsteigender Linie mit einem Unionsbürger verwandt ist, könne hingegen versagt werden, sofern diese Entscheidung mit dem Verhältnismäßigkeitsgrundsatz vereinbar sei.[874]

Für den Fall, dass der Gerichtshof ihrer Auffassung nicht folgt, prüft GA Sharpston weiter, ob Art. 18 AEUV herangezogen werden kann, um eine umgekehrte Diskriminierung zu verbieten.[875] In Ansehung der teilweise inkohärenten Entscheidungen des Gerichtshofs betreffend die Unionsbürgerschaft, schlägt GA Sharpston vor, Art. 18 AEUV dahin auszulegen, dass er einer umgekehrten Diskriminierung entgegensteht, wenn sie durch das Ineinandergreifen von Art. 21 AEUV und nationalem Recht verursacht wird und die Diskriminierung zu einer Verletzung der im Unionsrecht anerkannten Grundrechte führt und im nationalen Recht nicht ein mindestens gleichwertiger Schutz zur Verfügung steht.[876] Die Frage, ob in der Rs. *Zambrano* der erforderliche Schutz aus dem nationalen Recht hergeleitet werden könne, müsse das nationale Gericht entscheiden.[877]

Für den Fall, dass der Gerichtshof auch insoweit nicht der Auffassung von GA Sharpston folgt, prüft sie weiter, ob sich Herr Zambrano auch unabhängig von anderen unionsrechtlichen Bestimmungen auf das Unionsgrundrecht auf Achtung des Familienlebens stützen kann.[878] In Ansehung des unklaren Geltungsbereichs der Unionsgrundrechte schlägt GA Sharpston vor, die Anwendbarkeit der Grundrechte künftig von der Existenz und dem Umfang einer sachlichen Unionszuständigkeit abhängig zu machen. Wenn die Union eine ausschließliche oder geteilte Zuständigkeit in einem bestimmten Rechtsbereich besitze, sollten die Unionsgrundrechte den Unionsbürgern Schutz bieten, auch wenn diese Zuständigkeit noch nicht wahrgenommen worden sei.[879] Allerdings sollte dieser Ansatz noch nicht in der Rs. *Zambrano* verfolgt

[873] Rs. C-34/09 *Zambrano*, Schlussanträge GA Sharpston v. 30.9.2010, Rn. 119 f.
[874] Rs. C-34/09 *Zambrano*, Schlussanträge GA Sharpston v. 30.9.2010, Rn. 122.
[875] Rs. C-34/09 *Zambrano*, Schlussanträge GA Sharpston v. 30.9.2010, Rn. 123 f.
[876] Rs. C-34/09 *Zambrano*, Schlussanträge GA Sharpston v. 30.9.2010, Rn. 145 f.
[877] Rs. C-34/09 *Zambrano*, Schlussanträge GA Sharpston v. 30.9.2010, Rn. 149.
[878] Rs. C-34/09 *Zambrano*, Schlussanträge GA Sharpston v. 30.9.2010, Rn. 151.
[879] Rs. C-34/09 *Zambrano*, Schlussanträge GA Sharpston v. 30.9.2010, Rn. 163.

werden, da der maßgebliche Zeitpunkt, der der Geburt des zweiten Kindes von Herrn Zambrano und damit der 1.9.2003 sei. Zu diesem Zeitpunkt sei die EMRK durch die Europäische Gemeinschaft nicht ratifiziert gewesen und auch die Grundrechtecharta noch nicht in den Vertrag übernommen worden. Die konstitutionelle Entwicklung im Bereich der Unionsgrundlagen habe daher zum entscheidungserheblichen Zeitpunkt noch ausgestanden.[880] Ohne anderweitigen Bezug zum Unionsrecht könne das unionsrechtliche Grundrecht auf Achtung des Familienlebens daher im Ausgangsverfahren nicht geltend gemacht werden.[881]

c) *Würdigung durch den EuGH*

Der EuGH legte zunächst dar, dass die Kommission und alle Regierungen, die Erklärungen beim Gerichtshof eingereicht hatten, davon ausgingen, dass das Freizügigkeits- und Aufenthaltsrecht im vorliegenden Fall nicht anwendbar seien, da die Kinder von Herrn Zambrano ihren Heimatstaat nie verlassen hätten und es sich daher um einen „rein innerstaatlichen" Sachverhalt handeln würde. Herr Zambrano hielt dem jedoch entgegen, die Geltendmachung der Bestimmungen über die Unionsbürgerschaft durch seine Kinder setze nicht voraus, dass diese sich aus ihrem Heimatstaat hinausbegeben hätten.[882]

Im Weiteren stellte der EuGH fest, dass die Richtlinie 2004/38/EG gem. ihres Art. 3 Abs. 1 mangels grenzüberschreitenden Bezuges nicht anwendbar sei. Der Unionsbürgerstatus, den das zweite und dritte Kind von Herrn Zambrano genießen, sei jedoch dazu bestimmt, der grundlegende Status der Angehörigen der Mitgliedstaaten zu sein.

Art. 20 AEUV stünde daher nationalen Maßnahmen entgegen, die bewirkten, dass den Unionsbürgern der tatsächliche Genuss des Kernbestands der Rechte, die ihnen der Unionsbürgerstatus verleiht, vewehrt werde. Eine derartige Auswirkung liege vor, wenn einem drittstaatsangehörigen Elternteil, der seinen in der Union lebenden Kindern, die Unionsbürger sind, Unterhalt gewährt, der Aufenthalt verweigert würde. Denn die Aufenthaltsverweigerung habe zur Folge, dass die Kinder das Gebiet der Union verlassen müssten, um ihre Eltern zu begleiten. Den Kindern, die Unionsbürger seien, wäre folglich *de facto* verwehrt, den Kernbestand der Rechte, den ihnen der Unionsbürgerstatus verleiht, in Anspruch zu nehmen.[883]

---

[880] Rs. C-34/09 *Zambrano*, Schlussanträge GA Sharpston v. 30.9.2010, Rn. 175.
[881] Rs. C-34/09 *Zambrano*, Schlussanträge GA Sharpston v. 30.9.2010, Rn. 176.
[882] Rs. C-34/09 *Zambrano*, EuGH Urteil v. 8.3.2011, Rn. 37 f.
[883] Rs. C-34/09 *Zambrano*, EuGH Urteil v. 8.3.2011, Rn. 44.

d) Analyse

Mit der Rs. *Zambrano* hat die Rechtsentwicklung des unionsbürgerlichen Status ihren vorläufigen Höhepunkt gefunden. Dabei nimmt die Große Kammer des Gerichtshofs in nur zehn Absätzen zur Vorlagefrage Stellung. Nicht zuletzt aufgrund der kurzen Begründung wurde der *Zambrano*-Fall in der Wissenschaft überaus kontrovers diskutiert. Ganz im Gegensatz zu der kurzen Begründung des Gerichtshofs steht die umfassende Ausarbeitung der GA Sharpston, die das Ergebnis des Gerichtshofs bereits vorgezeichnet hat.[884]

aa) Fehlender grenzüberschreitender Bezug

Die erste Besonderheit des Urteils ist, dass ein grenzüberschreitender Bezug überhaupt nicht mehr gegeben ist. Denn die Kinder von Herrn Zambrano, d.h. die Unionsbürger, die vorliegend Rechte geltend machen, haben Belgien nie verlassen. Zwar hatte sich eine Aufweichung des Kriteriums, wie von GA Sharpston zutreffend festgestellt, bereits angedeutet. Das völlige Fehlen eines grenzüberschreitenden Bezuges hat es in der Rechtsprechung des Gerichtshofs indes bislang nicht gegeben. Deshalb weist der Gerichtshof auch darauf hin, dass alle Regierungen, die Erklärungen beim Gerichtshof eingereicht hätten, davon ausgingen, dass das Unionsrecht im Ausgangsverfahren nicht anwendbar sei.[885] Trotz dieses Umstands äußert sich der Gerichtshof nicht zur Frage des grenzüberschreitenden Bezuges und setzt sich insoweit auch nicht mit seiner bisherigen Rechtsprechung zu diesem Aspekt auseinander. So hatte der Gerichtshof etwa in den Rs. *Uecker und Jacquet* und *Garcia Avello* selbst noch festgestellt, dass die Unionsbürgerschaft nicht bezwecke, den sachlichen Anwendungsbereich des Vertrages auf rein interne Sachverhalte auszudehnen, die keinerlei Bezug zum Gemeinschaftsrecht aufwiesen.[886]

In der Rs. *Zambrano* stellt er dennoch sogleich auf Art. 20 AEUV ab. Damit dürfte in Konstellationen, in denen der Kernbereich der Unionsbürgerschaft betroffen sein soll, ein grenzüberschreitender Bezug nicht mehr zu prüfen sein. Nach Auffassung von GA Sharpston hatte sich dies u.a. bereits in der Rs. *Rottmann* angedeutet, da der Gerichtshof auch dort nicht auf den Freizügigkeitsaspekt des Sachverhalts abgestellt habe. Zwar ist GA Sharpston insoweit zuzustimmen, dass auch in der Rs. *Rottmann* Schwerpunkt der Argumentation der drohende Verlust der unionsbürgerschaftlichen Rechte

---

[884] Vgl. *Lenaerts*, EU Citizenship and the European Court of Justice's "Stone-by-Stone" Approach, ICJ 2015, 1, 2.

[885] Rs. C-34/09 *Zambrano*, EuGH Urteil v. 8.3.2011, Rn. 37.

[886] Vb. Rs. C-64/96 u. C-65/96 *Uecker und Jacquet*, EuGH Urteil v. 5.6.1997, Rn. 23 u. Rs. C-148/02 *Garcia Avello*, EuGH Urteil v. 2.10.2003, Rn. 26.

war, was dazu führte, dass die Rücknahmeentscheidung auch am Unionsrecht zu messen war. In der Rs. *Rottmann* war indes aufgrund des Sachverhalts durchaus noch ein grenzüberschreitender Bezug gegeben und dies war auch in der Argumentation des Gerichtshofs noch erkennbar. Denn in der Rs. *Rottmann* machte der Gerichtshof geltend, dass es gerade die Situation des Wechsels der Staatsangehörigkeit war, die dazu führen konnte, dass der gänzliche Verlust der Unionsbürgerschaft drohte.[887] Damit wies der Sachverhalt in der Rs. *Rottmann* mit einem wesentlichen Element über einen rein innerstaatlichen Sachverhalt hinaus.[888] Dies ist in der Rs. *Zambrano* indes nicht mehr der Fall. Durch die Eröffnung des Anwendungsbereichs des Unionsrechts mit Verweis auf den Kernbestand der unionsbürgerschaftlichen Rechte, scheint der Gerichtshof die Anwendung des Unionsrechts nunmehr über die Einwirkungsintensität des befürchteten Eingriffs zu rechtfertigen.[889]

Die Aufgabe des Kriteriums des grenzüberschreitenden Bezuges in der gegebenen Konstellation ist insbesondere mit Blick auf das Prinzip der begrenzten Einzelermächtigung kritisch zu betrachten. Indem der Gerichtshof nicht mehr auf Art. 21 AEUV, sondern einzig auf den Gehalt von Art. 20 AEUV abstellt, ist es dem EuGH nunmehr möglich, einen Sachverhalt allein gestützt auf die Unionsbürgerschaft und völlig losgelöst von einer sachlichen Eingrenzung zu prüfen. Damit reklamiert der Gerichtshof für sich faktisch die Zuständigkeit für Fälle der Familienzusammenführung in Situationen, die eigentlich dem betreffenden Mitgliedstaat überantwortet sein müssten.[890]

Da der Gerichtshof die Aufgabe des Kriteriums des grenzüberschreitenden Bezuges methodisch nicht näher begründet, bleibt offen, wie weitreichend die Rechtsprechungsänderung ist.

---

[887] Rs. C-135/08 *Rottmann*, EuGH Urteil v. 2.3.2010, Rn. 42.

[888] *Spaventa*, Earned Citizenship – Understanding Union Citizenship through Its Scope, in: Kochenov (Hrsg.), EU Citizenship and Federalism: The Role of Rights, 204, 210 Fn. 37.

[889] *Kaesling*, Family Life and EU Citizenship: The Discovery of the Substance of the EU Citizen's Rights and its Genuine Enjoyment, in: Boele-Woelki/Dethloff/Gephart (Hrsg.), Family Law and Culture in Europe: Developments, Challenges and Opportunities, 293, 296; *Haag*, Die Letztverantwortung des Herkunftsmitgliedstaates im Unionsbürgerrecht, in: Thym/Klarmann (Hrsg.), Unionsbürgerschaft und Migration im aktuellen Europarecht, 15, 21; *Kochenov*, A Real European Citizenship: A New Jurisdiction Test: A Novel Chapter in the Development of the Union in Europe, CJEL 2011, 56, 91.

[890] *Nic Shuibhne*, Recasting EU Citizenship as Federal Citizenship: What are the Implications for the Citizen when the Polity Bargain is Privileged?, in: Kochenov (Hrsg.), EU Citizenship and Federalism: The Role of Rights, 147, 162; vgl. auch *Schwarze*, Die Abwägung von Zielen der europäischen Integration und mitgliedstaatlichen Interessen in der Rechtsprechung des EuGH, EuR 2013, 253, 265.

bb) Materieller Gehalt der Kernbestandsdoktrin

In der Sache begründet der Gerichtshof sein Ergebnis mit dem selbstreferenziellen Befund, dass der Unionsbürgerstatus dazu bestimmt sei, der grundlegende Status der Angehörigen der Mitgliedstaaten zu sein. Aus diesem Grund stehe Art. 20 AEUV allen nationalen Maßnahmen entgegen, die einem Unionsbürger den tatsächlichen Genuss des Kernbestands seiner Rechte verwehren.[891]

Damit nimmt der Gerichtshof direkt auf die mit der Rs. *Grzelcyk* begründete Rechtsprechungslinie Bezug. In dieser Rechtsprechungslinie war jedoch die Ausübung des heute in Art. 21 AEUV verankerten Freizügigkeitsrechts entscheidend, um den Anwendungsbereich des Diskriminierungsverbots zu eröffnen. Obwohl das grenzüberschreitende Element im Ausgangsverfahren fehlt, überträgt der Gerichtshof seine Wertung nunmehr erstmals auch auf Art. 20 AEUV. Ohne dies ausdrücklich zu benennen, hat der Gerichtshof damit eine Rechtsfortbildung vorgenommen, die sich vor allem mit dem *effet utile*-Grundsatz begründen lässt.[892] Art. 20 AEUV, der bislang den akzessorischen Erwerb der Unionsbürgerschaft regelte (Abs. 1) und im Übrigen die unionsbürgerschaftlichen Rechte überblicksartig zusammenfasste (Abs. 2), wird nunmehr ein eigener materieller Bedeutungsgehalt zugesprochen.[893]

Das *Zambrano*-Urteil wurde auch deshalb als problematisch betrachtet, da der Gerichtshof ein neues bedeutendes Konzept einführt, ohne den Anwendungsbereich näher einzugrenzen.[894] So war einerseits offen, in welchem Verhältnis die drittstaatsangehörige Person zum Unionsbürger stehen muss, um über den Kernbestandsschutz ein abgeleitetes Aufenthaltsrecht geltend machen zu können. Andererseits war fraglich, in welchem Zusammenhang die Kernbestandsrechtsprechung mit den Unionsgrundrechten steht.

(1) Der geschützte Personenkreis

Hinsichtlich des geschützten Personenkreises äußert der Gerichtshof nur, dass der Kernbestandsschutz jedenfalls für drittstaatsangehörige Eltern eines Unionsbürgers gewährt werden muss, wenn das betreffende Kind minderjährig ist und der betreffende Elternteil dem Kind Unterhalt gewährt.[895] Dies erinnert an die Argumentation, die der Gerichtshof bereits in den Rs. *Baum-*

---

[891] Rs. C-34/09 *Zambrano*, EuGH Urteil v. 8.3.2011, Rn. 41.

[892] Vgl. *Sankari*, European Court of Justice Legal Reasoning in Context, 103.

[893] Vgl. *Cede*, Kernbestand der Unionsbürgerschaft und Grundrechte, EuR Beiheft 1 2015, 79, 86; *van Eijken/de Vries*, Case Comment: A New Route into the Promised Land? Being a European Citizen after Ruiz Zambrano, E.L.Rev. 2011, 704, 713.

[894] Vgl. *Schwarze*, Die Abwägung von Zielen der europäischen Integration und mitgliedstaatlichen Interessen in der Rechtsprechung des EuGH, EuR 2013, 253, 266.

[895] Rs. C-34/09 *Zambrano*, EuGH Urteil v. 8.3.2011, Rn. 43.

bast und R und *Zhu und Chen* vorgenommen hat.[896] Dort konnte der Gerichtshof indes noch an das Sekundärrecht anknüpfen, das den Kindern jeweils ein Aufenthaltsrecht gewährte.[897] Um die Effektivität dieser sekundärrechtlich ausgestalteten Aufenthaltsrechte zu sichern, leitete der Gerichtshof auch hinsichtlich des tatsächlich sorgenden drittstaatsangehörigen Elternteils ein Aufenthaltsrecht ab. In der Rs. *Baumbast und R* stellte der Gerichtshof insoweit noch ausschließlich auf Art. 12 der Verordnung 1612/68/EWG ab. In der Rs. *Zhu und Chen* stützte er das Aufenthaltsrecht der Mutter sowohl auf das Sekundärrecht als auch auf Art. 21 AEUV, in der Rs. *Zambrano* nunmehr allein auf Art. 20 AEUV. Damit löst sich der Gerichtshof immer weiter von einer argumentativen Anknüpfung an das Sekundärrecht, sodass in der Rs. *Zambrano* letztlich überhaupt keine Rückbindung an den Willen des Gesetzgebers mehr gegeben ist.

Auch inhaltlich lässt sich eine schrittweise Erweiterung der derivativen Aufenthaltsrechte erkennen. In der Rs. *Baumbast und R* ging es noch darum, das Recht eines Kindes eines ehemaligen Wanderarbeiters an der Teilnahme am allgemeinen Unterricht im Aufnahmemitgliedstaat zu sichern und damit einem Recht praktische Wirksamkeit zu verleihen, welches das betreffende Kind selbst auch tatsächlich wahrnehmen konnte. Auch die eindeutige Formulierung von Art. 12 der Verordnung 1612/68/EWG erforderte das vom Gerichtshof gefundene Ergebnis.[898] In der Rs. *Zhu und Chen* wurde hingegen bereits das Aufenthaltsrecht eines Kleinkinds geschützt, das dieses Recht erst durch die wirksame Steuerung der Eltern erhalten hatte und praktisch selbst gar nicht ausüben konnte. In der Rechtssache *Zambrano* wird nun ein abgeleitetes Aufenthaltsrecht in einer Situation zuerkannt, die abgesehen von dem Umstand, dass minderjährige Unionsbürger betroffen sind und sich deren Situation durch den Aufenthaltsstatus der drittstaatsangehörigen Eltern verändern könnte, keine Bezüge zum Unionsrecht aufweist.

Der Gerichtshof sieht den Kernbestand der unionsbürgerschaftlichen Rechte offenbar als verwehrt an, wenn die Versagung des Aufenthaltsrechts der Eltern dazu führen würde, dass die minderjährigen Kinder das Unionsgebiet (als Ganzes) verlassen müssten, um ihre Eltern zu begleiten.[899] Der Gerichtshof scheint damit das Recht des Unionsbürgers auf tatsächlichen Aufenthalt im Unionsgebiet zu sichern.[900] Maßgeblich ist, dass zwischen den

---

[896] *van Eijken/de Vries*, Case Comment: A New Route into the Promised Land? Being a European Citizen after Ruiz Zambrano, E.L.Rev. 2011, 704, 712.

[897] Vgl. oben, § 7 B. II. 4. d) aa) u. § 7 B. III. 1. d) aa) (2).

[898] Vgl. oben, § 7 B. II. 4. d) aa).

[899] Rs. C-34/09 *Zambrano*, EuGH Urteil v. 8.3.2011, Rn. 44.

[900] *Nettesheim*, Der „Kernbereich" der Unionsbürgerschaft – vom Schutz der Mobilität zur Gewährleistung eines Lebensumfelds, JZ 2011, 1030, 1033; *Cede*, Kernbestand der Unionsbürgerschaft und Grundrechte, EuR Beiheft 1 2015, 79, 84; *Kochenov*, A Real

Kindern und den Eltern ein besonderes Abhängigkeitsverhältnis besteht. Dies ergibt sich auch daraus, dass diejenigen Eltern mittelbar geschützt werden, die den betreffenden Kindern Unterhalt gewähren.[901] Anders als noch in den Rs. *Baumbast und R* und *Zhu und Chen* beschränkt der Gerichtshof das Aufenthaltsrecht nicht ausdrücklich auf den Elternteil, der die Personensorge tatsächlich wahrnimmt, sondern spricht vielmehr offener von den „Eltern“.[902]

Da ein Abhängigkeitsverhältnis zwischen Unionsbürgern und drittstaatsangehörigen Familienmitgliedern nicht nur zwischen Kindern und ihren Eltern denkbar ist, sondern ebenfalls mit Blick auf pflegebedürftige Angehörige oder auch zwischen Ehegatten, war nach dem *Zambrano*-Urteil völlig offen, wie sich die Kernbestandsrechtsprechung im Hinblick auf den geschützten Personenkreis weiterentwickeln würde. Die Formulierung des Gerichtshofs lässt jedoch erkennen, dass den drittstaatsangehörigen Personen keine eigenständigen Rechte gewährt werden. Der Schutz wird ihnen nur mittelbar als akzessorisches Recht gewährt, das vollständig abhängig ist vom Unionsbürgerstatus desjenigen Unionsbürgers, von dem sie ihre Rechte ableiten.[903]

(2) Einfluss der Grundrechte

Obgleich der Gerichtshof in der Rs. *Zambrano* die Grundrechte überhaupt nicht erwähnt, sondern den Kernbestandsschutz allein gestützt auf den Effektivitätsgrundsatz entwickelt, wurde nachfolgend vielfach diskutiert, in welchem Zusammenhang die Unionsgrundrechte und die Kernbestandsrechtsprechung stehen.

Dies geschah unter anderem vor dem Hintergrund, dass GA Sharpston den grundrechtlichen Implikationen im Ausgangsverfahren eine wichtige Rolle einräumte und deshalb auch einen bedeutenden Teil ihrer Schlussanträge dem allgemeinen Geltungsbereich der Unionsgrundrechte widmete.[904]

European Citizenship: A New Jurisdiction Test: A Novel Chapter in the Development of the Union in Europe, CJEL 2011, 56, 99.

[901] Rs. C-34/09 *Zambrano*, EuGH Urteil v. 8.3.2011, Rn. 43.

[902] *van Eijken/de Vries*, Case Comment: A New Route into the Promised Land? Being a European Citizen after Ruiz Zambrano, E.L.Rev. 2011, 704, 712. In den englischen Sprachfassungen wird dieser Unterschied noch offensichtlicher, da sich der Gerichtshof in den Rs. *Baumbast und R* und *Zhu und Chen* auf den „primary carer“ bezieht, in der Rs. *Zambrano* hingegen allgemeiner auf die „parents“, Rs. C-413/99 *Baumbast und R*, EuGH Urteil v. 17.9.2002, Rn. 73; Rs. C-200/02 *Zhu und Chen*, EuGH Urteil v. 19.10.2004, Rn. 45; Rs. C-34/09 *Zambrano*, EuGH Urteil v. 8.3.2011, Rn. 44.

[903] *Cede*, Kernbestand der Unionsbürgerschaft und Grundrechte, EuR Beiheft 1 2015, 79, 82.

[904] Rs. C-34/09 *Zambrano*, Schlussanträge GA Sharpston v. 30.9.2010, Rn. 54 f. u. 81 f.

Darüber hinaus war auch in der Rs. *Baumbast und R* die Begründung des abgeleiteten Aufenthaltsrechts mit einem Hinweis auf Art. 8 EMRK erfolgt.[905] Da die Entscheidung in der Rs. *Zambrano* als Weiterentwicklung des erstmals in der Rs. *Baumbast und R* begründeten abgeleiteten Aufenthaltsrechts zu sehen ist, erscheint es naheliegend, dass grundrechtsbezogene Erwägungen auch in der Rs. *Zambrano* eine Rolle gespielt haben könnten, ohne dass der Gerichtshof dies offenlegte.

Auch die Knappheit der Urteilsbegründung machte die Entscheidung in besonderer Weise erörterungsbedürftig und verlieh daher Stimmen Auftrieb, die die Unionsgrundrechte bereits früher über die bisher bekannten Anwendungsfälle hinaus in Anknüpfung an die Unionsbürgerschaft anwenden wollten.[906] Neben dem Vorschlag von GA Sharpston, die Grundrechtecharta in allen Bereichen anzuwenden, in denen eine Unionskompetenz gegeben ist, wurde mit Blick auf die Kernbestandsrechtsprechung nunmehr diskutiert, die Unionsgrundrechte unabhängig von einer etwaigen Durchführung von Unionsrecht in allen Fällen anzuwenden, in denen ein Mitgliedstaat entgegen Art. 2 EUV den Wesensgehalt der Grundrechte systematisch missachtet.[907]

---

insbesondere auch mit Verweis auf die Rs. C-168/91 *Konstantinidis*, Schlussanträge GA Jacobs vom 9.12.1992, Rn. 46, die dafür berühmt wurden, dass GA Jacobs forderte, dass die Unionsgrundrechte immer dann anwendbar sein sollten, wenn ein Unionsbürger von seinem Freizügigkeitsrecht Gebrauch gemacht hat; vgl. hierzu: *Iglesias Sánchez*, Fundamental Rights and Citizenship of the Union at a Crossroads: A Promising Alliance or a Dangerous Liaison?, ELJ 2014, 464, 469.

[905] Rs. C-413/99 *Baumbast und R*, EuGH Urteil v. 17.9.2002, Rn. 72. Bis zu einem Beitritt der Union gilt die EMRK als eine der wichtigsten Rechtserkenntnisquellen für die Grundrechtsrechtsprechung des EuGH, *Pache*, in: Pechstein/Nowak/Häde (Hrsg.), Frankfurter Kommentar zu EUV, GRC und AEUV, Art. 6 EUV Rn. 46 f. u. Rn. 66. Solange die EU-Grundrechtecharta noch keine Verbindlichkeit erlangt hatte, war die Bedeutung der EMRK insoweit auch noch größer als heute. Zum Entscheidungszeitpunkt der Rs. *Baumbast und R* war die EU-Grundrechtecharta zwar bereits verabschiedet, ihr kam damals aber noch keine bindende Wirkung zu. Der Gerichtshof nahm deshalb auf die EU-Grundrechtecharta überhaupt nicht Bezug. Der Generalanwalt hingegen verwies zusätzlich auf Art. 7 EU-GRCh, freilich mit dem Hinweis auf die noch fehlende Bindungswirkung, Rs. C-413/99 *Baumbast und R*, Schlussanträge GA Geelhoed v. 5.7.2001, Rn. 59.

[906] Mehr als zehn Jahre vor der *Zambrano*-Entscheidung forderte etwa *Shaw*, dass Grundrechte als Teil der unionsbürgerschaftlichen Rechte angesehen werden sollten, *Shaw*, Citizenship of the Union: Towards Post-National Membership?, Jean Monnet Working Paper 6 1997, 1 m.w.N.; ähnlich auch *O'Leary*, The Relationship between Community Citizenship and the Protection of Fundamental Rights in Community Law, CMLR 1995, 519.

[907] *von Bogdandy/Kottmann/Antpöhler et al.*, Reverse Solange – Protecting the Essence of Fundamental Rights against EU Member States, CMLR 2012, 489; *von Bogdandy/Kottmann/Antpöhler et al.*, Ein Rettungsschirm für europäische Grundrechte, ZaöRV 2012, 45. Der Ansatz nimmt insbesondere eine Idee auf, die GA Maduro bereits Jahre zuvor in ähnlicher Form formuliert hatte, indes ohne vom grenzüberschreitenden Bezug

Darüber hinaus gibt es auch Autoren, die die *Zambrano*-Entscheidung als Entwicklungsschritt hin zu einer „echten Bürgerschaft“ dahingehend deuteten, dass nunmehr die Unionsbürgerschaft *per se* die Unionsgrundrechte zur Anwendung bringe, ohne dass ein anderweitiger Unionsrechtsbezug hergestellt sein müsse.[908] Dogmatisch ist bei einem solchen Ansatz der Kernbestand der unionsbürgerschaftlichen Rechte stets betroffen, wenn eine Beeinträchtigung der Unionsgrundrechte vorliegt. Durch eine solche Verknüpfung würde unionsweit ein gleicher Mindeststandard des Grundrechtsschutzes erzielt und eine etwaige Verletzung durch den Gerichtshof justiziabel gemacht.[909]

Dass der Gerichtshof diesen Schritt in der Rs. *Zambrano* nicht offen vollzieht, dürfte mehrere Ursachen haben. Die unmittelbare Verknüpfung des Kernbestands mit den Grundrechten würde zu einem massiven Föderalisierungsschub führen[910], der die grundlegende Kompetenzverteilung zwischen der EU und ihren Mitgliedstaaten in Frage stellen würde. Ohne eine Änderung der Verträge wäre ein solcher Ansatz daher mit dem Prinzip der begrenzten Einzelermächtigung nicht in Einklang zu bringen.[911] Selbst GA

abzusehen, Rs. C-380/05 *Centro Europa 7*, Schlussanträge GA Maduro v. 12.9.2007. In eine ähnliche Richtung gehend auch: *Halberstam*, Constitutional Heterarchy: The Centrality of Conflict in the European Union and the United States, in: Dunoff/Trachtman (Hrsg.), Ruling the World?, 326. Einen Vergleich der unterschiedlichen Ansätze liefert *Croon-Gestfeld*, Reverse Solange: Union Citizenship as a Detour on the Route to European Rights Protection against National Infringements, in: Kochenov (Hrsg.), EU Citizenship and Federalism: The Role of Rights, 665, 667 f.

[908] *Kochenov*, A Real European Citizenship: A New Jurisdiction Test: A Novel Chapter in the Development of the Union in Europe, CJEL 2011, 56, 90 f. u. 99; vgl. auch *van den Brink*, EU Citizenship and EU Fundamental Rights: Taking EU Citizenship Rights Seriously?, Leg. Issues Econ. Integration 2012, 273.

[909] *van den Brink*, The Origins and the Potential Federalising Effects of the Substance of Rights Test, in: Kochenov (Hrsg.), EU Citizenship and Federalism: The Role of Rights, 85, 104 f. Eine vergleichbare Entwicklung hat sich in den USA vollzogen, hierzu: *Lenaerts*, EU Citizenship and Democracy, NJECL 2016, 164, 170.

[910] *Lenaerts*, EU Citizenship and Democracy, NJECL 2016, 164, 169; *van den Brink*, The Origins and the Potential Federalising Effects of the Substance of Rights Test, in: Kochenov (Hrsg.), EU Citizenship and Federalism: The Role of Rights, 85, 104; vgl. auch *Nettesheim*, Der „Kernbereich“ der Unionsbürgerschaft – vom Schutz der Mobilität zur Gewährleistung eines Lebensumfelds, JZ 2011, 1030, 33.

[911] *Lenaerts*, EU Citizenship and Democracy, NJECL 2016, 164, 171; vgl. *Düsterhaus*, EU Citizenship and Fundamental Rights: Contradictory, Converging or Complementary?, in: Kochenov (Hrsg.), EU Citizenship and Federalism: The Role of Rights, 642, 646; vgl. auch *Iglesias Sánchez*, Fundamental Rights and Citizenship of the Union at a Crossroads: A Promising Alliance or a Dangerous Liaison?, ELJ 2014, 464, 477, die sich allerdings in eng begrenzten Fällen dennoch für eine Inkorporation der Grundrechte in den Kernbestand ausspricht.

Sharpston hat in ihren sehr progressiven Schlussanträgen die Rs. *Zambrano* (noch) nicht als geeignet befunden, um die Grundrechte unabhängig von einem anderweitigen Unionsrechtsbezug zur Anwendung zu bringen. Insbesondere Art. 51 EU-GRCh steht einem solchen Schritt ausdrücklich entgegen.[912] Nach Art. 51 Abs. 1 S. 1. EU-GRCh gelten die Unionsgrundrechte für die Mitgliedstaaten ausschließlich bei der Durchführung des Rechts der Union. Darüber hinaus verweist Art. 51 Abs. 1 S. 2 EU-GRCh auf die Achtung der Grenzen der Zuständigkeiten, die der Union in den Verträgen übertragen wurden. Art. 51 Abs. 2 EU-GRCh verstärkt diese Programmatik, indem er deklaratorisch festschreibt, dass die Charta den Geltungsbereich des Unionsrechts nicht ausdehnt und auch keine neuen Unionszuständigkeiten begründet werden. Zwar hat der Gerichtshof den Begriff der „Durchführung des Unionsrechts" denkbar weit interpretiert[913] und bis heute sind die Einzelheiten des Umfangs der Bindung nicht eindeutig geklärt.[914] In der Entscheidung zur Rs. *Siragusa*, die von einigen Autoren als Einhegung der zuvor viel kritisierten *Åkerberg-Fransson*-Entscheidung verstanden wird[915], hat der EuGH aber jedenfalls erklärt, dass zwischen dem mitgliedstaatlichen Recht und dem Unionsrecht „ein hinreichender Zusammenhang von einem gewissen Grad" erforderlich ist, „der darüber hinausgeht, dass die fraglichen Sachbereiche benachbart sind oder der eine von ihnen mittelbare Auswirkungen auf den anderen haben kann".[916] Eine derartige Differenzierung würde nivelliert, würde die Berührung des Kernbereichs mit einer Grundrechtsbetroffenheit gleichgesetzt.

Darüber hinaus würde eine vollständige Inkorporation der Unionsgrundrechte in den Kernbereich des unionsbürgerschaftlichen Status auch einen Verstoß gegen Art. 4 Abs. 2 EUV bedeuten[917], der mit der nationalen Identität auch die Verfassungsidentität der Mitgliedstaaten schützt[918]. Von dem Schutz der grundlegenden Verfassungsstrukturen der Mitgliedstaaten bliebe nichts übrig, würde die Anwendung der Unionsgrundrechte den Grundrechts-

[912] *Masing*, Einheit und Vielfalt des Europäischen Grundrechtsschutzes, JZ 2015, 477, 483.

[913] Vgl. vor allem die Rs. C-617/10 *Åkerberg Fransson*, EuGH Urteil v. 26.2.2013, Rn. 21.

[914] *Pache*, in: Pechstein/Nowak/Häde (Hrsg.), Frankfurter Kommentar zu EUV, GRC und AEUV, Art. 51 EU-GRCh Rn. 19; *Masing*, Einheit und Vielfalt des Europäischen Grundrechtsschutzes, JZ 2015, 477, 482.

[915] *Folz*, in: Vedder/Heintschel von Heinegg (Hrsg.), Europäisches Unionsrecht: EUV/AEUV/GRCh/EAGV Handkommentar, Art. 51 EU-GRCh Rn. 14; *Terhechte*, in: von der Groeben/Schwarze/Hatje (Hrsg.), Europäisches Unionsrecht, Art. 51 EU-GRCh Rn. 10.

[916] Rs. C-206/13 *Siragusa*, EuGH Urteil v. 6.3.2014, Rn. 24.

[917] *Lenaerts*, EU Citizenship and Democracy, NJECL 2016, 164, 173.

[918] Hierzu oben, § 5 B. II. 2. a) dd) (1).

schutz der Mitgliedstaaten vollständig überlagern. Denn bei Sachverhalten, die außerhalb des Anwendungsbereichs des Unionsrechts liegen, ist der Grundrechtsschutz grundsätzlich den nationalen Verfassungsgerichten überantwortet. Im Übrigen obliegt es nach der Konzeption der Verträge den politischen Institutionen ein Sanktionsverfahren nach Art. 7 EUV anzustrengen, soweit gravierende Verstöße festzustellen sind.[919] Der Gerichtshof ist gemäß Art. 269 AEUV demgemäß auf die Prüfung beschränkt, ob die vorgesehenen Verfahrensbestimmungen eingehalten wurden. Die Beurteilung des Vorliegens einer schwerwiegenden Gefährdung oder gar Verletzung der Werte des Art. 2 EUV ist dem EuGH hingegen verwehrt.[920]

cc) Abschließende Einschätzung

Die *Zambrano*-Entscheidung lässt sich nur dahingehend deuten, dass der Kernbestandsschutz vor allem das Recht auf Aufenthalt im Unionsgebiet sichert. Mit dem Verweis auf die Rs. *Rottmann* ordnet der Gerichtshof darüber hinaus auch rückwirkend den drohenden Verlust der Unionsbürgerschaft als solchen dem Kernbestandsschutz zu.[921] In der Konzeption des Gerichtshofs ist dieser Schritt auch konsequent. Wenn sich aus dem Kernbestandsschutz schon ein tatsächliches Aufenthaltsrecht des Unionsbürgers im Unionsgebiet ableiten lässt, so muss erst recht auch der Entzug der Unionsbürgerschaft selbst an diesem Schutz teilhaben. Gegenüber der Rs. *Rottmann* geht die *Zambrano*-Rechtsprechung allerdings noch einen entscheidenden Schritt weiter. Wurde in der Rs. *Rottmann* vor allem die formale Rechtsposition des Unionsbürgers gesichert, wird nun in der Rs. *Zambrano* auch die faktische Wahrnehmung dieser Rechtsposition geschützt. Durch das Zusammenspiel der Rs. *Rottmann* und *Zambrano* werden staatsangehörigkeitsrechtliche Entscheidungen der Mitgliedstaaten nunmehr darüber hinaus auch in Konstellationen überprüft, die keinerlei grenzüberschreitenden Bezug aufweisen.[922]

---

[919] *Lenaerts*, EU Citizenship and Democracy, NJECL 2016, 164, 173.

[920] *Pechstein*, in: Pechstein/Nowak/Häde (Hrsg.), Frankfurter Kommentar zu EUV, GRC und AEUV, Art. 269 AEUV Rn. 4; *Ruffert*, in: Calliess/Ruffert (Hrsg.), EUV/AEUV, Das Verfassungsrecht der Europäischen Union mit Europäischer Grundrechtecharta, Art. 269 AEUV Rn. 3; kritisch zu dem begrenzten Prüfungsrecht: *Pache*, in: Vedder/Heintschel von Heinegg (Hrsg.), Europäisches Unionsrecht: EUV/AEUV/GRCh/ EAGV Handkommentar, Art. 269 AEUV Rn. 2.

[921] Vgl. *Spaventa*, Earned Citizenship – Understanding Union Citizenship through Its Scope, in: Kochenov (Hrsg.), EU Citizenship and Federalism: The Role of Rights, 204, 210.

[922] *Nettesheim*, Der „Kernbereich" der Unionsbürgerschaft – vom Schutz der Mobilität zur Gewährleistung eines Lebensumfelds, JZ 2011, 1030, 1034. Dies wurde zwischenzeitlich auch ausdrücklich durch den Gerichtshof bestätigt, Rs. C-221/17 *Tjebbes*, EuGH Urteil v. 12.3.2019, Rn. 28 u. 32.

Daneben lässt die Begründung des Gerichtshofs viele Fragen offen, insbesondere hinsichtlich des Personenkreises, der ein derivatives Aufenthaltsrecht geltend machen kann, der genauen Ausgestaltung des entscheidenden Abhängigkeitsverhältnisses sowie der aus Sicht des Gerichtshofs eventuell zu berücksichtigenden Grundrechtsimplikationen. Auch das Verhältnis zwischen Art. 20 AEUV und Art. 21 AEUV sowie die Frage, ob der Kernbestandsschutz einschränkbar ist, war ungeklärt.[923]

Hinsichtlich der noch offenen Fragen gilt es allerdings zu berücksichtigen, dass der Gerichtshof schwerlich alle weiteren Konstellationen auf Grundlage des zugrunde liegenden Ausgangsverfahrens hätte lösen können, ohne *obiter dicta* auszusprechen, die von seinem Rechtsprechungsauftrag nicht mehr gedeckt gewesen wären. Dass der Gerichtshof sich vorliegend darauf beschränkt, nur die Vorlagefragen zu beantworten, lässt sich daher auch mit dem kompetenzbezogenen Verhältnismäßigkeitsgrundsatz begründen. Eine Einwirkung in die mitgliedstaatlichen Handlungsbefugnisse soll nur insoweit erfolgen, als dies unbedingt erforderlich ist, um die Situation des Ausgangsverfahrens zu klären.[924]

Allerdings ist es insbesondere mit Blick auf das Prinzip der begrenzten Einzelermächtigung problematisch, dass der Gerichtshof den Kernbestandsschutz auch anhand des vorliegenden Falles nicht näher erläutert und methodisch absichert.[925] Denn je weiter sich Rechtsfortbildung von den gängigen Auslegungsmethoden entfernt, desto höher sind die Anforderungen an ihre Begründung.[926] Dies gilt umso mehr, als der Gerichtshof vorliegend das Primärrecht fortbildet, dessen Änderung durch die Mitgliedstaaten deutlich schwieriger zu bewirken ist, als eine Änderung des Sekundärrechts. Darüber hinaus ist durch die Offenheit des Konzepts auch nicht gesichert, dass es sich bei der Entscheidung um die Regelung eines Einzelfalls handelt, die ggf. aufgrund der besonderen Situation zu rechtfertigen wäre. Vielmehr zeigen die Diskussionen um eine mögliche Verknüpfung des Kernbestands mit dem Grundrechtsschutz, welches weitere Föderalisierungspotenzial die neu ent-

---

[923] Vgl. *van Eijken/Phoa*, The Scope of Article 20 TFEU Clarified in Chavez-Vilchez: Are the Fundamental Rights of Minor EU Citizens Coming of Age?, E.L.Rev. 2018, 949, 950.

[924] Vgl. *Lenaerts*, EU Citizenship and the European Court of Justice's "Stone-by-Stone" Approach, ICJ 2015, 1, 3, der die Knappheit der Begründung auch mit den besonderen Verfahrensbedingungen des Vorabentscheidungsverfahrens erklärt.

[925] Vgl. *Schwarze*, Die Abwägung von Zielen der europäischen Integration und mitgliedstaatlichen Interessen in der Rechtsprechung des EuGH, EuR 2013, 253, 266; kritisch ohne ausdrücklich einen Bezug zum Prinzip der begrenzten Einzelermächtigung herzustellen auch: *Spaventa*, Earned Citizenship – Understanding Union Citizenship through Its Scope, in: Kochenov (Hrsg.), EU Citizenship and Federalism: The Role of Rights, 204, 213.

[926] Hierzu oben, § 4 A. III. u. § 5 B. I. 1.

wickelte Kernbestandsdoktrin bietet. Insbesondere die Entscheidung, die Unionsgrundrechte auch unabhängig von einem sonstigen Bezug zum Unionsrecht zur Anwendung zu bringen, darf von der Rechtsprechung indes nicht vorweggenommen werden, sondern ist den Mitgliedstaaten vorbehalten. Indem der Gerichtshof die neue Kernbestandsdoktrin (noch) nicht ausdrücklich in einen Zusammenhang mit den Unionsgrundrechten setzt, scheint er eine entsprechende Diskussion zu umgehen, kommt strukturell aber zu einem vergleichbaren Ergebnis. Damit wird die Kompetenzverteilung zwischen den Mitgliedstaaten und der EU allerdings nur vordergründig gewahrt.[927]

4. Die Rechtssache McCarthy[928]

a) Sachverhalt und Vorlagefrage

Frau McCarthy ist Staatsangehörige des Vereinigten Königreichs und Irlands. Sie hat stets im Vereinigten Königreich gelebt. Im Jahr 2002 heiratete Frau McCarthy einen jamaikanischen Staatsangehörigen, der nach den nationalen Vorschriften nicht aufenthaltsberechtigt war. Nach der Eheschließung beantragte Frau McCarthy erstmals einen irischen Reisepass. Im Juli 2004 beantragten Frau McCarthy und ihr Ehegatte eine Aufenthaltserlaubnis als Unionsbürgerin bzw. als Ehegatte einer Unionsbürgerin. Die Anträge wurden abgelehnt. Hiergegen ging das Ehepaar gerichtlich vor. Der Supreme Court setzte schließlich das Verfahren aus und legte dem Gerichtshof folgende Frage zur Vorabentscheidung vor:

Ist Art. 3 Abs. 1 der Richtlinie 2004/38/EG oder Art. 21 AEUV auf den Fall eines Unionsbürgers anwendbar, der noch nie von seinem Recht auf Freizügigkeit Gebrauch gemacht hat, der sich stets in einem Mitgliedstaat, dessen Staatsangehörigkeit er besitzt, aufgehalten hat und der sich im Übrigen im Besitz der Staatsangehörigkeit eines anderen Mitgliedstaats befindet?

b) Würdigung durch die Generalanwältin[929]

GA Kokott ordnet den Fall zunächst so ein, dass es im Kern darum gehe zu prüfen, ob dem Ehemann von Frau McCarthy möglicherweise ein abgelei-

---

[927] Vgl. *Nettesheim*, Der „Kernbereich" der Unionsbürgerschaft – vom Schutz der Mobilität zur Gewährleistung eines Lebensumfelds, JZ 2011, 1030, 1032 f.; *Nic Shuibhne*, Recasting EU Citizenship as Federal Citizenship: What are the Implications for the Citizen when the Polity Bargain is Privileged?, in: Kochenov (Hrsg.), EU Citizenship and Federalism: The Role of Rights, 147, 170.

[928] Rs. C-434/09 *McCarthy*, EuGH Urteil v. 5.5.2011.

[929] Rs. C-434/09 *McCarthy*, Schlussanträge GA Kokott v. 25.11.2010.

tetes Aufenthaltsrecht über das Unionsrecht zukommen könne. Im Ergebnis gehe es folglich um Familienzusammenführung.[930] Fraglich sei aber, ob das Unionsrecht im vorliegenden Fall überhaupt zur Anwendung kommen könne, da Frau McCarthy nie von ihrem Freizügigkeitsrecht Gebrauch gemacht habe. Einziger Anknüpfungspunkt sei ihre doppelte Staatsangehörigkeit.[931]

Im Hinblick auf die erste Vorlagefrage sei zu prüfen, ob Frau McCarthy und ihre Familienangehörigen als „Berechtigte" i.S.d. Richtlinie 2004/38/EG einzuordnen seien.[932] Dem Wortlaut der Richtlinie nach komme dies nicht in Betracht, da die Richtlinie nur für Unionsbürger gelte, die sich in einem „anderen" Mitgliedstaat aufhielten.[933] Auch die Zielsetzung der Richtlinie stehe dem entgegen. Ziel der Richtlinie sei es, die Freizügigkeit im Hoheitsgebiet anderer Mitgliedstaaten zu erleichtern.[934] Hinsichtlich des Regelungszusammenhanges von Art. 3 Abs. 1 der Richtlinie sei anzumerken, dass diverse Vorschriften der Richtlinie von „Einreise" und dem „Aufnahmemitgliedstaat" sprächen.[935] Zwar könne die Richtlinie ausnahmesweise auch gegenüber dem Heimatstaat zur Anwendung gelangen, dies aber nach ständiger Rechtsprechung des Gerichtshofs nur bei Rückkehr in jenen, nach Ausübung des Freizügigkeitsrechts oder wenn der Unionsbürger seinen Heimatstaat verlassen wolle. Frau McCarthy, die von ihrem Freizügigkeitsrecht nie Gebrauch gemacht habe, falle daher nicht in den Geltungsbereich der Richtlinie und könne hierüber folglich keine Familienzusammenführung bewirken.[936] Zwar müsse die Richtlinie im Einklang mit dem Primärrecht, d.h. u.a. unter Berücksichtigung von Art. 21 Abs. 1 AEUV und Art. 45 Abs. 1 EU-GRCh ausgelegt werden, doch könnte man auch aus Art. 21 AEUV kein Aufenthaltsrecht gegenüber seinem Heimatstaat herleiten, wenn es an einem grenzüberschreitenden Element fehle.[937]

Zu prüfen sei jedoch, ob sich an dem obigen Ergebnis durch die doppelte Staatsangehörigkeit von Frau McCarthy etwas ändere.[938] In Entscheidungen, die das Namensrecht betrafen, habe die doppelte Staatsangehörigkeit ausgereicht, um das Unionsrecht zur Anwendung zu bringen.[939] Die Ent-

[930] Rs. C-434/09 *McCarthy*, Schlussanträge GA Kokott v. 25.11.2010, Rn. 21.
[931] Rs. C-434/09 *McCarthy*, Schlussanträge GA Kokott v. 25.11.2010, Rn. 22.
[932] Rs. C-434/09 *McCarthy*, Schlussanträge GA Kokott v. 25.11.2010, Rn. 24.
[933] Rs. C-434/09 *McCarthy*, Schlussanträge GA Kokott v. 25.11.2010, Rn. 25.
[934] Rs. C-434/09 *McCarthy*, Schlussanträge GA Kokott v. 25.11.2010, Rn. 26 f.
[935] Rs. C-434/09 *McCarthy*, Schlussanträge GA Kokott v. 25.11.2010, Rn. 28.
[936] Rs. C-434/09 *McCarthy*, Schlussanträge GA Kokott v. 25.11.2010, Rn. 29 f.
[937] Rs. C-434/09 *McCarthy*, Schlussanträge GA Kokott v. 25.11.2010, Rn. 31.
[938] Rs. C-434/09 *McCarthy*, Schlussanträge GA Kokott v. 25.11.2010, Rn. 32.
[939] Rs. C-434/09 *McCarthy*, Schlussanträge GA Kokott v. 25.11.2010, Rn. 34 Fn. 29 mit Verweis auf Rs. C-148/02 *Garcia Avello*, EuGH Urteil v. 2.10.2003, Rn. 36, 37 u. 45.

scheidungen in Bereichen wie dem Namensrecht ließen sich aber nicht zwangsläufig auf das Aufenthaltsrecht und die damit verbundene Familienzusammenführung übertragen. Entscheidend sei, ob sich die Lage eines Unionsbürgers mit doppelter Staatsangehörigkeit in rechtlich relevanter Weise von der Situation eines Unionsbürgers mit nur einer Staatsangehörigkeit unterscheide.[940] Das im vorliegenden Fall in Rede stehende Aufenthaltsrecht von Frau McCarthy und ihren Familienangehörigen diene der Erleichterung der Freizügigkeit im Hoheitsgebiet der Mitgliedstaaten. Im Hinblick auf das Aufenthaltsrecht ergebe sich für Frau McCarthy jedoch durch ihre doppelte Staatsangehörigkeit gegenüber anderen britischen Staatsangehörigen, die nie von ihrem Aufenthaltsrecht Gebrauch gemacht hätten, keine besondere Situation. Frau McCarthy werde weder in ihrem Freizügigkeitsrecht beschränkt, noch gegenüber anderen britischen Staatsangehörigen diskriminiert.[941] Zwar könnte es dadurch, dass für Unionsbürger, die ihr Freizügigkeitsrecht bereits ausgeübt hätten, großzügigere Regelungen im Hinblick auf ihre Familienangehörigen aus Drittstaaten gälten, zum Problem der Inländerdiskriminierung kommen, doch biete das Unionsrecht nach ständiger Rechtsprechung keine Handhabe, um diesem zu begegnen.[942] Obwohl mitunter erwogen werde, aus der Unionsbürgerschaft ein Verbot der Inländerdiskriminierung herzuleiten, habe der Gerichtshof bislang stets festgestellt, dass die Unionsbürgerschaft den sachlichen Anwendungsbereich des Unionsrechts nicht auf interne Sachverhalte ausdehnen solle, die keinerlei Bezug zum Unionsrecht aufwiesen.[943] GA Kokott sah sich auch nicht veranlasst, zu diesem Problem Stellung zu beziehen, da Frau McCarthy nach der Richtlinie ohnehin kein Aufenthaltsrecht habe herleiten können, selbst wenn sie von ihrem Freizügigkeitsrecht Gebrauch gemacht hätte. Denn sie habe auch die übrigen Voraussetzungen nicht erfüllt.[944]

Im Ergebnis sei die Vorlagefrage daher dahingehend zu beantworten, dass eine Unionsbürgerin, die nie von ihrem Freizügigkeitsrecht Gebrauch gemacht habe, kein Aufenthaltsrecht aufgrund der Richtlinie 2004/38/EG beanspruchen könne.[945]

Auch wenn sich Frau McCarthy nicht auf das Unionsrecht stützen könne, um für sich und ihre Familienangehörigen ein Aufenthaltsrecht zu erwirken, sei darauf hinzuweisen, dass die Verweigerung des Aufenthaltsrechts einen Vertoß gegen Art. 8 Abs. 1 ERMK darstellen könne.[946]

---

[940] Rs. C-434/09 *McCarthy*, Schlussanträge GA Kokott v. 25.11.2010, Rn. 35.
[941] Rs. C-434/09 *McCarthy*, Schlussanträge GA Kokott v. 25.11.2010, Rn. 38.
[942] Rs. C-434/09 *McCarthy*, Schlussanträge GA Kokott v. 25.11.2010, Rn. 39 f.
[943] Rs. C-434/09 *McCarthy*, Schlussanträge GA Kokott v. 25.11.2010, Rn. 41.
[944] Rs. C-434/09 *McCarthy*, Schlussanträge GA Kokott v. 25.11.2010, Rn. 43 f.
[945] Rs. C-434/09 *McCarthy*, Schlussanträge GA Kokott v. 25.11.2010, Rn. 45.
[946] Rs. C-434/09 *McCarthy*, Schlussanträge GA Kokott v. 25.11.2010, Rn. 58 f.

c) Würdigung durch den EuGH[947]

Im Rahmen einer Vorbemerkung weist der EuGH darauf hin, dass die Unionsbürgerschaft das elementare Recht verleihe, sich im Hoheitsgebiet der Mitgliedstaaten vorbehaltlich der in den Verträgen und Durchführungsvorschriften vorgesehenen Beschränkungen und Bedingungen frei zu bewegen und aufzuhalten. Die Freizügigkeit sei eine Grundfreiheit des Binnenmarktes, die auch in Art. 45 EU-GRCh noch einmal bekräftigt werde.[948]

Zunächst sei zu prüfen, ob eine Person in der Situation von Frau McCarthy, die nie von ihrem Freizügigkeitsrecht Gebrauch gemacht habe, sich auf die Richtlinie 2004/38/EG berufen könne. Dies sei aufgrund einer grammatischen, teleologischen und systematischen Auslegung zu verneinen.[949] Denn „Berechtigte" i.S.v. Art. 3 der Richtlinie seien nur Unionsbürger, die sich in einen „anderen Mitgliedstaat" begäben.[950] Außerdem sei zwar Zweck der Richtlinie, das Freizügigkeits- und Aufenthaltsrecht zu erleichtern und zu stärken. Wie aus Art. 1 a) hervorgehe stelle sie jedoch Bedingungen auf, unter denen dieses Recht ausgeübt werden könne. Da der Aufenthalt im Heimatstaat keinen Bedingungen unterliege, könne die Richtlinie für die Ausübung dieses Rechts auch keine Anwendung finden.[951] Im Übrigen werde durch die häufige Bezugnahme auf andere Mitgliedstaaten oder den Aufnahmemitgliedstaat offenbar, dass die Richtlinie die Rechtsstellung von Unionsbürgern in einem Mitgliedstaat, dessen Staatsangehörigkeit sie nicht besitzen, regele. Im Ergebnis sei eine Situation wie die vorliegende daher nicht vom Geltungsbereich der Richtlinie erfasst. An diesem Ergebnis könne die doppelte Staatsangehörigkeit von Frau McCarthy nichts ändern. Auch ihr Ehegatte könne daher über die Richtlinie kein Aufenthaltsrecht erhalten, da die Richtlinie Familienangehörigen keine eigenen Rechte, sondern nur abgeleitete Rechte gewähre.[952]

Fraglich sei nunmehr, ob Art. 21 AEUV auf eine Situation wie die vorliegende anwendbar sei. Nach ständiger Rechtsprechung seien die Vertragsbestimmungen über die Freizügigkeit sowie deren Durchführungsbestimmungen nicht auf Sachverhalte anwendbar, wenn keinerlei Berührungspunkte mit dem Unionsrecht hergestellt werden könnten und auch kein relevantes Element über die Grenzen eines Mitgliedstaats hinausweise. Dass Frau McCarthy nicht von ihrem Freizügigkeitsrecht Gebrauch gemacht habe, schließe jedoch nicht allein deshalb die Anwendung des Unionsrechts aus.

---

[947] Rs. C-434/09 *McCarthy*, EuGH Urteil v. 5.5.2011.
[948] Rs. C-434/09 *McCarthy*, EuGH Urteil v. 5.5.2011, Rn. 27.
[949] Rs. C-434/09 *McCarthy*, EuGH Urteil v. 5.5.2011, Rn. 30 f.
[950] Rs. C-434/09 *McCarthy*, EuGH Urteil v. 5.5.2011, Rn. 32.
[951] Rs. C-434/09 *McCarthy*, EuGH Urteil v. 5.5.2011, Rn. 34.
[952] Rs. C-434/09 *McCarthy*, EuGH Urteil v. 5.5.2011, Rn. 37 f.

Denn der Gerichtshof habe in der Rs. *Zambrano*[953] entschieden, dass Art. 20 AEUV nationalen Maßnahmen entgegenstehe, die bewirkten, dass Unionsbürgern der tatsächliche Genuss des Kernbestands der unionsbürgerschaftlichen Rechte verwehrt werde. Als Staatsangehörige mindestens eines Mitgliedstaats könne sich Frau McCarthy auf ihre Rechte aus Art. 20 und 21 AEUV berufen. Es sei jedoch nicht ersichtlich, dass Frau McCarthy im vorliegenden Sachverhalt der Genuss des Kernbestands ihrer unionsbürgerschaftlichen Rechte verwehrt worden sei. Denn im Unterschied zu der Situation, die dem Urteil in der Rs. *Zambrano* zugrundelag, sei Frau McCarthy nicht gezwungen, das Hoheitsgebiet der Union zu verlassen. Auch die Rs. *Garcia Avello*[954], in der ein Bezug zum Unionsrecht durch eine doppelte Staatsangehörigkeit hergestellt worden sei, sei vom vorliegenden Sachverhalt zu unterscheiden. Im Rahmen der Rs. *Garcia Avello* habe der Gerichtshof entschieden, dass die Unionsbürgerschaft nationalen Regelungen entgegenstünde, die zu schwerwiegenden Nachteilen beruflicher oder privater Art führen könnten. Der Umstand, dass Frau McCarthy zwei Staatsangehörigkeiten besitze, führe jedoch nicht zur Anwendung von Maßnahmen, die bewirkten, dass ihr der tatsächliche Genuss des Kernbestands ihrer unionsbürgerschaftlichen Rechte verwehrt oder ihr Freizügigkeitsrecht beschränkt würde.

Im Ergebnis sei daher festzuhalten, dass Art. 21 AEUV auf Unionsbürger, die noch nie von ihrem Recht auf Freizügigkeit Gebrauch gemacht hätten und auch sonst nicht im Kernbestand ihrer unionsbürgerschaftlichen Rechte beeinträchtigt würden, nicht anwendbar sei.

d) Analyse

Über die Rs. *McCarthy* hatte der Gerichtshof nur wenige Monate nach dem wegweisenden *Zambrano*-Urteil zu entscheiden. Die Kommentatoren erhofften sich daher eine Klärung einiger mit der *Zambrano*-Entscheidung noch offen gebliebener Fragen.

Der Gerichtshof prüft zunächst die Anwendbarkeit der Freizügigkeitsrichtlinie und kommt nach einer umfassenden Auswertung von Wortlaut, Systematik und Telos der Richtlinie zu dem Ergebnis, dass diese im vorliegenden Fall nicht anwendbar ist.[955] Dieses Ergebnis erscheint in Anbetracht der überzeugenden Begründung auch konsequent.

Anders als es die Vorlagefrage vielleicht vermuten lässt, war der Umstand, dass Frau McCarthy noch nie von ihrem Freizügigkeitsrecht Gebrauch gemacht hat, allerdings nicht der allein maßgebliche Faktor, um zu diesem Ergebnis zu gelangen. Denn in der Rs. *Zhu und Chen* wurde die Vorgänger-

[953] Rs. C-34/09 *Zambrano*, EuGH Urteil v. 8.3.2011, Rn. 42.
[954] Rs. C-148/02 *Garcia Avello*, EuGH Urteil v. 2.10.2003.
[955] Rs. C-434/09 *McCarthy*, EuGH Urteil v. 5.5.2011, Rn. 30 f.

richtlinie 90/364/EWG auch ohne vorherige Ausübung des Freizügigkeitsrechts angewendet. Im Unterschied zu Catherine und ihrer Mutter, beruft sich Frau McCarthy allerdings gegenüber ihrem Heimatstaat auf die Richtlinie, da sie die irische Staatsangehörigkeit zusätzlich zur britischen besitzt. Zwar können sich Unionsbürger auch gegenüber dem Heimatstaat unter bestimmten Voraussetzungen ebenfalls auf die Freizügigkeitsrichtlinie berufen. Dies indes nur – wie es auch die GA Kokott ausführt[956] – wenn andernfalls eine Beeinträchtigung des Freizügigkeitsrechts droht. Diese Differenzierung mutet auf den ersten Blick willkürlich an, da Frau McCarthy insoweit durch ihre doppelte Staatsangehörigkeit im Hinblick auf eine mögliche Anwendung der Freizügigkeitsrichtlinie schlechter gestellt wird als Catherine. Weil die Freizügigkeitsrichtlinie aber den Zweck verfolgt, das Freizügigkeits- und Aufenthaltsrecht in einem anderen Mitgliedstaat zu erleichtern und nicht Inländerdiskriminierungen zu verhindern, ist es konsequent, die Richtlinie im streitgegenständlichen Verfahren nicht anzuwenden.

Weiter prüft der Gerichtshof zunächst die Anwendbarkeit von Art. 21 AEUV isoliert und kommt berechtigterweise zu dem Ergebnis, dass sich Frau McCarthy und ihr Ehemann mangels Ausübung des Freizügigkeitsrechts nicht auf Art. 21 AEUV berufen können.[957] Insoweit schließt das Ergebnis des Gerichtshofs an das Ergebnis in den Schlussanträgen der GA Kokott an.[958]

Abschließend untersucht der Gerichtshof unter Anknüpfung an die Rs. *Zambrano*, ob Frau McCarthy aus dem unionsbürgerschaftlichen Status dennoch Rechte herleiten kann.[959] Indem der Gerichtshof feststellt, dass in einer Situation wie der des Ausgangsverfahrens der Kernbestand der unionsbürgerschaftlichen Rechte von Frau McCarthy durch eine Versagung des Aufenthaltsrechts ihres Ehemannes nicht verletzt wird, schränkt der Gerichtshof den Kreis der Berechtigten erheblich ein. Offenbar ist eine Ehe allein nicht ausreichend, um sich auf den Kernbestandsschutz zu berufen. Als Begründung führt der Gerichtshof an, dass Frau McCarthy nicht gezwungen sei, das Unionsgebiet mit ihrem drittstaatsangehörigen Ehemann zu verlassen. Es liegt damit offenbar keine „qualifizierte Zwangslage"[960] vor, die für ein Eingreifen des Kernbestandsschutzes erforderlich sein dürfte.

[956] Rs. C-434/09 *McCarthy*, Schlussanträge GA Kokott v. 25.11.2010, Rn. 29 f.

[957] Rs. C-434/09 *McCarthy*, EuGH Urteil v. 5.5.2011, Rn. 44 f.

[958] Rs. C-434/09 *McCarthy*, Schlussanträge GA Kokott v. 25.11.2010, Rn. 31 f. Dass GA Kokott nicht prüft, ob ein Eingriff in den Kernbestand der unionsbürgerschaftlichen Rechte gegeben ist, dürfte damit zu begründen sein, dass sie ihre Schlussanträge einige Monate vor dem *Zambrano*-Urteil vorlegte, vgl. hierzu: *Spaventa*, Earned Citizenship – Understanding Union Citizenship through Its Scope, in: Kochenov (Hrsg.), EU Citizenship and Federalism: The Role of Rights, 204, 212 Fn. 43.

[959] Rs. C-434/09 *McCarthy*, EuGH Urteil v. 5.5.2011, Rn. 47 f.

[960] Vgl. hinsichtlich dieses Begriffs: *Cede*, Kernbestand der Unionsbürgerschaft und Grundrechte, EuR Beiheft 1 2015, 79, 84.

Aus kompetenzrechtlichen Erwägungen ist dieses Ergebnis zu begrüßen, da die *Zambrano*-Rechtsprechung hierdurch auf außergewöhnliche Umstände beschränkt wird[961] und so einer uferlosen Ausweitung dieser Rechtsprechung begegnet wird. Dennoch lässt sich die Kohärenz mit dem *Zambrano*-Urteil hinterfragen.[962] Denn auch wenn es zutrifft, dass das Abhängigkeitsverhältnis zwischen Eltern und ihren Kindern anders ausgestaltet ist als das Verhältnis zwischen Ehegatten, dürften sich in der Praxis die meisten Ehegatten durchaus faktisch gezwungen sehen, ihrem Ehepartner hinterherzureisen, um ein Zusammenleben zu ermöglichen. Dass der Gerichtshof hier anders entscheidet, könnte darauf hindeuten, dass das Konzept des Kernbestandsschutzes (noch) nicht von grundrechtlichen Erwägungen überlagert werden soll. Und so spricht auch der Gerichtshof, anders als die Generalanwältin, die hinsichtlich des Grundrechtsschutzes jedenfalls auf Art. 8 EMRK hinweist[963], die Grundrechte in der Rs. *McCarthy* nicht an.

Auffällig ist auch die Zitierung von Art. 21 AEUV im Zusammenhang mit der Kernbereichsdoktrin. Anders als noch in der Rs. *Zambrano* scheint der Gerichtshof in der Rs. *McCarthy* hinsichtlich des Kernbestandsschutzes nicht mehr (allein) auf Art. 20 AEUV abzustellen.[964] Da sich indes weder aus Art. 20 noch aus Art. 21 AEUV Anhaltspunkte hinsichtlich des Inhalts und Umfangs des Kernbestandsschutzes herleiten lassen, ändert der Gesamtverweis an der Konzeption der Kernbestandsrechtsprechung nichts. Eine mögliche Erklärung für die Diskrepanz könnte sein, dass in der Rs. *McCarthy*, anders als in der Rs. *Zambrano*, nicht die Große Kammer, sondern die Dritte Kammer entschieden hat.

---

[961] *Spaventa*, Earned Citizenship – Understanding Union Citizenship through Its Scope, in: Kochenov (Hrsg.), EU Citizenship and Federalism: The Role of Rights, 204, 211.

[962] Kritisch insoweit auch *Nic Shuibhne*, Recasting EU Citizenship as Federal Citizenship: What are the Implications for the Citizen when the Polity Bargain is Privileged?, in: Kochenov (Hrsg.), EU Citizenship and Federalism: The Role of Rights, 147, 164 u. *Iglesias Sánchez*, Fundamental Rights and Citizenship of the Union at a Crossroads: A Promising Alliance or a Dangerous Liaison?, ELJ 2014, 464, 476. *Nic Shuibhne* und *Iglesias Sánchez* stützen ihre Kritik insbesondere darauf, dass das Gericht nicht berücksichtigt habe, dass Frau McCarthy für ihren behinderten Sohn habe sorgen müssen. Dieser Umstand geht allerdings weder aus der Sachverhaltsdarstellung in den Schlussanträgen noch aus dem Urteil selbst hervor.

[963] Rs. C-434/09 *McCarthy*, Schlussanträge GA Kokott v. 25.11.2010, Rn. 58 f. Die Generalanwältin nutzt die EMRK insoweit nicht als Rechtserkenntnisquelle, sondern deutet nur auf den Grundrechtsschutz durch die EMRK hin, der ausdrücklich nicht durch das Unionsrecht, sondern durch das Vereinigte Königreich als Vertragsstaat gewährleistet werden soll.

[964] Rs. C-434/09 *McCarthy*, EuGH Urteil v. 5.5.2011, Rn. 54 u. 56.

Indem der Gerichtshof nachfolgend auch die Rs. *Garcia Avello*[965] zitiert und im Rahmen der Hervorhebung der Unterschiede zur Rs. *McCarthy* ausdrücklich auf die Kernbestandsrechtsprechung verweist, ordnet er auch das Namensrecht in bestimmten Konstellationen nachträglich dem Kernbestandsschutz zu, ähnlich wie dies in der Rs. *Zambrano* mit Bezug auf die Rs. *Rottmann* hinsichtlich des Staatsangehörigkeitsrechts erfolgt war.[966] Da der Gerichtshof in der Rs. *Garcia Avello* den Anwendungsbereich der Verträge und damit das Diskriminierungsverbot auch aufgrund der doppelten Staatsangehörigkeit als eröffnet ansah, lag eine Auseindersetzung mit dem Urteil im Rahmen des *McCarthy*-Urteils nahe. Durch den Verweis erweitert der Gerichtshof damit den bekannten Umfang des Kernbestandsschutzes ausdrücklich. Da sich die Umstände des Sachverhalts in der Rs. *Garcia Avello* trotz des Fehlens eines tatsächlichen Grenzübertritts auch als Beschränkung des Freizügigkeitsrechts deuten ließen[967], war diese Ausweitung zwar nicht erforderlich, trägt aber zur weiteren Konturierung des Kernbestandsschutzes bei. Während bei mobilen Unionsbürgern bereits eine Behinderung des Freizügigkeitsrechts unionsrechtswidrig sein kann, ist bei nicht mobilen Unionsbürgern erforderlich, dass die mitgliedstaatliche Maßnahme die unionsbürgerschaftlichen Rechte faktisch entzieht.[968]

5. *Die Rechtssache* Dereci[969]

a) Sachverhalt und Vorlagefrage

In der Rechtssache *Dereci* befasst sich der EuGH mit fünf Ausgangsverfahren, in denen Angehörige eines Drittstaates mit ihren Familienangehörigen, die als österreichische Staatsangehörige Unionsbürger sind, zusammenleben möchten. Die betreffenden Unionsbürger haben nie von ihrem Recht auf

---

[965] Rs. C-148/02 *Garcia Avello*, EuGH Urteil v. 2.10.2003, zum Sachverhalt vgl. oben, § 7 B. III. 1. d) aa) (1).

[966] Rs. C-434/09 *McCarthy*, EuGH Urteil v. 5.5.2011, Rn. 53. Auch in der Rs. *Zambrano* hatte sich dieser Zusammenhang durch die Verweisungstechnik des Gerichtshofs bereits angedeutet, Rs. C-34/09 *Zambrano*, EuGH Urteil v. 8.3.2011 Rn. 40 u. 41.

[967] *v. Hein*, in: Säcker/Rixecker/Oetker et al. (Hrsg.), Münchener Kommentar zum Bürgerlichen Gesetzbuch, Art. 3 EGBGB Rn. 127; a.A.: wohl *Spaventa*, Earned Citizenship – Understanding Union Citizenship through Its Scope, in: Kochenov (Hrsg.), EU Citizenship and Federalism: The Role of Rights, 204, 210.

[968] *Lenaerts* und *van den Brink* differenzieren insoweit den „deprivation effect" und den „impediment effect", *van den Brink*, The Origins and the Potential Federalising Effects of the Substance of Rights Test, in: Kochenov (Hrsg.), EU Citizenship and Federalism: The Role of Rights, 85, 95 mit Verweis auf *Lenaerts*, "Civis Europaeus Sum": From the Cross-border Link to the Status of Citizen of the Union, in: Cardonnel/Rosas/Wahl (Hrsg.), Constitutionalising the EU Judicial System: Essays in Honour of Pernilla Lindh, 213, 231.

[969] Rs. C-256/11 *Dereci*, EuGH Urteil v. 15.11.2011.

Freizügigkeit Gebrauch gemacht und sind hinsichtlich ihres Lebensunterhalts nicht auf die Drittstaatsangehörigen angewiesen. Die Ausgangsverfahren unterscheiden sich jedoch im Hinblick darauf, ob der Drittstaatsangehörige rechtmäßig oder unrechtmäßig nach Österreich eingereist ist, wo sich sein derzeitiger Wohnsitz befindet, wie die familiäre Beziehung zu dem betreffenden Unionsbürger ausgestaltet ist und ob eine wirtschaftliche Abhängigkeit von diesem besteht.

Herr Dereci (türkischer Staatsangehöriger) und Herr Maduike (nigerianischer Staatsangehöriger) reisten unrechtmäßig nach Österreich ein und heirateten dort beide Österreicherinnen, mit denen sie zusammenwohnen. Herr Dereci hat mit seiner Frau drei minderjährige Kinder. Frau Heiml (Staatsangehörige von Sri Lanka) heiratete einen österreichischen Staatsangehörigen, bevor sie rechtmäßig nach Österreich einreiste, wo sie auch gemeinsam mit ihrem Ehemann wohnt. Ihr Aufenthaltstitel ist inzwischen erloschen. Herr Kokollari reiste im Alter von zwei Jahren mit seinen Eltern, welche die jugoslawische Staatsangehörigkeit besaßen, rechtmäßig nach Österreich ein. Herr Kokollari ist 29 Jahre alt und gibt an, dass seine Mutter, die inzwischen die österreichische Staatsangehörigkeit besitzt, für seinen Unterhalt sorge. Frau Stevic (serbische Staatsangehörige), 52 Jahre alt, beantragt die Familienzusammenführung mit ihrem Vater, von dem sie regelmäßig eine monatliche Unterstützung erhalten habe und der dies auch fortführen wolle. Frau Stevic wohnt derzeit in Serbien.

Die Anträge auf Erteilung eines Aufenthaltstitels wurden in allen Fällen abgelehnt. Hiergegen wendeten sich die Beschwerdeführer der Ausgangsverfahren. Das zuständige Gericht legte folgende Frage zur Vorabentscheidung vor:

Verwehren es die Bestimmungen über die Unionsbürgerschaft einem Mitgliedstaat, einem Drittstaatsangehörigen den Aufenthalt in seinem Hoheitsgebiet zu verweigern, wenn dieser Drittstaatsangehörige dort zusammen mit einem Familienangehörigen wohnen möchte, der Unionsbürger ist, sich in seinem Heimatstaat aufhält, noch nie von seinem Freizügigkeitsrecht Gebrauch gemacht hat und hinsichtlich seines Lebensunterhalts nicht auf den Drittstaatsangehörigen angewiesen ist?

b) Würdigung durch den Generalanwalt[970]

Die Gründe für die Zweifel des vorlegenden Gerichts im Hinblick auf die vorliegenden Sachverhalte seien eindeutig. Es ginge um ein besseres Verständnis der Tragweite des Urteils in der Rs. *Zambrano*[971].[972] Mit dem Urteil in

[970] Rs. C-256/11 *Dereci*, Schlussanträge GA Mengozzi v. 29.9.2011.

[971] Rs. C-34/09 *Zambrano*, EuGH Urteil v. 8.3.2011.

[972] Rs. C-256/11 *Dereci*, Schlussanträge GA Mengozzi v. 29.9.2011, Rn. 17.

der Rs. *Zambrano* scheine der Gerichtshof die Einstufung als „rein interner Sachverhalt" aufgegeben zu haben, wenn eine nationale Maßnahme dazu führe, dass einem Unionsbürger der tatsächliche Genuss des Kernbestands seiner unionsbürgerschaftlichen Rechte verwehrt werde, auch wenn er noch nicht von seinem Freizügigkeitsrecht Gebrauch gemacht habe.[973] In der Rs. *McCarthy*[974] habe der Gerichtshof dann entschieden, dass Frau McCarthy durch die in Rede stehende nationale Maßnahme nicht dazu veranlasst werde, das Hoheitsgebiet der Union zu verlassen, da ihr ein Aufenthaltsrecht in ihrem Heimatstaat zugestanden habe. Art. 21 AEUV sei auf die Situation von Frau McCarthy daher nicht anwendbar gewesen.[975]

Wie auch in den eben angesprochenen Sachverhalten sei auch bei den vorliegenden Fällen die Richtlinie 2004/38/EG nicht anwendbar, da keiner der betroffenen Unionsbürger bislang von seinem Freizügigkeitsrecht Gebrauch gemacht habe.[976] Darüber hinaus sei auch in keinem der Fälle von einer Verwehrung des tatsächlichen Genusses des Kernbestands der unionsbürgerschaftlichen Rechte auszugehen.[977] Im Fall von Herrn Dereci bestehe bei einer Versagung seines Aufenthaltsrechts nicht die Gefahr, dass seiner Frau oder seinen minderjährigen Kindern, die alle Unionsbürger sind, der Genuss ihrer in Art. 20 Abs. 2 AEUV verankerten Rechte verwehrt werden könnte. Denn alle verfügten über ein Aufenthaltsrecht in Österreich und keiner der vier sei hinsichtlich seines Unterhalts auf Herrn Dereci angewiesen.[978] Im Hinblick auf Frau Heiml und Herrn Maduike bestehe eine gewisse Parallelität zur Situation von Frau McCarthy. Beide hätten ihre jeweiligen Ehegatten in Österreich, die Unionsbürger seien. Es bestehe aber auch bei beiden nicht die Situation, dass die Unionsbürger das Unionsgebiet verlassen müssten, wenn Frau Heiml und Herr Maduike das Aufenthaltsrecht versagt werde, der Kernbestand ihrer unionsbürgerschaftlichen Rechte werde ihnen nicht verwehrt.[979] Das gleiche gelte für die Situationen von Herrn Kokollari und Frau Stevic. Weder die Mutter von Herrrn Kokollari noch der Vater von Frau Stevic müssten das Unionsgebiet verlassen, wenn Herr Kokollari und Frau Stevic nicht in Österreich bleiben, bzw. dorthin einreisen dürften.[980]

Die vorstehenden Erwägungen seien Ergebnis der schlichten Anwendung der Kriterien, die in den Rs. *Zambrano*[981] und *McCarthy*[982] aufgestellt worden

[973] Rs. C-256/11 *Dereci*, Schlussanträge GA Mengozzi v. 29.9.2011, Rn. 23.
[974] Rs. C-434/09 *McCarthy*, EuGH Urteil v. 5.5.2011, Rn. 50.
[975] Rs. C-256/11 *Dereci*, Schlussanträge GA Mengozzi v. 29.9.2011, Rn. 29 f.
[976] Rs. C-256/11 *Dereci*, Schlussanträge GA Mengozzi v. 29.9.2011, Rn. 32.
[977] Rs. C-256/11 *Dereci*, Schlussanträge GA Mengozzi v. 29.9.2011, Rn. 33.
[978] Rs. C-256/11 *Dereci*, Schlussanträge GA Mengozzi v. 29.9.2011, Rn. 34.
[979] Rs. C-256/11 *Dereci*, Schlussanträge GA Mengozzi v. 29.9.2011, Rn. 35.
[980] Rs. C-256/11 *Dereci*, Schlussanträge GA Mengozzi v. 29.9.2011, Rn. 36.
[981] Rs. C-34/09 *Zambrano*, EuGH Urteil v. 8.3.2011.
[982] Rs. C-434/09 *McCarthy*, EuGH Urteil v. 5.5.2011.

seien. Diese beruhten auf dem Postulat, dass der Kernbestand der unionsbürgerschaftlichen Rechte i.S.d. genannten Rechtsprechung nicht das in Art. 7 EU-GRCh und in Art. 8 Abs. 1 EMRK verankerte Recht auf Achtung des Familienlebens umfasse.[983] Denn aus den beiden Urteilen und insbesondere aus den Erwägungen des Gerichtshofs im Hinblick auf die Situation von Frau McCarthy ergebe sich, dass das Recht auf Achtung des Familienlebens für sich genommen nicht ausreiche, um den Fall in den Anwendungsbereich des Unionsrechts einzubeziehen. Dieser Standpunkt erkläre sich weniger durch den Wortlaut von Art. 20 Abs. 2 AEUV, der keine erschöpfende Aufzählung der unionsbürgerschaftlichen Rechte enthalte, sondern vielmehr in dem Bestreben, weder in die Zuständigkeiten der Mitgliedstaaten auf dem Gebiet der Einwanderung, noch in die Zuständigkeiten des EGMR im Bereich des Grundrechtsschutzes einzugreifen.[984] Was den Schutz des Familienlebens anginge, werde dieser komplementär von den nationalen Rechtsordnungen, dem Unionsrecht und dem Völkerrecht gewährleistet. Habe der Unionsbürger von seinem Freizügigkeitsrecht noch keinen Gebrauch gemacht, seien nationales Recht und Völkerrecht einschlägig. Insoweit seien dann die nationalen Gerichte und ggf. der EGMR zuständig.[985]

Es müsse jedoch darauf hingewiesen werden, dass die schlichte Anwendung der Urteile in den Rs. *Zambrano*[986] und *McCarthy*[987] auch zu paradoxen Ergebnissen führen könne, da die Unionsbürger gezwungen sein könnten, von ihrem Freizügigkeits- und Aufenthaltsrecht Gebrauch zu machen, um tatsächlich in den Genuss des Familienlebens zu kommen. Denn die in den vorliegenden Situationen betroffenen Unionsbürger könnten sich im Anschluss an die Ausübung des Freizügigkeitsrechts auch gegenüber ihrem Herkunftsmitgliedstaat auf ihre unionsbürgerschaftlichen Rechte berufen.[988] So auch im Hinblick auf die Situation der Familie Dereci. Hier könnte die Tatsache, dass Frau Dereci Unionsbürgerin sei, paradoxerweise als Umstand aufgefasst werden, der die Familienzusammenführung hemme oder verzögere. Während es in der Rs. *Zambrano*[989] beiden drittstaatsangehörigen Elternteilen möglich gewesen sei, die Beziehung zu ihren Kindern fortzusetzen, wäre es in der Rs. *Dereci* nötig, dass Frau Dereci zunächst von ihren unionsbürgerschaftlichen Rechten Gebrauch macht.[990] Anders als von der österreichischen Regierung vorgetragen, sei die Rs. *Zambrano* in seiner Trag-

[983] Rs. C-256/11 *Dereci*, Schlussanträge GA Mengozzi v. 29.9.2011, Rn. 37.
[984] Rs. C-256/11 *Dereci*, Schlussanträge GA Mengozzi v. 29.9.2011, Rn. 39.
[985] Rs. C-256/11 *Dereci*, Schlussanträge GA Mengozzi v. 29.9.2011, Rn. 40 f.
[986] Rs. C-34/09 *Zambrano*, EuGH Urteil v. 8.3.2011.
[987] Rs. C-434/09 *McCarthy*, EuGH Urteil v. 5.5.2011.
[988] Rs. C-256/11 *Dereci*, Schlussanträge GA Mengozzi v. 29.9.2011, Rn. 43 f.
[989] Rs. C-34/09 *Zambrano*, EuGH Urteil v. 8.3.2011.
[990] Rs. C-256/11 *Dereci*, Schlussanträge GA Mengozzi v. 29.9.2011, Rn. 45.

weite jedoch nicht auf Situationen begrenzt, in denen minderjährige Unionsbürger hinsichtlich ihres Lebensunterhalts auf ihre drittstaatsangehörigen Eltern angewiesen seien.[991] Wäre die Situation etwa derart gelagert, dass Frau Dereci arbeitsunfähig sei, müsse davon ausgegangen werden, dass Herrn Dereci ein Aufenthaltsrecht gewährt werden müsse.[992] Offenbar werde jedoch, dass die Situation unter dem Aspekt der Rechtssicherheit wenig zufriedenstellend sei.[993]

c) *Würdigung durch den EuGH*[994]

Einleitend stellt der Gerichtshof fest, dass die Richtlinien 2003/86/EG[995] und 2004/38/EG nicht auf die vorliegenden Situationen anwendbar sind. Gleichwohl sei zu prüfen, ob sich die betroffenen Unionsbürger auf die Vertragsbestimmungen über die Unionsbürgerschaft berufen könnten.[996] Zwar könnten die Vertragsbestimmungen nicht auf Sachverhalte angewendet werden, die mit keinem relevanten Element über die Grenzen eines Mitgliedstaats hinauswiesen. Allein aufgrund der Tatsache, dass ein Unionsbürger von seinem Freizügigkeitsrecht keinen Gebrauch gemacht habe, könne eine Situation aber nicht einer rein internen Situation gleichgestellt werden.[997] Auf den Unionsbürgerstatus könne man sich auch gegenüber seinem Heimatstaat berufen. Art. 20 AEUV würde insoweit nationalen Maßnahmen entgegenstehen, die bewirkten, dass den Unionsbürgern der tatsächliche Genuss des Kernbestands der Rechte, die ihnen dieser Status verleihe, verwehrt werde.[998] Das Kriterium des Verwehrens des Kernbestands der unionsbürgerschaftlichen Rechte beziehe sich nach der Rechtsprechung auf Sachverhalte, die dadurch gekennzeichnet seien, dass sich der Unionsbürger *de facto* gezwungen sähe, das Unionsgebiet als Ganzes zu verlassen.[999] Dem Kriterium komme ein ganz besonderer Charakter zu, da es nur Sachverhalte betreffe, in denen – obwohl das Sekundärrecht nicht anwendbar sei – einem Drittstaatsangehörigen ein abgeleitetes Aufenthaltsrecht gewährt werden müsse, um

---

991 Rs. C-256/11 *Dereci*, Schlussanträge GA Mengozzi v. 29.9.2011, Rn. 46.

992 Rs. C-256/11 *Dereci*, Schlussanträge GA Mengozzi v. 29.9.2011, Rn. 47.

993 Rs. C-256/11 *Dereci*, Schlussanträge GA Mengozzi v. 29.9.2011, Rn. 49.

994 Rs. C-256/11 *Dereci*, EuGH Urteil v. 15.11.2011.

995 Hierbei handelt es sich um die bereits einleitend erwähnte Familienzusammenführungsrichtlinie.

996 Rs. C-256/11 *Dereci*, EuGH Urteil v. 15.11.2011, Rn. 59.

997 Rs. C-256/11 *Dereci*, EuGH Urteil v. 15.11.2011, Rn. 60 f. u.a. mit Verweis auf Rs. C-127/08 *Metock u.a.*, EuGH Urteil v. 25.7.2008, Rn. 77 u. Rs. C-434/09 *McCarthy*, EuGH Urteil v. 5.5.2011, Rn. 45 u. 46.

998 Rs. C-256/11 *Dereci*, EuGH Urteil v. 15.11.2011, Rn. 64 mit Verweis auf Rs. C-34/09 *Zambrano*, EuGH Urteil v. 8.3.2011, Rn. 42.

999 Rs. C-256/11 *Dereci*, EuGH Urteil v. 15.11.2011, Rn. 66.

unionsbürgerschaftliche Rechte nicht ihrer praktischen Wirksamkeit zu berauben.[1000] Infolgedessen sei kein Aufenthaltsrecht allein aufgrund der Tatsache gegeben, dass es für einen Unionsbürger aus wirtschaftlichen Gründen oder zur Aufrechterhaltung des Familienlebens wünschenswert sein könnte, einen drittstaatsangehörigen Familienangehörigen bei sich im Unionsgebiet zu haben.[1001] Möglicherweise bestünde zwar ein Aufenthaltsrecht auf Grundlage des Rechts auf Schutz des Familienlebens, diese Frage müsse jedoch im Rahmen und nach Maßgabe der jeweils anwendbaren Grundrechte geprüft werden.[1002]

Einleitend sei insoweit darauf hinzuweisen, dass Art. 7 der EU-GRCh, der den Schutz des Familienlebens umfasse, in Bedeutung und Tragweite Art. 8 Abs. 1 EMRK gleichzustellen sei. Es sei jedoch daran zu erinnern, dass gem. Art. 51 Abs. 1 der EU-GRCh die Mitgliedstaaten nur bei der Durchführung von Unionsrecht auch den Unionsgrundrechten unterworfen seien. Nach Art. 51 Abs. 2 der EU-GRCh werde der Geltungsbereich des Unionsrechts auch nicht ausgedehnt.[1003]

Sollte das vorlegende Gericht im Hinblick auf die Ausgangsstreitigkeiten der Ansicht sein, dass die jeweilige Situation unter das Unionsrecht falle, sei zu prüfen, ob die Verweigerung eines Aufenthaltsrechts die Achtung des Privat- und Familienlebens nach Art. 7 der EU-GRCh beeinträchtige. Sei es aber der Auffassung, dass der Sachverhalt nicht in den Anwendungsbereich des Unionsrechts falle, müsse eine Prüfung im Lichte von Art. 8 Abs. 1 EMRK vorgenommen werden.[1004]

Im Ergebnis seien die Bestimmungen über die Unionsbürgerschaft dahin auszulegen, dass sie es einem Mitgliedstaat nicht verwehrten, einem Drittstaatsangehörigen den Aufenthalt zu versagen, wenn er als drittstaatsangehöriges Familienmitglied eines Unionsbürgers mit diesem zusammen im Aufnahmemitgliedstaat wohnen möchte, der Unionsbürger aber nie von seinem Freizügigkeitsrecht Gebrauch gemacht habe. Voraussetzung sei, dass die Verwehrung des Aufenthaltsrechts nicht den tatsächlichen Genuss des Kernbestands der unionsbürgerschaftlichen Rechte beeinträchtige. Dies zu prüfen, sei Sache des vorlegenden Gerichts.[1005]

[1000] Rs. C-256/11 *Dereci*, EuGH Urteil v. 15.11.2011, Rn. 67.
[1001] Rs. C-256/11 *Dereci*, EuGH Urteil v. 15.11.2011, Rn. 68.
[1002] Rs. C-256/11 *Dereci*, EuGH Urteil v. 15.11.2011, Rn. 69.
[1003] Rs. C-256/11 *Dereci*, EuGH Urteil v. 15.11.2011, Rn. 71.
[1004] Rs. C-256/11 *Dereci*, EuGH Urteil v. 15.11.2011, Rn. 72.
[1005] Rs. C-256/11 *Dereci*, EuGH Urteil v. 15.11.2011, Rn. 74.

d) Analyse

Die Sachverhalte, die der Rs. *Dereci*[1006] zugrunde lagen, sind teilweise mit der Rs. *McCarthy* vergleichbar, darüber hinaus sind in einigen Fällen aber auch Eltern-Kind-Beziehungen betroffen.

Mit seiner Entscheidung bekräftigt der Gerichtshof nochmals den engen Anwendungsbereich der Kernbestandsdoktrin, wie er auch in der Rs. *McCarthy* bereits zum Ausdruck gekommen war. Insoweit hebt der Gerichtshof hervor, dass sich die *Zambrano*-Formel nur auf besondere Ausnahmesituationen bezieht[1007], in denen das Sekundärrecht nicht greift. Eine solche Ausnahmesituation sei gegeben, wenn der Unionsbürger *de facto* gezwungen wäre, nicht nur seinen Herkunftsmitgliedstaat, sondern auch das gesamte Hoheitsgebiet der Union zu verlassen.[1008] Soweit der Gerichtshof nachfolgend auf eine mögliche Grundrechtsprüfung verweist, scheint er den Kernbestandsschutz ausdrücklich von einer etwaigen Grundrechtsprüfung zu differenzieren und damit den mit der *Zambrano*-Entscheidung wieder lauter gewordenen Forderungen nach einer Ausdehnung des unionalen Grundrechtsschutzes nicht zu folgen.[1009] Insbesondere betont er, dass eine Grundrechtsprüfung nur in den Grenzen von Art. 51 und 52 EU-GRCh möglich ist.[1010] Dass es wünschenswert ist, sich in einem Mitgliedstaat gemeinsam mit seinen Familienangehörigen aufzuhalten, rechtfertigt offenbar nicht die Berufung auf den Kernbestandsschutz. Die Grenze des *de facto* Zwangs wird in derartigen Konstellationen nicht überschritten. Damit muss zunächst der Anwendungsbereich des Unionsrechts autonom anhand der vom Gerichtshof aufgestellten Kriterien bestimmt werden, bevor die Grundrechtecharta zur Anwendung gelangen kann.[1011] Ein solches Verständnis des Urteils wird

---

[1006] Rs. C-434/09 *McCarthy*, EuGH Urteil v. 5.5.2011.

[1007] *Haag*, Die Letztverantwortung des Herkunftsmitgliedstaates im Unionsbürgerrecht, in: Thym/Klarmann (Hrsg.), Unionsbürgerschaft und Migration im aktuellen Europarecht, 15, 23; *Strus*, Union Citizenship Re-Imagined: The Scope of Intervention of EU Institutions, in: Kochenov (Hrsg.), EU Citizenship and Federalism: The Role of Rights, 685, 692; *Adam/van Elsuwege*, EU Citizenship and the European Federal Challenge through the Prism of Family Reunification, in: Kochenov (Hrsg.), EU Citizenship and Federalism: The Role of Rights, 443, 450.

[1008] Rs. C-256/11 *Dereci*, EuGH Urteil v. 15.11.2011, Rn. 66.

[1009] Vgl. *Masing*, Einheit und Vielfalt des Europäischen Grundrechtsschutzes, JZ 2015, 477, 483; a.A.: wohl *Strus*, Union Citizenship Re-Imagined: The Scope of Intervention of EU Institutions, in: Kochenov (Hrsg.), EU Citizenship and Federalism: The Role of Rights, 685, 692, soweit er feststellt, dass der Gerichtshof in der Rs. *Dereci* jedenfalls *in abstracto* ausdrücklich die Berücksichtigung von Unionsgrundrechten erlaube.

[1010] Rs. C-256/11 *Dereci*, EuGH Urteil v. 15.11.2011, Rn. 70 f.

[1011] *Cede*, Kernbestand der Unionsbürgerschaft und Grundrechte, EuR Beiheft 1 2015, 79, 85; *Haag*, Die Letztverantwortung des Herkunftsmitgliedstaates im Unionsbürgerrecht, in: Thym/Klarmann (Hrsg.), Unionsbürgerschaft und Migration im aktuellen Europarecht, 15, 23.

auch durch die Schlussanträge des GA Mengozzi gestützt, soweit dieser explizit ausführt, dass der Kernbestand der unionsbürgerschaftlichen Rechte i.S.d. genannten Rechtsprechung nicht das in Art. 7 EU-GRCh und in Art. 8 Abs. 1 EMRK verankerte Recht auf Achtung des Familienlebens umfasst.[1012]

Dass es der Gerichtshof dem nationalen Gericht überlässt zu prüfen, ob die jeweilige Situation unter das Unionsrecht fällt und damit auch, ob die Unionsgrundrechte anwendbar sind, mutet befremdlich an. Denn dem Gerichtshof dürften alle relevanten Informationen vorliegen, um diese Frage selbst zu entscheiden. Zwar obliegt im Rahmen des Vorabentscheidungsverfahrens die Beurteilung des konkreten Falles stets dem Vorlagegericht, dennoch gibt der EuGH diesem in der Regel bestimmte Kriterien an die Hand, anhand derer es seine nachfolgende Entscheidung treffen kann.[1013] Dies ist auch erforderlich, um eine einheitliche Anwendung des Unionsrechts zu sichern.[1014]

Der nur abstrakte Hinweis auf mögliche Grundrechtsimplikationen dürfte allerdings Ausdruck davon sein, dass sich der Gerichtshof der Kritik am *Zambrano*-Urteil und der besonderen Brisanz einer etwaigen Verknüpfung der Kernbestandsdoktrin mit dem Grundrechtsschutz durchaus bewusst war.

Die richterliche Zurückhaltung in der Rs. *Dereci* steht daher insgesamt im Einklang mit dem Prinzip der begrenzten Einzelermächtigung und dem Prinzip des institutionellen Gleichgewichts. Denn einerseits wird die mitgliedstaatliche Autonomie im Migrationsrecht nicht weiter eingeschränkt und andererseits dem Willen des Unionsgesetzgebers, wie er in der Freizügigkeitsrichtlinie zum Ausdruck gekommen ist, entsprochen.[1015]

[1012] Rs. C-256/11 *Dereci*, Schlussanträge GA Mengozzi v. 29.9.2011, Rn. 37.

[1013] So etwa in der Rs. C-135/08 *Rottmann*, EuGH Urteil v. 2.3.2010, Rn. 57 f., in welcher der EuGH Kriterien hinsichtlich der Überprüfung des unionsrechtlichen Verhältnismäßigkeitsprinzips aufzeigt.

[1014] *Adam/van Elsuwege*, EU Citizenship and the European Federal Challenge through the Prism of Family Reunification, in: Kochenov (Hrsg.), EU Citizenship and Federalism: The Role of Rights, 443, 453.

[1015] Vgl. *Adam/van Elsuwege*, EU Citizenship and the European Federal Challenge through the Prism of Family Reunification, in: Kochenov (Hrsg.), EU Citizenship and Federalism: The Role of Rights, 443, 451.

6. Die Rechtssache Alokpa und Moudoulou[1016]

a) Sachverhalt und Vorlagefrage

Frau Alokpa ist eine togoische Staatsangehörige, die im November 2006 in Luxemburg einen Antrag auf internationalen Schutz stellte, der jedoch abgelehnt wurde. Aufgrund ihrer im August 2008 geborenen Zwillinge, die als Frühgeburten zur Welt kamen, wurde ihrem Antrag auf Duldung zunächst entsprochen. Ihre beiden Zwillinge besitzen die französische Staatsangehörigkeit. Zu dem in Frankreich lebenden Vater, Herrn Moudoulou, besteht kein Kontakt. Frau Alokpas Antrag auf Verlängerung der Duldung wurde abgelehnt. Gegen die ablehnende Entscheidung erhob Frau Alokpa Klage. Das zuständige Gericht legte dem Gerichtshof folgende Frage zur Vorabentscheidung vor:

Verwehren es die Art. 20 und 21 AEUV einem Mitgliedstaat, einem Drittstaatsangehörigen ein Recht auf Aufenthalt in seinem Hoheitsgebiet zu verweigern, auch wenn dieser Drittstaatsangehörige die alleinige Sorge für die Kleinkinder ausübt, die Unionsbürger sind und sich seit ihrer Geburt mit ihm in diesem Mitgliedstaat aufhalten, ohne Angehörige dieses Mitgliedstaats zu sein und ohne von ihrem Freizügigkeitsrecht Gebrauch gemacht zu haben?

b) Würdigung durch den Generalanwalt[1017]

Im Rahmen einiger Vorbemerkungen weist GA Mengozzi zunächst die Ausführungen der belgischen und deutschen Regierung zurück, die davon ausgingen, dass es sich beim vorliegenden Sachverhalt um einen „rein internen" Sachverhalt handele. Denn die Kinder von Frau Alokpa, die beide Unionsbürger seien, hielten sich in einem Mitgliedstaat auf, dessen Staatsangehörigkeit sie nicht besäßen. Da sie von ihrem Freizügigkeitsrecht keinen Gebrauch gemacht hätten, entspreche ihre Situation derjenigen in der Rs. *Zhu und Chen*[1018], in welcher der Gerichtshof festgestellt habe, dass derartige Situationen vom Geltungsbereich des Unionsrechts umfasst seien.[1019]

Im Weiteren sei daher zu prüfen, ob Frau Alokpa und ihre Kinder ein Aufenthaltsrecht aus der Richtlinie 2004/38/EG herleiten könnten. Nach Art. 7 Abs. 1 b) der Richtlinie 2004/38/EG könnten Unionsbürger in einem anderen Mitgliedstaat ein Aufenthaltsrecht genießen, wenn sie für sich und ihre Familienangehörigen über ausreichende Existenzmittel und einen umfassenden Krankenversicherungsschutz verfügten. Anders als in der Rs. *Zhu*

[1016] Rs. C-86/12 *Alokpa und Moudoulou*, EuGH Urteil v. 10.10.2013.

[1017] Rs. C-86/12 *Alokpa und Moudoulou*, Schlussanträge GA Mengozzi v. 21.3.2013.

[1018] Rs. C-200/02 *Zhu und Chen*, EuGH Urteil v. 19.10.2004, Rn. 19, 20 u. 25–27.

[1019] Rs. C-86/12 *Alokpa und Moudoulou*, Schlussanträge GA Mengozzi v. 21.3.2013, Rn. 13 f.

und Chen[1020], verfügten jedoch weder die Kinder noch Frau Alokpa über Mittel zur Sicherung des Lebensunterhalts.[1021] Frau Alokpa habe allerdings ein konkretes unbefristetes Beschäftigungsangebot vorweisen können, welches unter der einzigen Bedingung einer Aufenthalts- und Arbeitserlaubnis in Luxemburg stehe.[1022] Nach Auffassung der luxemburgischen und niederländischen Regierung sei dies aber nicht zu berücksichtigen, da es sich hierbei nur um eine hypothetische Möglichkeit der Erlangung ausreichender Existenzmittel handele.

Dieser Auffassung widersprach GA Mengozzi indes ausdrücklich: Auch eine konkrete Aussicht auf künftige Einkünfte müsse der Anforderung „ausreichender Existenzmittel" i.S.d. Richtlinie genügen. Es sei Sache des vorlegenden Gerichts, das Frau Alokpa angebotene Beschäftigungsverhältnis vor dem Hintergrund der Richtlinie zu prüfen.[1023] Sollte das vorlegende Gericht insoweit der Auffassung sein, dass die Kinder von Frau Alokpa die Voraussetzungen des Art. 7 Abs. 1 b) der Richtlinie erfüllten, stelle sich die Frage, ob auch Frau Alokpa ein abgeleitetes Aufenthaltsrecht zukommen könne.[1024] Ausweislich des Wortlauts könne sich Frau Alokpa nicht als Verwandte in gerader aufsteigender Linie der seitens des Unionsbürgers Unterhalt gewährt werde, berufen. Denn wie in der Rs. *Zhu und Chen*[1025], stelle sich die Situation gerade umgekehrt dar. Zu dem damals geltenden Sekundärrecht habe der EuGH entschieden, dass, wenn Art. 18 EGV (heute Art. 21 AEUV) und die Richtlinie 90/364/EWG dem minderjährigen Unionsbürger ein Aufenthaltsrecht gewährten, dieselben Vorschriften auch dem Elternteil, der für diesen Staatsangehörigen tatsächlich sorge, erlaubten, sich mit dem minderjährigen Unionsbürger im Aufnahmemitgliedstaat aufzuhalten.[1026] Bei Zugrundelegung dieses Urteils könnte Frau Alokpa somit in den Genuss eines auf Art. 21 AEUV und die Richtlinie 2004/38/EG gestützten Aufenthaltsrechts kommen.[1027] In der Rs. *Iida*[1028] habe der Gerichtshof das abgeleitete Aufenthaltsrecht eines Drittstaatlers jedoch allein auf Art. 21 AEUV gestützt. Dies

[1020] Rs. C-200/02 *Zhu und Chen*, EuGH Urteil v. 19.10.2004.

[1021] Rs. C-86/12 *Alokpa und Moudoulou*, Schlussanträge GA Mengozzi v. 21.3.2013, Rn. 18 f.

[1022] Rs. C-86/12 *Alokpa und Moudoulou*, Schlussanträge GA Mengozzi v. 21.3.2013, Rn. 23.

[1023] Rs. C-86/12 *Alokpa und Moudoulou*, Schlussanträge GA Mengozzi v. 21.3.2013, Rn. 26 f.

[1024] Rs. C-86/12 *Alokpa und Moudoulou*, Schlussanträge GA Mengozzi v. 21.3.2013, Rn. 38.

[1025] Rs. C-200/02 *Zhu und Chen*, EuGH Urteil v. 19.10.2004.

[1026] Rs. C-86/12 *Alokpa und Moudoulou*, Schlussanträge GA Mengozzi v. 21.3.2013, Rn. 41 mit Verweis auf Rs. C-200/02 *Zhu und Chen*, EuGH Urteil v. 19.10.2004, Rn. 46.

[1027] Rs. C-200/02 *Zhu und Chen*, EuGH Urteil v. 19.10.2004, Rn. 42.

[1028] Rs. C-40/11 *Iida*, EuGH Urteil v. 8.11.2012, Rn. 55, 69 u. 72.

erscheine auch logischer, da der Angehörige des Drittstaates in einer Situation wie der vorliegenden gerade nicht vom persönlichen Anwendungsbereich der Richtlinie erfasst werde. Daher müsse das abgeleitete Aufenthaltsrecht unmittelbar und ausschließlich auf das Primärrecht, d.h. auf Art. 21 AEUV gestützt werden.[1029]

Im Ergebnis könnten sich daher die minderjährigen Unionsbürger hinsichtlich eines Aufenthaltsrechts – sofern das vorlegende Gericht von der Erfüllung der Voraussetzungen der Richtlinie ausgehe – auf die Richtlinie 2004/38/EG berufen. Der Mutter käme ein abgeleitetes Aufenthaltsrecht zu.[1030]

Weiter sei zu prüfen, ob möglicherweise die in der Rs. *Zambrano*[1031] entwickelte Rechtsprechung auf den vorliegenden Sachverhalt Anwendung finden könnte. Da die streitgegenständliche Situation jedoch vom Geltungsbereich der Richtlinie 2004/38/EG erfasst werde, fände Art. 20 AEUV in seiner Auslegung in der Rs. *Zambrano*[1032] vorliegend keine Anwendung.[1033] Auch bestehe nicht die Gefahr, dass die Kinder als Unionsbürger das Gebiet der Union als Ganzes verlassen müssten und damit in den Kernbestand ihrer Rechte eingegriffen werde. Denn bei einer etwaigen Ausweisung hätten sie das Recht, in das französische Hoheitsgebiet einzureisen, das insbesondere aus Art. 21 AEUV und dem Völkerrecht herrühre. Frau Alokpa, die allein für ihre Kinder tatsächliche sorge, müsste in Frankreich dann auch ein abgeleitetes Aufenthaltsrecht zuerkannt werden.[1034]

c) Würdigung durch den EuGH[1035]

Zunächst sei darauf hinzuweisen, dass drittstaatsangehörige Familienmitglieder von Unionsbürgern kein eigenes Aufenthaltsrecht, sondern nur ein abgeleitetes Aufenthaltsrecht geltend machen könnten, welches gewährt würde, um das Freizügigkeits- und Aufenthaltsrecht des Unionsbürgers nicht zu gefährden. Außerdem sei für einige Fälle kennzeichnend, dass sie zwar *a priori* in die Zuständigkeit der Mitgliedstaaten fielen, nämlich durch die Rechtsvorschriften über das Einreise- und Aufenthaltsrecht von Dritt-

---

[1029] Rs. C-86/12 *Alokpa und Moudoulou*, Schlussanträge GA Mengozzi v. 21.3.2013, Rn. 43 f.

[1030] Rs. C-86/12 *Alokpa und Moudoulou*, Schlussanträge GA Mengozzi v. 21.3.2013, Rn. 47.

[1031] Rs. C-34/09 *Zambrano*, EuGH Urteil v. 8.3.2011.

[1032] Rs. C-34/09 *Zambrano*, EuGH Urteil v. 8.3.2011.

[1033] Rs. C-86/12 *Alokpa und Moudoulou*, Schlussanträge GA Mengozzi v. 21.3.2013, Rn. 50.

[1034] Rs. C-86/12 *Alokpa und Moudoulou*, Schlussanträge GA Mengozzi v. 21.3.2013, Rn. 51 f.

[1035] Rs. C-86/12 *Alokpa und Moudoulou*, EuGH Urteil v. 10.10.2013.

staatsangehörigen außerhalb des Anwendungsbereichs der Bestimmungen des abgeleiteten Rechts, und dass sie aber derart in einem inneren Zusammenhang mit der Freizügigkeit des Unionsbürgers stünden, dass auch dem Drittstaatsangehörigen ein Aufenthaltsrecht gewährt werden müsse.[1036]

Weiter sei darauf hinzuweisen, dass Frau Alokpa nicht als Berechtigte i.S.v. Art. 3 Abs. 1 der Richtlinie 2004/38/EG angesehen werden könne, da ihr nicht von ihren Kindern Unterhalt gewährt werde.[1037] Verliehen jedoch Art. 21 AEUV und die Richtlinie 2004/38/EG einem minderjähigen Unionsbürger, der die Voraussetzungen von Art. 7 Abs. 1 b) dieser Richtlinie erfülle, ein Aufenthaltsrecht im Aufnahmemitgliedstaat, erlaubten dieselben Vorschriften auch dem Elternteil, der für diesen Unionsbürger tatsächlich sorge, sich mit ihm im Aufnahmemitgliedstaat aufzuhalten, um dem Aufenthaltsrecht des Unionsbürgers nicht jede praktische Wirksamkeit zu nehmen.[1038] Im vorliegenden Fall sei es Sache des vorlegenden Gerichts zu prüfen, ob die Kinder die in der Richtlinie niedergelegten Voraussetzungen erfüllten und folglich ein Aufenthaltsrecht aus Art. 21 AEUV hätten und Frau Alokpa daher ein abgeleitetes Aufenthaltsrecht zukomme.[1039] Seien die Voraussetzungen der Richtlinie nicht erfüllt, verbiete Art. 21 AEUV nicht, Frau Alokpa ein Aufenthaltsrecht in Luxemburg zu versagen.[1040]

Außerdem habe der Gerichtshof festgestellt, dass es ganz besondere Sachverhalte gebe, in denen Art. 20 AEUV der Weigerung eines Mitgliedstaats, einem drittstaatsangehörigen Familienmitglied eines Unionsbürgers ein Aufenthaltsrecht zu gewähren, entgegenstehe, wenn hierdurch der tatsächliche Genuss des Kernbestands der unionsbürgerschaftlichen Rechte versagt würde. Dies sei der Fall, wenn der Unionsbürger infolge der Weigerung *de facto* gezwungen wäre, das Unionsgebiet als Ganzes zu verlassen.[1041] Wie der Generalanwalt festgestellt habe, habe Frau Alokpa wohl als Mutter von minderjährigen Unionsbürgern ein abgeleitetes Aufenthaltsrecht in Frankreich.[1042] Es sei jedoch Sache des vorlegenden Gerichts zu prüfen, ob die Kinder im Ausgangsverfahren durch eine Ausweisung aus Luxemburg möglicherweise das Hoheitsgebiet der Union als Ganzes verlassen müssten.[1043]

[1036] Rs. C-86/12 *Alokpa und Moudoulou*, EuGH Urteil v. 10.10.2013, Rn. 22 u. 23 mit Verweis auf Rs. C-87/12 *Ymeraga*, EuGH Urteil v. 8.5.2013, Rn. 35 u. 37.

[1037] Rs. C-86/12 *Alokpa und Moudoulou*, EuGH Urteil v. 10.10.2013, Rn. 24 f.

[1038] Rs. C-86/12 *Alokpa und Moudoulou*, EuGH Urteil v. 10.10.2013, Rn. 28 f. u.a. mit Verweis auf Rs. C-200/02 *Zhu und Chen*, EuGH Urteil v. 19.10.2004, Rn. 45–47.

[1039] Rs. C-86/12 *Alokpa und Moudoulou*, EuGH Urteil v. 10.10.2013, Rn. 30.

[1040] Rs. C-86/12 *Alokpa und Moudoulou*, EuGH Urteil v. 10.10.2013, Rn. 31.

[1041] Rs. C-86/12 *Alokpa und Moudoulou*, EuGH Urteil v. 10.10.2013, Rn. 32.

[1042] Rs. C-86/12 *Alokpa und Moudoulou*, EuGH Urteil v. 10.10.2013, Rn. 34.

[1043] Rs. C-86/12 *Alokpa und Moudoulou*, EuGH Urteil v. 10.10.2013, Rn. 35.

Im Ergebnis sei daher festzustellen, dass es die Art. 20 und 21 AEUV in einer Situation, wie der vorliegenden, einem Mitgliedstaat nicht verwehren, Frau Alokpa das Aufenthaltsrecht zu versagen, es sei denn, die Kinder erfüllten die Voraussetzungen der Richtlinie 2004/38/EG oder ihnen werde durch die Weigerung der tatsächliche Genuss des Kernbestands ihrer unionsbürgerschaftlichen Rechte verwehrt. Dies zu prüfen, sei Sache des vorlegenden Gerichts.[1044]

d) Analyse

Mit der Rs. *Alokpa und Moudoulou* hatte der EuGH über einen Fall zu entscheiden, der einerseits an die Rs. *Zhu und Chen*[1045] und andererseits an die Rs. *Zambrano*[1046] erinnert. Wieder versucht ein drittstaatsangehöriger Elternteil minderjähriger Unionsbürger ein abgeleitetes Aufenthaltsrecht geltend zu machen.

Indem der EuGH dem vorlegenden Gericht die Prüfung aufgibt, ob die Kinder von Frau Alokpa möglicherweise über ausreichende Existenzmittel verfügen, bestätigt er die Rs. *Zhu und Chen* dahingehend, dass dieselben Vorschriften, die den minderjährigen Kindern ein Aufenthaltsrecht gewähren, auch dem drittstaatsangehörigen tatsächlich sorgenden Elternteil ein Aufenthaltsrecht einräumen. Darüber hinaus ist es auch nach der nunmehr geltenden Freizügigkeitsrichtlinie unerheblich, ob die Existenzmittel den Kindern selbst zustehen oder möglicherweise von dem betreffenden Elternteil zur Verfügung gestellt werden.[1047] Anders als der Generalanwalt gibt der Gerichtshof hinsichtlich der Prüfung keine Hinweise dahingehend, ob ein konkretes Beschäftigungsangebot ausreicht, um ausreichende Existenzmittel im Sinne der Richtlinie nachzuweisen. Um eine einheitliche Anwendung des Unionsrechts zu sichern, wären weitere Hinweise sinnvoll gewesen, insbesondere da hinsichtlich dieser Frage Streit bestand. Dass sich der EuGH insoweit nicht äußert und auch den spätestens seit der Rs. *Baumbast*[1048] zu berücksichtigenden Verhältnismäßigkeitsgrundsatz nicht in Erinnerung ruft, könnte bereits darauf hindeuten, dass er bezüglich der Freizügigkeitsrichtlinie strengere Maßstäbe anwenden wird, als dies noch hinsichtlich der Vorgängerrichtlinien der Fall war.[1049]

[1044] Rs. C-86/12 *Alokpa und Moudoulou*, EuGH Urteil v. 10.10.2013, Rn. 36.

[1045] Rs. C-200/02 *Zhu und Chen*, EuGH Urteil v. 19.10.2004.

[1046] Rs. C-34/09 *Zambrano*, EuGH Urteil v. 8.3.2011.

[1047] *Lenaerts*, EU Citizenship and the European Court of Justice's "Stone-by-Stone" Approach, ICJ 2015, 1, 8.

[1048] Rs. C-413/99 *Baumbast und R*, EuGH Urteil v. 19.9.2002.

[1049] Zur Verhältnismäßigkeitsprüfung seit der Rs. *Baumbast und R*, oben, § 7 B. II. 4. d) cc). *Spaventa* sieht das *Baumbast*-Urteil durch die Entscheidung in der Rs. *Alopka* bereits aufgehoben, *Spaventa*, Earned Citizenship – Understanding Union Citizenship through

Wie auch der Generalanwalt feststellt, sprechen die besseren Argumente dafür, dass durch ein entsprechendes Beschäftigungsangebot ausreichende Existenzmittel im Sinne der Richtlinie nachgewiesen werden können. Denn der Begriff der „ausreichenden Existenzmittel“ ist primärrechtskonform auszulegen. Da die Freizügigkeitsrichtlinie das primärrechtliche Freizügigkeitsrecht stärken und erleichtern und im Übrigen lediglich verhindert werden soll, dass die Finanzsysteme der Mitgliedstaaten unangemessen in Anspruch genommen werden, erscheint es naheliegend, dass eine konkrete Erwerbsaussicht ausreicht, um ein Aufenthaltsrecht geltend zu machen. Dies gilt insbesondere vor dem Hintergrund, dass das Aufenthaltsrecht grundsätzlich nur solange besteht, wie die Voraussetzungen vorliegen. Sollte sich die konkrete Erwerbsaussicht daher letztlich nicht realisieren und aus diesem Grund die Sozialsysteme unangemessen in Anspruch genommen werden, kann das Aufenthaltsrecht wieder versagt werden.

Für den Fall, dass das vorlegende Gericht ein Aufenthaltsrecht nach der Freizügigkeitsrichtlinie und Art. 21 AEUV verneint, prüft der Gerichtshof weiter, ob möglicherweise ein Aufenthaltsrecht nach Art. 20 AEUV gegeben ist. Hierzu müsste der Kernbestand der unionsbürgerschaftlichen Rechte der beiden Kinder von Frau Alopka betroffen sein. Obwohl die beiden Kinder von Frau Alopka eine stärkere Anbindung an Luxemburg haben, da sie noch nie in Frankreich waren, kommt der EuGH zu dem Ergebnis, dass der Kernbestandsschutz nur im Herkunftsstaat gewährt wird. Dies folgt aus dem Umstand, dass im Sinne der *Zambrano*-Formel eine Versagung des Aufenthaltsrechts in einer Situation wie der des Ausgangsverfahrens nicht zu einer Ausweisung aus dem Unionsgebiet als Ganzes, sondern nur zu einer Ausweisung nach Frankreich führen würde.[1050] Unionsgrundrechte scheinen in der Rs. *Alokpa und Moudoulou* wiederum keine Anwendung zu finden, denn andernfalls hätte der Gerichtshof insbesondere prüfen müssen, ob ein Aufenthaltsrecht in Luxemburg zum Schutz des Kindeswohls (Art. 24 EU-GRCh) geboten ist.

Das Ergebnis stellt eine konsequente Fortführung der *Zambrano*-Rechtsprechung dar, belegt allerdings gleichsam auch ihre dogmatische Schwäche. Denn vor dem Hintergrund, dass das Sekundärrecht nur bei Feststellung eines grenzüberschreitenden Bezuges eingreift und wirtschaftlich inaktiven Unionsbürgern ein Aufenthaltsrecht nur unter bestimmten Voraussetzungen gewährt, hätte eine anders lautende Rechtsprechung eine Umgehung der

---

Its Scope, in: Kochenov (Hrsg.), EU Citizenship and Federalism: The Role of Rights, 204, 219. Die restriktive Entscheidung in der Rs. *Dano* folgte nur ein Jahr später, hierzu oben, § 7 B. II. 8.

[1050] *Haag*, Die Letztverantwortung des Herkunftsmitgliedstaates im Unionsbürgerrecht, in: Thym/Klarmann (Hrsg.), Unionsbürgerschaft und Migration im aktuellen Europarecht, 15, 25.

Freizügigkeitsrichtlinie bedeutet. Mit der Entscheidung wird daher insoweit dem Prinzip des institutionellen Gleichgewichts Geltung verschafft. Dass die *Zambrano*-Rechtsprechung durch diesen Umstand allerdings letztlich dazu führt, dass der Aufenthaltsschutz im Unionsgebiet nur im Heimatstaat gewährleistet wird, macht deutlich, dass der Gerichtshof durch seine Rechtsfortbildung einen Schutzanspruch begründet, der eigentlich an die Staatsangehörigkeit des Nationalstaates anknüpft und daher primär durch das nationale Recht gewährt werden sollte.[1051] Denn es erschließt sich nicht, weshalb ein unionsrechtlicher Anspruch sich territorial auf das Gebiet eines einzigen Mitgliedstaats beschränkt.

7. Die Rechtssachen Rendón Marín[1052] *und* CS[1053]

Aufgrund der relativen Ähnlichkeit der Fälle, der Verweisung an denselben Spruchkörper und der gemeinsamen mündlichen Verhandlung[1054], legte GA Szpunar gemeinsame Schlussanträge für die Rs. *Rendón Marín* und *CS* vor. Die Sachverhalte, Schlussanträge des Generalanwalts und die Urteilsbegründungen werden daher ebenfalls gemeinsam vorgestellt, bevor die Entscheidungen analysiert werden.

a) Sachverhalte und Vorlagefragen

aa) Die Rs. Rendón Marín

Herr Rendón Marín ist ein in Spanien lebender kolumbianischer Staatsangehöriger und allein sorgeberechtigter Vater von zwei minderjährigen Kindern. Sein Sohn hat die spanische Staatsangehörigkeit, seine Tochter ist polnische Staatsangehörige. Beide Kinder haben stets in Spanien gewohnt. Herr Rendón Marín wurde in Spanien zu einer Gefängnisstrafe von neun Monaten verurteilt, die Strafe wurde jedoch vorläufig ausgesetzt und Herr Rendón Marín erwartete zum Zeitpunkt der Vorlageentscheidung die Löschung der Vorstrafen im Strafregister. Im Februar 2010 beantragte Herr Rendón Marín

---

[1051] Im Grundgesetz ist das Aufenthaltsrecht durch Art. 11 GG geschützt, BVerfGE 2, 266 *Notaufnahme*, Beschluss des BVerfG v. 7.5.1953, 273; 80, 137 *Reiten im Walde*, Beschluss des BVerfG v. 6.6.1989, 150; 110, 177 *Freizügigkeit von Spätaussiedlern*, Urteil des BVerfG v. 17.3.2004, 190 f.; *Pagenkopf*, in: Sachs (Hrsg.), Grundgesetz, Art. 11 Rn. 14; *Jarass*, in: Jarass/Pieroth/Kment (Hrsg.), Grundgesetz für die Bundesrepublik Deutschland, Art. 11 Rn. 2; *Gusy*, in: von Mangoldt/Klein/Starck (Hrsg.), Grundgesetz, Art. 11 Rn. 37. Völkerrechtlich wird dieses Recht vor allem über Art. 4 IPbpR und Art. 3 Abs. 1 Protokoll Nr. 4 zur EMRK abgesichert.

[1052] Rs. C-165/14 *Rendón Marín*, EuGH Urteil v. 13.9.2016.

[1053] Rs. C-304/14 *CS*, EuGH Urteil v. 13.9.2016.

[1054] Die Verweisung an denselben Spruchkörper ist nach Art. 29 Abs. 1 VerfOEuGH möglich, eine gemeinsame mündliche Verhandlung nach Art. 77 VerfOEuGH.

eine Duldung wegen außergewöhnlicher Umstände, welche aufgrund der bestehenden Vorstrafen – nach zwingendem spanischem Recht – abgelehnt wurde. Gegen die Ablehnung wandte sich Herr Rendón Marín gerichtlich. Das letztinstanzlich entscheidende Gericht setzte das Verfahren aus und legte dem EuGH folgende Frage zur Vorabentscheidung vor:

Sind Art. 21 AEUV und die Richtlinie 2004/38/EG einerseits sowie Art. 20 AEUV andererseits dahin auszulegen, dass sie einer nationalen Regelung entgegenstehen, nach welcher einem vorbestraften Drittstaatsangehörigen die Aufenthaltserlaubnis automatisch zu verweigern ist, auch dann, wenn der Drittstaatsangehörige allein für den Unterhalt von zwei minderjährigen Kindern aufkommt, die Unionsbürger sind und seit ihrer Geburt im Mitgliedstaat leben, ohne von ihrem Recht auf Freizügigkeit Gebrauch gemacht zu haben?

bb) Die Rs. CS

CS ist marrokanische Staatsangehörige und heiratete einen Staatsangehörigen des Vereinigten Königreichs. Im Anschluss erhielt sie für das Vereinigte Königreich zunächst ein befristetes Visum und nachfolgend auch eine unbefristete Aufenthaltsgenehmigung. Im Jahr 2011 wurde ein gemeinsamer Sohn geboren, für den CS nach eigenen Aussagen die Hauptsorge trug. Im März 2012 wurde CS aufgrund einer Straftat zu einer Freiheitsstrafe von zwölf Monaten verurteilt und ihr mitgeteilt, dass sie aufgrund ihrer Verurteilung aus dem Vereinigten Königreich ausgewiesen werden könnte. CS stellte daher einen Asylantrag. Nachdem CS die Haftstrafe verbüßt hatte, wurde der Asylantrag vom zuständigen Innenminister abgelehnt. Nach den Rechtsvorschriften des Vereinigten Königreichs war der Innenminister verpflichtet, gegen eine Person, die zu einer Freiheitsstrafe von mindestens zwölf Monaten verurteilt worden ist und nicht die Staatsangehörigkeit des Vereinigten Königreichs besitzt, eine Ausweisungsverfügung zu erlassen. Aufgrund dieser Vorschriften erging eine entsprechende Ausweisungsverfügung. CS focht die Entscheidung an und ihrer Klage wurde erstinstanzlich mit Verweis auf Art. 20 AEUV und die *Zambrano*-Rechtsprechung stattgegeben. Der Innenminister legte Rechtsmittel gegen die Entscheidung ein und das zuständige Gericht legte dem EuGH folgende Frage zur Vorabenscheidung vor:

Ist Art. 20 AEUV dahin auszulegen, dass er einer Regelung eines Mitgliedstaats entgegensteht, nach der ein wegen einer Straftat verurteilter Drittstaatsangehöriger auch dann auszuweisen ist, wenn er tatsächlich für ein Kleinkind sorgt, das die Staatsangehörigkeit dieses Mitgliedstaats besitzt und das Kind wegen der beabsichtigten Ausweisung das Unionsgebiet verlassen müsste, sodass diesem der tatsächliche Genuss des Kernbestands seiner Rechte als Unionsbürger verwehrt würde?

b) Würdigung durch den Generalanwalt[1055]

Im Rahmen einer Vorbemerkung geht GA Szpunar zunächst auf den Grundsatz der begrenzten Einzelermächtigung im Bereich des Einwanderungsrechts ein.[1056] Gem. Art. 4 Abs. 2 j) AEUV verfüge die Union im Bereich des Raums der Freiheit, der Sicherheit und des Rechts mit den Mitgliedstaaten über eine geteilte Zuständigkeit. Ziele und Ausübungsmodalitäten dieser Zuständigkeit würden in Titel V des dritten Teils des AEUV konkretisiert. Übe die Union ihre Zuständigkeiten aus, könnten die Mitgliedstaaten insoweit nicht mehr tätig werden (preemptive Wirkung). Die Union werde durch Richtlinien gesetzgeberisch tätig. Die Mitgliedstaaten müssten diese Richtlinien umsetzen, könnten aber von ihnen abweichen, soweit die jeweilige Richtlinie dies gestatte oder bestimmte Bereiche von den Richtlinien nicht erfasst seien. Insoweit behielten die Mitgliedstaaten grundsätzlich ihre Zuständigkeiten im Hinblick auf das Einwanderungsrecht. Handele es sich um eine Situation, in der die Freizügigkeits- und Aufenthaltsrechte nach dem Unionsrecht in Rede stünden, könne der Gestaltungsspielraum, über den die Mitgliedstaaten im Bereich der Einwanderung verfügen, hingegen selbst dann nicht die Anwendung der Vorschriften über die Unionsbürgerschaft beeinträchtigen, wenn diese Vorschriften nicht nur den Fall eines Unionsbürgers, sondern auch den Fall eines drittstaatsangehörigen Familienangehörigen beträfen.[1057]

Der Gerichtshof habe Familienangehörigen von Unionsbürgern drei Arten von Aufenthaltsrechten eingeräumt:[1058] Einem Familienangehörigen könne erstens ein Aufenthaltsrecht in dem Staat gewährt werden, dessen Staatsangehörigkeit der Unionsbürger besitze, wenn der Unionsbürger vorher oder gleichzeitig mit dem Angehörigen des Drittstaates sein Freizügigkeitsrecht ausgeübt habe. Dies habe der EuGH in den Rs. *Singh*[1059], *Carpenter*[1060],

[1055] Rs. C-165/14 *Rendón Marín* u. Rs. C-304/14 *CS*, Schlussanträge GA Szpunar v. 4.2.2016.

[1056] Rs. C-165/14 *Rendón Marín* u. Rs. C-304/14 *CS*, Schlussanträge GA Szpunar v. 4.2.2016, Rn. 74 f.

[1057] Rs. C-165/14 *Rendón Marín* u. Rs. C-304/14 *CS*, Schlussanträge GA Szpunar v. 4.2.2016, Rn. 75.

[1058] Rs. C-165/14 *Rendón Marín* u. Rs. C-304/14 *CS*, Schlussanträge GA Szpunar v. 4.2.2016, Rn. 76.

[1059] Rs. C-370/90 *Singh*, EuGH Urteil v. 7.7.1992.

[1060] Rs. C-60/00 *Carpenter*, EuGH Urteil v. 11.7.2002. Eine drittstaatsangehörige Ehefrau darf aufgrund der Dienstleistungsfreiheit ihres Ehemannes und Art. 8 EMRK nicht ausgewiesen werden.

Eind[1061] und *McCarthy u.a.*[1062] entsprechend entschieden. Außerdem könne dem Drittstaatsangehörigen in besonderen Ausnahmefällen entsprechend dem *Zambrano*-Urteil[1063] gem. Art. 20 AEUV ein Aufenthaltsrecht gewährt werden, wenn dem Unionsbürger ansonsten der Genuss des Kernbestands seiner unionsbürgerschaftlichen Rechte verwehrt würde.[1064] Und schließlich könne dem drittstaatsangehörigen Familienangehörigen eines Unionsbürgers entsprechend dem Urteil in der Rs. *Zhu und Chen*[1065] auch ein Aufenthaltsrecht im Aufnahmemitgliedstaat gewährt werden, auch wenn er niemals das Hoheitsgebiet eines Mitgliedstaats verlassen habe, sofern er Staatsbürger eines anderen Mitgliedstaats sei.[1066] Die Rs. *Rendón Marín* und *CS* beträfen nur die beiden letztgenannten Arten des Aufenthaltsrechts.[1067]

Vor dem Hintergrund der obigen Ausführungen sei zunächst zu prüfen, ob die Situation von Herrn Rendón Marín und seinen beiden Kindern sowie die Situation von CS und ihrem Kind in den Anwendungsbereich des Unionsrechts fielen.[1068]

Zunächst nimmt sich GA Szpunar der Situation von Herrn Rendón Marín und seiner Tochter an:

Zwar hätten Herr Rendón Marín und seine Kinder Spanien nie verlassen, möglicherweise könne die Richtlinie aber auf die Situation der polnischen Tochter angewendet werden. Bereits in der Rs. *Zhu und Chen*[1069] habe der Gerichtshof die Auffassung vertreten, dass ein Unionsbürger, der eine andere Staatsangehörigkeit besitzt als die seines Aufenthaltsstaates, in den Anwendungsbereich der unionsrechtlichen Bestimmungen über das Freizügigkeitsrecht falle, auch wenn das Freizügigkeitsrecht nie ausgeübt worden sei.[1070]

[1061] Rs. C-291/05 *Eind*, EuGH Urteil v. 11.12.2007. Macht ein Unionsbürger von seinem Freizügigkeitsrecht als Arbeitnehmer Gebrauch, hat er auch einen Anspruch auf Rückkehr in seinen Heimatstaat. Ein drittstaatsangehöriges Familienmitglied hat ein entsprechendes abgeleitetes Aufenthaltsrecht im Heimatstaat des Unionsbürgers.

[1062] Rs. C-202/13 *McCarthy u.a.*, EuGH Urteil v. 18.12.2014.

[1063] Rs. C-34/09 *Zambrano*, EuGH Urteil v. 8.3.2011.

[1064] Rs. C-165/14 *Rendón Marín* u. Rs. C-304/14 *CS*, Schlussanträge GA Szpunar v. 4.2.2016, Rn. 77.

[1065] Rs. C-200/02 *Zhu und Chen*, EuGH Urteil v. 19.10.2004.

[1066] Rs. C-165/14 *Rendón Marín* u. Rs. C-304/14 *CS*, Schlussanträge GA Szpunar v. 4.2.2016, Rn. 78.

[1067] Rs. C-165/14 *Rendón Marín* u. Rs. C-304/14 *CS*, Schlussanträge GA Szpunar v. 4.2.2016, Rn. 79.

[1068] Rs. C-165/14 *Rendón Marín* u. Rs. C-304/14 *CS*, Schlussanträge GA Szpunar v. 4.2.2016, Rn. 80.

[1069] Rs. C-200/02 *Zhu und Chen*, EuGH Urteil v. 19.10.2004.

[1070] Rs. C-165/14 *Rendón Marín* u. Rs. C-304/14 *CS*, Schlussanträge GA Szpunar v. 4.2.2016, Rn. 86.

Nach Ansicht von GA Szpunar verliehen Art. 21 Abs. 1 AEUV und die Richtlinie 2004/38/EG der Tochter von Herrn Rendón Marín daher grundsätzlich ein Aufenthaltsrecht, wenn hinsichtlich der Situation der Tochter die in Art. 7 Abs. 1 b) der Richtlinie 2004/38/EG genannten Voraussetzungen erfüllt seien. Im vorliegenden Fall müsse das vorlegende Gericht daher prüfen, ob ein umfassender Krankenversicherungsschutz und ausreichende Existenzmittel gegeben seien. Wäre dies der Fall, fiele die Situation von Herrn Rendón Marín und seiner Tochter grundsätzlich in den Anwendungsbereich von Art. 21 AEUV und der Freizügigkeitsrichtlinie.[1071]

Nachfolgend sei zu prüfen, ob das abgeleitete Aufenthaltsrecht von Herrn Rendón Marín aufgrund einer Vorschrift wie derjenigen im Ausgangsverfahren automatisch eingeschränkt werden könne.[1072] Hierbei sei insbesondere auf die Art. 27 und 28 der Freizügigkeitsrichtlinie abzustellen, die als Ausnahmen vom Freizügigkeitsrecht eng auszulegen seien. Nach Art. 27 Abs. 1 der Richtlinie 2004/38/EG könne das Freizügigkeits- und Aufenthaltsrecht von Unionsbürgern und ihren Familienangehörigen aus Gründen der öffentlichen Ordnung oder Sicherheit beschränkt werden. Dabei müsse jedoch der Grundsatz der Verhältnismäßigkeit gewahrt werden und es sei ausschließlich auf das persönliche Verhalten des Betroffenen abzustellen. Strafrechtliche Verurteilungen allein könnten eine Ausweisung nicht rechtfertigen, vielmehr müsse das persönliche Verhalten des Auszuweisenden eine tatsächliche, gegenwärtige und erhebliche Gefahr darstellen, die ein Grundinteresse der Gesellschaft berühre, Art. 27 Abs. 2 der Richtlinie 2004/38/EG.[1073] Nach Auffassung von GA Szpunar erfüllt die Situation von Herrn Rendón Marín die genannten Voraussetzungen jedoch nicht. Die spanische Regelung versage automatisch das Aufenthaltsrecht ohne die nach den europäischen Vorschriften notwendige Einzelfallprüfung zuzulassen.[1074] Darüber hinaus müsse auch den Grundrechten, insbesondere Art. 7 EU-GRCh und Art. 8 EMRK (Recht auf Achtung des Privat- und Familienlebens), Rechnung getragen und der Grundsatz der Verhältnismäßigkeit gewahrt werden.[1075] Bei der im Rahmen des Verhältnismäßigkeitsgrundsatzes erforderlichen Abwägung seien die in Art. 28 Abs. 1 der Richtlinie 2004/38/EG niedergelgten Kriterien,

---

[1071] Rs. C-165/14 *Rendón Marín* u. Rs. C-304/14 *CS*, Schlussanträge GA Szpunar v. 4.2.2016, Rn. 92.

[1072] Rs. C-165/14 *Rendón Marín* u. Rs. C-304/14 *CS*, Schlussanträge GA Szpunar v. 4.2.2016, Rn. 93.

[1073] Rs. C-165/14 *Rendón Marín* u. Rs. C-304/14 *CS*, Schlussanträge GA Szpunar v. 4.2.2016, Rn. 96.

[1074] Rs. C-165/14 *Rendón Marín* u. Rs. C-304/14 *CS*, Schlussanträge GA Szpunar v. 4.2.2016, Rn. 97 f.

[1075] Rs. C-165/14 *Rendón Marín* u. Rs. C-304/14 *CS*, Schlussanträge GA Szpunar v. 4.2.2016, Rn. 101.

etwa die Aufenthaltsdauer des Betroffenen im Aufnahmemitgliedstaat, sein Alter und Gesundheitszustand, seine familiäre und wirtschaftliche Lage, seine soziale und kulturelle Integration im Aufnahmemitgliedstaat und das Ausmaß der Bindungen im Herkunftsstaat zu berücksichtigen. Nach GA Szpunar sollte darüber hinaus die Schwere des Verstoßes gewürdigt werden.[1076]

Im Ergebnis stünden Art. 21 Abs. 1 AEUV und die Richtlinie 2004/38/EG daher einer nationalen Regelung entgegen, die einem drittstaatsangehörigen unterhaltsgewährenden Elternteil eines minderjährigen Unionsbürgers automatisch das Aufenthaltsrecht versage, wenn der Elternteil vorbestraft sei.[1077]

Für den Fall, dass das vorlegende Gericht entgegen der Einschätzung des Generalanwalts nicht zu einer Anwendbarkeit der Freizügigkeitsrichtlinie kommt, prüft er die Situation von Herrn Rendón Marín und CS nachfolgend gemeinsam weiter:[1078]

Anders als möglicherweise im Fall *Rendón Marín* würde die Richtlinie 2004/38/EG in der Rs. *CS* keinesfalls Anwendung finden.[1079] Die Rs. *CS* und – soweit die Freizügigkeitsrichtlinie nicht anwendbar sei – auch die Rs. *Rendón Marín* beträfen daher im Wesentlichen die Auslegung von Art. 20 AEUV, allerdings mit der Besonderheit, dass die Kläger vorbestraft seien.[1080]

In der Rs. *Zhu und Chen*[1081] habe der Gerichtshof festgestellt, dass ein kleines Kind seine unionsbürgerschaftlichen Rechte ohne die Anwesenheit und Unterstützung seiner Eltern nicht wirksam ausüben könne.[1082] In der Rs. *Rottmann*[1083] habe der Gerichtshof klargestellt, dass die Anwendbarkeit des Unionsrechts kein grenzüberschreitendes Element voraussetze. Außerdem müssten die Mitgliedstaaten auch bei Gebieten, die ihrer Zuständigkeit unterfallen, das Unionsrecht beachten. Eine Situation, in welcher der Verlust des unionsbürgerschaftlichen Status drohe, sei derart grundlegend, dass sie „ihrem Wesen und ihren Folgen nach unter das Unionsrecht“ falle.[1084] Nach

---

[1076] Rs. C-165/14 *Rendón Marín* u. Rs. C-304/14 *CS*, Schlussanträge GA Szpunar v. 4.2.2016, Rn. 102.

[1077] Rs. C-165/14 *Rendón Marín* u. Rs. C-304/14 *CS*, Schlussanträge GA Szpunar v. 4.2.2016, Rn. 105.

[1078] Rs. C-165/14 *Rendón Marín* u. Rs. C-304/14 *CS*, Schlussanträge GA Szpunar v. 4.2.2016, Rn. 106.

[1079] Rs. C-165/14 *Rendón Marín* u. Rs. C-304/14 *CS*, Schlussanträge GA Szpunar v. 4.2.2016, Rn. 82.

[1080] Rs. C-165/14 *Rendón Marín* u. Rs. C-304/14 *CS*, Schlussanträge GA Szpunar v. 4.2.2016, Rn. 53 u. 57 u. 112 ff.

[1081] Rs. C-200/02 *Zhu und Chen*, EuGH Urteil v. 19.10.2004.

[1082] Rs. C-165/14 *Rendón Marín* u. Rs. C-304/14 *CS*, Schlussanträge GA Szpunar v. 4.2.2016, Rn. 112.

[1083] Rs. C-135/08 *Rottmann*, EuGH Urteil v. 2.3.2010.

[1084] Rs. C-165/14 *Rendón Marín* u. Rs. C-304/14 *CS*, Schlussanträge GA Szpunar

Ansicht von GA Szpunar bestehe ein enger Zusammenhang zum Kriterium, welches der Gerichtshof in der Rs. *Zambrano*[1085] aufgestellt habe, nach welchem das Unionsrecht Maßnahmen entgegenstehe, die bewirkten, dass dem Unionsbürger „der tatsächliche Genuss des Kernbestands der Rechte“, die ihnen der Vertrag verleihe, verwehrt werde.[1086] Die Bedeutung, die dem Status der Unionsbürgerschaft zukomme, sei im Urteil *Zambrano*[1087] präzisiert worden, in dem der Gerichtshof einem drittstaatsangehörigen Familienmitglied eines Unionsbürgers, der nie von seinem Freizügigkeitsrecht Gebrauch gemacht habe, ein Aufenthaltsrecht zuerkannt habe.[1088] Dem minderjährigen Unionsbürger würde der Kernbestand seiner Rechte verwehrt, wenn dem drittstaatsangehörigen Familienmitglied, das allein dem Unionsbürger Unterhalt gewährt, das Aufenthaltsrecht im Wohnsitzmitgliedstaat des Unionsbürgers verwehrt würde und dieser daher das Unionsgebiet verlassen müsste.[1089]

Diese Rechtsprechung sei in späteren Urteilen bestätigt und dahingehend konkretisiert worden, dass sie nur für „ganz besondere Sachverhalte“ gelte, in denen der Unionsbürger bei Verweigerung des Aufenthaltsrechts gegenüber dem Familienangehörigen *de facto* gezwungen sei, das Unionsgebiet als Ganzes zu verlassen.[1090] Da die Kinder von Herrn Rendón Marín und das Kind von CS der alleinigen Sorge des klagenden Elternteils anvertraut seien und ihnen bei einer Ausweisung in einen Drittstaat folgen müssten, fielen auch diese Situationen vor dem Hintergrund der dargestellten Rechtsprechung in den Anwendungsbereich des Unionsrechts.[1091] In einer Fußnote stellt der Generalanwalt überdies klar, dass sich seiner Auffassung nach nur abstrakt vertreten lasse, dass Herr Rendón Marín und seine Kinder nach Polen umziehen könnten, da keinerlei Bindung dorthin bestünde.[1092]

---

v. 4.2.2016, Rn. 114 Fn. 87 mit Verweis auf Rs. C-135/08 *Rottmann*, EuGH Urteil v. 2.3.2010, Rn. 42.

[1085] Rs. C-34/09 *Zambrano*, EuGH Urteil v. 8.3.2011.

[1086] Rs. C-165/14 *Rendón Marín* u. Rs. C-304/14 *CS*, Schlussanträge GA Szpunar v. 4.2.2016, Rn. 114.

[1087] Rs. C-34/09 *Zambrano*, EuGH Urteil v. 8.3.2011.

[1088] Rs. C-165/14 *Rendón Marín* u. Rs. C-304/14 *CS*, Schlussanträge GA Szpunar v. 4.2.2016, Rn. 115.

[1089] Rs. C-165/14 *Rendón Marín* u. Rs. C-304/14 *CS*, Schlussanträge GA Szpunar v. 4.2.2016, Rn. 116.

[1090] Rs. C-165/14 *Rendón Marín* u. Rs. C-304/14 *CS*, Schlussanträge GA Szpunar v. 4.2.2016, Rn. 118.

[1091] Rs. C-165/14 *Rendón Marín* u. Rs. C-304/14 *CS*, Schlussanträge GA Szpunar v. 4.2.2016, Rn. 119 f.

[1092] Rs. C-165/14 *Rendón Marín* u. Rs. C-304/14 *CS*, Schlussanträge GA Szpunar v. 4.2.2016, Rn. 121 Fn. 109.

Fraglich sei aber, ob das Aufenthaltsrecht, das einem drittstaatsangehörigen Familienmitglied eines Unionsbürgers in diesen besonderen Fällen zuerkannt werde, absolut sei oder ob der betroffene Mitgliedstaat berechtigt ist, das Primärrecht gegen sein eigenes Interesse an der Ausweisung des Drittstaatsangehörigen abzuwägen.[1093] Der Begriff „Kernbestand der Rechte" erinnere an den Begriff „Wesensgehalt der Rechte" – insbesondere der Grundrechte – wie er aus den Verfassungstraditionen der Mitgliedstaaten und im Unionsrecht u.a. aus Art. 52 Abs. 1 EU-GRCh bekannt sei. Lege man einen relativen Begriff der Gewährleistung des Wesensgehalts zugrunde, könne der Verhältnismäßigkeitsgrundsatz auch in Bezug auf etwaige Einschränkungen der mit dem Unionsbürgerstatus verbundenen Rechte geprüft werden, zu denen gem. Art. 45 Abs. 2 EU-GRCh das Recht gehöre, sich im Hoheitsgebiet frei zu bewegen und aufzuhalten.[1094] Werde ein solcher Ansatz akzeptiert, wäre sodann davon auszugehen, dass die Wahrung des Kernbestands der sich aus dem Unionsbürgerstatus ergebenden Rechte – wie im Fall der Achtung des Wesensgehalts der Grundrechte – als letzte und unüberwindbare Schranke jeder Einschränkung, d.h. als „Schranken-Schranke", fungiere. Die Nichtwahrung des Kernbestands dieser Rechte käme ihrer Abschaffung gleich.[1095]

Doch selbst wenn man keinen Zusammenhang zwischen den Begriffen „Wesensgehalt der Rechte" und „Kernbestand der Rechte" herstelle, sei die Verhältnismäßigkeit der nationalen Maßnahme zu prüfen, wenn sich der betreffende Staat auf die Ausnahme der öffentlichen Ordnung oder Sicherheit berufe.[1096] Entsprechend habe der EuGH auch im *Rottmann*-Urteil die Frage der Verhältnismäßigkeit des Verlusts der Unionsbürgerschaft angesprochen.[1097] Im *Zambrano*-Urteil[1098] sei die Verhältnismäßigkeit hingegen nicht diskutiert worden, da sich die belgische Regierung nicht auf die öffentliche Sicherheit und Ordnung berufen habe.[1099]

[1093] Rs. C-165/14 *Rendón Marín* u. Rs. C-304/14 *CS*, Schlussanträge GA Szpunar v. 4.2.2016, Rn. 124.

[1094] Rs. C-165/14 *Rendón Marín* u. Rs. C-304/14 *CS*, Schlussanträge GA Szpunar v. 4.2.2016, Rn. 129.

[1095] Rs. C-165/14 *Rendón Marín* u. Rs. C-304/14 *CS*, Schlussanträge GA Szpunar v. 4.2.2016, Rn. 130.

[1096] Rs. C-165/14 *Rendón Marín* u. Rs. C-304/14 *CS*, Schlussanträge GA Szpunar v. 4.2.2016, Rn. 131.

[1097] Rs. C-165/14 *Rendón Marín* u. Rs. C-304/14 *CS*, Schlussanträge GA Szpunar v. 4.2.2016, Rn. 133 mit Verweis auf Rs. C-135/08 *Rottmann*, EuGH Urteil v. 2.3.2010, Rn. 54 u. 55 in Fn. 130.

[1098] Rs. C-34/09 *Zambrano*, EuGH Urteil v. 8.3.2011.

[1099] Rs. C-165/14 *Rendón Marín* u. Rs. C-304/14 *CS*, Schlussanträge GA Szpunar v. 4.2.2016, Rn. 132.

Vor diesem Hintergrund sei zu prüfen, ob eine Ausweisungsverfügung gegenüber Herrn Rendón Marín und CS verhältnismäßig wäre. Hierzu sei zunächst die Tragweite der Begriffe der „öffentlichen Ordnung“ und „öffentlichen Sicherheit“ im Verhältnis zu der nationalen Entscheidung zu untersuchen, welche dem Unionsbürger den Genuss des Kernbestands seiner Rechte aus Art. 20 AEUV ggf. verwehre.[1100]

Grundsätzlich sei dahingehend festzustellen, dass der EuGH mit seiner Rechtsprechung zum Kernbestand der unionsbürgerschaftlichen Rechte eine weite Auslegung von Art. 20 AEUV vorgenommen habe, welche es zweckmäßig erscheinen lasse, in außergewöhnlichen Situationen, die die Aufrechterhaltung der öffentlichen Ordnung und Sicherheit beträfen, Beschränkungen einzuführen.[1101] Zwar liege die Zuständigkeit im Bereich des freien Verkehrs von Personen bei der Union, dennoch könnten die Mitgliedstaaten sich zur Aufrechterhaltung der öffentlichen Ordnung und inneren Sicherheit auf Ausnahmen berufen, welche eng auszulegen seien. Der EuGH habe in der Rs. *van Duyn*[1102] insoweit auch festgestellt, dass diese Begriffe je nach Mitgliedstaat und im zeitlichen Wechsel unterschiedlich ausgelegt würden und den Mitgliedstaaten insoweit ein Beurteilungsspielraum zukäme. Entscheidungen der Mitgliedstaaten seien aber dennoch nicht der Kontrolle durch den EuGH entzogen.[1103] Der Unionsbürgerstatus erfordere eine „besonders enge Auslegung“ der Ausnahmen.[1104] Schließlich habe der Gerichtshof im Rahmen der Rechtsprechung, welche die Situation von strafrechtlich in Erscheinung getretenen Unionsbürgern betroffen habe, die Kriterien der öffentlichen Ordnung und Sicherheit definiert. An diesen Kriterien orientiere sich die Richtlinie 2004/38/EG, die ihrerseits Beschränkungen des Aufenthaltsrechts aus Gründen der öffentlichen Ordnung und Sicherheit festlege, indem sie an die Rechtsprechung des Gerichts anknüpfe.[1105]

[1100] Rs. C-165/14 *Rendón Marín* u. Rs. C-304/14 *CS*, Schlussanträge GA Szpunar v. 4.2.2016, Rn. 138 f.

[1101] Rs. C-165/14 *Rendón Marín* u. Rs. C-304/14 *CS*, Schlussanträge GA Szpunar v. 4.2.2016, Rn. 140.

[1102] Rs. 41/74 *van Duyn*, EuGH Urteil v. 4.12.1974.

[1103] Rs. C-165/14 *Rendón Marín* u. Rs. C-304/14 *CS*, Schlussanträge GA Szpunar v. 4.2.2016, Rn. 141 f.

[1104] Rs. C-165/14 *Rendón Marín* u. Rs. C-304/14 *CS*, Schlussanträge GA Szpunar v. 4.2.2016, Rn. 142 Fn. 138 mit Verweis auf vb. Rs. C-482/01 u. C-493/01 *Orfanopoulos und Oliveri*, EuGH Urteil v. 29.4.2014, Rn. 65.

[1105] Rs. C-165/14 *Rendón Marín* u. Rs. C-304/14 *CS*, Schlussanträge GA Szpunar v. 4.2.2016, Rn. 144 Fn. 142 mit Verweis auf Rs. 41/74 *van Duyn*, EuGH Urteil v. 4.12.1974; Rs. 67/74 *Bosignore*, EuGH Urteil v. 26.2.1975; Rs. 36/75 *Rutili*, EuGH Urteil v. 28.10.1975; Rs. 30/77 *Bouchereau*, EuGH Urteil v. 27.10.1977; Rs. C-348/96 *Calfa*, EuGH Urteil v. 19.1.1999; vb. Rs. C-482/01 u. C-493/01 *Orfanopoulos und Oliveri*, EuGH Urteil v. 29.4.2014; Rs. C-503/03 *Kommission/Spanien*, EuGH Urteil v. 31.1.2006; Rs.

Auch wenn die Richtlinie in der vorliegenden Situation nicht anwendbar sei, sei die hierzu ergangene Rechtsprechung anwendbar.[1106] Denn würden die Beschränkungen des Aufenthaltsrechts in Abhängigkeit von dessen Rechtsgrundlage (Primär- oder Sekundärrecht) unterschiedlich sein, könne dies zu einer nicht hinzunehmenden Inkohärenz führen, etwa wenn mehrere Kinder derselben Eltern unterschiedliche Staatsangehörigkeiten besäßen.[1107] Die in Art. 27 und Art. 28 verankerten Grundsätze konkretisierten darüber hinaus den allgemein geltenden Verhältnismäßigkeitsgrundsatz, der auf das allgemeine Freizügigkeitsrecht anwendbar sei.[1108] Hinsichtlich der Situation von Herrn Rendón Marín sei die in Bezug auf seine Tochter vorgenommene Analyse daher auch auf die Situation in Bezug auf seinen Sohn zu übertragen.[1109]

Nachfolgend bliebe daher abschließend zu prüfen, wie das Vereinigte Königreich die Ausweisungsverfügung gegenüber CS begründet habe und ob diese Begründung vor dem Hintergrund der zu berücksichtigenden Rechtsprechung Bestand haben könne.[1110]

Das Vereinigte Königreich begründete die Ausweisungsverfügung gegenüber CS mit ihrem schwerwiegenden deliktischen Verhalten, das „die Wahrung des sozialen Zusammenhalts und der Werte" der Gesellschaft bedrohe. Das Recht des Vereinigten Königreichs scheine einen systematischen und automatischen Zusammenhang zwischen der strafrechtlichen Verurteilung und der Ausweisung einer Person herzustellen.[1111]

Nach der Rechtsprechung dürfe eine Ausweisung indes nicht allein aufgrund des Vorliegens einer strafrechtlichen Verurteilung erfolgen. Einer Abschiebemaßnahme müsse vielmehr stets eine Einzelfallprüfung vorausgehen, bei der festgestellt werde, ob die in Rede stehende Person eine „tatsächliche, gegenwärtige und erhebliche Gefahr" darstelle, die ein „Grundinteresse" der Gesellschaft berühre.[1112] Im Hinblick auf CS sei daher zu prüfen, ob ihr Verhalten einen schwerwiegenden Grund der öffentlichen Ordnung oder Sicher-

---

C-441/02 *Kommission/Deutschland*, EuGH Urteil v. 27.4.2006; Rs. C-50/06 *Kommission/Niederlande*, EuGH Urteil v. 7.6.2007.

[1106] Rs. C-165/14 *Rendón Marín* u. Rs. C-304/14 *CS*, Schlussanträge GA Szpunar v. 4.2.2016, Rn. 147 f.

[1107] Rs. C-165/14 *Rendón Marín* u. Rs. C-304/14 *CS*, Schlussanträge GA Szpunar v. 4.2.2016, Rn. 153 f.

[1108] Rs. C-165/14 *Rendón Marín* u. Rs. C-304/14 *CS*, Schlussanträge GA Szpunar v. 4.2.2016, Rn. 157.

[1109] Rs. C-165/14 *Rendón Marín* u. Rs. C-304/14 *CS*, Schlussanträge GA Szpunar v. 4.2.2016, Rn. 158.

[1110] Rs. C-165/14 *Rendón Marín* u. Rs. C-304/14 *CS*, Schlussanträge GA Szpunar v. 4.2.2016, Rn. 159 f.

[1111] Rs. C-165/14 *Rendón Marín* u. Rs. C-304/14 *CS*, Schlussanträge GA Szpunar v. 4.2.2016, Rn. 163.

[1112] Rs. C-165/14 *Rendón Marín* u. Rs. C-304/14 *CS*, Schlussanträge GA Szpunar v. 4.2.2016, Rn. 167 Fn. 154 mit Verweis auf vb. Rs. C-482/01 u. C-493/01 *Orfanopoulos und* heit oder einen zwingenden Grund der öffentlichen Sicherheit darstelle, der eine Ausweisung rechtfertige. Da der minderjährige Unionsbürger im Falle einer Ausweisung der Mutter das Unionsgebiet als Ganzes verlassen müsste, sei der verstärkte Schutzmaßstab des Begriffs des zwingenden Grundes der öffentlichen Sicherheit maßgeblich.[1113]

Im Rahmen der Abwägung seien außerdem die Grundrechte, insbesondere das Recht auf Achtung des Privat- und Familienlebens (Art. 7 EU-GRCh und Art. 8 EMRK), zu berücksichtigen und dem Wohl des Kindes Rechnung zu tragen.[1114] Um abzuwägen, ob eine Ausweisung verhältnismäßig sei, müssten daher Art und Schwere der Zuwiderhandlung, die Aufenthaltsdauer im Aufnahmemitgliedstaat, Alter, Gesundheitszustand, familiäre und wirtschaftliche Lage, soziale und kulturelle Integration im Wohnsitzmitgliedstaat sowie Bindungen zum Herkunftsstaat berücksichtigt werden.[1115]

Im Ergebnis sei es einem Mitgliedstaat daher grundsätzlich untersagt, einen drittstaatsangehörigen Elternteil, der die alleinige Sorge für ein Kind wahrnimmt, das Unionsbürger ist, in einen Drittstaat auszuweisen und dem Kind hierdurch den Genuss des Kernbestands seiner unionsbürgerschaftlichen Rechte zu verwehren. Nur in außergewöhnlichen Situationen könne ein Mitgliedstaat eine derartige Maßnahme erlassen. Diese müsse verhältnismäßig sein und auf das persönliche Verhalten des Drittstaatsangehörigen gestützt werden, das eine gegenwärtige und erhebliche Gefahr darstellen müsse, die ein Grundinteresse der Gesellschaft berühre. Außerdem müsse sie auf zwingende Gründe der öffenlichen Sicherheit gestützt werden. Es sei Sache des vorlegenden Gerichts, den Fall unter den genannten Gesichtspunkten zu prüfen.[1116]

c) Würdigung durch den EuGH – die Rs. Rendón Marín[1117]

Im Hinblick auf die Vorlagefrage sei zunächst darauf hinzuweisen, dass Drittstaatsangehörigen durch die Bestimmungen über die Unionsbürgerschaft keine eigenständigen Rechte verliehen würden, sondern sich diese

---

Oliveri, EuGH Urteil v. 29.4.2014, Rn. 95; Rs. C-145/09 *Tsakouridis*, EuGH Urteil v. 23.11.2010 Rn. 48 u. Rs. C-348/09 *I.*, EuGH Urteil v. 22.5.2012, Rn. 30.

[1113] Rs. C-165/14 *Rendón Marín* u. Rs. C-304/14 *CS*, Schlussanträge GA Szpunar v. 4.2.2016, Rn. 168.

[1114] Rs. C-165/14 *Rendón Marín* u. Rs. C-304/14 *CS*, Schlussanträge GA Szpunar v. 4.2.2016, Rn. 172 u. 174.

[1115] Rs. C-165/14 *Rendón Marín* u. Rs. C-304/14 *CS*, Schlussanträge GA Szpunar v. 4.2.2016, Rn. 173.

[1116] Rs. C-165/14 *Rendón Marín* u. Rs. C-304/14 *CS*, Schlussanträge GA Szpunar v. 4.2.2016, Rn. 177 f.

[1117] Rs. C-165/14 *Rendón Marín*, EuGH Urteil v. 13.9.2016.

Rechte nur daraus ableiten ließen, dass ein Unionsbürger sein Freizügigkeits- und Aufenthaltsrecht ausgeübt hätte.[1118] Daher sei zu prüfen, ob Herrn Rendón Marín auf Grundlage von Art. 21 AEUV und der Richtlinie 2004/38/EG oder auf Grundlage von Art. 20 AEUV ein abgeleitetes Aufenthaltsrecht zustünde und, falls dies der Fall sei, ob seine Vorstrafen eine Einschränkung rechtfertigen könnten.[1119]

Im Rahmen der Prüfung, ob ein abgeleitetes Aufenthaltsrecht auf Grundlage von Art. 21 AEUV und der Richtlinie 2004/38/EG besteht, stellt der EuGH zunächst fest, dass Art. 3 Abs. 1 der Richtlinie 2004/38/EG die „Berechtigten" definiere. Da der minderjährige Sohn von Herrn Rendón Marín nie von seinem Freizügigkeitsrecht Gebrauch gemacht habe, sei er nicht „Berechtigter" i.S.d. Richtlinie.[1120] Die minderjährige Tochter habe sich zwar ebenfalls seit ihrer Geburt in Spanien aufgehalten, sei jedoch aufgrund ihrer polnischen Staatsangehörigkeit „Berechtigte" i.S.d. Richtlinie. Art. 21 Abs. 1 AEUV und die Richtlinie 2004/38/EG verliehen der Tochter daher grundsätzlich ein Aufenthaltsrecht in Spanien.[1121] Das Aufenthaltsrecht stehe jedoch unter den in Art. 7 Abs. 1 b) der Richtlinie vorgesehenen Beschränkungen und Bedingungen. Hiernach seien ein umfassender Krankenversicherungsschutz und ausreichende Existenzmittel erforderlich. Im vorliegenden Fall gäbe es keinerlei Anhaltspunkte dafür, dass die Tochter von Herrn Rendón Marín diese Voraussetzungen nicht erfüllen würde, letztlich müsste dies aber das vorlegende Gericht feststellen.[1122] Die Richtlinie sehe jedoch kein Aufenthaltsrecht für einen drittstaatsangehörigen Verwandten vor, der einem Unionsbürger Unterhalt gewähre, sondern regele nur den umgekehrten Fall.[1123] Würde es aber einem drittstaatsangehörigen Elternteil, der für einen minderjährigen Unionsbürger tatsächlich sorge, nicht erlaubt, sich mit dem Unionsbürger im Aufnahmemitgliedstaat aufzuhalten, würde dem Aufenthaltsrecht des Unionsbürgers jede praktische Wirksamkeit genommen.[1124] Daher müsse, sofern die Voraussetzungen der Richtlinie wirklich erfüllt seien, auch Herrn Rendón Marín grundsätzlich ein abgeleitetes Aufenthaltsrecht zustehen.[1125]

[1118] Rs. C-165/14 *Rendón Marín*, EuGH Urteil v. 13.9.2016, Rn. 36 u.a. mit Verweis auf Rs. C-87/12 *Ymeraga*, EuGH Urteil v. 8.5.2013, Rn. 35.

[1119] Rs. C-165/14 *Rendón Marín*, EuGH Urteil v. 13.9.2016, Rn. 37.

[1120] Rs. C-165/14 *Rendón Marín*, EuGH Urteil v. 13.9.2016, Rn. 38 f.

[1121] Rs. C-165/14 *Rendón Marín*, EuGH Urteil v. 13.9.2016, Rn. 41 f.

[1122] Rs. C-165/14 *Rendón Marín*, EuGH Urteil v. 13.9.2016, Rn. 45 f.

[1123] Rs. C-165/14 *Rendón Marín*, EuGH Urteil v. 13.9.2016, Rn. 50 mit Verweis auf Rs. C-86/12 *Alokpa und Moudoulou*, EuGH Urteil v. 10.10.2013, Rn. 25.

[1124] Rs. C-165/14 *Rendón Marín*, EuGH Urteil v. 13.9.2016, Rn. 51 mit Verweis auf Rs. C-200/02 *Zhu und Chen*, EuGH Urteil v. 19.10.2004, Rn. 45 u. Rs. C-86/12 *Alokpa und Moudoulou*, EuGH Urteil v. 10.10.2013, Rn. 28.

[1125] Rs. C-165/14 *Rendón Marín*, EuGH Urteil v. 13.9.2016, Rn. 53.

Fraglich sei aber, wie sich die Vorstrafen im Hinblick auf die Art. 27 und 28 der Richtlinie 2004/38/EG auf die Anerkennung des Aufenthaltsrechts auswirkten. Nach dem 23. Erwägungsgrund der Richtlinie könne die Ausweisung einen gravierenden Eingriff bedeuten, sodass der Ausweisungsschutz umso stärker sein müsse, je besser die Unionsbürger und ihre Familienangehörigen in den Aufnahmemitgliedstaat integriert seien.[1126] Nach Art. 27 Abs. 1 der Richtlinie 2004/38/EG könnten Ausweisungen insbesondere aus Gründen der öffentlichen Ordnung oder Sicherheit erfolgen. Die Ausnahme der öffentlichen Ordnung sei eng auszulegen und ihre Tragweite dürfe nicht einseitig von den Mitgliedstaaten bestimmt werden.[1127] Nach Art. 27 Abs. 2 Unterabs. 1 der Richtlinie müsse auch der Grundsatz der Verhältnismäßigkeit gewahrt werden und für Maßnahmen dürfte ausschließlich das persönliche Verhalten des Betroffenen ausschlaggebend sein.[1128] Auch müsse das Verhalten der betreffenden Person eine tatsächliche, gegenwärtige Gefahr darstellen, die ein Grundinteresse der Gesellschaft oder des betroffenen Mitgliedstaats berühre. Vom Einzelfall losgelöste oder auf Generalprävention verweisende Begründungen und damit Maßnahmen, die automatisch an eine strafrechtliche Verurteilung anknüpften, ohne das persönliche Verhalten des Täters zu berücksichtigen, seien unzulässig.[1129] Bei der Beurteilung der Frage, ob eine Ausweisung angemessen sei, müssten die in Art. 28 Abs. 1 der Richtlinie genannten Kriterien, d.h. etwa die Aufenthaltsdauer und Integration des Betroffenen im Aufnahmemitgliedstaat, sein Alter oder Gesundheitszustand, Berücksichtigung finden.[1130] Die Regelung im vorliegenden Fall mache die Erteilung der Aufenthaltserlaubnis automatisch und ausnahmslos vom Fehlen von Vorstrafen abhängig. Das Verhalten des Betroffenen müsse aber eine gegenwärtige Gefahr zu dem Zeitpunkt darstellen, zu dem die fragliche Maßnahme erfolge. Im Übrigen seien auch die Grundrechte, wie Art. 7 (Achtung des Privat und Familienlebens) und Art. 24 Abs. 2 (Berücksichtigung des Kindeswohls) der EU-GRCh, zu beachten. Im Ergebnis stünden Art. 21 AEUV und die Richtlinie 2004/38/EG daher einer Maßnahme entgegen, die einem Drittstaatsangehörigen in der Situation, wie der vorliegenden, allein wegen des Vorliegens von Vorstrafen eine Aufenthaltserlaubnis automatisch verweigere.[1131]

Für den Fall, dass das vorlegende Gericht zu dem Ergebnis komme, die Voraussetzungen der Richtlinie seien hinsichtlich der Tochter nicht erfüllt,

---

[1126] Rs. C-165/14 *Rendón Marín*, EuGH Urteil v. 13.9.2016, Rn. 56.

[1127] Rs. C-165/14 *Rendón Marín*, EuGH Urteil v. 13.9.2016, Rn. 58 u.a. mit Verweis auf vb. Rs. C-482/01 u. C-493/01 *Orfanopoulos und Oliveri*, EuGH Urteil v. 29.4.2014, Rn. 65.

[1128] Rs. C-165/14 *Rendón Marín*, EuGH Urteil v. 13.9.2016, Rn. 59.

[1129] Rs. C-165/14 *Rendón Marín*, EuGH Urteil v. 13.9.2016, Rn. 60 f.

[1130] Rs. C-165/14 *Rendón Marín*, EuGH Urteil v. 13.9.2016, Rn. 62.

[1131] Rs. C-165/14 *Rendón Marín*, EuGH Urteil v. 13.9.2016, Rn. 67.

müsse das Bestehen eines abgeleiteten Aufenthaltsrechts aus Art. 20 AEUV geprüft werden.[1132]

Wie der Gerichtshof in der Rs. *Zambrano*[1133] festgestellt habe, stehe Art. 20 AEUV nationalen Maßnahmen entgegen, die bewirkten, dass den Unionsbürgern der tatsächliche Genuss des Kernbestands der Rechte, die ihnen der Unionsbürgerstatus verleihe, verwehrt werde. Insoweit gebe es ganz besondere Sachverhalte, in denen, obwohl das Sekundärrecht, welches das Aufenthaltsrecht von Drittstaatsangehörigen regele, nicht anwendbar sei, diesen dennoch ein Aufenthaltsrecht eingeräumt werden müsse, um die Unionsbürgerschaft nicht ihrer praktischen Wirksamkeit zu berauben. Dies wäre der Fall, wenn der Unionsbürger infolge der Verweigerung des Aufenthaltsrechts seines Familienangehörigen *de facto* gezwungen wäre, das Unionsgebiet als Ganzes zu verlassen und ihm dadurch der Genuss des Kernbestands seiner Rechte verwehrt würde.[1134] Kennzeichnend für diese Fälle sei, dass sie zwar *a priori* in die Zuständigkeit der Mitgliedstaaten fielen, jedoch ein innerer Zusammenhang zum Freizügigkeits- und Aufenthaltsrecht eines Uniosnbürgers bestehe.[1135]

Müsste Herr Rendón Marín, dem das alleinige Sorgerecht für seine Kinder zustehe, das Unionsgebiet verlassen, müssten seine Kinder ihm folgen und ihnen würde der tatsächliche Genuss des Kernbestands ihrer Rechte verwehrt.[1136] Das vorlegende Gericht müsste daher prüfen, ob Herrn Rendón Marín ggf. ein abgeleitetes Aufenthaltsrecht in Polen zukomme, das zur Folge hätte, dass die Kinder nicht gezwungen wären, das Unionsgebiet als Ganzes zu verlassen.[1137]

Vorbehaltlich der eben genannten Prüfung falle die Situation jedoch in den Anwendungsbereich des Unionsrechts und es bestehe grundsätzlich ein abgeleitetes Aufenthaltsrecht aus Art. 20 AEUV. Dieses könne jedoch auch aus Gründen der öffentlichen Ordnung oder Sicherheit beschränkt werden. Da die Situation von Herrn Rendón Marín in den Anwendungsbereich des Unionsrechts falle, seien aber die Art. 7 und 24 Abs. 2 der EU-GRCh zu berücksichtigen.[1138] Eine Berufung auf die öffentliche Ordnung setze jeden-

---

1132 Rs. C-165/14 *Rendón Marín*, EuGH Urteil v. 13.9.2016, Rn. 68.

1133 Rs. C-34/09 *Zambrano*, EuGH Urteil v. 8.3.2011.

1134 Rs. C-165/14 *Rendón Marín*, EuGH Urteil v. 13.9.2016, Rn. 71 f. mit Verweis auf Rs. C-34/09 *Zambrano*, EuGH Urteil v. 8.3.2011, Rn. 43 u. 44. u. Rs. C-256/11 *Dereci*, EuGH Urteil v. 15.11.2011, Rn. 66 u. 67 u. Rs. C-40/11 *Iida*, EuGH Urteil v. 8.11.2012, Rn. 71 u. Rs. C-87/12 *Ymeraga*, EuGH Urteil v. 8.5.2013, Rn. 36 u. Rs. C-86/12 *Alokpa und Moudoulou*, EuGH Urteil v. 10.10.2013, Rn. 32.

1135 Rs. C-165/14 *Rendón Marín*, EuGH Urteil v. 13.9.2016, Rn. 75.

1136 Rs. C-165/14 *Rendón Marín*, EuGH Urteil v. 13.9.2016, Rn. 78.

1137 Rs. C-165/14 *Rendón Marín*, EuGH Urteil v. 13.9.2016, Rn. 79 mit Verweis auf Rs. C-86/12 *Alokpa und Moudoulou*, EuGH Urteil v. 10.10.2013, Rn. 33 u. 35.

1138 Rs. C-165/14 *Rendón Marín*, EuGH Urteil v. 13.9.2016, Rn. 81.

falls voraus, dass eine tatsächliche, gegenwärtige und erhebliche Gefahr vorliege, die ein Grundinteresse der Gesellschaft berühre. Der Begriff der öffentlichen Sicherheit umfasse die innere und äußere Sicherheit der Mitgliedstaaten.[1139] Grundsätzlich sei die Verweigerung des Aufenthaltsrechts, wenn die öffentliche Ordnung oder Sicherheit aufgrund von Straftaten gefährdet sei, mit dem Unionsrecht vereinbar. Sie dürfe jedoch nicht automatische Folge der Vorstrafen sein, sondern es müsse im Rahmen einer konkreten Beurteilung auf das persönliche Verhalten des Betroffenen abgestellt werden, wobei die bereits oben genannten Kriterien zu berücksichtigen seien.[1140] Art. 20 AEUV stehe daher im Ergebnis einer nationalen Regelung entgegen, welche die Aufenthaltserlaubnis eines drittstaatsangehörigen Elternteils, der allein für minderjährige Unionsbürger sorge, automatisch aufgrund von etwaigen Vorstrafen versage.[1141]

d) Würdigung durch den EuGH – die Rs. CS[1142]

Der EuGH stellt zunächst fest, dass die Richtlinie 2004/38/EG auf den vorliegenden Fall nicht anzuwenden sei, da sie nur für Unionsbürger gelte, welche sich in einem anderen Mitgliedstaat aufhielten. Wenn ein Unionsbürger nicht „Berechtigter" i.S.d. Richtlinie sei, könnten sich auch dessen Familienangehörige nicht auf die Richtlinie berufen, da die Rechte der Angehörigen nur abgeleitete Rechte seien.[1143]

Wie der Gerichtshof in seinem *Zambrano*-Urteil[1144] festgestellt habe, stehe Art. 20 AEUV allerdings nationalen Maßnahmen entgegen, die bewirkten, dass den Unionsbürgern der tatsächliche Kernbestand der unionsbürgerschaftlichen Rechte verwehrt werde. Insoweit habe der Gerichtshof bereits entschieden, dass es ganz besondere Sachverhalte gäbe, in denen das für das Aufenthaltsrecht von Drittstaatsangehörigen geltende Sekundärrecht zwar nicht anwendbar sei und der Unionsbürger auch sein Freizügigkeitsrecht nicht ausgeübt habe, dem drittstaatsangehörigen Familienmitglied des Unionsbürgers jedoch dennoch ein Aufenthaltsrecht eingeräumt werden müsse. Die Unionsbürgerschaft würde ansonsten ihrer praktischen Wirksamkeit beraubt, wenn der Unionsbürger sich infolge der Verweigerung des Aufenthaltsrechts *de facto* gezwungen sähe, das Unionsgebiet als Ganzes gemeinsam mit dem drittstaatsangehörigen Familienmitglied zu verlassen.[1145] Die

1139 Rs. C-165/14 *Rendón Marín*, EuGH Urteil v. 13.9.2016, Rn. 83.
1140 Rs. C-165/14 *Rendón Marín*, EuGH Urteil v. 13.9.2016, Rn. 86.
1141 Rs. C-165/14 *Rendón Marín*, EuGH Urteil v. 13.9.2016, Rn. 87.
1142 Rs. C-304/14 *CS*, EuGH Urteil v. 13.9.2016.
1143 Rs. C-304/14 *CS*, EuGH Urteil v. 13.9.2016, Rn. 21 f.
1144 Rs. C-34/09 *Zambrano*, EuGH Urteil v. 8.3.2011, Rn. 42.
1145 Rs. C-304/14 *CS*, EuGH Urteil v. 13.9.2016, Rn. 29.

bezeichneten Sachverhalte fielen zwar *a priori* in die Zuständigkeit der Mitgliedstaaten, da es um das Einreise- und Aufenthaltsrecht von Drittstaatsangehörigen außerhalb des Anwendungsbereichs des Sekundärrechts gehe, stünden jedoch in einem inneren Zusammenhang mit der Freizügigkeit des Unionsbürgers.[1146] In der Situation des Ausgangsverfahrens drohe durch die Ausweisung von CS die Verwehrung des Kernbestands der unionsbürgerschaftlichen Rechte des Kindes. Daher sei die Situation vom Anwendungsbereich des Unionsrechts umfasst.[1147] CS könne ggf. ein abgeleitetes Aufenthaltsrecht aus Art. 20 AEUV zustehen.

Fraglich sei jedoch, inwieweit dieses Aufenthaltsrecht einschränkbar sei. Die Regierung des Vereinigten Königreichs sei der Auffassung, dass die Begehung einer Straftat einen Fall dem Anwendungsbereich, wie ihn der EuGH in der *Zambrano*-Rechtsprechung definiert habe, entziehen könne. Falls der Grundsatz der *Zambrano*-Rechtsprechung Anwendung finden sollte, müsse dieser jedenfalls einschränkbar sein. Die Ausweisungsverfügung gegenüber CS sei zum Schutz der öffentlichen Ordnung ergangen, nämlich zur Wahrung des sozialen Zusammenhalts und der Werte der Gesellschaft.[1148] Auch Unionsbürger könnten, insbesondere wenn sie eine Straftat begangen hätten, gem. Art. 27 und Art. 28 der Richtlinie 2004/38/EG ausgewiesen werden. Bestünde nicht die Möglichkeit der Einschränkung des auf Art. 20 AEUV beruhenden abgeleiteten Aufenthaltsrechts, käme dem Drittstaatsangehörigen mit eben diesem abgeleiteten Aufenthaltsrecht größerer Schutz zu als einem Unionsbürger. Daher müssten die Mitgliedstaaten befugt sein, dieses Aufenthaltsrecht ggf. einzuschränken.[1149]

Der EuGH stellt im Folgenden ohne ausdrückliche Bezugnahme auf die Argumentation des Vereinigten Königreichs fest, dass Art. 20 AEUV die Möglichkeit der Mitgliedstaaten unberührt lasse, sich u.a. auf die Aufrechterhaltung der öffentlichen Ordnung oder Sicherheit zu berufen. Da die Situation von CS jedoch dem Unionsrecht unterliege, sei dabei Art. 7 EU-GRCh i.V.m. Art. 24 Abs. 2 EU-GRCh zu berücksichtigen.[1150] Darüber hinaus seien die Begriffe „öffentliche Ordnung" und „öffentliche Sicherheit" als Ausnahmen vom Aufenthaltsrecht der Unionsbürger und ihrer Familienangehörigen eng auszulegen und unterlägen der richterlichen Kontrolle durch den EuGH.[1151] Der Begriff der „öffentlichen Ordnung" setze das Vorliegen einer tatsächlichen, gegenwärtigen und erheblichen Gefahr voraus, die ein Grundinteresse der Gesellschaft berühre. Der Begriff der „öffentlichen Sicherheit" umfasse die innere und die äußere Sicherheit der Mitgliedstaaten.

[1146] Rs. C-304/14 *CS*, EuGH Urteil v. 13.9.2016, Rn. 30.
[1147] Rs. C-304/14 *CS*, EuGH Urteil v. 13.9.2016, Rn. 33.
[1148] Rs. C-304/14 *CS*, EuGH Urteil v. 13.9.2016, Rn. 34.
[1149] Rs. C-304/14 *CS*, EuGH Urteil v. 13.9.2016, Rn. 35.
[1150] Rs. C-304/14 *CS*, EuGH Urteil v. 13.9.2016, Rn. 36.
[1151] Rs. C-304/14 *CS*, EuGH Urteil v. 13.9.2016, Rn. 37.

Vor diesem Hintergrund könne eine Ausweisung der CS aufgrund des Vorliegens einer tatsächlichen, gegenwärtigen und erheblichen Gefahr für die öffentliche Ordnung oder Sicherheit mit dem Unionsrecht vereinbar sein.

Die Ausweisung dürfe jedoch nicht automatische Folge der Vorstrafen sein. Voraussetzung sei eine Einzelfallprüfung durch das nationale Gericht unter Berücksichtigung des Verhältnismäßigkeitsprinzips, des Kindeswohls und der Grundrechte. Relevant seien stets das persönliche Verhalten des Betroffenen, die Dauer und Rechtmäßigkeit seines Aufenthalts, Art und Schwere der begangenen Straftat, Grad der gegenwärtigen Gefährlichkeit des Betroffenen für die Gesellschaft, das Alter des Kindes und sein Gesundheitszustand, sowie die allgemeine familiäre und wirtschaftliche Situation.[1152]

Im vorliegenden Fall habe die nationale Regelung offenbar eine systematische und automatische Ausweisungsverfügung nach Verurteilung zu einer Freiheitsstrafe von mindestens zwölf Monaten zur Folge, jedenfalls bestehe eine Vermutung, dass die betreffende Person auszuweisen sei.[1153] Allein das Vorliegen von Vorstrafen gegen CS könne jedoch die Verwehrung des tatsächlichen Genusses des Kernbestands der Rechte, die dem Kind von CS als Unionsbürger zukommen, nicht rechtfertigen. Das vorlegende Gericht müsse daher das Verhalten von CS unter den oben beschriebenen Voraussetzungen eingehend prüfen. Im Rahmen der Abwägung sei vor allem das Kindeswohl zu berücksichtigen, was insbesondere die Berücksichtigung der Situation des Kindes im betreffenden Mitgliedstaat, sein Alter und den Grad der Abhängigkeit vom sorgenden Elternteil erfordere.[1154]

Im Ergebnis stehe Art. 20 AEUV daher den Regelungen eines Mitgliedstaats entgegen, nach denen ein wegen einer Straftat verurteilter Drittstaatsangehöriger auch dann aus dem Unionsgebiet auszuweisen ist, wenn er tatsächlich für ein Kleinkind sorgt, das Unionsbürger ist und von seiner Freizügigkeit noch keinen Gebrauch gemacht hat und das wegen der Ausweisung des drittstaatsangehörigen Elternteils das Unionsgebiet verlassen müsste. Unter außergewöhnlichen Umständen dürfe ein Mitgliedstaat jedoch eine Ausweisungsverfügung erlassen, sofern diese auf dem persönlichen Verhalten des Betroffenen beruht und jenes eine tatsächliche, gegenwärtige und erhebliche Gefahr darstellt, die ein Grundinteresse der Gesellschaft berührt und die verschiedenen Interessen berücksichtigt werden.[1155]

1152 Rs. C-304/14 *CS*, EuGH Urteil v. 13.9.2016, Rn. 40 f.
1153 Rs. C-304/14 *CS*, EuGH Urteil v. 13.9.2016, Rn. 43 f.
1154 Rs. C-304/14 *CS*, EuGH Urteil v. 13.9.2016, Rn. 47 f.
1155 Rs. C-304/14 *CS*, EuGH Urteil v. 13.9.2016, Rn. 50.

e) Analyse

Die Entscheidungen in den Rs. *Rendón Marín* und *CS* fällte der Gerichtshof am selben Tag als Große Kammer.

aa) Einordnung der Sachverhalte

Da der drittstaatsangehörige Herr Rendón Marín zwei minderjährige Kinder mit unterschiedlichen unionalen Staatsangehörigkeiten hat, erinnert der Sachverhalt in der Grundkonstellation einerseits an die Rs. *Zhu und Chen* und andererseits an die Rs. *Zambrano*. Denn weil seine Tochter als polnische Staatsangehörige eine von ihrem Aufenthaltsstaat Spanien abweichende Staatsangehörigkeit hat, ohne bislang von ihrem Freizügigkeitsrecht Gebrauch gemacht zu haben, ist nach der Rechtsprechung in den Rs. *Zhu und Chen* und *Alopka* insoweit die Freizügigkeitsrichtlinie anwendbar. Der spanische Sohn hat den Aufenthaltsstaat Spanien ebenfalls nicht verlassen, sodass diesbezüglich grundsätzlich die *Zambrano*-Rechtsprechung Anwendung finden kann.

Der Sachverhalt in der Rs. *CS* entspricht der Situation von Herrn Rendón Marín mit Blick auf dessen Sohn, da auch der Sohn von CS das Vereinigte Königreich nie verlassen hat. Die Anwendbarkeit der Freizügigkeitsrichtlinie kommt daher in der Rs. *CS* nicht in Betracht.

bb) Abgeleitetes Aufenthaltsrecht über die Tochter in der Rs. Rendón Marín

(1) Abgeleitetes Aufenthaltsrecht nach der Freizügigkeitsrichtlinie

(a) Begründung des Aufenthaltsrechts

Da die Tochter von Herrn Rendón Marín in Ansehung der bisherigen Rechtsprechung nach richtiger Ansicht des Gerichtshofs „Berechtigte" i.S.d. Freizügigkeitsrichtlinie ist, hat das nationale Gericht zu prüfen, ob alle Aufenthaltsvoraussetzungen gegegeben sind. Interessanterweise stellt der Gerichtshof nachfolgend selbst fest, dass keinerlei Anhaltspunkte dahingehend gegeben seien, dass die Voraussetzungen der Richtlinie nicht erfüllt sein könnten.[1156] Um die praktische Wirksamkeit des Aufenthaltsrechts der Tochter nicht zu gefährden, muss daher grundsätzlich auch dem Vater Herrn Rendón Marín ein Aufenthaltsrecht gewährt werden. Insoweit stellt sich der Sachverhalt nur als Bestätigung der bekannten Rechtsprechung in den Rs. *Zhu und Chen* und *Alopka* dar.

[1156] Rs. C-165/14 *Rendón Marín*, EuGH Urteil v. 13.9.2016, Rn. 49.

(b) Einschränkbarkeit des Aufenthaltsrechts

Da Herr Rendón Marín allerdings bereits strafrechtlich in Erscheinung getreten ist, prüft der Gerichtshof weiter, wie die Art. 27 ff. der Richtlinie 2004/38/EG auf den Sachverhalt anzuwenden sind.

Art. 27 der Richtlinie enthält allgemeine Grundsätze hinsichtlich möglicher Beschränkungen des Einreise- und Aufenthaltsrechts aus Gründen der öffentlichen Ordnung, Sicherheit oder Gesundheit. Insbesondere ist nach Art. 27 Abs. 2 der Richtlinie 2004/38/EG der Verhältnismäßigkeitsgrundsatz zu wahren. In Art. 28 Abs. 1 der Richtlinie 2004/38/EG sind bestimmte Kriterien aufgelistet, die der ausweisende Staat im Rahmen der Verhältnismäßigkeitsprüfung berücksichtigen muss. Darüber hinaus ist in Art. 28 der Richtlinie ein gestufter Ausweisungsschutz verankert, der u.a. danach unterscheidet, ob der Unionsbürger und seine Familienangehörigen ein Daueraufenthaltsrecht haben.

Weil mit Herrn Rendón Marín ein Familienangehöriger ohne bestehendes Daueraufenthaltsrecht betroffen ist, prüft der Gerichtshof vor allem die Voraussetzungen von Art. 27 Abs. 2 und Art. 28 Abs. 1 der Freizügigkeitsrichtlinie.

Da die spanische Regelung beim Vorliegen von Vorstrafen automatisch zu einer Versagung der Aufenthaltserlaubnis führt, ohne dass eine Einzelfallprüfung erfolgt, kommt der Gerichtshof wie zuvor auch der Generalanwalt[1157] richtigerweise zu dem Ergebnis, dass die Regelung gegen das Sekundärrecht verstößt.[1158] Indem der Gerichtshof darauf abstellt, dass das Verhalten des Betroffenen eine „gegenwärtige Gefahr“ begründen müsse[1159], nimmt der Gerichtshof eine am Wortlaut orientierte Auslegung vor. Darüber hinaus legt er die Norm als Beschränkung des Freizügigkeitsrechts eng aus, was Konsequenz einer systematischen Auslegung ist. Insbesondere der in Art. 28 Abs. 2 der Freizügigkeitsrichtlinie auch sekundärrechtlich verankerte Verhältnismäßigkeitsgrundsatz steht einer Regelung entgegen, die zu einer automatischen Ausweisung ohne Berücksichtigung der Umstände im Einzelfall führt. Mit der sekundärrechtlichen Verankerung des Verhältnismäßigkeitsgrundsatzes hat der Gesetzgeber die Rechtsprechung hinsichtlich der Beschränkungen des Einreise- und Aufenthaltsrechts aus Gründen der öffentlichen Ordnung, Sicherheit und Gesundheit einfachgesetzlich kodifiziert.[1160]

[1157] Rs. C-165/14 *Rendón Marín* u. Rs. C-304/14 *CS*, Schlussanträge GA Szpunar v. 4.2.2016, Rn. 105.

[1158] Rs. C-165/14 *Rendón Marín*, EuGH Urteil v. 13.9.2016, Rn. 67.

[1159] Rs. C-165/14 *Rendón Marín*, EuGH Urteil v. 13.9.2016, Rn. 83.

[1160] Vgl. insoweit auch den Hinweis des Generalanwalts, Rs. C-165/14 *Rendón Marín* u. Rs. C-304/14 *CS*, Schlussanträge GA Szpunar v. 4.2.2016, Rn. 144.

(c) Anwendbarkeit der Grundrechte

Auch der durch den Generalanwalt und den Gerichtshof vorgenommene Verweis auf Art. 7 und Art. 24 Abs. 2 EU-GRCh ist insoweit folgerichtig.[1161] Denn das abgeleitete Aufenthaltsrecht leitet sich in der vorliegenden Situation aus dem Sekundärrecht ab, sodass ein Unionsrechtsbezug gegeben ist. Soweit ein Mitgliedstaat eine Ausweisung aus Gründen der öffentlichen Sicherheit, Ordnung oder Gesundheit vornehmen will, handelt es sich letztlich um eine Anwendung der einfachgesetzlichen Konkretisierung des Schrankenvorbehalts des Freizügigkeitsrechts. Da der Gerichtshof die Unionsgrundrechte auch als Schranken-Schranke für anwendbar hält, wenn wirtschaftliche Grundfreiheiten beeinträchtigt werden[1162], ist es konsequent, dass die Mitgliedstaaten auch bei einer Beschränkung des Freizügigkeitsrechts an die Unionsgrundrechte gebunden sind.[1163] Dass die Unionsgrundrechte insoweit auch auf die Situation eines statischen Unionsbürgers Anwendung finden, ist logische Folge der seit der Rs. *Zhu und Chen* weiten Auslegung des Begriffs des „Berechtigten“ i.S.d. Freizügigkeitsrichtlinie bzw. der entsprechenden Vorgängervorschrift.

(2) Aufenthaltsrecht aus Art. 20 AEUV

Obwohl der Gerichtshof davon auszugehen scheint, dass die Voraussetzungen für ein über die Tochter abgeleitetes Aufenthaltsrecht nach der Freizügigkeitsrichtlinie gegeben sind, prüft er weiter, ob andernfalls ein Aufenthaltsrecht aus Art. 20 AEUV abgeleitet werden kann.[1164] Insoweit wiederholt der EuGH die *Zambrano*-Rechtsprechung und bestätigt nachfolgend die mit der Rs. *Alokpa und Moudoulou* begründete Eingrenzung, dass ein Aufenthaltsrecht im Aufenthaltsstaat über Art. 20 AEUV nicht abgeleitet werden

---

[1161] *Lenaerts/Gutiérrez-Fons*, The EU Internal Market and the EU Charter: Exploring the “Derogation Situation“, in: Amtenbrink/Davies/Kochenov et al. (Hrsg.), The Internal Market and the Future of European Integration – Essays in Honour of Laurence W. Gormley, 49, 57.

[1162] Rs. C-260/89 *ERT*, EuGH Urteil v. 18.6.1991, Rn. 43; Rs. C-368/95 *Familiapress*, EuGH Urteil v. 26.6.1997, Rn. 24; Rs. C-60/00 *Carpenter*, EuGH Urteil v. 11.7.2002, Rn. 40; Rs. C-390/12 *Pfleger*, EuGH Urteil v. 30.4.2014, Rn. 30 ff.; *Terhechte*, in: von der Groeben/Schwarze/Hatje (Hrsg.), Europäisches Unionsrecht, 10; a.A.: *Kingreen*, in: Calliess/Ruffert (Hrsg.), EUV/AEUV, Das Verfassungsrecht der Europäischen Union mit Europäischer Grundrechtecharta, Art. 51 EU-GRCh Rn. 22 f. m.w.N.

[1163] Rs. C-87/12 *Ymeraga*, EuGH Urteil v. 8.5.2013, Rn. 42; Rs. C-473/15 *Peter Schotthöfer & Florian Steiner*, EuGH Beschluss v. 6.9.2017, Rn. 19 f.; *Schwerdtfeger*, in: Meyer/Hölscheidt (Hrsg.), Charta der Grundrechte der Europäischen Union, Art. 51 EU-GRCh Rn. 48 f.; *Latzel*, Die Anwendungsbereiche des Unionsrechts, EuZW 2015, 658, 661 f., der den Anwendungsbereich bei einer „qualifizierten“ Beeinträchtigung der unionsbürgerschaftlichen Rechte als eröffnet ansieht.

[1164] Rs. C-165/14 *Rendón Marín*, EuGH Urteil v. 13.9.2016, Rn. 68 f.

kann, wenn es sich hierbei nicht um den Herkunftsstaat des Unionsbürgers handelt, über den das Aufenthaltsrecht abgeleitet werden soll.[1165] Das vorlegende Gericht muss daher prüfen, ob Herrn Rendón Marín mit Blick auf die *Zambrano*-Rechtsprechung ein abgeleitetes Aufenthaltsrecht in Polen zukommt.[1166]

Mit diesem Ergebnis hinsichtlich der Situation von Herrn Rendón Marín und seiner Tochter unterscheidet sich der Gerichtshof freilich grundsätzlich von den Schlussanträgen des Generalanwalts, der nur im Rahmen einer Fußnote *en passant* feststellt, dass ein Verweis auf ein mögliches Aufenthaltsrecht in Polen nicht möglich ist.[1167] Ohne sich argumentativ näher damit auseinanderzusetzen, scheint der Generalanwalt davon auszugehen, dass die Ausweisung in den Herkunftsmitgliedstaat des Kindes, von dem der Elternteil sein Aufenthaltsrecht ableitet, jedenfalls dann nicht möglich ist, wenn keinerlei Beziehungen zu diesem Herkunftsstaat bestehen. Aufgrund der fehlenden Begründung bleibt unklar, ob der Generalanwalt die Entscheidung des Gerichtshofs in der Rs. *Alokpa und Moudoulou* grundsätzlich in Frage stellt oder ob er gegebenenfalls einen Unterschied darin erkennt, dass sich in der Rs. *Alokpa und Moudoulou* der Vater der Kinder in Frankreich, d.h. im Herkunftsstaat der betroffenen Kinder, aufgehalten hat, während in der Rs. *Rendón Marín* jedenfalls unklar war, ob sich die Mutter der Tochter zum fraglichen Zeitpunkt in Polen aufhielt. Da jedoch auch zu dem Vater der Kinder in der Rs. *Alokpa und Moudoulou* keinerlei Kontakt bestand, dürften die Unterschiede eher marginal sein, sodass sich die Fußnote des Generalanwalts eher als grundsätzliche Ablehnung des Urteils des Gerichtshofs einordnen lassen dürfte.

cc) Abgeleitetes Aufenthaltsrecht über die Söhne in den Rs. Rendón Marín *und* CS

(1) Aufenthaltsrecht aus Art. 20 AEUV

Obgleich wiederum keinerlei Anhaltspunkte dafür ersichtlich sind, die gegen ein über die Tochter abgeleitetes Aufenthaltsrecht in Polen sprechen, stellt der Gerichtshof in der Rs. *Rendón Marín* fest, dass vorbehaltlich der obigen Prüfung jedenfalls in Ansehung der Situation des Sohnes grundsätzlich ein abgeleitetes Aufenthaltsrecht aus Art. 20 AEUV besteht.[1168]

Dass der Gerichtshof in der Rs. *Rendón Marín* seine Prüfung fortsetzt, obwohl sowohl die Freizügigkeitsrichtlinie einschlägig und im Übrigen je-

---

[1165] Rs. C-165/14 *Rendón Marín*, EuGH Urteil v. 13.9.2016, Rn. 69 f.

[1166] Rs. C-165/14 *Rendón Marín*, EuGH Urteil v. 13.9.2016, Rn. 79.

[1167] Rs. C-165/14 *Rendón Marín* u. Rs. C-304/14 *CS*, Schlussanträge GA Szpunar v. 4.2.2016, Rn. 121 Fn. 109.

[1168] Rs. C-165/14 *Rendón Marín*, EuGH Urteil v. 13.9.2016, Rn. 68 f. u. 80.

denfalls die *Alokpa und Moudoulou*-Rechtsprechung anwendbar sein dürfte, steht in Kontrast zu der kurzen Begründung in der Rs. *Zambrano*. Erklärbar werden die Ausführungen indes durch die auch auf Art. 20 AEUV bezogene Vorlagefrage und vor allem durch die zeitgleiche Entscheidung in der Rs. *CS*, der eine ähnliche Konstellation zugrunde lag. Auch insoweit stellte der Gerichtshof einleitend fest, dass dem Kind von CS bei einer Ausweisung grundsätzlich der Kernbestand seiner unionsbürgerschaftlichen Rechte verwehrt wird.[1169] Offenbar wollte der Gerichtshof durch die nachfolgenden ähnlich gelagerten Begründungsansätze seiner Argumentation in beiden Entscheidungen besonderes Gewicht verleihen.

(2) Einschränkbarkeit des aus dem Primärrecht abgeleiteten Aufenthaltsrechts

Neu an den Entscheidungen ist im Wesentlichen, dass der Gerichtshof auch auf die Einschränkbarkeit des Kernbestandsschutzes verweist.[1170] Damit folgt der Gerichtshof im Ergebnis der Auffassung des Generalanwalts, der ebenfalls eine Schrankenübertragung aus dem Sekundärrecht befürwortet.[1171]

(a) Die Schrankensystematik nach dem Vorschlag des Generalanwalts

Bevor der Generalanwalt allerdings zu diesem Ergebnis kommt, nimmt er sehr umfassend zu der Frage Stellung, ob der Begriff des „Kernbestands" der unionsbürgerschaftlichen Rechte möglicherweise einen Bezug zum Begriff des „Wesensgehalts" der Grundrechte aufweist und ob der Kernbestand der unionsbürgerschaftlichen Rechte vor diesem Hintergrund überhaupt einschränkbar ist.[1172]

Der Generalanwalt sieht Übereinstimmungen, insbesondere, da das Freizügigkeitsrecht auch in Art. 45 Abs. 1 EU-GRCh verankert ist und plädiert zunächst für einen relativen Begriff des Wesensgehalts, sodass die mit dem grundlegenden Unionsbürgerstatus verbundenen Rechte nach seiner Auffassung grundsätzlich einschränkbar seien. Etwaige Beschränkungen seien

---

[1169] Rs. C-304/14 *CS*, EuGH Urteil v. 13.9.2016, Rn. 33.

[1170] Vgl. *Lenaerts/Gutiérrez-Fons*, The EU Internal Market and the EU Charter: Exploring the "Derogation Situation", in: Amtenbrink/Davies/Kochenov et al. (Hrsg.), The Internal Market and the Future of European Integration – Essays in Honour of Laurence W. Gormley, 49, 59.

[1171] Rs. C-165/14 *Rendón Marín* u. Rs. C-304/14 *CS*, Schlussanträge GA Szpunar v. 4.2.2016, Rn. 156.

[1172] Rs. C-165/14 *Rendón Marín* u. Rs. C-304/14 *CS*, Schlussanträge GA Szpunar v. 4.2.2016, insbesondere Rn. 124 u. Rn. 128.

allerdings am Verhältnismäßigkeitsgrundsatz zu messen.[1173] Auch wenn der Generalanwalt in der soeben zitierten Randnummer den Kernbestandsbegriff nicht ausdrücklich verwendet, dürften die „mit dem grundlegenden Unionsbürgerstatus verbundenen Rechte“ im gegebenen Kontext vor allem mit einem weit verstandenen und daher grundsätzlich abwägungsfähigen Kernbestandsbegriff gleichzusetzen sein. Denn in der geprüften Konstellation sind andere grundlegende unionsbürgerschaftliche Rechte nicht gegeben.

Daneben schlägt der Generalanwalt vor, dass mit dem Kernbestandsschutz, in Anlehnung an den Wesensgehalt der Grundrechte, auch eine „letzte unüberwindbare Schranke“ bestehen müsse. Nach diesem Verständnis fungiert ein insoweit wohl absolut verstandener Kernbereich als „Schranken-Schranke“.[1174]

Der Generalanwalt scheint den Kernbestandsbegriff daher je nach Verwendung einerseits weit zu verstehen und daher grundsätzlich für abwägungsfähig zu halten. Andererseits kann der Begriff aber offenbar auch auf einen abwägungsfesten Kern des Kernbestandes hindeuten.

(b) Die Schrankensystematik nach Auffassung des Gerichtshofs

Der Gerichtshof geht auf die dogmatischen Überlegungen des Generalanwalts weder in der Urteilsbegründung der Rs. *Rendón Marín* noch in der Rs. *CS* ein. Darüber hinaus äußert er sich in der Rs. *CS* auch nicht hinsichtlich des Einwands der Regierung des Vereinigten Königreichs, dass der in der Rs. *Zambrano* aufgestellte Grundsatz bei Begehung einer Straftat nicht anwendbar sei.[1175]

Vielmehr nimmt der Gerichtshof ohne nähere Begründung an, dass der Kernbestand der unionsbürgerschaftlichen Rechte einschränkbar ist. Wie auch der Generalanwalt, zieht er insoweit eine Parallele zu den Beschränkungen, die sich einfachgesetzlich insbesondere aus der Freizügigkeitsrichtlinie ergeben und wendet diese auch auf den Kernbestandsschutz aus Art. 20 AEUV an.[1176] Dies ergibt sich u.a. aus der Verweisungstechnik des Gerichtshofs, da er hinsichtlich der von ihm verwendeten Definitionen ausdrücklich auch auf Entscheidungen verweist, in denen die Beschränkungen aus der Freizügigkeitsrichtlinie anwendbar waren.[1177]

[1173] Rs. C-165/14 *Rendón Marín* u. Rs. C-304/14 *CS*, Schlussanträge GA Szpunar v. 4.2.2016, Rn. 129.

[1174] Rs. C-165/14 *Rendón Marín* u. Rs. C-304/14 *CS*, Schlussanträge GA Szpunar v. 4.2.2016, Rn. 130.

[1175] Rs. C-304/14 *CS*, EuGH Urteil v. 13.9.2016, Rn. 34.

[1176] Rs. C-165/14 *Rendón Marín*, EuGH Urteil v. 13.9.2016, Rn. 68 f. u. 81 f.; Rs. C-304/14 *CS*, EuGH Urteil v. 13.9.2016, Rn. 36 f.

[1177] Rs. C-165/14 *Rendón Marín*, EuGH Urteil v. 13.9.2016, Rn. 83 mit Verweis auf Rs. C-145/09 *Tsakouridis*, EuGH Urteil v. 23.11.2010, Rn. 43 u. 44.

Dass der Gerichtshof, entgegen dem Einwand des Vereinigten Königreichs, den Anwendungsbereich des Unionsrechts grundsätzlich als eröffnet ansieht, ist angesichts der Konzeption des Kernbestandsschutzes überzeugend. Denn da das abgeleitete Aufenthaltsrecht des Familienangehörigen kein eigenständiges Recht dieses Familienmitglieds begründet, sondern als akzessorisches Recht die effektive Wahrnehmung des Freizügigkeits- und Aufenthaltsrechts des Unionsbürgers sichern soll, kann der grundsätzliche Bestand dieses Rechts nicht von den Handlungen des drittstaatsangehörigen Familienmitglieds abhängig sein. Daher ist es, soweit man den Kernbestandsschutz grundsätzlich anerkennt, folgerichtig, den Anwendungsbereich des Unionsrechts als eröffnet anzusehen und erst nachfolgend die Einschränkbarkeit zu prüfen.

Durch die Heranziehung der Beschränkungen aus dem Sekundärrecht nimmt der Gerichtshof eine richtlinienorientierte Auslegung des Primärrechts vor.[1178] Da der Gerichtshof den Mitgliedstaaten insoweit Handlungsspielräume eröffnet, ist dieser Schritt aus kompetenzrechtlichen Erwägungen zu begrüßen. Dies gilt insbesondere vor dem Hintergrund, dass die Mitgliedstaaten nach der Rechtsprechung des Gerichtshofs bei der Auslegung der Rechtfertigungsgründe über gewisse Beurteilungsspielräume verfügen. Hierauf hatte auch der Generalanwalt im Rahmen seiner Schlussanträge hingewiesen. Darüber hinaus ist ein entsprechendes Verständnis auch dogmatisch geboten, da ein Aufenthaltsrecht, das über den Kernbestandsschutz abgeleitet wird, nicht weiter reichen kann als ein über die Freizügigkeitsrichtlinie abgeleitetes Aufenthaltsrecht.

Die Einschränkbarkeit des Kernbestandsschutzes kann im Ergebnis auch als Ausdruck des kompetenzbezogenen Verhältnismäßigkeitsprinzips sowie des Grundsatzes der loyalen Zusammenarbeit gewertet werden, da durch die Rechtsprechung versucht wird, die mitgliedstaatlichen Interessen möglichst weitgehend zu berücksichtigen.

(3) Kernbestandsschutz und Grundrechtsanwendung

Richtungsweisend ist, dass der Gerichtshof, da die Situation von Herrn Rendón Marín und CS „in den Anwendungsbereich des Unionsrechts fällt“, das Recht auf Achtung des Privat- und Familienlebens gemäß Art. 7 und Art. 24 Abs. 2 der EU-GRCh berücksichtigt wissen will.[1179] Im Zusammenhang mit der Kernbestandsrechtsprechung wendet der Gerichtshof damit erstmals ausdrücklich die Unionsgrundrechte an.[1180]

[1178] Vgl. hierzu oben, § 4 B. II. 2. b).

[1179] Rs. C-165/14 *Rendón Marín*, EuGH Urteil v. 13.9.2016, Rn. 81; Rs. C-304/14 *CS*, EuGH Urteil v. 13.9.2016, Rn. 33 u. 36.

[1180] Einen ersten Schritt in diese Richtung stellte bereits die Urteilsbegründung in der

Da dies jedoch nur in einem zweiten Schritt erfolgt, nachdem unabhängig von einer Grundrechtsprüfung zunächst geprüft wurde, ob der Kernbestand der unionsbürgerschaftlichen Rechte betroffen ist[1181], stellt die Rechtsprechung keine Ausdehnung des Kernbestandsschutzes dar. Die Unionsgrundrechte werden vielmehr zusätzlich zum Verhältnismäßigkeitsgrundsatz herangezogen, um ebenfalls als Schranken-Schranke die Einschränkung der unionsbürgerschaftlichen Rechte anhand des Unionsrechts zu überprüfen. Insoweit wird das mit Blick auf die wirtschaftlichen Grundfreiheiten und später auch hinsichtlich des Freizügigkeitsrechts entwickelte Verständnis des Anwendungsbereichs der Unionsgrundrechte nunmehr konsequent auch auf den Kernbestand der unionsbürgerschaftlichen Rechte übertragen.[1182] Nationale Maßnahmen, die eine Grundfreiheit oder den Kernbestand der unionsbürgerschaftlichen Rechte beeinträchtigen, sind daher an den Unionsgrundrechten zu messen, unabhängig davon, ob von Primär- oder Sekundärrecht abgewichen wird.[1183]

8. *Die Rechtssache* Chavez-Vilchez[1184]

a) *Sachverhalt und Vorlagefragen*

Im Verfahren *Chavez-Vilchez* ging es um acht Ausgangsverfahren, die Anträge der Rechtsmittelführerinnen auf Sozialhilfe oder Kindergeld betrafen. Allen Fällen ist gemeinsam, dass jeweils eine Frau, die die Staatsangehörigkeit eines Drittstaates besitzt, zusammen mit einem niederländischen Mann ein oder mehrere Kinder bekommen hat, die in Folge der Anerkennung durch den Vater die niederländische Staatsangehörigkeit besitzen. Die Väter der Kinder halten sich in den Niederlanden auf, tragen aber nach der Trennung von der Mutter kaum oder wenig zur Erziehung und zum Unterhalt der Kinder bei. In allen Fällen, die dem Ausgangsverfahren zugrunde liegen,

---

Rs. *Ymeraga* dar, in der über die mögliche Familienzusammenführung eines volljährigen Unionsbürgers enschieden wurde. Dort hatte der Gerichtshof bereits angedeutet, dass wenn der Kernbestand betroffen ist, ggf. auch die Unionsgrundrechte Anwendung finden können. Da der Kernbestand des Klägers allerdings nicht betroffen war, wurden die Unionsgrundrechte letztlich auch nicht angewendet, Rs. C-87/12 *Ymeraga*, EuGH Urteil v. 8.5.2013, Rn. 41 f.

[1181] Vgl. hierzu oben, § 7 B. III. 5. d).

[1182] Vgl. *van Eijken/Phoa*, The Scope of Article 20 TFEU Clarified in Chavez-Vilchez: Are the Fundamental Rights of Minor EU Citizens Coming of Age?, E.L.Rev. 2018, 949, 958.

[1183] Vgl. *Lenaerts/Gutiérrez-Fons*, The EU Internal Market and the EU Charter: Exploring the "Derogation Situation", in: Amtenbrink/Davies/Kochenov et al. (Hrsg.), The Internal Market and the Future of European Integration – Essays in Honour of Laurence W. Gormley, 49, 59.

[1184] Rs. C-133/15 *Chavez-Vilchez*, EuGH Urteil v. 10.5.2017.

wurden die Anträge der Kindesmütter auf Sozialhilfe und Kindergeld von den niederländischen Behörden wegen der fehlenden Aufenthaltsberechtigung abgelehnt. Hiergegen klagten die Rechtsmittelführerinnen.

Die im Ausgangsverfahren relevanten Fälle wiesen jedoch auch einige Unterschiede auf. Erstens war der Kontakt der Väter unterschiedlich ausgeprägt, je nach Fall häufig, selten oder inexistent. In einem Fall war der Vater etwa unauffindbar, in einem anderen lebte er in einem betreuten Wohnprojekt. Außerdem hatten zwei der Rechtsmittelführerinnen des Ausgangsverfahrens zwischenzeitlich eine Aufenthaltserlaubnis erhalten. Schließlich ist zu berücksichtigen, dass das Kind von Frau Chavez-Vilchez zunächst mit seinen Eltern in Deutschland lebte und dann mit seiner Mutter in die Niederlande zurückkehrte. Die anderen Kinder haben hingegen niemals von ihrem Recht auf Freizügigkeit Gebrauch gemacht und wohnten seit ihrer Geburt im Mitgliedstaat, dessen Staatsangehörigkeit sie besitzen. Das Gericht des Ausgangsverfahrens legte folgende Fragen vor:

Ist Art. 20 AEUV dahin auszulegen, dass er es einem Mitgliedstaat verwehrt, das Recht zum Aufenthalt in seinem Hoheitsgebiet einem Elternteil mit Drittstaatsangehörigkeit zu verweigern, der täglich und tatsächlich die Sorge für ein minderjähriges Kind wahrnimmt, das die Staatsangehörigkeit des Mitgliedstaats besitzt, wenn nicht ausgeschlossen ist, dass der andere Elternteil, der die Staatsangehörigkeit dieses Mitgliedstaats besitzt, täglich und tatsächlich für das Kind sorgen könnte? Ist insoweit der Umstand erheblich, dass die rechtliche, finanzielle oder affektive Sorge für das Kind von dem Drittstaatsangehörigen vollständig wahrgenommen wird?

b) Würdigung durch den Generalanwalt[1185]

Einleitend erörtert GA Szpunar mit Verweis auf verschiedene internationale Übereinkommen sowie das europäische Primärrecht, weshalb der Vorrang des Kindeswohls als einer der die Rechtsordnung der Union prägenden Grundsätze verstanden werden muss. Der EuGH betrachte den Vorrang des Kindeswohls als ein Prisma, durch welches die Bestimmungen des Unionsrechts zu lesen seien.[1186] Weiterhin hebt der Generalanwalt die Verschiedenartigkeit der im Ausgangsverfahren in Rede stehenden Situationen hervor und verweist nochmals darauf, dass das Verhältnis der Kinder zu ihren Vätern unterschiedlich ausgestaltet gewesen sei und dass es Unterschiede im Hinblick darauf gebe, ob die Kinder bereits von ihrem Freizügigkeitsrecht Gebrauch gemacht hätten oder nicht.[1187] Schließlich verweist der Generalanwalt auf die Praxis der niederländischen Behörden, die bislang die Urteile

[1185] Rs. C-133/15 *Chavez-Vilchez*, Schlussanträge GA Szpunar v. 8.9.2016.
[1186] Rs. C-133/15 *Chavez-Vilchez*, Schlussanträge GA Szpunar v. 8.9.2016, Rn. 42 f.
[1187] Rs. C-133/15 *Chavez-Vilchez*, Schlussanträge GA Szpunar v. 8.9.2016, Rn. 48 f.

Zambrano[1188] und *Dereci*[1189] restriktiv ausgelegt hätten und der Auffassung gewesen seien, dass die genannte Rechtsprechung nur anwendbar sei, wenn der Vater mit niederländischer Staatsangehörigkeit nach objektiven Maßstäben nicht in der Lage sei, für das niederländische Kind zu sorgen.

Im Weiteren prüft GA Szpunar zunächst die Situation von Frau Chavez-Vilchez mit Blick auf Art. 21 Abs. 1 AEUV und die Richtlinie 2004/38/EG. Da die Tochter von Frau Chavez-Vilchez zunächst mit ihren Eltern in Deutschland gelebt habe, bis sie 2011 mit ihrer Mutter in ihren Heimatstaat, die Niederlande, zurückgekehrt sei, sei die Richtlinie 2004/38/EG grundsätzlich anwendbar. Mit Verweis auf das Urteil *McCarthy u.a.*[1190] führt GA Szpunar aus, dass das Recht auf Einreise und kurzzeitigen Aufenthalt für Familienangehörige eines Unionsbürgers aus Drittstaaten gem. Art. 5 der Richtlinie 2004/38/EG nicht auf andere Mitgliedstaaten beschränkt sei. Daher könnten sich Frau Chavez-Vilchez und ihre Tochter nach ihrer Rückkehr in die Niederlande auf die Richtlinie und Art. 21 Abs. 1 AEUV stützen, um ein Recht auf Einreise und kurzzeitigen Aufenthalt geltend zu machen.[1191] Sollte es dem drittstaatsangehörigen Verwandten nicht gelingen, innerhalb des in Art. 6 der Richtlinie 2004/38/EG genannten Zeitraums von drei Monaten ausreichende Existenzmittel zu erlangen, verbiete es Art. 21 AEUV nicht, dass diesem Verwandten ein Aufenthaltsrecht verweigert werde, auch wenn er die tatsächliche Sorge für das Kind mit Unionsbürgerschaft ausübe.[1192] In diesem Fall sei die Situation grundsätzlich im Lichte von Art. 20 AEUV zu prüfen. Da Frau Chavez-Vilchez allerdings während des Verfahrens eine Aufenthaltserlaubnis für die Niederlande auf Grundlage von Art. 8 EMRK erhalten habe, sei dies vorliegend nicht erforderlich.[1193]

[1188] Rs. C-34/09 *Zambrano*, EuGH Urteil v. 8.3.2011.

[1189] Rs. C-256/11 *Dereci*, EuGH Urteil v. 15.11.2011.

[1190] Rs. C-202/13 *McCarthy u.a.*, EuGH Urteil v. 18.12.2014. Die vom Generalanwalt zitierte Entscheidung Rs. *McCarthy u.a.*, die nicht mit der vorher bereits analysierten Rs. C-434/09 *McCarthy* zu verwechseln ist, betraf eine kolumbianische Staatsangehörige, die mit einem Unionsbürger verheiratet war, der die britische und die irische Staatsangehörigkeit besaß. Sie wohnten gemeinsam in Spanien und Frau McCarthy Rodriguez verfügte über eine von den spanischen Behörden nach Art. 10 der Richtlinie 2004/38/EG ausgestellte Aufenthaltskarte. Einige Fluggesellschaften weigerten sich, Frau McCarthy Rodriguez an Bord von Flügen in das Vereinigte Königreich gehen zu lassen, wenn sie nicht auch die nach den Rechtsvorschriften des Vereinigten Königreichs erforderliche EEA *family permit* vorlegte. Der EuGH entschied, dass Mitgliedstaaten die Einreise von Familienangehörigen, die im Besitz einer nach der Freizügigkeitsrichtlinie ausgestellten Aufenthaltskarte sind, nicht von einer Einreiseerlaubnis nach dem nationalen Recht abhängig machen dürfen.

[1191] Rs. C-133/15 *Chavez-Vilchez*, Schlussanträge GA Szpunar v. 8.9.2016, Rn. 67 f.

[1192] Rs. C-133/15 *Chavez-Vilchez*, Schlussanträge GA Szpunar v. 8.9.2016, Rn. 73.

[1193] Rs. C-133/15 *Chavez-Vilchez*, Schlussanträge GA Szpunar v. 8.9.2016, Rn. 74.

Schließlich prüft der Generalanwalt die Fälle der Kinder, die bisher nicht von ihrem Freizügigkeitsrecht Gebrauch gemacht haben, mit Blick auf Art. 20 AEUV unter Berücksichtigung der Urteile *Zambrano* und *Dereci*.

Fraglich sei, ob Art. 20 AEUV es verbiete, dass ein Mitgliedstaat einem drittstaatsangehörigen Elternteil, der die tatsächliche Sorge für sein minderjähriges Kind mit Unionsbürgerschaft ausübe, den Aufenthalt im Heimatstaat des Kindes verweigere, wenn nachgewiesen sei, dass der andere Elternteil möglicherweise die tatsächliche Sorge für das Kind wahrnehmen könne. Der Generalanwalt führt insoweit aus, dass seit dem Urteil in der Rs. *Zambrano* Art. 20 AEUV nationalen Maßnahmen entgegenstehe, die bewirkten, dass den Unionsbürgern der tatsächliche Genuss des Kernbestands der Rechte, die ihnen der Unionsbürgerstatus verleihe, verwehrt werde. Die Folgeurteile präzisierten die Rs. *Zambrano* schließlich dahingehend, dass die genannte Rechtsprechung nur auf „ganz besondere Sachverhalte" anwendbar sei.[1194] Da die betroffenen Kinder Unionsbürger seien, die bei Versagung der Aufenthaltserlaubnis ihrer Mütter *de facto* gezwungen seien, das Gebiet der Union als Ganzes zu verlassen, liege ein potenzieller Eingriff in die Rechte der Kinder vor. Die bloße Anwesenheit des Vaters könne dabei für sich genommen die nationalen Entscheidungen nicht rechtfertigen. Ein solcher Eingriff sei nur zulässig, wenn der Grundsatz der Verhältnismäßigkeit beachtet werde.[1195]

Bei der Prüfung des Grundsatzes der Verhältnismäßigkeit seien mehrere Interessen zu berücksichtigen: die nationalen Interessen im Bereich der Einwanderung, die Rechte der Unionsbürger, das übergeordnete Wohl der Kinder und die Rechte, die zum Bereich des nationalen Familienrechts gehörten. Am bedeutsamsten sei jedoch der Grad der Abhängigkeit zwischen dem drittstaatsangehörigen Elternteil und dem Kind mit Unionsbürgerschaft. In diesem Zusammenhang sei insbesondere auch das Grundrecht auf Familienleben (Art. 7 EU-GRCh) in Verbindung mit dem vorrangigen Wohl des Kindes (Art. 24 Abs. 3 EU-GRCh) zu berücksichtigen. Der Umstand, dass nicht nachgewiesen worden sei, dass der Vater nicht in vollem Umfang für das Kind sorgen könne, bedeute gleichzeitg, dass ebenso wenig nachgewiesen worden sei, dass er die elterliche Sorge für das jeweilige Kind wahrnehmen könne.

Art. 20 AEUV verbiete es daher, dass ein Mitgliedstaat einem drittstaatsangehörigen Elternteil, der die tatsächliche elterliche Sorge für sein minderjähriges Kind ausübt, den Aufenthalt im Heimatstaat verweigert, wenn nicht nachgewiesen worden ist, dass der andere Elternteil, der Bürger desselben Mitgliedstaats ist, allein die elterliche Sorge für das Kind wahrnehmen kann.

[1194] Rs. C-133/15 *Chavez-Vilchez*, Schlussanträge GA Szpunar v. 8.9.2016, Rn. 87 f.

[1195] Rs. C-133/15 *Chavez-Vilchez*, Schlussanträge GA Szpunar v. 8.9.2016, Rn. 94 f.

Denn eine solche Entscheidung würde dem Kind den tatsächlichen Genuss des Kernbestands der durch den Unionsbürgerstatus verliehenen Rechte verwehren.[1196]

c) Würdigung durch den EuGH

Ähnlich wie der Generalanwalt arbeitet auch der EuGH zunächst noch einmal die Besonderheiten und Unterschiede der im Ausgangsverfahren fraglichen Fälle heraus.[1197]

Mit Blick auf die Situation von Frau Chavez-Vilchez und ihr Kind, stellt der Gerichtshof zunächst fest, dass das Kind bereits von seinem Freizügigkeitsrecht Gebrauch gemacht habe.[1198] Was das Bestehen eines abgeleiteten Aufenthaltsrechts auf der Grundlage von Art. 21 Abs. 1 AEUV und der Richtlinie 2004/38/EG anbelange, habe der Gerichtshof entschieden, dass nicht alle Drittstaatsangehörigen nach der Richtlinie berechtigt seien, in einen Mitgliedstaat einzureisen und sich dort aufzuhalten, sondern nur diejenigen, die Familienangehörige eines Unionsbürgers seien, der sein Freizügigkeitsrecht ausgeübt habe, indem er sich in einem anderen Mitgliedstaat niedergelassen habe.[1199] Außerdem habe der Gerichtshof festgestellt, dass die Richtlinie 2004/38/EG allein die Voraussetzungen regeln solle, unter denen ein Unionsbürger in andere Mitgliedstaaten einreisen und sich dort aufhalten könne. Ein abgeleitetes Aufenthaltsrecht für Familienangehörige könne daher im Mitgliedstaat, dessen Staatsangehörigkeit der Unionsbürger besitze, nicht auf die Bestimmungen der Richtlinie gestützt werden.[1200] Allerdings habe der Gerichtshof bereits entschieden, dass in Fällen, in denen ein Unionsbürger in den Mitgliedstaat seiner Staatsangehörigkeit zurückkehre, die Voraussetzungen für ein abgeleitetes Aufenthaltsrecht auf der Grundlage von Art. 21 Abs. 1 AEUV nicht strenger sein dürften als für drittstaatsangehörige Familienmitglieder, die sich auf die Richtlinie stützen könnten. Auch wenn die Richtlinie einen solchen Fall der Rückkehr nicht regele, sei sie hinsichtlich der Aufenthaltsvoraussetzungen entsprechend anzuwenden, da in beiden Fällen der Unionsbürger die Referenzperson dafür sei, dass dem Drittstaatsangehörigen ein abgeleitetes Aufenthaltsrecht gewährt werden könne.[1201] Es obliege dem vorlegenden Gericht zu prüfen, ob die in der Richt-

[1196] Rs. C-133/15 *Chavez-Vilchez*, Schlussanträge GA Szpunar v. 8.9.2016, Rn. 93 f. Zur Beweislastverteilung: Rn. 104 f.

[1197] Rs. C-133/15 *Chavez-Vilchez*, EuGH Urteil v. 10.5.2017, Rn. 42 f.

[1198] Rs. C-133/15 *Chavez-Vilchez*, EuGH Urteil v. 10.5.2017, Rn. 50.

[1199] Rs. C-133/15 *Chavez-Vilchez*, EuGH Urteil v. 10.5.2017, Rn. 52 u.a. mit Verweis auf Rs. C-256/11 *Dereci*, EuGH Urteil v. 15.11.2011, Rn. 56 u. Rs. C-434/09 *McCarthy*, EuGH Urteil v. 5.5.2011, Rn. 36.

[1200] Rs. C-133/15 *Chavez-Vilchez*, EuGH Urteil v. 10.5.2017, Rn. 53.

[1201] Rs. C-133/15 *Chavez-Vilchez*, EuGH Urteil v. 10.5.2017, Rn. 54 f. mit Verweis auf Rs. C-456/12 *O. und B.*, EuGH Urteil v. 12.3.2014, Rn. 50.

linie 2004/38/EG und insbesondere ihren Art. 5 bis 7 festgelegten Voraussetzungen für die Einreise erfüllt gewesen seien, sodass Frau Chavez-Vilchez auf Grundlage von Art. 21 AEUV und der Richtlinie 2004/38/EG ein abgeleitetes Aufenthaltsrecht geltend machen könne.[1202]

Wenn dies nicht der Fall wäre, sei die Situation im Lichte von Art. 20 AEUV zu prüfen.[1203] Im Weiteren prüft der Gerichtshof daher nachfolgend die Situation aller Kinder mit Blick auf Art. 20 AEUV.[1204] Zunächst stellt der EuGH fest, dass sich die betroffenen Kinder nach ständiger Rechtsprechung auch gegenüber dem Mitgliedstaat, dessen Staatsangehörigkeit sie besitzen, auf die mit ihrem Unionsbürgerstatus gem. Art. 20 AEUV verbundenen Rechte berufen können und ihnen der tatsächliche Genuss des Kernbestands der Rechte nicht verwehrt werden darf. In besonderen Situationen sei hiervon auch ein abgeleitetes Aufenthaltsrecht des für das Kind sorgenden Drittstaatsangehörigen umfasst. Eine solche besondere Situation liege vor, wenn sich der Unionsbürger *de facto* gezwungen sähe, aufgrund der Verweigerung des Aufenthaltsrechts gegenüber dem Familienangehörigen, das Unionsgebiet als Ganzes zu verlassen. Kennzeichnend für diese besonderen Situationen sei, dass sie durch Rechtsvorschriften geregelt seien, die zwar *a priori* in die Zuständigkeit der Mitgliedstaaten fielen, jedoch in einem inneren Zusammenhang mit dem Freizügigkeits- und Aufenthaltsrecht eines Unionsbürgers stünden, das beeinträchtigt würde, wenn dem Drittstaatsangehörigen das Aufenthaltsrecht verweigert werde.[1205] Auch im vorliegenden Fall könnte eine Beschränkung der Rechte der Kinder vorliegen. Um zu beantworten, ob durch eine etwaige Verweigerung des Aufenthaltsrechts des Drittstaatsangehörigen die praktische Wirksamkeit der Unionsbürgerschaft beeinträchtigt werde, sei inbesondere das Abhängigkeitsverhältnis zwischen dem minderjährigen Unionsbürger und dem Drittstaatsangehörigen in den Blick zu nehmen. Unter anderem mit Verweis auf die Rs. *O. und S.*[1206] arbeitet der EuGH anschließend heraus, dass es gerade dieses Abhängigkeitsverhältnis ist, das den Unionsbürger im Zweifel zwingt, das Unionsgebiet zu verlassen. In jedem der fraglichen Fälle sei daher zu prüfen, welcher Elternteil die tatsächliche Sorge für das Kind wahrnehme und ob ein tatsächliches Abhängigkeitsverhältnis zwischen dem Kind und dem Elternteil mit Drittstaatsangehörigkeit bestehe. Im Rahmen der Beurteilung müssten die Behörden das Recht auf Achtung des Familienlebens gem. Art. 7 EU-GRCh i.V.m. dem Schutz des Kindeswohls gem. Art. 24 Abs. 2 EU-GRCh berücksichtigen.[1207]

[1202] Rs. C-133/15 *Chavez-Vilchez*, EuGH Urteil v. 10.5.2017, Rn. 56.

[1203] Rs. C-133/15 *Chavez-Vilchez*, EuGH Urteil v. 10.5.2017, Rn. 57.

[1204] Rs. C-133/15 *Chavez-Vilchez*, EuGH Urteil v. 10.5.2017, Rn. 59 f.

[1205] Rs. C-133/15 *Chavez-Vilchez*, EuGH Urteil v. 10.5.2017, Rn. 64.

[1206] Vb. Rs. C-356/11 u. C-357/11 *O. und S.*, EuGH Urteil v. 6.12.2012, Rn. 56.

[1207] Rs. C-133/15 *Chavez-Vilchez*, EuGH Urteil v. 10.5.2017, Rn. 70.

Zwar bilde der Umstand, dass der Elternteil mit Unionsbürgerschaft wirklich in der Lage und bereit ist, die tägliche und tatsächliche Sorge für das Kind allein wahrzunehmen einen bedeutungsvollen Gesichtspunkt. Er genüge jedoch nicht allein, um ein Abhängigkeitsverhältnis zwischen dem Elternteil mit Drittstaatsangehörigkeit und dem minderjährigen Unionsbürger zu verneinen. Denn eine solche Feststellung erfordere die Berücksichtigung aller Umstände des Einzelfalls unter besonderer Berücksichtigung des Kindeswohls. In diesem Zusammenhang seien insbesondere das Alter des Kindes, seine körperliche und emotionale Entwicklung, der Grad seiner affektiven Bindung zu beiden Elternteilen und das Risiko, das mit der Trennung von einem Elternteil für das innere Gleichgewicht des Kindes verbunden sei, zu berücksichtigen.[1208]

d) Analyse

aa) Anwendbarkeit der Freizügigkeitsrichtlinie und die Reichweite von Art. 21 AEUV

Mit Blick auf die Situation von Frau Chavez-Vilchez und ihr Kind prüfen der Generalanwalt und der EuGH zunächst, ob Frau Chavez-Vilchez möglicherweise gestützt auf die Freizügigkeitsrichtlinie ein abgeleitetes Aufenthaltsrecht geltend machen kann. Denn die Tochter von Frau Chavez-Vilchez hat als einziges Kind der in den Vorlageverfahren betroffenen Kinder bereits von ihrem Freizügigkeitsrecht Gebrauch gemacht. Problematisch ist insoweit allerdings, dass sich Frau Chavez-Vilchez gegenüber dem Heimatstaat ihrer Tochter auf die Freizügigkeitsrichtlinie berufen will.

Der Generalanwalt kommt unter Heranziehung der EuGH-Entscheidung in der Rs. *McCarthy u.a.*[1209] zu dem Ergebnis, dass Frau Chavez-Vilchez sich hinsichtlich eines abgeleiteten Aufenthaltsrechts nach ihrer Rückkehr in die Niederlande auf Art. 21 AEUV i.V.m. der Freizügigkeitsrichtlinie berufen kann.[1210] Dies gälte zunächst hinsichtlich des nahezu voraussetzungslos gewährten Rechts auf kurzzeitigen Aufenthalt von drei Monaten. Nach Ablauf dieser Zeit stehe Art. 21 AEUV der Versagung eines Aufenthaltsrechts nicht entgegen, wenn die Voraussetzungen der Richtlinie nicht erfüllt würden.[1211]

Im Umkehrschluss scheint der Generalanwalt daher davon auszugehen, dass sich bei Vorliegen der in der Richtlinie genannten Voraussetzungen, d.h. insbesondere der Verfügung über ausreichende Existenzmittel, ein Aufenthaltsrecht aus der Richtlinie i.V.m. Art. 21 AEUV ableiten lässt.[1212] Damit

---

[1208] Rs. C-133/15 *Chavez-Vilchez*, EuGH Urteil v. 10.5.2017, Rn. 69 f. Zur Frage der Beweislastverteilung: Rn. 73 f.

[1209] Rs. C-202/13 *McCarthy u.a.*, EuGH Urteil v. 18.12.2014.

[1210] Rs. C-133/15 *Chavez-Vilchez*, Schlussanträge GA Szpunar v. 8.9.2016, Rn. 67 f.

[1211] Rs. C-133/15 *Chavez-Vilchez*, Schlussanträge GA Szpunar v. 8.9.2016, Rn. 73.

[1212] Vgl. *van Eijken/Phoa*, The Scope of Article 20 TFEU Clarified in Chavez-Vilchez:

scheint der Generalanwalt eine direkte Anwendbarkeit der Richtlinie zu befürworten.[1213]

Zwar kommt auch der EuGH zu dem Ergebnis, dass nach Ausübung des Freizügigkeitsrechts ein abgeleitetes Aufenthaltsrecht bestehen könne, jedoch mit einer etwas anderen Begründung. Zunächst bestätigt der Gerichtshof seine Rechtsprechung dahingehend, dass die Freizügigkeitsrichtlinie gegenüber dem Heimatstaat grundsätzlich kein abgeleitetes Aufenthaltsrecht für drittstaatsangehörige Familienmitglieder von Unionsbürgern gewährt. Im Ergebnis will er aber die Voraussetzungen hinsichtlich des Aufenthaltsrechts aus der Richtlinie in Rückkehrfällen entsprechend anwenden, da andernfalls das in Art. 21 AEUV primärrechtlich verankerte Freizügigkeitsrecht beeinträchtigt würde.[1214]

Dass Art. 21 AEUV auch gegenüber dem Heimatstaat Anwendung finden kann, hat der Gerichtshof seit seinem Urteil in der Rs. *D'Hoop*[1215] immer wieder bestätigt.[1216] Indem er hinsichtlich des abgeleiteten Aufenthaltsrechts vorliegend die Voraussetzungen aus der Freizügigkeitsrichtlinie entsprechend anwendet, nimmt der Gerichtshof zudem wieder eine sekundärrechtsorientierte Auslegung des Primärrechts vor.[1217] Wie der Gerichtshof in der Rs. *O. u. B.* zutreffend begründet, könnten Zweifel darüber, ob man nach einer eventuellen Rückkehr in den Heimatstaat sein Leben gleichbleibend wird fortsetzen können, die wirksame Ausübung des Freizügigkeitsrechts verhindern. Denn durch die Ausübung des Freizügigkeitsrechts und die Niederlassung in einem anderen Mitgliedstaat könnten familiäre Beziehungen mit drittstaatsangehörigen Personen entstehen oder vertieft werden, die der Unionsbürger nach seiner Rückkehr in den Heimatstaat aufrechterhalten will.[1218] Die betreffenden Familienangehörigen müssen den Unionsbürger daher auch bei seiner Rückkehr in den Heimatstaat unter den gleichen Voraussetzungen, die auch in der Richtlinie verankert sind, begleiten können.

Die Argumentation des Gerichtshofs, die dieser erstmals in der Rs. *O. und B.* vorgenommen und mit der Rs. *Chavez-Vilchez* bestätigt hat, leitet sich ersichtlich vorwiegend aus dem Primärrecht ab. Damit klarifiziert der Ge-

---

Are the Fundamental Rights of Minor EU Citizens Coming of Age?, E.L.Rev. 2018, 949, 952. Da die Vorlagefragen hier im Kontext von Sozialhilfeanträgen an den EuGH herangetragen wurden, dürften die Voraussetzungen für ein Aufenthaltsrecht aus der Richtlinie nicht vorgelegen haben.

[1213] *van Eijken/Phoa*, The Scope of Article 20 TFEU Clarified in Chavez-Vilchez: Are the Fundamental Rights of Minor EU Citizens Coming of Age?, E.L.Rev. 2018, 949, 952.

[1214] Rs. C-133/15 *Chavez-Vilchez*, Schlussanträge GA Szpunar v. 8.9.2016, Rn. 54.

[1215] Rs. C-224/98 *D'Hoop*, EuGH Urteil v. 11.7.2002, vgl. hierzu oben, § 7 B. II. 3. d) bb) (3).

[1216] Vgl. hierzu oben, Fn. 303.

[1217] Vgl. hierzu oben, § 4 B. II. 2. b).

[1218] Rs. C-456/12 *O. und B.*, EuGH Urteil v. 12.3.2014, Rn. 49 f.

richtshof auch das anfangs unklare Verhältnis der Anwendungsbereiche von Art. 20 AEUV und Art. 21 AEUV gegenüber dem Herkunftstsaat. Ein abgeleitetes Aufenthaltsrecht kann für drittstaatsangehörige Familienmitglieder eines Unionsbürgers ggf. auf Art. 21 AEUV gestützt werden, wenn der Unionsbürger sein Freizügigkeitsrecht zuvor durch Niederlassung in einem anderen Mitgliedstaat ausgeübt hat. Art. 20 AEUV und die hierzu entwickelte Rechtsprechung findet hinsichtlich einem statischen Unionsbürger Anwendung.

bb) Einfluss der Grundrechte auf das Abhängigkeitsverhältnis

Hinsichtlich der Auslegung von Art. 20 AEUV ist das Urteil in der Rs. *Chavez-Vilchez* wiederum richtungsweisend und könnte der mit der *Zambrano*-Rechtsprechung begonnenen Rechtsprechungslinie eine weitere bedeutende Komponente hinzufügen. Denn hinsichtlich der Frage, ob durch eine Ausweisung der drittstaatsangehörigen Elternteile eine Verletzung des Kernbestands der unionsbürgerschaftlichen Rechte droht, rekurriert der Gerichtshof auf die Unionsgrundrechte, namentlich auf das Recht auf Achtung des Familienlebens und den Schutz des Kindeswohls.

Inhaltlich hatte der Gerichtshof die Frage zu beantworten, inwieweit es sich auf die Situation der Kinder auswirkt, dass sich neben dem drittstaatsangehörigen Elternteil auch ein Elternteil mit Unionsbürgerschaft in den Niederlanden aufhielt.[1219] Zwar hatten diese Elternteile bislang wenig zur Erziehung oder zum Unterhalt der minderjährigen Kinder beigetragen, es war jedoch nicht ausgeschlossen, dass sich dies jedenfalls künftig hätte ändern können.

Bei einer engen Auslegung der *Zambrano*-Formel, nach der erforderlich ist, dass die Ausweisung des drittstaatsangehörigen Elternteils dazu führen würde, dass sein minderjähriges Kind *de facto* gezwungen wäre, das Unionsgebiet als Ganzes zu verlassen, läge es nahe, dass geprüft werden muss, ob gegebenfalls der andere Elternteil, der sich als Unionsbürger im Unionsgebiet aufhalten darf, die tatsächliche Sorge übernehmen kann. Dem Kind bzw. den Eltern bliebe es dann überlassen zu entscheiden, ob das betreffende Kind mit seinem drittstaatsangehörigen Elternteil das Unionsgebiet verlässt oder es sein Aufenthaltsrecht im Unionsgebiet wahrnimmt und hierzu zu dem Elternteil mit Unionsbürgerschaft zieht.

Der Gerichtshof lehnt einen solch eng gefassten Anwendungsbereich der *Zambrano*-Formel hingegen ab und geht davon aus, dass trotz der Anwesen-

[1219] *Staiano*, Derivative Residence Rights for Parents of Union Citizen Children under Article 20 TFEU: Chavez-Vilchez, CMLR 2018, 225, 231; *van Eijken/Phoa*, The Scope of Article 20 TFEU Clarified in Chavez-Vilchez: Are the Fundamental Rights of Minor EU Citizens Coming of Age?, E.L.Rev. 2018, 949, 950.

heit eines anderen Elternteils mit Unionsbürgerschaft im Unionsgebiet ein Abhängigkeitsverhältnis zwischen dem gemeinsamen Kind und dem drittstaatsangehörigen Elternteil bestehen kann. Dabei sei im Rahmen der Prüfung, ob ein solches von Art. 20 AEUV geschütztes Abhängigkeitsverhältnis besteht, das in Art. 7 EU-GRCh verankerte Recht auf Achtung des Familienlebens und das in Art. 24 Abs. 2 EU-GRCh anerkannte Kindeswohl zu berücksichtigen.[1220] Auffällig ist insoweit, dass der Gerichtshof hier nur auf die Unionsgrundrechte Bezug nimmt und anders als in vorhergehenden Entscheidungen nicht mehr auf die EMRK verweist.

Diese Fortentwicklung der Kernbestandsdoktrin steht insbesondere zu der Entscheidung, die der Gerichtshof noch in der Rs. *Dereci* gefällt hatte, in einem starken Kontrast.[1221] Dort hatte der Gerichtshof noch geurteilt, dass allein der Wunsch, das Familienleben aufrecht zu erhalten, nicht zu einer Eröffnung des Kernbestandsschutzes führen würde und in diesem Zusammenhang auch noch auf den begrenzten Anwendungsbereich der EU-Grundrechtecharta verwiesen.[1222] Die Anwendungsbereiche der Kernbestandsdoktrin und der Unionsgrundrechte schienen daher voneinander unabhängig zu sein.

Ohne sich mit der in eine andere Richtung weisenden Rechtsprechung auseinanderzusetzen, scheint der Gerichtshof nunmehr die Trennung der Kernbestandsrechtsprechung von den Unionsgrundrechten aufzugeben. Anders als noch in der Rs. *Rendón Marín* dienen die Unionsgrundrechte in der Rs. *Chavez-Vilchez* auch nicht als Schranken-Schranke einer Beschränkung des Kernbestandes[1223], vielmehr scheint der Gerichtshof die benannten Unionsgrundrechte im Rahmen der „Schutzbereichseröffnung“ des Kernbestandes heranzuziehen. Damit unterscheidet sich der Ansatz des Gerichtshofs auch von dem Ansatz des Generalanwalts, der zwar ebenfalls auf die Grundrechte Bezug nimmt, diese jedoch im Rahmen der Verhältnismäßigkeitsprüfung des durch die Ausweisung potenziellen Eingriffs in die geschützten Rechte der Kinder berücksichtigt wissen will.[1224]

Wie genau die Berücksichtigung der Unionsgrundrechte im Zusammenhang mit dem Kernbestandsschutz erfolgen soll, lässt der Gerichtshof in der Urteilsbegründung offen. Er benennt nachfolgend lediglich einzelne As-

---

[1220] Rs. C-133/15 *Chavez-Vilchez*, EuGH Urteil v. 10.5.2017, Rn. 70.

[1221] *van Eijken/Phoa*, The Scope of Article 20 TFEU Clarified in Chavez-Vilchez: Are the Fundamental Rights of Minor EU Citizens Coming of Age?, E.L.Rev. 2018, 949, 954; vgl. auch *Staiano*, Derivative Residence Rights for Parents of Union Citizen Children under Article 20 TFEU: Chavez-Vilchez, CMLR 2018, 225, 233 f.

[1222] Rs. C-256/11 *Dereci*, EuGH Urteil v. 15.11.2011, Rn. 68 f., vgl. hierzu auch oben, § 7 B. III. 5. d).

[1223] Vgl. oben, § 7 B. III. 7. e) cc) (3).

[1224] Rs. C-133/15 *Chavez-Vilchez*, Schlussanträge GA Szpunar v. 8.9.2016, Rn. 94 f.

pekte, die für ein i.S.v. Art. 20 AEUV geschütztes Abhängigkeitsverhältnis sprechen könnten, ohne näher auszuführen, wie sie im Rahmen einer Grundrechtsprüfung konkret zu würdigen wären.[1225] Aufgrund der offenen Formulierung lässt sich das Urteil insoweit daher unterschiedlich deuten.

Sollte der Gerichtshof mit seinem Verweis auf die Unionsgrundrechte intendiert haben, den Kernbestand mit bestimmten Unionsgrundrechten derart zu verknüpfen, dass ein Eingriff in die benannten Grundrechte stets zur Eröffnung des Kernbestandsschutzes führt, würde der ausdrücklich beschränkte Anwendungsbereich der Grundrechtecharta umgangen und damit insbesondere das Prinzip der begrenzten Einzelermächtigung verletzt.[1226]

Der Verweis ließe sich jedoch auch so deuten, dass die Unionsgrundrechte aufgrund ihrer Ausstrahlungswirkung nur zur Auslegung des durch Art. 20 AEUV geschützten Kernbestandes heranzuziehen sind.[1227] Eine solche „chartakonforme Auslegung des Kernbestands der Unionsbürgerschaft“ hatte auch GA Sharpston im Rahmen ihrer Schlussanträge zur Rs. *O. und B.* bereits vorgeschlagen und insoweit ausgeführt, dass bei einem solchen Ansatz das Unionsrecht nicht „ausgeweitet“ und die Zuständigkeitsverteilung gewahrt würde, da lediglich dem übergeordneten Grundsatz Rechnung getragen würde, „dass in einer Rechtsunion bei der Auslegung einer zu dieser Rechtsordnung gehörenden Bestimmung sämtliche einschlägigen Rechtsnormen (selbstverständlich einschließlich des einschlägigen Primärrechts in Gestalt der Charta) zu berücksichtigen“ seien.[1228]

Wäre Art. 20 AEUV folglich nur „im Lichte der Unionsgrundrechte“ auszulegen, ohne dass eine eigenständige Prüfung der einschlägigen Grundrechte erfolgt, bliebe der begrenzte Anwendungsbereich der Grundrechtecharta formal gewahrt. Zur Begründung ihres Ansatzes scheint GA Sharpston auf den Grundsatz der Einheit der Unionsrechtsordnung abzustellen. Denn hiernach bilden die Vertragsvorschriften nach allgemeiner Auffassung ein Ganzes, vervollständigen einander und ergänzen sich.[1229] Vor diesem Hintergrund erscheint es naheliegend, die Wertungen der Unionsgrundrechte heranzuziehen, um den ausfüllungsbedürftigen Begriff des „Kernbestandes“ der unionsbürgerschaftlichen Rechte näher auszugestalten.

Auch ein Ansatz, bei dem die Wertungen der Unionsgrundrechte nur zur Konkretisierung des Kernbestandsschutzes im Rahmen der Auslegung herangezogen werden, begegnet jedoch vor dem Hintergrund des Prinzips der

---

[1225] Rs. C-133/15 *Chavez-Vilchez*, EuGH Urteil v. 10.5.2017, Rn. 71.

[1226] Hierzu oben, § 7 B. III. 3. d) bb) (2).

[1227] *van Eijken/Phoa*, The Scope of Article 20 TFEU Clarified in Chavez-Vilchez: Are the Fundamental Rights of Minor EU Citizens Coming of Age?, E.L.Rev. 2018, 949, 959.

[1228] Rs. C-456/12 *O. und B.* und Rs. C-457/12 *S. und G.*, Schlussanträge GA Sharpston v. 12.12.2013, Rn. 62 f.

[1229] Rs. 9/61 *Niederlande/Hohe Behörde*, EuGH Urteil v. 12.7.1962, S. 477.

begrenzten Einzelermächtigung Bedenken. Denn es ist schon nicht ersichtlich, wie eine klare Abgrenzung zwischen einer kompetenzwahrenden Auslegung im Lichte der Unionsgrundrechte einerseits und einer kompetenzwidrigen eigenständigen Anwendung der Unionsgrundrechte erfolgen kann.[1230] Darüber hinaus offenbart die oben zitierte Formulierung der GA Sharpston auch die Widersprüchlichkeit des Ansatzes. Denn GA Sharpston geht zwar einerseits „selbstverständlich" von der Berücksichtigung der Charta aus, spricht aber gleichsam nur von den „einschlägigen" Bestimmungen. Bei den in Rede stehenden internen Sachverhalten ist die Charta jedoch eigentlich gerade nicht anwendbar und ihre Normen daher ersichtlich auch nicht „einschlägig".

9. Abschließende Einschätzung zu derivativen Rechten von Familienangehörigen

Die Rechtsprechungsanalyse zeigt, wie der Gerichtshof drittstaatsangehörigen Familienmitgliedern von Unionsbürgern schrittweise derivative Rechte zuerkannt hat. Als akzessorische Rechte sind sie abhängig vom Status des Unionsbürgers, von dem sie ihre Rechte ableiten.

Im Kern der Argumentation stand insoweit der Effektivitätsgrundsatz, den der Gerichtshof noch in den Rs. *Baumbast und R* und *Zhu und Chen* nutzte, um den im Sekundärrecht verankerten Aufenthaltsrechten der Unionsbürger effektive Wirkung zu verleihen. Das Aufenthaltsrecht des betreffenden drittstaatsangehörigen Familienmitglieds wird durch den Gerichtshof als Voraussetzung angesehen, damit auch der Unionsbürger, von dem das Familienmitglied sein Aufenthaltsrecht ableitet, sein Aufenthaltsrecht tatsächlich wahrnehmen kann.

Seit der Rs. *Zambrano* hat er den Effektivitätsgrundsatz auch herangezogen, um derivative Rechte aus dem Primärrecht herzuleiten und insbesondere mit Blick auf Art. 20 AEUV den Kernbestandsschutz entwickelt. Mit der Rs. *Alokpa und Moudoulou* wurde deutlich, dass sich der Kernbestandsschutz vor allem als Schutz des Aufenthaltsrechts im Herkunftsstaat erweist.

Da der Gerichtshof den Anwendungsbereich des Unionsrechts insoweit unabhängig von einem anderweitig festgestellten grenzüberschreitenden Bezug als eröffnet ansieht, ist diese Rechtsprechungsentwicklung mit dem Prinzip der begrenzten Einzelermächtigung schwer zu vereinbaren. Möglicherweise auch vor dem Hintergrund dieser Kritik schränkte der Gerichtshof den Anwendungsbereich der Kernbestandsdoktrin anfänglich ein. Der Kernbestandsschutz scheint damit auf außergewöhnliche Sonderkonstellationen be-

---

[1230] Vgl. *van Eijken/Phoa*, The Scope of Article 20 TFEU Clarified in Chavez-Vilchez: Are the Fundamental Rights of Minor EU Citizens Coming of Age?, E.L.Rev. 2018, 949, 959.

schränkt worden zu sein. Mitgliedstaatliche Handlungsspielräume werden insoweit geschützt, als der Gerichtshof die Einschränkbarkeit des Kernbestandsschutzes in den Rs. *Rendón Marín* und *CS* festgestellt hat und insoweit eine Schrankenübertragung aus dem Sekundärrecht befürwortet.

Hinsichtlich des Umfangs des Kernbestandsschutzes ist fraglich, in welchem Verhältnis dieser zu den Unionsgrundrechten steht. Da der Gerichtshof den Kernbestandsschutz anfänglich noch allein auf den Effektivitätsgrundsatz stützte und zunächst selbst ausdrücklich auf den begrenzten Anwendungsbereich der EU-Grundrechtecharta verwies, schienen der Kernbestandsschutz und die Unionsgrundrechte nicht in einem inneren Zusammenhang zu stehen. Insbesondere Art. 51 EU-GRCh erfordert, dass der Kernbestandsschutz nicht schon bei einem Eingriff in die Unionsgrundrechte eröffnet wird, sondern vielmehr der Kernbestandsschutz unabhängig von grundrechtlichen Implikationen eingreift. Ansonsten droht eine Verletzung des Prinzips der begrenzten Einzelermächtigung und der nationalen Identität.

Seit dem Urteil in der Rs. *Chavez-Vilchez* ist indes unklar, ob der Gerichtshof an seiner dogmatischen Trennung festhalten wird, da er nunmehr die Unionsgrundrechte ausdrücklich heranzieht, um den Kernbestandsschutz näher zu konkretisieren. Auch wenn der Gerichtshof den Kernbestand der unionsbürgerschaftlichen Rechte nur „im Lichte" der Unionsgrundrechte ausgelegt haben sollte, anstelle den Kernbestandsschutz mit den Unionsgrundrechten ausdrücklich zu verknüpfen, droht eine Umgehung von Art. 51 EU-GRCh.

Aufgrund der uneindeutigen Formulierung des Gerichtshofs bleibt abzuwarten, wie sich die Kernbestandsrechtsprechung unter dem Einfluss der Unionsgrundrechte weiter entwickeln wird.

Teil 3

Zusammenfassende Schlussbetrachtung

Mit der vorliegenden Arbeit wurde gezeigt, wie die Entscheidungspraxis des Gerichtshofs anhand der juristischen Methodenlehre analysiert werden kann.[1] Als Beispiel diente die zur Unionsbürgerschaft ergangene Rechtsprechung, da der Status der Unionsbürger maßgeblich durch richterliche Rechtsfortbildung geprägt worden ist.[2]

Zunächst wurde festgestellt, dass die Entscheidungspraxis nicht nur davon beeinflusst wird, dass das Unionsrechtssystem sowohl Einflüsse des kontinentaleuropäischen als auch des angloamerikanischen Rechtsraums in sich vereint und die Spruchkörper des Gerichtshofs ebenso pluralistisch besetzt sind.[3] Vielmehr ist genauso prägend, dass der EuGH als Universalgericht gleichermaßen die Aufgaben eines typischen Verfassungsgerichts und eines Fachgerichts wahrnimmt.[4]

Das Vorabentscheidungsverfahren dürfte im Rahmen der Analyse als wichtigste Verfahrensart anzusehen sein, da die Entscheidungen des Gerichtshofs aufgrund ihrer Bindungswirkung erheblich in die Rechtsprechung der mitgliedstaatlichen Gerichte hineinwirken.[5]

Hinsichtlich der anzuwendenden Methodik war festzustellen, dass auch im Unionsrecht der Vereinigungstheorie zu folgen ist, die hinsichtlich des Ziels der Auslegung die Elemente der subjektiven und der objektiven Theorie vereint. Dies geht insbesondere mit einer erhöhten Begründungspflicht für den Rechtsanwender einher, je weiter sich dieser von dem ursprünglich vom Gesetzgeber intendierten Regelungszweck entfernt.[6] In diesem Sinne wurde ebenfalls herausgearbeitet, dass Auslegung und Rechtsfortbildung als Teile eines einheitlichen Verfahrens mit nur graduellen Unterschieden betrachtet werden können. Daher zeichnet sich auch die Rechtsfortbildung durch ein stärkeres Rechtfertigungsbedürfnis aus.[7]

---

[1] Vgl. Teil 1.
[2] Vgl. Teil 2.
[3] Vgl. § 2.
[4] Vgl. § 3.
[5] Vgl. § 3 A. II. 2. b) u. § 4 C.
[6] Vgl. § 4 A.
[7] Vgl. § 5 B. I. 1.

Im Unionsrecht sind die u.a. aus dem nationalen Recht bekannten Auslegungsmethoden ebenfalls anwendbar, sodass Rechtsnormen nach Wortlaut, Systematik, Telos und Historie auszulegen sind. Gegenüber dem nationalen Recht sind allerdings einige Besonderheiten zu berücksichtigen.[8]

So wird die Wortlautauslegung des Unionsrechts vor allem dadurch geprägt, dass alle Amtssprachen der Union verbindlich sind und das sprachliche Egalitätsprinzip gilt.[9] Der systematischen Auslegung kommt insbesondere hinsichtlich der Auslegung des Primärrechts große Bedeutung zu, da insoweit der zumeist knappe Wortlaut oft nur begrenzt aufschlussreich und der Wert der historischen Auslegung jedenfalls umstritten ist. Außerdem wird auch im Unionsrecht das Sekundärrecht primärrechtskonform ausgelegt. Umgekehrt ist daneben eine sekundärrechtsorientierte Auslegung des Primärrechts möglich.[10]

Im Unionsrecht ist die teleologische Auslegung von zentraler Bedeutung. Eine Besonderheit besteht dabei insoweit, als der Gerichtshof hinsichtlich des Telos einer Norm vor allem auf die übergreifenden Vertragsziele abstellt und so das Ergebnis der Auslegung mit einem unionsrechtlichen Gesamtzusammenhang begründet. Als Unterfall der teleologischen Auslegung hat sich außerdem der Grundsatz des *effet utile* herausgebildet, wobei die Verwendung desselben im Einzelnen stark variiert. Sie reicht von einer die sinnvolle Effektivität des Unionsrechts sichernden, bis hin zu einer das Unionsrecht maximierenden Auslegung. Die Heranziehung des *effet utile*-Grundsatzes, um die größtmögliche Effektivität einer europarechtlichen Norm zu sichern, ist jedenfalls dann abzulehnen, wenn die Norm Ausdruck eines Interessenausgleichs ist.[11]

Daneben kommt der historischen Auslegung des Europarechts eine nicht zu unterschätzende Bedeutung zu. Hinsichtlich der Auslegung des Primärrechts hat sie seit Inkrafttreten des Vertrags von Lissabon zunehmend an Bedeutung gewonnen. Das Sekundärrecht wird vor allem durch Bezugnahme auf die Erwägungsgründe ausgelegt.[12]

Neben diesen auch aus dem nationalen Recht bekannten Auslegungsmethoden, hat im Unionsrecht darüber hinaus der Rechtsvergleich Bedeutung. Dies gilt insbesondere mit Blick auf das nationale Verfassungsrecht der Mitgliedstaaten.[13]

Nach der Vorstellung bisheriger Begründungsansätze der Rechtsfortbildung im Unionsrecht[14] wird ein eigener Ansatz entwickelt und zunächst her-

---

[8] Vgl. § 4 B.
[9] Vgl. § 4 B. I.
[10] Vgl. § 4 B. II.
[11] Vgl. § 4 B. III.
[12] Vgl. § 4 B. IV.
[13] Vgl. § 4 B. V.
[14] Vgl. § 5 A.

ausgearbeitet, inwieweit der Gerichtshof legitimiert ist, rechtsfortbildend tätig zu werden. Grundsätzlich speist sich seine Legitimation vor allem aus der gemeineuropäischen Rechtsüberlieferung, da in allen Rechtskulturen Europas die Rechtsfortbildungsaufgabe der Gerichte anerkannt wird.[15]

Ausgangspunkt der Rechtsfortbildung ist in der Regel das positive Recht. Soweit dieses eine Lücke im weiteren Sinne aufweist, kann es durch den Gerichtshof fortgebildet werden.[16] So hat er etwa Grundrechte und allgemeine Rechtsgrundsätze durch wertende Rechtsvergleichung entwickelt. Weitere methodische Mittel der Rechtsfortbildung sind u.a. die Analogie und die teleologische Reduktion. Auch dem *effet utile*-Grundsatz, der hier als Unterfall der teleologischen Auslegung betrachtet wird, kommt große Bedeutung zu.[17]

Weiter wurde festgestellt, dass die Befugnis, das Unionsrecht auszulegen und fortzubilden, durch die wichtigsten unionsverfassungsrechtlichen Prinzipien begrenzt wird. Dies folgt daraus, dass das Primärrecht selbst dem EuGH die Kompetenz zur letztverbindlichen Auslegung des Unionsrechts zuweist, sodass er durch dieses auch seinerseits beschränkt wird. Denn der EuGH ist als Unionsorgan in das institutionelle Gefüge der EU eingebunden. Er muss sich daher bei seinem Wirken nicht nur im Rahmen der Verbandskompetenz der Union, sondern auch im Rahmen seiner Organzuständigkeit halten. Damit lassen sich materiellrechtliche Grenzen sowohl hinsichtlich des Vertikalverhältnisses zwischen der Union und ihren Mitgliedstaaten als auch im Horizontalverhältnis zwischen dem Gerichtshof und den anderen Unionsorganen beschreiben.[18]

Hinsichtlich der Rechtsprechungstätigkeit des Gerichtshofs sind aus den zu berücksichtigenden Verfassungsprinzipien unterschiedliche Implikationen abzuleiten, je nachdem ob er das Handeln der anderen Organe bzw. der Mitgliedstaaten kontrolliert oder ob er selbst bei der Rechtsanwendung unmittelbar oder mittelbar an sie gebunden ist. Als Grenze der Rechtsfortbildung ist vor allem die zweite Konstellation von Bedeutung.[19]

Im Vertikalverhältnis stellt das Prinzip der begrenzten Einzelermächtigung diesbezüglich die wichtigste Rechtsfortbildungsgrenze dar, da es insbesondere greift, soweit der Gerichtshof den Anwendungsbereich der Verträge definiert und Sachverhalte damit in der Folge seiner Rechtskontrolle unterwirft. Flankiert wird es durch das Subsidiaritätsprinzip, das Verhältnismäßigkeitsprinzip und den Grundsatz der loyalen Zusammenarbeit. Sie erfordern nach Feststellung der Eröffnung des Anwendungsbereichs des

[15] Vgl. § 5 B. I. 3.
[16] Vgl. § 5 B. I. 5. a) u. b).
[17] Vgl. § 5 B. I. 4. u. 5. c) sowie § 4 B. III. 3.
[18] Vgl. § 5 B. II. 1.
[19] Vgl. § 5 B. II. 2.

Unionsrechts u.a. die Rücksichtnahme auf mitgliedstaatliche Interessen in Bereichen, die in der Zuständigkeit der Mitgliedstaaten liegen und gebieten es daher etwa, den Mitgliedstaaten Handlungsspielräume durch die Gewährung von Rechtfertigungsmöglichkeiten zu eröffnen. Als vertikale Rechtsfortbildungsgrenze kommt in diesem Zusammenhang auch dem Schutz der nationalen Identität besondere Bedeutung zu, der gegenüber mitgliedstaatlichen Interessen, die als Teil der nationalen Identität gelten, eine besondere Rücksichtnahme erfordert.[20]

Im Horizontalverhältnis bildet das Prinzip des institutionellen Gleichgewichts eine wesentliche Grenze. Dies gilt hauptsächlich hinsichtlich der Rechtsfortbildung des Sekundärrechts. Darüber hinaus ist Ausfluss des Prinzips, dass es auch im Unionsrecht eine Einschätzungsprärogative des Gesetzgebers gibt, die der Gerichtshof zu achten hat.[21]

Vor dem Hintergrund der herausgearbeiteten Grundlagen und Grenzen von Auslegung und Rechtsfortbildung wurden anschließend ausgewählte Urteile, die den Status der Unionsbürgerschaft maßgeblich geprägt haben, analysiert. Hierbei wurden drei verschiedene Sachbereiche unterschieden, die sich zum Teil nicht nur zeitlich, sondern auch inhaltlich überschneiden.[22]

Zunächst wurde die Rechtsprechung zu Erwerb und Verlust der Unionsbürgerschaft analysiert.[23] Obwohl das Staatsangehörigkeitsrecht in die ausschließliche Zuständigkeit der Mitgliedstaaten fällt, hat der Gerichtshof nunmehr – jedenfalls soweit der Verlust der nationalen Staatsangehörigkeit und damit auch der Unionsbürgerschaft droht – nationale Entscheidungen seiner judiziellen Kontrolle unterworfen. Indem der Gerichtshof diese Prüfung ohne die Feststellung eines grenzüberschreitenden Bezuges vornimmt und dies auch nicht näher begründet, lässt er die Wertungen des Prinzips der begrenzten Einzelermächtigung, des Subsidiaritätsprinzips und des Schutzes der nationalen Identiät außer Acht. Zwar hat der EuGH seinen Schritt nachträglich mit einem Verweis auf den Kernbestandsschutz gerechtfertigt. Da allerdings eine dogmatische Herleitung dieses Schutzes, abgesehen von einem pauschalen Verweis auf den Effektivitätsgrundsatz, auch später nicht erfolgte, ist der Gerichtshof seiner aufgrund der Rechtsfortbildung erhöhten Begründungspflicht nicht nachgekommen.[24]

In einem zweiten Abschnitt wurde nachfolgend herausgearbeitet, wie der Gerichtshof durch eine Verknüpfung der Unionsbürgerschaft mit dem allgemeinen Diskriminierungsverbot derivative Teilhaberechte hergeleitet hat, die Unionsbürger als Rechte im Aufenthalt geltend machen können. Ein

---

[20] Vgl. § 5 B. II. 2. a).

[21] Vgl. § 5 B. II. 2. b).

[22] Vgl. § 7.

[23] Vgl. § 7 B. I.

[24] Vgl. § 7 B. I. 3. u. § 7 B. III. 3.

Schwerpunkt der Analyse lag dabei auf dem diskriminierungsfreien Zugang zu Sozialleistungen.[25]

Es war zu beobachten, dass der EuGH diese Rechte durch Rechtsfortbildung zunächst zunehmend ausgeweitet hat. Die dahingehende Rechtsfortbildung konnte zwar im Ergebnis zum Teil nachvollziehbar auf die Änderungen des Primärrechts zurückgeführt werden, wobei ein wichtiges Argumentationsmuster wieder der *effet utile*-Grundsatz war. Häufig ließ der Gerichtshof allerdings eine dogmatisch überzeugende Begründung vermissen. Insbesondere, dass er das allgemeine Diskriminierungsverbot auch ohne ein gemeinschaftsrechtlich begründetes Freizügigkeitsrecht heranzog und sich hierdurch der Anwendungsbereich des Unionsrechts kaum mehr eingrenzen ließ, ist mit dem Prinzip der begrenzten Einzelermächtigung kaum in Einklang zu bringen. Jedenfalls gebietet es der kompetenzbezogene Verhältnismäßigkeitsgrundsatz, dass den Mitgliedstaaten durch Rechtfertigungsmöglichkeiten Handlungsspielräume eröffnet werden.[26]

Spätestens mit der Verabschiedung der Freizügigkeitsrichtlinie wird die Rechtsprechung des Gerichtshofs hinsichtlich des Zugangs zu Sozialleistungen deutlich restriktiver. Dies zeigt sich insbesondere am Umgang mit dem Verhältnismäßigkeitsgrundsatz, den der EuGH nunmehr, trotz anders lautender Rechtsprechung in vorhergehenden Urteilen, in den analysierten Konstellationen nicht mehr einzelfallbezogen prüfen will, da dessen Wertungen bereits vollumfänglich in der Freizügigkeitsrichtlinie aufgegangen seien. Der neue Ansatz kann insoweit positiv betrachtet werden, als hierdurch dem Prinzip des institutionellen Gleichgewichts größere Geltung verschafft wird. Der Gerichtshof hätte sich jedoch stärker mit der Rechtsprechung, die zu den Vorgängerrichtlinien ergangen ist, auseinandersetzen müssen.[27]

Abschließend wird herausgearbeitet, wie der EuGH schrittweise derivative Aufenthaltsrechte für Familienangehörige von Unionsbürgern hergeleitet und diese letztlich auf den Kernbestand der unionsbürgerschaftlichen Rechte zurückgeführt hat. Dass diese Rechtsprechung, da sie ohne die Feststellung eines grenzüberschreitenden Bezuges Anwendung findet, insbesondere Probleme hinsichtlich des Prinzips der begrenzten Einzelermächtigung aufwirft, wurde bereits im ersten Abschnitt, der sich mit Erwerb und Verlust der Unionsbürgerschaft befasst, erörtert. Zwar hat der Gerichtshof die Anwendung der Kernbereichsdoktrin zunächst auf außergewöhnliche Einzelfälle beschränkt, die das Aufenthaltsrecht der tatsächlich sorgenden Elternteile von minderjährigen Unionsbürgern betrafen. Problematisch ist jedoch, dass der EuGH in jüngerer Zeit auf eine Verknüpfung der Kernbestandsdok-

[25] Vgl. § 7 B. II.

[26] Vgl. § 7 B. II. 1.–6.

[27] Vgl. § 7 B. II. 8.–10.

trin mit den Unionsgrundrechten hinweist, ohne den Zusammenhang näher zu konkretisieren. Durch eine Verknüpfung der ohnehin schon stark in die Zuständigkeit der Mitgliedstaaten eingreifenden Kernbestandsrechtsprechung mit den Unionsgrundrechten droht eine Umgehung von Art. 51 EU-GRCh und damit gleichsam eine Verletzung des Prinzips der begrenzten Einzelermächtigung und der Achtung der nationalen Identität.[28]

In der Gesamtschau zeigt die Rechtsprechungsanalyse, dass der Gerichtshof – vor allem unter Verweis auf den Grundsatz des *effet utile* – die mit der Unionsbürgerschaft verbundenen Rechte ganz maßgeblich durch Rechtsfortbildung geprägt hat. Dabei werden die Rechte der Unionsbürger allerdings nicht stetig erweitert, vielmehr verläuft die Rechtsprechungsentwicklung eher wellenförmig und in den unterschiedlichen Rechtsbereichen nicht unbedingt homogen. Sowohl hinsichtlich der Rechtsprechung, die den Zugang zu Sozialleistungen betrifft, als auch hinsichtlich der Rechtsprechung, die den Familienmitgliedern von Unionsbürgern abgeleitete Aufenthaltsrechte gewährt, ist anfänglich eine Ausweitung der Rechtspositionen der Unionsbürger zu beobachten, bevor die Rechtsprechung zunächst wieder restriktiver wird. Hinsichtlich der abgeleiteten Aufenthaltsrechte deutet sich durch die in jüngerer Zeit in Bezug genommenen Grundrechte wiederum eine Verstärkung der Rechtsposition der Unionsbürger an. Dass sich die Rechtsprechung des Gerichtshofs offenbar nicht stetig in eine Richtung weiterentwickelt, dürfte sowohl auf die kritische Reflexion der Urteile, als auch die jeweiligen politischen Gegebenheiten zurückzuführen sein.

Es bleibt daher eine wichtige Aufgabe der Rechtswissenschaft, die Rechtsprechungsentwicklung des Gerichtshofs aufmerksam zu begleiten.

---

[28] Vgl. § 7 B. III.

Literaturverzeichnis

Abels, Gabriele, Becker, Peter/Lippert, Barbara (Hrsg.), Legitimität, Legitimation und das Demokratiedefizit der Europäischen Union, Handbuch der Europäischen Union, Wiesbaden 2020.

Adam, Stanislas/van Elsuwege, Peter, EU Citizenship and the European Federal Challenge through the Prism of Family Reunification, in: Kochenov, Dimitry (Hrsg.), EU Citizenship and Federalism: The Role of Rights, Cambridge 2017, 443 ff.

Alter, Karen, Establishing the Supremacy of European Law: The Making of an International Rule of Law in Europe, Oxford 2003.

Anweiler, Jochen, Die Auslegungsmethoden des Gerichtshofs der Europäischen Gemeinschaften, Frankfurt 1997.

Arnull, Anthony, Interpretation and Precedent in English and Community Law: Evidence of Cross-Fertilisation?, in: Andenas, Mads (Hrsg.), English Public Law and the Common Law of Europe, London 1998, 93 ff.

–, The European Union and its Court of Justice, Oxford 1999.

–, Judicial Activism and the European Court of Justice: How Should Academics Respond?, in: Dawson, Mark/De Witte, Bruno/Muir, Elise (Hrsg.), Judicial Activism at the European Court of Justice, Cheltenham 2013, 211 ff.

Arnull, Anthony/Chalmers, Damian (Hrsg.), The Oxford Handbook of European Union Law, Oxford 2015.

Azoulai, Loïc, Transfiguring European Citizenship: from Member State Territory to Union Territory, in: Kochenov, Dimitry (Hrsg.), EU Citizenship and Federalism: The Role of Rights, Cambridge 2017, 178 ff.

Basedow, Jürgen, Der Grundsatz der Nichtdiskriminierung im Europäischen Privatrecht, Zeitschrift für Europäisches Privatrecht 2008, 230 ff.

Bauer, Jobst-Hubertus/Arnold, Christian, Auf „Junk“ folgt „Mangold“ – Europarecht verdrängt deutsches Arbeitsrecht, Neue Juristische Wochenschrift 2006, 6 ff.

Beck, Gunnar, The Legal Reasoning of the Court of Justice of the EU, Oxford 2012.

Becker, Ulrich, Freizügigkeit in der EU – auf dem Weg vom Begleitrecht zur Bürgerfreiheit, Europarecht 1999, 522 ff.

Bengoetxea, Joxerramon, The Legal Reasoning of the European Court of Justice, Oxford 1993.

Bieber, Roland, „Besondere Rechte“ für Bürger der Europäischen Gemeinschaften, Europäische Grundrechte-Zeitschrift 1978, 203 ff.

Binding, Karl, Handbuch des Strafrechts Band I, Leipzig 1885.

Birkinshaw, Patrick, Das Verhältnis der Richter des Vereinigten Königreichs zu Europa und der europäischen Integration. Kompetenzen, Grundrechte und Identität, Europarecht 2015, 267 ff.

Bleckmann, Albert, Zu den Auslegungsmethoden des Europäischen Gerichtshofs, Neue Juristische Wochenschrift 1982, 1177 ff.

Bobek, Michal, Legal Reasoning of the Court of Justice of the EU, European Law Review 2014, 418 ff.

Bode, Stephanie, EuGH: Diskriminierung eigener Staatsangehöriger wegen ausländischen Schulbesuchs, Europäische Zeitschrift für Wirtschaftsrecht 2002, 635 ff.
–, Von der Freizügigkeit zur sozialen Gleichstellung aller Unionsbürger? Zur Wirkung und Reichweite von Art. 18 EG in der Rechtsprechung des EuGH, Europäische Zeitschrift für Wirtschaftsrecht 2003, 552 ff.
–, Unterhaltsbeihilfen für ausländische Studenten ohne Daueraufenthaltsrecht, Europäische Zeitschrift für Wirtschaftsrecht 2005, 276 ff.
von Bogdandy, Armin/Bast, Jürgen, Die vertikale Kompetenzordung der Europäischen Union, Rechtsdogmatischer Bestand und verfassungspolitische Reformperspektiven, Europäische Grundrechte-Zeitschrift 2001, 441 ff.
von Bogdandy, Armin/Bast, Jürgen (Hrsg.), Europäisches Verfassungsrecht: Theoretische und Dogmatische Grundzüge, Dordrecht 2009.
von Bogdandy, Armin/Kottmann, Matthias/Antpöhler, Carlino et al., Ein Rettungsschirm für europäische Grundrechte, Zeitschrift für öffentliches Recht und Völkerrecht 2012, 45 ff.
–, Reverse Solange – Protecting the Essence of Fundamental Rights against EU Member States, Common Market Law Review 2012, 489 ff.
von Bogdandy, Armin/Schill, Stephan, Die Achtung der nationalen Identität unter dem reformierten Unionsvertrag, Zur unionsrechtlichen Rolle nationalen Verfassungsrechts und zur Überwindung des absoluten Vorrangs, Zeitschrift für ausländisches öffentliches Recht und Völkerrecht 2010, 701 ff.
Böhm, Monika, Umfang und Grenzen eines europäischen Verbots der Altersdiskriminierung im deutschen Recht, JuristenZeitung 2008, 324 ff.
–, Grundlagen und Rechtsquellen der Europäischen Union – Teil 1, Juristische Arbeitsblätter 2008, 838 ff.
–, Europäische Grundfreiheiten – Teil 2, Juristische Arbeitsblätter 2009, 328 ff.
–, Rechtsschutz im Europarecht, Juristische Arbeitsblätter 2009, 679 ff.
–, Dynamische Grundrechtsdogmatik von Ehe und Familie?, in: Ehrenzeller, Bernhard/Wallrabenstein, Astrid/Haltern, Ulrich (Hrsg.), Zukunftsgestaltung durch Öffentliches Recht, Referate und Diskussionen auf der Tagung der Vereinigung der Deutschen Staatsrechtslehrer in Greifswald vom 2. bis 5. Oktober 2013, Berlin 2014, 211 ff.
–, Einheit gewährleisten, Vielfalt bewahren, in: Bouffier, Volker/Horn, Hans-Detlef/Poseck, Roman et al. (Hrsg.), Grundgesetz und Europa: Liber Amicorum für Herbert Landau zum Ausscheiden aus dem Bundesverfassungsgericht, Tübingen 2016, 187 ff.
Borchardt, Klaus-Dieter, Der sozialrechtliche Gehalt der Unionsbürgerschaft, Neue Juristische Wochenschrift 2000, 2057 ff.
Braun, Thorsten, Das Diskriminierungsverbot des Art. 7 Abs. 1 EWGV und das internationale Urheber- und Leistungsschutzrecht, Praxis des Internationalen Privat- und Verfahrensrechts 1994, 263 ff.
Bredimas, Anna, Methods of Interpretation and Community Law, Amsterdam 1978.
Brigola, Alexander, Der Grundsatz der Verhältnismäßigkeit im Gefüge der EU-Grundfreiheiten – Steuerungsinstrument oder Risikofaktor?, Europäische Zeitschrift für Wirtschaftsrecht 2017, 406 ff.
van den Brink, Martijn, EU Citizenship and EU Fundamental Rights: Taking EU Citizenship Rights Seriously?, Legal Issues of Economic Integration 2012, 273 ff.
–, The Origins and the Potential Federalising Effects of the Substance of Rights Test, in: Kochenov, Dimitry (Hrsg.), EU Citizenship and Federalism: The Role of Rights, Cambridge 2017, 85 ff.
Broberg, Morten/Fenger, Niels, Das Vorabentscheidungsverfahren vor dem Gerichtshof der Europäischen Union, Baden-Baden 2014.

Buck, Carsten, Über die Auslegungsmethoden des Gerichtshofs der Europäischen Gemeinschaft, Frankfurt 1998.

Bumke, Christian, Rechtsdogmatik: Überlegungen zur Entwicklung und zu den Formen einer Denk- und Arbeitsweise der deutschen Rechtswissenschaft, JuristenZeitung 2014, 641 ff.

de Búrca, Gráinne, The Principle of Subsidiarity and the Court of Justice as an Institutional Actor, Journal of Common Market Studies 1998, 217 ff.

–, Reappraising Subsidiarity's Significance after Amsterdam, Harvard Jean Monnet Working Paper 7/99 2000, 1 ff.

Burchardt, Dana, Kehrtwende in der Grundrechts- und Vorrangrechtsprechung des EuGH? – Anmerkung zum Urteil des EuGH vom 5.12.2017 in der Rechtssache M.A.S. und M.B. (C-42/17, „Taricco II"), Europarecht 2018, 248 ff.

Bydlinski, Franz, Juristische Methodenlehre und Rechtsbegriff, Wien 1982.

Calliess, Christian, Grundlagen, Grenzen und Perspektiven europäischen Richterrechts, Neue Juristische Wochenschrift 2005, 929 ff.

–, Der Unionsbürger: Status, Dogmatik und Dynamik, Europarecht Beiheft 1 2007, 1 ff.

Calliess, Christian/Ruffert, Matthias (Hrsg.), EUV/AEUV, Das Verfassungsrecht der Europäischen Union mit Europäischer Grundrechtecharta, 6. Aufl., München 2022.

Cambien, Nathan, Case C-135/08, Janko Rottmann v. Freistaat Bayern, Columbia Journal of European Law 2011, 375 ff.

Canaris, Claus-Wilhelm, Die Feststellung von Lücken im Gesetz, 2. Aufl., Berlin 1983.

Cappelletti, Mauro, Is the European Court of Justice "running wild"?, European Law Review 1987, 3 ff.

Cede, Philipp, Kernbestand der Unionsbürgerschaft und Grundrechte, Europarecht Beiheft 1 2015, 79 ff.

Chiariello, Elisabeth, Der Richter als Verfassungsgeber? – Zur Fortbildung von Grundlagen des Rechtsstaats und der Demokratie durch höchste Gerichte, Zürich/St. Gallen 2009.

Closa, Carlos, The Concept of Citizenship in the Treaty on European Union, Common Market Law Review 1992, 1137 ff.

Colby, Thomas, The Sacrifice of the New Originalism, Georgetown Law Journal 2011, 713 ff.

Colin, Jean-Pierre, Le Gouvernement des Juges dans les Communautés Européennes, Paris 1966.

Colneric, Ninon, Auslegung des Gemeinschaftsrechts und gemeinschaftsrechtskonforme Auslegung, Zeitschrift für Europäisches Privatrecht 2005, 225 ff.

Constantinesco, Vlad, The ECJ as a Law-Maker: Praeter aut Contra Legem?, in: O'Keeffe, David/Bavasso, Antonio (Hrsg.), Liber Amicorum in Honour of Lord Slynn of Hadley Volume I – Judicial Review in European Union Law, Den Haag 2000, 73 ff.

Conway, Gerard, The Limits of Legal Reasoning and the European Court of Justice, Cambridge 2012.

Corbett, Richard, The Treaty of Maastricht. From Conception to Ratification: A Comprehensive Reference Guide, Harlow 1993.

Craig, Paul, The Lisbon Treaty: Law, Politics and Treaty Reform, Oxford 2010.

Cremer, Wolfram, Unionsinterne Migration als integrationspolitische und unionsrechtliche Herausforderung, Europarecht 2017, 681 ff.

Croon-Gestfeld, Johanna, Reverse Solange: Union Citizenship as a Detour on the Route to European Rights Protection against National Infringements, in: Kochenov, Dimitry (Hrsg.), EU Citizenship and Federalism: The Role of Rights, Cambridge 2017, 665 ff.

Dann, Philipp, Überlegungen zu einer Methodik des europäischen Verfassungsrechts, in: Bast, Jürgen/Becker, Yvonne (Hrsg.), Die Europäische Verfassung – Verfassungen in Europa, Baden-Baden 2005, 161 ff.

Danwerth, Christopher, Analogie und teleologische Reduktion – zum Verhältnis zweier scheinbar ungleicher Schwestern, Zeitschrift für die gesamte Privatrechtswissenschaft 2017, 230 ff.

von Danwitz, Thomas, Verwaltungsrechtliches System und Europäische Integration, Tübingen 1996.

–, Thoughts on Proportionality and Coherence in the Jurisprudence of the Court of Justice, in: Cardonnel, Pascal/Rosas, Allan/Wahl, Nils (Hrsg.), Constitutionalising the EU Judicial System: Essays in Honour of Pernilla Lindh, Oxford 2012, 367 ff.

Dänzer-Vanotti, Wolfgang, Unzulässige Rechtsfortbildung des Europäischen Gerichtshofs, Recht der Internationalen Wirtschaft 1992, 733 ff.

Dauses, Manfred/Ludwigs, Markus (Hrsg.), Handbuch des EU-Wirtschaftsrechts Band 1, 54. Aufl., München 2021.

Davies, Gareth, Subsidiarity: The Wrong Idea, in the Wrong Place, at the Wrong Time, Common Market Law Review 2006, 63 ff.

Davies, Gareth/Dougan, Michael/Golynker, Oxana et al., Has the European Court of Justice Challenged Member State Sovereignty in Nationality Law?, EUI Working Paper 2011, 1 ff.

Dederichs, Mariele, Die Methodik des Gerichtshofes der Europäischen Gemeinschaften, Europarecht 2004, 345 ff.

Degen, Manfred, Die Unionsbürgerschaft nach dem Vertrag über die europäische Union unter besonderer Berücksichtigung des Wahlrechts, Die öffentliche Verwaltung 1993, 749 ff.

Dehousse, Renaud, The European Court of Justice: The Politics of Judicial Integration, London 1998.

Derksen, Roland, Das Aufenthaltsrecht von Unionsbürgern aus anderen Mitgliedstaaten der Europäischen Union und ihr Zugang zu Grundsicherungsleistungen im Aufenthaltsstaat unter besonderer Berücksichtigung der Rechtslage in Deutschland, Infobrief Deutscher Bundestag, Unterabteilung Europa 2015, 1 ff.

–, Keine Grundsicherung für Arbeitsuchende für EU-Ausländer?, Zeitschrift für Ausländerrecht und Ausländerpolitik 2016, 324 ff.

Derlén, Mattias, Multilingual Interpretation of CJEU Case Law: Rule and Reality, European Law Review 2014, 295 ff.

Dhooghe, Valerie/Franken, Rosanne/Opgenhaffen, Tim, Judicial Activism at the European Court of Justice: A Natural Feature in a Dialogical Context, Tilburg Law Review 2015, 122 ff.

Dougan, Michael, The Constitutional Dimension to the Case Law on Union Citizenship, European Law Review 2006, 613 ff.

–, Judicial Review of Member State Action under the General Principles and the Charter: Defining the "Scope of Union Law", Common Market Law Review 2015, 1201 ff.

Düsterhaus, Dominik, Bidar und BaföG: Nachlese zum Urteil EuGH, EuZW 2005, 277 – Bidar m. Anm. Bode, Europäische Zeitschrift für Wirtschaftsrecht 2005, 325 ff.

–, EU Citizenship and Fundamental Rights: Contradictory, Converging or Complementary?, in: Kochenov, Dimitry (Hrsg.), EU Citizenship and Federalism: The Role of Rights, Cambridge 2017, 642 ff.

Edward, David, Subsidiarity as a Legal Concept, in: Cardonnel, Pascal/Rosas, Allan/Wahl, Nils (Hrsg.), Constitutionalising the EU Judicial System: Essays in Honour of Pernilla Lindh, Oxford 2012, 93 ff.

Ehricke, Ulrich, Die Bindungswirkung von Urteilen des EuGH im Vorabentscheidungsverfahren nach deutschem Zivilprozeßrecht und nach Gemeinschaftsrecht, Saarbrücken 1997.

van Eijken, Hanneke/Phoa, Pauline, The Scope of Article 20 TFEU Clarified in Chavez-Vilchez: Are the Fundamental Rights of Minor EU Citizens Coming of Age?, European Law Review 2018, 949 ff.

van Eijken, Hanneke/de Vries, Sybe, Case Comment: A New Route into the Promised Land? Being a European Citizen after Ruiz Zambrano, European Law Review 2011, 704 ff.

Engisch, Karl, Subsumtion und Rechtsfortbildung, in: Doehring, Karl (Hrsg.), Richterliche Rechtsfortbildung: Erscheinungsformen, Auftrag und Grenzen, Festschrift der Juristischen Fakultät zur 600-Jahr-Feier der Ruprecht-Karls-Universität Heidelberg, Heidelberg 1986, 3 ff.

–, Einführung in das juristische Denken, 12. Aufl., Stuttgart 2018.

Epiney, Astrid, Von Akrich über Jia bis Metock: zur Anwendbarkeit der gemeinschaftlichen Regeln über den Familiennachzug – Gleichzeitig eine Anmerkung zu EuGH, Rs. C-127/08 (Metock), Urt. v. 25.7.2008, Europarecht 2008, 840 ff.

–, Der Unionsbürgerstatus als der „grundlegende Status der Angehörigen der Mitgliedstaaten“, in: Europe(s), Droit(s) européen(s) – Une passion d'universitaire – Liber Amicorum en l'honneur du professeur Vlad Constantinesco, Brüssel 2015, 163 ff.

Everling, Ulrich, Rechtsvereinheitlichung durch Richterrecht in der Europäischen Gemeinschaft, Rabels Zeitschrift für ausländisches und internationales Privatrecht 1986, 193 ff.

–, Richterliche Rechtsfortbildung in der Europäischen Gemeinschaft, JuristenZeitung 2000, 217 ff.

Fahey, Elaine, Going Back to Basics: Reembracing the Fundamentals of the Free Movement of Persons in Metock, Legal Issues of Economic Integration 2009, 83 ff.

Fleischer, Holger, Europäische Methodenlehre: Stand und Perspektiven, Rabels Zeitschrift für ausländisches und internationales Privatrecht 2011, 700 ff.

Frenz, Walter, Vorrang, Grenzen und Verstärkungseffekte der EU-Grundrechte – Folgerungen aus den Urteilen Åkerberg Fransson, Pfleger und Dano (Hartz IV), Deutsches Verwaltungsblatt 2015, 741 ff.

Frowein, Jochen, Randbemerkungen zu den Grenzen des Richterrechts in rechtsvergleichender Betrachtung, in: Doehring, Karl (Hrsg.), Richterliche Rechtsfortbildung: Erscheinungsformen, Auftrag und Grenzen, Festschrift der Juristischen Fakultät zur 600-Jahr-Feier der Ruprecht-Karls-Universität Heidelberg, Heidelberg 1986, 555 ff.

Gas, Tonio, Die unmittelbare Anwendbarkeit von Richtlinien zu Lasten Privater im Urteil „Mangold“, Europäische Zeitschrift für Wirtschaftsrecht 2005, 737 ff.

Geiger, Rudolf/Khan, Daniel-Erasmus/Kotzur, Markus (Hrsg.), EUV/AEUV, Vertrag über die Europäische Union/Vertrag über die Arbeitsweise der Europäischen Union, 6. Aufl., München 2017.

Geserich, Stephan, Auslegung und Rechtsfortbildung, Beihefter zu Deutsches Steuerrecht 2011, 59 ff.

Grabenwarter, Christoph (Hrsg.), Enzyklopädie Europarecht Band 2: Europäischer Grundrechtsschutz, 2. Aufl., Baden-Baden 2022.

Grabitz, Eberhard, Europäisches Bürgerrecht zwischen Marktbürgerschaft und Staatsbürgerschaft, Köln 1970.

Grabitz, Eberhard/Hilf, Meinhard (Hrsg.), Das Recht der Europäischen Union, 40. Aufl., München 2009.

Grabitz, Eberhard/Hilf, Meinhard/Nettesheim, Martin (Hrsg.), Das Recht der Europäischen Union, 74. Aufl., München 2022.

Griller, Stefan, Unionsbürgerschaft als grundlegender Status, Europarecht Beiheft 1 2015, 7 ff.

Grimmel, Andreas, Judicial Interpretation or Judicial Activism? The Legacy of Rationalism in the Studies of the European Court of Justice, European Law Journal 2012, 518 ff.

von der Groeben, Hans/Schwarze, Jürgen/Hatje, Armin (Hrsg.), Europäisches Unionsrecht, 7. Aufl., Baden-Baden 2015.

de Groot, Gerard René/Seling, Anja, Janko Rottmann v. Freistaat Bayern Case Note 2: The Consequences of the Rottmann Judgment on Member State Autonomy – The European Court of Justice's Avant-Gardism in Nationality Matters, European Constitutional Law Review 2011, 150 ff.

Grosche, Nils, Rechtsfortbildung im Unionsrecht, Tübingen 2011.

Grundmann, Stephan M., Die Auslegung des Gemeinschaftsrechts durch den Europäischen Gerichtshof: Zugleich eine rechtsvergleichende Studie zur Auslegung im Völkerrecht und im Gemeinschaftsrecht, Konstanz 1997.

–, Inter-Instrumental-Interpretation, Systembildung durch Auslegung im Europäischen Unionsrecht, Rabels Zeitschrift für ausländisches und internationales Privatrecht 2011, 882 ff.

Grundmann, Stephan M./Riesenhuber, Karl, Die Auslegung des Europäischen Privat- und Schuldvertragsrechts, Juristische Schulung 2001, 529 ff.

Gulmann, Claus, Methods of Interpretation of the European Court of Justice, Scandinavian Studies in Law 1980, 187 ff.

Haag, Maria, Die Letztverantwortung des Herkunftsmitgliedstaates im Unionsbürgerrecht, in: Thym, Daniel/Klarmann, Tobias (Hrsg.), Unionsbürgerschaft und Migration im aktuellen Europarecht, Baden-Baden 2017, 15 ff.

Häberle, Peter/Kotzur, Markus, Europäische Verfassungslehre, 8. Aufl., Baden-Baden 2016.

Hager, Günter, Rechtsmethoden in Europa, Tübingen 2009.

Hailbronner, Kay, Diskriminierungsverbot, Unionsbürgerschaft und gleicher Zugang zu Sozialleistungen, Zeitschrift für ausländisches öffentliches Recht und Völkerrecht 2004, 603 ff.

–, Die Unionsbürgerschaft und das Ende rationaler Jurisprudenz durch den EuGH?, Neue Juristische Wochenschrift 2004, 2185 ff.

–, Unionsbürgerschaft und Zugang zu den Sozialsystemen, JuristenZeitung 2005, 1138 ff.

Hailbronner, Kay/Maaßen, Hans-Georg/Hecker, Jan et al. (Hrsg.), Staatsangehörigkeitsrecht, 6. Aufl., München 2017.

Hailbronner, Kay/Thym, Daniel, Ruiz Zambrano – Die Entdeckung des Kernbereichs der Unionsbürgerschaft, Neue Juristische Wochenschrift 2011, 2008 ff.

Hailbronner, Michaela/Iglesias Sánchez, Sara, The European Court of Justice and Citizenship of the European Union: New Developments Towards a Truly Fundamental Status, Vienna Journal on International Constitutional Law 2011, 498 ff.

Halberstam, Daniel, Constitutional Heterarchy: The Centrality of Conflict in the European Union and the United States, in: Dunoff, Jeff/Trachtman, Joel (Hrsg.), Ruling the World?, 2009, 326 ff.

Hallstein, Walter, Die Europäische Gemeinschaft, 5. Aufl., Düsseldorf 1979.

Hamson, Charles, Methoden der Auslegung, Kritische Wertung der Ergebnisse, Begegnung von Justiz und Hochschule am 27. und 28. September 1976, Luxemburg 1976.

Haratsch, Andreas, Nationale Identität aus europarechtlicher Sicht, Europarecht 2016, 131 ff.

Harbo, Tor-Inge, The Function of the Proportionality Principle in EU Law, European Law Journal 2010, 158 ff.

Hart, Herbert, Der Begriff des Rechts, Frankfurt 2011.

Hassemer, Winfried, Juristische Methodenlehre und richterliche Pragmatik, in: Britz, Guido/Koriath, Heinz/Kunz, Karl-Ludwig et al. (Hrsg.), Festschrift für Heike Jung, Baden-Baden 2007, 231 ff.

Heck, Philipp, Gesetzesauslegung und Interessenjurisprudenz, Archiv für die civilistische Praxis 1914, 1 ff.

Hefendehl, Roland/Hohmann, Olaf (Hrsg.), Münchener Kommentar zum Strafgesetzbuch Band 5 §§ 263–358 StGB, 3. Aufl., München 2019.

Heffernan, Liz, The Treaty of Nice: Arming the Courts to Defend a European Bill of Rights?, Law and Contemporary Problems 2002, 189 ff.

Henninger, Thomas, Europäisches Privatrecht und Methode, Tübingen 2009.

Herdegen, Matthias, Auslegende Erklärungen von Gemeinschaftsorganen und Mitgliedstaaten zu EG-Rechtsakten, Zeitschrift für das gesamte Handels- und Wirtschaftsrecht 1991, 52 ff.

–, Völkerrecht, 20. Aufl., München 2021.

–, Europarecht, 23. Aufl., München 2022.

Herresthal, Carsten, Die teleologische Auslegung der Verbrauchsgüterkaufrichtlinie: Der EuGH auf dem Weg zu einer eigenständigen Methode der Rechtsgewinnung, Zeitschrift für Europäisches Privatrecht 2009, 598 ff.

Herrmann, Christoph, Die negative unmittelbare Wirkung von Richtlinien in horizontalen Rechtsverhältnissen, Europäische Zeitschrift für Wirtschaftsrecht 2006, 69 ff.

Hesse, Konrad, Grundzüge des Verfassungsrechts der Bundesrepublik Deutschland, 20. Aufl., Heidelberg 1999.

Hillgruber, Christian, Richterliche Rechtsfortbildung als Verfassungsproblem, Juristen-Zeitung 1996, 118 ff.

Hilpold, Peter, Die Unionsbürgerschaft – Entwicklung und Probleme, Europarecht 2015, 133 ff.

Höfler, Rosemarie, Europa auf dem Weg zu einer sozialen Union? Die EuGH-Rechtsprechung zu unionsrechtlichen Ansprüchen auf Sozialhilfe, Neue Zeitschrift für Verwaltungsrecht 2002, 1206 ff.

–, Die Unionsbürgerfreiheit: Ansprüche der Unionsbürger auf allgemeine Freizügigkeit und Gleichheit unter besonderer Berücksichtigung sozialer Rechte, Berlin 2009.

Hofmann, Rainer (Hrsg.), Ausländerrecht, 2. Aufl., 2016.

Holst, Johannes, Keine einheitliche Dogmatik des EuGH für die sachgerechte Begrenzung des Anwendungsbereichs der Warenverkehrsfreiheit – ein Erklärungsversuch, Europarecht 2018, 87 ff.

Höpfner, Clemens, Die systemkonforme Auslegung, Tübingen 2008.

Höpfner, Clemens/Rüthers, Bernd, Grundlagen einer europäischen Methodenlehre, Archiv für die civilistische Praxis 2009, 1 ff.

Horn, Hans-Detlef, Rügevoraussetzungen für die Ultra-vires-Kontrolle, in: Bouffier, Volker/Horn, Hans-Detlef/Poseck, Roman et al. (Hrsg.), Grundgesetz und Europa: Liber Amicorum für Herbert Landau zum Ausscheiden aus dem Bundesverfassungsgericht, Tübingen 2016, 215 ff.

Horsley, Thomas, Subsidiarity and the European Court of Justice: Missing Pieces in the Subsidiarity Jigsaw?, Journal of Common Market Studies 2012, 267 ff.

–, Reflections on the Role of the Court of Justice as the "Motor" of European Integration: Legal Limits to Judicial Lawmaking, Common Market Law Review 2013, 931 ff.

Huber, Peter, Bundesverfassungsgericht und Europäischer Gerichtshof als Hüter der Gemeinschaftsrechtlichen Kompetenzordnung, Archiv des öffentlichen Rechts 1991, 210 ff.

–, Auslegung und Anwendung der Charta der Grundrechte, Neue Juristische Wochenschrift 2011, 2385 ff.

–, Das institutionelle Gleichgewicht zwischen Rat und Europäischem Parlament in der künftigen Verfassung für Europa, Europarecht 2003, 574 ff.

–, Die Ultra-vires-Rüge, in: Bouffier, Volker/Horn, Hans-Detlef/Poseck, Roman et al. (Hrsg.), Grundgesetz und Europa: Liber Amicorum für Herbert Landau zum Ausscheiden aus dem Bundesverfassungsgericht, Tübingen 2016, 233 ff.

Husmann, Manfred, Auswirkungen des EG-Primärrechts auf den Erwerb von Sozialleistungen, Neue Zeitschrift für Sozialrecht 2009, 547 ff.

Iglesias Sánchez, Sara, Fundamental Rights and Citizenship of the Union at a Crossroads: A Promising Alliance or a Dangerous Liaison?, European Law Journal 2014, 464 ff.

Ingold, Albert, Die verfassungsrechtliche Identität der Bundesrepublik Deutschland: Karriere – Konzept – Kritik, Archiv des öffentlichen Rechts 2015, 1 ff.

Ipsen, Hans Peter, Europäisches Gemeinschaftsrecht, Tübingen 1972.

Jacob, Marc, Precedents and Case-Based Reasoning in the European Court of Justice: Unfinished Business, Cambridge 2014.

Jacqueson, Catherine, Union Citizenship and the Court of Justice: Something New under the Sun? Towards Social Citizenship, European Law Review 2002, 260 ff.

Jarass, Hans/Pieroth, Bodo/Kment, Martin (Hrsg.), Grundgesetz für die Bundesrepublik Deutschland, 16. Aufl., München 2020.

Schneider, Jens-Peter (Hrsg.), Verwaltungsrecht in Europa Band 2, Frankreich, Polen und Tschechien, Göttingen 2009.

Jestaedt, Matthias, Die deutsche Staatsrechtslehre im europäisierten Rechtswissenschaftsdiskurs, JuristenZeitung 2012, 1 ff.

–, Richterliche Rechtsetzung statt richterliche Rechtsfortbildung, in: Bumke, Christian (Hrsg.), Richterrecht zwischen Gesetzesrecht und Rechtsgestaltung, Tübingen 2012, 49 ff.

–, Luxemburger Richterrecht – Kognitive Dissonanzen im Diskurs über Selbstverständnis und Praxis des EuGH, in: Hillgruber, Christian (Hrsg.), Gouvernement des juges – Fluch oder Segen, Paderborn 2014, 21 ff.

Judt, Tony, Postwar, A History of Europe since 1945, London 2010.

Kadelbach, Stefan, Allgemeines Verwaltungsrecht unter europäischem Einfluß, Tübingen 1999.

Kaesling, Katharina, Family Life and EU Citizenship: The Discovery of the Substance of the EU Citizen's Rights and its Genuine Enjoyment, in: Boele-Woelki, Katharina/Dethloff, Nina/Gephart, Werner (Hrsg.), Family Law and Culture in Europe: Developments, Challenges and Opportunities, Cambridge 2014, 293 ff.

Kingreen, Thorsten, In Love with the Single Market? Die EuGH-Entscheidung Alimanovic zum Ausschluss von Unionsbürgern von sozialen Grundsicherungsleistungen, Neue Zeitschrift für Verwaltungsrecht 2015, 1503 ff.

Kischel, Uwe, Die Kontrolle der Verhältnismäßigkeit durch den Europäischen Gerichtshof, Europarecht 2000, 380 ff.

Klabbers, Jan, Treaty Conflict and the European Union, Cambridge 2009.

Klappstein, Verena, Die Bindungswirkung der Vorabentscheide des EuGH, Befinden wir uns auf dem Weg zu einer europäischen stare decisis-Doktrin?, in: Busch, Christoph/Kopp, Christina/McGuire, Mary-Rose et al. (Hrsg.), Europäische Methodik: Konvergenz und Diskrepanz europäischen und nationalen Privatrechts, Jahrbuch Junger Zivilrechtswissenschaftler 2009, Stuttgart 2009, 234 ff.

Klatt, Matthias, Theorie der Wortlautgrenze, Baden-Baden 2004.

Klenk, Lars, Die Grenzen der Grundfreiheiten, Tübingen 2019.

Klocke, Daniel, Die dynamische Auslegung der EMRK im Lichte der Dokumente des Europarats, Europarecht 2015, 148 ff.

Kluth, Winfried/Heusch, Andreas (Hrsg.), Beck'scher Online-Kommentar Ausländerrecht, 31. Aufl., München 2021.

Kmiec, Keenan, The Origin and Current Meaning of "Judicial Activism", California Law Review 2004, 1441 ff.
Koch, Hans-Joachim/Rüßmann, Helmut, Juristische Begründungslehre, Eine Einführung in Grundprobleme der Rechtswissenschaft, München 1982.
Kochenov, Dimitry, Case C-135/08, Janko Rottmann v. Freistaat Bayern, Judgment of the Court (Grand Chamber) of 2 March 2010, Common Market Law Review 2010, 1831 ff.
–, A Real European Citizenship: A New Jurisdiction Test: A Novel Chapter in the Development of the Union in Europe, Columbia Journal of European Law 2011, 56 ff.
Kochenov, Dimitry (Hrsg.), EU Citizenship and Federalism: The Role of Rights, Cambridge 2017.
Kohler, Josef, Ueber die Interpretation von Gesetzen, Zeitschrift für das Privat- und öffentliche Recht der Gegenwart 1886, 1 ff.
Kokott, Juliane, Die Freizügigkeit der Unionsbürger als neue Grundfreiheit, in: Völkerrecht als Wertordnung: Festschrift für Christian Tomuschat, Kehl 2006, 207 ff.
Kokott, Juliane/Sobotta, Christoph, Der EuGH: Blick in eine Werkstatt der Integration, Europäische Grundrechte-Zeitschrift 2013, 465 ff.
Komárek, Jan, Questioning Judicial Deliberations, Oxford Journal of Legal Studies 2009, 805 ff.
Körner, Anne/Leitherer, Stephan/Mutschler, Bernd et al. (Hrsg.), Kasseler Kommentar Sozialversicherungsrecht, 116. Aufl., München 2021.
Kotalakidis, Nikolaos, Von der nationalen Staatsangehörigkeit zur Unionsbürgerschaft, Baden-Baden 2000.
Kötter, Ute, Die Entscheidung des EuGH in der Rechtssache Alimanovic – das Ende der europäischen Sozialbürgerschaft?, Informationen zum Arbeitslosenrecht und Sozialhilferecht 2016, 3 ff.
Kramer, Ernst A., Juristische Methodenlehre, 6. Aufl., Bern 2019.
Kraußer, Hans-Peter, Das Prinzip der begrenzten Ermächtigung im Gemeinschaftsrecht als Strukturprinzip des EWG-Vertrages, Berlin 1991.
Kühne, Ulrich, Amicus Curiae, Tübingen 2015.
Kutscher, Hans, Thesen zu den Methoden der Auslegung des Gemeinschaftsrechts aus der Sicht eines Richters, Begegnung von Justiz und Hochschule am 27. und 28. September 1976, Luxemburg 1976.
–, Über den Gerichtshof der Europäischen Gemeinschaft, Europarecht 1981, 392 ff.
Lageder, Anna, Die Bindungswirkung von Urteilen im Vertragsverletzungsverfahren, Frankfurt 2015.
Larenz, Karl, Kennzeichen geglückter richterlicher Rechtsfortbildungen, Karlsruhe 1965.
–, Methodenlehre der Rechtswissenschaft, Berlin 1991.
Latzel, Clemens, Die Anwendungsbereiche des Unionsrechts, Europäische Zeitschrift für Wirtschaftsrecht 2015, 658 ff.
Lehmann, Katrin, Es gilt die Freizügigkeit der Unionsbürger zu stärken – nicht zu schwächen, Zeitschrift für Ausländerrecht und Ausländerpolitik 2015, 212 ff.
Leisner, Walter Georg, Die subjektiv-historische Auslegung des Gemeinschaftsrechts, Der „Wille des Gesetzgebers" in der Judikatur des EuGH, Europarecht 2007, 689 ff.
Lenaerts, Koen, Le droit comparé dans le travail du juge communitaire, in: van der Mensbrugghe, François (Hrsg.), L'utilisation de la méthode comparative en droit européen, Namur 2003, 111 ff.
–, Union Citizenship and the Principle of Non-Discrimination on Grounds of Nationality, in: Festskrift til Claus Gulmann: Liber Amicorum, Kopenhagen 2006, 289 ff.
–, "Civis Europaeus Sum": From the Cross-border Link to the Status of Citizen of the Union, in: Cardonnel, Pascal/Rosas, Allan/Wahl, Nils (Hrsg.), Constitutionalising the EU Judicial System: Essays in Honour of Pernilla Lindh, Oxford 2012, 213 ff.

–, The Court's Outer and Inner Selves: Exploring the External and Internal Legitimacy of the European Court of Justice, in: Adams, Maurice/de Waele, Henri/Meeusen, Johan et al. (Hrsg.), Judging Europe's Judges: The Legitimacy of the Case Law of the European Court of Justice, Oxford 2013, 13 ff.

–, EU Citizenship and the European Court of Justice's "Stone-by-Stone" Approach, International Comparative Jurisprudence 2015, 1 ff.

–, EU Citizenship and Democracy, New Journal of European Criminal Law 2016, 164 ff.

Lenaerts, Koen/Gutiérrez-Fons, José, To Say What the Law of the EU Is: Methods of Interpretation and the European Court of Justice, Columbia Journal of European Law 2014, 3 ff.

–, The EU Internal Market and the EU Charter: Exploring the "Derogation Situation", in: Amtenbrink, Fabian/Davies, Gareth/Kochenov, Dimitry et al. (Hrsg.), The Internal Market and the Future of European Integration – Essays in Honour of Laurence W. Gormley, Cambridge 2019, 49 ff.

Levits, Egils, Gesetzesbindung und Richterrecht in der Praxis des EuGH, Soziales Recht 2015, 121 ff.

Lienbacher, Georg (Hrsg.), Verfassungsinterpretation in Europa, Wien 2011.

Lippert, André, Der grenzüberschreitende Sachverhalt – Der Yeti des Europarechts, Zeitschrift für europarechtliche Studien 2014, 274 ff.

Litschen, Kai, Das BAG und der Arbeitskampf oder die Kunst, ein totes Pferd zu reiten, NZA-Rechtsprechungs-Report Arbeitsrecht 2015, 57 ff.

Lord Hope of Craighead, Method and Results – The Place of Case Law in the Legal System of the UK, in: Schulze, Reiner/Seif, Ulrike (Hrsg.), Richterrecht und Rechtsfortbildung in der Europäischen Rechtsgemeinschaft, Tübingen 2003, 145 ff.

Lutter, Marcus, Die Auslegung angeglichenen Rechts, JuristenZeitung 1992, 593 ff.

Maduro, Miguel, Der Kontrapunkt im Dienste eines europäischen Verfassungspluralismus, Europarecht 2007, 3 ff.

–, Interpreting European Law – Judicial Adjudication in a Context of Constitutional Pluralism, Working Paper IE Law School 2008, 1 ff.

–, Three Claims of Constitutional Pluralism, in: Avbelj, Majej/Komárek, Jan (Hrsg.), Constitutional Pluralism in the European Union and Beyond, Oxford 2012, 67 ff.

Magiera, Siegfried, Die Europäische Gemeinschaft auf dem Wege zu einem Europa der Bürger, Die öffentliche Verwaltung 1987, 221 ff.

Manger-Nestler, Cornelia/Noack, Gregor, Europäische Grundfreiheiten und Grundrechte, Juristische Schulung 2013, 503 ff.

von Mangoldt, Hermann/Klein, Friedrich/Starck, Christian (Hrsg.), Grundgesetz, 7. Aufl., München 2018.

Martens, Sebastian, Rechtliche und Außerrechtliche Argumente, Rechtstheorie 2011, 145 ff.

–, Methodenlehre des Unionsrechts, Tübingen 2013.

Martínez Soria, José, Die Unionsbürgerschaft und der Zugang zu sozialen Vergünstigungen, JuristenZeitung 2002, 643 ff.

Masing, Johannes, Einheit und Vielfalt des Europäischen Grundrechtsschutzes, JuristenZeitung 2015, 477 ff.

McFarland, Andrew, Interest Groups and the Policymaking Process: Sources of Countervailing Power in America, in: Petracca, Mark (Hrsg.), The Politics of Interests, New York 2018, 58 ff.

Mertens de Wilmars, Joseph, Réflexions sur les méthodes d'interprétation de la Cour de justice des Communautés européennes, Cahiers de droit européen 1986, 5 ff.

Metzger, Axel, Rechtsfortbildung im Richtlinienrecht: Zur judikativen Rechtsangleichung durch den EuGH im Urheberrecht, Zeitschrift für Europäisches Privatrecht 2017, 836 ff.

Meyer, Jürgen/Hölscheidt, Sven (Hrsg.), Charta der Grundrechte der Europäischen Union, 5. Aufl., Baden-Baden 2019.

Millett, Timothy, Rules of Interpretation of E.E.C. Legislation, Statute Law Review 1989, 163 ff.

Mittmann, Patrick, Rechtsfortbildung durch den Gerichtshof der Europäischen Gemeinschaften und die Rechtsstellung der Mitgliedstaaten der Europäischen Union, Frankfurt 2000.

Möllers, Christoph, Gewaltengliederung, Tübingen 2005.

Müller, Friedrich/Christensen, Ralph, Juristische Methodik Band II, Europarecht, 3. Aufl., Berlin 2012.

Munday, Roderick, Interpretation of Legislation in England: The Expanding Quest for Parliamentary Intention, Rabels Zeitschrift für ausländisches und internationales Privatrecht 2011, 764 ff.

Muthorst, Olaf, Grundlagen der Rechtswissenschaft: Methode, Begriff, System, 2. Aufl., München 2019.

Nazik, Gülay/Ulber, Daniel, Die „aufenthaltsrechtliche Lösung" des EuGH in der Rechtssache Dano, Neue Zeitschrift für Sozialrecht 2015, 369 ff.

Nettesheim, Martin, Normenhierarchien im EU-Recht, Europarecht 2006, 737 ff.

–, Der „Kernbereich" der Unionsbürgerschaft – vom Schutz der Mobilität zur Gewährleistung eines Lebensumfelds, JuristenZeitung 2011, 1030 ff.

Nic Shuibhne, Niamh, Recasting EU Citizenship as Federal Citizenship: What are the Implications for the Citizen when the Polity Bargain is Privileged?, in: Kochenov, Dimitry (Hrsg.), EU Citizenship and Federalism: The Role of Rights, Cambridge 2017, 147 ff.

Nußberger, Angelika, Das Verhältnismäßigkeitsprinzip als Strukturprinzip richterlichen Entscheidens in Europa, Neue Zeitschrift für Verwaltungsrecht-Beilage 2013, 36 ff.

O'Leary, Siofra, The Relationship between Community Citizenship and the Protection of Fundamental Rights in Community Law, Common Market Law Review 1995, 519 ff.

–, The Past, Present and Future of the Purely Internal Rule in EU Law, Irish Jurist 2009, 13 ff.

–, Equal treatment and EU Citizens: A New Chapter on Cross-Border Educational Mobility and Access to Student Financial Assistance, European Law Review 2009, 612 ff.

d'Oliveira, H. U. Jessurun, Janko Rottmann v. Freistaat Bayern Case Note 1: Decoupling Nationality and Union Citizenship?, European Constitutional Law Review 2011, 138 ff.

Oppermann, Thomas/Classen, Claus Dieter/Nettesheim, Martin (Hrsg.), Europarecht, 9. Aufl., München 2021.

Pechstein, Matthias/Bunk, Artur, Das Aufenthaltsrecht als Auffangrecht – Die fehlende unmittelbare Anwendbarkeit sowie die Reichweite des Art. 8a Abs. 1 EGV, Europäische Grundrechte-Zeitschrift 1997, 547 ff.

Pechstein, Matthias/Nowak, Carsten/Häde, Ulrich (Hrsg.), Frankfurter Kommentar zu EUV, GRC und AEUV, 1. Aufl., Tübingen 2017.

Pernice, Ingolf, Die Dritte Gewalt im europäischen Verfassungsverbund, Europarecht 1996, 27 ff.

–, Der Schutz nationaler Identität in der Europäischen Union, Archiv des öffentlichen Rechts 2011, 185 ff.

Pierdominici, Leonardo, Constitutional Adjudication and the "Dimensions" of Judicial Activism. Legal and Institutional Heuristics, STALS Research Paper 2011, 1 ff.

Plender, Richard, The Interpretation of Communtiy Acts by Reference to the Intentions of the Authors, Yearbook of European Law 1982, 57 ff.

Pojanowski, Jeffrey, Reading Statutes in the Common Law Tradition, Virginia Law Review 2015, 1357 ff.

Politis, Antonios, Sturgeon und kein Ende: Zum Umgang der Gerichte mit einer möglichen Kompetenzüberschreitung des EuGH, Europäische Zeitschrift für Wirtschaftsrecht 2014, 8 ff.

Pollack, Mark A., The Legitimacy of the Court of Justice of the European Union, Revised Draft of a Paper Prepared for Presentation at the Symposium on Legitimacy and International Courts, University of Baltimore School of Law 2017, 1 ff.

Posner, Richard A., The Rise and Fall of Judicial Self-Restraint, California Law Review 2012, 519 ff.

Potacs, Michael, Effet utile als Auslegungsgrundsatz, Europarecht 2009, 465 ff.

–, Buchbesprechung Nils Grosche, Rechtsfortbildung im Unionsrecht, Zeitschrift für öffentliches Recht 2014, 545 ff.

–, Rechtstheorie, Wien 2015.

Pötters, Stephan/Christensen, Ralph, Das Unionsrecht als Hybridform zwischen Case Law und Gesetzesrecht, JuristenZeitung 2012, 289 ff.

Prechal, Sacha, Competence Creep and General Principles of Law, Review of European Administrative Law 2010, 5 ff.

Preis, Ulrich, Verbot der Altersdiskriminierung als Gemeinschaftsgrundrecht: Der Fall „Mangold" und die Folgen, Neue Zeitschrift für Arbeitsrecht 2006, 401 ff.

Rabenschlag, David, Leitbilder der Unionsbürgerschaft, Baden-Baden 2009.

Randelzhofer, Albrecht, Marktbürgerschaft – Unionsbürgerschaft – Staatsbürgerschaft, in: Randelzhofer, Albrecht/Scholz, Rupert/Wilke, Dieter (Hrsg.), Gedächtnisschrift für Eberhard Grabitz, München 1995, 581 ff.

Raschka, Johannes, Anspruch von Unionsbürgern auf Zugang zu Sozialleistungen nach der jüngsten Rechtsprechung des EuGH, Zeitschrift für Ausländerrecht und Ausländerpolitik 2015, 331 ff.

Rasmussen, Hjalte, On Law and Policy in the European Court of Justice, Dordrecht 1986.

–, Between Self-Restraint and Activism: a Judicial Policy for the European Court, European Law Review 1988, 28 ff.

–, Towards a Normative Theory of Interpretation of Community Law, University of Chicago Legal Forum 1992, 135 ff.

Rebhahn, Robert, Zur Methodenlehre des Unionsrechts – insbesondere im Privatrecht: Stefan Griller zum 60. Geburtstag gewidmet, Zeitschrift für die gesamte Privatrechtswissenschaft 2016, 281 ff.

Reddig, Melanie, Bürger jenseits des Staates? Unionsbürgerschaft als Mittel europäischer Integration, Baden-Baden 2005.

Reimer, Franz, Vielfalt und Einheit juristischer Methode, in: Gödicke, Patrick/Hammen, Horst/Schur, Wolfgang et al. (Hrsg.), Festschrift für Jan Schapp zum siebzigsten Geburtstag, Tübingen 2010, 431 ff.

–, Juristische Methodenlehre, 2. Aufl., Nomos 2020.

Riesenhuber, Karl (Hrsg.), Europäische Methodenlehre, 4. Aufl., Berlin 2021.

Rolfs, Christian/Giesen, Richard/Kreikebohm, Ralf et al. (Hrsg.), BeckOK Sozialrecht, 63. Aufl., München 2021.

Rösler, Hannes, Europäische Gerichtsbarkeit auf dem Gebiet des Zivilrechts, Tübingen 2012.

Rossi, Matthias, Das Diskriminierungsverbot nach Art. 12 EGV, Europarecht 2000, 197 ff.

–, Anmerkung zu EuGH, Urteil v. 20.9.2001 – C-184/99 Grzelczyk, JuristenZeitung 2002, 351 ff.

Roth, Wulf-Henning, Europäische Verfassung und europäische Methodenlehre, Rabels Zeitschrift für ausländisches und internationales Privatrecht 2011, 787 ff.

Rückert, Joachim, Methode und Zivilrecht beim Klassiker Savigny (1779–1861), in: Rückert, Joachim/Seinecke, Ralf (Hrsg.), Methodik des Zivilrechts – von Savigny bis Teubner, Baden-Baden 2012, 35 ff.
Ruffert, Matthias, Buchbesprechung: Nils Grosche, Rechtsfortbildung im Unionsrecht – Eine Untersuchung zum Phänomen richterlicher Rechtsfortbildung durch den Gerichtshof der Europäischen Union, Die öffentliche Verwaltung 2012, 645 ff.
Rüthers, Bernd, Methodenfragen als Verfassungsfragen?, Rechtsttheorie 2009, 253 ff.
–, Die unbegrenzte Auslegung: zum Wandel der Privatrechtsordnung im Nationalsozialismus, 8. Aufl., Tübingen 2017.
Rüthers, Bernd/Fischer, Christian/Birk, Axel, Rechtstheorie und Juristische Methodenlehre, 12. Aufl., München 2022.
Sachs, Michael (Hrsg.), Grundgesetz, 9. Aufl., München 2021.
Säcker, Franz Jürgen/Rixecker, Roland/Oetker, Hartmut et al. (Hrsg.), Münchener Kommentar zum Bürgerlichen Gesetzbuch, 8. Aufl., München 2020.
Sander, Florian, Die Unionsbürgerschaft als Türöffner zu mitgliedstaatlichen Sozialversicherungssystemen? – Überlegungen anlässlich des Trojani-Urteils des EuGH –, Deutsches Verwaltungsblatt 2005, 1014 ff.
Sankari, Suvi, European Court of Justice Legal Reasoning in Context, Groningen 2013.
Sarmiento, Daniel, Half a Case at a Time: Dealing with Judicial Minimalism at the European Court of Justice, in: Claes, Monica/de Visser, Maartje/Popelier, Patricia et al. (Hrsg.), Constitutional Conversations in Europe: Actors, Topics and Procedures, Oxford 2012, 13 ff.
Saurer, Johannes, Der kompetenzrechtliche Verhältnismäßigkeitsgrundsatz im Recht der Europäischen Union, JuristenZeitung 2014, 281 ff.
von Savigny, Carl Friedrich, System des heutigen Römischen Rechts Band I, Berlin 1840.
Scheuing, Dieter, Freizügigkeit als Unionsbürgerrecht, Europarecht 2003, 744 ff.
Schmahl, Stefanie/Jung, Florian, Die Unionsbürgerschaft: Ein komplexes Rechtsinstitut mit weitreichenden Folgen, Juristische Ausbildung 2016, 1272 ff.
Schmidt, Marek, Privatrechtsangleichende EU-Richtlinien und nationale Auslegungsmethoden, Rabels Zeitschrift für ausländisches und internationales Privatrecht 1995, 569 ff.
Schockweiler, Fernand, Die richterliche Kontrollfunktion: Umfang und Grenzen in Bezug auf den Europäischen Gerichtshof, Europarecht 1995, 191 ff.
Schønberg, Søren/Frick, Karin, Finishing, Refining, Polishing: on the Use of Travaux Préparatoires as an Aid to the Interpretation of Community Legislation, European Law Review 2003, 149 ff.
Schönberger, Christoph, Unionsbürger: Europas föderales Bürgerrecht in vergleichender Sicht, Tübingen 2005.
–, Höchstrichterliche Rechtsfindung und Auslegung gerichtlicher Entscheidungen, in: Lienbacher, Georg/Grzeszick, Bernd/Calliess, Christian (Hrsg.), Grundsatzfragen der Rechtsetzung und Rechtsfindung, Referate und Diskussionen auf der Tagung der Vereinigung der Deutschen Staatsrechtslehrer in Münster vom 5. bis 8. Oktober 2011, Berlin 2012, 296 ff.
–, Identitäterä: Verfassungsidentität zwischen Widerstandsformel und Musealisierung des Grundgesetzes, Jahrbuch des öffentlichen Rechts der Gegenwart 2015, 41 ff.
Schreiber, Frank, Europäische Sozialrechtskoordinierung und Arbeitslosengeld II-Anspruch, Neue Zeitschrift für Sozialrecht 2012, 647 ff.
Schroeder, Werner, Der praktische Fall – Europarecht: Auslandsstudium mit Hindernissen, Juristische Schulung 1995, 1010 ff.
–, Rechtsfortbildung in der Rechtsprechung des EuGH, in: Hoyer, Hans/Ofner, Helmut/Schwind, Fritz (Hrsg.), Festschrift 50 Jahre ZfRV, Wien 2013, 199 ff.

Schuppert, Gunnar/Pernice, Ingolf/Haltern, Ulrich (Hrsg.), Europawissenschaft, Baden-Baden 2005.

Schwarze, Jürgen, Die Abwägung von Zielen der europäischen Integration und mitgliedstaatlichen Interessen in der Rechtsprechung des EuGH, Europarecht 2013, 253 ff.

Schwarze, Jürgen/Becker, Ulrich/Hatje, Armin et al. (Hrsg.), EU-Kommentar, 4. Aufl., Baden-Baden 2019.

Schwerdtfeger, Angela, Europäisches Unionsrecht in der Rechtsprechung des Bundesverfassungsgerichts – Grundrechts-, ultra-vires- und Identitätskontrolle im gewaltenteiligen Mehrebenensystem, Europarecht 2015, 290 ff.

Seyr, Sibylle/Rümke, Hans-Christian, Das grenzüberschreitende Element in der Rechtsprechung des EuGH zur Unionsbürgerschaft – zugleich eine Anmerkung zum Urteil in der Rechtssache Chen, Europarecht 2005, 667 ff.

Shah, Prakash, British Nationals under Community Law: The Kaur Case, European Journal of Migration and Law 2001, 271 ff.

Sharpston, Eleanor, Citizenship and Fundamental Rights – Pandora's Box or a Natural Step Towards Maturity?, in: Cardonnel, Pascal/Rosas, Allan/Wahl, Nils (Hrsg.), Constitutionalising the EU Judicial System: Essays in Honour of Pernilla Lindh, Oxford 2012, 245 ff.

Shaw, Josephine, Citizenship of the Union: Towards Post-National Membership?, Jean Monnet Working Paper 6 1997, 1 ff.

Shoenberger, Allen, Change in the European Civil Law Systems: Infiltration of the Anglo-American Case Law System of Precedent into the Civil Law System, Loyola Law Review 2009, 5 ff.

Siegel, Thorsten, Das Gleichgewicht der Gewalten in der Bundesrepublik Deutschland und in der Europäischen Gemeinschaft, Die öffentliche Verwaltung 2010, 1 ff.

Simon, Sven, Grenzen des Bundesverfassungsgerichts im europäischen Integrationsprozess, Tübingen 2016.

Skouris, Vassilios, Der Vorrang des Europäischen Unionsrechts vor dem nationalen Recht. Unionsrecht bricht nationales Recht, Europarecht 2021, 3 ff.

Spaventa, Eleanor, Earned Citizenship – Understanding Union Citizenship through Its Scope, in: Kochenov, Dimitry (Hrsg.), EU Citizenship and Federalism: The Role of Rights, Cambridge 2017, 204 ff.

Staiano, Fulvia, Derivative Residence Rights for Parents of Union Citizen Children under Article 20 TFEU: Chavez-Vilchez, Common Market Law Review 2018, 225 ff.

Staudinger, Ansgar, Reiserecht: Pflicht zur Betreuung der Fluggäste bei Flugannullierung nach Vulkanausbruch – Anmerkung, Europäische Zeitschrift für Wirtschaftsrecht 2013, 223 ff.

Steiger, Dominik, Freizügigkeit in der EU und Einschränkungen von Sozialleistungen für EU-Ausländer, Vom Verlust der richtigen Balance zwischen den Interessen der Mitgliedstaaten und den Rechten des Einzelnen sowie der Notwendigkeit einer primärrechtskonformen Auslegung der Freizügigkeitsrichtlinie, Europarecht 2018, 304 ff.

Stein, Torsten, Richterrecht wie anderswo auch? Der Gerichtshof der Europäischen Gemeinschaften als „Integrationsmotor", in: Doehring, Karl (Hrsg.), Richterliche Rechtsfortbildung: Erscheinungsformen, Auftrag und Grenzen, Festschrift der Juristischen Fakultät zur 600-Jahr-Feier der Ruprecht-Karls-Universität Heidelberg, Heidelberg 1986, 619 ff.

Stewen, Susanne, Die Entwicklung des allgemeinen Freizügigkeitsrechts der Unionsbürger und seiner sozialen Begleitrechte, Tübingen 2011.

Streinz, Rudolf, Anmerkung zum EuGH Urteil v. 20.9.2001 – C-184/99 Grzelczyk, Juristische Schulung 2002, 387 ff.

–, Anmerkung zum EuGH Urteil v. 11.7.2002 – C-224/98 D'Hoop, Juristische Schulung 2002, 1218 ff.
–, Anmerkung zum EuGH Urteil v. 7.9.2004 – C-456/02 Trojani, Juristische Schulung 2005, 1117 ff.
–, Anmerkung zum EuGH Urteil v. 18.11.2008 – C-158/07 Förster, Juristische Schulung 2009, 552 ff.
Streinz, Rudolf (Hrsg.), EUV/AEUV, Vertrag über die Europäische Union und Vertrag über die Arbeitsweise der Europäischen Union, 3. Aufl., München 2018.
Strus, Joze, Union Citizenship Re-Imagined: The Scope of Intervention of EU Institutions, in: Kochenov, Dimitry (Hrsg.), EU Citizenship and Federalism: The Role of Rights, Cambridge 2017, 685 ff.
Sunstein, Cass, Legal Reasoning and Political Conflict, New York 1996.
Swaine, Edward, Subsidiarity and Self-Interest: Federalism at the European Court of Justice, Harvard International Law Journal 2000, 1 ff.
Tamm, Ditlev, The History of the Court of Justice of the European Union Since its Origin, in: Rosas, Allan/Levits, Egils/Bot, Yves (Hrsg.), The Court of Justice and the Construction of Europe: Analyses and Perspectives on Sixty Years of Case-law, Den Haag 2013, 9 ff.
Thym, Daniel, Sozialleistungen für und Aufenthalt von nichterwerbstätigen Unionsbürgern, Neue Zeitschrift für Sozialrecht 2014, 81 ff.
–, Zustand und Zukunft der Europarechtswissenschaft in Deutschland, Europarecht 2015, 671 ff.
–, Die Rückkehr des „Marktbürgers" – Zum Ausschluss nichterwerbsfähiger EU-Bürger von Hartz IV-Leistungen, Neue Juristische Wochenschrift 2015, 130 ff.
–, Zur Rechtsstellung von Familienmitgliedern aus Drittstaaten im Lichte der Kernbereichs-Rechtsprechung des EuGH, Europarecht Beiheft 1 2015, 135 ff.
Tomasic, Lovro, Effet utile, Die Relativität teleologischer Argumente im Unionsrecht, München 2013.
Tomuschat, Christian, Case C-85/96, María Martínez Sala v. Freistaat Bayern, Judgment of 12 May 1998, Full Court, Common Market Law Review 2000, 449 ff.
Toth, Akos, On Law and Policy in the European Court of Justice, Yearbook of European Law 1987, 411 ff.
Tridimas, Takis, The Court of Justice and Judicial Activism, European Law Review 1996, 199 ff.
–, Constitutional Review of Member State Action: The Virtues and Vices of an Incomplete Jurisdiction, International Journal of Constitutional Law 2011, 373 ff.
Trstenjak, Verica/Beysen, Erwin, Das Prinzip der Verhältnismäßigkeit in der Unionsrechtsordnung, Europarecht 2012, 265 ff.
Ukrow, Jörg, Richterliche Rechtsfortbildung durch den EuGH: Dargestellt am Beispiel der Erweiterung des Rechtsschutzes des Marktbürgers im Bereich des vorläufigen Rechtsschutzes und der Staatshaftung, Baden-Baden 1995.
Unruh, Peter, Die Unionstreue: Anmerkungen zu einem Rechtsgrundsatz der Europäischen Union, Europarecht 2002, 41 ff.
Vedder, Christoph/Heintschel von Heinegg, Wolff (Hrsg.), Europäisches Unionsrecht: EUV/AEUV/GRCh/EAGV Handkommentar, 2. Aufl., Baden-Baden 2018.
Verdross, Alfred/Simma, Bruno, Universelles Völkerrecht, 3. Aufl., Berlin 1984.
Vermeule, Adrian, Judging under Uncertainty, Cambridge 2006.
Verschueren, Herwig, Free Movement or Benefit Tourism: The Unreasonable Burden of Brey, European Journal of Migration and Law 2014, 147 ff.
Vesting, Thomas, Rechtstheorie, 2. Aufl., München 2015.

Voßkuhle, Andreas, Gibt es und wozu nutzt eine Lehre vom Verfassungswandel?, Der Staat 2004, 450 ff.
Vranken, Martin, Western Legal Traditions, A Comparison of Civil Law and Common Law, Sydney 2015.
Wach, Adolf, Handbuch des deutschen Civilprozessrechts Band I, Leipzig 1885.
Walker, Neil, The White Paper in Constitutional Context, Jean Monnet Working Paper 2001, 33 ff.
Wallrabenstein, Astrid, Wie Florin zwischen die Stühle rutschte – Die Unionsbürgerschaft und das menschenwürdige Existenzminimum, JuristenZeitung 2016, 109 ff.
Walter, Konrad, Rechtsfortbildung durch den EuGH: Eine rechtsmethodische Untersuchung ausgehend von der deutschen und französischen Methodenlehre, Berlin 2009.
Walter, Maja, Integrationsgrenze Verfassungsidentität – Konzept und Kontrolle aus europäischer, deutscher und französischer Perspektive, Zeitschrift für ausländisches öffentliches Recht und Völkerrecht 2012, 177 ff.
Weber, Teresa, Unionsbürgerschaft, (fehlendes) Aufenthaltsrecht und Sozialleistungen – Überlegungen zu Dano, EuGH 11.11.2010 Rs. C-333/13, Zeitschrift für öffentliches Recht 2015, 187 ff.
Weiler, Frank, Grammatikalische Auslegung des vielsprachigen Unionsrechts, Zeitschrift für Europäisches Privatrecht 2010, 861 ff.
Weiler, Joseph, The Court of Justice on Trial, Common Market Law Review 1987, 555 ff.
Wendel, Matthias, Renaissance der historischen Auslegung im europäischen Verfassungsrecht? Überlegungen zur Tragweite der historischen Auslegung infolge des jüngsten EU-Reformprozesses, Zeitschrift für ausländisches öffentliches Recht und Völkerrecht 2008, 803 ff.
Wiedemann, Herbert, Richterliche Rechtsfortbildung, Neue Juristische Wochenschrift 2014, 2407 ff.
Wieland, Joachim, Der EuGH im Spannungsverhältnis zwischen Rechtsanwendung und Rechtsgestaltung, Neue Juristische Wochenschrift 2009, 1841 ff.
Windscheid, Bernhard, Lehrbuch des Pandektenrechts Band I, 7. Aufl., Frankfurt a.M. 1891.
Winkler, Daniela, Vergangenheit und Zukunft der Flexibililätsklausel im Spannungsfeld von unionalem Integrations- und mitgliedstaatlichem Souveränitätsanspruch, Europarecht 2011, 384 ff.
Wischmeyer, Thomas, Nationale Identität und Verfassungsidentität: Schutzgehalte, Instrumente, Perspektiven, Archiv des öffentlichen Rechts 2015, 415 ff.
Wollenschläger, Ferdinand, Aufenthaltsrecht und Sozialhilfe für Unionsbürger ohne wirtschaftliche Tätigkeit, Europäische Zeitschrift für Wirtschaftsrecht 2005, 307 ff.
–, Grundfreiheit ohne Markt, Tübingen 2007.
Würtenberger, Thomas, Verfassungsänderung und Verfassungswandel: Von der nationalen zu einer globalen Perspektive, in: Wahl, Rainer (Hrsg.), Verfassungsänderung, Verfassungswandel, Verfassungsinterpretation, Berlin 2008, 49 ff.
Wyatt, Derrick, Subsidiarity and Judicial Review, in: O'Keeffe, David/Bavasso, Antonio (Hrsg.), Liber Amicorum in Honour of Lord Slynn of Hadley Volume I – Judicial Review in European Union Law, Den Haag 2000, 505 ff.
Zedler, Friederike, Mehrsprachigkeit und Methode, Baden-Baden 2015.
Zimmermann, Reinhard, Europa und das Römische Recht, Archiv für die civilistische Praxis 2002, 243 ff.
Zippelius, Reinhold, Juristische Methodenlehre, 11. Aufl., München 2012.

Register der Entscheidungen des EuGH

AC-Treuhand AG, Urteil v. 22.10.2015, Rs. C-194/14 P, ECLI:EU:C:2015:717
Agafiţei u.a., Urteil v. 7.7.2011, Rs. C-310/10, ECLI:EU:C:2011:467
Åkerberg Fransson, Urteil v. 26.2.2013, Rs. C-617/10, ECLI:EU:C:2013:105
Akrich, Urteil v. 23.9.2003, Rs. C-109/01, ECLI:EU:C:2003:491
Alimanovic, Urteil v. 15.9.2015, Rs. C-67/14, ECLI:EU:C:2015:597
Alokpa und Moudoulou, Urteil v. 10.10.2013, Rs. C-86/12, ECLI:EU:C:2013:645
Andersen og Jensen, Urteil v. 15.1.2002, Rs. C-43/00, ECLI:EU:C:2002:15
Angonese, Urteil v. 6.6.2000, Rs. C-281/98, ECLI:EU:C:2000:296
Athanasopoulos u.a., Urteil v. 11.7.1991, Rs. C-251/89, ECLI:EU:C:1991:242
Atlanta, Urteil v. 9.11.1995, Rs. C-465/93, ECLI:EU:C:1995:369
BASF, Urteil v. 21.9.1999, Rs. C-44/98, ECLI:EU:C:1999:440
Baumbast und R, Urteil v. 19.9.2002, Rs. C-413/99, ECLI:EU:C:2002:493
BFI-Holding, Urteil v. 10.11.1998, Rs. C-360/96, ECLI:EU:C:1998:525
Bickel und Franz, Urteil v. 24.11.1998, Rs. C-274/96, ECLI:EU:C:1998:563
Bidar, Urteil v. 15.3.2005, Rs. C-209/03, ECLI:EU:C:2005:169
Blaizot, Urteil v. 2.2.1988, Rs. 24/86, ECLI:EU:C:1988:43
Borgmann, Urteil v. 1.4.2004, Rs. C-1/02, ECLI:EU:C:2004:2002
Bosignore, Urteil v. 26.2.1975, Rs. 67/74, ECLI:EU:C:1975:34
Bouchereau, Urteil v. 27.10.1977, Rs. 30/77, ECLI:EU:C:1977:172
Brachner, Urteil v. 20.10.2011, Rs. C-123/10, ECLI:EU:C:2011:675
Brasserie du Pêcheur, Urteil v. 5.2.1996, vb. Rs. C-46/93 u. C-48/93, ECLI:EU:C:1996:79
Brey, Urteil v. 19.9.2013, Rs. C-140/12, ECLI:EU:C:2013:565
Brown, Urteil v. 21.6.1988, Rs. 197/86, ECLI:EU:C:1988:323
Buitoni, Urteil v. 20.2.1979, Rs. 122/78, ECLI:EU:C:1979:43
C.I.L.F.I.T., Urteil v. 6.10.1982, Rs. 283/81, ECLI:EU:C:1982:335
Calfa, Urteil v. 19.1.1999, Rs. C-348/96, ECLI:EU:C:1999:6
Carbonati, Urteil v. 9.9.2004, Rs. C-72/03, ECLI:EU:C:2004:506
Carpenter, Urteil v. 11.7.2002, Rs. C-60/00, ECLI:EU:C:2002:434
Chavez-Vilchez, Urteil v. 10.5.2017, Rs. C-133/15, ECLI:EU:C:2017:354
Costa/ENEL, Urteil v. 15.7.1964, Rs. 6/64, ECLI:EU:C:1964:66
Cowan, Urteil v. 2.2.1989, Rs. 186/87, ECLI:EU:C:1989:47
Crispoltoni u.a., Urteil v. 5.10.1994, vb. Rs. C-133/93 u. C-300/93 u. C-362/93, ECLI:EU:C:1994:364
CS, Urteil v. 13.9.2016, Rs. C-304/14, ECLI:EU:C:2016:674
D'Hoop, Urteil v. 11.7.2002, Rs. C-224/98, ECLI:EU:C:2002:432
Dano, Urteil v. 11.11.2014, Rs. C-333/13, ECLI:EU:C:2014:2358
Defrenne II, Urteil v. 8.4.1976, Rs. 43/75, ECLI:EU:C:1976:56
Defrenne III, Urteil v. 15.6.1978, Rs. C-149/77, ECLI:EU:C:1978:130
Denkavit, Urteil v. 17.5.1984, Rs. 15/83, ECLI:EU:C:1984:183

Zuckerfabrik Bedburg/Rat u. Kommission, Urteil v. 14.1.1987, Rs. 281/84, ECLI:EU:C:1987:3
Zwartveld, Beschluss v. 13.7.1990, Rs. C-2/88, ECLI:EU:C:1990:315

Anhang

Inkrafttreten	Primärrecht
1.11.1993	*Vertrag von Maastricht*

Art. 6 EGV
(1) Unbeschadet besonderer Bestimmungen dieses Vertrages ist in seinem Anwendungsbereich jede Diskriminierung aus Gründen der Staatsangehörigkeit verboten.

Art. 8 EGV
(1) Es wird eine Unionsbürgerschaft eingeführt. Unionsbürger ist, wer die Staatsangehörigkeit eines Mitgliedstaats besitzt.
(2) Die Unionsbürger haben die in diesem Vertrag vorgesehenen Rechte und Pflichten.

Art. 8a EGV
(1) Jeder Unionsbürger hat das Recht, sich im Hoheitsgebiet der Mitgliedstaaten vorbehaltlich der in diesem Vertrag und in den Durchführungsvorschriften vorgesehenen Beschränkungen und Bedingungen frei zu bewegen und aufzuhalten.
(2) Der Rat kann Vorschriften erlassen, mit denen die Ausübung der Rechte nach Abs. 1 erleichtert wird; sofern in diesem Vertrag nichts anderes bestimmt ist, beschließt er einstimmig auf Vorschlag der Kommission und nach Zustimmung des Europäischen Parlaments.

Art. 149 EGV
(1) Die Gemeinschaft trägt zur Entwicklung einer qualitativ hochstehenden Bildung dadurch bei, dass sie die Zusammenarbeit zwischen den Mitgliedstaaten fördert und die Tätigkeit der Mitgliedstaaten unter strikter Beachtung der Verantwortung der Mitgliedstaaten für die Lehrinhalte und die Gestaltung des Bildungssystems sowie der Vielfalt ihrer Kulturen und Sprachen erforderlichenfalls unterstützt und ergänzt.

Art. 150 EGV
(1) Die Gemeinschaft führt eine Politik der beruflichen Bildung, welche die Maßnahmen der Mitgliedstaaten unter strikter Beachtung der Verantwortung der Mitgliedstaaten für Inhalt und Gestaltung der beruflichen Bildung unterstützt und ergänzt.

Erklärung zur Staatsangehörigkeit eines Mitgliedstaats
Die Konferenz erklärt, daß bei Bezugnahmen des Vertrags zur Gründung der Europäischen Gemeinschaft auf die Staatsangehörigen der Mitgliedstaaten die Frage, welchem Mitgliedstaat eine Person angehört, allein durch Bezug auf das innerstaatliche Recht des betreffenden Mitgliedstaats geregelt wird. Die Mitgliedstaaten können zur Unterrichtung in einer Erklärung gegenüber dem Vorsitz angeben, wer für die Zwecke der Gemeinschaft als ihr Staatsangehöriger anzusehen ist, und ihre Erklärung erforderlichenfalls ändern.

1.5.1999 *Vertrag von Amsterdam*

Art. 12 EGV
(1) Unbeschadet besonderer Bestimmungen der Verträge ist in ihrem Anwendungsbereich jede Diskriminierung aus Gründen der Staatsangehörigkeit verboten.

Art. 17 EGV
(1) Es wird eine Unionsbürgerschaft eingeführt. Unionsbürger ist, wer die Staatsangehörigkeit eines Mitgliedstaats besitzt. Die Unionsbürgerschaft ergänzt die nationale Staatsbürgerschaft, ersetzt sie aber nicht.
(2) Die Unionsbürger haben die in diesem Vertrag vorgesehenen Rechte und Pflichten.

Art. 18 EGV
(1) Jeder Unionsbürger hat das Recht, sich im Hoheitsgebiet der Mitgliedstaaten vorbehaltlich der in diesem Vertrag und in den Durchführungsvorschriften vorgesehenen Beschränkungen und Bedingungen frei zu bewegen und aufzuhalten.
(2) Der Rat kann Vorschriften erlassen, mit denen die Ausübung der Rechte nach Abs. 1 erleichtert wird; sofern in diesem Vertrag nichts anderes bestimmt ist, beschließt er gemäß dem Verfahren des Artikels 251. Der Rat beschließt im Rahmen des Verfahrens einstimmig.

1.2.2003 *Vertrag von Nizza*

Art. 12 EGV
(1) Unbeschadet besonderer Bestimmungen der Verträge ist in ihrem Anwendungsbereich jede Diskriminierung aus Gründen der Staatsangehörigkeit verboten.

Art. 17 EGV
(1) Es wird eine Unionsbürgerschaft eingeführt. Unionsbürger ist, wer die Staatsangehörigkeit eines Mitgliedstaats besitzt. Die Unionsbürgerschaft ergänzt die nationale Staatsbürgerschaft, ersetzt sie aber nicht.
(2) Die Unionsbürger haben die in diesem Vertrag vorgesehenen Rechte und Pflichten.

Art. 18 EGV
(1) Jeder Unionsbürger hat das Recht, sich im Hoheitsgebiet der Mitgliedstaaten vorbehaltlich der in diesem Vertrag und in den Durchführungsvorschriften vorgesehenen Beschränkungen und Bedingungen frei zu bewegen und aufzuhalten.
(2) Erscheint zur Erreichung dieses Ziels ein Tätigwerden der Gemeinschaft erforderlich und sieht dieser Vertrag hierfür keine Befugnisse vor, so kann der Rat Vorschriften erlassen, mit denen die Ausübung der Rechte nach Absatz 1 erleichtert wird. Er beschließt gemäß dem Verfahren des Artikels 251.
(3) Absatz 2 gilt nicht für Vorschriften betreffend Pässe, Personalausweise, Aufenthaltstitel oder diesen gleichgestellte Dokumente und auch nicht für Vorschriften betreffend die soziale Sicherheit oder den sozialen Schutz.

1.12.2009 *Vertrag von Lissabon*

Art. 9 EUV
Die Union achtet in ihrem gesamten Handeln den Grundsatz der Gleichheit ihrer Bürgerinnen und Bürger, denen ein gleiches Maß an Aufmerksamkeit seitens der Organe, Einrichtungen und sonstigen Stellen der Union zuteil wird. Unionsbürger ist, wer die Staatsangehörigkeit eines Mitgliedstaats besitzt. Die Unionsbürgerschaft tritt zur nationalen Staatsbürgerschaft hinzu, ersetzt sie aber nicht.

Art. 18 AEUV
(1) Unbeschadet besonderer Bestimmungen der Verträge ist in ihrem Anwendungsbereich jede Diskriminierung aus Gründen der Staatsangehörigkeit verboten.

Art. 20 AEUV
(1) Es wird eine Unionsbürgerschaft eingeführt. Unionsbürger ist, wer die Staatsangehörigkeit eines Mitgliedstaats besitzt. Die Unionsbürgerschaft ergänzt die nationale Staatsbürgerschaft, ersetzt sie aber nicht.
(2) Die Unionsbürgerinnen und Unionsbürger haben die in den Verträgen vorgesehenen Rechte und Pflichten. Sie haben unter anderem
a) das Recht, sich im Hoheitsgebiet der Mitgliedstaaten frei zu bewegen und aufzuhalten;
b) in dem Mitgliedstaat, in dem sie ihren Wohnsitz haben, das aktive und passive Wahlrecht bei den Wahlen zum Europäischen Parlament und bei den Kommunalwahlen, wobei für sie dieselben Bedingungen gelten wie für die Angehörigen des betreffenden Mitgliedstaats;
c) im Hoheitsgebiet eines Drittlands, in dem der Mitgliedstaat, dessen Staatsangehörigkeit sie besitzen, nicht vertreten ist, Recht auf Schutz durch die diplomatischen und konsularischen Behörden eines jeden Mitgliedstaats unter denselben Bedingungen wie Staatsangehörige dieses Staates;
d) das Recht, Petitionen an das Europäische Parlament zu richten und sich an den Europäischen Bürgerbeauftragten zu wenden, sowie das Recht, sich in

einer der Sprachen der Verträge an die Organe und die beratenden Einrichtungen der Union zu wenden und eine Antwort in derselben Sprache zu erhalten.

Diese Rechte werden unter den Bedingungen und innerhalb der Grenzen ausgeübt, die in den Verträgen und durch die in Anwendung der Verträge erlassenen Maßnahmen festgelegt sind.

Art. 21 AEUV
(1) Jeder Unionsbürger hat das Recht, sich im Hoheitsgebiet der Mitgliedstaaten vorbehaltlich der in den Verträgen und in den Durchführungsvorschriften vorgesehenen Beschränkungen und Bedingungen frei zu bewegen und aufzuhalten.
(2) Erscheint zur Erreichung dieses Ziels ein Tätigwerden der Union erforderlich und sehen die Verträge hierfür keine Befugnisse vor, so können das Europäische Parlament und der Rat gemäß dem ordentlichen Gesetzgebungsverfahren Vorschriften erlassen, mit denen die Ausübung der Rechte nach Absatz 1 erleichtert wird.
(3) Zu den gleichen wie den in Absatz 1 genannten Zwecken kann der Rat, sofern die Verträge hierfür keine Befugnisse vorsehen, gemäß einem besonderen Gesetzgebungsverfahren Maßnahmen erlassen, die die soziale Sicherheit oder den sozialen Schutz betreffen. Der Rat beschließt einstimmig nach Anhörung des Europäischen Parlaments.

1.12.2009 *Charta der Grundrechte der Europäischen Union*[1]

Art. 7 Achtung des Privat- und Familienlebens
Jede Person hat das Recht auf Achtung ihres Privat- und Familienlebens, ihrer Wohnung sowie ihrer Kommunikation.

Art. 24 Rechte des Kindes
(2) Bei allen Kindern betreffenden Maßnahmen öffentlicher Stellen oder privater Einrichtungen muss das Wohl des Kindes eine vorrangige Erwägung sein.

Art. 45 Freizügigkeit und Aufenthaltsfreiheit
(1) Die Unionsbürgerinnen und Unionsbürger haben das Recht, sich im Hoheitsgebiet der Mitgliedstaaten frei zu bewegen und aufzuhalten.
(2) Staatsangehörigen dritter Länder, die sich rechtmäßig im Hoheitsgebiet eines Mitgliedstaats aufhalten, kann gemäß dem Vertrag zur Gründung der Europäischen Gemeinschaft Freizügigkeit und Aufenthaltsfreiheit gewährt werden.

[1] Ohne Rechtskraft bereits zur Eröffnung der Regierungskonferenz von Nizza am 7.12.2000 erstmals feierlich proklamiert.

Inkrafttreten[2]/ggf. Umsetzungsfrist[3]	Regelungsbereich	Sekundärrecht
1968	Freizügigkeit der Arbeitnehmer	*Verordnung des Rates v. 15.10.1968 über die Freizügigkeit der Arbeitnehmer innerhalb der Gemeinschaft (1612/68/EWG), Amtsblatt der Europäischen Gemeinschaften Nr. L 257 v. 19.10.1968, 2–12 berichtigt im Amtsblatt der Europäischen Gemeinschaften Nr. L 295 v. 7.12.1968, 12* Art. 7 (2) Er genießt dort die gleichen sozialen und steuerlichen Vergünstigungen wie die inländischen Arbeitnehmer. Art. 10 (1) Bei dem Arbeitnehmer, der die Staatsangehörigkeit eines Mitgliedstaats besitzt und im Hoheitsgebiet eines anderen Mitgliedstaats beschäftigt ist, dürfen folgende Personen ungeachtet ihrer Staatsangehörigkeit Wohnung nehmen: a) sein Ehegatte sowie die Verwandten in absteigender Linie, die noch nicht 21 Jahre alt sind oder denen Unterhalt gewährt wird; b) seine Verwandten und die Verwandten seines Ehegatten in aufsteigender Linie, denen er Unterhalt gewährt. (2) Die Mitgliedstaaten begünstigen den Zugang aller nicht in Absatz 1 genannten Familienangehörigen, denen der betreffende Arbeitnehmer Unterhalt gewährt oder mit denen er im Herkunftsland in häuslicher Gemeinschaft lebt. (3) Voraussetzung für die Anwendung der Absätze 1 und 2 ist, daß der Arbeitnehmer für seine Familie über eine Wohnung verfügt, die in dem Gebiet, in dem er beschäftigt ist, den für die inländischen Arbeitnehmer geltenden normalen Anforderungen entspricht; diese Bestimmung darf nicht zu Diskriminierungen zwischen den inländischen Arbeitnehmern und den Arbeitnehmern aus anderen Mitgliedstaaten führen.

[2] Verordnungen und Richtlinien, die an alle Mitgliedstaaten gerichtet sind, treten zu dem durch sie festgelegten Zeitpunkt oder anderenfalls am zwanzigsten Tag nach ihrer Veröffentlichung in Kraft, Art. 297 Abs. 2 AEUV (ex Art. 254 EGV). Art. 254 EGV wurde erst mit dem Vertrag von Maastricht deutlich ausgeweitet. Die ursprüngliche Fassung (Art. 191 des EWG-Vertrags) sah lediglich eine Veröffentlichungspflicht für Verordnungen und eine Bekanntgabepflicht für Richtlinien gegenüber denjenigen, für die sie bestimmt waren, vor. Sofern kein festgelegter Zeitpunkt das Inkrafttreten einer Verordnung regelte, traten Verordnungen auch damals am zwanzigsten Tag nach ihrer Veröffentlichung in Kraft. Richtlinien wurden hingegen mit der Bekanntgabe wirksam.

[3] Auch wenn Richtlinien typischerweise mit Umsetzungsfristen versehen sind, dürfen sie ebenso ohne Umsetzungsfrist verabschiedet werden, *Swaine*, Subsidiarity and Self-Interest: Federalism at the European Court of Justice, Harv. Int'l L.J. 2000, 1, 123.

Art. 12
Die Kinder eines Staatsangehörigen eines Mitgliedstaats, der im Hoheitsgebiet eines anderen Mitgliedstaats beschäftigt ist oder beschäftigt gewesen ist, können, wenn sie im Hoheitsgebiet dieses Mitgliedstaats wohnen, unter den gleichen Bedingungen wie die Staatsangehörigen dieses Mitgliedstaats am allgemeinen Unterricht sowie an der Lehrlings- und Berufsausbildung teilnehmen. Die Mitgliedstaaten fördern die Bemühungen, durch die diesen Kindern ermöglicht werden soll, unter den besten Voraussetzungen am Unterricht teilzunehmen.

1973

Niederlassungs- und Dienstleistungsfreiheit

Richtlinie des Rates v. 21.5.1973 zur Aufhebung der Reise- und Aufenthaltsbeschränkungen für Staatsangehörige der Mitgliedstaaten innerhalb der Gemeinschaft auf dem Gebiet der Niederlassung und des Dienstleistungsverkehrs (73/148/EWG), Amtsblatt der Europäischen Gemeinschaften Nr. L 172 v. 28.6.1973, 14–16

Artikel 1
Die Mitgliedstaaten heben nach Maßgabe dieser Richtlinie die Reise- und Aufenthaltsbeschränkungen auf: [...]
a) für Staatsangehörige eines Mitgliedstaats, die sich in einem anderen Mitgliedstaat niedergelassen haben oder niederlassen wollen, um eine selbständige Tätigkeit auszuüben, oder die dort eine Dienstleistung erbringen wollen;
b) für Staatsangehörige der Mitgliedstaaten, die sich als Empfänger einer Dienstleistung in einen anderen Mitgliedstaat begeben wollen;
c) ohne Rücksicht auf die Staatsangehörigkeit für den Ehegatten und die noch nicht 21 Jahre alten Kinder dieser Staatsangehörigen;
d) ohne Rücksicht auf die Staatsangehörigkeit für Verwandte in aufsteigender und absteigender Linie dieser Staatsangehörigen und ihrer Ehegatten, denen diese Unterhalt gewähren.

1990/ 30.6.1992

Allgemeines Aufenthaltsrecht

Richtlinie des Rates v. 28.6.1990 über das Aufenthaltsrecht (90/364/EWG), Amtsblatt der Europäischen Gemeinschaften Nr. L 180 v. 13.7.1990, 26–27

Erwägungsgrund 4
Die Aufenthaltsberechtigten dürfen die öffentlichen Finanzen des Aufnahmemitgliedstaats nicht über Gebühr belasten.

Art. 1
(1) Die Mitgliedstaaten gewähren den Angehörigen der Mitgliedstaaten, denen das Aufenthaltsrecht nicht aufgrund anderer

Bestimmungen des Gemeinschaftsrechts zuerkannt ist, sowie deren Familienangehörigen nach der Definition von Absatz 2 unter der Bedingung das Aufenthaltsrecht, daß sie für sich und ihre Familienangehörigen über eine Krankenversicherung, die im Aufnahmemitgliedstaat alle Risiken abdeckt, sowie über ausreichende Existenzmittel verfügen, durch die sichergestellt ist, daß sie während des Aufenthalts nicht die Sozialhilfe des Aufnahmemitgliedstaats in Anspruch nehmen müssen.[...]
(2) Bei dem Aufenthaltsberechtigten dürfen folgende Personen ungeachtet ihrer Staatsangehörigkeit in einem anderen Mitgliedstaat Wohnung nehmen:
a) sein Ehegatte sowie die Verwandten in absteigender Linie, denen Unterhalt gewährt wird;
b) seine Verwandten und die Verwandten seines Ehegatten in aufsteigender Linie, denen er Unterhalt gewährt.

1990/ 30.6.1992	Aufenthaltsrecht der Rentner	*Richtlinie des Rates v. 28.6.1990 über das Aufenthaltsrecht der aus dem Erwerbsleben ausgeschiedenen Arbeitnehmer und selbständig Erwerbstätigen (90/365/EWG), Amtsblatt der Europäischen Gemeinschaften Nr. L 180 v. 13.7.1990, 28–29*

Erwägungsgrund 4
Die Aufenthaltsberechtigten dürfen die öffentlichen Finanzen des Aufnahmemitgliedstaats nicht über Gebühr belasten.

Art. 1
(1) Die Mitgliedstaaten gewähren den Angehörigen der Mitgliedstaaten, die in der Gemeinschaft eine Tätigkeit als Arbeitnehmer oder als Selbstständige ausgeübt haben, sowie deren Familienangehörigen nach der Definition von Absatz 2 unter der Bedingung das Aufenthaltsrecht, daß sie eine Invaliditäts-, Vorruhestands- oder Altersrente oder eine Rente wegen Arbeitsunfalls oder Berufskrankheit in einer solchen Höhe beziehen, daß sie während ihres Aufenthalts nicht die Sozialhilfe des Aufnahmemitgliedstaats in Anspruch nehmen müssen, und einen Krankenversicherungsschutz genießen, der im Aufnahmemitgliedstaat alle Risiken abdeckt.

1990/ 30.6.1992	Aufenthaltsrecht der Studenten	*Richtlinie des Rates v. 28.6.1990 über das Aufenthaltsrecht von Studenten (90/366/EWG), Amtsblatt der Europäischen Gemeinschaften Nr. L 180 v. 13.7.1990, 30–31*[4]
1993/ 31.12.1993	Aufenthaltsrecht der Studenten	*Richtlinie des Rates v. 29.10.1993 über das Aufenthaltsrecht von Studenten (93/96/EWG), Amtsblatt der Europäischen Gemeinschaften Nr. L 317 v. 18.12.1993, 59–60* Erwägungsgrund 7 Beim derzeitigen Stand des Gemeinschaftsrechts fällt eine den Studenten gewährte Unterhaltsbeihilfe nach der Rechtsprechung des Europäischen Gerichtshofs nicht in den Anwendungsbereich des Vertrages im Sinne seines Artikels 7. Art. 1 In dem Bemühen, die Voraussetzungen für eine leichtere Ausübung des Aufenthaltsrechts zu präzisieren und für einen Angehörigen eines Mitgliedstaats, der zu einer Berufsausbildung in einem anderen Mitgliedstaat zugelassen worden ist, den nichtdiskminierenden Zugang zur beruflichen Bildung zu gewährleisten, erkennen die Mitgliedstaaten das Aufenthaltsrecht jedem Studenten zu, der Angehöriger eines Mitgliedstaats ist und dem dieses Recht nicht aufgrund einer anderen Bestimmung des Gemeinschaftsrechts zusteht, sowie seinen Ehegatten und unterhaltsberechtigten Kindern, sofern der betreffende Student durch eine Erklärung oder durch andere, zumindest gleichwertige Mittel, die er selbst wählt, der einzelstaatlichen Behörde glaubhaft macht, dass er über Existenzmittel verfügt, so dass er und seine Familie während ihres Aufenthalts nicht die Sozialhilfe des Aufnahmemitgliedstaats in Anspruch nehmen müssen; dies gilt unter der Bedingung, dass er bei einer anerkannten Lehranstalt zum Erwerb einer beruflichen Bildung als Hauptzweck eingeschrieben ist und dass er einen Krankenversicherungsschutz genießt, der sämtliche Risiken im Aufnahmemitgliedstaat abdeckt. Art. 3 Ein Anspruch der aufenthaltsberechtigten Studenten auf Gewährung von Unterhaltsstipendien durch den Aufnahmemitgliedstaat wird durch diese Richtlinie nicht begründet.

[4] Die Richtlinie wurde mit der Rs. C-295/90 *Parlament/Rat*, EuGH Urteil v. 7.7.1992 aufgehoben und später, gestützt auf eine andere Rechtsgrundlage in Form der Richtlinie 93/96/EWG, wieder erlassen.

Art. 4
Das Aufenthaltsrecht besteht, solange die Berechtigten die Bedingungen des Artikels 1 erfüllen.

2004/ 30.4.2006	Allgemeine Freizügigkeit	*Richtlinie 2004/38/EG des Europäischen Parlaments und des Rates vom 29.4.2004 über das Recht der Unionsbürger und ihrer Familienangehörigen, sich im Hoheitsgebiet der Mitgliedstaaten frei zu bewegen und aufzuhalten, zur Änderung der Verordnung (EWG) Nr. 1612/68 und zur Aufhebung der Richtlinien 64/221/EWG, 68/360/EWG, 72/194/EWG, 73/148/EWG, 75/34/EWG, 75/35/EWG, 90/364/EWG, 90/365/EWG und 93/96/EWG, Amtsblatt der Europäischen Union Nr. L 158 v. 30.4.2004, 77–123*

Erwägungsgrund 10
Allerdings sollten Personen, die ihr Aufenthaltsrecht ausüben, während ihres ersten Aufenthalts die Sozialhilfeleistungen des Aufnahmemitgliedstaats nicht unangemessen in Anspruch nehmen. Daher sollte das Aufenthaltsrecht von Unionsbürgern und ihren Familienangehörigen für eine Dauer von über drei Monaten bestimmten Bedingungen unterliegen.

• Erwägungsgrund 21
Allerdings sollte es dem Aufnahmemitgliedstaat überlassen bleiben, zu bestimmen, ob er anderen Personen als Arbeitnehmern oder Selbstständigen, Personen, die diesen Status beibehalten, und ihren Familienangehörigen Sozialhilfe während der ersten drei Monate des Aufenthalts oder im Falle von Arbeitssuchenden für einen längeren Zeitraum gewährt oder vor Erwerb des Rechts auf Daueraufenthalt Unterhaltsbeihilfen für die Zwecke des Studiums, einschließlich einer Berufsausbildung, gewährt.

Kapitel I Allgemeine Bestimmungen

Art. 2 Begriffsbestimmungen
Im Sinne dieser Richtlinie bezeichnet der Ausdruck
1. „Unionsbürger" jede Person, die die Staatsangehörigkeit eines Mitgliedstaats besitzt;
2. „Familienangehöriger"
a) den Ehegatten;
b) den Lebenspartner, mit dem der Unionsbürger auf der Grundlage der Rechtsvorschriften eines Mitgliedstaats eine eingetragene Partnerschaft eingegangen ist, sofern nach den Rechtsvorschriften des Aufnahmemitgliedstaats die eingetragene Partnerschaft der Ehe gleichgestellt ist und die in den einschlägigen Rechtsvorschriften des Aufnahmemitgliedstaats vorgesehenen Bedingungen erfüllt sind;

c) die Verwandten in gerader absteigender Linie des Unionsbürgers und des Ehegatten oder des Lebenspartners i.S.v. Buchstabe b), die das 21. Lebensjahr noch nicht vollendet haben oder denen von diesen Unterhalt gewährt wird;
d) die Verwandten in gerader aufsteigender Linie des Unionsbürgers und des Ehegatten oder des Lebenspartners im Sinne von Buchstabe b), denen von diesen Unterhalt gewährt wird;
3. „Aufnahmemitgliedstaat" den Mitgliedstaat, in den sich der Unionsbürger begibt, um dort sein Recht auf Freizügigkeit oder Aufenthalt auszuüben.

Art. 3 Berechtigte
(1) Diese Richtlinie gilt für jeden Unionsbürger, der sich in einen anderen als den Mitgliedstaat, dessen Staatsangehörigkeit er besitzt, begibt oder sich dort aufhält, sowie für seine Familienangehörigen im Sinne von Artikel 2 Nummer 2, die ihn begleiten oder ihm nachziehen.

KAPITEL III Aufenthaltsrecht

Art. 7 Recht auf Aufenthalt für mehr als drei Monate
(1) Jeder Unionsbürger hat das Recht auf Aufenthalt im Hoheitsgebiet eines anderen Mitgliedstaats für einen Zeitraum von über drei Monaten, wenn er
a) Arbeitnehmer oder Selbstständiger im Aufnahmemitgliedstaat ist oder
b) für sich und seine Familienangehörigen über ausreichende Existenzmittel verfügt, so dass sie während ihres Aufenthalts keine Sozialhilfeleistungen des Aufnahmemitgliedstaats in Anspruch nehmen müssen, und er und seine Familienangehörigen über einen umfassenden Krankenversicherungsschutz im Aufnahmemitgliedstaat verfügen oder
c) – bei einer privaten oder öffentlichen Einrichtung, die von dem Aufnahmemitgliedstaat aufgrund seiner Rechtsvorschriften oder seiner Verwaltungspraxis anerkannt oder finanziert wird, zur Absolvierung einer Ausbildung einschließlich einer Berufsausbildung als Hauptzweck eingeschrieben ist und
– über einen umfassenden Krankenversicherungsschutz im Aufnahmemitgliedstaat verfügt und der zuständigen nationalen Behörde durch eine Erklärung oder durch jedes andere gleichwertige Mittel seiner Wahl glaubhaft macht, dass er für sich und seine Familienangehörigen über ausreichende Existenzmittel verfügt, so dass sie während ihres Aufenthalts keine Sozialhilfeleistungen des Aufnahmemitgliedstaats in Anspruch nehmen müssen, oder
d) ein Familienangehöriger ist, der den Unionsbürger, der die Voraussetzungen des Buchstabens a), b) oder c) erfüllt, begleitet oder ihm nachzieht.

(2) Das Aufenthaltsrecht nach Absatz 1 gilt auch für Familienangehörige, die nicht die Staatsangehörigkeit eines Mitgliedstaats besitzen und die den Unionsbürger in den Aufnahmemitgliedstaat begleiten oder ihm nachziehen, sofern der Unionsbürger die Voraussetzungen des Absatzes 1 Buchstabe a), b) oder c) erfüllt.

Art. 14 Aufrechterhaltung des Aufenthaltsrechts
(1) Unionsbürgern und ihren Familienangehörigen steht das Aufenthaltsrecht nach Artikel 6 zu, solange sie die Sozialhilfeleistungen des Aufnahmemitgliedstaats nicht unangemessen in Anspruch nehmen.
(2) Unionsbürgern und ihren Familienangehörigen steht das Aufenthaltsrecht nach den Artikeln 7, 12 und 13 zu, solange sie die dort genannten Voraussetzungen erfüllen.
In bestimmten Fällen, in denen begründete Zweifel bestehen, ob der Unionsbürger oder seine Familienangehörigen die Voraussetzungen der Artikel 7,12 und 13 erfüllen, können die Mitgliedstaaten prüfen, ob diese Voraussetzungen erfüllt sind. Diese Prüfung wird nicht systematisch durchgeführt.
(3) Die Inanspruchnahme von Sozialhilfeleistungen durch einen Unionsbürger oder einen seiner Familienangehörigen im Aufnahmemitgliedstaat darf nicht automatisch zu seiner Ausweisung führen.
(4) Abweichend von den Absätzen 1 und 2 und unbeschadet der Bestimmungen des Kapitels VI darf gegen Unionsbürger oder ihre Familienangehörigen auf keinen Fall eine Ausweisung verfügt werden, wenn
a) die Unionsbürger Arbeitnehmer oder Selbstständige sind oder
b) die Unionsbürger in das Hoheitsgebiet des Aufnahmemitgliedstaats eingereist sind, um Arbeit zu suchen. In diesem Fall dürfen die Unionsbürger und ihre Familienangehörigen nicht ausgewiesen werden, solange die Unionsbürger nachweisen können, dass sie weiterhin Arbeit suchen und dass sie eine begründete Aussicht haben, eingestellt zu werden.

KAPITEL V Gemeinsame Bestimmungen über das Aufenthaltsrecht und das Recht auf Daueraufenthalt

Art. 24 Gleichbehandlung
(1) Vorbehaltlich spezifischer und ausdrücklich im Vertrag und im abgeleiteten Recht vorgesehener Bestimmungen genießt jeder Unionsbürger, der sich aufgrund dieser Richtlinie im Hoheitsgebiet des Aufnahmemitgliedstaats aufhält, im Anwendungsbereich des Vertrags die gleiche Behandlung wie die Staatsangehörigen dieses Mitgliedstaats. Das Recht auf Gleichbehandlung erstreckt sich auch auf Familienangehörige, die nicht die Staatsangehörigkeit eines Mitgliedstaats besitzen und das Recht auf Aufenthalt oder das Recht auf Daueraufenthalt genießen.

(2) Abweichend von Absatz 1 ist der Aufnahmemitgliedstaat jedoch nicht verpflichtet, anderen Personen als Arbeitnehmern oder Selbstständigen, Personen, denen dieser Status erhalten bleibt, und ihren Familienangehörigen während der ersten drei Monate des Aufenthalts oder gegebenenfalls während des längeren Zeitraums nach Artikel 14 Absatz 4 Buchstabe b) einen Anspruch auf Sozialhilfe oder vor Erwerb des Rechts auf Daueraufenthalt Studienbeihilfen, einschließlich Beihilfen zur Berufsausbildung, in Form eines Stipendiums oder Studiendarlehens, zu gewähren.

KAPITEL VI Beschränkungen des Einreise- und Aufenthaltsrechts aus Gründen der öffentlichen Ordnung, Sicherheit oder Gesundheit

Art. 27 Allgemeine Grundsätze
(1) Vorbehaltlich der Bestimmungen dieses Kapitels dürfen die Mitgliedstaaten die Freizügigkeit und das Aufenthaltsrecht eines Unionsbürgers oder seiner Familienangehörigen, ungeachtet ihrer Staatsangehörigkeit, aus Gründen der öffentlichen Ordnung, Sicherheit oder Gesundheit beschränken. [...]
(2) Bei Maßnahmen aus Gründen der öffentlichen Ordnung oder Sicherheit ist der Grundsatz der Verhältnismäßigkeit zu wahren und darf ausschließlich das persönliche Verhalten des Betroffenen ausschlaggebend sein. Strafrechtliche Verurteilungen allein können ohne Weiteres diese Maßnahmen nicht begründen.
Das persönliche Verhalten muss eine tatsächliche, gegenwärtige und erhebliche Gefahr darstellen, die ein Grundinteresse der Gesellschaft berührt. Vom Einzelfall losgelöste oder auf Generalprävention verweisende Begründungen sind nicht zulässig.

Art. 28 Schutz vor Ausweisung
(1) Bevor der Aufnahmemitgliedstaat eine Ausweisung aus Gründen der öffentlichen Sicherheit verfügt, berücksichtigt er insbesondere die Dauer des Aufenthalts des Betroffenen im Hoheitsgebiet, sein Alter, seinen Gesundheitszustand, seine familiäre und wirtschaftliche Lage, seine soziale und kulturelle Integration im Aufnahmemitgliedstaat und das Ausmaß seiner Bindungen zum Herkunftsstaat.
(2) Der Aufnahmemitgliedstaat darf gegen Unionsbürger oder ihre Familienangehörigen, ungeachtet ihrer Staatsangehörigkeit, die das Recht auf Daueraufenthalt in seinem Hoheitsgebiet genießen, eine Ausweisung nur aus schwerwiegenden Gründen der öffentlichen Ordnung oder Sicherheit verfügen.
(3) Gegen Unionsbürger darf eine Ausweisung nicht verfügt werden, es sei denn, die Entscheidung beruht auf zwingenden Gründen der öffentlichen Sicherheit, die von den Mitgliedstaaten festgelegt wurden [...].

2010	Systeme der sozialen Sicherheit	*Verordnung (EG) Nr. 883/2004 des Europäischen Parlaments und des Rates v. 29.4.2004 zur Koordinierung der Systeme der sozialen Sicherheit, Amtsblatt Nr. L 166, 1, ber. durch Amtsblatt Nr. L 2004, 1*

Art. 3 Sachlicher Geltungsbereich
(3) Diese Verordnung gilt auch für die besonderen beitragsunabhängigen Geldleistungen gemäß Artikel 70.

Art. 4 Gleichbehandlung
Sofern in dieser Verordnung nichts anderes bestimmt ist, haben Personen, für die diese Verordnung gilt, die gleichen Rechte und Pflichten aufgrund der Rechtsvorschriften eines Mitgliedstaats wie die Staatsangehörigen dieses Staates.

Art. 70 Allgemeine Vorschrift
(1) Dieser Artikel gilt für besondere beitragsunabhängige Geldleistungen, die nach Rechtsvorschriften gewährt werden, die aufgrund ihres persönlichen Geltungsbereichs, ihrer Ziele und/oder ihrer Anspruchsvoraussetzungen sowohl Merkmale der in Artikel 3 Absatz 1 genannten Rechtsvorschriften der sozialen Sicherheit als auch Merkmale der Sozialhilfe aufweisen.
(2) Für die Zwecke dieses Kapitels bezeichnet der Ausdruck „besondere beitragsunabhängige Geldleistungen" die Leistungen,
a) die dazu bestimmt sind:
i) einen zusätzlichen, ersatzweisen oder ergänzenden Schutz gegen die Risiken zu gewähren, die von den in Artikel 3 Absatz 1 genannten Zweigen der sozialen Sicherheit gedeckt sind, und den betreffenden Personen ein Mindesteinkommen zur Bestreitung des Lebensunterhalts garantieren, das in Beziehung zu dem wirtschaftlichen und sozialen Umfeld in dem betreffenden Mitgliedstaat steht,
oder [...]
und
b) deren Finanzierung ausschließlich durch obligatorische Steuern zur Deckung der allgemeinen öffentlichen Ausgaben erfolgt und deren Gewährung und Berechnung nicht von Beiträgen hinsichtlich der Leistungsempfänger abhängen. Jedoch sind Leistungen, die zusätzlich zu einer beitragsabhängigen Leistung gewährt werden, nicht allein aus diesem Grund als beitragsabhängige Leistungen zu betrachten;
und
c) die in Anhang X aufgeführt sind.
(3) Artikel 7 und die anderen Kapitel dieses Titels gelten nicht für die in Absatz 2 des vorliegenden Artikels genannten Leistungen.
(4) Die in Absatz 2 genannten Leistungen werden ausschließlich in dem Mitgliedstaat, in dem die betreffenden Personen wohnen,

und nach dessen Rechtsvorschriften gewährt. Die Leistungen werden vom Träger des Wohnorts und zu seinen Lasten gewährt.

Stichwortverzeichnis

Verfassungsentwicklung in Europa

herausgegeben von
Hartmut Bauer, Peter M. Huber
und Karl-Peter Sommermann

Seit dem weltpolitischen Umbruch der Jahre 1989 bis 1991 befinden sich die Verfassungsordnungen in Europa in einem Transformationsprozess. Der Wegfall des Ost-West-Gegensatzes mit seiner politikstabilisierenden Wirkung, die fortschreitende europäische Integration und die auf vielen Politikfeldern zu beobachtende Globalisierung setzen die nationalen Verfassungen unter Anpassungs- und Modernisierungsdruck. Das stellt auch die Verfassungswissenschaft vor neue Aufgaben. Will sie den Anschluss an die sich verändernde Verfassungswirklichkeit nicht verlieren, muss sie sich verstärkt auf den Transformationsprozess einstellen und die von Entwicklungssprüngen in der Mehrebenenpolitik ausgehenden Impulse im Europäischen Verfassungsverbund verarbeiten. Die Schriftenreihe *Verfassungsentwicklung in Europa (VEEu)* stellt für die gebotenen Reformdebatten ein Forum bereit. Schwerpunkte der Reihe sind die Generierung und Bewertung von Optionen für die Ausgestaltung des Europäischen Verfassungsrechts und insbesondere einer Europäischen Unionsverfassung, die Erarbeitung „Gemeineuropäischen Verfassungsrechts" namentlich durch Rechtsvergleichung und schließlich Überlegungen zur Rechtsangleichung sowie zur Schaffung von zeitgemäßem nationalen Verfassungsrecht unter den Rahmenbedingungen der Europäisierung und Globalisierung. Perspektive ist die Ausbildung eines Ius Publicum Europaeum.

ISSN: 1861-7301
Zitiervorschlag: VEEu

Alle lieferbaren Bände finden Sie unter *www.mohrsiebeck.com/veeu*

Mohr Siebeck
www.mohrsiebeck.com